U0088045

新譯

資治通鑑

（二十七）

唐紀十六—二十二

張大可等 注譯

三民書局 印行

書館出版品預行編目資料

新譯資治通鑑(二十七)／張大可,韓兆琦等注譯.——初版一刷.——臺北市：三民, 2017
冊；　公分.——(古籍今注新譯叢書)
ISBN 978-957-14-6246-2　(平裝)
1. 資治通鑑 2. 注釋

610.23　　105022866

© 新譯資治通鑑(二十七)

注譯者	張大可　韓兆琦等
責任編輯	陳榮華
美術設計	李唯綸
發行人	劉振強
著作財產權人	三民書局股份有限公司
發行所	三民書局股份有限公司
	地址　臺北市復興北路386號
	電話　(02)25006600
	郵撥帳號　0009998-5
門市部	(復北店)臺北市復興北路386號
	(重南店)臺北市重慶南路一段61號
出版日期	初版一刷　2017年1月
編號	S 034290

行政院新聞局登記證局版臺業字第〇二〇〇號

有著作權・不准侵害

ISBN　978-957-14-6246-2　(平裝)

http://www.sanmin.com.tw　三民網路書店

※本書如有缺頁、破損或裝訂錯誤，請寄回本公司更換。

新譯資治通鑑 目次

第二十七冊

卷第二百

唐紀十六

起旃蒙單閼（乙卯　西元六五五年）十月，盡玄黓閹茂（壬戌　西元六六二年）七月，凡六年有奇。

【題　解】本卷記事起西元六五五年十月，迄西元六六二年七月，凡六年十個月史事。當唐高宗永徽六年至龍朔二年。此時期發生的最重大事件是唐高宗廢黜了王皇后，新立了武則天為皇后，伴隨廢王立武的成功，產生兩大後繼政治事件。其一，是武則天皇后殘酷迫害王皇后和蕭淑妃之死，表現了武則天強烈的報復心，這一性格將對武氏後來執政產生深遠影響。其二，是武氏黨羽許敬宗、李義府等以謀反罪徹底毀滅了長孫無忌等士族集團的執政。唐高宗乘勝追擊，重修《氏族志》，以官品定門第高低，從根本上剷除了士族集團東山再起的社會基礎，結束了門閥政治，對社會變遷產生了重大影響。這一時期也是唐高宗執政獲得文治武功最鼎盛的時期。唐高宗完成了唐禮儀的制定。在軍事上，在北方撫定了鐵勒九姓，鞏固了對西域的統治，設置了安西都護府。在東方大發兵征高麗，破百濟，但唐軍最終未能取勝。唐高宗因患風疾，大權逐漸旁落武則天皇后之手。武氏黨羽許敬宗、李義府也權勢日盛。李義府因貪黷遭貶，仍能干預朝政，最終拜相。唐高宗的昏聵也日益顯現。

高宗天皇大聖大弘孝皇帝上之下

永徽六年（乙卯　西元六五五年）

冬，十月己酉❶，下詔稱：「王皇后、蕭淑妃❷謀行鴆毒❸，廢為庶人❹，母及兄弟並除名❺，流嶺南❻。」許敬宗❼奏：「故特進❽贈司空❾王仁祐❿告身⓫尚存，使逆亂餘孽猶得為蔭⓬，並請除削。」從之。乙卯⓭，百官上表請立中宮⓮，乃下詔曰：「武氏⓯門著勳庸⓰，地華纓黻⓱，往以才行選入後庭，譽重椒闈⓲，德光蘭掖⓳。朕昔在儲貳⓴，特荷先慈㉑，常得侍從，弗離朝夕，宮壼㉒之內，恆自飭躬，嬪嬙㉓之間，未嘗迕目㉔，聖情鑒悉，每垂㉕賞歎，遂以武氏賜朕，事同政君㉖，可立為皇后。」

丁巳㉗，赦天下。是日，皇后上表稱：「陛下前以妾為宸妃㉘，韓瑗㉙、來濟㉚面折庭爭，此既事之極難，豈非深情為國，乞加褒賞。」上以表示瑗等，瑗等彌憂懼，屢請去位，上不許。

十一月丁卯朔㉛，臨軒㉜命司空李勣㉝齎璽綬冊皇后武氏。是日，百官朝皇后於肅義門。

故后王氏、故[1]淑妃蕭氏並囚於別院，上嘗念之，間行㉞至其所，見其室封閉極密，惟竅壁㉟以通食器，惻然傷之，呼曰：「皇后、淑妃安在？」王氏泣對曰：「妾等得罪為宮婢，何得更有尊稱！」又曰：「至尊若念疇昔㊱，使妾等再見日月，乞名此院為『回心院』。」上曰：「朕即有處置。」武后聞之，大怒，遣人杖王氏及蕭氏各一百，斷去手足，投[2]酒甕中，曰：「令二嫗骨醉！」數日而死，又斬之。王氏初聞宣敕㊲，再拜曰：「願大家㊳萬歲！昭儀㊴承恩，死自吾分。」淑妃罵曰：「阿武妖猾，乃至於此！願它生我為貓，阿武為鼠，生生㊵扼其喉。」由是宮中不畜貓。尋又改王氏姓為蟒氏，蕭氏為梟氏。武后數見王、蕭為祟，被髮瀝血如死時狀。後徙居蓬萊宮㊶，復見之，故多在洛陽㊷，終身不歸長安㊸。

【章　旨】以上為第一段，寫高宗立武氏為皇后，以及武氏迫害王皇后、蕭淑妃致死。

【注　釋】❶己酉　十月十三日。❷王皇后蕭淑妃　高宗后妃。王皇后為并州祁縣（今山西祁縣）人，高宗為晉王時，王氏為晉王妃。晉王為太子，王氏冊封為皇太子妃。高宗即帝位，王氏立為皇后。蕭淑妃即蕭良娣，曾有寵於高宗。生子雍王素節與女義陽公主。唐制，皇后之下有貴妃、淑妃、德妃、賢妃，是為夫人。兩人事詳《舊唐書》卷五十一、《新唐書》卷七十六。❸謀行鴆毒　陰謀毒害皇帝。鴆是一種毒鳥，羽置酒中可使人致死。鴆毒即毒害之義。❹庶人　平民。❺除名　削除名籍。名，原有的姓名。籍，戶籍。根據唐律，凡因罪除名者，免去所有官爵，課役從本色，不再擁有原來的資格和特權。❻嶺南　地區名，指五嶺（越城、都龐、萌渚、騎田、大庾）以南，約當今兩廣、海南及越南北部一帶。❼許敬宗　（西元五九二—六七二年）字延族，杭州新城（今浙江富陽西南）人，時任禮部尚書。傳見《舊唐書》卷八十二、《新唐書》卷二百二十三上。❽特進　散官名，正二品，無實職。❾司空　官名，三公之一，正一品。唐制，三公均為加官。❿王仁祐　王皇后之父。貞觀中任羅山令，其女為皇太子妃，仁祐擢升陳州刺史。其女立為皇后，仁祐以特進封魏國公，卒贈司空。兩《唐書》無傳，其事散見《舊唐書》卷五十一、《新唐書》卷七十六。⓫告身　授官的文憑。⓬蔭　子孫因先代有功勳或官爵而得賜官爵。唐制，品官可庇蔭子孫。五品以上蔭孫，三品以上蔭及曾孫。曾孫降孫一等，孫降子一等，贈官降正官一等。⓭乙卯　十月十九日。⓮中宮　皇后。⓯武氏　即武則天（西元六二四－七〇五年），并州文山（今山西文水縣東部）人，十四歲入宮，成為唐太宗的才人。太宗死後削髮為尼。永徽四年（西元六五三年），又被高宗召入宮中，封為昭儀。傳見《舊唐書》卷六、《新唐書》卷四、卷七十六。⓰勳庸　功勳。勳、庸二字義同。⓱纓黻　纓為繫冠的帶子，黻為繫印的絲帶，二字連言借指官高位重。⓲椒闈　后妃居住的宮殿，借指妃嬪。⓳蘭掖　後宮。⓴儲貳　太子。㉑先慈　先父，即唐太宗。㉒宮壼　宮中；內宮。壼係宮中道路，常引申指宮內。㉓嬪嬙　古代女官名，這裡泛指宮內妃嬪。㉔迕目　逆視。比喻不和諧。㉕垂　施。㉖事同政君　就像漢宣帝把王政君賜給太子奭一樣。王政君事見本書卷二十七漢宣帝甘露三年。㉗丁巳　十月二十二日。㉘宸妃　內官名，先無此職，高宗特為武則天而設。㉙韓瑗　（西元六〇六－六五九年）歷任兵部侍郎、侍中等職。㉚來濟　（西元六一〇－六六二年）官至中書令、檢校吏部尚書。韓瑗、來濟二人同傳，見《舊唐書》卷八十、《新唐書》卷一百一。㉛丁卯朔　十一月初一。㉜臨軒　皇帝親至殿前平臺處。㉝李勣　（西元五九四－六六九年）本姓徐，名世勣，字懋公，後賜姓李，避太宗名諱，單名為勣，曹州離狐（今山東菏澤西北）人，曾參加瓦崗起義。歸唐後戰功卓著，封英國公。官至尚書左僕射，進位司空。傳見《舊唐書》卷六十七、《新唐書》卷九十三。㉞間行　私行。㉟竅壁　在壁上開鑿小洞。㊱疇昔　往昔；過去的事。㊲敕　詔令。㊳大家　皇帝。㊴昭儀　妃嬪稱號，借指武則天。㊵生生　世世。避太宗名諱，將「世世」改用「生生」。㊶蓬萊宮　即大明宮，位於太極宮東北禁苑內的龍首原上，故址尚存。原名永安宮，貞觀八年（西元六三四年）唐監督員宗所建，後更名大明宮，唐高宗龍朔三年（西元六六三年）大修，改名蓬萊宮。㊷洛陽　唐代東都。背倚邙山，面對伊闕，地處交通要衝，是僅次於長安的大城市。㊸長安　唐代京師。由宮城、皇城和外郭城三部分組成，面積達八十三平方公里，是當時的政治、經濟、文化中心。在今陝西西安。

【校記】①故　據章鈺校，十二行本、乙十一行本皆無此字。②投　原作「捉」。據章鈺校，十二行本、乙十一行本、孔天胤本皆作「投」，張敦仁《通鑑刊本識誤》同，今據改。按，兩《唐書・后妃傳》皆作「投」。

【語譯】高宗天皇大聖大弘孝皇帝上之下

永徽六年（乙卯　西元六五五年）

冬，十月十三日己酉，高宗下詔說：「王皇后、蕭淑妃圖謀毒害皇上，把她們廢為庶人，她們的母親及兄弟一併廢除原來的名位，流放到嶺南地區。」許敬宗上奏：「皇后的父親故特進贈司空王仁祐的委任官職的文憑還保存著，會使逆亂的子孫餘孽仍然得到先人的庇蔭，請將王仁祐的委任官職的文憑一起廢除。」高宗聽從了他的建議。十九日乙卯，百官奏進表章請求冊立皇后，高宗便頒下詔書說：「武氏之家勳業彪炳，位處華貴高官重任，以往憑藉才貌德行選入後宮，譽滿宮闈，德耀掖庭。朕往日在太子位時，蒙受先皇特殊的慈愛，經常侍隨，朝夕不離。得悉武氏在宮院之內，常常自我反省，處理嬪嬙之間的關係，未反目失和，先皇對武氏的言行舉止瞭解得很清楚，屢屢加以讚賞感歎，於是將武氏賜與我，此事如同漢宣帝立王政君為太子妃一樣，可以冊立武氏為皇后。」

十月二十一日丁巳，朝廷赦免天下。這一天，皇后武氏上奏說：「陛下以前將妾冊立為宸妃時，韓瑗、來濟在朝廷上當著陛下的面諫阻，這件事既然極其難辦，可見他們的做法豈不是在深切為國考慮！我請求對他們加以褒獎賞賜。」高宗把奏表展示給韓瑗等人，韓瑗等人甚為憂懼，屢次奏請辭去官位，高宗沒有同意。

十一月初一日丁卯，高宗駕臨殿前平臺，命令司空李勣攜帶玉璽印綬冊立皇后武氏。這一天，百官來到肅義門朝拜了皇后。

以往所封的皇后王氏與淑妃蕭氏，一同被囚禁於別院中，高宗曾經思念她們，私下前往囚禁她們的處所，看見囚室封閉得極為嚴密，只是在牆壁上開一個窟窿遞送食品，為此惻然傷心，呼喊道：「皇后、淑妃你們在哪裡？」王氏哭泣著回答說：「妾等獲罪被廢為宮婢，怎麼能夠再用皇后、淑妃的尊稱！」又說：「至尊的皇帝如果念及往昔情分，使得妾等重見日月，在此我們乞求命名此院為『回心院』。」高宗說：「我立即就會有所處置。」武后獲悉這一情況，大為惱怒，派遣人員杖擊王氏、蕭氏每人一百下，斬斷了她們的手足，丟到酒甕裡面，說：「讓這兩個老太婆的骨頭沉醉其中吧！」王氏、蕭氏幾天後就死掉了，又斬碎了她們的屍骨。王氏剛剛聽到宣布敕命時，跪拜了兩次說：「祝願皇帝萬歲！昭儀承蒙恩典，赴死本來是我分內之事。」蕭淑妃罵道：「阿武妖媚狡猾，竟然到了這種地步！願來世我轉生為貓，阿武為鼠，生生世世掐住阿武的喉頭。」從此以後宮中不再養貓。不久又把王氏改姓為蟒氏，蕭氏改姓為梟氏。武后眼前多次出現王氏、蕭氏鬼魂作祟，看到她們披頭散髮、流血不止，如同死亡時的那個模樣。後來武后遷居蓬萊宮，又看見了她們的鬼魂，所以她多半待在洛陽，終身不再返回長安。

己巳❶，許敬宗奏曰：「永徽爰始❷，國本❸未生，權引❹彗星❺，越升明兩❻。近者元妃載誕，正胤降神❼，重光❽日融，爝暉宜息❾。安可反植枝幹，久易位於天庭；倒襲裳衣，使違方於震位❿！又，父子之際，人所難言，事或犯鱗⓫，必嬰⓬嚴憲⓭，煎膏染鼎⓮，臣亦甘心。」上召見，問之，對曰：「皇太子，國之本也，本猶未正，萬國無所係心⓯。且在東宮⓰者，所出本微，今知國家已有正嫡⓱，必不自安。竊位而懷自疑，恐非宗廟⓲之福，願陛下熟計之。」上曰：「忠⓳已自讓。」對曰：「能為太伯⓴，願速從之。」

西突厥㉑頡苾達度設㉒數遣使請兵討沙鉢羅可汗㉓。甲戌㉔，遣豐州都督元禮臣冊拜頡苾達度設為可汗。禮臣至碎葉城㉕，沙鉢羅發兵拒之，不得前。頡苾達度設部落多為沙鉢羅所併，餘眾寡弱，不為諸姓所附，禮臣竟不冊拜而歸。

中書侍郎㉖李義府㉗參知政事㉘。義府容貌溫恭，與人語，必嬉怡㉙微笑，而狡險忌克，故時人謂義府笑中有刀。又以其柔而害物，謂之「李貓」。

【章旨】以上為第二段，寫武氏黨羽許敬宗、李義府兩小人之行跡。

【注釋】❶己巳　十一月初三日。❷爰始　初始。❸國本　國家之本。暗指太子。❹權引　暫且利用。❺彗星　又稱孛名，俗名掃帚星。❻明兩　《易・離・象》：「明兩作，《離》。大人以繼明照於四方。」明謂太陽；兩作謂兩次升起，今朝太陽升起，明朝太陽又升起，相繼不已。此處明兩指太陽。也有學者認為是指日月。❼正胤降神　皇后生子。指武則天所生李弘，封代王。❽重光　重日之光。❾爝暉宜息　指太陽出來，星光應當熄滅。太子降生，如同太陽已出，其餘諸子如同眾星，應當暗淡才是。爝暉，星光。❿震位　東方之位。《易・說卦》：「震，東方也。」引申指太子宮。⓫犯鱗　冒犯皇上。⓬嬰觸犯。⓭嚴憲　嚴肅的法令。⓮煎膏染鼎　猶粉身碎骨。⓯係心　心有所繫，意有所託。係，通「繫」。⓰東宮　皇太子居住的宮室。⓱正嫡　嫡子。⓲宗廟　天子祭祖之所，代指國家。⓳忠　高宗長子李忠（西元六四三―六六四年）。傳見《舊唐書》卷八十六、《新唐書》卷八十一。⓴太伯　周太王長子，讓位於其弟季歷，與仲雍同避江南，成為吳國的始祖。㉑西突厥　突厥族的一支，活動在今新疆及中亞大部地區，由五咄陸和五弩失畢十姓部落組成，對中西交通有重要影響。㉒頡苾達度設　乙毗咄陸可汗之子，號真珠葉護。㉓沙鉢羅可汗　名阿史那賀魯，曾任瑤池都督等職。永徽初反叛，建牙帳於千泉（今中亞塔什干北），自號可汗，勝兵數十萬，控制西突厥全境。事見《舊唐書》卷一百九十四、《新唐書》卷二百十五。㉔甲戌　十一月初八日。㉕碎葉城　唐代西北重鎮之一。過去曾有中亞、焉耆兩碎葉的說法，已被中外學者所否定。現在學術界普遍認為碎葉城在中亞，但具體地望仍有兩種觀點。一說在吉爾吉斯斯坦北部的托克瑪克附近，一說在今中亞楚河南岸楚伊斯闊葉一帶。前說較為流行。張廣達更據中外文獻認為碎葉城即今托克瑪克城南八至十公里的阿克・貝希姆廢城。㉖中書侍郎　官名，中書令之副。㉗李義府　（西元六一四―六六六年）祖籍瀛州饒陽（今河北饒陽東北）。太宗時以對策擢第，高宗時初任中書舍人，曾參與擁立武則天的活動，升中書侍郎參知政事。顯慶二年（西元六五七年）任中書令，後改右相，執掌朝政。傳見《舊唐書》卷八十二、《新唐書》卷二百二十三。㉘參知政事　官名。唐太宗貞觀十三年（西元六三九年）始以尚書左丞劉洎為黃門侍郎、參知政事。其後非三省長官而加此銜者即為宰相。㉙嬉怡　和顏悅色。

【語　譯】十一月初三日己巳，許敬宗上奏說：「永徽初年，是國家的根本還沒有建立，暫且利用彗星作為權宜之計，地位超越了天上明日。近來皇后生育了兒子，正統的皇太子已經降生，雙重的日光融合光明，群星的光焰應當息滅。怎麼可以顛倒樹木的枝幹，長期改變太陽和彗星在天庭的位置；如同倒穿上衣下裳，使得嫡長子之位違錯不正！況且父子之間的關係，是旁人難以言說的，事態如果發展到觸犯龍鱗的地步，必定會遭受嚴法懲處。臣下的話如果不中聽，就是把我投入沸鼎裡煎熬，也心甘情願。」皇上召見了許敬宗，詢問他奏表的意思，許敬宗回答說：「皇太子乃是國家的根本，倘若根本還未能端正，天下之心則無所依托。而且目前居住在太子宮的人，出身本來就微下，如今他知道國家已有了正統的嫡子，自己一定不會安心。他竊據太子之位而內心又懷抱疑忌，這恐怕不是宗廟的福祉吧，但願陛下深思熟慮。」高宗說：「太子李忠已經自行讓位了。」許敬宗回答說：「他能仿效西周太伯的做法，希望陛下從速予以接受。」

西突厥頡苾達度設多次派遣使者請求朝廷發兵討伐沙缽羅可汗。十一月初八日甲戌，派豐州都督元禮臣為使前去冊立頡苾達度設為可汗。元禮臣到達碎葉城，沙缽羅調發兵馬加以抗拒，元禮臣不能前行。頡苾達度設的部落大多為沙缽羅所兼併，餘下的部眾勢單力薄，難以使得各姓部族來歸附，元禮臣最終沒有完成冊立使命而返回。

任命中書侍郎李義府為參知政事。李義府容貌溫和恭敬，與人交談，一定和顏悅色，面帶微笑，而內心卻是狡詐陰險，忌恨刻薄，因此當時人們都說李義府笑裡藏刀。又認為他外表溫柔而害人，把他稱作「李貓」。

顯慶元年（丙辰　西元六五六年）

春，正月辛未❶，以皇太子忠為梁王、梁州❷刺史；立皇后子代王弘❸為皇太子，生四年矣。忠既廢，官屬皆懼罪亡匿，無敢見者；右庶子李安仁獨候忠，泣涕拜辭而去。安仁，綱之孫也。○壬申④，赦天下，改元。

二月辛亥⑤，贈武士彠⑥司徒⑦，賜爵周國公。

三月，以度支侍郎⑧杜正倫⑨為黃門侍郎⑩、同三品⑪。

夏，四月壬子⑫，矩州⑬人謝無靈舉兵反，黔州⑭都督李子和⑮討平之。○己未⑯，上謂侍臣曰：「朕思養人之道，未得其要，公等為朕陳之！」來濟對曰：「昔齊桓公⑰出游，見老而飢寒者，命賜之食，老人曰：『願賜一國之飢者。』賜之衣，曰：『願賜一國之寒者。』公曰：『寡人之廩府⑱安足以周⑲一國之飢寒！』老人曰：『君不奪農時，則國人皆有餘食矣；不奪蠶要，則國人皆有餘衣矣！』故人君之養人，在省⑳其征役而已。今山東㉑役丁，歲別數萬，役之則人大勞，取庸㉒則人大費。臣願陛下量公家所須外，餘悉免之。」上從之。

六月辛亥㉓，禮官奏停太祖、世祖㉔配祀，以高祖㉕配昊天於圜丘㉖，太宗㉗配五帝於明堂㉘。從之。

秋，七月乙丑㉙，西洱蠻㉚酋長㉛楊棟附㉜顯、和蠻㉝酋長王郎祁[1]、郎・昆・梨・盤四州㉞酋長王伽衝等帥眾內附㉟。○癸未㊱，以中書令㊲崔敦禮㊳為太子少師[39]、同中書門下三品。

八月丙申[40]，固安昭公[41]崔敦禮薨[42]。○辛丑[43]，葱山道行軍總管[44]程知節[45]擊西突厥，與歌邏祿[2]、處月[46]二部戰於榆慕谷[47]，大破之，斬首千餘級。副總管周智度攻突騎施[48]、處木昆[49]等部於咽城[50]，拔之，斬首三萬級。○乙巳[51]，龜茲[52]王布失畢入朝。

李義府恃寵用事。洛州婦人淳于[53]氏，美色，繫大理[54]獄，義府屬[55]大理寺丞[56]畢正義枉法出之，將納為妾，大理卿[57]段寶玄疑而奏之。上命給事中[58]劉仁軌[59]等鞫[60]之，義府恐事洩，逼正義自縊於獄中。上知之，原義府罪不問。

侍御史[61]漣水王義方[62]欲奏彈[63]之，先白[64]其母曰：「義方為御史，視姦臣不糾則不忠，糾之則身危而憂及於親為不孝，二者不能自決，柰何？」母曰：「昔王陵之母，殺身以成子之名[65]。汝能盡忠以事君，吾死不恨！」義方乃奏稱[3]：「義府於輦轂[66]之下，擅殺六品寺丞，就云[67]正義自殺，亦由畏義府威，殺身以滅口。如此，則生殺之威，不由上出，漸不可長，請更加勘當！」於是對仗[68]，叱義府令下，義府顧望不退。義方三叱，上既無言，義府始趨出，義方乃讀彈文。上釋義府不問，而謂義方毀辱大臣，言辭不遜，貶萊州[69]司戶[70]。

九月庚辰[71][4]，括州[72]暴風，海溢[73]，溺[74]四千餘家。

冬，十一月丙寅[75]，生羌[76]酋長浪我利波[77]等帥眾內附，以其地置柘、栱二州[78]。

十二月，程知節引軍至鷹娑川[79]，遇西突厥二萬騎，別部鼠尼施[80]等二萬餘騎繼至，前軍總管蘇定方[81]帥五百騎馳往擊之，西突厥大敗，追奔二十里，殺獲千五百餘人，獲馬及器械綿亙山野，不可勝計。副大總管王文度害其功，言於知節曰：「今茲雖云破賊，官軍亦有死傷，乘危輕脫，乃成敗之法[82]耳，何急而為此！自今當[5]結方陳[83]，置輜重[84]在內，遇賊則戰，此萬全策也。」又矯稱別得旨，以知節恃勇輕敵，委文度為之節制，遂收軍不許深入。士卒終日跨馬，被甲結陳，不勝疲頓[85]，馬多瘦死。定方言於知節曰：「出師欲以討賊，今乃自守，坐自困敝，若遇賊必敗，懦怯如此，何以立功！且主上以公為大將，豈可更遣軍副專其號令，事必不然。請囚文度，飛表以聞。」知節不從。至恆篤城[86]，有羣胡歸附，文度曰：「此屬伺我旋師，還復為賊，不如盡殺之，取其資財。」定方曰：「如此乃自為賊耳，何名伐叛！」文度竟殺之，分其財，獨定方不受。師旋，文度坐矯詔當死，特除名。知節亦坐逗遛追賊不及，減死免官。

是歲，以太常卿[87]駙馬都尉[88]高履行[89]為益州[90]長史[91]。

韓瑗上疏，為褚遂良[92]訟冤曰：「遂良體國忘家，捐身徇物，風霜其操，鐵石其心，社稷之舊臣，陛下之賢佐。無聞罪狀，斥去朝廷，內外甿黎，咸嗟舉措。臣聞晉武[93]弘裕，不貽劉毅[94]之誅；漢祖[95]深仁，無恚[96]周昌[97]之直。而遂良被遷，已經寒暑，違忤陛下，其罰塞焉。伏願緬鑒無辜，稍寬非罪，俯矜微款，以順人情。」上謂瑗曰：「遂良之情，朕亦知之。然其悖戾，好犯上，故以此責之，卿何言之深也！」對曰：「遂良社稷忠臣，為讒諛所毀。昔微子[98]去而殷國[99]以亡，張華[100]存而綱紀不亂。陛下無故棄逐舊臣，恐非國家之福！」上不納。瑗以言不用，乞歸田里，上不許。

劉洎[101]之子訟其父冤，稱貞觀[102]之末，為褚遂良所譖而死，李義府復助之。上以問近臣，眾希[103]義府之旨，皆言其枉。給事中長安樂彥瑋獨曰：「劉洎大臣，人主暫有不豫[104]，豈得遽自比伊、霍[105]！今雪洎之罪，謂先帝用刑不當乎？」上然其言，遂寢[106]其事。

【章　旨】以上為第三段，寫唐高宗時暗時明。袒護李義府則昏，辨蘇定方立功為明，典型的中庸之主。

【注　釋】❶辛未　正月初六日。❷梁州　治所南鄭，在今陝西漢中東。❸代王弘　（西元六五二—六七五年）高宗第四子。據〈孝敬皇帝睿德記碑〉，「弘」當作「宏」。傳見《舊唐書》卷八十六、《新唐書》卷八十一。❹壬申　正月初七日。❺辛亥二月十七日。❻武士彠（西元五七七—六三五年）字信，武則天之父。傳見《舊唐書》卷五十八、《新唐書》卷二百六。❼司徒　三公之一，正一品。唐代三公均為加官。❽度支侍郎　官名，即戶部侍郎。戶部最高長官為尚書，其下有侍郎，正四品下，為唐代掌管田戶、錢糧、賦稅的經濟官員。❾杜正倫（？—西元六五八年）相州洹水（今河南安陽一帶）人。傳見《舊唐書》卷七十、《新唐書》卷一百六。❿黃門侍郎　官名，即門下侍郎，門下省長官侍中之下的副長官，正四品上，大曆間升為正三品。⓫同三品　全稱為同中書門下三品，中書、門下兩省長官皆三品，知政事，為宰相。唐太宗貞觀十七年（西元六四三年）非兩省長官知政事者均加此稱，高宗龍朔二年（西元六六二年）改稱同東西臺三品，武則天光宅元年（西元六八四年）改稱鸞臺鳳閣三品。⓬壬子　四月十八日。⓭矩州　治所在今貴州貴陽。一說在貴州思南。⓮黔州　治所彭水，在今重慶市彭水苗族土家族自治縣。⓯李子和　本姓郭。隋末稱王。唐初歸附，平劉黑闥有功，賜姓為李。傳見《舊唐書》卷五十六、《新唐書》卷九十二。⓰己未　四月二十五日。⓱齊桓公（？—西元前六四三年）姓姜，名小白，春秋五霸之一。西元前六八五—前六四三年在位。事見《史記》卷三十二。⓲廩府　倉廩府庫。廩儲糧穀，府藏錢財。⓳周　周濟。⓴省　減少。㉑山東　地區名，舊指崤山（或華山）以東。此處指黃河下游。㉒庸　代役物。唐制：如不服役，每日輸絹三尺或布三尺七寸五分。㉓辛亥　六月十八日。㉔太祖世祖　李淵建唐後追尊其祖李虎為景皇帝，廟號太祖，尊其父李昞為元皇帝，廟號世祖。㉕高祖　李淵（西元五六六—六三五年），隴西成紀（今甘肅秦安）人，唐朝的創建者，西元六一八—六二六年在位。傳見《舊唐書》卷一、《新唐書》卷一。㉖圜丘　天壇。㉗太宗　李世民（西元五九九—六四九年），高祖次子。唐朝第二代皇帝，西元六二六—六四九年在位。傳見《舊唐書》卷二、《新唐書》卷二。㉘明堂　帝王舉行布政、宗祀等大典的地方。㉙乙丑　七月初三。㉚西洱蠻　雲南少數民族，散居滇池周圍。㉛酋長　少數民族首領。㉜附　隨同。此處上下文所述楊棟、王郎祁、王伽衝，皆人名，民族首領。㉝和蠻　哈尼族先民，居雲南紅河兩岸。㉞郎昆黎盤四州　羈縻州。地當今雲南曲靖、昆明、華寧和貴州興義一帶。㉟內附　歸附唐朝。㊱癸未　七月二十一日。㊲中書令　官名，中書省最高長官，正三品，大曆二年（西元七六七年）升為正二品，職掌軍國政令輔佐皇帝處理重大政務。㊳崔敦禮（西元五九三—六五六年）雍州咸陽（今陝西咸陽）人，對安撫突厥、回紇曾發揮一定作用。傳見《舊唐書》卷八十一、《新唐書》卷一百六。㊴太子少師　官名。唐制，太子置太子太師、太傅、太保各一人，從一品；又置太子少師、少傅、少保各一人，正二品。皆為師垂範，訓導輔佐太子。《舊唐書．職官志》：「三師三少之職，掌教諭太子。無其人，則闕之。」㊵丙申　八月初四日。㊶固安昭公　固安，縣名。昭，謚號。《謚法》：容儀恭美曰昭，昭德有勞曰昭。崔敦禮曾被封為固安縣公，故有此稱。㊷薨　死亡。唐代稱二品以上官之死為薨。〔43〕辛丑　八月初九日。〔44〕行軍總管　出兵征討時設置的統兵主將，事訖即罷。〔45〕程知節　（？—西元六六五年）本名皭（俗作咬）金，濟州東阿（今山東陽谷）人，有勇力，官至左衛大將軍。傳見《舊唐書》卷六十八、《新唐書》卷九十。〔46〕歌邏祿處月　兩部族名、地名。歌邏祿，在今新疆齋桑湖北額爾濟斯河南。處月，在今新疆烏魯木齊東北。〔47〕楡慕谷　地名。〔48〕突騎施　在今伊犁河中下游北岸。〔49〕處木昆　在今新疆塔爾巴哈臺一帶。與突騎施俱屬五咄陸。〔50〕咽城　據《新唐書》，咽城即處木昆所居。具體位置不詳。〔51〕乙巳　八月十三日。〔52〕龜茲　西域國名，在今新疆庫車一帶。唐初歸附，隸安西都護府。〔53〕淳于　複姓。〔54〕大理　大理寺，官署名，掌刑獄。〔55〕屬　通「囑」。〔56〕大理寺丞　官名，大理寺卿下屬，丞有六人，從六品上，分掌寺內刑獄。〔57〕大理卿　即大理寺卿。大理寺最高長官，掌全國折獄詳刑之事。〔58〕給事中　官名，在門下省供職，地位僅次於門下侍郎，有封駁、審查和部分司法權。〔59〕劉仁軌　（西元六〇一—六八五年）汴州尉氏（今河南尉氏）人，博涉經史，官至宰相。傳見《舊唐書》卷八十四、《新唐書》卷一百八。〔60〕鞫　審訊。〔61〕侍御史　官名，掌糾舉百官，推審獄訟。〔62〕王義方　泗州漣水（今江蘇漣水縣）人，清廉重義。傳見《舊唐書》卷一百八十七上、《新唐書》卷一百十二。〔63〕彈　檢舉揭發。〔64〕白　告。〔65〕昔王陵之母二句　楚漢相爭，項羽欲收服王陵，拘繫王陵母為質，王陵母自殺以激勵王陵歸服漢王劉邦。事見《史記》卷五十六、《漢書》卷四十。〔66〕輦轂　皇帝車輿。引申指京師。〔67〕就云　縱使。〔68〕對仗　對著儀仗。唐制，中書、門下及三品官奏事，御史彈劾百官，皆面對皇帝儀仗。〔69〕萊州　治所在今山東萊州。〔70〕司戶　即司戶參軍事，係州級官吏，為州六曹參軍事之一，職掌一州戶籍、計帳、道路、逆旅、婚田等事。上州司戶為從七品下，中州司戶為正八品下，下州司戶為從八品下。〔71〕庚辰　九月十九日。〔72〕括州　治所在今浙江麗水市東南。〔73〕海溢　海水因暴風而上漲。〔74〕溺　淹沒。〔75〕丙寅　十一月初六。〔76〕生羌　西方少數民族，活動在今四川北部。〔77〕浪我利波　人名。〔78〕柘栱二州　柘州治所在今四川黑水縣西南。栱，應作「拱」。《新唐書・地理志》載：拱州，顯慶元年以缽南伏浪恐部置。治所不詳，當在柘州之西。〔79〕鷹娑川　即今新疆焉耆西北之小裕勒都斯河。〔80〕鼠尼施　居新疆焉耆西北裕勒都斯河流域。〔81〕蘇定方　（西元五九二—六六七年）名烈，冀州武邑（今河北武邑）人，唐初大將。傳見《舊唐書》卷八十三、《新唐書》卷一百十一。〔82〕成敗之法　或勝或敗的戰術。〔83〕方陳　方陣。〔84〕輜重　軍用物資。〔85〕疲頓　疲勞困頓。〔86〕恒篤城　胡注：《新書》作「怛篤城」。查《冊府元龜》卷四、五、六及《新唐書》有關傳紀，均作「怛」，作「恒」疑有誤。〔87〕太常卿　官名，掌禮樂、祭祀之事。〔88〕駙馬都尉　加官名號，在唐代專加帝婿。〔89〕高履行　唐初宰相高士廉之子，尚太宗女東陽公主。見《舊唐書》卷六十五〈高士廉傳〉、《新唐書》卷九十五〈高儉傳〉。〔90〕益州　治所在今四川成都。〔91〕長史　州上層官吏，與別駕、司馬一起協助刺史，分掌一州庶務。長史大州從五品下，中州正六品上。(92)褚遂良（西元五九六—六五八年）字登善，杭州錢塘（今浙江杭州）人，博學工書，官至宰相。因反對立武則天為皇后，被貶為潭州都督。傳見《舊唐書》卷八十、《新唐書》卷一百五。(93)晉武　晉武帝，即司馬炎（西元二三六—二九〇年），西元二六五—二九〇年在位。(94)劉毅　西晉大臣，官尚書左僕射，曾批評晉武帝賣官鬻爵而被晉武帝接受。事見《晉書》卷四十五〈劉毅傳〉、本書卷八十一太康三年。(95)漢祖　劉邦（西元前二五六—前一九五年），西漢開國皇帝，西元前二〇二—前一九五年在位。(96)恚　怒；恨。(97)周昌　西漢大臣，曾直言諫止劉邦欲廢太子而被劉邦接受。見《史記》卷九十六〈張丞相列傳〉、《漢書》卷四十二〈周昌傳〉。(98)微子　名啟，商紂王庶兄，見紂王無道，屢諫不聽，出奔於周。周滅商後受封，成為宋國的始祖。(99)殷國　朝代名，即商，由湯建立的奴隸制國家。從西元前十六世紀開始，到前十一世紀結束，共傳十七代，三十一王。(100)張華（西元二三二—三〇〇年）西晉大臣，晉初力勸武帝滅吳，後持節都督幽州諸軍事。惠帝任侍中、中書監、司空，為晉重臣。傳見《晉書》卷三十六。(101)劉洎（？—西元六四五年）字思道，荊州江陵（今湖北江陵）人，唐初宰相，為唐太宗所殺。傳見《舊唐書》卷七十四、《新唐書》卷九十九。(102)貞觀　唐太宗年號（西元六二七—六四九年）。(103)希　迎合。(104)不豫　疾病。(105)伊霍　即伊尹、霍光。伊尹，商初大臣，曾佐卜丙、仲壬二王，放逐商王太甲。事見《史記》卷三〈殷本紀〉。霍光（？—西元前六八年），西漢大臣，曾輔昭帝，立宣帝，執政二十年。傳見《漢書》卷六十八。(106)寢　停止。

【校記】 [1]王郎祁　據章鈺校，十二行本、乙十一行本皆作「王羅祁」。按，《新唐書・南蠻傳下》亦作「王羅祁」。[2]哥邏祿　原無「祿」字。據章鈺校，十二行本、乙十一行本、孔天胤本皆有「祿」字，張瑛《通鑑校勘記》同，今據補。按，兩《唐書》皆作「歌邏祿」。[3]稱　原無此字。據章鈺校，十二行本、乙十一行本、孔天胤本皆有此字，張瑛《通鑑校勘記》同，今據補。[4]庚辰　原無此二字。據章鈺校，十二行本、乙十一行本、孔天胤本皆有此二字，今據補。[5]當　原作「常」。據章鈺校，乙十一行本作「當」，今據改。按，《舊唐書・蘇定方傳》作「正可」，《新唐書・蘇定方傳》作「當」。

【語譯】 顯慶元年（丙辰　西元六五六年）

春，正月初六日辛未，以皇太子李忠為梁王、梁州刺史；立皇后的兒子代王李弘為皇太子，太子已出生四年了。李忠已經被廢黜，他的屬官都害怕罹罪而逃亡躲藏起來，沒有敢和李忠見面的；只有右庶子李安仁侍候李忠，哭泣拜別後離去。李安仁，是李綱的孫子。〇初七日壬申，赦免天下，改年號為顯慶。

二月十七日辛亥，賜官武士彠為司徒，賜爵為周國公。

三月，任命度支侍郎杜正倫為黃門侍郎、同中書門下三品。

夏，四月十八日壬子，矩州人謝無靈起兵反叛，黔州都督李子和討伐並平定了他。〇二十五日己未，高宗對侍臣們說：「我思考養育百姓的道理，沒有得到要領，你們諸位為朕闡述一下！」來濟回答說：「從前齊桓公出遊，看見年老而挨餓受凍的人，就命令賜給他們食物，老人說：『希望賜給全國挨餓的人。』桓公賜給老人衣服，老人說：『希望能賜給全國受凍的人。』桓公說：『寡人的糧倉錢庫，怎麼能足夠周濟全國挨餓受凍的人呢！』老人說：『只要國君不侵奪農時，那麼全國人都有多餘的糧食了；不侵奪養蠶的必備條件，那麼全國人都有多餘的衣物了！』所以國君養育百姓，就在於減少徵發徭役罷了。現在山東服徭役的壯丁，每年增加數萬，役使這麼多的人，百姓就會大為勞苦；收取雇傭的金錢，就會使百姓有太大的耗費。臣希望在陛下估量的公家所需役丁數目之外，多餘的都加以免除。」高宗採納了來濟的建議。

六月十八日辛亥，禮官上奏要求停止太祖、世祖的配祀。在圜丘祭天時，以高祖配祀，在明堂祭祀五帝時，以太宗配祀。高宗採納了這一建議。

秋，七月初三日乙丑，西洱蠻酋長楊棟隨同顯蠻、和蠻酋長王郎祁，以及郎州、昆州、棃州、盤州等四個州的酋長王伽衝等率領部眾歸附朝廷。〇二十一日癸未，任命中書令崔敦禮為太子少師、同中書門下三品。

八月初四日丙申，固安昭公崔敦禮去世。〇初九日辛丑，葱山道行軍總管程知節攻打西突厥，與歌邏祿、處月兩部在榆慕谷交戰，大敗歌邏祿、處月，斬首一千多人。副總管周智度在咽城攻打突騎施、處木昆等部，攻下咽城，斬首三萬人。〇十三日乙巳，龜茲王布失畢進京朝拜天子。

李義府倚仗得寵專權用事。洛州婦人淳于氏容貌姣麗，被拘禁在大理寺的監獄裡，義府囑託大理寺丞畢正義違法釋放了淳于氏，準備收納為妾，大理卿段寶玄心生懷疑，上奏皇帝。高宗命令給事中劉仁軌等人審問此事。義府懼怕事情洩漏，逼迫畢正義在獄中自縊。高宗知曉了內情，原宥了李義府的罪行而沒有追查。

侍御史漣水人王義方打算上奏彈劾李義府，先告訴他的母親說：「義方身為御史，目睹奸臣為惡而不糾舉，那就是不忠，如果糾舉就會身陷危境，使母親憂慮，那就是不孝，兩者之間，自己不能決斷，該怎麼辦呢？」母親說：「從前王陵的母親犧牲自己而成就兒子的名聲。你能夠盡忠事君，我死了也不遺憾！」王義方就向高宗上奏說：「李義府在皇帝身邊，擅自殺害了六品寺丞，就說畢正義是自殺，也是由於畏懼李義府的權勢，怕他殺身滅口。如果是這樣，對臣子的生殺大權，不是出自皇上，這種情勢不能讓它慢慢滋長，請求皇上再加審查，以求確當！」於是王義方面對侍衛儀仗，喝叱李義府讓他退下，李義府前後觀望，不肯退下。王義方喝叱了三次，高宗都沒有說話，李義府才快步退出，王義方就開始宣讀彈劾李義府的奏章。但高宗還是放過李義府，不加追究，卻反說王義方毀謗侮辱大臣，言辭不恭，貶為萊州司戶。

九月十九日庚辰，括州發生暴風，海水氾濫，淹沒了四千多家。

冬，十一月初六日丙寅，生羌酋長浪我利波等人率領部眾歸附朝廷，把他們的地域設置了柘、栱二州。

十二月，程知節率軍抵達鷹娑川，遇到西突厥二萬名騎兵，其他部落鼠尼施等人率領兩萬多名騎兵相繼到達，前軍總管蘇定方率領五百名騎兵飛馳前往攻擊，西突厥大敗，蘇定方追逐逃兵二十里，殺死俘獲一千五百多人，繳獲的馬匹和軍械器物連山遍野，無法數清。副大總管王文度嫉妒蘇定方的功勞，對程知節說：「現在雖說打敗了賊軍，但官軍也有死傷，冒險輕敵，是可能勝利也可能失敗的戰術，何必急忙這樣做呢！從現在起應當結成方陣，把輜重安置在方陣裡面，遇到敵人則作戰，這是萬全之策。」又假稱另外得到聖旨，認為程知節依恃勇力，輕視敵軍，所以委任王文度轄制，於是集合部隊，不允許深入敵境。士卒整天騎著馬匹，披掛甲冑，結成軍陣，疲勞困頓，難以忍受，馬匹大多瘦弱而死。蘇定方對程知節說：「出兵的目的就是想討伐賊寇，如今自我困守，坐以待斃，如果遇到敵人必定敗北，像這樣懦弱膽怯，靠什麼建功立業！況且國君任命您為大將，怎麼可以再讓副大總管專擅號令，事實一定不是這樣。請把王文度囚禁起來，飛快地向國君報告。」程知節沒有聽從。到達恆篤城時，有很多胡人歸附。王文度說：「這些人等我們回師時，還會恢復為賊寇的，不如把他們全部殺了，奪取他們的物資錢財。」蘇定方說：「這樣一來我們自己就變成賊寇了，有什麼名義討伐叛賊啊！」最終王文度還是把歸附的胡人殺了，瓜分了胡人的財物，只有蘇定方沒有收取財物。撤軍後，王文度因為犯了假造詔命之罪而應判處死刑，被特赦，廢除了他的委任官職的文憑。程知節也因逗留不進，沒有追擊到賊寇，減免死罪，罷黜了官職。

這一年，任命太常寺卿駙馬都尉高履行為益州長史。

韓瑗上疏為褚遂良申訴冤屈說：「褚遂良體念國家，忘卻己私，獻身國事，他的節操凜然如風霜，他的心地堅實如鐵石，是國家的老臣，也是陛下賢明的輔弼。沒有聽說有什麼罪狀，就被貶斥而離開朝廷，使得京城內外的黎民百姓，都對這件事的處理表示嗟歎。臣聽說晉武帝心胸弘大寬容，不把劉毅殺掉，漢高祖行仁深厚，不對周昌的正直生氣。而褚遂良被貶斥，已歷寒暑，他違逆陛下，所受到的懲罰也足當其罪了。臣請求陛下能仔細鑑察他的無辜，稍加寬宥，不再責罪，矜憐他對陛下的忠誠，以順應人情。」高宗對韓瑗說：「褚遂良的情況，我也知道。但他悖逆乖戾，喜歡犯上，所以採取這樣的處理來責罰他，你何必說得這麼嚴重啊！」韓瑗回答說：「褚遂良是國家的忠臣，被讒佞阿諛的小人所毀謗。古時候微子離去而殷國就滅亡了，張華在位而晉的法紀得以不亂。陛下無緣無故地拋棄放逐老臣，恐怕不是國家的福祉！」高宗不接納這一請求。韓瑗因為建議不被採用，請求辭官回歸鄉里，高宗沒有同意。

劉洎的兒子為父親訴冤，說他父親在貞觀末年，被褚遂良所毀謗致死，李義府又從中幫助劉洎的兒子。高宗就此事詢問左右近臣，大家迎合李義府的心意，都說劉洎是冤枉的。唯獨給事中長安人樂彥瑋說：「劉洎是個大臣，國君偶有身體不適，怎麼就輕易自比成伊尹、霍光！現在要洗刷劉洎的罪，難道說先帝用刑不妥當嗎？」高宗同意樂彥瑋所言，就把這件事擱置起來。

二年（丁巳　西元六五七年）

春，正月癸巳❶，分哥邏祿部置陰山、大漠二都督府❷。〇閏月壬寅❸，上行幸洛陽。○庚戌❹，以右[1]屯衛將軍❺蘇定方為伊麗道行軍總管，帥燕然都護渭南任雅相、副都護蕭嗣業❻發回紇❼等兵，自北道討西突厥沙鉢羅可汗。嗣業，鉅❽之子也。

初，右衛大將軍❾阿史那彌射❿及族兄左屯衛大將軍步真⓫，皆西突厥酋長，太宗之世，帥眾來降。至是，詔以彌射、步真為流沙安撫大使，自南道招集舊眾。

二月辛酉⓬，車駕⓭至洛陽宮⓮。○庚午⓯，立皇子顯⓰為周王。壬申⓱，徙雍王素節⓲為郇王。

三月甲辰⓳，以潭州⓴都督褚遂良為桂州㉑都督。○癸丑㉒，以李義府兼中書令。

夏，五月丙申㉓，上幸明德宮㉔避暑。上自即位，每日視事，庚子㉕，宰相奏天下無虞，請隔日視事，許之。

秋，七月丁亥朔㉖，上還洛陽宮。

王玄策之破天竺㉗也，得方士那羅邇娑婆寐以歸，自言有長生之術，太宗頗信之，深加禮敬，使合長生藥。發使四方求奇藥異石，又發使詣婆羅門㉘諸國采藥。其言率皆迂誕無實，苟欲以延歲月，藥竟不就，乃放還。上即位，復詣長安，又遣歸。玄策時為道王㉙友㉚，辛亥㉛，奏言：「此婆羅門㉜實能合長年藥，自詭必成，今遣歸，可惜失之。」玄策退，上謂侍臣曰：「自古安有神仙！秦始皇㉝、漢武帝㉞求之，疲弊生民，卒無所成。果有不死之人，今皆安在！」李勣對曰：「誠如聖言。此婆羅門今茲再來，容髮衰白，已改於前，何能長生！陛下遣之，內外皆喜。」娑婆寐竟死於長安。

【章 旨】以上為第四段，寫唐高宗不信長生術。

【注 釋】❶癸巳 正月庚申朔，無癸巳日。疑為閏正月癸巳，即閏正月初四日。❷陰山大漠二都督府 陰山都督府，治所在今哈薩克斯坦阿拉湖附近。大漠都督府，治所在今新疆福海縣一帶。❸壬寅 閏正月十三日。❹庚戌 閏正月二十一日。❺右屯衛將軍 隋煬帝改領軍為左右屯衛。唐制，右屯衛置大將軍一員，正三品，將軍二員，從三品，職掌宮禁宿衛，為十六衛之一。❻蕭嗣業 少入突厥，貞觀九年（西元六三五年）歸唐，詔領突厥部眾，曾任鴻臚卿，兼單于都護府長史。調露中，突厥反叛，嗣業與戰敗北，流放嶺南而死。傳見《舊唐書》卷六十三、《新唐書》卷一百一。❼回紇 北方少數民族，由韋紇、僕固、同羅、拔野古等部聯合而成，生活在鄂爾渾河和色楞格河流域。❽鉅 蕭鉅，小名藏，隋煬帝昵之，以為千牛。江都之變，被宇文化及所殺。傳見《隋書》卷七十九、《北史》卷九十三。❾右衛大將軍 官名。右衛置上將軍，一人，從二品，大將軍一人，正三品，掌統領宮廷警衛等。❿阿史那彌射 西突厥室點密五世孫。在本蕃為莫賀咄葉護，入唐後拜右監門衛大將軍。《舊唐書．西突厥．阿史那彌射傳》載：「貞觀六年，詔遣鴻臚少卿劉善因就蕃立為奚利邲咄陸可汗。」岑仲勉在《西突厥史料補闕及考證》和《通鑑隋唐紀比事質疑》中認為無封冊彌射之事。查西突厥世次，當以此說為是。⓫步真 即阿史那步真，阿史那彌射的族兄，與彌射同傳。見《舊唐書》卷一百九十四下、《新唐書》卷二百十五下。⓬辛酉 二月初三。⓭車駕 代指皇帝。⓮洛陽宮 在東都郭城西北隅。實測東壁長一千二百七十公尺，西壁一千二百七十五公尺，南壁一千七百一十公尺，北壁一千四百公尺。⓯庚午 二月十二日。⓰皇子顯 即後來的唐中宗。高宗第七子，母為武則天。顯慶元年（西元六五六年）十一月五日生，時年僅四個月。⑰壬申　二月十四日。⑱雍王素節　高宗第四子，母即蕭淑妃。後來自殺。傳見《舊唐書》卷八十六、《新唐書》卷八十一。⑲甲辰　三月十六日。⑳潭州　治所在今湖南長沙。㉑桂州　治所在今廣西桂林。㉒癸丑　三月二十五日。㉓丙申　五月初九日。㉔明德宮　在東都禁苑西南部。㉕庚子　五月十三日。㉖丁亥朔　七月初一日。㉗天竺　古印度名稱。《大唐西域記》：「詳夫天竺之稱，異議糾紛，舊云身毒，或曰賢豆，今從正音，宜云印度。」㉘婆羅門　梵文 Bráhman.a 的音譯，意謂「清淨」，印度的第一種姓。婆羅門教為印度的宗教，祭司（方士）稱婆羅門。婆羅門亦為古印度別稱。㉙道王　李元慶，高祖第十六子。傳見《舊唐書》卷六十四、《新唐書》卷七十九。㉚友　王府官名，掌陪侍規諫。㉛辛亥　七月二十五日。㉜此婆羅門　指那羅邇娑婆寐。㉝秦始皇　（西元前二五九—前二一〇年）姓嬴，名政，秦朝的建立者。西元前二四六—前二一〇年在位。傳見《史記》卷六。㉞漢武帝　劉徹（西元前一五六—前八七年），漢朝第六代皇帝，西元前一四〇—前八七年在位。傳見《史記》卷十二、《漢書》卷六。

【校　記】①右　原作「左」。據章鈺校，十二行本、乙十一行本皆作「右」，今據改。按，《舊唐書·蘇定方傳》、〈突厥傳〉、《新唐書·蘇定方傳》皆作「右」。

【語　譯】二年（丁巳　西元六五七年）

春，正月癸巳日，把西突厥哥邏祿部分別設置為陰山、大漠兩個都督府。〇閏正月十三日壬寅，高宗巡行到達洛陽。〇二十一日庚戌，委任右屯衛將軍蘇定方為伊麗道行軍總管，率領燕然都護渭南人任雅相、副都護蕭嗣業調發回紇等地軍隊，從北路討伐西突厥沙鉢羅可汗。蕭嗣業，是蕭鉅的兒子。

起初，右衛大將軍阿史那彌射和他的堂兄左屯衛大將軍步真，都是西突厥的酋長，太宗時，率領部眾前來投降。到這時候，高宗下詔任命彌射、步真為流沙安撫大使，從南路招集原來的部眾。

二月初三日辛酉，高宗的車駕到達洛陽宮。〇十二日庚午，立皇子李顯為周王。十四日壬申，遷徙雍王李素節為郇王。

三月十六日甲辰，任命潭州都督褚遂良為桂州都督。〇二十五日癸丑，任命李義府兼中書令。

夏，五月初九日丙申，高宗駕臨明德宮避暑。高宗從即位以後，每天都上朝理事，十三日庚子，宰相上奏說天下太平無事，請求每隔一日處理政務，高宗同意了。

秋，七月初一日丁亥，高宗返回洛陽宮。

王玄策擊敗天竺時，俘獲方士那羅邇娑婆寐而回到朝廷，那羅邇娑婆寐自稱有長生不老之術，太宗非常信任他，深加禮遇和敬重，讓他調製長生的藥物。派遣使者到四方尋求奇藥異石，又派遣使者到婆羅門各國採藥。他所言大都迂闊怪誕不切實際，不過是想拖延時間，長生藥最終還是沒有配成，就放他回去了。高宗即位後，那羅邇娑婆寐又來到長安，高宗又遣送他返回天竺。王玄策當時是道王李元慶的部屬，七月二十五日辛亥，向高宗上奏說：「這個婆羅門確實能調製長生不老藥，他表示一定可以配成，現在遣送他回去，失去了機會太可惜。」王玄策退了下去，高宗對侍臣說：「自古以來哪有神仙！秦始皇、漢武帝尋神求仙，使得百姓窮困，最終一無所成。如果真有不死的人，現在這些人都在哪裡！」李勣回答說：「確實如同聖上所說。這個婆羅門今番再來，容衰髮白，已經異於先前，怎麼能夠長生不老！陛下遣送他回去，朝廷內外都很高興。」娑婆寐最終死在長安。

許敬宗、李義府希皇后旨❶，誣奏侍中❷韓瑗、中書令來濟與褚遂良潛謀不軌，以桂州用武之地，授遂良桂州都督，欲以為外援。八月丁卯❸，瑗坐貶振州❹刺史，濟貶台州❺刺史，終身不聽朝覲❻。又貶褚遂良為愛州❼刺史，榮州❽刺史柳奭❾為象州❿刺史。

遂良至愛州，上表自陳：「往者濮王⓫、承乾⓬交爭之際，臣不顧死亡，歸心陛下。時岑文本⓭、劉洎奏稱：『承乾惡狀已彰，身在別所，其於東宮，不可少時虛曠，請且遣濮王往居東宮。』臣又抗言固爭，皆陛下所見。卒與無忌⑭等四人共定大策。及先朝⑮大漸⑯，獨臣與無忌同受遺詔。陛下在草土之辰⑰，不勝哀慟，臣以社稷⑱寬譬，陛下手抱臣頸。臣與無忌區處眾事，咸無廢闕，數日之間，內外寧謐。力小任重，動罹愆過，螻蟻餘齒⑲，乞陛下哀憐。」表奏，不省⑳。

【章旨】以上為第五段，寫許敬宗、李義府繼續迫害韓瑗、來濟、褚遂良等。

【注釋】❶希皇后旨　迎合皇后旨意。❷侍中　為門下省長官，正三品，大曆二年（西元七六七年）升為正二品，「佐天子而統大政」，與中書令共參議軍國之務，居宰相之任。❸丁卯　八月十一日。❹振州　治所在今海南三亞西。❺台州　治所在今浙江臨海市。❻朝覲　朝見皇帝。《周禮》：春見曰朝，夏見曰宗，秋見曰覲，冬見曰遇。❼愛州　治所在今越南清化。❽榮州　治所在今四川榮縣。❾柳奭　（？—西元六五九年）字子邵，蒲州解（今山西運城西南）人，王皇后之舅，官至中書令。傳見《舊唐書》卷七十七、《新唐書》卷一百十二。❿象州　治所武化，在今廣西象州東北。⓫濮王　名泰，字惠褒，太宗第四子，奏撰《括地志》，有奪嫡之心。⓬承乾　太宗長子，以謀反被貶。太子承乾與濮王李泰二人同傳，見《舊唐書》卷七十六、《新唐書》卷八十。⓭岑文本　（西元五九五—六四五年）字景仁，南陽棘陽（今河南南陽南部）人，太宗朝宰相，以博學節儉著稱。傳見《舊唐書》卷七十、《新唐書》卷一百二。⓮無忌　即長孫無忌（？—西元六五九年），河南洛陽（今河南洛陽）人，唐太宗長孫皇后之兄。曾參與玄武門之變，深得唐太宗倚重，封齊國公。官至檢校中書令，知尚書、門下事。太宗死後，又以國舅、太尉、顧命大臣的身分輔佐高宗，地位尊崇。後因反對唐高宗廢王皇后立武則天為皇后被貶。傳見《舊唐書》卷六十五、《新唐書》卷一百五。⓯先朝　指太宗皇帝。⓰大漸　病危。⓱草土之辰　居喪之時。⓲社稷　本指土、穀之神，借稱國家。⓳螻蟻餘齒　賤微殘年。⓴不省　不察。

【語譯】許敬宗、李義府迎合武皇后的意旨，向皇帝上奏，誣陷侍中韓瑗、中書令來濟和褚遂良暗中圖謀不軌，認為桂州是兵家必爭之地，所以委任褚遂良桂州都督，想把褚遂良作為外援。八月十一日丁卯，韓瑗獲罪貶為振州刺史，來濟貶為台州刺史，終生不能朝覲皇帝。又把褚遂良貶為愛州刺史，把榮州刺史柳奭貶為象州刺史。

褚遂良到了愛州，自己上表陳情說：「過去濮王、承乾交相爭鬥時，臣不怕死亡之危，誠心歸附陛下。當時岑文本、劉洎上奏說：『承乾作惡的情況已經暴露，被幽禁在別處宮室，太子之位，不能有短暫虛位，請暫且派濮王住進東宮。』臣又高聲直言，極力爭取，這些都是陛下所親見。最後臣和長孫無忌等四個人共同決定國家大計。後來先帝病危之際，只有臣和長孫無忌一起接受先帝的遺命。陛下在居喪時，內心哀痛異常，臣勸陛下為了社稷放寬心懷，陛下感動得用手抱住臣的脖子。臣和長孫無忌處置大小政務，使朝政沒有荒廢，幾天的時間，朝廷內外便安定了。臣的力量雖然弱小，但職任重大，一有舉動就容易犯下過錯，螻蟻之軀，殘暮之年，乞求陛下憐憫。」表奏呈送上去，高宗不體察其情。

己巳❶，禮官奏：「四郊迎氣，存太微❷五帝❸之祀；南郊明堂，廢緯書六天❹之義。其方丘祭地之外，別有神州❺，亦請合為一祀。」從之。

辛未❻，以禮部尚書❼許敬宗為侍中，兼度支尚書❽杜正倫為兼中書令。

冬，十月戊戌❾，上行幸許州❿。乙巳⓫，畋⓬于滍水⓭之南。壬子⓮，至汜水曲⓯。十二月乙卯朔⓰，車駕還洛陽宮。

蘇定方擊西突厥沙鉢羅可汗，至金山⓱北，先擊處木昆部，大破之，其俟斤⓲嬾獨祿等帥萬餘帳來降，定方撫之，發其千騎與俱。右領軍郎將⓳薛仁貴⓴上言：

「泥孰部㉑素不伏賀魯，為賀魯所破，虜其妻子。今唐兵有破賀魯諸部得泥孰妻子者，宜歸之，仍加賜賚，使彼明知賀魯為賊而大唐為之父母，則人致其死，不遺力矣。」上從之。泥孰喜，請從軍共擊賀魯。

定方至曳咥河㉒西，沙鉢羅帥十姓兵㉓且十萬來拒戰，定方將唐兵及回紇萬餘人擊之。沙鉢羅輕定方兵少，直進圍之。定方令步兵據南原，攢矟㉔外向，自將騎兵陳㉕於北原。沙鉢羅先攻步軍，三衝不動，定方引騎兵擊之，沙鉢羅大敗，追奔三十里，斬獲數萬人，明日，勒兵復進。於是胡祿屋等五弩失畢悉眾來降㉖，沙鉢羅獨與處木昆屈律啜數百騎西走。時阿史那步真出南道，五咄陸部落聞沙鉢羅敗㉗，皆詣步真降。定方乃命蕭嗣業、回紇婆閏將胡兵趨邪羅斯川㉘，追沙鉢羅，定方與任雅相將新附之眾繼之。會㉙大雪，平地二尺，軍中咸請俟晴而行，定方曰：「虜恃雪深，謂我不能進，必休息士馬，亟追之可及，若緩之，彼遁逃浸遠，不可復追，省日兼功，在此時矣！」乃蹋雪晝夜兼行。所過收其部眾，至雙河㉚，與彌射、步真兵[1]合，去沙鉢羅所居二百里，布陳長驅，徑至其牙帳㉛。沙鉢羅與其徒將獵，定方掩其不備，縱兵擊之，斬獲數萬人，得其鼓纛㉜，沙鉢羅與其子咥運、壻閻啜等脫走，趣㉝石國㉞。定方於是息兵，諸部各歸所居，通道路，置郵驛[35]，掩骸骨，問疾苦，畫疆場，復生業[36]，凡為沙鉢羅所掠者，悉括[37]還之，十姓安堵如故。乃命蕭嗣業將兵追沙鉢羅，定方引軍還。

沙鉢羅至石國西北蘇咄城，人馬飢乏，遣人齎[38]珍寶入城市馬，城主伊沮達官[39]詐以酒食出迎，誘之入，閉門執之，送于石國。蕭嗣業至石國，石國人以沙鉢羅授之。

乙丑[40]，分西突厥地置濛池、崑陵[41]二都護府，以阿史那彌射為左衛大將軍、崑陵都護[42]、興昔亡可汗，押[43]五咄陸部落；阿史那步真為右衛大將軍、濛池都護、繼往絕可汗，押五弩失畢部落。遣光祿卿盧承慶[44]持節冊命，仍命彌射、步真與承慶據諸姓降者，準[45]其部落大小，位望[46]高下，授刺史以下官[47]。○丁卯[48]，以洛陽宮[49]為東都，洛州官吏員品並如雍州[50]。

是歲，詔：「自今僧尼不得受父母及尊者禮拜，所司[51]明有法制禁斷。」○以吏部侍郎[52]劉祥道[53]為黃門侍郎，仍知[54]吏部選事。祥道以為「今選司取士傷濫[55]，每年入流[56]之數，過一千四百，雜色[57]入流，曾不銓簡。即日[58]內外文武官一品至九品，凡萬三千四百六十五員，約準三十年，則萬三千餘人略盡矣。若年別[59]入流者五百人，足充所須之數。望有釐革[60]。」既而[61]杜正倫亦言入流人太多，上命正倫與祥道詳議，而大臣憚(62)於改作，事遂寢。祥道，林甫(63)之子也。

【章　旨】以上為第六段，寫蘇定方撫定西突厥。

【注　釋】❶己巳　八月十三日。❷太微　星垣名，北天星象有三垣，曰紫微垣（以北極為心，繞以天龍、仙后、仙王諸星座）、天市垣（以帝座為心，繞以巨蛇、英仙諸星座）、太微垣（以五帝為心，繞以獅子、后髮、室女諸星座）。❸五帝　鄭玄認為是五行精氣之神。❹六天　出自緯書，根據鄭玄之說，指昊天上帝、青帝靈威仰、赤帝赤熛怒、黃帝含樞紐、白帝白招拒、黑帝汁光紀。❺神州　即神州地祇。地神。❻辛未　八月十五日。❼禮部尚書　官名，正三品，掌天下禮儀、祠祭、宴饗、貢舉之政令。❽度支尚書　官名。隋民部尚書，唐貞觀中改稱戶部尚書，顯慶時又改稱度支尚書。員一人，正三品，職掌國家田土戶口、賦稅錢穀、水陸運輸，是國家財政經濟的最高官員。❾戊戌　十月丙辰朔，無戊戌。下文乙巳、壬子，十一月有之。《新唐書・高宗紀》作「十一月戊戌」，當以十一月為是。戊戌，十一月十四日。❿許州　治所在今河南許昌。⓫乙巳　十一月二十一日。⓬畋　打獵。⓭滍水　今名沙河，在河南魯山縣、葉縣境內。⓮壬子　十一月二十八日。⓯汜水曲　當在今河南鞏縣東。胡三省認為在鄭州新鄭界，不知所據。⓰乙卯朔　十二月初一日。⓱金山　即阿爾泰山。⓲俟斤　西突厥官號，意為首領。⓳右領軍郎將　官名，即右領軍中郎將，位次將軍之下。薛仁貴從征高麗，與高延壽交戰，陷陣建功，太宗任以此官。⓴薛仁貴　仁貴（西元六一四—六八三年）名禮，絳州龍門（今山西河津）人，唐代名將。傳見《舊唐書》卷八十三、《新唐書》卷一百十一。㉑泥孰部　即阿悉結泥孰部，西突厥右廂五弩失畢之一。㉒曳咥河　在今伊犁河東。㉓十姓兵　即五咄陸及五弩失畢之兵。五咄陸指處木昆律、胡祿屋闕、攝舍提暾、突騎施賀邏施、鼠尼施處半。五弩失畢指阿悉結闕、哥舒闕、拔塞幹暾沙鉢、阿悉結尼孰、哥舒處半。㉔攢矟　集中長矛。攢，聚集。矟，《釋名・釋兵》：「矛長丈八尺曰矟，馬上所持。」㉕陳　列陣。㉖胡祿屋等五弩失畢悉眾來降　此處記載有誤。胡祿屋係五咄陸之一，居今新疆烏魯木齊西北瑪納斯河西部，非弩失畢。五弩失畢當為五咄陸。㉗五咄陸部落聞沙鉢羅敗　五咄陸當為五弩失畢之誤。五弩失畢分布在今中亞楚河、錫爾河流域，位於五咄陸西南。㉘邪羅斯川　在今伊犁河西。㉙會　恰巧；適逢。㉚雙河　即今新疆博樂西部的博樂塔拉河。㉛牙帳　軍帥所居，軍帳前立牙旗，故稱牙帳。胡三省注：「賀魯牙帳在金牙山。直石國東北。」直，通「值」。石國詳下文注。本書卷二百二胡注：「突厥之初，建牙於金山，其後分為東、西突厥，凡建牙之地，率謂之金牙山。」

㉜鼓纛　戰鼓和帥旗。㉝趣　趨走；奔赴。㉞石國　西域國名，昭武九姓之一。位於今烏茲別克斯坦首府塔什干一帶。㉟郵驛　驛館。㊱生業　生產；產業。㊲括　搜；求。㊳齎　攜帶。㊴伊沮達官　兩《唐書．西突厥傳》作「伊涅達干」。㊵乙丑　十二月十一日。㊶濛池崑陵　都護府名。濛池都護府，管轄今哈薩克斯坦巴爾喀什湖東南、巴爾喀什湖及伊克賽湖以西地區。崑陵都護府，轄境約當今哈薩克斯坦巴爾喀什湖以東、新疆準噶爾盆地和伊犁河流域一帶。據文獻記載，濛池、崑陵二都護府均隸於安西都護府。㊷都護　官名，都護府最高長官，員一人，正三品，管理轄境內的邊防、行政及民族事務。㊸押　統轄；管理。㊹盧承慶　（西元五九五—六七〇年）幽州范陽（今河北涿州）人，儀表堂堂，博學多才。傳見《舊唐書》卷八十一、《新唐書》卷一百六。㊺準　按照；依據。㊻位望　職位名望。㊼刺史以下官　指州別駕、長史、司馬、諸參軍事及縣令、丞、主簿等。㊽丁卯　十二月十三日。㊾洛陽宮　《唐六典》：「洛陽宮在東都皇城之北，東西四里一百八十步，南北二里八十五步，周回十三里二百四十一步。」㊿洛州官吏員品並如雍州　雍州治長安，在今西安西北。因京師所在，官員人數較多，品秩亦高於他州。洛州治所在今河南洛陽東北。因升洛陽為東都，故令增加洛州官吏員品。(51)所司　主管官吏。(52)吏部侍郎　官名，為吏部尚書副佐之官，正四品上，職掌官吏選授、勳封、考課之政令。(53)劉祥道　（西元五九六—六六六年）字同壽，魏州觀城（今山東陽谷）人，麟德間位至右相後罷為司禮太常伯。為人謹慎謙下。傳見《舊唐書》卷八十一、《新唐書》卷一百六。(54)知　執掌；主持。(55)傷濫　傷於浮濫。(56)入流　升入九品。唐制，官階在九品以外的稱為流外官。(57)雜色　指流外官。(58)即日　胡三省注：「即日者，即今日也。」(59)別　分別。(60)釐革　調整改革。(61)既而　接著；不久。(62)憚　怕。(63)林甫　劉祥道父劉林甫，高祖武德間為內史舍人，典機密，有才華，曾與蕭瑀等人撰定律令，著《律議》萬餘言。兩《唐書》無傳。太宗貞觀初任吏部侍郎。

【校　記】[1]兵　原無此字。據章鈺校，十二行本、乙十一行本、孔天胤本皆有此字，今據補。

【語　譯】八月十三日己巳，禮官上奏：「四郊迎接五行精氣，保存太微五帝的祭祀；南郊明堂，都祭祀昊天上帝，廢除緯書六天的理論。除在方丘祭祀地祇之外，另在北郊祭祀神州地祇，現在請合併在方丘一起祭祀。」高宗表示同意。

八月十五日辛未，任命禮部尚書許敬宗為侍中，兼任度支尚書杜正倫兼任中書令。

冬，十月戊戌日，高宗巡行到達許州。二十一日乙巳，在滍水南面狩獵。二十八日壬子，到達汜水曲。

十二月初一日乙卯，高宗車駕返回洛陽宮。

蘇定方攻打西突厥沙鉢羅可汗，抵達金山北面，首先攻打處木昆部，把他們打得大敗。處木昆部的俟斤嬾獨祿等人率領一萬多帳前來投降，蘇定方安撫他們，調派一千名騎兵和他們在一起。右領軍中郎將薛仁貴向高宗進言：「泥孰部向來不向賀魯屈服，被賀魯所敗，俘虜了他們的妻子兒女。現在唐兵中有打敗賀魯各部落而俘獲泥孰妻兒的，最好送還給泥孰，還對泥孰加以賞賜，讓泥孰明白知道賀魯是賊寇，而大唐是他們的父母，那麼他們會人人為唐室效死，不遺餘力。」高宗同意他的意見。泥孰很高興，請求隨從唐軍一起攻打賀魯。

蘇定方到達曳咥河西邊，沙鉢羅率領十姓近十萬兵眾前來抵抗作戰，蘇定方率領唐兵和回紇一萬多人攻打沙鉢羅。沙鉢羅輕視蘇定方士兵少，逕直向前包圍。蘇定方命令步兵據守南原，把長矛集中起來，鋒刃向外，自己率領騎兵列陣北原。沙鉢羅先攻擊步兵，衝鋒三次，步兵陣列沒有動搖，蘇定方引領騎兵攻擊，沙鉢羅大敗，蘇定方追擊了三十里，斬殺俘獲幾萬人，次日，整頓軍隊再次進擊。於是胡祿屋等五咄陸都率領全體部眾來降，沙鉢羅單獨和處木昆屈律啜幾百名騎兵向西逃走。當時阿史那步真從南道出發，五咄陸部落聽說沙鉢羅吃了敗仗，就都前往阿史那步真投降。蘇定方便命蕭嗣業、回紇婆閏率領胡人軍隊趕往邪羅斯川，追擊沙鉢羅，蘇定方和任雅相統領剛剛歸附的部眾作為後繼部隊。適逢天降大雪，平地積雪二尺，軍中將士都要求等到天晴再前進，蘇定方說：「敵人仗著雪深，以為我們不能前進，肯定休息兵馬，我們迅速追擊可以趕上；如果放緩，敵人逃得越來越遠，不可能再追得上。節省時間，事半功倍，就在這個時候了！」唐軍就踏著雪，晝夜兼程。所過之處，收編投降的部眾，到了雙河，和阿史那彌射、阿史那步真兵馬會合，在距離沙鉢羅所住二百里的地方，布列陣勢，長驅直入，直抵沙鉢羅的牙帳。沙鉢羅和他的徒眾正準備出獵，蘇定方乘他沒有防備，縱兵進擊，斬殺俘獲了幾萬人，獲取了沙鉢羅的戰鼓旗幟，沙鉢羅和他的兒子咥運、女婿閻啜等人脫身逃走，前往石國。蘇定方於是停止進兵，各部落都回到各自的居地，開通道路，設置驛站，掩埋屍骨，慰問民眾疾苦，劃定部落疆界，恢復生計產業，凡是被沙鉢羅所掠奪的財物，全部歸還，十姓的胡人安居如舊。又命令蕭嗣業統兵追擊沙鉢羅，蘇定方帶兵凱旋。

沙鉢羅到了石國西北的蘇咄城，人飢馬乏，派人攜帶珍寶進城買馬，城主伊沮達官欺騙他，拿著酒食出城迎接，誘使他進入城內，然後關閉城門把他抓起來，送到石國。蕭嗣業到了石國，石國人把沙鉢羅交給他。

十二月十一日乙丑，劃分西突厥土地設置濛池、崑陵兩個都護府，任命阿史那彌射為左衛大將軍、崑陵都護、興昔亡可汗，統領五咄陸部落；阿史那步真為右衛大將軍、濛池都護、繼往絕可汗，統領五弩失畢部落。派遣光祿卿盧承慶攜帶符節、冊書，命令彌射、步真和承慶對投降的各姓部落，按照部落大小、地位聲望高低為準，授給他們刺史以下的官銜。〇十三日丁卯，把洛陽宮作為東都，洛州官吏員數品秩都和雍州相同。

這一年，高宗下詔令：「從現在起，僧尼不得接受父母和地位尊貴的人敬禮跪拜，主管官吏明示法令加以禁絕。」〇任命吏部侍郎劉祥道為黃門侍郎，仍主持吏部的官吏選授。劉祥道認為「現在選拔人才的官署錄用人才有浮濫的流弊，每年入九品流內的員數，超過了一千四百，流外官入九品流內的，都不曾加以銓選簡擇。今日朝廷內外文武官從一品到九品，共計一萬三千四百六十五名，大略以三十年為準，一萬三千多人差不多就消失了。如果每年選拔進入九品流內的有五百人，完全可以滿足所需要的員數。希望對吏部選授有所改革。」不久杜正倫也說錄入九品流內的人數太多了，高宗命令杜正倫和劉祥道詳加研討商議，但大臣們害怕改革變動，這件事就放下了。劉祥道，是劉林甫的兒子。

三年（戊午　西元六五八年）

春，正月戊子❶，長孫無忌等上所修新禮❷，詔中外行之。先是，議者謂貞觀禮❸節文❹未備❺，故命無忌等修之。時許敬宗、李義府用事❻，所損益多希旨❼，學者非之。太常博士❽蕭楚材等以為豫備凶事，非臣子所宜言，敬宗、義府深然之，遂焚國恤❾一篇，由是凶禮遂闕❿。

初，龜茲王布失畢妻阿史那氏與其相那利私通，布失畢不能禁，由是君臣猜阻⓫，各有黨與⓬，互來告難。上兩召之，既至，囚那利，遣左領軍郎將雷文成送布失畢歸國。至龜茲東境泥師城，龜茲大將羯獵顛發眾拒之，仍遣使降於西突厥沙鉢羅可汗，布失畢據城自守，不敢進。詔左屯衛大將軍⓭楊胄發兵討之。會布失畢病卒，胄與羯獵顛戰，大破之，擒羯獵顛及其黨，盡誅之，乃以其地為龜茲都督府⓮。戊申⓯，立布失畢之子素稽為龜茲王，兼都督。

二月丁巳⓰，上發東都；甲戌⓱，至京師。○夏，五月癸未⓲，徙安西都護府⓳於龜茲，以舊安西復為西州都督府，鎮高昌⓴故地。

六月，營州都督兼東夷都護程名振㉑、右領軍中郎將薛仁貴將兵攻高麗之赤烽鎮㉒，拔之，斬首四百餘級，捕虜百餘人。高麗遣其大將豆方婁帥眾三萬拒之，名振以契丹㉓逆擊㉔，大破之，斬首二千五百級。

秋，八月甲寅㉕，播羅哀獠㉖酋長多胡桑等帥眾內附。

冬，十月庚申㉗，吐蕃㉘贊普㉙來請婚。

【章 旨】以上為第七段，寫唐高宗頒《新禮》。置安西都護府於龜茲，東敗高麗。

【注 釋】❶戊子 正月初五。❷新禮 凡一百三十卷，後來稱為《顯慶禮》，長孫無忌等在《貞觀禮》的基礎上修撰而成。❸貞觀禮 房玄齡、魏徵等奉敕修撰，共一百卷。❹節文 指禮儀節目與文辭。❺未備 不詳；不完備。❻用事 當權。❼希旨 迎合旨意。❽太常博士 太常寺屬官，共四人，從七品上，職掌五禮儀式。五禮，指吉禮、賓禮、軍禮、嘉禮和凶禮。❾國恤 《貞觀禮》中〈凶禮〉的篇名之一。❿凶禮遂闕 應為「天子凶禮遂闕」。胡三省注釋說：「六禮既闕凶禮，遂為五禮焉。」趙紹祖在《通鑑注商》中駁之，略言：「五禮者，吉、凶、軍、賓、嘉，非此五者之外更有一禮合為六禮。」按，兩《唐書‧禮樂（儀）志》，《貞觀禮‧凶禮》凡十一篇，其中〈國恤〉五篇。去〈國恤〉一篇不等於盡廢〈凶禮〉。趙氏所言極是。⓫猜阻 猜忌隔閡。⓬黨與 黨羽。⓭左屯衛大將軍 官名，中央十二衛大將軍之一，正三品。⓮龜茲都督府 治所伊羅盧城，在今新疆庫車東郊皮朗敦。⓯戊申 正月二十五日。⓰丁巳 二月初四日。⓱甲戌 二月二十一日。⓲癸未 五月初二日。⓳安西都護府 貞觀十四年（西元六四〇年）置，治所西州，在今新疆吐魯番東南高昌故城遺址。⓴高昌 古城國名，西元四四三年由沮渠無諱建立，經闞氏、張氏、馬氏、麴氏統治，至西元六四〇年為唐所滅。麴氏盛時，其轄境以吐魯番為中心，東接敦煌，西達龜茲，南鄰吐谷渾，北迄敕勒。㉑程名振 洺州平恩（今河北邱縣西南）人，唐初名將。事見《舊唐書》卷八十三、《新唐書》卷一百十一〈程務挺傳〉。㉒攻高麗之赤烽鎮 高麗為古國名，位於朝鮮半島北部。《舊唐書》卷八十三〈薛仁貴傳〉云：顯慶二年，「破高麗於貴端城，斬首三千級。」《新唐書》卷一百十一〈薛仁貴傳〉系此事於顯慶三年。㉓契丹 少數民族名稱，活動在今遼河上游西拉木倫河一帶。㉔逆擊 迎擊。㉕甲寅 八月初四日。㉖播羅哀獠 西南地區少數民族。胡注：「播羅哀，羅竇生獠部落之名。」㉗庚申 十月十一日。㉘吐蕃 中國古代藏族政權名，位於青藏高原。西元七世紀後建立，尚處於奴隸制階段。㉙贊普 吐蕃君長稱號。《新唐書‧吐蕃傳》曰：「其俗謂彊雄曰贊，丈夫曰普，故號君長曰贊普。」

【語 譯】三年（戊午 西元六五八年）

春，正月初五日戊子，長孫無忌等人呈上所修《新禮》，高宗詔令朝廷內外遵照施行。此前，參加討論的人說《貞觀禮》禮儀細節尚不完備，所以命令長孫無忌等人修訂。當時許敬宗、李義府主政，對禮節的增減大多迎合高宗的旨意，學者們多有批評。太常博士蕭楚材等人認為預先準備天子去世的凶事，不是臣子所應說的，許敬宗、李義府深以為是，就焚燬了〈國恤〉一篇，從此凶禮就缺失了。

起初，龜茲王布失畢的妻子阿史那氏和他的宰相那利私通，布失畢無力禁止，從此君臣相互猜忌隔閡，各有黨羽，交相到唐朝告急。高宗把兩人召來，他們到來之後，囚禁了那利，派遣左領軍郎將雷文成送布失畢回國。到達龜茲東境泥師城，龜茲的大將羯獵顛發動部眾抗拒，又派遣使者向西突厥沙鉢羅可汗投降，布失畢佔據泥師城自保，不敢前進。高宗下令左屯衛大將軍楊胄調動軍隊攻打羯獵顛。適逢布失畢病死，楊胄和羯獵顛交戰，大敗羯獵顛，俘虜了羯獵顛和他的黨羽，把他們全部殺掉，就在當地設置了龜茲都督府。正月二十五日戊申，立布失畢的兒子素稽為龜茲王，兼都督。

二月初四日丁巳，高宗從東都出發；二十一日甲戌，到達京師。〇夏，五月初二日癸未，把安西都護府遷徙到龜茲，把原來的安西都護府又恢復為西州都督府，鎮守高昌舊地。

六月，營州都督兼東夷都護程名振、右領軍中郎將薛仁貴統兵進攻高麗的赤烽鎮，攻了下來，斬殺敵人首級四百多級，虜獲一百多人。高麗派遣大將豆方婁率領部眾三萬人抵抗，程名振以契丹兵迎擊，大敗高麗，斬殺敵人首級二千五百級。

秋，八月初四日甲寅，播羅哀獠酋長多胡桑等人率領部眾歸附朝廷。

冬，十月十一日庚申，吐蕃贊普前來請求通婚。

中書令李義府有寵於上，諸子孩抱者並列清貫❶[1]。而義府貪冒❷無厭，母、妻及諸子、女壻賣官鬻獄，其門如市，多樹朋黨，傾動朝野。中書令杜正倫每以先進❸自處，義府恃恩，不為之下，由是有隙❹，與義府訟於上前。上以大臣不和，兩責之。十一月乙酉❺，貶正倫橫州❻刺史，義府普州❼刺史。正倫尋❽卒於横州。

阿史那賀魯既被擒，謂蕭嗣業曰：「我本亡虜，為先帝❾所存❿，先帝遇我厚而我負之，今日之敗，天所怒也。吾聞中國刑人必於市，願刑我於昭陵⓫之前以謝先帝。」上聞而憐⓬之。賀魯至京師，甲午⓭，獻于昭陵，敕免⓮其死。分其種落為六都督府⓯，其所役屬諸國皆置州府，西盡波斯⓰，並隸安西都護府。賀魯尋死，葬於頡利⓱墓側。

戊戌⓲，以許敬宗為中書令，大理卿辛茂將為兼侍中。○開府儀同三司⓳鄂忠武公⓴尉遲敬德㉑薨。敬德晚年閒居，學延年術，修飾池臺，奏清商樂㉒以自奉養，不交通賓客，凡十六年，年七十四，以病終，朝廷恩禮甚厚。

是歲，愛州刺史褚遂良卒。○雍州司士㉓許禕與來濟善，侍御史張倫與李義府有怨，吏部尚書唐臨㉔奏以禕為江南道㉕巡察使㉖，倫為劍南道㉗巡察使。是時義府雖在外，皇后常保護之，以臨為挾私選授㉘。

【章旨】以上為第八段，寫權臣李義府恃皇后之寵，雖貪黷遭貶，仍能干預朝政。

【注釋】❶清貫 清高尊貴之職。❷貪冒 貪圖財利。❸先進 前輩。❹隙 怨恨；矛盾。❺乙酉 十一月初六日。❻横州 治所在今廣西横縣南。❼普州 治所在今四川安岳。❽尋 不久。❾先帝 指唐太宗。❿存 存活。事見兩《唐書・突厥傳》。⑪昭陵　唐太宗墓。在今陝西禮泉東北二十公里的九嵕山上，是唐「關中十八陵」中規模最大的一座。⑫憐　哀憐。⑬甲午　十一月十五日。⑭赦免　下令赦免。⑮分其種落為六都督府　以處木昆部置匐延都督府，治所在今新疆和布克賽爾蒙古自治縣一帶；以突騎施索葛莫賀部置嗢鹿都督府，在今新疆伊寧西；以胡祿屋闕部置鹽泊都督府，當今新疆克拉瑪依附近；以攝舍提暾部置雙河都督府，當今新疆博樂塔拉河一帶；以鼠尼施處半部置鷹娑都督府，當今開都河上游；以突騎施阿利施部置潔山都督府，當今哈薩克斯坦阿拉木圖一帶。⑯波斯　國名，即伊朗。⑰頡利　突厥可汗。唐初屢犯邊，後為李靖所俘。事見兩《唐書・突厥傳》。⑱戊戌　十一月十九日。⑲儀同三司　散官名號，係文散官第一階，從一品。⑳鄂忠武公　封號與諡號的合稱。尉遲敬德被封為鄂國公，諡曰忠武。㉑尉遲敬德　（西元五八五－六五八年）名恭，以字行，朔州善陽（今山西朔州）人，唐初名將，以勇武著稱。傳見《舊唐書》卷六十八、《新唐書》卷八十九。㉒清商樂　由民間音樂發展而來，聲調清越。此樂由太常寺置清商署掌管。㉓司士　即司士參軍事，係州六曹之一的士曹官吏，從七品下，職掌津梁、舟車、舍宅、工匠之事。㉔唐臨　字本德，京兆長安（今西安西部）人。傳見《舊唐書》卷八十五、《新唐書》卷一百十三。㉕江南道　監察區名稱，轄境為今浙江、福建、江西、湖南等省及江蘇、安徽、湖北、四川、貴州局部地區。㉖巡察使　官名，巡行地方，考察官吏。㉗劍南道　轄今四川涪江以西、大渡河和雅礱江以東、雲南曲江、南盤江以北及貴州普安、甘肅文縣一帶。㉘以臨為挾私選授　認為唐臨選官不公。時來濟在台州，屬江南道，李義府在普州，隸劍南道。以許禕為江南道巡察使，對來濟有利；以張倫為劍南道巡察使，對李義府不利。

【校　記】①清貫　原作「清貴」。據章鈺校，十二行本作「清貫」，今據改。

【語　譯】中書令李義府受高宗寵幸，諸子和尚在懷抱中的孩子也都身處顯貴。而李義府仍然貪取財物，不知滿足，母親、妻子和兒子、女婿賣官鬻爵，售獄獲利，門庭若市，四處結黨，聲勢震動朝廷內外。中書令杜正倫常常以先輩自居，李義府靠著皇帝恩寵，不願處在下風，由此兩人有了嫌隙。杜正倫與李義府在高宗面前爭執。高宗認為大臣不和是不應該的，對兩人都加以責備。十一月初六日乙酉，把杜正倫貶為橫州刺史，把李義府貶為普州刺史。杜正倫不久就死在橫州。

阿史那賀魯被擒後，對蕭嗣業說：「我本來是該死的俘虜，被先帝太宗所赦免，先帝待我恩深意厚，而我辜負了他。今天的失敗，是上天生氣在懲罰我。我聽說中國處死犯人一定在街市上，希望把我處死在昭陵之前，以向先帝謝罪。」高宗聽了，很憐憫他。阿史那賀魯到達京師，十一月十五日甲午，在昭陵舉行獻俘儀式，高宗下令赦免他的死刑。把他的部落分成六個都督府，他所轄屬的各國都設置了州府，西至波斯，全都隸屬安西都護府。阿史那賀魯沒多久就死了，埋葬在頡利墓側。

十一月十九日戊戌，任命許敬宗為中書令，大理卿辛茂將為兼侍中。〇開府儀同三司鄂忠武公尉遲敬德去世。敬德晚年閒居在家，學習長生術，修整園池樓臺，奏唱清商歌樂，自我調養，不和賓客相交往，總共有十六年，年七十四歲，因病而死，朝廷對他的恩遇禮待相當豐厚。

這一年，愛州刺史褚遂良去世。〇雍州司士許禕和來濟友好，侍御史張倫和李義府有怨隙，吏部尚書唐臨上奏委任許禕為江南道巡察使，張倫為劍南道巡察使。當時李義府雖然身在朝外，但皇后常常保護他，認為唐臨挾帶私情選授官職。

四年（己未　西元六五九年）

春，二月乙丑❶，免臨官。

三月壬午❷，西突厥興昔亡可汗與真珠葉護❸戰于雙河❹，斬真珠葉護。

夏，四月丙辰❺，以于志寧❻為太子太師、同中書門下三品；乙丑❼，以黃門侍郎許圉師❽參知政事。

武后以太尉❾趙公❿長孫無忌受重賜而不助己⓫，深怨之。及議廢王后，燕公于志寧中立不言，武后亦不悅。許敬宗屢以利害說⓬無忌，無忌每面折⓭之，敬宗亦怨。武后既立，無忌內不自安，后令敬宗伺其隙而陷⑭之。會洛陽人李奉節告太子洗馬⑮韋季方、監察御史⑯李巢朋黨⑰事，敕敬宗與辛茂將鞫之。敬宗按⑱之急，季方自刺，不死，敬宗因誣奏季方欲與無忌構陷忠臣近戚，使權歸無忌，伺隙謀反，今事覺，故自殺。上驚曰：「豈有此邪⑲！舅為小人所間⑳，小生疑阻㉑則有之，何至於反！」敬宗曰：「臣始末推究，反狀已露，陛下猶以為疑，恐非社稷之福。」上泣曰：「我家不幸，親戚間屢有異志㉒，往年高陽公主㉓與房遺愛㉔謀反，今元舅㉕復然，使朕慚見天下之人。茲事若實，如之何？」對曰：「遺愛乳臭兒㉖，與一女子謀反，勢何所成！無忌與先帝謀取天下，天下服其智。為宰相三十年㉗，天下畏其威，若一旦竊發，陛下遣誰當之！今賴宗廟之靈，皇天疾惡，因按小事，乃得大姦，實天下之慶也。臣竊恐無忌知季方自刺，窘急發謀，攘袂㉘一呼，同惡雲集，必為宗廟之憂。臣昔見宇文化及㉙父述㉚為煬帝㉛所親任，結以婚姻，委以朝政。述卒，化及復典禁兵，一夕於江都㉜作亂，先殺不附己者，臣家亦豫其禍㉝，於是大臣蘇威㉞、裴矩㉟之徒，皆舞蹈馬首，唯恐不及，黎明遂傾隋室㊱。前事不遠，願陛下速決之！」上命敬宗更加審察。明日，敬宗復奏曰：「昨夜季方已承與無忌同反，臣又問季方：『無忌與國至親，累朝寵任，何恨而反？』季方答云：『韓瑗嘗語無忌云：「柳奭、褚遂良勸公立梁王為太子，今梁王既廢，上亦疑公，故出高履行於外[37]。」自此無忌憂恐，漸為自安之計。後見長孫祥[38]又出，韓瑗得罪，日夜與季方等謀反。』臣參驗辭狀，咸相符合，請收捕準法[39]。」上又泣曰：「舅若果爾[40]，朕決不忍殺之；若殺之〔1〕，天下將謂朕何[41]，後世將謂朕何！」敬宗對曰：「薄昭，漢文帝[42]之舅也，文帝從代[43]來，昭亦有功，所坐止於殺人，文帝使百官素服[44]哭而殺之，至今天下以文帝為明主。今無忌忘兩朝之大恩，謀移社稷，其罪與薄昭不可同年而語也。幸而姦狀自發，逆徒引服，陛下何疑，猶不早決！古人有言：『當斷不斷，反受其亂。』安危之機，間不容髮[45]。無忌今之姦雄，王莽[46]、司馬懿[47]之流也，陛下少更遷延，臣恐變生肘腋，悔無及矣！」上以為然，竟不引問無忌。戊辰[48]，下詔削無忌太尉及封邑[49]，以為揚州[50]都督，於黔州安置，準一品供給[51]。祥，無忌之從父兄子也，前此自工部尚書[52]出為荊州長史，故敬宗以此誣之。

敬宗又奏：「無忌謀逆，由褚遂良、柳奭、韓瑗構扇[53]而成。奭仍潛通宮掖，謀行鴆毒，于志寧亦黨附無忌。」於是詔追削遂良官爵，除奭、瑗名，免志寧官。遣使發道次兵[54]援送無忌詣黔州。無忌子祕書監駙馬都尉沖[55]等皆除名，流嶺表(56)。遂良子彥甫、彥沖流愛州，於道殺之。益州長史高履行累貶洪州(57)都督。

五月丙申(58)，兵部尚書(59)任雅相、度支尚書盧承慶並參知政事。承慶，思道(60)之孫也。

涼州(61)刺史趙持滿，多力善射，喜任俠，其從母(62)為韓瑗妻，其舅駙馬都尉長孫銓，無忌之族弟也，銓坐無忌，流巂州(63)。許敬宗恐持滿作難，誣云(64)無忌同反，驛召至京師，下獄，訊掠備至，終無異辭，曰：「身可殺也，辭不可更！」吏無如之何(65)，乃代為獄辭結奏。戊戌(66)，誅之，尸於城西，親戚莫敢視。友人王方翼(67)歎曰：「欒布(68)哭彭越(69)，義也；文王(70)葬枯骨(71)，仁也。下不失義，上不失仁，不亦可乎！」乃收而葬之。上聞之，不罪也。方翼，廢后之從祖兄也。長孫銓至流所，縣令希旨杖殺之。

【章　旨】以上為第九段，寫唐高宗以謀反罪徹底打擊長孫無忌等關隴士族集團。

【注　釋】❶乙丑　二月十八日。❷壬午　三月初五日。❸真珠葉護　西突厥乙毗咄陸可汗之子，名頡苾達度設。事見兩《唐書．突厥傳》。❹雙河　在今新疆博樂拉塔河流域。❺丙辰　四月初十日。❻于志寧　（西元五八八—六六五年）字仲謐，京兆高陵（今陝西高陵）人，曾參與編寫律、禮的活動。傳見《舊唐書》卷七十八、《新唐書》卷一百四。❼乙丑　四月十九日。❽許圉師　安州安陸（今湖北安陸）人，有器幹，擢進士及第。事見《舊唐書》卷五十九〈許紹傳〉、《新唐書》卷九十〈許紹傳〉。❾太尉　官名，三公之一，正一品。用為加官，無實際職掌。❿趙公　長孫無忌封號。⓫受重賜而不助己　《新唐書・長孫無忌傳》載：高宗欲立武昭儀為皇后，無忌固言不可。高宗密以寶器錦帛十餘車賜之，又幸其第，擢其三子皆朝散大夫。昭儀母又詣其家求情，許敬宗數勸之，都被無忌厲色拒絕。⑫說　遊說。⑬面折　當面駁斥。⑭陷　誣陷；陷害。⑮會洛陽人李奉節告太子洗馬　此事《通鑑》所記與兩《唐書・長孫無忌傳》頗有差異。《考異》、《實錄》敘此事殊魯莽，列傳亦未可據。太子洗馬，官名，東宮官屬，從五品下，掌圖書經籍繕寫刊緝之事。⑯監察御史　官名，屬御史臺察院，設員十人，正八品上，掌分察百官，巡按郡縣，糾視刑獄，肅整朝儀。⑰朋黨　為私利而勾結同類。⑱按　審；查。⑲豈有此邪　怎麼會有這樣的事。⑳間　離間。㉑疑阻　疑惑。㉒異志　謀反意識。㉓高陽公主　即合浦公主，太宗第十七女，下嫁房遺愛。永徽三年因謀反賜死。傳見《新唐書》卷八十三。㉔房遺愛　唐初名相房玄齡次子，官房州刺史，謀反被殺。事見《舊唐書》卷六十六與《新唐書》卷九十六〈房玄齡傳〉。㉕元舅　國舅。㉖乳臭兒　小兒。㉗為宰相三十年　貞觀元年（西元六二七年）入相，至此三十三年。此言其整數。㉘攘袂　捲袖捋臂。㉙宇文化及　（？—西元六一九年）宇文述之子，官至右屯衛將軍。西元六一八年在江都弒殺煬帝後，領兵北上，遭李密、竇建德阻擊，窮途末路而自立為帝。傳見《隋書》卷八十五、《北史》卷七十九。㉚述　即宇文述，隋朝大臣，代郡武川（今內蒙古武川縣西南）人。傳見《隋書》卷六十一、《北史》卷七十九。㉛煬帝　（西元五六九—六一八年）名廣，隋朝第二代皇帝，西元六〇四—六一八年在位。傳見《隋書》卷三、《北史》卷十二。㉜江都　郡名，為隋煬帝行都。故址在今江蘇揚州。㉝臣家亦豫其禍　其父許善心被宇文化及殺害。㉞蘇威　（西元五三四—六二一年）字無畏，京兆武功（今陝西武功）人，隋朝宰相。曾奏請減輕賦役，制定格律。煬帝死後投靠宇文化及，隨後又投靠王世充等。傳見《周書》卷二十三、《隋書》卷四十一、《北史》卷六十三。㉟裴矩　（？—西元六二七年）字弘大，河東聞喜（今山西聞喜）人，煬帝時主管西域互市。著有《西域圖記》三卷。後在宇文化及、竇建德手下做官。入唐，官至民部尚書。傳見《隋書》卷六十七、《北史》卷三十八、《舊唐書》卷六十三、《新唐書》卷一百。㊱傾隋室　滅亡隋朝。㊲出高履行於外　顯慶元年（西元六五六年）以高履行為益州長史。出，指出京做地方官。㊳長孫祥　生平事見《舊唐書》卷六十五〈長孫無忌傳〉。㊴準法　依法處決。唐律：謀反為十惡之首，首從皆斬。其父子年十六以上皆絞；十五以下及母、女、妻、妾、祖、孫、兄、弟、姊、妹及部曲、資財、田宅，一律沒官，伯叔父及兄弟之子，亦流三千里，不限籍之異同。㊵果爾　果真如此。㊶謂朕何　說我什麼；怎樣看我。㊷漢文帝　西漢第四代皇帝劉恆（西元前二〇二—前一五七年）。西元前一八〇—前一五七年在位，政治比較清明。傳見《史記》卷十、《漢書》卷四。㊸代　漢文帝曾封代地，為代王，都代縣，在今河北蔚縣東北。㊹素服　喪服。素，白。㊺間不容髮　形勢危迫，刻不容緩。㊻王莽　（西元前四五—西元二三年）字巨君，漢元城（今河北大名東）人，元帝皇后之姪。以外戚身分掌握朝綱，改漢為新，自稱皇帝。傳見《漢書》卷九十九。㊼司馬懿　（西元一七九—二五一年）字仲達，河內溫縣（今河南溫縣西）人，多謀善變，仕魏專權，為西晉的建立奠定了基礎。死後被追尊為晉宣帝。傳見《晉書》卷一。㊽戊辰　四月二十二日。㊾封邑　受封的采邑。長孫無忌武德九年被封為齊國公，實封一千三百戶。㊿揚州　治所在今江蘇揚州。(51)準一品供給　按一品官的標準供給食料。唐制：一品食物與新王等，每日細白米一升，粳米、粱米各一斗五升，粉一升，油五升，鹽一升，醋二升，蜜三合，粟一斗，梨七顆，酥一合，乾棗一升，木橦十根，炭十斤，蔥韭豉蒜薑椒之類各有差。每月給羊二十口，豬肉六十斤，魚三十頭（各一尺），酒九斗。(52)工部尚書　工部最高長官，正三品，職掌百工營造、屯田、山澤之政令。據《冊府元龜》卷一百六十一及《千唐志齋藏志・長孫祥墓誌》，應為刑部尚書。(53)構扇　連結煽動。(54)道次兵　沿途駐軍。(55)駙馬都尉沖　長孫沖尚唐太宗女長樂公主。(56)嶺表　嶺外，即嶺南。(57)洪州　治所南昌，在今江西南昌。(58)丙申　五月二十日。(59)兵部尚書　兵部最高長官，掌天下軍衛武官選授。(60)思道　即盧思道。仕於齊、隋，以文著稱。傳見《北齊書》卷四十二、《隋書》卷五十七、《北史》卷三十。(61)涼州　治所姑臧，在今甘肅武威。(62)從母　即姨母。(63)嶲州　治所在今四川西昌。(64)誣云　胡三省注云：「『誣云』之下恐脫『與』字。」(65)無如之何　拿他沒法，無計可施。(66)戊戌　五月二十二日。(67)王方翼　字仲翔，并州祁（今山西祁縣）人，王皇后近親，有功名。傳見《舊唐書》卷一百八十五上、《新唐書》卷一百十一。(68)欒布　（？—西元前一四五年）西漢梁（今河南商丘）人，彭越被殺後，他曾親往哭祭。後平七國之亂有功，封鄃侯。傳見《史記》卷一百、《漢書》卷三十七。(69)彭越　（？—西元前一九六年）字仲，昌邑（今山東金鄉）人，助劉邦滅項羽，以戰功封為異姓王，後人告謀反被殺。傳見《史記》卷九十、《漢書》卷三十四。(70)文王　即周文王。商末周族首領，姓姬，名昌，在位五十年，為西周的建立打下了堅實的基礎。事見《史記》卷四〈周本紀〉。(71)葬枯骨　《呂氏春秋・異用》：「周文王使人抇池，得死人之骸，吏以聞於文王。文王曰：『更葬之。』吏曰：『此無主矣。』文王曰：『有天下者，天下之主也。有一國者，一國之主也。今我非其主也？』遂令吏以衣棺更葬之。」

【校　記】[1]若殺之　原無此三字。據章鈺校，十二行本、乙十一行本皆有此三字，張敦仁《通鑑刊本識誤》同，今據補。

【語　譯】四年（己未　西元六五九年）

春，二月十八日乙丑，罷免唐臨官職。

三月初五日壬午，西突厥興昔亡可汗和真珠葉護在雙河交戰，斬殺了真珠葉護。

夏，四月初十日丙辰，任命于志寧為太子太師、同中書門下三品。十九日乙丑，任命黃門侍郎許圉師為參知政事。

武后因為太尉趙公長孫無忌接受貴重賞賜卻不幫助自己，深深的怨恨他。等到討論廢黜王皇后，燕公于志寧中立不言語，武后也不高興。許敬宗多次用利害關係勸說長孫無忌，長孫無忌卻常常當面駁斥他，所以許敬宗也怨恨長孫無忌。武后冊立為皇后之後，長孫無忌心中不安，武后命令許敬宗尋找機會陷害他。恰好洛陽人李奉節告發太子洗馬韋季方、監察御史李巢結黨營私的事件，高宗命令許敬宗和辛茂將審訊此案。許敬宗追查得很緊，韋季方自殺，沒有死。許敬宗乘此誣告韋季方想和長孫無忌陷害忠臣和皇上近親，使大權集中到長孫無忌手上，尋找機會謀反，現在事情已被發覺，所以就自殺。高宗吃驚地說：「怎麼會有這樣的事呀！舅舅被小人所離間，和我稍稍產生些猜疑和隔膜是有的，何至於反叛呢！」許敬宗說：「臣考查事情的原委，反叛的跡象已經暴露，陛下卻還加以懷疑，恐怕不是國家的福祉。」高宗哭泣著說：「我家真不幸，親戚間屢有反叛之心，前幾年高陽公主和房遺愛謀反，現在大舅又要反叛，使得我無顏見天下人。這件事如果屬實，該怎麼辦呢？」許敬宗回答說：「遺愛不過是乳臭未乾的小兒，和一個女子圖謀反叛，勢必不可能成功！長孫無忌和先帝一起謀劃而奪取了天下，天下佩服他的才智。他做了三十年宰相，天下都懼怕他的權勢，如果一旦暗中發動反叛，陛下派遣誰去抵擋他！現在仰仗宗廟祖先的神靈，皇天痛恨他作惡，就利用審訊小事的機會，而獲知了重大奸惡，實在是天下人的喜事。臣私下擔心長孫無忌知道韋季方自殺，困窘之中急忙實施陰謀，挽袖一呼，為惡同黨雲集，必然成為國家的憂患。臣過去看到宇文化及父親宇文述被煬帝所親近信任，結成姻親，把朝廷政事委託給他。宇文述死後，宇文化及又執掌禁衛兵，一夜之間，就在江都發動叛亂，先殺掉不順從自己的人，臣的家庭也遭受了災難，於是大臣蘇威、裴矩之輩，都高興得在馬前手舞足蹈，惟恐來不及響應，天明時就滅亡了隋室。先前的這些事還不久遠，希望陛下從速決斷！」高宗命令許敬宗再次進行審察。第二天，許敬宗又上奏說：「昨天夜晚韋季方已經承認和長孫無忌一起反叛，臣又問韋季方說：『長孫無忌和國君是至親，幾代都受朝廷尊寵信任，有什麼怨恨而要反叛呢？』韋季方回答說：『韓瑗曾經告訴長孫無忌說：「柳奭、褚遂良勸說您立梁王為太子，現在梁王已被廢黜，皇上也在懷疑您，所以把高履行外放為官。」從此長孫無忌擔心害怕，逐漸地制定了些自我保全的計畫。後來看見長孫祥又被外放為官，韓瑗也獲罪朝廷，就日夜和韋季方等人謀劃造反。』臣參驗供辭中的情狀，都相符合，請求收捕他依法懲辦。」高宗又哭泣著說：「舅舅果然這樣做了，我也絕不忍心殺死他；如果殺了他，天下人會說我是怎樣的人，後代人也會說我是怎樣的人呢！」許敬宗回答說：「薄昭是漢文帝的舅舅，漢文帝從代地前來京城為帝，薄昭也有功勞，所犯之罪不過是殺人，漢文帝讓百官穿著喪服到他門前痛哭，逼他自殺，到現在天下人認為漢文帝是賢明的君主。如今長孫無忌忘記身受兩朝厚恩，圖謀改易社稷，他的罪惡與薄昭是不能相提並論的。幸虧他的奸情自行暴露，叛逆之徒自首，陛下有什麼懷疑，還不快點決斷！古人說：『應當決斷不決斷，反而會遭受禍亂。』國家安危的關鍵之時，刻不容緩。長孫無忌，當今的奸雄，是王莽、司馬懿之流；陛下如稍微遲延，臣擔心亂生身側，那時候懊悔也來不及了！」高宗認為很對，最終也沒有當面質問長孫無忌。四月二十二日戊辰，下詔削除長孫無忌的太尉官銜和封邑，任命為揚州都督，在黔州安置，按一品官階標準供給俸祿。長孫祥是長孫無忌伯父的兒子，在此之前已由工部尚書外放為荊州長史，所以許敬宗以這件事來誣陷長孫無忌。

許敬宗又上奏說：「長孫無忌圖謀反叛，是由褚遂良、柳奭、韓瑗勾結煽動而成的。柳奭仍然暗中和宮內同黨相通，圖謀下毒，于志寧也黨附長孫無忌。」於是高宗下詔削除褚遂良的官爵，取消柳奭、韓瑗為官的身分，免掉于志寧的官職。派遣使者調動沿路駐軍接送長孫無忌到黔州。長孫無忌兒子祕書監駙馬都尉長孫沖等人都取消為官的身分，流放到嶺南。褚遂良的兒子褚彥甫、褚彥沖流放到愛州，在路上殺死了他們。益州長史高履行再次被貶為洪州都督。

五月二十日丙申，兵部尚書任雅相、度支尚書盧承慶都被任命為參知政事。盧承慶，是盧思道的孫子。

涼州刺史趙持滿，力大善射，喜歡仗義行俠，他的姨母是韓瑗的妻子，舅舅駙馬都尉長孫銓是長孫無忌的堂弟，長孫銓受長孫無忌連及入罪，被流放到巂州。許敬宗擔心趙持滿發難反抗，就誣告他和長孫無忌一起反叛，通過驛遞把他召至京師，關入獄中，訊問拷打無所不至，口供始終如一，說：「我可以被殺死，口供不能改變！」執法的官吏對他無可奈何，就替他編造口供，結案上奏。五月二十二日戊戌，處死趙持滿，暴屍於城西，親戚沒有人敢去探視。友人王方翼感歎說：「欒布痛哭彭越，是義的表現；周文王埋葬枯骨，是仁的表現。在下位的臣子不失義，在上位的君主不失仁，這不也是可以讚賞的嗎！」於是收拾持滿的屍體加以埋葬。高宗聽到了這件事，沒有罪責王方翼。王方翼是被廢的王皇后的同曾祖兄。長孫銓到了流放地，縣令奉應許敬宗的想法用杖刑把他打死了。

六月丁卯❶，詔改氏族志❷為姓氏錄。

初，太宗命高士廉❸等修氏族志，升降去取，時稱允當。至是，許敬宗等以其書不敘武氏本望，奏請改之，乃命禮部郎中❹孔志約❺等比類升降❻，以后族為第一等，其餘悉以仕唐官品高下為準，凡九等。於是士卒以軍功致位五品者[1]，豫士流，時人謂之「勳格❼」。

許敬宗議封禪❽儀，己巳❾，奏：「請以高祖、太宗俱配昊天上帝，太穆、文德二皇后❿俱配皇地祇⓫。」從之。

秋，七月，命御史⓬往高州⓭追長孫恩，象州追柳奭，振州追韓瑗，並枷鎖⓮詣京師，仍命州縣簿錄⓯其家。恩，無忌之族弟也。

壬寅⑯，命李勣、許敬宗、辛茂將與任雅相、盧承慶更共覆按⑰無忌事。許敬宗又遣中書舍人⑱袁公瑜⑲等詣黔州，再鞫無忌反狀，至則逼無忌令自縊。詔柳奭、韓瑗所至斬決。使者殺柳奭于象州。韓瑗已死，發驗⑳而還。籍沒㉑三家，近親皆流嶺南為奴婢。常州㉒刺史長孫祥坐與無忌通書，處絞。長孫恩流檀州㉓。

【章旨】以上為第十段，寫唐高宗重修氏族譜，改《氏族志》為《姓氏錄》，以后族為第一等，其餘以官品高下為準，從此寒門升位，士族衰落。

【注釋】❶丁卯　六月二十二日。❷氏族志　論述姓氏源流支脈的書籍，凡一百卷，計二百九十三姓、一千六百五十一家，分為九等。❸高士廉　（西元五七七—六四七年）名儉，以字顯。齊清河王高岳之孫，博聞強記。封許國公，官至宰相。傳見《舊唐書》卷六十五、《新唐書》卷九十五。❹禮部郎中　官名，輔助禮部尚書和禮部侍郎，從五品上。禮部分設四部：禮部、祠部、膳部、主客。禮部郎中主管禮部，職掌禮儀制度，辨別禮儀名分。❺孔志約　孔穎達近親，曾參與《尚書正義》、《永徽五禮》及《圖經》等書的編寫，官至太子洗馬、弘文館大學士。❻比類升降　按類分等排比升降。❼勳格　功勞譜。《唐會要》卷三十六：「顯慶四年九月五日，詔改《氏族志》為《姓錄》。上親制序，仍自裁其類例。凡二百四十五姓，二百八十七家。……各以品位為等第。」《姓錄》即《姓氏錄》，又作《姓氏譜》，共二百卷。❽封禪　帝王到泰山祭天地的活動，為國家大典。❾己巳　六月二十四日。❿太穆文德二皇后　太穆皇后，姓竇，唐高祖皇后。文德皇后，長孫氏，唐太宗皇后。二人同傳，見《舊唐書》卷五十一、《新唐書》卷七十六。⓫地祇　地神。⓬御史　官名，御史臺屬官，職掌糾察百官，推鞫獄訟。⓭高州　治所良德，在今廣東高州東北。⓮並枷鎖　一併戴上枷鎖。⓯簿錄　查抄財產。⓰壬寅　七月二十七日。⓱覆按　再次推問；覆審。⓲中書舍人　官名，正五品上，掌侍奉進奏、參議表章、起草詔敕。⓳袁公瑜　曾參與擁立武則天為皇后的活動。事見《千唐志齋藏志・大周故相州刺史袁府君（公瑜）墓誌銘并序》。⓴發驗　發棺驗屍。㉑籍沒　沒收財物入官。㉒常州　治所在今江蘇常州。㉓檀州　治所在今北京市密雲。

【校　記】①者　原無此字。據章鈺校，十二行本、乙十一行本皆有此字，今據補。

【語　譯】六月二十二日丁卯，高宗下詔令改《氏族志》為《姓氏錄》。

起初，太宗命令高士廉等人撰修《氏族志》，其中對氏族等級的升降取捨，當時人稱讚公允妥當。到這時，許敬宗等人認為《氏族志》沒有記敘武氏淵源郡望，所以上奏高宗請求改正，高宗就命令禮部郎中孔志約等按類劃分氏族的等級高低，把皇后的族姓列為第一等，其他的全部以在唐朝為官品位的高低為準，共有九等。於是士卒依靠軍功官至五品，就可進入士人之列，當時人稱之為「勳格」。

許敬宗討論封禪的禮儀，六月二十四日己巳，上奏說：「請把高祖、太宗一起與昊天上帝配祭，太穆、文德兩位皇后與皇地祇配祭。」高宗同意了。

秋，七月，命御史前往高州追捕長孫恩，前往象州追捕柳奭，前往振州追捕韓瑗，一起戴上枷鎖送到京師，又命令州縣查抄財產。長孫恩，是長孫無忌的堂弟。

七月二十七日壬寅，命令李勣、許敬宗、辛茂將和任雅相、盧承慶等一起再重新調查長孫無忌反叛的事。許敬宗又派遣中書舍人袁公瑜等人前往黔州，再度訊問長孫無忌反叛的情況，一到就逼迫長孫無忌，讓他自殺。又下詔把柳奭、韓瑗於所在地斬首。使者在象州把柳奭殺了。韓瑗已經死去，開棺驗屍後返回京城。把三家丁口和財產一起抄沒，近親都流放到嶺南做奴婢。常州刺史長孫祥因犯了和長孫無忌通信的罪，判處絞刑。長孫恩流放到檀州。

八月壬子❶，以普州刺史李義府兼吏部尚書❷、同中書門下三品。義府既貴，自言本出趙郡❸，與諸李敘昭穆❹，無賴之徒藉其權勢，拜伏為兄叔者甚眾。給事中李崇德初與同譜，及義府出為普州，即除之❺。義府聞而銜❻之，及復為相，使人誣構其罪，下獄，自殺。

乙卯⑦，長孫氏、柳氏緣無忌、奭貶降者十三人，高履行貶永州⑧刺史，于志寧貶榮州刺史，于氏貶者九人。自是政歸中宮⑨矣。

九月，詔以石、米、史、大安、小安、曹、拔汗那、北拔汗那[1]、悒怛、疏勒、朱駒半⑩等國置州、縣、府百二十七。

冬，十月丙午⑪，太子加元服⑫，赦天下。

初，太宗疾山東士人自矜門地⑬，昏姻多責資財，命修氏族志例降一等，王妃、主壻皆取勳臣家，不議⑭山東之族。而魏徵⑮、房玄齡⑯、李勣家皆盛與為昏，常左右之⑰，由是舊望不減。或一姓之中，更分某房某眷，高下懸隔。李義府為其子求昏不獲，恨之，故以先帝之旨，勸上矯其弊。壬戌⑱，詔後魏⑲隴西⑳李寶㉑、太原㉒王瓊㉓、滎陽㉔鄭溫㉕、范陽㉖盧子遷㉗、盧渾、盧輔㉘、清河㉙崔宗伯㉚、崔元孫㉛、前燕㉜博陵㉝崔懿㉞、晉㉟趙郡㊱李楷㊲等子孫，不得㊳自為婚姻。仍定天下嫁女受財之數㊴，毋得受陪門財㊵。然族望㊶為時所尚，終不能禁，或載女竊送夫家，或女老不嫁，終不與異姓為婚。其衰宗落譜，昭穆所不齒者，往往反自稱禁婚家㊷，益增厚價。

閏月戊寅[43]，上發京師，令太子監國[44]。太子思慕不已，上聞之，遽召赴行在。戊戌[45]，車駕至東都。

十一月丙午[46]，以許圉師為散騎常侍、檢校[47]侍中。○戊午[48]，侍中兼左庶子[49]辛茂將薨。

思結[50]俟斤都曼帥疏勒、朱俱波[2]、謁般陀[51][3]三國反，擊破于闐[52]。癸亥[53]，以左驍衛大將軍[54]蘇定方為安撫大使以討之。

以盧承慶同中書門下三品。○右領軍中郎將薛仁貴等與高麗將溫沙門戰於橫山[55]，破之。

蘇定方軍至業葉水[56]，思結保馬頭川。定方選精兵萬人、騎三千匹，馳往襲之，一日一夜行三百里，詰旦，至城下，都曼大驚。戰於城外，都曼敗，退保其城。及暮，諸軍繼至，遂圍之，都曼懼而出降。

【章旨】以上為第十一段，寫唐高宗寵任李義府為相，士族集團再次遭打擊。

【注釋】❶壬子　八月初八日。❷吏部尚書　官名，吏部最高長官，正三品，掌天下官吏選授、勳封、考課之政令。❸趙郡　郡名，三國時由邯鄲移治房子（今河北高邑西南），北魏又移治平棘（今河北趙縣），為李氏大族世居之所。❹敘昭穆　排輩分，論長幼、遠近、親疏之序。昭穆出自宗法制度，本指宗廟以始祖居中，二、四、六世居左，稱昭，三、五、七世居右，稱穆。❺即除之　即從家譜中除去李義府之名。❻銜　怨；懷恨在心。❼乙卯　八月十一日。❽永州　治所在今湖南永州。❾自是政歸中宮　從此政權落入皇后之手。❿石米史大安小安曹拔汗那北拔汗那悒怛疏勒朱駒半　石、米等皆中亞國名。其中石、米、史、安、曹皆在昭武九姓之列。石國在今烏茲別克斯坦塔什干一帶。米國在烏茲別克撒馬爾罕之南。大安、小安在烏茲別克布哈拉周圍。曹國有東曹、西曹之分，在今撒馬爾罕北方和東北方。拔汗那、北拔汗那，原為一部，又稱鈸汗、怖捍、跋賀那，後改國名曰「寧遠」，在塔吉克斯坦費爾干納盆地。悒怛地望不詳，《新唐書・西域傳》說：「挹怛國，漢大月氏之種。大月氏為烏孫所奪，西過大宛，擊大夏臣之，治藍氏城。大夏即吐火羅也。」據此當在今阿富汗北部馬扎里沙里夫一帶。疏勒在今新疆喀什噶爾。朱駒半，亦名朱俱槃、朱駒波，在今新疆葉城一帶。⓫丙午　十月初三日。⓬太子加元服　舉行皇太子加冠儀式。元服，頭上之服，即冠。元，元首，即頭。⓭門地　即門第。⓮議　考慮。⓯魏徵　（西元五八〇—六四三年）字玄成，魏州館陶（今河北館陶）人，貞觀名臣，以直言善諫著稱，在政治上頗有貢獻，被封為鄭國公。著有《隋書》序論等。傳見《舊唐書》卷七十一、《新唐書》卷九十七。言論主要保存在《貞觀政要》一書中。⓰房玄齡　（西元五七九—六四八年）字喬，齊州臨淄（今山東淄博東北）人，貞觀元年為中書令，與杜如晦並稱賢相。傳見《舊唐書》卷六十六、《新唐書》卷九十六。⓱左右之　幫助他們。⓲壬戌　十月十九日。⓳後魏　即北魏。西元三八六年建立，西元五三四年分裂。初都平城（今山西大同），後遷洛陽，是北朝中疆域最遼闊者。孝文帝統治時，曾重訂士族門閥，除將鮮卑八氏十姓帝宗和三十六族九十二姓部落大人改籍河南洛陽外，還把地方豪族列為郡姓，按其祖先官位高下劃為四等，從而奠定了後世郡姓族望的基礎。⓴隴西　郡名，治所在今甘肅隴西縣南。㉑李寶　（西元四〇七—四五九年）字懷素，隴西狄道（今甘肅臨洮）人，北魏鎮北將軍。生承、茂、輔、佐、公業、沖六子（一作七子）。長子承號「姑臧房」。隴西李氏定著四房，姑臧即為其中之一。見《魏書》卷三十九、《北史》卷一百、《新唐書》卷七十二上。㉒太原　郡名，治所在今山西太原西部。㉓王瓊　（西元四五四—五二七年）字世珍，北魏大臣，官至鎮東將軍、中書令。其子遵業、廣業、延業、季和，號「四房王氏」。事見《魏書》卷三十八〈王慧龍傳〉、《北史》卷三十五〈王慧龍傳〉。按，《氏族志》王氏定著三房，為琅邪王氏、太原王氏、京兆王氏，其中太原王氏最貴。《唐國史補》卷上：「太原王氏，四姓得之為美，故呼為金鏤王家，喻銀質而金飾也。」㉔滎陽　郡名，治所在今河南滎陽。㉕鄭溫　燕太子少傅鄭豁之子，事跡不詳。《新唐書》卷七十五上載：「溫（鄭溫）四子：濤、曄、簡、恬。濤居隴西。曄，後魏建威將軍、南陽公，為南祖。簡為北祖。恬為中祖。」鄭氏定著二房，即北祖、南祖。㉖范陽　郡名，治所在今河北涿州。㉗盧子遷　（西元四一九—四七一年）名度世，以字顯。後魏青州刺史、鎮遠將軍。子淵、敏、昶、尚，號「四房盧氏」。傳見《魏書》卷四十七、《北史》卷三十。㉘盧渾盧輔　二人無傳。㉙清河　郡名，治所在今山東臨清東。㉚崔宗伯　宋員外散騎常侍靈和之子，後魏贈清河太守。生休、寅。休號大房，寅號小房。㉛崔元孫　清河青州房第二代，任劉宋尚書郎。㉜前燕　十六國之一。西元三三五年由鮮卑族首領慕容皝建立，據有今晉、冀、魯、豫、皖等省一帶。西元三七〇年為前秦所滅。㉝博陵　郡名，治所在今河北蠡縣南。㉞崔懿　字世茂，生連、琨等八子。怡、豹、偘合為一房，其餘各為一房，號稱「六房」。崔氏定著十房。見《新唐書》卷七十二下。㉟晉　朝代名，有西晉、東晉之分。此處指西晉，都洛陽。從西元二六五年司馬炎建立到西元三一六年被匈奴漢國滅亡，歷四帝，五十二年。㊱趙郡　郡名，治所在今河北高邑西南。㊲李楷　事跡不詳。《新唐書》卷七十二上載：「楷字雄方，晉司農丞、治書侍御史，避趙王倫之難，徙居常山。五子：輯、晃、芬、勁、叡。叡子勗，兄弟居巷東，勁子盛，兄弟居巷西。故勗為東祖，芬與弟勁共稱西祖，輯與弟晃共稱南祖。自楷徙居平棘南，通號平棘李氏。」㊳不得　不允許。㊴受財之數　接受財禮的數額。㊵陪門財　胡注：「女家門望未高，而議姻之家非耦，令其納財以陪門望。」㊶族望　高門大族。㊷禁婚家　禁止自婚之家。㊸戊寅　閏十月初五日。㊹監國　留守京師，代理國政。㊺戊戌　閏十月二十五日。㊻丙午　十一月初四日。㊼檢校　唐為加官之稱，其官高於正官。見於記載的有檢校吏部尚書、檢校梁州諸軍事、檢校職方員外郎，等等。㊽戊午　十一月十六日。㊾左庶子　官名，太子官屬，掌侍從贊相，駁正啟奏，監省封題。㊿思結　北方少數民族，鐵勒九姓之一，隸屬回紇。居地在阿爾泰山東麓今內蒙古車車爾勒格以南。(51)謁般陀　西域國名，《新唐書》作喝般陀，在今新疆塔什庫爾干塔吉克自治縣西。(52)于闐　西域國名，在今新疆和田一帶。(53)癸亥　十一月二十一日。(54)左驍衛大將軍　官名，中央十二衛大將軍之一，掌宿衛宮禁。(55)橫山　即今遼寧遼陽之華表山。(56)業葉水　在今新疆瑪納斯河西。

【校　記】①北拔汗那　原無此四字。據章鈺校，十二行本、乙十一行本皆有此四字，今據補。②朱俱波　原作「朱」。胡三省注增「俱波」二字，今據嚴衍《通鑑補》改作「朱俱波」。按，《舊唐書・蘇定方傳》作「朱俱般」，《新唐書・蘇定方傳》作「朱俱波」，皆以漢字譯其國名。③謁般陀　嚴衍《通鑑補》改作「喝般陀」。

【語　譯】八月初八日壬子，任命普州刺史李義府兼任吏部尚書、同中書門下三品。李義府寵貴之後，自己說是出身於趙郡，和李氏家族敘列行輩，無賴之徒想借助他的權勢，很多人拜他為兄為叔。給事中李崇德最初把義府列入同一家譜，等到義府外放為普州刺史，李崇德就把他從家譜裡除掉。義府聽到後，心裡怨恨李崇德，等到義府又做了宰相，就派人誣陷羅織李崇德的罪狀，把他關進監獄，李崇德自殺身亡。

八月十一日乙卯，長孫氏、柳氏因為長孫無忌、柳奭的案件而被貶斥降職的有十三人，高履行貶為永州刺史，于志寧貶為榮州刺史，于氏被貶的有九人。從此，一切政事都歸到皇后手上。

九月，下詔令在石、米、史、大安、小安、曹、拔汗那、北拔汗那、悒怛、疏勒、朱駒半等國設置州、縣、府，共設置了一百二十七個。

冬，十月初三日丙午，太子舉行加冠禮，大赦天下。

當初，太宗不喜歡山東士人自我誇耀門第，婚姻索取對方很多錢財，所以命令修撰《氏族志》時把山東士人一概降級一等，王妃、公主之夫婿都選取有功勳的大臣家，不和山東士族議婚。但魏徵、房玄齡、李勣家族仍然多和山東士人結為婚姻，常常輔助他們，因此山東士族原有的聲望並未衰減。有的山東士族在一姓之中，另分第幾房、第幾眷，彼此地位高下相差很遠。李義府為他的兒子向山東士族求婚不成，心裡懷恨，所以拿先帝的意旨來勸說唐高宗改正現時的弊端。十月十九日壬戌，下詔令要求後魏隴西李寶、太原王瓊、滎陽鄭溫、范陽盧子遷、盧渾、盧輔、清河崔宗伯、崔元孫、前燕博陵崔懿、晉趙郡李楷等人的子孫，不可以自己連姻。還定下天下士人百姓嫁女兒時接受財物的數目，男方不得接受女家賠償門第的財物。可是那些高門大族被當世所崇尚，始終不能禁止，有些人就載著女兒偷送到夫家，或者讓女兒年老也不嫁人，始終不和異姓連姻。那些家道衰微不被高門大族譜牒所錄，以及不被高門大族列於宗族排列順序的人家，反而常常自稱是被朝廷禁止自行連姻的望族，向請求連姻的人要求更多的賠償門第的財物。

閏十月初五日戊寅，高宗從京師出發，命令太子在朝廷監守。太子思念不已，高宗知道後，立刻召太子前往他停留的地方。二十五日戊戌，高宗車駕到達東都。

十一月初四日丙午，任命許圉師為散騎常侍、檢校侍中。〇十六日戊午，侍中兼左庶子辛茂將去世。

思結部的俟斤都曼率領疏勒、朱俱波、謁般陀三國反叛，打敗了于闐。十一月二十一日癸亥，任命左驍衛大將軍蘇定方為安撫大使，討伐都曼。

任命盧承慶為中書門下三品。〇右領軍中郎將薛仁貴等人與高麗將領溫沙門在橫山交戰，打敗了溫沙門。

蘇定方的軍隊到達業葉水，思結部駐守馬頭川。蘇定方選拔一萬精銳士兵、三千騎兵，飛馳前往偷襲，一天一夜進軍三百里，隔天天亮，到達城下，都曼非常驚訝。雙方在城外交戰，都曼戰敗，退守城堡。到了黃昏，各路兵馬相繼到達，便包圍了都曼，都曼恐懼，出城投降。

五年（庚申　西元六六〇年）

春，正月，定方獻俘於乾陽殿❶。法司❷請誅都曼。定方請曰：「臣許以不死，故都曼出降，願匄❸其餘生。」上曰：「朕屈法以全卿之信。」乃免之。

甲子❹，上發東都；二月辛巳❺，至并州❻。三月丙午❼，皇后宴親戚、故舊、鄰里於朝堂❽，婦人於內殿❾，班賜有差。詔：「并州婦人年八十以上，皆版授❿郡君⓫。」

百濟⓬恃高麗之援，數侵新羅⓭；新羅王春秋⓮上表求救。辛亥⓯，以左武衛大將軍⓰蘇定方為神丘道⓱行軍大總管，帥左驍衛將軍劉伯英等水陸十萬以伐百濟。以春秋為嵎夷道行軍總管，將新羅之眾，與之合勢。

夏，四月戊寅⓲[1]，上發并州，癸巳⓳，至東都。五月，作合璧宮⓴。壬戌㉑，上幸合璧宮。

戊辰㉒，以定襄都督阿史德樞賓㉓、左武候將軍延陀梯真㉔、居延州都督李合珠並為冷岍㉕道行軍總管，各將所部兵以討叛奚㉖，仍命尚書右丞崔餘慶充使，總護三部兵，奚尋遣使降。更以樞賓等為沙磚道行軍總管以討契丹㉗，擒契丹松漠㉘都督阿卜固，送東都。

六月庚午朔㉙，日有食之㉚。○甲午㉛，車駕還洛陽宮。

房州㉜刺史梁王忠，年浸㉝長，頗不自安，或㉞私衣婦人服以備刺客，又數自占㉟吉凶。或告其事，秋，七月乙巳㊱，廢忠為庶人，徙黔州，囚於承乾故宅㊲。

丁卯㊳，度支尚書、同中書門下三品盧承慶坐科調失所㊴免官。

八月，吐蕃祿東贊㊵遣其子起政將兵擊吐谷渾㊶，以吐谷渾內附故也。

蘇定方引兵[2]自成山㊷濟海，百濟據熊津江㊸口以拒之。定方進擊破之，百濟死者數千人，餘皆潰走。定方水陸齊進，直趣其都城㊹。未至二十餘里，百濟傾國來戰，大破之，殺萬餘人，追奔入其郭。百濟王義慈㊺及太子隆逃于北境，定方進圍其城，義慈次子泰自立為王，帥眾固守。隆子文思曰：「王與太子皆在，而叔遽㊻擁兵自王，借使㊼能卻㊽唐兵，我父子必不全矣。」遂帥左右踰城來降，百姓皆從之，泰不能止。定方命軍士登城立幟，泰窘迫，開門請命㊾。於是義慈、隆及諸城主皆降。百濟故有五部，分統三十七郡、二百城、七十六萬戶，詔以其地置熊津等[3]五都督府(50)，以其酋長為都督、刺史。

壬午(51)，左武衛大將軍鄭仁泰將兵討思結、拔也固(52)、僕骨(53)、同羅(54)四部，三戰皆捷，追奔百餘里，斬其酋長而還。

冬，十月，上初苦風眩頭重，目不能視，百司奏事，上或使皇后決之。后性明敏，涉獵文史(55)，處事皆稱旨(56)。由是始委以政事，權與人主侔(57)矣。

十一月戊戌朔(58)，上御則天門(59)樓，受百濟俘，自其王義慈以下皆釋之。蘇定方前後滅三國，皆生擒其主(60)。赦天下。

甲寅(61)，上幸許州。十二月辛未(62)，畋於長社(63)。己卯(64)，還東都。

壬午(65)，以左驍衛大將軍契苾何力(66)為浿江道行軍大總管，左武衛大將軍蘇定方為遼東道行軍大總管，左驍衛將軍劉伯英為平壤道行軍大總管，蒲州(67)刺史程名振為鏤方道總管，將兵分道擊高麗。青州(68)刺史劉仁軌坐督海運覆船，以白衣(69)從軍自效。

【章旨】以上為第十二段，寫唐高宗大發兵破百濟，征高麗，討叛奚。高宗患風疾，權落皇后武氏。

【注釋】❶乾陽殿　洛陽宮正殿，又名乾元殿、含元殿。❷法司　大理寺別稱，職掌刑獄。❸匄　「丐」的異體字。請求。❹甲子　正月二十三日。❺辛巳　二月初十日。❻并州　治所晉陽，在今山西太原西南。❼丙午　三月初五。❽朝堂　皇帝與百官議事之所。胡注：「天子行幸所至，皆有朝堂。」⑨內殿 皇后所居之處。⑩版授 虛授。史炤《資治通鑑釋文》：「版授，謂不加告命，以版策授之。」⑪郡君 婦人封號。唐制，四品官之母或妻可封郡君，五品官之母或妻可封縣君。高宗、中宗之世，婦人年八十以上，或版授郡君、縣君、鄉君。郡君凡三等：正四品、從四品、正五品。⑫百濟 國名，朝鮮三國之一，位於朝鮮半島西南。西元一世紀後逐漸形成，西元五三八年遷都泗沘（今韓國忠清南道扶餘）。與隋唐王朝來往密切。⑬新羅 位於朝鮮半島東南，與高麗、百濟並立，首都慶州，在今韓國慶尚北道。後完成了對朝鮮的統一。⑭春秋 新羅王眞德之姪，永徽五年襲封。⑮辛亥 三月初十日。⑯左武衛大將軍 唐置十二衛，分掌宮禁宿衛。左武衛為十二衛之一，置大將軍一員，正三品，為左武衛最高統兵官。⑰神丘道 行軍目標，非監察區。⑱戊寅 四月初八。⑲癸巳 四月二十三日。⑳合璧宮 在東都禁苑西頭。顯慶五年，命田仁汪等造八關宮。功成，改名合璧。㉑壬戌 五月二十二日。㉒戊辰 五月二十八日。㉓阿史德樞賓 突厥人，姓阿史德。㉔延陀梯真 胡注：「梯真，薛延陀之種，因以為姓。」㉕冷岍 即冷徑山，奚與契丹依阻此山以自固，其地在潢水之南，黃龍之北。㉖奚 東北少數民族，由東胡、烏桓發展而來，與突厥同俗，逐水草而居。㉗契丹 東北少數民族，來源於東胡。居住在今遼河上游西拉木倫河一帶。北魏時自稱契丹，分屬八部。貞觀二年（西元六二八年），契丹首領摩會歸唐，遂在其地設松漠都督府。㉘松漠 都督府名，治所在今內蒙古巴林右旗南。㉙庚午朔 六月初一日。㉚日有食之 發生日蝕。㉛甲午 六月二十五日。㉜房州 治所在今湖北房縣。㉝浸 漸。㉞或 有時。㉟占 占卜。㊱乙巳 七月初六日。㊲承乾故宅 唐太宗太子李承乾貞觀十七年被廢，囚於黔州。㊳丁卯 七月二十八日。㊴科調失所 財政預算失當，是失職行為。㊵祿東贊 吐蕃大相。㊶吐谷渾 民族名，此指鮮卑後裔在今青海北部和新疆東南部一帶建立的少數民族政權。㊷成山 在今山東榮成東。㊸熊津江 即今朝鮮半島西南部的錦江。㊹其都城 即泗沘。㊺義慈 百濟王扶餘璋之子，貞觀十五年受封，號「海東曾子」。㊻遽 突然。㊼借使 假使。㊽卻 退。㊾請命 請降。㊿五都督府 即熊津、馬韓、東明、金漣、德安。(51)壬午 八月十四日。(52)拔也固 又名拔野古、拔野固。鐵勒諸部之一，稱回紇，在今蒙古克魯倫河流域中流地區。(53)僕骨 即僕固，在今蒙古鄂嫩河流域。(54)同羅 在蒙古烏蘭巴托之北。(55)涉獵文史 泛覽文史書籍。(56)稱旨 符合旨意。(57)侔 等；相同。(58)戊戌朔 十一月初一日。(59)則天門 東都宮城南面中門。(60)生擒其主 指活捉西突厥阿史那賀魯、思結都曼、百濟義慈。(61)甲寅 十一月十七日。(62)辛未 十二月初五日。(63)長社 縣名，縣治在今河南許昌。(64)己卯 十二月十三日。(65)壬午 十二月十六日。(66)契苾何力 （？－西元六七六年）鐵勒人，投唐後歷任軍職，多次出征。傳見《舊唐書》卷一百九、《新唐書》卷一百十。(67)蒲州 治所蒲坂，在今山西永濟西南蒲州鎮。(68)青州治所在今山東青州。㊾白衣　無功名官職的平民。

【校　記】①戊寅　原作「丙寅」。據章鈺校，十二行本、乙十一行本皆作「戊寅」，今據改。②兵　據章鈺校，十二行本、乙十一行本、孔天胤本皆作「軍」。③等　原無此字。據章鈺校，十二行本、乙十一行本皆有此字，張敦仁《通鑑刊本識誤》同，今據補。

【語　譯】五年（庚申　西元六六〇年）

春，正月，蘇定方在乾陽殿獻上俘虜。大理寺請求殺掉都曼。蘇定方請求說：「臣答應不殺他，所以都曼才出城投降，請求保全他的餘生。」高宗說：「我就不按法令行事，成全你的信用。」於是赦免了都曼。

正月二十三日甲子，高宗從東都出發；二月初十日辛巳，到達并州。三月初五日丙午，皇后在朝堂上宴請親戚、舊友、鄰里，婦人在武后居處的內殿，頒賜都有等級差別。下詔令說：「并州婦人年齡八十歲以上的，都虛授給郡君之位。」

百濟依靠高麗的援助，多次侵犯新羅；新羅王春秋向唐室上表求救。三月初十日辛亥，任命左武衛大將軍蘇定方為神丘道行軍大總管，率領左驍衛將軍劉伯英等水陸軍十萬討伐百濟。任命春秋為嵎夷道行軍總管，統率新羅部眾，和蘇定方、劉伯英會合。

夏，四月初八日戊寅，高宗從并州出發，二十三日癸巳，到達東都。五月，興建合璧宮。二十二日壬戌，高宗駕臨合璧宮。

五月二十八日戊辰，任命定襄都督阿史德樞賓、左武候將軍延陀梯真、居延州都督李合珠都擔任冷岍道行軍總管，各自率領所屬部眾討伐叛逆奚人，又命令尚書右丞崔餘慶擔任使節，總監護三部兵馬，奚人不久就派遣使者投降。另任樞賓等人為沙磚道行軍總管討伐契丹，活捉了契丹松漠都督阿卜固，押送東都。

六月初一日庚午，發生日蝕。〇二十五日甲午，高宗車駕返回洛陽宮。

房州刺史梁王李忠，年齡漸漸大了，自己感覺很不安全，有時私下穿著婦人衣服以防備刺客，又多次自己占卜吉凶。有人把梁王李忠的事件上告高宗，秋，七月初六日乙巳，把梁王李忠廢為庶人，遷徙到黔州，囚禁在李承乾的舊宅。

七月二十八日丁卯，度支尚書、同中書門下三品盧承慶因賦稅徭役調派混亂獲罪免官。

八月，吐蕃祿東贊派遣兒子起政率領軍隊攻打吐谷渾，因為吐谷渾歸附唐朝的緣故。

蘇定方率軍從成山渡海，百濟據守熊津江口抵抗蘇定方。蘇定方進軍打敗了百濟，百濟死亡的有幾千人，剩下的都潰逃了。蘇定方從水陸齊頭並進，直趨百濟都城。還有二十多里沒有到達，百濟傾動全國軍民前來交戰，蘇定方大敗百濟，殺死一萬多人，追趕逃跑的人進入了外城。百濟王義慈和太子隆逃往北方邊境，蘇定方進軍包圍都城，義慈的次子泰自立為王，率領民眾固守都城。太子隆的兒子文思說：「王和太子都還在，而叔叔突然擁兵自封為王，假使能夠打退唐兵，我們父子也一定會被殺。」文思就率領身邊的人越過都城前來投降，百姓都跟隨著他，泰禁止不了。蘇定方命令軍士登城豎立旗幟，泰處境窘迫，打開城門請求投降。於是義慈、隆和各個城主都投降了。百濟原有五部，分別統轄三十七郡、二百城、七十六萬戶，高宗下詔令把百濟設置為熊津等五個都督府，任命他們的酋長為都督、刺史。

八月十四日壬午，左武衛大將軍鄭仁泰統兵討伐突厥的思結、拔也固、僕骨、同羅四個部落，三次交戰都獲得了勝利，追逐敵人一百多里，殺了他們的酋長才返回。

冬，十月，高宗起先苦於頭部昏眩沉重，眼睛也看不見，百官上奏政事，高宗有時就讓皇后決定。皇后秉性聰明敏捷，泛覽文史，處置政事都符合高宗旨意。從此開始把政事委託給皇后，皇后的權力與國君相等同了。

十一月初一日戊戌，高宗來到則天門樓，接受百濟的俘虜，從百濟王義慈以下的俘虜都加以釋放。蘇定方前後共消滅三個國家，都生擒了它們的國君。大赦天下。

十一月十七日甲寅，高宗駕臨許州。十二月初五日辛未，在長社打獵。十三日己卯，返回東都。

十二月十六日壬午，任命左驍衛大將軍契苾何力為浿江道行軍大總管，左武衛大將軍蘇定方為遼東道行軍大總管，左驍衛將軍劉伯英為平壤道行軍大總管，蒲州刺史程名振為鏤方道總管，率領軍隊分頭攻打高麗。青州刺史劉仁軌因督管海上運輸翻船入罪，以平民的身分從軍效力。

龍朔元年（辛酉　西元六六一年）

春，正月乙卯❶，募河南・北、淮南❷六十七州兵，得四萬四千餘人，詣平壤❸、鏤方❹行營。戊午❺，以鴻臚卿❻蕭嗣業為扶餘道行軍總管，帥回紇❼等諸部兵詣平壤。

二月乙未晦❽，改元。

三月丙申朔❾，上與羣臣及外夷宴於洛城門❿，觀屯營新教之舞，謂之一戎大定樂⓫。時上欲親征高麗，以象用武之勢也。

初，蘇定方既平百濟，留郎將劉仁願鎮守百濟府城⓬，又以左衛中郎將王文度為熊津⓭都督，撫其餘眾。文度濟海而卒，百濟僧道琛、故將福信聚眾據周留城，迎故王子豐於倭國⓮而立之，引兵圍仁願於府城。詔起劉仁軌檢校帶方州⓯刺史，將王文度之眾，便道⓰發新羅兵以救仁願。仁軌喜曰：「天將富貴此翁⓱矣！」於州司⓲請唐曆及廟諱以行，曰：「吾欲掃平東夷⓳，頒大唐正朔⓴於海表㉑！」仁軌御軍嚴整，轉鬬而前，所向皆下。百濟立兩柵於熊津江㉒口，仁軌與新羅兵合擊，破之，殺溺死者萬餘人。道琛乃釋府城之圍，退保任存城㉓，新羅糧盡，引還。道琛自稱領軍將軍，福信自稱霜岑將軍，招集徒眾，其勢益張。仁軌眾少，與仁願合軍，休息士卒。上[1]詔新羅出兵，新羅王春秋奉詔，遣其將金欽將兵救仁軌等，至古泗㉔，福信邀擊㉕，敗之。欽自葛嶺道遁還新羅，不敢復出。福信尋殺道琛，專總國兵。

夏，四月丁卯㉖，上幸合璧宮。○庚辰㉗，以任雅相為浿江道行軍總管，契苾何力為遼東道行軍總管，蘇定方為平壤道行軍總管，與蕭嗣業及諸胡兵凡三十五軍，水陸分道並進。上欲自將大軍繼之，癸巳㉘，皇后抗表㉙諫親征高麗，詔從之。

六月癸未㉚，以吐火羅、嚈噠、罽賓、波斯等十六國㉛置都督府八㉜，州七十六，縣一百一十，軍府一百二十六，並隸安西都護府。

秋，七月甲戌㉝，蘇定方破高麗於浿江㉞，屢戰皆捷，遂圍平壤城。

九月癸巳朔㉟，特進新羅王春秋卒，以其子法敏為樂浪郡王、新羅王。

壬子㊱，徙潞王賢㊲為沛王。賢聞王勃㊳善屬文，召為修撰。勃，通㊴之孫也。

時諸王鬪雞㊵，勃戲為檄周王雞文。上見之，怒曰：「此乃交構㊶之漸。」斥勃出沛府。

高麗蓋蘇文㊷遣其子男生以精兵數萬守鴨綠水㊸，諸軍不得度。契苾何力至，值冰大合，何力引眾乘冰度水，鼓譟而進，高麗大潰，追奔數十里，斬首三萬級，餘眾悉降，男生僅以身免。會有詔班師，乃還。

冬，十月丁卯㊹，上畋于陸渾㊺，戊申㊻，又畋于非山㊼，癸酉㊽，還宮。

回紇酋長婆閏卒，姪比粟毒代領其眾，與同羅、僕固犯邊，詔左武衛大將軍鄭仁泰為鐵勒道行軍大總管，燕然都護劉審禮㊾、左武衛將軍薛仁貴為副，鴻臚卿蕭嗣業為仙萼道行軍總管，右屯衛將軍孫仁師為副，將兵討之。審禮，德威之子也。

【章　旨】以上為第十三段，寫唐高宗再次大發兵東征高麗。

【注　釋】❶乙卯　正月十九日。❷河南北淮南　河南道、河北道、淮南道，三道凡六十七州。❸平壤　即今朝鮮平壤。❹鏤方　在今遼寧遼陽東。❺戊午　正月二十二日。❻鴻臚卿　官名，是鴻臚寺的最高級別官員，從三品，掌管少數民族君長和域外賓客的接待，以及凶儀之事。❼回紇　北方少數民族。由匈奴發展而來，活動在蒙古高原。❽乙未晦　二月三十日。晦為每月最後一天。❾丙申朔　三月初一日。❿洛城門　有西門、南門之分。南門在洛陽宮西南。⓫一戎大定樂　據《舊唐書・音樂志》：〈大定樂〉出自〈破陣樂〉，舞者一百四十人，被五彩文甲，持槊歌舞，聲震百里，以象徵平遼東而邊隅大定之意。

⑫百濟府城　即泗沘。⑬熊津　都督府名，治所在今韓國忠清南道公州。⑭倭國　日本。⑮帶方州　治所約在今韓國首爾一帶。帶方，沿漢帶方縣之稱，以帶水為名。帶水，即今韓國首爾一帶的漢江。⑯便道　順路；順道。⑰此翁　我這老頭。劉仁軌自稱。⑱州司　州署。劉仁軌自青州刺史白衣從軍，此「州司」當指青州而言。⑲東夷　東方民族的泛稱。此處指百濟。⑳正朔　曆法。㉑海表　海外。㉒熊津江　即錦江。熊津江口在今韓國忠清南道長項之西。㉓任存城　在今韓國忠清南道清陽郡大興地方。㉔古泗　史炤《資治通鑑釋文》以為中國之泗水。胡三省《通鑑釋文辨誤》駁之，認為在百濟國中，極是。據《朝鮮全史》，古泗在孤山附近。㉕邀擊　阻擊。㉖丁卯　四月初三。㉗庚辰　四月十六日。㉘癸巳　四月二十九日。㉙抗表　上表直言。㉚癸未　六月十九日。㉛吐火羅嚈噠罽賓波斯等十六國　指吐火羅、嚈噠、罽賓、波斯、訶達羅支、解蘇、骨咄施、帆延、石汗那、護時犍、怛沒、烏拉喝、多勒建、俱密、護密多、久越得犍。皆在今帕米爾以西、鹹海以東的中亞地區。㉜都督府八　此數與《新唐書．地理志》等書記載不合。說詳岑仲勉《西突厥史料補闕及考證》。據兩《唐書．地理志》，當時共設置了十六個都督府，即：月氏都督府，以吐火羅國置，治所遏換城，在今阿富汗東北之昆都士；大汗都督府，以嚈噠國置，治所活路城，在今阿富汗北部阿格查之東；條支都督府，以訶達羅支置，治所伏寶瑟顛城，在今阿富汗加茲尼；天馬都督府，以解蘇國置，治所數瞞城，在今塔吉克斯坦杜尚別附近；高附都督府，以骨咄施國置，治所沃沙城，在今塔吉克西南；修鮮都督府，以罽賓國置，治所遏紇城，在今阿富汗喀布爾河之北；寫鳳都督府，以失苑延（即帆延）國置，治所伏戾城，在今阿富汗喀布爾西北巴米安；悅般州都督府，以石汗那國置，治所豔城，在今興都庫什山北麓斯科扎爾一帶；波斯都督府，以波斯國置，治所疾陵城，在今伊朗薩巴里湖附近；奇沙州都督府，以護時犍國置，治所遏密城，在今阿富汗北部席巴爾甘南；姑墨州都督府，以怛沒國置，治所怛城，在今烏茲別克斯坦捷爾梅茲附近；旅獒州都督府，以烏拉喝國置，治所摩竭城，在今阿富汗西北安德胡伊一帶；昆墟州都督府，以多勒建國置，治所抵寶那城，在今阿富汗木爾加布河流域；至拔州都督府，以俱密國置，治所措瑟城，在今中亞蘇爾哈布河流域；烏飛州都督府，以護密多國置，治所摸廷城，在今阿富汗東北噴赤河西岸伊什卡什姆；王庭州都督府，以久越得犍國置，治所步師城，在今塔吉克境內。若悅般州都督府之後八都督府以州計，則都督府之數為八。㉝甲戌　七月無甲戌。查《新唐書．東夷傳》，蘇定方涓江之戰在八月。《新唐書．高宗紀》作「八月甲戌」，即八月十一日，七月當為八月之誤。㉞涓江　即今朝鮮之大同江。㉟癸巳朔　九月初一日。㊱壬子　九月二十日。㊲潞王賢　即李賢（西元六五四—六八四年），高宗第六子，為武則天所生。上元二年（西元六七五年）立為皇太子，曾集學者注釋《後漢書》，後被廢為庶人，睿宗時追贈章懷太子。傳見《舊唐書》卷八十六、《新唐書》卷八十一。㊳王勃

（西元六四九—六七六年）字子安，絳州龍門（今山西河津）人，初唐四傑之一。傳見《舊唐書》卷一百九十上、《新唐書》卷二百一。㊴通　王通（西元五八四—六一八年），字仲淹，王勃之祖。隋哲學家，主張儒佛道三教合一，門人私諡為文中子。事見《舊唐書》卷一百九十上〈王勃傳〉、《新唐書》卷一百九十六〈王績傳〉。㊵鬬雞　以雞相鬥的遊戲。這種遊戲起於春秋。魏晉以降，漸成風俗，故曹植有「鬥雞東郊道，走馬長楸間」的詩句。隋唐之際，不但民間有鬥雞者，上流社會亦多此舉。《東城父老傳》載：「唐明皇喜民間清明鬥雞，立雞坊於兩宮間。」由此可知當時鬥雞頗為風靡。㊶交構　相互構陷。㊷蓋蘇文　姓泉，高麗人，殘忍無道。殺其王建武，另立建武姪藏為王，自稱莫離支，權傾內外。事見《舊唐書》卷一百九十九上〈東夷傳〉、《新唐書》卷二百二十〈東夷傳〉。㊸鴨綠水　即今鴨綠江。㊹丁卯　十月初五日。㊺陸渾　縣名，縣治在今河南嵩縣東北。㊻戊申　十月無戊申。觀上下文，似為戊辰之誤。《新唐書・高宗紀》正作「戊辰」，即十月初六日。㊼非山　山名，在今河南伊川縣西。㊽癸酉　十月十一日。㊾劉審禮　徐州彭城（今徐州）人，父德威，貞觀年間以廉平著稱，深得民心。父卒，審禮襲封彭城郡公，累遷至工部尚書、兼檢校左衛大將軍。後為吐蕃所俘。事見《舊唐書》卷七十七〈劉德威傳〉、《新唐書》卷一百六〈劉德威傳〉。

【校　記】①上　據章鈺校，十二行本此下有「表」字，張敦仁《通鑑刊本識誤》同。

【語　譯】龍朔元年（辛酉　西元六六一年）

春，正月十九日乙卯，向河南道、河北道、淮南道六十七州招募兵員，得到四萬四千多人，前往平壤、鏤方的營地。二十二日戊午，任命鴻臚卿蕭嗣業為扶餘道行軍總管，率領回紇等各部士兵前往平壤。

二月三十日乙未，改年號為龍朔。

三月初一日丙申，高宗和群臣以及外國人在洛城門舉行宴會，觀賞軍營裡最近新教的歌舞，稱之為〈一戎大定樂〉。當時高宗要親自出征高麗，以樂舞象徵動用武力的威勢。

起初，蘇定方平定百濟後，留下郎將劉仁願鎮守百濟府城，又任命左衛中郎將王文度為熊津都督，安撫百濟其餘的民眾。王文度渡過海就死了，百濟的僧人道琛、過去的大將福信聚合了民眾據守周留城，從倭國接來以前的王子豐，立為王，帶兵把劉仁願包圍在府城。高宗下詔起用劉仁軌為檢校帶方州刺史，率領王文度的部眾，順路調遣新羅的兵眾援救劉仁願。劉仁軌高興地說：「上天要讓我這老頭子富貴了！」劉仁軌向青州的州司請領了《唐曆》和宗廟名號帶走，說：「我打算掃平東夷，把大唐的曆法頒布在海外！」劉仁軌治軍嚴整，轉戰前進，兵鋒所向，無城不克。百濟在熊津江口設立兩道柵欄，劉仁軌和新羅合兵進攻，打敗了百濟，殺死和淹死的百濟士卒有一萬多人。道琛便撤除了對府城的包圍，退守任存城；新羅軍隊已經把糧食用完了，只好帶兵返回。道琛自稱領軍將軍，福信自稱霜岑將軍，招集徒眾，聲勢更加擴張。劉仁軌的士兵少，所以和劉仁願的軍隊會合，讓士卒休息。高宗詔令新羅出兵，新羅王春秋接受詔命，派遣他的將領金欽率兵救援劉仁軌等人，到達古泗。福信阻擊，打敗了金欽。金欽從葛嶺道逃回新羅，不敢再出兵。福信不久殺了道琛，獨自統領全國軍隊。

夏，四月初三日丁卯，高宗駕臨合璧宮。○十六日庚辰，任命任雅相為浿江道行軍總管，契苾何力為遼東道行軍總管，蘇定方為平壤道行軍總管，和蕭嗣業以及各部胡人軍隊共三十五軍，從水陸分道並進。高宗想親自率領大軍作為後援，二十九日癸巳，皇后上表直言諫阻高宗親征高麗，高宗下詔接受了。

六月十九日癸未，在吐火羅、嚈噠、罽賓、波斯等十六個國家，設置八個都督府、七十六州、一百一十縣、一百二十六個軍府，全都隸屬於安西都護府。

秋，七月甲戌日，蘇定方在浿江打敗了高麗，多次交戰都取得勝利，隨即包圍了平壤城。

九月初一日癸巳，特進新羅王春秋去世，封他的兒子法敏為樂浪郡王、新羅王。

九月二十日壬子，徙封潞王李賢為沛王。李賢聽說王勃擅長寫文章，召他為修撰。王勃是王通的孫子。當時諸王鬥雞，王勃採用嘲弄的文筆寫了一篇〈檄周王雞文〉。高宗看見這篇文章，生氣地說：「這會慢慢地使人互相構陷。」斥責王勃，讓他離開了沛王府。

高麗蓋蘇文派遣他的兒子男生，率領幾萬精兵駐守鴨綠水，唐朝各路軍隊不能渡江。契苾何力到了後，正好江冰封合，契苾何力率領部眾踏冰渡江，擊鼓吶喊前進，高麗大敗，契苾何力追趕逃兵幾十里，斬獲首級三萬級，其餘的兵眾都投降了，只有男生自己脫身。恰逢高宗下令回師，契苾何力就率軍返回。

冬，十月初五日丁卯，高宗在陸渾打獵；戊申日，又在非山打獵；十一日癸酉，回宮。

回紇酋長婆閏去世，他的姪兒比粟毒替代他統領部眾，和同羅、僕固侵犯邊境，高宗下詔委任左武衛大將軍鄭仁泰為鐵勒道行軍大總管，燕然都護劉審禮、左武衛將軍薛仁貴為副大總管，鴻臚卿蕭嗣業為仙萼道行軍總管，右屯衛將軍孫仁師為副總管，率領軍隊討伐回紇。劉審禮，是劉德威的兒子。

二年（壬戌　西元六六二年）

春，正月辛亥❶，立波斯都督卑路斯❷為波斯王。

二月甲子❸，改百官名，以門下省❹為東臺，中書省❺為西臺，尚書省❻為中臺；侍中為左相，中書令為右相，僕射為匡政，左、右丞為肅機，尚書為太常伯，侍郎為少常伯；其餘二十四司、御史臺、九寺、七監、十六衛，並以義訓更其名❼，而職任如故。

甲戌❽，浿江道大總管任雅相薨于軍。雅相為將，未嘗奏親戚故吏從軍，皆移❾所司補授，謂人曰：「官無大小，皆國家公器❿，豈可苟便⓫其私！」由是軍中賞罰皆平，人服其公。

戊寅⓬，左驍衛將軍⓭、白州⓮刺史、沃沮道總管龐孝泰與高麗戰於蛇水⓯之上，軍敗，與其子十三人皆戰死。蘇定方圍平壤久不下，會大雪，解圍而還。

【章　旨】以上為第十四段，寫唐軍主力撤離高麗。

【注　釋】❶辛亥　正月二十一日。❷卑路斯　波斯王伊嗣俟之子。龍朔元年拜為波斯都督。咸亨年間入朝，授右武衛將軍。事見《舊唐書》卷一百九十八〈波斯傳〉、《新唐書》卷二百二十一下〈波斯傳〉。❸甲子　二月初四日。❹門下省　官署名，與中書、尚書合稱三省。其中心工作是審議和封駁，掌「出納帝命」。其長官為侍中，正二品。❺中書省　三省之一。是中央的機要之司，主要任務是起草詔書，掌「軍國政令」。其長官為中書令，正二品。❻尚書省　三省之一，是全國最高的行政機關，下轄吏、戶、禮、兵、刑、工六部，領二十四司。其長官為尚書令，正二品。❼其餘二十四司御史臺九寺七監十六衛二句　據《唐六典》、《舊唐書・職官志》及《新唐書・百官志》，其具體更改如下：二十四司：改吏部為司列，主爵為司封，考功為司績，司勳如故；改戶部為司元，度支為司度，金部為司珍，倉部為司庾；改禮部為司禮，祠部為司禋，膳部為司膳，主客為司蕃；改兵部為司戎，職方為司城，駕部為司輿，庫部為司庫；改刑部為司刑，都官為司僕，比部為司計，司門如故；改工部為司平，屯田為司田，虞部為司虞，水部為司川。其長官郎中皆改稱大夫。御史臺：改御史臺為憲臺；御史大夫為大司憲，御史中丞為司憲大夫。九寺：改太常寺為奉常寺，光祿寺為司宰寺，衛尉寺為司衛寺，宗正寺為司宗寺，太僕寺為司馭寺，大理寺為詳刑寺，鴻臚寺為司文寺，司農寺為司稼寺，太府寺為外府寺；長官卿皆改為正卿，少卿則改為大夫。七監：改祕書省為蘭臺，祕書監為太史，少監為侍郎，丞為大夫；改殿中省為中御府，殿中省監為中御大監，丞為中御大夫；改內侍省為內侍監；改少府監為內府監；改將作監為繕工監，將作大匠為繕工大監，少匠為少監；改國子監為司成館，國子祭酒為大司成，司業為少司成，博士為宣業；改都水監為司津監。十六衛：左右衛府、驍衛府、武衛府皆省「府」字；改左右屯衛為左右威衛，左右領軍衛為左右戎衛，左右候衛為左右金吾衛，左右千牛府為左右奉宸衛，左右屯營為左右羽林軍。胡注僅依《新唐書・百官志》，頗有不確之處。❽甲戌　二月十四日。❾移　移交。❿公器　公有之名位。⓫苟便　方便。⓬戊寅　二月十八日。⓭左驍衛將軍　官名，從三品，職掌與大將軍相同。⓮白州　治所博白，在今廣西博白。⓯蛇水　即今朝鮮平壤合掌江。

【語　譯】二年（壬戌　西元六六二年）

春，正月二十一日辛亥，封波斯都督卑路斯為波斯王。

二月初四日甲子，改變百官的名稱，把門下省改為東臺，中書省改為西臺，尚書省改為中臺；侍中改為左相，中書令改為右相，僕射改為匡政，左、右丞改為肅機，尚書改為太常伯，侍郎改為少常伯；其他二十四司、御史臺、九寺、七監、十六衛，都按官名意義的解釋更改名稱，但職責依舊。

二月十四日甲戌，浿江道大總管任雅相在軍中去世。任雅相身為將領，從沒有奏請親戚和舊日員吏從軍，都是把他們移交給主管的官吏補授他們官職，他對人說：「官位不分大小，都是國家公有的名位，怎麼可以苟且方便自己的個人利益呢！」因此軍隊裡的賞罰都很公平，人人都佩服任雅相的公正。

二月十八日戊寅，左驍衛將軍、白州刺史、沃沮道總管龐孝泰與高麗交戰於蛇水，部隊戰敗，龐孝泰和他的兒子十三人全部戰死。蘇定方包圍平壤久攻不下，遇上大雪，解除包圍，軍隊返回。

三月，鄭仁泰等敗鐵勒❶於天山❷。鐵勒九姓❸聞唐兵將至，合眾十餘萬以拒之，選驍健者數十人挑戰，薛仁貴發三矢，殺三人，餘皆下馬請降，仁貴悉阬❹之。度磧北❺，擊其餘眾，獲葉護❻兄弟三人而還。軍中歌之曰：「將軍三箭定天山，壯士長歌入漢關。」

思結、多濫葛❼等部落先保天山，聞仁泰等將至，皆迎降，仁泰等縱兵擊之，掠其家以賞軍。虜相帥遠遁，將軍楊志追之，為虜所敗。候騎❽告仁泰「虜輜重在近，往可取也。」仁泰將輕騎萬四千，倍道❾赴之，遂踰大磧，至仙萼河❿，不見虜，糧盡而還。值大雪，士卒飢凍，棄捐⓫甲兵⓬，殺馬食之，馬盡，人自相食，比⓭入塞，餘兵纔八百人。軍還，司憲大夫⓮楊德裔劾奏仁泰等「誅殺已降，使虜逃散，不撫⑮士卒，不計資糧，遂使骸骨蔽野，棄甲資寇⑯。自聖朝⑰開創⑱以來，未有如今日之喪敗者。仁貴於所監臨⑲，貪淫自恣，雖矜所得，不補所喪。並請付法司推科⑳。」詔以功贖罪，皆釋之。

以右驍衛大將軍契苾何力為鐵勒道安撫使，左衛將軍㉑姜恪副之，以安輯其餘眾。何力簡㉒精騎五百，馳入九姓中，虜大驚，何力乃謂曰：「國家知汝皆脅從，赦汝之罪，罪在酋長，得之則已。」其部落大喜，共執其葉護及設、特勒㉓等二百餘人以授何力，何力數其罪而斬之，九姓遂定。

甲午㉔，車駕發東都。辛亥㉕，幸蒲州。夏，四月庚申朔㉖，至京師。○辛巳㉗，作蓬萊宮㉘。

五月丙申㉙，以許圉師為左相㉚。

六月乙丑㉛，初令僧、尼、道士、女官致敬父母㉜。

秋，七月戊子朔㉝，赦天下。○丁巳㉞，熊津都督劉仁願、帶方州刺史劉仁軌大破百濟於熊津㉟之東，拔真峴城。

【章旨】以上為第十五段，寫唐高宗撫定鐵勒九姓。

【注　釋】❶鐵勒　北方少數民族。其先可追至匈奴，北魏時稱敕勒、高車，唐時諸部總稱回紇。❷天山　一名鬱督軍山，即今杭愛山系，在蒙古人民共和國境內。❸鐵勒九姓　指鐵勒的九個部族。即：回紇、僕固、渾、拔野古、同羅、思結、契苾、阿布思、骨侖屋骨（或作葛邏祿）。回紇、僕固、拔野古、同羅、思結已見前注。渾部在今蒙古獨樂河流域。契苾在今新疆焉耆西北開都河。阿布思在今新疆吉木薩爾。骨侖屋骨在今額爾濟斯河南岸。❹阬　「坑」的異體字。活埋。❺度磧北　越過沙漠北進。磧，沙漠。北，動詞，向北前進。❻葉護　官名，首領。❼多濫葛　亦鐵勒部族。在蒙古土拉河上游。❽候騎　探馬。❾倍道　晝夜兼行。❿仙蕚河　一名仙蛾河，即今蒙古色楞格河。⓫棄捐　拋棄。⓬甲兵　鎧甲兵仗。⓭比　及。⓮司憲大夫　官名，即御史中丞，御史臺屬官，正四品下，為御史大夫之副。「掌持邦國刑憲典章，以肅正朝廷」。⓯撫　撫恤。⓰資寇　資給敵寇。⓱聖朝　指唐朝。⓲開創　創建。⓳於所監臨　在實地監督臨視。⓴推科　審訊定罪。㉑左衛將軍　官名，從三品，職同左衛大將軍，掌統領宮廷警衛之法令。㉒簡　選。㉓葉護及設特勤　葉護、設、特勤皆鐵勒官名，與突厥大體相同。葉護為部族首領。設為別部典兵之官。特勒，即特勤，或以為特勤之誤，以宗室子弟充任，地位僅次於設。㉔甲午　三月初五日。㉕辛亥　三月二十二日。㉖庚申朔　四月初一日。㉗辛巳　四月二十二日。㉘蓬萊宮　即大明宮，亦稱東內。位於太極宮東北的龍首原上，創建於貞觀八年。龍朔二年，高宗改名為蓬萊宮。㉙丙申　五月初八日。㉚左相　即侍中。㉛乙丑　六月初七日。㉜初令僧尼道士女官致敬父母　尼，尼姑。女官，即女冠，女道士。唐朝以前，僧尼皆受父母禮拜。高宗以為有傷名教，令朝野詳議。顯慶二年二月頒〈僧尼不得受父母拜詔〉，予以明令禁止。但僧、尼、道士、女冠仍有不拜父母之禮，高宗提倡孝道，故又有此令。㉝戊子朔　七月初一日。㉞丁巳　七月三十日。㉟熊津　即韓國錦江。

【語　譯】三月，鄭仁泰等人在天山打敗鐵勒。鐵勒九姓部族聽說唐兵就要到來，集合十幾萬士卒進行抵禦，選拔驍勇健壯的士卒幾十個人向唐兵挑戰，薛仁貴射出三箭，殺死三個人，其餘的都下馬請求投降，薛仁貴全部坑殺。越過漠北攻打鐵勒剩餘部眾，俘獲葉護兄弟三人後返回。軍隊中為此歌唱說：「將軍射發三箭就平定天山，壯士們高聲地唱著歌進了漢關。」

思結、多濫葛等部落起先駐守天山，聽說鄭仁泰等人快要到達，都出迎投降了，鄭仁泰放縱士卒攻擊諸部落，搶掠他們的家產用來獎賞士卒。敵人只好相率遠逃，將軍楊志派兵追擊，但被敵人打敗。偵察的騎兵告訴鄭仁泰說「敵人的輜重車就在附近，前進就可以得到。」鄭仁泰率領輕騎兵一萬四千人，兼程追趕，於是越過大沙漠，到達仙萼河，沒有看到敵人，糧食沒了，部隊返回。適逢下大雪，士卒又餓又冷，拋棄鎧甲兵器，殺馬吃肉，馬被吃光，便人吃人，等到進入邊塞，剩下的士卒僅有八百人。軍隊返回之後，司憲大夫楊德裔上奏彈劾說鄭仁泰等人「殺死已經投降的士卒，使得敵人逃散，不撫恤士卒，不計算糧食物資，使得屍骨蔽野，拋棄了鎧甲兵器，資助了敵人。從聖明的朝廷開創以來到現在，沒有像今天這樣的失敗。薛仁貴在他監臨的職位上，貪淫放縱，雖然矜誇自己所得功勞，但彌補不了損失。請把他們一起交給司法推問定罪。」高宗下詔讓他們以功贖罪，對他們都釋罪未究。

任命右驍衛大將軍契苾何力為鐵勒道安撫使，左衛將軍姜恪為副，安撫招集剩下的部眾。契苾何力挑選精良的騎兵五百人，飛馳進入九姓當中，敵人大為驚恐，契苾何力就對他們說：「朝廷知道你們都是被脅從的，赦免你們的罪過，罪過在於酋長一人，抓獲酋長，事情就結束了。」各部落非常高興，一起抓住葉護和設、特勒等二百多人交給何力，契苾何力數說他們的罪過，殺了他們，九姓從此就安定下來。

三月初五日甲午，高宗車駕從東都出發。二十二日辛亥，到達蒲州。夏，四月初一日庚申，到達京師。

○二十二日辛巳，建造蓬萊宮。

五月初八日丙申，任命許圉師為左相。

六月初七日乙丑，開始命令和尚、尼姑、道士、女官孝敬父母。

秋，七月初一日戊子，大赦天下。○三十日丁巳，熊津都督劉仁願、帶方州刺史劉仁軌在熊津之東大敗百濟，攻下真峴城。

初，仁願、仁軌等屯熊津城❶，上與之敕書，以「平壤軍回，一城不可獨固，宜拔❷就❸新羅。若金法敏❹藉❺卿留鎮，宜且停彼❻；若其不須，即宜泛海還也。」

將士咸欲西歸。仁軌曰：「人臣徇公家❼之利，有死無貳，豈得先念其私！主上欲滅高麗，故先誅百濟，留兵守之，制其心腹；雖餘寇充斥而守備甚嚴，宜礪兵秣馬，擊其不意，理無不克。既捷之後，士卒心安，然後分兵據險，開張形勢，飛表以聞，更求益兵❽。朝廷知其有成，必命將出師，聲援纔接，凶醜❾自殲❿。非直⓫不棄成功⓬，實亦永清海表。今平壤之軍既還，熊津又拔⓭，則百濟餘燼，不日⓮更興，高麗逋寇⓯，何時可滅！且今以一城之地居敵中央，苟或⓰動足，即為擒虜，縱入新羅，亦為羈客⓱，脫⓲不如意，悔不可追。況福信凶悖殘虐，君臣猜離，行相⓳屠戮，正宜堅守觀變，乘便取之，不可動也。」眾從之。時百濟王豐與福信等以仁願等孤城無援，遣使謂之曰：「大使等何時西還，當遣相送。」仁願、仁軌知其無備，忽出擊之，拔其支羅城及尹城、大山、沙井等柵，殺獲甚眾，分兵守之。福信等以真峴城險要，加兵守之。仁軌伺其稍懈，引新羅兵夜傅⓴城下，攀草而上，比明，入據其城，遂通新羅運糧之路。仁願乃奏請益兵。詔發淄、青、萊、海㉑之兵七千人以赴熊津。

福信專權，與百濟王豐浸㉒相猜忌。福信稱疾，臥於窟室，欲俟㉓豐問疾而殺之。豐知之，帥親信襲殺福信，遣使詣高麗、倭國乞師㉔以拒唐兵。

【章　旨】以上為第十六段，寫唐軍劉仁願、劉仁軌孤軍堅守百濟。

【注　釋】❶仁願仁軌等屯熊津城　《考異》：「去歲道琛、福信圍仁願於百濟府城，今云尚在熊津城，或者共是一城。不則圍解之後，徙屯熊津城耳。」按，百濟府城泗沘，即今韓國忠清南道扶餘，在熊津（今忠清南道公州）之西，二者相去不遠，但實非一地。❷拔　開拔。❸就　赴。❹金法敏　新羅王春秋之子。永徽元年入唐，擢太府卿。龍朔元年襲封，為新羅王。❺藉　同「借」。❻彼　指新羅。❼公家　即國家。❽益兵　增加兵力。❾凶醜　指福信等百濟部眾。❿自殲　自滅。⓫直　但；只。⓬成功　已成之功。⓭熊津又拔　意為駐紮在熊津的兵馬又撤。拔，拔離；撤退。⓮不日　不久；很快。⓯逋寇　在逃之敵。⓰苟或　假如。⓱羈客　羈旅；寄居作客。⓲脫　萬一。⓳行相　即將相互。⓴傅　靠近。㉑淄青萊海　皆州名，淄州治所在今山東淄博境內，青州治所在今山東青州，萊州治所在今山東萊州，海州治所在今江蘇連雲港市西南。㉒浸　漸。㉓俟　等；候。㉔乞師　借兵。

【語　譯】最初，劉仁願、劉仁軌等人駐紮在熊津城，高宗給他們敕書，認為「平壤的軍隊已經返回，一個熊津城不可能獨自保全，應該離開前往新羅。如果金法敏借重你，要你留下鎮守，你應當暫且停留在新羅；如果不需留下，就最好渡海回朝。」將士們都願意向西回歸。劉仁軌說：「人臣為公家的利益而犧牲，只有為國而死沒有二心，怎麼可以首先考慮個人的私欲！主上想要消滅高麗，所以先誅滅百濟，留兵駐守，控制它的心腹要地；雖然剩下的敵寇到處充斥而且守備森嚴，只要我們礪兵秣馬，攻其不備，按理說沒有攻不下的。等到獲勝之後，士卒心裡就會穩定，然後再分兵據守險要，擴大有利形勢，再以快表向皇帝報告，進一步請求增加軍力。朝廷知道我們有了成就，一定會命令將領出動軍隊，只要援軍一到，兇惡的敵人自然會被消滅。這樣做不但沒有放棄成功的機會，其實也是使海外肅清。現在平壤的軍隊既然返還了，熊津的部隊又要離開，那麼百濟猶如未息的餘燼，沒有幾天又要燃燒興起，那些高麗逃亡的敵寇，什麼時候才能消滅呢！況且現在以熊津一城之地處於敵人的中央，如果有所行動，立刻就會被擒獲俘虜，縱使進入新羅，也是羈旅之客，萬一事不如意，後悔也來不及了。況且福信兇殘暴逆，君臣互相猜疑叛離，行將互相殺戮；我們正好可以堅守城池，觀察變化，利用機會攻取對方，現在部隊不能調動。」大家聽從了他的意見。當時百濟王豐和福信等人以為劉仁願等人孤城無援，就派遣使者對他們說：「大使們什麼時候返回西方，我們會派人相送。」劉仁願、劉仁軌知道對方沒有防備，就突然出兵攻擊，攻克百濟的支羅城和尹城、大山、沙井等柵寨，殺死擒獲的敵人很多，然後分兵防守。福信等人認為真峴城形勢險要，加派兵卒防衛。劉仁軌等待他們稍稍鬆懈時，帶領新羅的士卒在夜晚靠近城下，攀著牆邊草木爬上城牆，等到天亮，進兵佔領了真峴城，於是打通了新羅運輸糧食的道路。劉仁願便向朝廷奏請增派軍隊。高宗下詔徵發淄州、青州、萊州、海州等地的士兵七千人前往熊津。

福信專擅權柄，和百濟王豐漸漸地互相猜忌起來。福信藉口生病，躺臥在屋裡，想等待百濟王豐問候他的病情時殺了他。百濟王豐知道了這一情況，率領親信襲殺了福信，派遣使者去往高麗、倭國乞求軍隊，藉以抵抗唐兵。

【研　析】本卷研析三事：唐高宗廢王皇后立武氏為皇后、長孫無忌集團的覆滅，以及新編《姓氏錄》的歷史意義。次第評說。

唐高宗廢王立武。唐高宗結髮夫人王皇后是西魏大將王思政的玄孫女，出身名門貴胄。王氏與李唐皇室世為婚姻，王皇后的從祖母同安長公主就是唐高祖李淵的妹妹。同安公主見王皇后品貌端莊，向唐太宗推薦，嫁與晉王李治為妃，這是一樁親上加親的婚姻。李治立為皇太子，王氏為太子妃。唐太宗很喜歡太子妃，臨終特意親手將高宗與王氏這對「佳兒佳婦」託付長孫無忌、褚遂良等大臣輔佐、護佑。高宗即位，太子妃王氏立為皇后。

長孫無忌以帝舅之親，又兼領首輔之重任，在永徽初年大權在握。他與褚遂良等人共同輔政，精心治國，以天下安危自任，故永徽之政有貞觀之風。唐高宗也敬禮二臣，拱己以聽。此時政通人和，號稱太平。可是這個局面沒過多久，就被唐高宗廢王立武這一事件打破了平衡。

王皇后沒有生育。高宗即位時已有四子。長子李忠，後宮劉氏所生。次子李孝，後宮鄭氏所生。三子李上金，後宮楊氏所生。四子李素節，蕭淑妃所生。蕭淑妃生皇子，又得到高宗寵愛，王皇后感到憂懼，她把在感業寺出家為尼的武則天召進宮中，想拉攏武則天為自己的同黨以分蕭淑妃之寵。武則天是唐太宗的嬪妃，唐太宗不喜歡武則天的剛強性格，只封她為才人，正五品。唐太宗病重，太子李治入侍宮中，被武則天的美色和伎倆所俘獲，兩人發生曖昧關係。唐太宗死後，武則天出家為尼，高宗李治念念不忘舊情。王皇后看在眼裡，錯誤地召武則天進宮，給自己帶來了滅頂之災。

高宗永徽三年（西元六五二年），武則天第二次進宮。時年三十歲。正當青春盛年，政治上亦已成熟。她毫不感謝王皇后的知遇，而要取而代之。她假意討好王皇后，又用小恩小惠收買宮人，自己所得賞賜全部分給她們。武則天受到上下一致讚揚，高宗非常高興，把進宮不久的武則天封為昭儀，正二品，這和昔日正五品的才人不可同日而語。但武則天不會滿足，她收買宮人為自己的耳目，對高宗、王皇后以及其他妃嬪的動靜瞭如指掌，逐漸地把唐高宗牢牢地控制在自己手中。這時唐高宗不但冷落了蕭淑妃，也疏遠了王皇后。但武則天要奪取皇后桂冠也非易事。王皇后出身名門，又是親上加親，與高宗結髮為夫妻，長期相處有深厚感情，更加上長孫無忌、褚遂良等重臣擁戴。武則天要挑戰王皇后，彷彿是天方夜譚。武則天的鐵腕性格，不會被任何困難所動搖。她抓住高宗懦弱和耳根軟的特點，更抓住王皇后不懂政治，缺少心眼的特點，武則天採用非常手段，離間高宗與王皇后的感情。她不惜親手扼殺了自己剛出生的長女，嫁禍於王皇后，高宗果然大怒，產生了廢后之意。接著武則天著手瓦解王皇后的政治根基。首先打擊王皇后的舅舅中書令柳奭，永徽五年六月，解職柳奭中書令之職，貶為吏部尚書。永徽六年六月，武則天又誣告王皇后與其母魏國夫人柳氏行厭勝之術，從此禁止柳氏入宮。七月，柳奭被牽連被貶出就。柳奭出京，已是王皇后被廢的先兆。

但是要廢王立武，還須朝中大臣的翊贊。武則天使出渾身解數拉攏長孫無忌，先只是要求高宗立自己為宸妃，正一品，可是長孫無忌連宸妃也不贊同。武則天轉而收買朝中大臣。這時中書舍人李義府得罪長孫無忌，被貶為壁州司馬。李義府孤注一擲，他接受同僚王德儉的主意上書高宗，連夜奏本，請立武昭儀為皇后。這正中高宗下懷，立即召見，並賜李義府寶珠一斗，讓他官復原職。武則天於是通過李義府聯絡了御史大夫崔義玄、御史中丞袁公瑜，以及衛尉卿許敬宗、中書舍人王德儉，壯大了勢力。很快李義府被提拔為中書侍郎，衛尉卿許敬宗被提拔為禮部尚書。李義府等人在朝中大肆製造立武則天當皇后的輿論。永徽六年九月，武則天覺得時機成熟，便鼓動高宗討論立后問題。這時朝中大臣分為兩派。元老重臣長孫無忌、于志寧、褚遂良、韓瑗、來濟等堅決反對。李義府、許敬宗、崔義玄等擁護立武則天為皇后。唐高宗拿不定主意，於是私訪稱病不上朝的開國元勳李勣。李勣老奸巨滑，他既不得罪元老重臣，所以稱病不朝，而又看到武則天的野心和高宗的決心，為自己個人前途考慮，他正等著高宗的來訪，他點撥高宗說：「此陛下家事，無須問外人。」太子與皇后的廢立，向來是國家大事，並不是天子個人的私事。李勣如此回答，表示自己支持高宗。高宗得到了開國元勳的支持，心一橫，於永徽六年十月，採取果斷措施，立即廢除了王皇后，立了武則天為皇后。武則天為防止死灰復燃，她又斷然地殺害了王皇后和蕭淑妃，還改王皇后的姓為蟒氏，蕭淑妃姓為梟氏。

唐高宗廢王立武是唐代一個大事件，這一事件改變了唐朝的政治軌跡。因為武則天的終極目標不是只當皇后，她要的是皇權，要自己做皇帝。武則天挑戰皇后成功，為中國唯一的一個女皇出世奠定了基礎。接下來就是向皇權邁進，製造了無數的大事件，這是後話。我們要研討的問題是，武則天挑戰皇后之位，為何得以成功。有以下五大原因。第一，武則天是一位天才的政治家。她入宮之初就不安本分，在唐太宗那裡得不到發展，就瞄準了太子李治，敢於打破封建倫理，「穢亂春宮，陷吾君於聚麀」，非常人所能及。第二，性格決定成敗。武則天有心計，有手段，更有剛毅與殘忍，敢作敢為。恰如駱賓王〈討武曌檄〉中所說：不僅「狐媚偏能惑主」，而且「加以虺蜴為心，豺狼成性」，她與王皇后以及與元老重臣的鬥爭，就是生動的例證。第三，王皇后的妒嫉與無能，給武則天創造第二次進宮的條件，王皇后是搬起石頭砸了自己的腳。第四，君權與相權之爭，高宗引武氏為黨援。高宗懦弱，感情上、心理上得找一個依靠。高宗爭皇太子位，依靠的是長孫無忌，而當皇帝後不甘心長孫無忌的專權，他依靠武則天為黨援。武則天抓住了高宗的性格弱點以及不甘大權旁落的心理牢牢地控制了高宗。武則天年長高宗四歲，政治與權謀場比高宗成熟。高宗受制於武則天，其實也是心理依賴。第五，社會形勢的變化，士族與庶族地主集團的鬥爭，給武則天帶來了機遇。長孫無忌等元老重臣是世家大族執政的代表。李義府、許敬宗等人是庶族地主的代表人物。魏晉南北朝是世家大族壟斷政治的時期，隋文帝以科舉代替九品官人法的選擇制度，可以說是庶族地主取代世家大族的一個先兆。這是歷史的必然發展。朝中大臣兩種勢力的鬥爭，給武則天帶來了機遇。

元老重臣長孫集團的覆滅。長孫無忌字輔機，長安人。其先祖是北魏拓跋氏宗室，屬鮮卑族人，因在宗室中地位最高，故拓跋氏改姓為長孫氏。無忌之父長孫晟在隋朝任右驍衛將軍。無忌少時，聰明好學，通曉文史典故，喜結英豪，與李世民友善。無忌追隨李淵起兵反隋，一直跟隨李世民南征北戰，盡心輔佐，功勳卓著。貞觀十七年（西元六四三年），唐太宗圖形開國功臣二十四人於凌煙閣，長孫無忌以「英冠人傑，力安社稷」而名列第一。高宗得立為太子，是長孫無忌一手扶上臺。高宗即位，長孫無忌的權勢達到了頂點。于志寧、褚遂良、韓瑗、來濟、王皇后、皇后舅氏柳奭等均屬長孫氏集團，也是關隴集團，唐皇室李氏也本是關隴集團。他們牢固地掌握著政權。李勣、崔義玄、李義府、許敬宗、武則天，他們均是山東庶族。但古人的地域與階層的觀念並不明顯，特別是並不直接表現在意識上。由於唐高宗與長孫無忌帝權與相權的鬥爭，使得關隴集團的核心發生了分裂，唐高宗不自覺地倒在了武則天的懷抱。武則天要出人頭地，她要的是個人權力，最初是向關隴集團首領長孫氏示好，碰了壁而發恨向關隴集團進攻。武則天尋找個人勢力，無意中與山東庶族集團形成聯盟。於是立王廢武，從個人權力之爭，引出帝相權力之爭，再引出關隴士族與山東庶族集團之爭，因此鬥爭愈演愈烈，兩個集團之爭從朦朧走向透明，從無意識走向意識，從溫情走向劇烈，而最後是你死我活的鬥爭。唐高宗顧不了昔日之恩、舅甥之情，徹底覆滅了長孫氏集團。長孫無忌本人，從被貶黜到被貶死，以悲劇告終。長孫集團的覆滅，宣告士族政治的終結。從此，高宗成了傀儡，而「政歸中宮」。一場皇后的廢立之爭，成了一個時代變遷的臨界點。這是唐代政治的一個看點，也是專制政體的一大奇觀。

武則天新編《姓氏錄》。魏晉南北朝時期，門閥士族專政，選舉制度施行九品官人法，士人品級，由門第決定。「上品無寒門，下品無士族。」崔、盧、王、謝，為天下著姓。朝代變遷，士族門第衰落，但山東士人，仍以門第自矜誇耀。士族不與寒門聯姻。唐太宗十分厭惡，他要改變這一風氣。唐太宗貞觀五年詔令高士廉與韋挺、岑文本、令狐德棻等人，徵集天下族譜，參考史傳，重定姓氏等第為九等，書名《氏族志》一百卷，頒行天下。原第一等崔氏，貶為第三等，唐皇室李氏為第一等。唐太宗指示，新修《氏族志》的原則是「不須論數世以前，止取今日官爵高下作等級」（《舊唐書・高士廉傳》），皇族自然是第一等。以官爵門第等級，改變了以往以郡姓區別門第高下的做法，抑制了舊門閥士族，給新興貴族以士族地位，符合社會現實，具有進步意義。但唐初舊門閥士族還沒有全面衰落，而關隴士族又多為李唐開國元勳，在政治上還有很大勢力，維繫士族地位的譜牒仍在沿襲。長孫無忌等人反對立武則天為皇后，其中一個重要原因是武氏出身寒微，這對武則天是一個極大的刺激。武則天摧毀長孫無忌之後，絕不容忍這一現實。高宗顯慶四年（西元六五九年），武則天通過高宗下詔改修《氏族志》為《姓氏錄》，令許敬宗主持其事。新編《姓氏錄》的原則是：「皇朝五品官者，皆升士族」，武氏列為第一等。於是，許多寒門因軍功得五品，或入仕得五品的現任官都被列入士族。門閥士族雖然在《姓氏錄》中仍然有名，但他們不得不與昔日的下流寒士並列，實際上是門閥士族的等第被下降了。因此士族對《姓氏錄》十分憎惡，「皆號此書為『勳格』」。武則天新編《姓氏錄》對門閥制度的破壞，大大超過了唐太宗所修的《氏族志》。降至唐代中葉，史稱「風教又薄，譜錄都廢，公靡常產之拘，士亡舊德之傳，言李悉出隴西，言劉悉出彭城，悠悠世祚，訖無考案，冠冕皁隸，混為一區」（《新唐書・高士廉傳》），士族開始全面衰落。這種局面的出現，是和武則天新編《姓氏錄》，以及大力打擊關隴士族集團而選拔庶族地主人士入仕等政策密切關聯。許敬宗一生作惡，但他主修《姓氏錄》，打碎舊制度、舊積習，卻是一件好事。

卷第二百一

唐紀十七

起玄黓閹茂（壬戌　西元六六二年）八月，盡上章敦牂（庚午　西元六七〇年），凡八年有奇。

【題　解】本卷記事起西元六六二年八月，迄西元六七〇年，凡八年又五個月。當唐高宗龍朔二年至咸亨元年。這一時期是唐高宗三十四年執政的中期。唐高宗的個人事業達到了頂峰，其標誌有二：一是內政頒布了新曆《麟德曆》，完成了上泰山祭天，改元乾封，又完善了選舉之法；二是對外，征服了百濟、高麗，這是隋煬帝、唐太宗兩朝皇帝都沒有完成的事業，因此是唐高宗的最大驕傲。此時期，也是唐高宗由明轉昏的一個轉折點。最大事件是唐高宗欲廢皇后武則天，令上官儀草詔，結果是武則天一鬧，唐高宗冤殺上官儀，屈從武則天，導致武則天由幕後走上前臺，居然垂簾聽高宗之政，宮內外號為二聖，唐高宗逐漸成為了傀儡。武則天參政以後辦的第一件事就是報復本家，武氏家族凡對武則天生母不尊敬的人都遭到打擊。這預示著一個鐵腕女人已經橫空出世，唐朝政治將伴隨這個女人而發生重大轉折。

高宗天皇大聖大弘孝皇帝中之上

龍朔二年（壬戌　西元六六二年）

八月壬寅❶，以許敬宗為太子少師❷、同東西臺三品，知西臺事❸。

九月戊寅❹，初令八品、九品衣碧❺。

冬，十月丁酉❻，上幸驪山❼溫湯❽，太子監國。丁未❾，還宮。○庚戌❿，西臺侍郎⓫陝⓬人上官儀⓭同東西臺三品。○癸丑⓮，詔以四年正月有事於泰山⓯，仍⓰以來年二月幸東都。

左相⓱許圉師之子奉輦直長⓲自然，游獵犯⓳人田，田主怒，自然以鳴鏑⓴射之。圉師杖自然一百而不以聞㉑。田主詣司憲㉒訟之，司憲大夫㉓楊德裔不為治㉔。西臺舍人㉕袁公瑜遣人易姓名上封事㉖告之，上曰：「圉師為宰相，侵陵㉗百姓，匿而不言，豈非作威作福！」圉師謝㉘曰：「臣備位樞軸㉙，以直道㉚事陛下，不能悉允眾心，故為人所攻訐㉛。至於作威福者，或手握彊兵，或身居重鎮，臣以文吏，奉事聖明㉜，惟知閉門自守，何敢作威福！」上怒曰：「汝恨無兵邪！」許敬宗曰：「人臣如此，罪不容誅。」遽㉝令引出。詔特免官。

癸酉㉞，立皇子旭輪㉟為殷王。

十二月戊申㊱，詔以方討高麗、百濟，河北之民，勞於征役，其封泰山、幸東都並停。

颸海道㊲總管蘇海政受詔討龜茲，敕興昔亡㊳、繼往絕㊴二可汗發兵與之俱㊵。至興昔亡之境㊶，繼往絕素與興昔亡有怨㊷，密謂海政曰：「彌射謀反，請誅之。」時海政兵纔數千，集軍吏謀曰：「彌射若反，我輩無噍類㊸，不如先事誅之。」乃矯稱敕「令大總管齎帛數萬段賜可汗及諸酋長」，興昔亡帥其徒受賜，海政悉收斬之。其鼠尼施㊹、拔塞幹㊺兩部亡走，海政與繼往絕追討，平之。軍還，至疏勒南，弓月部㊻復引吐蕃之眾來，欲與唐兵戰。海政以師老㊼不敢戰，以軍資賂吐蕃，約和而還。由是諸部落皆以興昔亡為冤，各有離心。繼往絕尋卒，十姓無主㊽，有阿史那都支㊾及李遮匐收其餘眾附於吐蕃。

是歲，西突厥寇庭州㊿，刺史來濟將兵拒之，謂其眾曰：「吾久當死，幸蒙存全以至今日，當以身報國。」遂不釋甲冑51，赴敵而死。

【章旨】以上為第一段，寫唐高宗體恤民情，懲治許圉師，停祭泰山。邊將蘇海政邀功，逼反西域，引來吐蕃入寇。

【注釋】❶壬寅　八月十六日。❷太子少師　官名。皇太子屬官有太子太師、太傅、太保各一員，從一品；又有太子少師、少傅、少保各一員，正二品。皆為師垂範，訓導輔佐太子。《舊唐書・職官志》：「三師三少之職，掌教諭太子。無其人，則闕之。」❸同東西臺三品二句　高宗龍朔二年（西元六六二年）至咸亨元年（西元六七〇年）改稱同中書門下三品為同東西臺三品。知西臺事，即知中書事，參與執掌軍國政令的活動。❹戊寅　九月二十二日。❺初令八品九品衣碧　第一次命令八品、九品官穿青綠色衣裳。貞觀四年八月，唐太宗規定百官服色：三品以上服紫，四品五品服緋，六品七品服綠，八品九品服青。碧，青綠色。龍朔二年九月，孫茂道奏稱：深青亂紫，非卑品所服。高宗深以為然，遂有此令。❻丁酉　十月十一日。❼驪山　在今陝西臨潼東南。❽溫湯　溫泉。在驪山腳下華清宮（今華清池）。❾丁未　十月二十一日。❿庚戌　十月二十四日。⓫西臺侍郎　即中書侍郎。西臺最高長官為西臺右相，西臺侍郎為其副職，參與朝廷政務。⓬陝　地名，在今河南三門峽市一帶。⓭上官儀　字游韶，隋江都宮副監上官弘之子。貞觀進士，官至宰相。善作五言詩，以綺麗婉媚為本，當時稱為「上官體」。後下獄而死。傳見《舊唐書》卷八十、《新唐書》卷一百五。⓮癸丑　十月二十七日。⓯有事於泰山　在泰山舉行封禪大典。泰山古稱東嶽、岱宗，位於山東中部，主峰玉皇頂在泰安縣北。據《史記・封禪書》，先秦時代就有登封泰山者。秦漢以後，歷代帝王都把登封泰山看作天下盛事。表面上是報答天地之功，實際上是為了宣揚自己。⓰仍　與「乃」通。⓱左相　即侍中。門下省長官，侍中二人，正三品，大曆間升為正二品，「佐天子而統大政」，與中書令共參軍國政務，居宰相之任。⓲奉輦直長　官名，即尚輦直長，正七品。殿中第六局為尚輦局，龍朔改名為奉輦局。⓳犯　陵犯；侵害。⓴鳴鏑　響箭。㉑不以聞　不把此事告訴皇帝。㉒司憲　即御史臺，龍朔二年（西元六六二年）改稱憲臺，掌國家刑法。㉓司憲大夫　御史中丞。憲臺長官為大司憲，司憲大夫為其副官。兩官「掌持邦國刑憲典章，以肅正朝廷」。㉔不為治　不受理。㉕西臺舍人　中書舍人，正五品上，掌侍奉進奏，參議表章，草擬詔敕。㉖封事　密封章奏。㉗侵陵　侵犯欺陵。㉘謝　謝罪；道歉。㉙樞軸　中樞。㉚直道　正直之道。㉛攻訐　攻擊。㉜聖明　聖明之主。㉝遽　馬上。㉞癸酉　十月無癸酉。據《舊唐書・高宗紀》應在十一月，即十一月十八日。㉟旭輪　高宗第七子，後即帝位為睿宗。㊱戊申　十二月二十三日。㊲𩗗海道　地理不詳。其時蘇海政任右衛將軍，朝廷任命為𩗗海道總管，率軍伐龜茲。㊳興昔亡　突厥興昔部可汗，崑陵都護阿史那彌射，唐授左衛大將軍。㊴繼往絕　突厥繼往絕部可汗，濛池都護阿史那步真，唐授右衛大將軍。㊵與之俱　與他一同出征。㊶興昔亡之境　崑陵都護府轄區。㊷繼往絕素與興昔亡有怨　據《新唐書・突厥傳》，阿史那步真在歸唐以前曾謀殺阿史那彌射。㊸噍類　原指能飲食的動物，在此指能夠活著的人。㊹鼠尼施　西突厥咄陸五部之一。㊺拔塞幹　西突厥右廂五弩失畢部落之一，係繼往絕可汗部眾，而非興昔亡可汗所統。此處記載，頗有疑竇。㊻弓月部　一般認為是西突厥別部，約在今新疆霍城之西。㊼師老　師旅疲憊。㊽十姓無主　西突厥五咄陸和五弩失畢分別由興昔亡、繼往絕二可汗統領。興昔亡既為蘇海政所殺，繼往絕又死，故有此說。㊾阿史那都支 西突厥人，曾被唐拜為左驍衛大將軍兼匐延都督。後自稱十姓可汗，與吐蕃叛亂。事見《新唐書》卷二百十五下〈突厥傳〉。㊿庭州 治所在今新疆吉木薩爾北部破城子。51不釋甲冑 不解盔甲。

【語譯】 高宗天皇大聖大弘孝皇帝中之上

龍朔二年（壬戌 西元六六二年）

八月十六日壬寅，任命許敬宗為太子少師、同東西臺三品，掌管西臺事。

九月二十二日戊寅，首次命令八品、九品的官吏穿著青綠色衣服。

冬，十月十一日丁酉，皇帝抵達驪山溫泉，由太子監理朝廷。二十一日丁未，回宮。〇二十四日庚戌，西臺侍郎陝人上官儀擔任同東西臺三品。〇二十七日癸丑，下詔四年正月祭祀泰山，要在來年二月時到東都。

左相許圉師的兒子奉輦直長許自然，在遊獵時侵害了人家田地，田地主人大怒，許自然就用響箭射他。許圉師把兒子許自然杖責一百下，不向朝廷報告。田地主人前往司憲官署告狀，司憲大夫楊德裔不按法治罪。西臺舍人袁公瑜派人改名易姓，密封上告，高宗說：「許圉師身為宰相，兒子欺陵百姓，藏匿不言，這不是作威作福嗎！」許圉師謝罪說：「臣位列中樞，以正直之道侍奉陛下，不能讓所有人稱心遂意，所以才被別人所攻訐。至於說作威作福的人，或是手中掌有強兵，或是身處重鎮，臣以文官之身，侍奉聖明的國君，只知道閉門自守，哪裡敢作威作福！」高宗生氣地說：「你是怨恨沒有兵權嗎！」許敬宗說：「這樣的大臣，殺了也抵償不了他的罪過。」高宗立即命人把許圉師帶離，下詔僅免了他的官職。

十一月十八日癸酉，封皇子李旭輪為殷王。

十二月二十三日戊申，下詔令，由於不久前討伐高麗、百濟，河北的百姓，勞苦於徵召作戰和力役，高宗到泰山祭祀和巡幸東都的事都取消了。

𩗗海道總管蘇海政接受詔令討伐龜茲，下令興昔亡、繼往絕兩個可汗出兵和蘇海政一起進軍。到了興昔亡境內，繼往絕一向和興昔亡有仇怨，就祕密地對蘇海政說：「興昔亡可汗阿史那彌射謀劃反叛，請殺掉他。」

當時蘇海政的士卒只有幾千人，就招集軍中官吏商議說：「彌射如果反叛，我們就無法活命了，不如先殺死他。」就借稱皇帝命令「命令大總管攜帶數萬段布帛賜給可汗和各部落酋長」，興昔亡率領部眾前來受賜，蘇海政把他們全數抓獲處死。其中有鼠尼施、拔塞幹兩部落逃走，蘇海政和繼往絕追擊，平定了他們。軍隊返回時，到達疏勒南，弓月部又帶領吐蕃的部眾前來，打算與唐兵交戰。蘇海政認為士兵疲憊，不敢與吐蕃交戰，就拿軍用物資賄賂吐蕃，簽訂和約回師。從此，各部落都認為興昔亡是冤屈的，各自心懷叛離。繼往絕不久去世，十姓部落無主，有名叫阿史那都支和李遮匐的兩人收羅剩下的部眾歸附於吐蕃。

這一年，西突厥侵擾庭州，刺史來濟統兵抵禦，他對部眾說：「我早就應當死了，很幸運地存活到今天，我應該用生命報答國家。」便不脫甲冑，奔往敵陣交戰而死。

三年（癸亥　西元六六三年）

春，正月，左武衛大將軍❶鄭仁泰討鐵勒叛者餘種，悉平之。○乙酉❷，以李義府為右相❸，仍知選事❹。

二月，徙燕然都護府❺於回紇，更名瀚海都護；徙故瀚海都護❻於雲中古城❼，更名雲中都護❽。以磧為境，磧北州府皆隸瀚海，磧南隸雲中。

三月，許圉師再貶虔州❾刺史，楊德裔以阿黨❿流庭州，圉師子文思、自然並免官。

右相河間郡公⓫李義府典選⓬，恃中宮之勢，專以賣官為事，銓綜無次⓭，怨讁⑭盈路，上頗聞之，從容謂義府曰：「卿子及壻頗不謹，多為非法，我尚為卿掩覆⑮，卿宜戒之！」義府勃然變色，頸頰俱張⑯，曰：「誰告陛下？」上曰：「但我言如是，何必就我索其所從得邪！」義府殊不引咎⑰，緩步而去。上由是不悅。

望氣者⑱杜元紀謂義府所居第⑲有獄氣⑳，宜積錢二十萬緡㉑以厭之㉒，義府信之，聚斂尤急。義府居母喪，朔望㉓給哭假，輒㉔微服㉕與元紀出城東，登古塚，候望氣色㉖，或告義府窺覘災眚㉗，陰有異圖。又遣其子右司議郎㉘津㉙召長孫無忌之孫延，受其錢七百緡，除延司津監㉚，右金吾倉曹參軍㉛楊行穎告之。夏，四月乙丑㉜，下義府獄，遣司刑太常伯㉝劉祥道與御史、詳刑㉞共鞫之㉟，仍命司空㊱李勣監㊲焉。事皆有實。戊子㊳，詔義府除名，流巂州；津除名，流振州；諸子及壻並除名，流庭州㊴。朝野莫不稱慶㊵。或㊶作河間道行軍元帥劉祥道㊷破銅山大賊李義府露布㊸，牓㊹之通衢㊺。義府多取人奴婢，及敗，各散歸其家，故其露布云：「混奴婢而亂放，各識家而競入㊻。」

【章旨】以上為第二段，寫唐高宗懲治權奸右相李義府，人心大快。

【注釋】❶左武衛大將軍　左武衛為十二衛之一，置大將軍一員，正三品，統兵警衛宮廷。❷乙酉　正月乙卯朔，無乙酉日。疑記載有誤。❸右相　即中書令，正三品，掌軍國政令，輔佐皇帝處理重大政務。❹仍知選事　依舊負責吏部工作。在此之前，李義府官至司列太常伯、同東西臺三品，即吏部尚書、同中書門下三品。❺燕然都護府　貞觀二十一年（西元六四七年）置，治所在西受降城，即今內蒙古杭錦後旗烏加河北岸東南四十里。現移至回紇本部，即今杭愛山東端，統領漠北鐵勒、突厥諸部，轄境約為今蒙古人民共和國及俄羅斯西伯利亞南部一帶地區。❻故瀚海都護　都護府名，貞觀二十年（西元六四六年）為統轄鐵勒回紇部置，故址在今蒙古人民共和國布爾根省一帶。❼雲中古城　即北魏雲中郡治所盛樂城，在今內蒙古和林格爾西北土城子。❽雲中都護　即雲中都護府，治所金城，即雲中古城。麟德元年（西元六六四年）改名為單于大都護府。❾虔州　治所贛縣，在今江西贛州。❿阿黨　撓法循私。⓫河間郡公　李義府爵號。⓬典選　主持銓選。⓭銓綜無次　銓敘綜理沒有次序。⓮怨讟　怨恨、毀謗。⓯掩覆　遮掩。⓰頸頰俱張　脖子和面頰上的筋都暴漲起來。⓱引咎　謝罪。⓲望氣者　以觀察雲氣預言人事吉凶的人。⓳第　宅第。⓴獄氣　坐牢獄之氣。㉑緡　本指穿錢的繩子，借為貨幣單位。一緡等於一貫，即一千文。㉒厭之　壓抑獄氣。㉓朔望　初一、十五。㉔輒　總是。㉕微服　便服；穿老百姓服裝。㉖候望氣色　等候觀望雲氣。《墨子》上說：「凡望氣，有大將氣，有小將氣，有往氣，有來氣，有敗氣。能得明此者，可知成敗吉凶。」㉗災眚　災難。㉘右司議郎　官名，即太子舍人，掌侍從行令及表啟之事，正六品。㉙津　李義府之子李津，時任右司議郎。㉚司津監　官名，即都水使者。都水監最高長官，掌川澤津梁之政令。㉛右金吾倉曹參軍　官名，正八品下。掌翊府外府文官職員。㉜乙丑　恐誤。四月甲申朔，無乙丑。三月十二日及五月十三日皆為乙丑。觀下文「戊子，詔義府除名，流巂州」，知乙丑當在三月。㉝司刑太常伯　原名刑部尚書，正三品，掌天下刑獄。㉞御史詳刑　在此代指大司憲和詳刑正卿，即御史大夫和大理寺卿。㉟共鞫之　共同審理此案。胡注：「唐自永徽以後，大獄以尚書刑部、御史臺、大理寺官雜按，謂之三司。」鞫，審訊。㊱司空　官名，三公之一，正一品。唐代三公均為加官。㊲監　監審。㊳戊子　四月初五日。㊴諸子及壻並除名二句　《舊唐書・李義府傳》載：「義府次子率府長史洽、千牛備身洋、子婿少府主簿柳元貞等，皆憑恃受贓，並除名長流廷州。」《新唐書》所載略同。廷與庭通，實為一地。㊵稱慶　道賀慶祝。㊶或　有人。㊷劉祥道　（西元五九六—六六六年）魏州觀城（今河南清豐南）人，歷任中書舍人、御史中丞、吏部侍郎、刑部尚書等職。傳見《舊唐書》卷八十一、《新唐書》卷一百六。㊸露布　張貼的布告。㊹牓　貼榜。此作動詞用。㊺通衢　四通八達的大道。㊻混奴婢而亂放二句　這兩句是當時人表達義憤的諷刺語，謂李義府樹倒猢猻散。漢高祖為太上皇營建新豐縣，後有人記載此事，其中有言：「混雞犬而亂放，各識家而競入。」為此文所本。

【語譯】三年（癸亥　西元六六三年）

春，正月，左武衛大將軍鄭仁泰討伐鐵勒剩下的反叛部落，全部平定了他們。○乙酉日，任命李義府為右相，仍然主持選舉人才的事。

二月，把燕然都護府遷徙到回紇，改名為瀚海都護；把以前的瀚海都護遷徙到雲中古城，改名為雲中都護。以大漠為界，大漠以北的州府都隸屬瀚海，大漠以南隸屬雲中。

三月，許圉師又被貶為虔州刺史，楊德裔因為結黨營私流放庭州，許圉師的兒子許文思、許自然都被免除官職。

右相河間郡公李義府典掌人才選用，依恃皇后的權勢，專門從事賣官鬻爵，銓敘綜理沒有次序，怨恨之聲充斥道路，高宗多次耳聞，就從容不迫地對李義府說：「你的兒子和女婿很不謹慎，做了很多非法的事，我還為你遮掩，你應該戒懼警惕啊！」李義府突然變了臉色，頸部和面頰的筋肉都突起了，說：「是誰告訴陛下的？」高宗說：「只要我說的是對的，何必向我追問這些是從哪裡得知的！」李義府完全沒有引咎謝罪，慢步走了出去。高宗從此就不喜歡李義府了。

有個會看雲氣的杜元紀說李義府所住的宅第有牢獄之氣，應該積滿二十萬緡的錢加以壓制，李義府相信了，聚斂錢財更加急迫。李義府守母親的喪，朝廷在初一、十五給他喪假，他常常穿著便服和杜元紀一起走出城東，爬上古墓，伺候觀望氣色，有人告發李義府偷偷勘察災異妖眚，暗中有反叛的陰謀。又派遣他的兒子右司議郎李津召來長孫無忌的孫子長孫延，接受他的七百緡錢，任命長孫延為司津監，右金吾倉曹參軍楊行穎告發了這件事。夏，四月乙丑日，把李義府關到監獄裡，派遣司刑太常伯劉祥道和御史、詳刑一起審理，還命令司空李勣監審。結果事情都有實在的證據。初五日戊子，下詔削除李義府為官的身分，流放到巂州；李津削除為官的身分，流放到振州；兒子和女婿們都削掉為官的身分，流放到庭州。朝廷民間沒有不慶祝的。

有人撰寫了河間道行軍元帥劉祥道打敗銅山大賊李義府的露布文書，張貼在大道上。李義府奪取很多人家的奴婢，到了失敗時，奴婢們各自分散，回到自己家中，所以露布上說：「奴婢混雜，胡亂釋放，各認家門，競相返回。」

乙未❶，置雞林❷大都督府於新羅國，以金法敏為之❸。〇丙午❹，蓬萊宮含元殿❺成，上始移仗居之，更命故宮❻曰西內。戊申❼，始御紫宸殿❽聽政。

五月壬午❾，柳州蠻❿酋吳君解反，遣冀州⓫長史⓬劉伯英、右武衛將軍⓭馮士翽發嶺南兵討之。

吐蕃與吐谷渾⓮互相攻，各遣使上表論曲直，更來求援，上皆不許。吐谷渾之臣素和貴⓯有罪，逃奔吐蕃，具言⓰吐谷渾虛實。吐蕃發兵擊吐谷渾，大破之，吐谷渾可汗曷鉢⓱與弘化公主帥數千帳棄國走依涼州，請徙居內地。上以涼州都督鄭仁泰為青海道行軍大總管，帥右武衛將軍獨孤卿雲、辛文陵等分屯涼、鄯⓲二州，以備吐蕃。六月戊申⓳，又以左武衛大將軍蘇定方為安集大使，節度諸軍，為吐谷渾之援。

吐蕃祿東贊屯青海，遣使者論仲琮入見，表陳吐谷渾之罪，且請和親，上不許。遣左衛郎將⓴劉文祥使于吐蕃，降璽書㉑責讓之。

秋，八月戊申㉒，上以海東㉓累歲用兵，百姓困於征調㉔，士卒戰溺死者甚眾，詔罷三十六州所造船，遣司元太常伯㉕竇德玄㉖等分詣十道㉗，問人疾苦，黜陟㉘官吏。德玄，毅㉙之曾孫也。

九月戊午㉚，熊津道行軍總管、右威衛將軍孫仁師等破百濟餘眾及倭兵於白江㉛，拔其周留城㉜。

初，劉仁願、劉仁軌既克真峴城，詔孫仁師將兵，浮海助之。百濟王豐南引倭人以拒唐兵，仁師與仁願、仁軌合兵[1]，勢大振。諸將以加林城㉝水陸之衝㉞，欲先攻之，仁軌曰：「加林險固，急攻則傷士卒，緩之則曠日持久。周留城，虜之巢穴㉟，羣凶所聚，除惡務本㊱，宜先攻之。若克周留，諸城自下。」於是仁師、仁願與新羅王法敏將陸軍以進，仁軌與別將杜爽、扶餘隆將水軍及糧船自熊津入白江，以會陸軍，同趣周留城。遇倭兵於白江口，四戰皆捷，焚其舟四百艘，煙炎灼天㊲，海水皆赤。百濟王豐脫身奔高麗，王子忠勝、忠志等帥眾降，百濟盡平，唯別帥遲受信據任存城㊳，不下。

初，百濟西部人黑齒常之㊴，長七尺餘，驍勇有謀略，仕百濟為達率㊵兼郡將，猶中國刺史也。蘇定方克百濟，常之帥所部隨眾降。定方縶㊶其王及太子，縱兵劫掠，壯者多死。常之懼，與左右十餘人遁歸㊷本部，收集亡散，保任存山，結柵以自固，旬日[2]間歸附者三萬餘人。定方遣兵攻之，常之拒戰，唐兵不利；常之復取二百餘城，定方不能克而還。常之與別部將沙吒相如各據險以應福信，百濟既敗，皆帥其眾降。劉仁軌使常之、相如自將其眾，取任存城，仍以糧仗助之。孫仁師曰：「此屬㊸獸心㊹，何可信也！」仁軌曰：「吾觀二人皆忠勇有謀，敦信㊺重義；但曏者㊻所託，未得其人，今正是其感激立效㊼之時，不用疑也。」遂給其糧仗，分兵隨之，攻拔任存城，遲受信棄妻子，奔高麗。

詔劉仁軌將兵鎮百濟，召孫仁師、劉仁願還。百濟兵火之餘㊽，比屋㊾彫殘，僵尸滿野，仁軌始命瘞㊿骸骨，籍(51)戶口，理(52)村聚，署(53)官長，通(54)道塗，立(55)橋梁，補(56)隄堰，復陂塘(57)，課(58)耕桑，賑(59)貧乏，養孤老(60)，立唐社稷(61)，頒正朔及廟諱，百濟大悅，闔境(62)各安其業。然後脩屯田，儲糗糧(63)，訓士卒，以圖高麗。

劉仁願至京師，上問之曰：「卿在海東，前後奏事，皆合機宜(64)，復有文理。卿本武人，何能如是？」仁願曰：「此皆劉仁軌所為，非臣所及也。」上悅，加仁軌六階(65)，正除(66)帶方州(67)刺史，為築第長安，厚賜其妻、子，遣使齎璽書勞勉之。上官儀曰：「仁軌遭黜削而能盡忠，仁願秉節制而能推賢，皆可謂君子矣！」

冬，十月辛巳朔[68]，詔太子每五日於光順門[69]內視[70]諸司奏事，其事之小者，皆委太子決之。

十二月庚子[71]，詔改來年元[72]。○壬寅[73]，以安西都護高賢為行軍總管，將兵擊弓月以救于闐。

是歲，大食[74]擊波斯、拂菻[75]，破之。南侵婆羅門，吞滅諸胡，勝兵四十餘萬。

【章旨】以上為第三段，寫唐室四邊有警。唐將劉仁軌、劉仁願征服百濟。

【注釋】❶乙未　四月十二日。❷雞林　古國名，即新羅。新羅脫解王九年（西元六六五年），新羅始林地方出現雞怪，更名雞林，並以為國號。❸以金法敏為之　以金法敏為大都督。❹丙午　四月二十三日。❺含元殿　為蓬萊宮正殿。在今西安解放門外含元村附近，基址尚存。實測殿基東西長七五・九公尺，南北寬四二・三公尺；殿面闊十一間，進深四間。據文獻記載，含元殿前廊有翔鸞、棲鳳二閣，閣下為東西朝堂，閣前有鐘樓、鼓樓，是當時最豪華的建築之一。❻故宮　指太極宮。因其位於蓬萊宮之西，故稱西內。盛唐以後，又稱大明宮為東內，興慶宮為南內。❼戊申　四月二十五日。❽紫宸殿　內衙正殿。在含元殿之北，宣政殿之後。❾壬午　五月三十日。❿柳州蠻　南方少數民族，居住在今廣西柳州一帶。⓫冀州　治所在今河北冀縣。⓬長史　官名，州刺史下屬，與別駕、司馬一起佐助刺史，分掌州中庶務。大州長史從五品下，中州長史正六品上。⓭右武衛將軍　唐有右武衛，為十二衛之一，其最高將官為大將軍，下有將軍二員，從三品，職掌宮廷警衛。⓮吐谷渾　鮮卑族遷入青海北部、新疆東南部後建立的政權。首府伏俟城，在青海湖之西。⓯素和貴　人名。⓰具言　盡言；詳細述說。⓱吐谷渾可汗曷鉢　曷鉢，當為「諾曷鉢」。查兩《唐書・吐谷渾傳》，無稱「曷鉢」者，皆作「諾曷鉢」。昭陵十四國君長石像及乾陵六十一蕃臣石像中，均有諾曷鉢。諾曷鉢，姓慕容，吐谷渾第十五世第二十二王。貞觀十年（西元六三六年）封河源郡王、烏地也拔勒豆可汗。尚宗女弘化公主。事見《舊唐書》卷一百九十八〈吐谷渾傳〉、《新唐書》卷二百二十一上〈吐谷渾傳〉。⑱鄯　州名，治所在今青海樂都。⑲戊申　六月二十六日。⑳左衛郎將　唐制，左右衛之下置親府、勳一府、勳二府、翊一府、翊二府等五府，分由中郎將掌管，下有左右郎將為其副貳，正五品上，職掌宮廷守衛和皇帝儀仗。㉑璽書　用皇帝印璽封記的文書。㉒戊申　八月二十七日。㉓海東　指高麗、百濟。㉔征調　賦役。㉕司元太常伯　官名，原名戶部尚書。掌全國田戶、錢穀、租賦，正三品。㉖竇德玄　（西元五九八—六六六年）曾任殿中少監、御史大夫，勤職約己，以清素聞名，官至左相（侍中）。事見《舊唐書》卷一百八十三〈竇德明傳〉、《新唐書》卷九十五〈竇威傳〉。㉗十道指關內道、河南道、河東道、河北道、山南道、隴右道、淮南道、江南道、劍南道和嶺南道。㉘黜陟　進退。降官為黜，升官為陟。㉙毅　即竇毅。高祖太穆皇后之父。傳見《周書》卷三十、《北史》卷六十一。㉚戊午　九月初八日。㉛白江　日本史籍稱之為「白村江」，即今韓國錦江，自東北向西南流入黃海。白江之戰是唐日之間發生的第一次戰爭。唐軍由劉仁軌、劉仁願、孫仁師和金法敏所率陸軍七千、戰船一百七十艘組成。日方投入的兵力主要是廬原君臣統領的「萬餘健兒」、四百餘艘戰船和朴市田來津、扶餘豐率領的部分軍隊。規模較大。㉜周留城　朝鮮《三國史記》作「豆陵伊城」、「豆率城」，《日本書紀》則作「州柔城」。位於錦江入海口處不遠的岸邊山地上，三面環山，一面臨水，易守難攻。㉝加林城　在今韓國忠清南道扶餘郡林川面。㉞水陸之衝　位於水陸交通要道。㉟巢穴　本指鳥獸棲身之處。此喻敵人盤踞的地方。㊱除惡務本　語出《尚書・泰誓》，意思是說除惡務必從根本處著手。㊲焚其舟四百艘二句　據此，則以火攻取勝。《日本書紀》天智天皇條說，日本之敗，由主帥迷信輕敵，自亂其陣所致。㊳任存城　在忠清南道清陽郡大興一帶。㊴黑齒常之　仕百濟為達率兼風達郡將。降唐後官至左武衛將軍，驍勇多謀，以禦吐蕃之勞，進封燕國公。後為酷吏所陷。傳見《舊唐書》卷一百九、《新唐書》卷一百十。㊵達率　百濟官名，據《三國史記》，百濟官職分為十六品：一品佐平，二品達率，三品恩率，四品德率，五品扞率，六品奈率，七品將德，八品施德，九品固德，十品季德，十一品對德，十二品文督，十三品武督，十四品佐軍，十五品振武，十六品克虞。六品以上服紫，十一品以上服緋，其餘服青。佐平共有六位，是負責中央六個行政機關的事務大臣，名稱及職掌俱見於兩《唐書・百濟傳》。達率一般被任命為方領、郡將或城主。㊶縶　拘囚；捆縛。㊷遁歸　逃回。㊸此屬　此輩；這種人。㊹獸心　禽獸之心。㊺敦信　誠信。敦，厚；誠。㊻曏者　從前。㊼立效　立功。㊽之餘　之後。㊾比屋　連屋；戶戶。㊿瘞　殮埋；埋葬。(51)籍　修錄；登記。(52)理　整理；治理。(53)署　署置。(54)通　開通。(55)立　建立。(56)補　補葺。(57)復陂塘　修復陂塘。(58)課　勸課。(59)賑　賑貸。(60)養孤老　撫養孤老。孤老，孤兒老人。(61)社稷　土神曰社，穀神曰稷。(62)闔境　全境。(63)糗糧　乾糧；熟食。糗，炒熟的穀物。(64)皆合機宜　都符合事理。(65)加仁軌六階　破格提拔劉仁軌至第六階。階，官階。唐制，文官二十九散階，武官三十一散階。第六階，文官正四品上，武官從三品上。(66)正除　正式任命。(67)帶方州　羈縻州名，地當今韓國京畿道和忠清北道一帶。(68)辛巳朔　十月初一日。(69)光順門　在大明宮紫宸殿南紫宸門之右。(70)視　視察；觀看。(71)庚子　十二月二十一日。(72)詔改來年元　下詔更改明年年號。因絳州麟現，含元殿前有麟趾，改元麟德。(73)壬寅　十二月二十三日。(74)大食　阿拉伯帝國。(75)拂菻　東羅馬帝國。這裡指東羅馬帝國及其所屬西亞地中海沿岸地區。

【校　記】①兵　據章鈺校，十二行本、乙十一行本皆作「軍」。②日　原作「月」。據章鈺校，十二行本、乙十一行本、孔天胤本皆作「日」，今據改。按，兩《唐書·黑齒常之傳》皆作「旬日」。

【語　譯】四月十二日乙未，在新羅國設置雞林大都督府，任命金法敏為都督。〇二十三日丙午，蓬萊宮含元殿建成，高宗開始遷移儀仗，到那裡居住，把舊宮改稱西內。二十五日戊申，開始駕臨紫宸殿聽理政事。

五月三十日壬午，柳州蠻酋長吳君解反叛，派遣冀州長史劉伯英、右武衛將軍馮士翽調動嶺南軍隊討伐他。

吐蕃和吐谷渾互相攻擊，各自派遣使者上表朝廷求斷是非，還來請求援助，高宗都沒有答應。吐谷渾的大臣素和貴犯了罪，逃跑到吐蕃，把吐谷渾軍事虛實都向吐蕃說了，吐蕃發兵攻打吐谷渾，把他打得大敗，吐谷渾可汗曷鉢和弘化公主率領幾千帳徒眾棄國逃走，投靠涼州，請求遷徙到內地。高宗任命涼州都督鄭仁泰為青海道行軍大總管，率領右武衛將軍獨孤卿雲、辛文陵等人，分兵駐紮在涼州、鄯州，防備吐蕃。六月二十六日戊申，又任命左武衛大將軍蘇定方為安集大使，節制調度各路軍隊，作為吐谷渾的後援。

吐蕃祿東贊駐紮青海，派遣使者論仲琮入朝見高宗，上表陳述吐谷渾的罪過，而且請求與唐室和好結親，高宗沒有答應。派遣左衛郎將劉文祥出使吐蕃，頒下璽書責備他。

秋，八月二十七日戊申，高宗由於海東連年戰爭，百姓被賦役徵調所困，士卒戰死溺死的非常多，就下詔徹銷三十六州所建造的船隻，派遣司元太常伯竇德玄等人，分別前往十道慰問百姓疾苦，罷免或擢升官吏。

竇德玄，是竇毅的曾孫。

九月初八日戊午，熊津道行軍總管、右威衛將軍孫仁師等人在白江打敗了百濟剩餘部隊和倭國兵眾，攻佔周留城。

起初，劉仁願、劉仁軌攻下真峴城後，高宗下詔讓孫仁師率領軍隊，渡海援助劉仁願、劉仁軌。百濟王豐向南引導倭人抵抗唐兵，孫仁師和劉仁願、劉仁軌合兵一處，聲勢大振。各位將領認為加林城位於水陸要衝，想要先攻打它，劉仁軌說：「加林地勢險惡堅固，急速進攻則會傷害士卒，緩慢進攻卻又曠日持久。周留城是敵人的巢穴，一群元兇聚集之地，消滅惡人一定要從根本入手，最好先進攻敵人。如果攻下周留城，其他各城自然可以攻佔。」於是孫仁師、劉仁願和新羅王法敏率領陸軍前進，劉仁軌和其他路的將軍杜爽、扶餘隆率領水軍和運糧船，從熊津進入白江，會合陸軍，一起奔赴周留城。在白江口遇到倭國軍隊，四次交戰全都獲勝，燒掉敵船四百艘，火焰燒紅了天空，海水都變得赤紅。百濟王豐脫身逃跑到高麗，王子忠勝、忠志等率領部眾投降，百濟全部平定，只有另外一個支隊的將領遲受信據守任存城，唐軍沒有攻下。

起初，百濟西部有個人叫黑齒常之，身高七尺有餘，勇敢有計謀，在百濟做官，身為達率兼郡將，猶如中國的刺史。蘇定方攻克百濟，黑齒常之率領所轄部屬隨從眾人投降。蘇定方把百濟王和太子拘縛起來，縱兵搶掠，壯年人大多死掉。黑齒常之很害怕，和身邊十幾個人逃回原地，收羅逃散的士卒，據守任存山，連結柵欄，穩固自己，十日之間，歸附他的有三萬多人。蘇定方派遣部隊進攻他，黑齒常之抵抗，唐兵失利。黑齒常之又攻取二百多城，蘇定方不能取勝，軍隊回還。黑齒常之和另外一路的將領沙吒相如各自據守險要，與福信相呼應。百濟失敗後，他們都率領部眾投降。劉仁軌讓黑齒常之、沙吒相如自己率領舊部，攻取任存城，還以糧食器仗援助他們。孫仁師說：「這些人禽獸心腸，怎麼可以相信呢！」劉仁軌說：「我看他們兩個人都忠勇有謀略，重視信義；只為以前他們所依附的不是適當的人，現在正是他們感激立功的時候，不用懷疑。」就給他們糧食器仗，分派士卒跟隨他們，攻克任存城，遲受信拋棄妻子兒女，逃往高麗。

高宗下詔令劉仁軌統率軍隊鎮守百濟，召孫仁師、劉仁願回朝。百濟遭受戰火後，家家戶戶凋敝殘破，僵屍遍野，劉仁軌開始下令掩埋屍骸，登記戶口，整理村落，委任官長，開通道路，修建橋樑，補葺堤堰，修復陂塘，勸課耕種蠶桑，賑貸貧乏，撫養孤兒老人，建立大唐土神和穀神，頒布唐朝的曆法和廟諱，百濟民眾大為高興，全境百姓都安心自己的本業。然後開墾屯田，儲備乾糧，訓練士卒，進而謀取高麗。

劉仁願回到京師，高宗問他說：「你在海東，前後所陳奏的事情，都很符合事理，而且又有文彩條理。你本是個武人，怎麼能做到這個樣子？」劉仁願說：「這些都是劉仁軌所為，不是臣所能達到的。」高宗很高興，加劉仁軌六級官階，正式任命他為帶方州刺史，給他在長安建築宅第，對他的妻子兒女厚加賞賜，派遣使者帶著璽書慰勞勉勵他。上官儀說：「劉仁軌遭到罷免，仍然能盡忠朝廷，劉仁願執掌節制之權，而能夠推舉賢人，都可以說是君子啊！」

冬，十月初一日辛巳，下令太子每隔五天，在光順門內觀察各主管部門呈奏政務，比較小的政事都交付太子處置。

十二月二十一日庚子，下詔改換明年年號。〇二十三日壬寅，任命安西都護高賢為行軍總管，率領軍隊攻打弓月部，以此救援于闐。

這一年，大食攻打波斯、拂菻，並打敗了它們。又向南進攻婆羅門，吞滅了各胡人部落，能披甲作戰的軍隊有四十多萬人。

麟德元年（甲子　西元六六四年）

春，正月甲子❶，改雲中都護府為單于大都護府❷，以殷王旭輪為單于大都護。

初，李靖破突厥❸，遷三百帳于雲中城，阿史德氏為之長。至是，部落漸眾，阿史德氏詣闕❹，請如胡法立親王為可汗以統之。上召見，謂曰：「今之可汗，古之單于也。」故更為單于都護府，而使殷王遙領❺之。

二月戊子❻，上行幸萬年宮❼。

夏，四月壬子❽，衛州❾刺史道孝王元慶❿薨。○丙午⓫，魏州⓬刺史郇公孝協⓭坐贓，賜死。司宗卿⓮隴西王博乂⓯[1]奏孝協父叔良死王事⓰，孝協無兄弟⓱，恐絕嗣。上曰：「畫一之法，不以親疏異制，苟害百姓，雖皇太子亦所不赦。孝協有一子⓲，何憂乏祀乎！」孝協竟自盡於第。

五月戊申朔⓳，遂州⓴刺史許悼王孝㉑薨。○乙卯㉒，於昆明之弄棟川㉓置姚州都督府㉔。

秋，七月丁未朔㉕，詔以三年正月有事於岱宗㉖。

八月丙子㉗，車駕還京師，幸舊宅㉘，留七日，壬午㉙，還蓬萊宮。

丁亥㉚，以司列太常伯㉛劉祥道兼右相，大司憲㉜竇德玄為司元太常伯、檢校㉝左相。

冬，十月庚辰㉞，檢校熊津都督劉仁軌㉟上言：「臣伏覩所存戍兵，疲羸者多，勇健者少，衣服貧敝㊱，唯思西歸，無心展効。臣問以『往在海西，見百姓人人應募，爭欲從軍，或請自辦衣糧，謂之「義征」，何為今日士卒如此？』咸言：『今日官府與曩時(37)不同，人心亦殊。曩時東西征役，身沒王事，並蒙敕使(38)弔祭，追贈官爵，或以死者官爵回授(39)子弟，凡度遼海(40)者，皆賜勳一轉(41)。自顯慶五年(42)以來，征人屢經渡海，官不記錄，其死者亦無人誰何(43)。州縣每發百姓為兵，其壯而富者，行錢參逐(44)，皆亡匿得免；貧者身雖老弱，被發即行。頃者(45)破百濟及平壤苦戰，當[2]時將帥號令，許以勳賞，無所不至；及達西岸，惟聞枷鎖推禁(46)，奪賜破勳(47)，州縣追呼，無以自存(48)，公私困弊，不可悉言(49)。以是(50)昨(51)發海西之日已有逃亡自殘(52)者，非獨至海外而然也。又，本因征役勳級以為榮寵，而比年出征，皆使勳官(53)挽引(54)，勞苦與白丁(55)無殊，百姓不願從軍，率皆由此。』臣又問：『曩日士卒留鎮五年，尚得支濟，今爾等始經一年，何為如此單露？』咸言：『初發家日，惟令備一年資裝，今已二年，未有還期。』臣檢校(56)軍士所留衣，今冬僅可充事(57)，來秋以往，全無準擬。陛下留兵海外，欲殄滅高麗。百濟、高麗，舊相黨援，倭人雖遠，亦共為影響，若無鎮兵，還成一國。今既資戍守，又置屯田，所藉士卒同心同德，而眾有此議，何望成功？自非有所更張(58)，厚加慰勞，明賞重罰以起士心(59)。若止(60)如今日以前處置，恐師眾疲老，立效[61]無曰。逆耳之事，或無人為陛下盡言，故臣披露肝膽，昧死[62]奏陳。」

上深納其言，遣右威衛將軍[63]劉仁願將兵渡海以代舊鎮之兵，仍敕仁軌俱還。仁軌謂仁願曰：「國家懸軍海外，欲以經略高麗，其事非易。今收穫[64]未畢，而軍吏與士卒一時代去[65]，軍將[66]又歸，夷人新服，眾心未安，必將生變。不如且留舊兵，漸令收穫，辦具資糧，節級[67]遣還。軍將且留鎮撫，未可還也。」仁願曰：「吾前還海西[68]，大遭讒謗[69]，云吾多留兵眾，謀據海東，幾[70]不免禍。今日唯知准敕[71]，豈敢擅有所為！」仁軌曰：「人臣苟利於國，知無不為，豈恤[72]其私！」乃上表陳便宜[73]，自請留鎮海東，上從之。仍以扶餘隆為熊津都尉[74]，使招輯其餘眾。

【章　旨】以上為第四段，寫唐高宗採納劉仁軌奏議，優撫海東將士。

【注　釋】❶甲子　正月十六日。❷單于大都護府　治所仍在內蒙古和林格爾西北土城子。單于，突厥族君長之稱。❸李靖破突厥　時在唐太宗貞觀四年（西元六三〇年）。事詳兩《唐書・李靖傳》、〈李勣傳〉、〈突厥傳〉等。❹詣闕　赴京。闕，指皇帝所居宮殿，亦指宮門。❺遙領　擔任職務而不赴任所。❻戊子　二月初十日。❼萬年宮　即九成宮。在陝西麟遊西，永徽元年（西元六五〇年）改名。❽壬子　誤。四月戊寅朔，無壬子。《新唐書・高宗紀》作「壬午」。壬午，四月初五日。❾衛州　治所在今河南衛輝。❿元慶　高祖第十六子。歷任趙、豫、滑、徐等州刺史，有政績。死後贈為司徒、益州都督，陪葬獻陵。傳見《舊唐書》卷六十四、《新唐書》卷七十九。⓫丙午　四月二十九日。⓬魏州　治所在今河北大名東北。⓭孝協　唐宗室子弟。初為范陽王，後降為鄅國公，魏州刺史，因貪贓被殺。事見《舊唐書》卷六十〈長平王叔良傳〉、《新唐書》卷七十八《長平王叔良傳》。⑭司宗卿　官名，即宗正卿，為宗正寺最高長官，從三品上，掌皇帝九族六親之屬籍，以別昭穆，紀親疏，並領崇玄署。⑮博乂　蜀王李湛之子，《新唐書・宗室傳》作「博義」。官至禮部尚書，驕侈不法。傳見《舊唐書》卷六十、《新唐書》卷七十八。⑯叔良死王事　叔良率五將軍出擊突厥，中流矢死，為國家、為朝廷而身亡。⑰孝協無兄弟　此說不確。據兩《唐書・宗室傳》，孝協有一弟名孝斌，官至原州都督府長史。⑱孝協有一子　此說亦不確。據《新唐書・宗室世系表》，孝協有子七人，說詳岑仲勉《通鑑隋唐紀比事質疑》。⑲戊申朔　五月初一日。⑳遂州　州名，治所方義，在今四川遂寧。㉑許悼王孝　高宗次子，後宮鄭氏所生。傳見《舊唐書》卷八十六、《新唐書》卷八十一。㉒乙卯　五月初八日。㉓弄棟川　地名，在今雲南姚安北。㉔姚州都督府　治所姚城縣，在今雲南姚安北，轄于、異等十三州。㉕丁未朔　七月初一日。㉖岱宗　即泰山。為五嶽之首。中國歷代帝王有時舉行封禪之禮，在泰山祭天，在梁父祀地。「有事岱宗」，即謂祭天之禮。㉗丙子　八月初一日。㉘舊宅　高宗當晉王時所居之處，在保寧坊。㉙壬午　八月初七日。㉚丁亥　八月十二日。㉛司列太常伯　官名。高宗龍朔二年（西元六六二年）吏部尚書改名司列太常伯。㉜大司憲　高宗龍朔二年（西元六六二年）御史臺改稱憲臺，大司憲為憲臺長官，等同舊時御史大夫，職掌監察、執法。㉝檢校　係加官之稱。㉞庚辰　十月初六日。㉟檢校熊津都督劉仁軌　劉仁軌時為帶方州刺史，兩《唐書・劉仁軌傳》所載並同。《通鑑》當另有所據。㊱貧敝　破爛單寒。㊲曩時　從前。㊳敕使　天子所派使節。㊴回授　轉授。㊵遼海　泛指遼河流域以東地區。此處專指渤海。㊶賜勳一轉　猶賜勳一級。唐代勳官自武騎尉至上柱國凡十二轉，轉數越多品級越高。㊷顯慶五年　西元六六〇年。㊸無人誰何　無人過問。問其為誰，緣何而死。㊹行錢參逐　用錢賄賂，參謁追逐於官府之門。「參逐」一詞，較難理解。史炤釋為「參互」。胡三省釋為「參逐之人」，指官吏的隨從，似亦可通。但查《舊唐書》卷八十四，劉仁軌表章原文作「州縣發遣兵募，人身少壯，家有錢財，參逐官府者，東西藏避，並即得脫。無錢參逐者，雖是老弱，推背即來。」據此，則參逐之意，實為參謁官吏送錢行賄。㊺頃者　不久前。㊻枷鎖推禁　逮捕、推問、囚禁。㊼奪賜破勳　奪回賞賜，削減勳位。㊽無以自存　沒有辦法保全自己。㊾悉言　盡言。㊿以是　因此。51昨　泛指以前。52自殘　自殘肢體。53勳官　官吏的一種，有榮譽稱號（官位）而無實職。起初只用於酬謝軍功，後來授予漸廣。54挽引　挽引舟車。55白丁　無官職的平民。56檢校　檢查。57充事　充用；應付。58自非有所更張　若不改弦更張。59以起士心　以鼓舞士氣。60止　僅；只。61立效　立功。62昧死　冒死。63右威衛將軍　唐十二衛之一，大將軍為其最高統帥，其下即將軍，二員，從三品，負責護衛宮廷。64收穫　收割。65一時代去　一時替代而去。66軍將　統兵將領。67節級　分批。68海西　渤海之西。指本土。69讒謗　讒毀誹謗。70幾　幾乎；差點。

(71)准敕　依敕行事。(72)恤　顧；愛惜。(73)便宜　斟酌處理的意見。(74)以扶餘隆為熊津都尉　《考異》說，此時劉仁軌檢校熊津都督，豈可復以扶餘隆為之！但查兩《唐書．百濟傳》、〈劉仁軌傳〉，無以仁軌為都督者，皆載以扶餘隆為熊津都督。待考。都尉，武官，職位略低於將軍。

【校　記】[1]博乂　據章鈺校，十二行本、乙十一行本「乂」下皆有「等」字。[2]當　據章鈺校，十二行本、乙十一行本此下皆有「是」字。

【語　譯】麟德元年（甲子　西元六六四年）

春，正月十六日甲子，把雲中都護府改為單于大都護府，任命殷王李旭輪為單于大都護。

當初，李靖打敗突厥，遷徙三百帳突厥人到雲中城，以阿史德氏為酋長。到這個時候，部眾漸漸增多，阿史德氏前往朝廷晉見，請求按照胡人方式，立親王為可汗加以統管。高宗召見阿史德氏，對他說：「現在的可汗，就是古代的單于。」所以改名為單于都護府，而讓殷王遙相統領。

二月初十日戊子，高宗到達萬年宮。

夏，四月壬子日，衛州刺史道孝王李元慶去世。〇二十九日丙午，魏州刺史郇公李孝協犯了貪汙罪，被賜自殺。司宗卿隴西王李博乂上奏李孝協父親李叔良為國家而死，李孝協沒有兄弟，恐怕絕了子嗣。高宗說：「法令是整齊劃一的，不因為親疏有所不同，如果傷害百姓，就是皇太子也不能赦免。李孝協有一個兒子，何必擔心沒有子孫祭祀呢！」李孝協最終還是在府第裡自殺了。

五月初一日戊申，遂州刺史許悼王李孝去世。〇初八日乙卯，在昆明的弄棟川設置姚州都督府。

秋，七月初一日丁未，下詔說麟德三年正月在泰山祭天。

八月初一日丙子，高宗返回京師，駕臨舊居，留住七天，初七日壬午，回到蓬萊宮。

八月十二日丁亥，任命司列太常伯劉祥道兼右相，大司憲竇德玄為司元太常伯、檢校左相。

冬，十月初六日庚辰，檢校熊津都督劉仁軌上奏：「臣看到尚存的戍邊士卒，是疲憊羸弱的人居多，勇猛健壯的很少，衣服也都破爛，只想西去返鄉，沒有心思效力。臣問他們『以往在海西時，看到百姓人人都響應徵募，搶著要從軍。有人請求自己備辦衣物糧食，稱為「義征」，為什麼今天的士卒會變成這樣？』他們都說：『現在的官府和過去不同，人心也不一樣。過去不管往東或往西出征服役，為國家身亡，都蒙受皇帝派使者弔慰祭奠，追贈官爵，或者把死者的官爵轉授給死者子弟，凡是渡過遼海的士卒，都賞賜一級功勳。從顯慶五年以來，出征的兵士多次渡海，對他們的功勞官吏不予記錄，其中死亡的也沒有人問問是什麼人。州縣每次徵召百姓當兵，年壯而富有的，使用錢財參謁賄賂官府，都能夠逃避而免除兵役；貧困的身體雖然衰老體弱，一被徵召立即出發。最近打敗百濟和平壤，作戰艱苦，當時將帥宣布命令，許諾依功賜勳，獎賞財物，士卒的所有要求都答應了。等到到了西岸，只聽說士卒被拘留、推問、囚禁，奪回賞賜，撤銷勳爵，州縣追捕呼喝，士卒無法生存，公家和私人都困窘疲憊，這些情況無法盡言。因此過去從海西出發之日，已經有逃亡自殘的士卒，不只是到海外才這樣。而且士卒都把戰勝獲得勳爵當做是榮耀尊寵，但每年出征時，都讓獲勳官吏挽引舟車，所受的勞苦和平民沒有差別，百姓不願從軍，大都是由於這些原因。』臣又問：『從前士卒留守五年，還能夠支撐著過下去，現在你們才過了一年，為什麼衣裝這樣單薄露體？』他們都說：『剛從家裡出發時，只讓準備一年的物資衣裝，現在已經兩年了，還沒有回返的日期。』臣檢查士卒所留下的衣物，只可以應付今年冬天，來年秋天以後，全沒有明確的打算。陛下留軍海外，想要消滅高麗。百濟、高麗以前就互相結黨援助，倭國人距離雖然遙遠，也一同影響呼應，如果沒有鎮守的軍隊，還是會形成一國。現在既然借助於這些兵力戍守，又設置屯田制度，所要依賴的是士卒們的同心同德，但目前士卒卻有這種不滿的言語，怎麼能有希望成功？自然非得有所改變不可，對士卒要優厚地加以慰勞，明定獎賞，加重處罰，以振奮士卒的鬥志。如果只像今天以前一樣處理問題，恐怕士卒們身疲力衰，立功無日。這些逆耳的情況，可能沒有人向陛下全都說出來，所以臣披肝瀝膽，冒死向陛下陳奏。」

高宗完全接納了他的建議，派遣右威衛將軍劉仁願率兵渡海，以替代原有的鎮守士兵，還敕令劉仁軌一起返回朝廷，劉仁軌對劉仁願說：「國家駐軍海外，是想經理高麗，這件事情不是容易的。現在農田的收割還沒有結束，而軍吏和士卒一時之間替代離開，軍中將領也要回去，夷人最近剛歸附，大家心中還沒安定下來，一定會發生變故。不如暫且留下原有的士兵，逐步讓他們收割莊稼，備辦物資、糧食，按等級遣送回返。軍中將領暫且留下坐鎮安撫，不可以馬上回返。」劉仁願說：「我以前返回海西，大受毀謗，說我留下很多部眾，陰謀盤據海東，幾乎沒有免除災禍。現在我只知道按詔行動，怎麼敢擅自有所作為！」劉仁軌說：「為人臣子，如果利於國家的事，知道了沒有不做的，還顧忌什麼個人利益！」就呈上表說明怎麼做對國家有利，自己請求留下鎮守海東，高宗接受了。高宗還任命扶餘隆為熊津都尉，命令他招集剩餘的部眾。

初，武后能屈身忍辱，奉順上意，故上排群議而立之；及得志，專作威福，上欲有所為，動為后所制，上不勝其忿。有道士郭行真，出入禁中，嘗為厭勝❶之術，宦者王伏勝發之。上大怒，密召西臺侍郎、同東西臺三品上官儀議之。儀因言：「皇后專恣，海內所不與❷，請廢之。」上意亦以為然，即命儀草詔。

左右奔告于后，后遽❸詣上自訴❹。詔草猶在上所，上羞縮不忍，復待之如初，猶恐后怨怒，因紿❺之曰：「我初無此心，皆上官儀教我。」儀先為陳王❻諮議❼，與王伏勝俱事❽故太子忠，后於是使許敬宗誣奏儀、伏勝與忠謀大逆❾。十二月丙戌❿，儀下獄，與其子庭芝⓫、王伏勝皆死，籍沒其家。戊子⓬，賜忠死于流所。右相劉祥道坐與儀善，罷政事，為司禮太常伯⓭，左肅機⓮鄭欽泰等朝士⓯流貶者甚眾，皆坐與儀交通⓰故也。

自是上每視事⑰，則后垂簾於後，政無大小，皆與[1]聞之。天下大權，悉歸中宮，黜陟、殺生決於其口，天子拱手而已，中外謂之「二聖」⑱。

太子右中護⑲・檢校西臺侍郎樂彥瑋⑳、西臺侍郎孫處約㉑並同東西臺三品。

【章旨】以上為第五段，寫唐高宗懼內軟弱，冤殺上官儀，導致武則天垂簾參與朝政，中外謂之二聖。

【注釋】❶厭勝　以詛咒制勝。係迷信活動。❷不與　不許。❸遽　急；立即。❹自訴　為自己訴冤。❺紿　哄；騙。❻陳王　指李忠。忠自陳王立為太子。❼諮議　即諮議參軍，官名，王府官屬，位於王府長官傅之下，正五品上，常侍從左右，備諮詢，參謀議。❽事　奉事。❾謀大逆　十惡之一。指謀毀宗廟、山陵及宮闕。❿丙戌　十二月十三日。⓫庭芝　即上官庭芝。官至周王府屬。中宗時，因其女婉兒受寵，追贈為黃門侍郎、岐州刺史、天水郡公。事見兩《唐書・上官儀傳》。⓬戊子　十二月十五日。⓭罷政事二句　不得以右相之職參議朝政，擔任禮部尚書。⓮左肅機　官名。高宗龍朔二年（西元六六二年）改尚書左丞為左肅機，正四品上，掌管轄省事，糾舉憲章，以辨六官之儀。⓯朝士　朝廷上的官吏。⓰交通　交往。⓱視事　臨朝治事。⓲中外謂之二聖　朝野上下，都把他們稱為「二聖」。《新唐書》卷七十六載：「群臣朝、四方奏章，皆曰『二聖』。每視朝，殿中垂簾，帝與后偶坐，生殺賞罰惟所命。」《唐曆》所載略同。司馬光在《考異》中說：「武后雖悍戾，豈得高宗尚在，與高宗對坐受群臣朝謁乎！恐不至此。今從實錄。」⓳太子右中護　官名，即太子右庶子。龍朔二年（西元六六二年）改左、右庶子為左、右中護，正四品。⓴樂彥瑋　雍州長安（今西安西部）人，曾任給事中、唐州刺史等職。㉑孫處約　汝州郟城（今河南郟縣）人，曾以直諫受到太宗賞識，官至宰相。與彥瑋同傳，見《舊唐書》卷八十一、《新唐書》卷九十九。

【校記】[1]與　據章鈺校，十二行本、乙十一行本皆作「預」。按，二字通。

【語譯】當初，武后能夠委屈自己，忍受恥辱，奉應高宗的心意，所以高宗排除眾議而立她為后；等她得志之後，專門作威作福，高宗想要有所作為，一有行動就被武后箝制，高宗很氣憤。有個道士郭行真，在宮禁中出入，曾經以咒詛之術傷害高宗，宦者王伏勝揭發了此事。高宗大怒，祕密召來西臺侍郎、同東西臺三品上官儀一起商量。上官儀就說：「皇后專權恣縱，天下人都不贊成，請求廢掉后位。」高宗心裡認為很對，就命令上官儀起草詔令。

高宗身邊的人跑去把消息告訴了皇后，皇后立即到高宗那裡自我申訴。起草的詔令還在高宗處，高宗羞怯畏縮，心有不忍，又像當初一樣對待皇后，還擔心皇后怨恨生氣，就騙她說：「我本來沒有廢后位的想法，這都是上官儀教我的。」上官儀原先擔任陳王府諮議參軍，和王伏勝一起侍奉過以前的太子李忠，皇后於是指使許敬宗誣奏上官儀、王伏勝和李忠圖謀大逆不道。十二月十三日丙戌，上官儀被關進監獄，和他的兒子上官庭芝、王伏勝都被處死，抄沒他們全家。十五日戊子，賜李忠死於流放的地方。右相劉祥道因為和上官儀友善獲罪，廢除了在朝廷預政議事的權力，改任司禮太常伯，左肅機鄭欽泰等朝廷官員被流放貶退的很多，都是與上官儀交往受到牽連。

從此以後，高宗每次臨朝治事，皇后就垂著簾幕坐在大殿之後，無論政事大小，都參與其中。天下大權，全部落到皇后手中，罷黜、擢升、生殺的決定都決斷於皇后之口，天子拱手聽命罷了，朝廷內外稱之為「二聖」。

太子右中護・檢校西臺侍郎樂彥瑋、西臺侍郎孫處約一起被任命為同東西臺三品。

二年（乙丑　西元六六五年）

春，正月丁卯❶，吐蕃遣使入見，請復與吐谷渾和親，仍求赤水❷地畜牧，上不許。

二月壬午❸，車駕發京師；丁酉❹，至合璧宮❺。○上語及隋煬帝，謂侍臣曰：

「煬帝拒諫而亡，朕常以為戒，虛心求諫，而竟無諫者，何也？」李勣對曰：「陛下所為盡善，羣臣無得而諫❻。」

三月甲寅❼，以兼司戎太常伯❽姜恪同東西臺三品。恪，寶誼❾之子也。○辛未❿，東都乾元殿⓫成。閏月壬申朔⓬，車駕至東都。

疏勒、弓月引吐蕃侵于闐，敕西州都督⓭崔知辯、左武衛將軍曹繼叔將兵救之。

夏，四月戊辰⓮，左侍極⓯陸敦信⓰檢校右相，西臺侍郎孫處約、太子右中護・檢校西臺侍郎樂彥瑋並罷政事。

祕閣郎中⓱李淳風⓲以傅仁均⓳戊寅曆⓴推步㉑浸疏㉒，乃增損劉焯㉓皇極曆㉔，更撰麟德曆㉕；五月辛卯㉖，行之。

秋，七月己丑㉗，兗州㉘都督鄧康王元裕㉙薨。

上命熊津都尉㉚扶餘隆與新羅王法敏釋去舊怨，八月壬子㉛，同盟于熊津城。

劉仁軌以新羅、百濟、耽羅㉜、倭國使者浮海西還，會祠泰山，高麗亦遣太子福男㉝來侍祠。

冬，十月癸丑㉞，皇后表稱：「封禪舊儀，祭皇地祇，太后昭配，而令公卿行事，禮有未安㉟，至日㊱，妾請帥內外命婦㊲奠獻。」詔：「禪社首㊳以皇后為亞獻㊴，越國太妃燕氏㊵為終獻㊶。」壬戌㊷，詔：「封禪壇所設上帝、后土位，先用藁秸㊸、陶匏㊹等，並宜改用茵褥㊺、罍爵㊻，其諸郊祀㊼亦宜準此。」又詔：「自今郊廟享宴，文舞用功成慶善之樂㊽，武舞用神功破陳之樂㊾。」丙寅㊿，上發東都，從駕文武儀仗(51)，數百里不絕。列營置幕，彌亙(52)原野。東自高麗，西至波斯、烏長諸國朝會者，各帥其屬扈從，穹廬毳幕(53)，牛羊駝馬，填咽(54)道路。時比歲豐稔(55)，米斗至五錢，麥、豆不列于市(56)。

【章　旨】以上為第六段，寫唐高宗頒行新曆《麟德曆》，准皇后奏，皇后參與封禪。

【注　釋】❶丁卯　正月二十四日。❷赤水　地名，在青海興海縣一帶，當時為吐谷渾轄地。❸壬午　二月初十日。❹丁酉　二月二十五日。❺合璧宮　高宗顯慶五年（西元六六〇年），命田仁汪等造八關宮。功成，改名合璧宮。宮址位於東都禁苑西側。❻無得而諫　找不到可以進諫的事情，無從而諫。按，褚遂良、韓瑗皆因諫諍而死，則高宗不僅拒諫，而且殺諫。李勣說高宗盡善，無從而諫，阿諛之詞。❼甲寅　三月十二日。❽司戎太常伯　高宗龍朔間，兵部尚書改稱司戎太常伯，正三品，職掌天下武官選授，以及地圖與甲仗之政令。❾寶誼　即姜寶誼。秦州上邽（今甘肅天水市）人，從高祖起兵，官至右武衛大將軍。被宋金剛殺害。傳見《新唐書》卷八十八。❿辛未　三月二十九日。⓫乾元殿　洛陽宮正殿。由司農少卿田仁汪在隋乾陽殿的基址上重修，高一百二十尺，東西三百四十五尺，南北一百七十六尺。⓬壬申朔　閏三月初一日。⓭西州都督　西州在今新疆吐魯番和鄯善一帶。都督為州長官，職掌一州政務。⓮戊辰　四月二十七日。⓯左侍極　官名。高宗龍朔間左散騎常侍改稱左侍極，從三品，職掌侍奉規諫，備顧問應對。⓰陸敦信　蘇州吳（今江蘇蘇州）人，名儒陸德明之子，累封嘉興縣子。事見《舊唐書》卷一百八十九上〈陸德明傳〉、《新唐書》卷一百九十八〈陸德明傳〉。⓱祕閣郎中　官名。高宗龍朔間，祕書省改稱蘭臺，其下屬機構有祕閣局，祕閣郎中即為祕閣局官吏，舊稱太史令。太史令，掌觀察天文，稽定曆數。⑱李淳風　（西元六〇二—六七〇年）岐州雍（今陝西鳳翔）人，天文學家。曾造黃道渾儀，預修《晉書》、《隋書．天文志》、《律曆志》、《五行志》，著有《典章文物志》、《乙巳占》、《祕閣錄》等書，所撰《麟德曆》頗為精密。傳見《舊唐書》卷七十九、《新唐書》卷二百四。⑲傅仁均　滑州白馬（今河南滑縣東）人，撰有《戊寅曆》。傳見《舊唐書》卷七十九。⑳戊寅曆　又名《戊寅元曆》，係唐代第一部曆法，武德二年頒行。㉑推步　推算。「謂究日月五星之度，昏旦節氣之差」。㉒浸疏　日益疏闊。㉓劉焯　隋代天文學家。傳見《隋書》卷七十五、《北史》卷八十二。㉔皇極曆　即《甲子元曆》。未曾施用。㉕麟德曆　以撰於麟德年間而得名。詳見《舊唐書》卷三十三〈曆志〉二、《新唐書》卷二十六〈曆志〉二。㉖辛卯　五月二十日。㉗己丑　七月十九日。㉘兗州　治所在今山東兗州東北。㉙鄧康王元裕　高祖第十七子，與盧照鄰友善。傳見《舊唐書》卷六十四、《新唐書》卷七十九。㉚熊津都尉　據扶餘隆與金法敏盟文，當作「熊津都督」。㉛壬子　八月十三日。㉜耽羅　國名，位於今南朝鮮濟州島上。㉝福男　《新唐書》卷二百二十作「男福」。㉞癸丑　十月十五日。㉟未安　未妥；不妥。㊱至日　到時候，封禪那天。㊲內外命婦　指有封號的婦女。有內外之分。內命婦指皇帝的妃、嬪，主要有貴妃、淑妃、德妃、賢妃、昭儀、昭容、昭媛、修儀、修容、修媛、充儀、充容、充媛各一人，婕妤九人，美人四人，才人五人，寶林二十七人，御女二十七人，采女二十七人。外命婦指王公官僚的母、妻。自王、嗣王以至勳官四品之母、妻，有封號即為命婦。主要的外命婦有：皇姑封大長公主，皇姐封長公主，皇女封公主，皇太子之女封郡主，諸王之女封縣主。諸王之母與妻為妃，一品；國公之母與妻為國夫人；三品以上官員之母與妻有封者為郡夫人；五品、勳三品之母與妻有封者為縣君。散官同職事官。㊳禪社首　在社首山祭皇地祇。社首山在今山東泰安西南。㊴亞獻　本謂第二次奠獻，在此指第二位獻爵的人。㊵越國太妃燕氏　太宗妃嬪，生越王貞。㊶終獻　第三次奠獻。轉指最後一位獻爵者。㊷壬戌　十月二十四日。㊸藁秸　枯草乾禾。㊹陶匏　陶尊匏爵。㊺茵褥　彩絮墊褥。㊻罍爵　青銅罍爵（酒器）。㊼諸郊祀　各種郊祀。郊祀，指在郊外祭祀天地諸神。㊽功成慶善之樂　樂舞名，又叫〈九功舞〉。以兒童六十四人，戴進德冠，穿紫褲褶，長袖黑髻，屣履而舞。「進蹈安徐，以象文德」。㊾神功破陳之樂　本名〈秦王破陳樂〉，又叫〈七德舞〉。舞者一百二十人，皆披甲持戟，「有來往疾徐擊刺之象」，旨在宣揚武功。㊿丙寅　十月二十八日。(51)儀仗　儀衛兵仗。(52)彌亙　布滿。(53)穹廬毳幕　氈帳毛帷。(54)填咽　填塞；充斥。(55)比歲豐稔　連年豐收。(56)不列于市　不擺在市場上出售。

【語 譯】二年（乙丑 西元六六五年）

春，正月二十四日丁卯，吐蕃派遣使者進京朝見，請求再和吐谷渾和好結親，還要求取赤水地域畜牧，高宗沒有答應。

二月初十日壬午，高宗的車駕從京師出發；二十五日丁酉，到達合璧宮。○高宗談到隋煬帝，對身邊侍臣說：「煬帝拒絕勸告而滅亡，我常常引以為戒，虛心要求臣子進諫，但竟然沒有上諫的人，這是為什麼呢？」李勣回答說：「陛下所作所為都很完善，群臣找不到事情進諫。」

三月十二日甲寅，任命兼司戎太常伯姜恪為同東西臺三品。姜恪，是姜寶誼的兒子。○二十九日辛未，東都洛陽乾元殿建造完成。閏三月初一日壬申，高宗的車駕到達洛陽。

疏勒、弓月引領吐蕃入侵于闐，高宗命令西州都督崔知辯、左武衛將軍曹繼叔統率軍隊援救。

夏，四月二十七日戊辰，左侍極陸敦信任檢校右相，西臺侍郎孫處約、太子右中護・檢校西臺侍郎樂彥瑋一起廢除在朝廷預政議事的權力。

祕閣郎中李淳風認為傅仁均的《戊寅曆》推算的節令時辰日顯粗疏，就增減損益劉焯的《皇極曆》，重新撰寫《麟德曆》；五月二十日辛卯，正式頒布施行。

秋，七月十九日己丑，兗州都督鄧康王李元裕去世。

高宗命令熊津都尉扶餘隆和新羅王法敏消除舊怨，八月十三日壬子，在熊津城結盟。劉仁軌與新羅、百濟、耽羅、倭國派出的使者渡海西歸，在泰山會合祭祠，高麗也派遣太子福男前來陪侍祭祀。

冬，十月十五日癸丑，皇后上表說：「過去的封禪儀式，祭祀皇地祇，以太后配祭，而命令公卿舉行儀式，從禮儀來說有所不妥，到那天，妾請求率領內外命婦參與祭奠獻酒。」高宗頒布詔令說：「禪祭社首山時先以皇后為次獻，越國太妃燕氏為終獻。」二十四日壬戌，頒布詔令：「封禪時壇臺所設置的上帝、后土神位，原先使用的是枯乾禾秸、陶器等，現在應該一併改用褥墊和酒器，其他郊祀也應該以此為準。」又頒布詔令說：「從現在起郊廟祭祀享神宴會時，文舞採用〈功成慶善之樂〉，武舞採用〈神功破陣之樂〉。」二十八日丙寅，高宗從東都出發，陪從車駕的文武百官儀仗，幾百里連綿不絕。紮營置帳，遍布原野。東面起自高麗，西面到達波斯、烏長各國，朝見高宗的使者，各自率領部屬隨從皇帝，氈房帳幕，牛、羊、駝、馬，填塞道路。當時連年穀物豐收，一斗米便宜到五個錢，麥、豆都不擺在市場上出售。

十一月戊子❶，上至濮陽❷，竇德玄騎從。上問：「濮陽謂之帝丘，何也？」德玄不能對。許敬宗自後躍馬而前曰：「昔顓頊❸居此，故謂之帝丘。」上稱善。敬宗退，謂人曰：「大臣不可以無學，吾見德玄不能對，心實羞之。」德玄聞之曰：「人各有能、有不能，吾不強對以所不知，此吾所能也。」李勣曰：「敬宗多聞，信❹美矣；德玄之言亦善也。」

壽張❺人張公藝❻九世同居，齊、隋、唐皆旌表其門❼。上過壽張，幸其宅，問所以能共居之故，公藝書「忍」字百餘以進。上善之，賜以縑帛❽。

十二月丙午❾，車駕至齊州❿，留十日。丙辰⓫，發靈巖頓⓬，至泰山下，有司於山南為圓壇⓭，山上為登封壇，社首山上為降禪方壇。

【章　旨】以上為第七段，寫唐高宗在東行封禪途中的軼事。

【注　釋】❶戊子　十一月二十日。❷濮陽　縣名，治所在今河南濮陽西南。❸顓頊　上古人物，為五帝之一。相傳是黃帝的孫子，號高陽氏。十歲佐少皞，二十登帝位，在位七十八年。曾命重為南正，掌管祭祀；命黎任火正，掌管民事。見《史記》卷一及《山海經》注。❹信　確實。❺壽張　縣名，治所在今山東梁山縣西北。❻張公藝　傳見《舊唐書》卷一百八十八。《新唐書》卷一百九十五亦略載其事。❼齊隋唐皆旌表其門　北齊時東安王高永樂、隋時邵陽公梁子恭均前往撫慰旌表；唐貞觀間太宗遣吏旌表。❽縑帛　絹帛。❾丙午　十二月初九日。❿齊州　治所在今山東濟南。⓫丙辰　十二月十九日。⓬靈巖頓　在今山東濟南西南。⓭圓壇　即封祀壇。在山南四里處，形似天壇。

【語　譯】十一月二十日戊子，高宗到達濮陽，竇德玄騎馬隨從。高宗問他：「濮陽稱之為帝丘，為什麼？」竇德玄不能回答。許敬宗從後面躍馬而前，說：「過去顓頊帝居住此地，所以稱之為帝丘。」高宗表示稱讚。許敬宗退離，對人說：「大臣不能沒有學問，我看見竇德玄不能對答，心裡實在為他羞愧。」竇德玄聽到後說：「每個人各有他能做的、不能做的，我不勉強回答我所不知道的事，這就是我能做的事。」李勣說：「許敬宗的見多識廣，確實很好；但竇德玄所言亦可稱善。」

壽張人張公藝九代同居，齊、隋、唐時都於其門前賜匾額表揚。高宗路過壽張，到了張公藝住宅，問他能夠九代同居的緣故，張公藝書寫一百多個「忍」字呈進給高宗。高宗很讚賞他，賞賜給他縑帛。

十二月初九日丙午，高宗車駕抵達齊州，停留十天。十九日丙辰，從靈巖頓出發，到達泰山下，有關方面主管官員在山的南面建造了圓壇，山上是登臨祭天的祭壇，社首山上面是禪祭地祇的方形祭壇。

乾封元年（丙寅　西元六六六年）

春，正月戊辰朔❶，上祀昊天上帝于泰山南。己巳❷，登泰山，封玉牒❸，上帝冊藏以玉匱❹，配帝❺冊❻藏以金匱❼，皆纏以金繩❽，封以金泥，印以玉璽❾，藏以石䃭❿。庚午⓫，降禪于社首，祭皇地祇。上初獻畢，執事者皆趨下。宦者⓬執帷，皇后升壇亞獻，帷帟⓭皆以錦繡⓮為之，酌酒，實俎豆⓯，登歌⓰，皆用宮人。壬申⑰，上御朝覲壇⑱，受朝賀，赦天下，改元。文武官三品已上賜爵一等，四品已下加一階。先是階無泛加，皆以勞考敘進，至五品、三品，仍奏取進止，至是始有泛階⑲，比及⑳末年，服緋者滿朝㉑矣。

時大赦㉒，惟長流人㉓不聽還，李義府憂憤發病卒。自義府流竄，朝士日憂其復入，及聞其卒，眾心乃安。

丙戌㉔，車駕發泰山。辛卯㉕，至曲阜㉖，贈孔子㉗太師，以少牢㉘致祭。癸未㉙，至亳州㉚，謁老君㉛廟，上尊號曰太上玄元皇帝。丁丑㉜，至東都，留六日。甲申㉝，幸合璧宮。夏，四月甲辰㉞，至京師，謁太廟㉟。

庚戌㊱，左侍極兼檢校右相陸敦信以老疾辭職，拜大司成㊲，兼左侍極，罷政事。

五月庚寅㊳，鑄乾封泉寶㊴錢，一當十㊵，俟期年㊶盡廢舊錢㊷。

【章旨】以上為第八段，寫唐高宗封禪泰山，改元乾封，發行「乾封泉寶」錢，以一當十，聚斂民財。

【注釋】❶戊辰朔　正月初一日。❷己巳　正月初二日。❸玉牒　即玉策。以玉為簡，長一尺二寸，寬一寸二分，厚三分，刻封泰山文書，填上金屑，形成金字，以示鄭重。❹玉匱　即玉櫃。長一尺三寸。❺配帝　配祀皇帝。❻冊　冊文。❼金匱　即金櫃。❽金繩　金質繩索。共纏五圈。❾玉璽　玉印。方一寸二分，文與受命璽相同。❿石䃭　石匣。用方石累成，外有石檢十枚，以護石䃭。⓫庚午　正月初三。⓬宦者　即宦官。⓭帷帟　帳幕。⓮錦繡　精緻華麗的絲織繡品。⓯俎豆　皆為禮器，用來盛祭祀品。⑯登歌　登壇奏歌。⑰壬申　正月初五日。⑱朝覲壇　為接見百官而特設的土壇。⑲泛階　不管有功與否，都予以晉升。⑳比及　等到。㉑服緋者滿朝　滿朝都是穿緋衣的人。唐自顯慶以後，令四品、五品官服緋。緋衣滿朝並非指實，旨在說明泛階對唐代官制的影響。㉒大赦　對已判罪犯減免刑罰。㉓長流人　被長期流放在遠方的罪犯。㉔丙戌　正月十九日。㉕辛卯　正月二十四日。㉖曲阜　縣名，治所在今山東曲阜東北。㉗孔子　（西元前五五一—前四七九年）名丘，字仲尼，魯國陬邑（今山東曲阜東南）人，春秋末期傑出的思想家和教育家，被歷代統治者尊為聖人。主要言論保存在《論語》一書中。傳見《史記》卷四十七。㉘少牢　全羊、全豬。豬、牛、羊三牲具稱太牢，只有豬、羊二牲稱少牢。㉙癸未　誤。據兩《唐書・高宗紀》，當為二月己未，即二月二十二日。㉚亳州　治所譙縣，在今安徽亳州。㉛老君　即老子、老聃。姓李名耳，字伯陽，楚國苦縣（今河南鹿邑東）人，春秋末期的思想家，道家學派的創始人。相傳著有《道德經》。傳見《史記》卷六十三。㉜丁丑　上脫「三月」二字。丁丑，三月十一日。㉝甲申　三月十八日。㉞甲辰　四月初八日。㉟太廟　天子祖廟。唐太宗初在通義里，後移至皇城東南角。㊱庚戌　四月十四日。㊲大司成　官名。高宗龍朔間改國子監為大司成。國子監長官國子祭酒，龍朔間亦以大司成稱之，從三品，掌儒學訓導之政令。㊳庚寅　五月二十五日。㊴乾封泉寶　貨幣名稱。《舊唐書・食貨志》載，該錢直徑一寸，重二銖六分。㊵一當十　用一枚乾封泉寶當十枚開元通寶。開元通寶直徑八分，重二銖四絫。㊶期年　一年。㊷舊錢　即開元通寶。

【語　譯】乾封元年（丙寅　西元六六六年）

春，正月初一日戊辰，高宗在泰山南面祭祀昊天上帝。初二日己巳，登上泰山，以玉牒封禪，把祭祀上帝的冊書用玉匱收藏，配祭皇帝的冊書用金匱收藏，都用金繩纏繞，以金泥加封，印上玉璽，用石匣收藏。初三日庚午，下山禪祭社首，祭祀皇地祇。高宗初獻完畢，身邊執事的人都趨身退下。宦者手持帷帳，皇后登上祭壇次獻，帷帳都用錦繡製做。敬酒，裝滿俎豆，登壇歌舞，都用宮中之人。初五日壬申，高宗駕臨朝覲的壇臺，接受朝拜祝賀，赦免天下，更改年號。文官和武官三品以上賞賜爵位一等，四品以下加一階。在這以前官階是不隨便加封的，都是按功勞來考核敘次的，官階升至五品、三品，晉升與否就奏報皇帝取決，從這時起官階始有泛加封賞的情形；到了末尾幾年，穿緋色官服的官吏滿朝皆是。

當時大赦天下，只有長久流放的人不能任其放還，李義府憂慮憤懣，生病死亡。自從李義府被流放，朝廷士人每天都擔心他再度入朝為官，等到聽說他死去了，大家心情才安定下來。

正月十九日丙戌，高宗車駕從泰山出發。二十四日辛卯，到達曲阜，贈孔子太師官職，用少牢祭祀孔子。二月二十二日己未，高宗到達亳州，謁見老君廟，尊稱老君為太上玄元皇帝。三月十一日丁丑，高宗到達東都，停留六天。十八日甲申，入合璧宮。夏，四月初八日甲辰，回到京城，進謁太廟。

四月十四日庚戌，左侍極兼檢校右相陸敦信因為年老有病而辭職，被任命為大司成，兼左侍極，罷除政事。

五月二十五日庚寅，鑄造乾封泉寶錢，一錢相當十個舊錢，等到滿一年，全部廢棄舊錢。

高麗泉蓋蘇文卒，長子男生❶代為莫離支，初知國政，出巡諸城，使其弟男建、男產知留後事。或謂二弟曰：「男生惡二弟之逼，意欲除之，不如先為計。」二弟初未之信❷。又有告男生者曰：「二弟恐兄還奪其權，欲拒兄不納。」男生潛遣所親往平壤伺❸之，二弟收掩❹，得之，乃以王命召男生。男生懼，不敢歸，男建自為莫離支，發兵討之。男生走保別城，使其子獻誠詣闕求救。六月壬寅❺，以右驍衛大將軍契苾何力為遼東道安撫大使，將兵救之；以獻誠為右武衛將軍，使為鄉導。又以右[1]金吾衛將軍❻龐同善❼、營州都督高侃❽為行軍總管，同討高麗。

秋，七月乙丑朔⑨，徙殷王旭輪⑩為豫王。以大司憲兼檢校太子左中護劉仁軌為右相。

初，仁軌為給事中⑪，按畢正義事⑫，李義府怨之，出為青州刺史。會討百濟，仁軌當浮海運糧，時未可行⑬，義府督之，遭風失船，丁夫溺死甚眾，命監察御史袁異式往鞫之。義府謂異式曰：「君能辦事⑭，不[2]憂⑮無官。」異式至，謂仁軌曰：「君與朝廷何人為讎⑯？宜早自為計。」仁軌曰：「仁軌當官不職⑰，國有常刑，公以法斃之，無所逃命。若使遽自引決以快讎人，竊所未甘⑱！」乃具獄⑲以聞。異式將行，仍自掣⑳其鎖。獄上，義府言於上曰：「不斬仁軌，無以謝百姓。」舍人㉑源直心曰：「海風暴起，非人力所及。」上乃命除名，以白衣從軍自效㉒。義府又諷劉仁願使害之，仁願不忍殺。及為大司憲，異式懼，不自安，仁軌瀝觴㉓告之曰：「仁軌若念疇昔之事，有如此觴！」仁軌既知政事，異式尋遷詹事丞㉔，時論紛然；仁軌聞之，遽薦為司元大夫。監察御史杜易簡㉕謂人曰：「斯所謂矯枉過正矣！」

八月辛丑㉖，司元太常伯兼檢校左相竇德玄薨。

初，武士彠娶相里氏㉗，生男元慶、元爽；又娶楊氏㉘，生三女，長適㉙越王府法曹㉚賀蘭越石，次皇后，次適郭孝慎。士彠卒，元慶、元爽及士彠兄子惟良、懷運㉛皆不禮㉜於楊氏，楊氏深銜㉝之。越石、孝慎及孝慎妻並早卒，越石妻生敏之及一女而寡。后既立，楊氏號榮國夫人，越石妻號韓國夫人，惟良自始州㉞長史超遷司衛少卿㉟，懷運自瀛州㊱長史遷淄州刺史㊲，元慶自右衛郎將㊳為司宗[3]少卿㊴，元爽自安州㊵戶曹㊶累遷內府[4]少監㊷。榮國夫人嘗置酒，謂惟良等曰：「頗憶疇昔之事乎？今日之榮貴復何如？」對曰：「惟良等幸以功臣子弟㊸，早登宦籍，揣分量才㊹，不求貴達，豈意以皇后之故，曲荷朝恩，夙夜憂懼，不為榮也。」榮國不悅。皇后乃上疏，請出惟良等為遠州刺史，外示謙抑，實惡之也。於是以惟良檢校始州刺史，元慶為龍州㊺刺史，元爽為濠州㊻刺史。元慶至州，以憂卒。元爽坐事流振州㊼而死。

韓國夫人及其女以后故出入禁中，皆得幸於上。韓國尋卒，其女賜號魏國夫人。上欲以魏國為內職㊽，心難后未決㊾，后惡之。會惟良、懷運與諸州刺史詣泰山朝覲，從至京師，惟良等獻食。后密置毒醢㊿中，使魏國(51)食之，暴卒，因歸罪於惟良、懷運。丁未(52)，誅之，改其姓為蝮(53)氏。懷運兄懷亮早卒，其妻善氏尤不禮於榮國(54)，坐惟良等沒入掖庭，榮國令后以他事束棘(55)鞭之，肉盡見(56)骨而死。

九月，龐同善大破高麗兵，泉男生帥眾與同善合。詔以男生為特進(57)、遼東大都督，兼平壤道安撫大使，封玄菟郡公。

戊子(58)，金紫光祿大夫(59)致仕(60)廣平宣公劉祥道薨，子齊賢(61)嗣。齊賢為人方正(62)，上甚重之，為晉州(63)司馬。將軍史興宗嘗從上獵苑中，因言晉州產佳鷂，劉齊賢今為司馬，請使捕之。上曰：「劉齊賢豈捕鷂者邪！卿何以此待之！」

冬，十二月己酉(64)，以李勣為遼東道行軍大總管，兼安撫大使[5]；以司列少常伯(65)安陸(66)郝處俊(67)副之，以擊高麗。龐同善、契苾何力並為遼東道行軍副大總管，兼安撫大使如故。其水陸諸軍總管并運糧使竇義積、獨孤卿雲、郭待封等，並受勣處分(68)。河北諸州(69)租賦悉詣遼東(70)給軍用。待封，孝恪(71)之子也。

勣欲與其壻京兆杜懷恭偕行，以求勳效(72)。懷恭辭以貧(73)，勣贍(74)之；復辭以無奴馬，又贍之。懷恭辭窮，乃亡匿岐陽(75)山中，謂人曰：「公欲以我立法耳。」勣聞之，流涕曰：「杜郎疏放(76)，此或有之。」乃止。

【章　旨】以上為第九段，寫武則天生性狠毒，報復同宗；唐高宗大發兵征高麗。

【注釋】❶男生　即泉男生。蓋蘇文之子，乾封元年繼為莫離支，因內亂歸唐，官至右衛大將軍，封汴國公。事見《新唐書》卷二百二十〈高麗傳〉、《舊唐書》卷一百九十九上〈高麗傳〉。❷未之信　未信之；不相信。❸伺　窺探。❹收掩　隱蔽搜捕。❺壬寅　六月初七日。❻右金吾衛將軍　官名。唐有左右金吾衛，各置大將軍一員，為最高軍事長官，其下各有將軍二員，從三品，職掌宮內和京城巡查警衛。❼龐同善　郟國公龐卿惲之子。事見《舊唐書》卷五十七〈龐卿惲傳〉、《新唐書》卷八十八〈龐卿惲傳〉。❽高侃　見《新唐書》卷一百七十〈高固傳〉。❾乙丑朔　七月初一日。❿殷王旭輪　即後來的睿宗。⓫給事中　門下省屬吏，高宗龍朔間改稱東臺舍人，正五品上，陪侍皇帝左右，分管省事。⓬按畢正義事　時在高宗顯慶元年八月。事見本書卷二百。⓭時未可行　當時天氣不宜航行。⓮君能辦事　你若能辦好此事。⓯憂　愁。⓰讎　「仇」的異體字。⓱不職　失職；不稱職。⓲甘　甘心。⓳具獄　舊指據以定罪的全部案卷。此處指定罪。⓴掣　拽。㉑舍人　官名，即中書舍人，中書省屬官，正五品上，職掌侍奉進奏，參議表章。㉒以白衣從軍自效　時在顯慶五年。㉓瀝觴　灑酒於地。㉔詹事丞　官名，全稱太子詹事府丞。丞，副職，佐太子詹事管理太子東宮事務。㉕杜易簡　襄州襄陽（今湖北襄樊）人，博學多才，傳見《舊唐書》卷一百九十上、《新唐書》卷二百一。㉖辛丑　八月初八日。㉗相里氏　山西汾陽人，武德初病亡。㉘娶楊氏　時在武德五年（西元六二二年）前後。事詳《文苑英華》卷八百七十五〈攀龍臺碑〉。㉙適　嫁。㉚法曹　官名，即王府屬吏法曹參軍事，正七品上，負責本曹所管刑獄事務。㉛士彠兄子惟良懷運　此二人都是武則天伯父武士讓的兒子。惟良官司衛少卿，懷運官淄州刺史。見《新唐書》卷七十四上及《元和姓纂》等。㉜不禮　不敬；不盡禮。㉝銜　怨；恨。㉞始州　州名，治所在今四川劍閣。㉟司衛少卿　官名，高宗龍朔間衛尉寺改稱司衛寺，衛尉少卿改稱司衛少卿，從四品上，係司衛卿副貳之官，「掌邦國器械文物之政令」。㊱瀛州　治所在今河北河間。㊲刺史　官名，州長官，從三品。㊳右衛郎將　官名，為中郎將的副官，正五品上，職掌宮廷宿衛，遇朝會、巡幸則領其儀仗。㊴司宗少卿　官名，即宗正少卿。為宗正寺屬官，佐助宗正卿，從四品上，職掌皇室九族六親之屬籍，以別昭穆之序。㊵安州　治所在今湖北安陸。㊶戶曹　官名，全稱戶曹司戶參軍，從八品下，職掌一州戶籍、計帳、道路、婚田諸事。㊷內府少監　官名，即少府少監，從四品下，協助少府監掌「百工技巧之政令」。㊸功臣子弟　即功臣後代。武士彠曾隨李淵起兵，任中郎將兼司鎧參軍。唐朝建立後，被列為二等功臣。事見《冊府元龜》卷一百三十三〈帝王部・褒功二〉。㊹揣分量才　衡量自己的名分和才幹。㊺龍州　治所在今廣西龍州北。㊻濠州　治所在今安徽鳳陽東。胡注：本西楚州，「隋開皇二年改曰豪州，唐曰濠州。」岑仲勉認為不確，說隋初改州名，字本從水作濠，杜伏威降附後，誤去水作豪，至元和三年始予更正，高宗時應作「豪州」。參閱《隋書求是》及

《通鑑隋唐紀比事質疑》。(47)振州　故治在今海南三亞西北崖城鎮。(48)內職　即內官。指妃嬪職務。(49)心難后未決　怕皇后反對，尚未做出決定。(50)醢　肉醬。(51)魏國　指韓國夫人之女魏國夫人。(52)丁未　八月十四日。(53)蝮　毒蛇。別稱「草上飛」、「土公蛇」。(54)榮國　即皇后之母榮國夫人。(55)束棘　捆棘成束。棘，酸棗樹。(56)見　通「現」。(57)特進　散官之稱，正二品，無實職。(58)戊子　九月二十五日。(59)金紫光祿大夫　文散官名稱，正三品。(60)致仕　退休。唐制，官吏年滿七十，原則上要退休回家；若精力旺盛，可暫不致仕。(61)齊賢　劉齊賢，官至宰相，後為酷吏所陷。傳見《舊唐書》卷八十一、《新唐書》卷一百六。(62)方正　正直不阿。(63)晉州　治所在今山西臨汾。(64)己酉　十二月十八日。(65)司列少常伯　官名，即吏部侍郎。為吏部尚書副官。高宗龍朔間，改吏部侍郎為司列少常伯，正四品上，掌官吏選授、勳封、考課之政令。(66)安陸　縣名，治所在今湖北安陸。(67)郝處俊　（西元六〇七—六八一年）清廉方正，敢於進諫，官至侍中，「甚得大臣之體」。傳見《舊唐書》卷八十四、《新唐書》卷一百十五。(68)處分　本意為處理、處置。此處猶言「節度」。(69)河北諸州　指河北道所轄懷、衛、相、洺等二十餘州。(70)遼東　地區名，泛指遼河以東。(71)孝恪　郭孝恪，許州陽翟（今河南禹州）人，以鎮壓竇建德之功拜上柱國，累遷安西都護，後戰死於龜茲。傳見《舊唐書》卷八十三、《新唐書》卷一百十一。(72)勳效　功勳績效。(73)辭以貧　以貧為藉口推辭。(74)贍　恤；助。(75)岐陽　縣名，治所在今陝西岐山縣東北。(76)疏放　疏闊放任；自由散漫。

【校　記】[1]右　據章鈺校，十二行本、乙十一行本皆作「左」。按，《新唐書・高宗紀》、〈東夷高麗傳〉皆作「左」，然兩《唐書・龐卿惲傳附子同善傳》皆載龐同善官至右金吾將軍，未知孰是。[2]不　據章鈺校，十二行本、乙十一行本皆作「勿」。[3]司宗　原作「宗正」。胡三省注云：「此時已改『宗正』為『司宗』。」嚴衍《通鑑補》據以改「司宗」，今從改。[4]內府　原作「少府」。胡三省注云：「此時已改『少府監』為『內府監』。」嚴衍《通鑑補》據以改「內府」，今據以校正。[5]兼安撫大使　此五字原無。據章鈺校，十二行本、乙十一行本、孔天胤本皆有此五字。張敦仁《通鑑刊本識誤》、張瑛《通鑑校勘記》同，今據補。

【語　譯】高麗泉蓋蘇文死了，長子泉男生繼任為莫離支，初次執掌國家大政，出巡各地城邑，命令他的弟弟泉男建、泉男產執掌留守後方的事務。有人對兩個弟弟說：「泉男生厭惡你們兩個弟弟的壓迫，心裡想要除掉你們，不如事先做好謀劃。」兩個弟弟起先不相信。又有人告訴泉男生說：「你兩個弟弟擔心你返回後剝奪他們的權力，準備對你拒不接納。」泉男生暗中派親近的人前往平壤窺伺，兩個弟弟把泉男生派出的人祕密地抓了起來，得知其中詳情，就用國王的命令召回泉男生。泉男生恐懼，不敢回去，泉男建自立為莫離支，發兵討伐泉男生。泉男生逃到另一城邑自保，派遣他的兒子泉獻誠到朝廷求救。六月初七日壬寅，任命右驍衛大將軍契苾何力為遼東道安撫大使，率兵救援；任命泉獻誠為右武衛將軍，讓他做嚮導。又任命右金吾衛將軍龐同善、營州都督高偘為行軍總管，一同討伐高麗。

秋，七月初一日乙丑，把殷王李旭輪徙封為豫王。任命大司憲兼檢校太子左中護劉仁軌為右相。

當初，劉仁軌任職給事中，調查畢正義的事情，李義府怨恨他，把他外放為青州刺史。適逢朝廷討伐百濟，劉仁軌負責渡海運送糧食，當時不適宜行船，李義府督促他出發，結果遇風船毀，船夫溺死很多，朝廷命令監察御史袁異式前往查辦。李義府對袁異式說：「你能夠辦好這件事，不愁沒官做。」袁異式到達後，對劉仁軌說：「你和朝廷什麼人結了仇恨？你應該早早地自我謀劃。」劉仁軌說：「劉仁軌做官不稱職，國家刑有常規，你根據法令把我殺了，我無處逃命。如果讓我急忙地自我了斷，以滿足仇人，我心所不甘！」就備齊案情卷宗報告高宗。袁異式準備上路時，親自把鎖拽上。案情呈上之後，李義府對高宗說：「不殺劉仁軌，不能向老百姓謝罪。」舍人源直心說：「海風暴起，不是人力所能挽救的。」高宗於是命令免除劉仁軌做官的身分，以平民身分從軍效力。李義府又暗示劉仁願，讓他害死劉仁軌，但劉仁願不忍心加以殺害。等到劉仁軌做了大司憲，袁異式惶懼，心神不安。劉仁軌杯酒灑地，告訴袁異式說：「劉仁軌如果還記著過去的事，就好像這杯酒一樣！」劉仁軌執掌政事之後，袁異式不久升遷詹事丞，當時議論紛紛；劉仁軌聽到之後，很快推舉袁異式為司元大夫。監察御史杜易簡對人說：「這就是所說的矯枉過正了！」

八月初八日辛丑，司元太常伯兼檢校左相竇德玄去世。

當初，武士彠娶相里氏為妻，生了兒子武元慶、武元爽；又娶了楊氏，生了三個女兒，長女嫁給越王府法曹賀蘭越石，次女就是武則天皇后，三女兒嫁給郭孝慎。武士彠去世後，武元慶、武元爽和武士彠哥哥的兒子武惟良、武懷運等人，對楊氏都不禮貌，楊氏深以為恨。賀蘭越石、郭孝慎和郭孝慎的妻子都很早就死了，賀蘭越石的妻子生了賀蘭敏之和一個女兒，女兒寡居。武則天立為皇后後，楊氏賜號榮國夫人，賀蘭越石的妻子賜號韓國夫人，武惟良由始州長史越級升遷為司衛少卿，武懷運由瀛州長史升遷為淄州刺史，武元慶由右衛郎將升為司宗少卿，武元爽由安州戶曹累次升遷為內府少監。榮國夫人曾經擺設酒席，對武惟良等人說：「你們還常回憶過去的事嗎？對今天的榮華富貴你們感覺又是怎樣？」武惟良回答說：「惟良等人僥倖以功臣子弟的身分，早早地做了官，衡量自己的名分和才幹，不求顯貴榮達，哪裡想到因為皇后的緣故，曲蒙朝廷恩寵，早晚都在憂懼惶恐，不敢引以為榮。」榮國夫人聽了心裡不高興。皇后便上疏，請求把武惟良等外放為偏遠之州的刺史，表面上顯示謙虛自抑，其實很厭惡武惟良等人。於是任命武惟良為檢校始州刺史，武元慶為龍州刺史，武元爽為濠州刺史。武元慶到了龍州，因為憂鬱而死。武元爽因其他事情獲罪，流放振州而死。

韓國夫人和她的女兒因為皇后的緣故，出入宮禁之中，都得到高宗的寵幸。韓國夫人不久去世，她的女兒賜號為魏國夫人。高宗要以魏國夫人為內官之職，心裡怕皇后刁難，沒有最後決定，皇后非常憎惡。適逢武惟良、武懷運和各州刺史前往泰山朝見皇帝，隨從高宗回到京師，武惟良等人獻上食品，皇后暗中把毒藥放入肉醬裡，讓魏國夫人吃，她突然死了，於是把罪過推到武惟良、武懷運身上。八月十四日丁未，處死武惟良、武懷運，把他們的姓氏改為蝮氏。武懷運的兄長武懷亮去世很早，他的妻子善氏對榮國夫人特別不禮貌，受到武惟良等人的牽連被收入掖庭，榮國夫人命令武后藉口其他事情，拿棘杖抽打，把善氏打到肉爛骨露而死。

九月，龐同善把高麗的軍隊打得大敗，泉男生率領部眾與龐同善會合。高宗下詔任命泉男生為特進、遼東大都督，兼平壤道安撫大使，封為玄菟郡公。

九月二十五日戊子，金紫光祿大夫辭官家居的廣平宣公劉祥道去世，兒子劉齊賢繼嗣。劉齊賢為人端正，高宗非常器重他，擔任晉州司馬。將軍史興宗曾經隨從高宗在苑囿中打獵，順口談到晉州出產很好的鷂鷹，劉齊賢現任晉州司馬，請派人叫他捕捉。高宗說：「劉齊賢難道是捕鷂鷹的人嗎！你為什麼如此對待他！」

冬，十二月十八日己酉，任命李勣為遼東道行軍大總管，兼安撫大使；以司列少常伯安陸人郝處俊作他的副手，去攻打高麗。龐同善、契苾何力都擔任遼東道行軍副大總管兼安撫大使，和過去一樣。水陸各軍總管和運糧使竇義積、獨孤卿雲、郭待封等人，一併接受李勣調度。河北各州的租稅田賦全部送往遼東，以供軍需。郭待封，是郭孝恪的兒子。

李勣打算和他的女婿京兆人杜懷恭一起出發，求取功績。杜懷恭藉口貧窮加以推辭，李勣供給他財物；杜懷恭又以沒有奴僕車馬為由推辭，李勣再供給他奴僕車馬。杜懷恭無話可說，就逃走躲藏在岐陽縣山中，對人說：「李公是想拿我樹立軍法的權威罷了。」李勣聽到後，流淚說：「杜郎個性疏闊任性，才可能有這樣的想法。」此事就作罷了。

二年（丁卯　西元六六七年）

春，正月，上耕藉田❶，有司進耒耜❷，加以彫飾。上曰：「耒耜農夫所執，豈宜如此之麗！」命易之。既而耕之，九推乃止❸。◯自行乾封泉寶錢，穀帛踊貴，商賈不行。癸未❹，詔罷之。

二月丁酉❺，涪陵悼王愔❻薨。◯辛丑❼，復以萬年宮為九成宮❽。

生羌十二州❾為吐蕃所破，三月戊寅❿，悉罷[1]之。

上屢責侍臣不進賢，眾莫敢對。司列少常伯李安期⓫對曰：「天下未嘗無賢，亦非羣臣敢蔽賢也。比來公卿有所薦引，為讒者已指為朋黨，滯淹者未獲伸而在位者先獲罪，是以各務杜口耳！陛下果推至誠以待之，其誰不願舉所知！此在陛下，非在羣臣也。」上深以為然。安期，百藥之子也。

夏，六[2]月乙卯⑫，西臺侍郎楊弘武⑬、戴至德⑭、正諫大夫⑮兼東臺侍郎李安期、東臺舍人⑯昌樂張文瓘⑰、司列少常伯兼正諫大夫河北趙仁本⑱並同東西臺三品。弘武，素⑲之弟子；至德，胄⑳之兄子也。時造蓬萊、上陽㉑、合璧等宮，頻征伐四夷，廄馬萬匹，倉庫漸虛，張文瓘諫曰：「隋鑒不遠，願勿使百姓生怨。」上納其言，減廄馬數千匹。

秋，八月己丑朔㉒，日有食之。○辛亥㉓，東臺侍郎同東西臺三品李安期出為荊州長史。

九月庚申㉔，上以久疾，命太子弘監國。○辛未㉕，李勣拔高麗之新城㉖，使契苾何力守之。勣初度遼，謂諸將曰：「新城，高麗西邊要害，不先得之，餘城未易取也。」遂攻之，城人師夫仇等縛城主開門降。勣引兵進擊，一十六城皆下之。

龐同善、高侃尚在新城，泉男建遣兵襲其營，左武衛將軍薛仁貴擊破之。侃進至金山㉗，與高麗戰，不利，高麗乘勝逐北㉘，仁貴引兵橫擊㉙，大破之[3]，斬首五萬餘級，拔南蘇、木底、蒼巖三城㉚，與泉男生軍合。

郭待封㉛以水軍自別道趣平壤，勣遣別將馮師本載糧仗以資之。師本船破，失期，待封軍中飢窘，欲作書與勣，恐為虜所得，知其虛實，乃作離合詩㉜以與勣。勣怒曰：「軍事方急，何以詩為？必斬之！」行軍管記通事舍人㉝河南[4]元萬頃㉞為釋其義，勣乃更遣糧仗赴之。

萬頃作檄高麗文曰：「不知守鴨綠之險。」泉男建報曰：「謹聞命矣！」即移兵據鴨綠津㉟，唐兵不得度。上聞之，流萬頃於嶺南。

郝處俊在高麗城下，未及成列㊱，高麗奄至㊲，軍中大駭。處俊據胡床㊳，方食乾糒，潛簡精銳，擊敗之，將士服其膽略。

冬，十二月甲午㊴，詔：「自今祀昊天上帝、五帝、皇地祇、神州地祇，並以高祖、太宗配，仍合祀昊天上帝、五帝於明堂。」

是歲，海南獠㊵陷瓊州㊶。

【章旨】以上為第十段，寫唐軍征討高麗，獲初戰勝利。

【注釋】❶藉田　即農田。《詩傳》：「借民力治之，故謂之藉田。」❷耒耜　耕地翻土的工具。❸九推乃止　《禮記·月令》：凡耕藉田，「天子三推，卿諸侯九推」。高宗不循舊禮，藉以表示自己對農業的重視。❹癸未　正月二十二日。❺丁酉　二月初六日。❻涪陵悼王愔　唐太宗第六子，怙惡不悛。太宗曾說：「禽獸可擾於人，鐵石可為器，愔曾不如之！」傳見《舊唐書》卷七十六、《新唐書》卷八十。❼辛丑　二月初十日。❽復以萬年宮為九成宮　永徽二年（西元六五一年）改九成宮為萬年宮。❾生羌十二州　設置在今巴顏喀拉山東部的十二個羈縻州。生羌，指白蘭、舂桑等進化程度較低的少數民族。❿戊寅　三月十八日。⓫李安期　定州安平（今河北安平）人，李百藥之子。多次預決國事，官至檢校東臺侍郎、同東西臺三品（即門下侍郎，同中書門下三品）。事見《舊唐書》卷七十二〈李百藥傳〉、《新唐書》卷一百二〈李百藥傳〉。⓬乙卯　六月二十六日。⓭楊弘武　華州華陰（今陝西華陰）人，懼內無奇才，居官以謙慎清簡著稱。傳見《舊唐書》卷七十七、《新唐書》卷一百六。⓮戴至德　相州安陽（今河南安陽）人，官至尚書右僕射。傳見《舊唐書》卷七十、《新唐書》卷九十九。⓯正諫大夫　官名，即門下省屬官諫議大夫，高宗龍朔間改稱正諫大夫，正五品上，職掌侍從贊相，規諫諷諭。⓰東臺舍人　官名，高宗龍朔間給事中改稱東臺舍人。⓱張文瓘　（西元六〇五—六七七年）字稚圭，貝州武城（今山東武城西）人，直言敢諫，持法寬平。傳見《舊唐書》卷八十五、《新唐書》卷一百十三。⓲趙仁本　陝州河北（今山西平陸）人，辦事強力。官至宰相，被許敬宗所陷，罷知政事。傳見《舊唐書》卷八十一。按，趙仁本等入相時間，兩《唐書・高宗紀》及《新唐書・宰相表》均作六月乙卯，即六月二十六日。⓳素　楊素（?—西元六〇六年），字處道，弘農華陰（今陝西華陰）人，出身士族。在隋朝的統一過程中有一定的功績。後擁立煬帝，官至司徒，封楚國公。傳見《周書》卷三十四、《隋書》卷四十八、《北史》卷四十一。⓴冑　戴冑，字玄胤，貞觀名臣。剛正幹練，歷任大理少卿、尚書左丞、民部尚書，參與朝政。貞觀七年卒，贈尚書右僕射，追封道國公。傳見《舊唐書》卷七十、《新唐書》卷九十九。㉑上陽　宮名，在今河南洛陽西洛水北岸。㉒己丑朔　八月初一日。㉓辛亥　八月二十三日。㉔庚申　九月初三日。㉕辛未　九月十四日。㉖新城　舊有二說：一為沈州，一為金州衛西，皆誤。《東北通史》的作者經實地勘踏認為新城在今撫順新賓北山上。㉗金山　在今遼寧鐵嶺市昌圖西。㉘逐北　追擊敗退的敵軍。北，通「背」。反走，即敗退。㉙橫擊　截擊。㉚南蘇木底蒼巖三城　南蘇在今遼寧遼源西南，木底在今遼寧撫順與通化之間，蒼巖在今吉林集安。㉛郭待封　郭孝恪次子，曾導致大非川之敗。事見《舊唐書》卷八十三〈郭孝恪傳〉、《新唐書》卷一百十一〈郭孝恪傳〉。㉜離合詩　詩歌體裁之一。離合字劃成文，寓真意於詩外。㉝行軍管記通事舍人　行軍管記為遼東道行軍大總管屬官，掌軍中書檄。通事舍人為中書省屬官，從六品上，掌朝臣進退之節，凡軍旅之出，則承命慰勞送迎。㉞元萬頃　北門學士之一，文思敏捷。傳見《舊唐書》卷一百九十中、《新唐書》卷二百一。㉟鴨綠津　鴨綠江渡口。㊱列　陣。㊲奄至　突然而至。㊳胡床　又名交椅、交床，是一種可以折疊的坐具。最簡單的胡床就是馬札，便於行軍攜帶。㊴甲午　十二月初八日。㊵海南獠　居住在雷州半島以南的少數民族。㊶瓊州　治所瓊山，在今海南瓊山縣東南。

【校　記】①罷　據章鈺校，十二行本、乙十一行本、孔天胤本皆作「廢」。②六　原作「四」。據章鈺校，十二行本、乙十一行本、孔天胤本皆作「六」，今據改。③大破之　據章鈺校，十二行本、乙十一行本、孔天胤本皆作「之大破高麗」，熊羅宿《胡刻資治通鑑校字記》同。④河南　原無此二字。據章鈺校，十二行本、乙十一行本皆有此二字，張敦仁《通鑑刊本識誤》同，今據補。

【語　譯】二年（丁卯　西元六六七年）

春，正月，高宗耕種藉田，主管官員進獻耒耜，耒耜上加有雕刻裝飾。高宗說：「耒耜是農夫所使用的，豈能如此華麗！」命令更換。更換之後開始耕種，高宗推犁九次就停止了。〇自從發行乾封泉寶錢，穀類絲帛價格暴漲，商賈停業。二十二日癸未，下詔停止使用乾封泉寶錢。

二月初六日丁酉，涪陵悼王李愔去世。〇初十日辛丑，又改萬年宮為九成宮。

生羌十二州被吐蕃所攻破，三月十八日戊寅，全部撤消十二州。

高宗多次責備侍臣不舉薦賢人，大家都不敢回答。司列少常伯李安期回答說：「天下未嘗沒有賢人，也不是群臣敢埋沒賢人。近來公卿有所舉薦，就被讒毀之人指為結黨營私，被埋沒的人沒有得到提拔，而在位的人反而先獲罪，所以人人閉口無言！陛下果真開至誠之心以待賢人，有誰不願意舉薦他所瞭解的賢人呢！此事責任全在陛下，不在於群臣。」高宗認為非常對。李安期，是李百藥的兒子。

夏，六月二十六日乙卯，西臺侍郎楊弘武、戴至德、正諫大夫兼東臺侍郎李安期、東臺舍人昌樂人張文瓘、司列少常伯兼正諫大夫河北人趙仁本都擔任同東西臺三品。楊弘武，是楊素弟弟的兒子；戴至德，是戴胄哥哥的兒子。當時建造蓬萊、上陽、合璧等宮殿，頻頻地征討四方夷狄，馬廄裡有一萬匹馬，倉庫的糧米漸漸空虛，張文瓘勸諫說：「隋覆亡的鑑戒還不遠，希望不要讓百姓心生怨恨。」高宗皇帝採納他的建議，把馬廄的馬減少了幾千匹。

秋，八月初一日己丑，發生日蝕。〇二十三日辛亥，東臺侍郎同東西臺三品李安期外放為荊州長史。

九月初三日庚申，高宗因為長期患病，命令太子李弘監理國家政事。〇十四日辛未，李勣攻克高麗新城，讓契苾何力鎮守。李勣剛渡過遼河時，對諸將說：「新城是高麗西邊的要害之地，不先得到的話，其他的城邑就不容易奪取。」就下令攻城，城裡人師夫仇等捆縛城主，打開城門投降。李勣率軍進攻，十六座城都被攻下了。

龐同善、高侃還在新城，泉男建派遣士卒偷襲他的軍營，左武衛將軍薛仁貴打敗了泉男建。高侃進兵到達金山，與高麗交戰，形勢不利，高麗乘勝追逐敗北的唐兵，薛仁貴率軍截擊，大敗高麗兵，斬獲敵人首級五萬多，攻克南蘇、木底、蒼巖三座城邑，和泉男生軍隊會合。

郭待封率領水軍從另外一條道路前往平壤，李勣派遣其他一支軍隊的將領馮師本裝載糧食器仗前去支援。馮師本的船隻破損，誤了日期，郭待封軍中飢餓困窘，想要寫信給李勣，卻擔心被敵人截獲，從而知道軍中情形，就寫離合詩給李勣。李勣生氣地說：「軍事正緊急，還寫什麼詩？一定殺了他！」行軍管記通事舍人河南人元萬頃為李勣解釋詩的內容，李勣才又遣送糧食器仗前往支援。

元萬頃寫的〈檄高麗文〉說：「不知道鎮守鴨綠江的險要之處。」泉男建回答說：「我聽從你的教導！」就調動軍隊據守鴨綠江的渡口，唐兵無法渡江。高宗聽到後，把元萬頃流放到嶺南。

郝處俊在高麗城下，部隊還沒有形成陣形，高麗兵突然到達，軍隊大驚，當時郝處俊靠在胡床上，正在吃乾糧，暗中挑選精銳士卒，打敗了高麗兵，將士們都佩服他的膽略。

冬，十二月初八日甲午，下詔說：「從現在起祭祀昊天上帝、五帝、皇地祇、神州地祇，都以高祖、太宗配祭，仍然在明堂一起祭祀昊天上帝、五帝。」

這一年，海南獠人攻陷瓊州。

總章元年（戊辰　西元六六八年）

春，正月壬子❶，以右相劉仁軌為遼東道副大總管。

二月壬午❷，李勣等拔高麗扶餘城❸。薛仁貴既破高麗於金山，乘勝將三千人將攻扶餘城，諸將以其兵少，止之。仁貴曰：「兵不在多，顧用之何如耳❹。」遂為前鋒以進，與高麗戰，大破之，殺獲萬餘人，遂拔扶餘城。扶餘川中四十餘城皆望風請服。

侍御史❺洛陽賈言忠奉使自遼東還，上問以軍事，言忠對曰：「高麗必平。」上曰：「卿何以知之？」對曰：「隋煬帝東征而不克者，人心離怨故也❻；先帝東征而不克者，高麗未有釁也❼。今高藏微弱，權臣擅命，蓋蘇文死，男建兄弟內相攻奪，男生傾心內附，為我鄉導，彼之情偽❽，靡❾不知之。以陛下明聖，國家富彊，將士盡力，以乘高麗之亂，其勢必克，不俟再舉❿矣。且高麗連年饑饉，妖異屢降⓫，人心危駭⓬，其亡可翹足待也⓭。」上又問：「遼東諸將孰賢？」對曰：「薛仁貴勇冠三軍；龐同善雖不善鬬，而持軍⓮嚴整；高侃勤儉自處，忠果有謀；契苾何力沈毅能斷，雖頗忌前⓯，而有統御之才；然夙夜⓰小心，忘身憂國，皆莫及李勣也。」上深然其言。

泉男建復遣兵五萬人救扶餘城，與李勣等遇於薛賀水[1]，合戰，大破之，斬獲三萬餘人，進攻大行城⓱，拔之。

朝廷議明堂制度略定，三月庚寅⑱，赦天下，改元⑲。○戊寅⑳，上幸九成宮。

夏，四月丙辰㉑，彗星見于五車㉒。上避正殿，減常膳，撤樂。許敬宗等奏請復常，曰：「彗見東北，高麗將滅之兆也。」上曰：「朕之不德，謫㉓見于天，豈可歸咎小夷！且高麗百姓，亦朕之百姓也。」不許。戊辰㉔，彗星滅。○辛巳㉕，西臺侍郎、同東西臺三品楊弘武薨。

八月辛酉㉖，卑列道行軍總管、右威衛將軍劉仁願坐征高麗逗留，流姚州㉗。○癸酉㉘，車駕還京師。

九月癸巳㉙，李勣拔㉚平壤㉛。勣既克大行城，諸軍出他道者皆與勣會，進至鴨綠柵㉜，高麗發兵拒戰，勣等奮擊，大破之，追奔二百餘里，拔辱夷城，諸城遁逃及降者相繼。契苾何力先引兵至平壤城下，勣軍繼之，圍平壤月餘，高麗王藏遣泉男產帥首領九十八人，持白幡㉝詣勣降，勣以禮接之。泉男建猶閉門拒守，頻遣兵出戰，皆敗。男建以軍事委僧信誠，信誠密遣人詣勣，請為內應。後五日，信誠開門，勣縱兵登城鼓譟，焚城四月㉞。男建自刺，不死，遂擒之，高麗悉㉟平。

冬，十月戊午㊱，以烏荼國㊲婆羅門㊳盧迦逸多為懷化大將軍。逸多自言能合不死藥㊴，上將餌㊵之。東臺侍郎郝處俊諫曰：「脩短有命，非藥可延。貞觀之末，先帝服那羅邇娑婆寐藥，竟無效。大漸㊶之際，名醫不知所為，議者歸罪娑婆寐，將加顯戮㊷，恐取笑戎狄而止。前鑒不遠，願陛下深察。」上乃止。

李勣將至，上命先以高藏㊸等獻于昭陵，具軍容，奏凱歌，入京師，獻于太廟。十二月丁巳㊹，上受俘于含元殿㊺。以高藏政非己出，赦以為司平太常伯㊻、員外同正㊼。以泉男產為司宰少卿㊽，僧信誠為銀青光祿大夫，泉男生為右衛大將軍。李勣以下，封賞有差。泉男建流黔州㊾[2]，扶餘豐流嶺南。分高麗五部㊿、百七十六城、六十九萬餘戶，為九都督府(51)、四十二州、百縣，置安東都護府(52)於平壤以統之，擢其酋帥有功者為都督、刺史、縣令，與華人參理(53)。以右威衛大將軍薛仁貴檢校安東都護，總兵二萬人以鎮撫之。丁卯(54)，上祀南郊，告平高麗，以李勣為亞獻。己巳(55)，謁太廟。

渭南(56)尉(57)劉延祐(58)，弱冠(59)登進士第，政事為畿縣最(60)。李勣謂之曰：「足下春秋(61)甫爾(62)，遽(63)擅大名，宜稍自貶抑，無為獨出人右(64)也。」

時有敕，征遼(65)軍士逃亡，限內不首(66)及首而更逃者，身斬，妻子籍沒。太子上表，以為「如此之比(67)，其數至多，或遇病不及隊伍，怖懼而逃；或因樵採為賊所掠；或渡海漂沒；或深入賊庭，為所傷殺。軍法嚴重，同隊恐并獲罪，即舉[68]以為逃，軍旅之中，不暇勘當[69]，直據隊司通狀關移所屬[70]，妻子沒官，情實可哀。書曰：『與其殺不辜，寧失不經[71]。』伏願逃亡之家，免其配沒。」從之。

甲戌[72]，司戎太常伯姜恪兼檢校左相，司平太常伯閻立本[73]守右相。

是歲，京師及山東、江、淮旱，饑。

【章旨】以上為第十一段，寫唐軍平定高麗，勝利凱旋。

【注釋】❶壬子　正月二十七日。❷壬午　二月二十八日。❸扶餘城　即扶餘王故城，在今遼寧昌圖境。❹顧用之何如耳　看會不會用。意思是說兵不在多，善用即可。❺侍御史　官名，御史臺屬官，從六品下，掌糾舉百僚，推鞫獄訟。具體任務有六項：即奏彈、三司、西推、東推、贓贖、理匭。❻隋煬帝東征而不克者二句　隋煬帝東征而不能取勝，是由於人心離怨。離怨，背離怨恨。據《隋書·煬帝紀》、〈高麗傳〉及〈食貨志〉記載，隋煬帝從大業八年（西元六一二年）到十年先後三次發動了對高麗的戰爭，結果都以失敗告終。❼先帝東征而不克者二句　唐太宗東征而不能獲勝，是由於高麗精誠團結，無機可乘。先帝，指太宗皇帝。釁，隙；破綻。唐太宗曾於貞觀十九年二月親征高麗。其後又於貞觀二十一年三月、二十二年正月二次調兵遣將，也沒有取得預期的戰果。❽彼之情偽　彼，代指高麗。情偽，真假；虛實。❾靡　莫。❿再舉　第二次征討；再次興兵。⓫妖異屢降　妖孽怪異多次出現。⓬危駭　恐慌；危懼驚駭。⓭翹足待也　猶指日而待，極言其速。⓮持軍　治軍。⓯忌前　忌人在己之上；忌妒超過自己的人。⓰夙夜　猶言晝夜、早晚。⓱大行城　在今遼東丹東市南鴨綠江入海口。⓲庚寅　三月初六日。⓳改元　因將作明堂，改元總章。總章，明堂西向三室。《呂氏春秋·孟秋》注：「總章，西向堂也。西方總成萬物而章明也，故曰總章。」⓴戊寅　三月無戊寅。兩《唐書·高宗紀》均作二月戊寅，即二月二十四日。當是。㉑丙辰　四月初二日。㉒五車　星名，也叫五潢。屬御夫座，共有五星。在金牛座（昴、畢）北二十度。彗行黃道當過昴、畢間，現見於五車，則偏北行十餘度，是反常現象。據《史記·天官書》及《晉書·天文志》，五車為五帝坐，主天子五兵。

㉓謫　罰。㉔戊辰　四月十四日。㉕辛巳　四月二十七日。㉖辛酉　八月初九日。㉗姚州　州名，治所姚城縣，在今雲南姚安北。㉘癸酉　八月二十一日。㉙癸巳　九月十二日。㉚拔　克。㉛平壤　高麗都城。㉜鴨綠柵　高麗設在鴨綠江邊的據點。㉝白幡　白旗。㉞焚城四月　胡注云：「『月』當作『角』，否則作『周』。」查《舊唐書·高麗傳》云：「燒城門樓，四面火起」，《新唐書·高麗傳》亦云：「火其門，鬱焰四興」，據此則「月」非「角」非「周」，當為「門」字之誤。㉟悉　盡；皆。㊱戊午　十月初七日。㊲烏茶國　國名，在今印度奧里薩邦北部一帶。㊳婆羅門　梵僧。㊴不死藥　長生藥。㊵餌　食；服。㊶大漸　病重；病危。㊷顯戮　正法；處決示眾。㊸高藏　高麗寶藏王，在位二十七年。㊹丁巳　十二月初七日。㊺含元殿　即大明宮正殿。㊻司平太常伯　官名。高宗龍朔間改工部尚書之稱為司平太常伯。㊼員外同正　屬正員之外，但職權一同正員。員外同正始於高宗永徽六年。㊽司宰少卿　官名。高宗龍朔間，光祿寺改稱司膳寺，司宰少卿為司膳寺屬官，原名光祿少卿，為長官正卿之副，從四品上，掌膳食，以及大祭、朝會宴享所需食品。㊾黔州　地區名，今貴州大部及廣西、湖南、湖北部分地區。㊿五部　即內部、北部、東部、南部、西部。(51)九都督府　據《新唐書·地理志》，九都督府為新城州、遼城州、哥勿州、衛樂州、舍利州、居素州、越喜州、去旦州、建安州都督府。(52)安東都護府　轄境西起遼河，南至朝鮮半島北部，東北抵海，包有今烏蘇里江以東、黑龍江下游兩岸以南地區。(53)與華人參理　同漢族官吏共同治理。理，本應作「治」，當時避唐高宗諱，改治為理。(54)丁卯　十二月十七日。(55)己巳　十二月十九日。(56)渭南　縣名，治所在今陝西渭南市。(57)尉　官名，縣令屬官，依縣大小品級不同，品秩自從八品下至從九品下不等。(58)劉延祐　徐州彭城（今江蘇徐州）人，官至箕州刺史、安南都護。傳見《舊唐書》一百九十上、《新唐書》卷二百一。(59)弱冠　二十歲左右。古時男子二十加冠，表示成年，但體質尚弱，故稱弱冠。(60)政事為畿縣最　政績在畿縣中被評為第一。畿縣，《舊唐書·職官志》：「京兆、河南、太原所管諸縣謂之畿縣。」渭南屬京兆。(61)春秋　年齡。(62)甫爾　才這麼大。(63)遽　突然。(64)右　上。唐人尚右，以右為上。(65)遼　遼東，此處指高麗。(66)限內不首　在規定的期限內不投案自首。(67)如此之比　如此之類。意思是說「背軍」人中屬下列情況者。(68)舉　檢舉；揭發。(69)不暇勘當　沒有時間勘驗確當。(70)關移所屬　通告有關部門。(71)與其殺不辜二句　語出《尚書·大禹謨》，略言：與其殺害無辜之人，不如自受失刑之責。(72)甲戌　十二月二十四日。(73)閻立本　京兆萬年（今西安東部）人，唐初著名建築學家閻立德之弟。有應務之才，尤善繪畫，〈秦府十八學士圖〉及〈凌煙閣功臣圖〉等皆出其手，時人皆稱其妙，以為丹青神化。傳見《舊唐書》卷七十七、《新唐書》卷一百。

【校記】①薛賀水 胡三省注云：「《新書》作『薩賀水』。」嚴衍《通鑑補》改作「薩賀水」。②黔州 原作「黔中」。據章鈺校，十二行本、乙十一行本、孔天胤本皆作「黔州」，今據改。按，兩《唐書・高麗傳》皆作「黔州」。

【語譯】總章元年（戊辰 西元六六八年）

春，正月二十七日壬子，任命右相劉仁軌為遼東道副大總管。

二月二十八日壬午，李勣等人攻克高麗扶餘城。薛仁貴在金山打敗高麗之後，將要統率三千人乘勝攻打扶餘城，諸將認為兵員少，阻止薛仁貴。薛仁貴說：「兵不在多，要看如何用兵。」於是擔任前鋒向前進軍，和高麗交戰，大敗高麗，殺死俘虜一萬多人，攻下扶餘城。扶餘川中四十多城邑都望風請降。

侍御史洛陽人賈言忠奉命出使，從遼東回朝，高宗向他詢問軍情，賈言忠回答說：「高麗一定會平定。」高宗說：「你怎麼知道？」回答說：「隋煬帝東征而不能克敵致勝，是人心背離怨恨的緣故；先帝太宗東征而不能勝利，是高麗沒有破綻的緣故。而今高麗王高藏勢衰力弱，權臣專擅朝令，泉蓋蘇文死後，泉男建兄弟在國內相互攻掠，泉男生誠心歸附，做我們的嚮導，對方的真假虛實，我們沒有不知道的。靠著陛下的賢明聖哲，國家富強，將士盡心竭力，乘著高麗混亂，勢必可以取勝，不必等待來日再度舉兵了。而且高麗連年饑荒，一再發生妖孽怪異，人心恐懼驚駭，它的滅亡旋踵即至。」高宗又問：「遼東諸將當中誰最賢才？」回答說：「薛仁貴勇冠三軍；龐同善雖然不善於打仗，但治軍嚴整；高侃以勤勉節儉自處，忠誠果敢而有謀略；契苾何力沉穩堅毅而能決斷，雖然特別忌妒別人超過自己，但卻有統御的才能；可是說到能晝夜小心，忘記自己而憂心國事，都趕不上李勣。」對賈言忠所說，高宗深以為然。

泉男建又派遣五萬人救援扶餘城，和李勣等人在薛賀水相遇。雙方會戰，唐軍大敗泉男建，斬首俘獲了三萬多人；進攻大行城，把它攻了下來。

朝廷討論明堂制度已大體定案。三月初六日庚寅，赦免天下，更改年號。○戊寅日，高宗幸臨九成宮。

夏，四月初二日丙辰，彗星出現在五車星座。高宗避開正殿，減少日常膳食，撤除樂舞。許敬宗等人奏請高宗恢復正常，說：「彗星出現在東北，是高麗將要滅亡的徵兆。」高宗說：「由於我的失德，在上天出現責罰的徵兆，怎麼可以歸罪於小小的夷狄！況且高麗百姓，也是我的百姓啊。」沒有答應許敬宗等人的奏請。十四日戊辰，彗星消失。○二十七日辛巳，西臺侍郎、同東西臺三品楊弘武去世。

八月初九日辛酉，卑列道行軍總管、右威衛將軍劉仁願犯了征伐高麗時逗留不進的罪過，流放到姚州。○二十一日癸酉，高宗車駕返回京師。

九月十二日癸巳，李勣攻克平壤。李勣攻克大行城之後，從其他道路出發的各支部隊都與李勣會合，進兵到達鴨綠水邊的柵寨，高麗興兵抵抗，李勣等人勇猛進攻，大敗敵兵，追逐逃跑的敵人二百多里，攻下辱夷城，各城逃遁和投降的接連不斷。契苾何力先率軍到達平壤城下，李勣的部隊相繼到達，包圍平壤一個多月，高麗王高藏派遣泉男產率領首領九十八人，手持白旗到李勣那裡投降，李勣以禮相待。泉男建仍然關閉城門固守抗敵，頻頻派兵出戰，都被打敗了。泉男建把軍事委託給僧人信誠，信誠暗中派人到李勣那裡，請求作為內應。五天後，信誠打開城門，李勣放縱軍隊爬到城上擊鼓喊叫，焚燒平壤四面城門，泉男建自殺，沒有死，就被活捉了。高麗全部平定。

冬，十月初七日戊午，任命烏荼國婆羅門盧迦逸多為懷化大將軍。逸多自己說能配製長生不死藥，高宗準備吃。東臺侍郎郝處俊勸諫說：「人壽長短，命中決定，不是藥物可以延長的。貞觀末年，先帝服用那羅邇娑婆寐的藥，最終還是無效。病危的時候，名醫不知怎麼辦，參加討論的人歸咎於娑婆寐，準備把他處死示眾，但擔心被戎狄取笑而作罷。前人的借鑑還不遠，希望陛下深加體察。」高宗這才打消吃藥的念頭。

李勣將要回到朝廷，高宗命令先把高藏等人獻俘於昭陵，整治好軍容，奏響凱歌，進入京師，獻俘於太廟。十二月初七日丁巳，高宗在含元殿接受俘虜。因為高藏政不由己，所以赦免他，任命為司平太常伯、員外仍同正員。任命泉男產為司宰少卿，僧人信誠為銀青光祿大夫，泉男生為右衛大將軍。李勣以下，封爵賞賜各有等級。泉男建流放到黔州，扶餘豐流放到嶺南，把高麗劃分為五部、一百七十六城、六十九萬多戶，設置九個都督府、四十二州、一百縣，在平壤設置安東都護府加以統轄，擢升高麗有功勞的酋長將帥為都督、刺史、縣令，和華人一同治理。任命右威衛大將軍薛仁貴檢校安東都護，統領士兵二萬人鎮守安撫。十七日丁卯，高宗去南郊祭祀，向神明祭告平定了高麗，讓李勣擔任次獻。十九日己巳，拜謁太廟。

渭南縣尉劉延祐，年少時考中進士，他的政績為畿縣之首。李勣對他說：「足下年紀這麼輕，突然擁有大名，應該稍微自我貶退抑制，不要獨自出人頭地。」

當時高宗有敕令，征遼的軍士逃亡的，在限期內不自首，和自首後又逃亡的，處以死罪，妻子兒女抄沒為官府奴婢。太子上表認為「這一類人，數量太多，有的碰上生病趕不上隊伍，心內恐懼而逃走；有的因為採伐薪柴而被敵人抓走；有的渡海時漂浮淹沒；有的深入賊穴，被敵人傷害殺死。軍法嚴厲，同隊的人害怕一起獲罪，就舉報他們逃亡，在軍旅當中，又來不及勘驗核實，只根據隊伍中的官吏所呈上的報告通告有關部門，妻子就被抄沒官府為奴，這種情形實在令人哀憐。《書經》說：『與其殺害無罪的人，寧可自受失刑之責。』希望逃亡士卒的家人，能免除發配、籍沒的懲罰。」高宗採納了太子的建議。

十二月二十四日甲戌，司戎太常伯姜恪兼任檢校左相，司平太常伯閻立本署理右相。

這一年，京師和山東、江、淮乾旱，發生饑荒。

二年（己巳　西元六六九年）

春，二月辛酉❶，以張文瓘為東臺侍郎，以右肅機❷、檢校太子中護譙❸人李敬玄❹為西臺侍郎，並同東西臺三品。先是同三品不入銜，至是始入銜❺。

癸亥❻，以雍州長史盧承慶為司刑太常伯。承慶常考內外官，有一官督運，遭風失米，承慶考之曰：「監運損糧，考中下。」其人容色自若，無言而退。承慶重其雅量，改註曰：「非力所及，考中中。」既無喜容，亦無愧詞。又改曰：「寵辱不驚，考中上。」

三月丙戌⑦，東臺侍郎郝處俊同東西臺三品。◯丁亥⑧，詔定明堂制度：其基八觚⑨，其宇上圓，覆以清陽玉葉⑩，其門牆階級，窗櫺⑪楣⑫柱，柳楶枅栱⑬，皆法天地陰陽律曆之數⑭。詔下之後，眾議猶未決，又會饑饉，竟不果立。

夏，四月己酉朔⑮，上幸九成宮。◯高麗之民多離叛者，敕徙高麗戶三萬八千二百⑯於江、淮之南⑰及山南⑱、京西諸州⑲空曠之地，留其貧弱者，使守安東。

六月戊申朔⑳，日有食之。

秋，八月丁未朔㉑，詔以十月幸涼州。時隴右㉒虛耗，議者多以為未宜遊幸。上聞之，辛亥㉓，御延福殿㉔，召五品已上謂曰：「自古帝王，莫不巡守㉕，故朕欲巡視遠俗㉖。若果㉗為不可，何不面陳㉘，而退有後言，何也？」自宰相以下莫敢對。詳刑大夫㉙來公敏獨進曰：「巡守雖帝王常事，然高麗新平，餘寇尚多，西邊經略，亦未息兵。隴右戶口彫弊㉚，鑾輿㉛所至，供億㉜百端㉝，誠為未易㉞。外間實有竊議㉟，但明制已行，故羣臣不敢陳論耳。」上善其言，為之罷西巡。未幾㊱，擢㊲公敏為黃門侍郎㊳。◯甲戌㊴，改瀚海都護府為安北都護府。

九月丁丑朔㊵，詔徙吐谷渾部落就涼州南山。議者恐吐蕃侵暴，使不能自存，欲先發兵擊吐蕃。右相閻立本以為去歲饑歉，未可興師。議久不決，竟不果徙。

○庚[1]寅㊶，大風，海溢，漂永嘉㊷、安固㊸六千餘家。

冬，十月丁巳㊹，車駕還京師。

十一月丁亥㊺，徙豫王旭輪為冀王，更名㊻輪。

司空、太子太師、英貞武公李勣寢疾㊼，上悉召其子弟在外者，使歸侍疾。上及太子所賜藥，勣則餌之；子弟為之迎醫㊽，皆不聽進，曰：「吾本山東田夫，遭值㊾聖明，致位三公，年將八十㊿，豈非命邪！脩短有期，豈能復[2]就醫工(51)求活！」一日，忽謂其弟司衛少卿弼曰：「吾今日少愈，可共置酒為樂。」於是子孫悉集，酒闌(52)，謂弼曰：「吾自度(53)必不起，故欲與汝曹(54)為別耳。汝曹勿悲泣，聽我約束(55)。我見房、杜(56)平生勤苦，僅能立門戶，遭不肖子蕩覆無餘(57)。吾有此子孫，今悉付汝(58)。葬畢，汝即遷入我堂，撫養孤幼，謹察視之。其有志氣不倫，交遊非類者，皆先撾殺(59)，然後以聞。」自是不復更言。十二月戊申(60)，薨。上聞之悲泣，葬日，幸未央宮(61)，登樓望輀車(62)慟哭。起冢象陰山、鐵山、烏德鞬山(63)，以旌(64)其破突厥、薛延陀之功。

勣為將，有謀善斷；與人議事，從善如流。戰勝則歸功於下，所得金帛，悉散之將士，故人思致死㊅，所向克捷。臨事選將，必訾㊆相其狀貌豐厚㊇者遣之。或問其故，勣曰：「薄命之人，不足與成功名。」閨門㊈雍睦㊉而嚴。其姊嘗病，勣已為僕射⑦⓪，親為之煮粥，風回，爇⑦①其須鬢。姊曰：「僕妾幸多⑦②，何自苦如是！」勣曰：「非為無人使令也，顧姊老，勣亦老，雖欲久為姊煮粥，其可得乎！」勣常謂人：「我年十二三時為亡⑦③賴賊，逢人則殺。十四五為難當賊，有所不愜⑦④則殺人[3]。十七八為佳賊，臨陳乃殺之[4]。二十為大將，用兵以救人死。」勣長子震早卒，震子敬業⑦⑤襲爵。

【章　旨】以上為第十二段，寫唐高宗安輯四夷，以及英國公李勣之死。

【注　釋】❶辛酉　二月十二日。❷右肅機　官名。高宗龍朔間，尚書右丞改稱右肅機，正四品下，掌監理兵部、刑部、工部十二司。❸譙　縣名，治所在今安徽亳州。❹李敬玄　博聞強記，掌選有方，官至宰相。後統兵喪師，被貶。傳見《舊唐書》卷八十一、《新唐書》卷一百六。❺先是同三品不入銜二句　《新唐書・百官志》亦載：「同三品入銜，自文瓘始。」但總章二年以前同三品即是宰相名號，且使用已相當普遍。查《舊唐書・高宗紀》，略云：「二月，東臺侍郎同東西臺三品兼知左史事張文瓘署位，始入銜。」據此，則意謂張氏始入同東西臺三品銜。張氏乾封二年六月已參知政事，至此始同三品。❻癸亥　二月十四日。❼丙戌　三月初八日。❽丁亥　三月初九日。❾八觚　八稜。❿清陽玉葉　清陽，天色。〈定明堂制度詔〉說：「清陽為天，合以清陽之色。」玉葉，對瓦片的美稱。⓫窗櫺　窗戶上雕花的格子。⓬楣　房上的二樑。⓭柳䆲枅栱　木建房的屋頂結構。柳，即斗栱。䆲，柱頭上的斗栱。枅，柱上的橫木。⓮皆法天地陰陽律曆之數　法，效法。其制詳見《舊唐書・禮儀志二》。⑮己酉朔　四月初一。⑯徙高麗戶三萬八千二百　《新唐書》卷二百二十作「三萬」，《舊唐書》卷五作「二萬八千二百」。待考。⑰江淮之南　長江、淮河以南。⑱山南　道名，轄今四川嘉陵江以東，陝西秦嶺以南，湖北涢水以西及重慶市到湖南岳陽之間的長江以北地區。⑲京西諸州　主要指涼州以西各州。⑳戊申朔　六月初一日。㉑丁未朔　八月初一日。㉒隴右　地區名，泛指隴山以西地區。㉓辛亥　八月初五日。㉔延福殿　在九成宮中。㉕巡守　亦作「巡狩」，指離開京師巡行境內。㉖遠俗　遠方風俗。㉗果　誠；實。㉘面陳　當面陳說。㉙詳刑大夫　官名。高宗龍朔間，改大理寺為詳刑寺，改大理少卿為詳刑大夫，從四品上，協助大理寺卿掌邦國折獄詳刑之事。㉚彫弊　凋落疲弊。㉛鑾輿　即鑾駕。皇帝車駕，代指帝王。㉜供億　按需要供應。㉝百端　千百種，極言其多。㉞誠為未易　確實很不容易。㉟竊議　私下議論；私議。㊱未幾　不久。㊲擢　提拔；晉升。㊳黃門侍郎　官名，當時稱為東臺侍郎，正四品上，在門下省中位次侍中。㊴甲戌　八月二十八日。㊵丁丑朔　九月初一日。㊶庚寅　九月十四日。㊷永嘉　縣名，治所在今浙江溫州。㊸安固　縣名，治所在今浙江瑞安。㊹丁巳　十月十二日。㊺丁亥　十一月十二日。㊻更名　改名。㊼寢疾　臥病。㊽迎醫　延請醫生。㊾遭值　恰遇。㊿年將八十　李勣享年，舊史記載不一。《新唐書》卷九十三〈李勣傳〉作「八十六」，《舊唐書》卷六十七作「七十六」，司馬光曾予以考辨。今昭陵有〈李勣神道碑〉，碑文所說與《舊唐書》本傳相同。(51)醫工　醫生；大夫。(52)酒闌　行酒即將結束時。(53)自度　自己估計。(54)汝曹　你們。(55)約束　吩咐；遺訓。(56)房杜　房玄齡、杜如晦。(57)遭不肖子蕩覆無餘　指房遺愛、杜荷謀反被殺，家破人亡。(58)付汝　託付給你。(59)撾殺　擊殺；打死。(60)戊申　十二月初三日。(61)未央宮　在長安宮城西北漢長安故城西南隅。(62)轜車　喪車；靈車。(63)起冢象陰山鐵山烏德鞬山　兩《唐書・李勣傳》所載略同。惟《隋唐嘉話》卷中載：「英公（李勣）既薨，高宗思平遼勳，令制其塚像高麗中三山，猶漢霍去病之祁連云。」《唐語林》卷三亦有類似記載。陰山，即今內蒙古陰山山脈。鐵山，在陰山之北。烏德鞬山，又作烏都健山、于都斤山、鬱督軍山等，即今蒙古境內的杭愛山脈。(64)旌　旌表；表彰。(65)思致死　願效死力。(66)訾　量；求。(67)狀貌豐厚　相貌豐滿敦厚。(68)閨門　家門。(69)雍睦　和睦。(70)僕射　官名，唐尚書省有左右僕射各一人，從二品，在實際職事官中品階最高，掌「總領六官，紀綱百揆」，與侍中、中書令等共為宰相。據兩《唐書》，李勣曾在貞觀二十三年（西元六四九年）九月至永徽元年（西元六五〇年）十月間擔任尚書左僕射。(71)爇　焚；燒。(72)僕妾幸多　奴僕婢妾很多。(73)亡　通「無」。(74)愜　愜意。(75)敬業　李勣之孫。年輕時隨李勣征戰，頗有勇名。歷任太僕少卿等職，襲爵英國公。唐高宗末年坐贓被貶，遂萌發政治野心。嗣聖元年（西元六八四年）九月起兵揚州，發動叛亂，十一月在敗逃途中為其部將王那相所殺。傳見《舊唐書》卷六十七、《新唐書》卷九十三。

【校　記】①庚　原作「唐」，顯為誤刻，今校正。②復　嚴衍《通鑑補》改作「浪」。③人　據章鈺校，十二行本、乙十一行本、孔天胤本皆作「之」。④之　據章鈺校，十二行本、乙十一行本、孔天胤本皆作「人」。

【語　譯】二年（己巳　西元六六九年）

春，二月十二日辛酉，任命張文瓘為東臺侍郎，任命右肅機、檢校太子中護譙縣人李敬玄為西臺侍郎，兩人都為同東西臺三品。此前同三品不列入官銜，到這時開始列入官銜。

二月十四日癸亥，任命雍州長史盧承慶為司刑太常伯。盧承慶經常考核京城內外官吏的政績，有一個官吏督辦運糧事務。遇大風損失了糧米，盧承慶考核他說：「監督運糧，損失了糧食，考核定為中下。」那個人表情泰然自若，沒說一句話就退下。盧承慶很看重他氣度不凡，就改注評語說：「不是他力量所能做到的，考核定為中中。」那個人既沒有高興的臉色，也沒有慚愧話語。盧承慶又改注評語說：「遭寵辱不驚，考核定為中上。」

三月初八日丙戌，東臺侍郎郝處俊為同東西臺三品。○初九日丁亥，下詔制定明堂制度：明堂的地基為八觚，屋宇上方為圓形，用清陽之色的瓦片覆蓋，堂屋的門牆臺階、窗櫺、門楣、門柱、大小斗栱、屋櫨、大杙等，都效法天地陰陽律曆的數目建造。詔令頒布後，大家討論還沒有結果，又趕上饑荒，最終也沒有建造。

夏，四月初一日己酉，高宗臨幸九成宮。○高麗民眾中有很多叛離的人，高宗下令把高麗三萬八千二百戶遷徙到江、淮的南面，和山南、京西各州空曠的地帶，留下窮貧體弱的人，讓他們居守安東。

六月初一日戊申，發生日蝕。

秋，八月初一日丁未，下詔令在十月幸臨涼州。當時隴西財力空虛，背後議論的人大多認為不適合前往巡遊。高宗聽到了，初五日辛亥，駕臨延福殿，召來五品以上官吏說：「自古以來的帝王，沒有不到各地巡視的，所以我打算巡視遠方的習俗。如果實在不可以，怎麼不當面說明，而在退朝後在背後議論，這是為什麼呢？」從宰相以下沒有人敢回答。詳刑大夫來公敏單獨上前說：「巡狩雖然是帝王常做的事，但現在高麗剛剛平定，餘下的敵寇還很多，西方邊境正在經營之中，也沒有停止過用兵。隴西民戶凋落疲弊，天子車駕所到的地方，要供給的東西千百種，實在不容易備辦。外間確實有私下議論，但皇帝的命令已下達，所以群臣不敢申述意見。」高宗很讚賞來公敏的話，因此取消了西巡的計畫。沒多久，擢升來公敏為黃門侍郎。〇二十八日甲戌，把瀚海都護府改為安北都護府。

九月初一日丁丑，下詔遷徙吐谷渾部落到涼州南山。討論時有人擔心遭吐蕃侵略欺陵，使得吐谷渾不能生存，想先出兵攻打吐蕃。右相閻立本認為去年饑荒歉收，不能夠興師動眾。議論了很久，不能作決定，最後沒有把吐谷渾遷徙。〇十四日庚寅，颳大風，海水倒灌，沖走永嘉、安固六千多戶人家。

冬，十月十二日丁巳，唐高宗返回京師。

十一月十二日丁亥，把豫王李旭輪遷徙為翼王，改名李輪。

司空、太子太師、英貞武公李勣臥病在床，高宗全部召回李勣在外的子弟，讓他們回來侍候李勣的病體。高宗和太子賞賜的藥物，李勣就服用，子弟為他所延請的醫生，都不准入見，說：「我本是山東的農夫，遇上聖明國君，位至三公，年齡接近八十，這不是命嗎！壽命長短有一定的期限，怎可能再向醫生求活命呢！」有一天，突然對他的弟弟司衛少卿李弼說：「我今天稍微好些，可以一起置酒作樂。」於是子孫們全部會集，酒宴即將結束時，他對李弼說：「我自己猜測病情一定不會好轉，所以要和你們告別罷了。你們不要悲哀哭泣，要聽從我的吩咐。我看見房玄齡和杜如晦一生勤勉勞苦，也僅能自立門戶，碰上了不肖子孫，全家傾滅無餘。我所有這些子孫，現在全部託付於你。在埋葬我之後，你立刻搬入我的廳堂，撫養孤單幼小的子孫，細加察看，如有志向不佳，交遊歹徒的，都先加擊殺，然後再奏報。」從此以後就不再言語了。十二月初三日戊申，去世。高宗聽到死訊後悲傷哭泣，埋葬那天，高宗到了未央宮，登樓望著喪車痛哭。為李勣修建的墓冢像陰山、鐵山、烏德鞬山，藉以表彰他擊敗突厥、薛延陀的功勞。

李勣為將，有謀略，善於決斷，和人討論政事，從善如流。作戰勝利就歸功於下，所得到的金帛等賞賜，全部散發給將士，所以人人都願意為他出死力，軍鋒所向，都能獲得勝利。臨到戰事選派將領時，一定衡量觀察對方容貌較為豐厚的人加以派遣。有人問他其中緣故，李勣說：「命薄的人，不能夠和他一起成就功名。」李勣家門風雍容和睦而肅穆，他姐姐曾經患病，李勣已經任官僕射，還親自為姐姐煮稀飯，風把火吹回，燒著他的鬍鬚。姐姐說：「家裡的僕人幸虧很多，何必自己這樣勞苦！」李勣說：「並不是因為沒有人可以使喚，只因為姐姐年老，我也年老了，雖然想要長久為姐姐煮稀飯，能做得到嗎！」李勣常對人說：「我十二三歲時是個無賴的強盜，碰到人就殺。十四五歲時是個難以抵擋的強盜，有不稱心如意就殺人。十七八歲是個好盜賊，到戰場上才殺人。二十歲是大將，指揮軍隊以救人危亡。」李勣的長子李震早逝，李震的兒子李敬業承襲他的爵位。

時承平❶既久，選人❷益多，是歲，司列少常伯裴行儉❸始與員外郎❹張仁禕❺設長名姓歷牓❻，引銓注❼之法。又定州縣升降❽、官資❾高下。其後遂為永制❿，無能革之者。大略唐之選法，取人以身、言、書、判⓫，計資量勞⓬而擬官。始集而試，觀其書、判；已試而銓，察其身、言；已銓而注，詢其便利；已注而唱，集眾告之。然後類以為甲，先簡⓭僕射，乃上門下⓮，給事中讀，侍郎省⓯，侍中審之，不當者駁下。既審，然後上聞，主者受旨奉行，各給以符，謂之告身。兵部武選亦然。課試⓰之法，以騎射⓱及翹關、負米⓲。人有格限⓳未至，而能試文三篇，謂之宏詞，試判三條，謂之拔萃，入等者得不限而授⓴。其黔中、嶺南㉑、閩中㉒州縣官，不由吏部，委都督選擇土人㉓補授。凡居官以年為考㉔，六品以下，四考為滿㉕。

【章　旨】以上為第十三段，寫唐高宗完善考選之法。

【注　釋】❶承平　相承平安；太平。❷選人　參加銓選的人。❸裴行儉　（西元六一九—六八二年）絳州聞喜（今山西聞喜東）人，官至安西大都護。懂兵法，有智謀，又精通書法。掌選十餘年，很有能名。傳見《舊唐書》卷八十四、《新唐書》卷一百八。❹員外郎　尚書省屬官有六部二十四司，各司長官有郎中二人，從五品上；員外郎二人，從六品上。此指吏部的考功員外郎。❺張仁褘　曾官御史，其事略見《新唐書》卷四十五、卷一百十八。❻設長名姓歷牓　裴行儉為了杜絕以私意決官員銓選之先後，便把銓補次第列名榜示，稱之為長名榜。姓歷則創自張仁褘。《新唐書·選舉志下》云：「李敬玄為少常伯，委事於員外郎張仁褘，仁褘又造姓歷，改狀樣、銓歷等程式，而銓總之法密矣。」❼銓注　銓選注擬。❽定州縣升降　州縣升降共定為八等，三京、五府、都護、都督府皆有等級。❾官資　做官的資歷。❿永制　永久制度，指常規、定制。⓫取人以身言書判　據《新唐書·選舉志》：唐代選官，要求體貌豐偉，言辭辯正，楷法遒美，文理優長。⓬計資量勞　計算年資，衡量勞績。⓭簡　上；呈。⓮門下　指門下省。⓯省　察看。⓰課試　考核。⓱騎射　騎馬射箭。《唐六典》卷五：凡騎射，「發而並中為上，或中或不中為次上，總不中為次」。⓲翹關負米　舉關負重。《新唐書·選舉志上》：「翹關，長丈七尺，徑三寸半，凡十舉後，手持關距，出處無過一尺。負重者，負米五斛，行二十步，皆為中第。」⓳格限　資格年限。⓴不限而授　不受資歷限制而授予官位。㉑嶺南　地區名，指五嶺以南地區。㉒閩中　泛指今福建一帶。㉓土人　當地人；本地人。㉔以年為考　以滿一年為一考。唐代官吏考課每年舉行一次。凡應參加考課的官員，先寫出個人總結，然後由本司長官或本州刺史當眾核實，根據優劣定出等第，按時送報中央。㉕四考為滿　通過四考，晉升一級。

【語　譯】當時由於長久太平，參加選舉的人越來越多，這一年，司列少常伯裴行儉和員外郎張仁褘設長名姓歷榜，引用銓次注明的方法。又確定州縣官吏升降的等級和資歷高下的標準。後來這些規定成為永久不變的制度，沒有人能夠改易。大略說，唐朝選舉人才的方法，是根據體貌、言辭、楷書書法、文理，計算資格高低，考量功勞大小而擬授官位。開始時先集中考試，看看書法、文理的優劣；考試後再銓次高下，察看體貌、言辭；已經銓次了，再加評注，詢問對方的特長；評注之後，高聲唱名，集合眾人，通告銓選結果。然後分類定出甲乙次序，先選送僕射，再上交門下省，經給事中閱讀，侍郎省視，侍中加以審核，不恰當的就駁回。然後審核完了，然後呈報皇帝，主持其事的官吏奉旨行事，每人給與符，稱之為「告身」。兵部選拔武官也是這樣。考試的方法，是以騎馬射箭和舉關、負米為主。還沒到達選官所規定期限的人，而能試寫三篇文章，稱為「宏詞」，能夠試判三條案牘，稱之為「拔萃」，能考過這些等級的，可以不按資格限制授予官職。黔中、嶺南、閩中州縣的官吏，不經吏部考選，委託都督選擇當地人補授官職。凡是任職為官，按年考核，官吏六品以下，經四次考核為滿期。

咸亨元年（庚午　西元六七〇年）

春，正月丁丑❶，右相劉仁軌請致仕，許之。

三月甲戌朔❷，以旱，赦天下，改元❸。〇丁丑❹，改蓬萊宮為含元宮。〇壬辰❺，太子少師許敬宗請致仕；許之。

敕突厥酋長子弟事東宮。西臺舍人徐齊聃❻上疏，以為「皇太子當引文學端良之士置左右，豈可使戎狄醜類入侍軒闥❼！」又奏：「齊獻公❽即陛下外祖，雖子孫有犯，豈應上延祖禰❾！今周忠孝公❿廟甚修，而齊獻公廟毀廢，不審陛下何以垂示海內，彰孝理⓫之風！」上皆從之。齊聃，充容⓬之弟也。

夏，四月，吐蕃陷西域十八州[13]，又與于闐襲龜茲撥換城[14]，陷之。罷龜茲、于闐、焉耆、疏勒四鎮[15]。辛亥[16]，以右威衛大將軍薛仁貴為邏娑道行軍大總管，左衛員外大將軍阿史那道真、左衛將軍郭待封副之，以討吐蕃，且援送吐谷渾還故地[17]。○庚午[18]，上幸九成宮。

高麗酋長劍牟岑反[19]，立高藏外孫安舜為主。以左監門大將軍[20]高侃為東州道行軍總管，發兵討之。安舜殺劍牟岑，奔新羅。

六月壬寅朔[21]，日有食之。

秋，八月丁巳[22]，車駕還京師。

郭待封先與薛仁貴並列，及征吐蕃，恥居其下，仁貴所言，待封多違之。軍至大非川[23]，將趣烏海[24]，仁貴曰：「烏海險遠，軍行甚難，輜重自隨，難以趨利[25]。宜留二萬人，為兩柵於大非嶺[26]上，輜重悉置柵內，吾屬[27]帥輕銳，倍道兼行，掩[28]其未備，破之必矣。」仁貴帥所部前行，擊吐蕃於河口[29]，大破之，斬獲甚眾，進屯烏海以俟待封。待封不用仁貴策，將[30]輜重徐進[31]。未至烏海，遇吐蕃二十餘萬，待封軍大敗，還走，悉棄輜重。仁貴退屯大非川，吐蕃相論欽陵[32]將兵四十餘萬就擊之，唐兵大敗，死傷略盡。仁貴、待封與阿史那道真並脫身免，與欽陵約和而還。敕大司憲樂彥瑋即軍中[1]按㉝其敗狀，械送京師，三人皆免死除名。

欽陵，祿東贊之子也，與弟贊婆、悉多于㉞、勃論皆有才略。祿東贊卒，欽陵代之秉政[2]。三弟將兵居外，鄰國畏之。

關中㉟旱，饑，九月丁丑㊱，詔以明年正月幸東都。○甲申㊲，皇后母魯國忠烈夫人楊氏卒㊳，敕文武九品以上及外命婦㊴並詣宅弔哭。

閏月癸卯㊵，皇后以久旱，請避位㊶，不許。○壬子㊷，加贈司徒周忠孝公武士彠為太尉、太原王，夫人為王妃。○甲寅㊸，以左相姜恪為涼州道行軍大總管，以禦吐蕃。

冬，十月乙未㊹，太子右中護、同東西臺三品趙仁本為左肅機，罷政事。○庚寅㊺，詔官名皆復舊㊻。

【章旨】以上為第十四段，寫唐高宗反擊吐蕃，因領軍將領不和，導致唐軍大敗。

【注釋】❶丁丑　正月初三日。❷甲戌朔　三月初一日。❸改元　更改年號為咸亨。❹丁丑　三月初四日。❺壬辰　三月十九日。❻徐齊聃　湖州長城（今浙江長興）人，善寫文誥。傳見《舊唐書》卷一百九十上。❼軒闥　軒掖闈闥。此處指東宮。❽齊獻公　指長孫晟。晟為高宗母文德皇后之父。事見《新唐書》卷七十六〈文德長孫皇后傳〉、《隋書》卷五十一〈長孫覽傳〉、《北史》卷二十二〈長孫道生傳〉。❾祖禰　祖父。❿周忠孝公　指武則天皇后之父武士彠。⓫孝理　孝治。⓬充

容　內官名，九嬪之一。齊聃妹被封為高宗充容，有文藻，類似漢代班昭。⑬吐蕃陷西域十八州　據《新唐書・吐蕃傳》，此十八州皆為羈縻州。⑭撥換城　故址在今新疆阿克蘇。⑮罷龜茲于闐焉耆疏勒四鎮　即罷安西四鎮。四鎮初置於太宗貞觀二十二年（西元六四八年）。⑯辛亥　四月初九日。⑰送吐谷渾還故地　吐谷渾本居於青海、新疆東南及四川松潘一帶。龍朔三年（西元六六三年）為吐蕃所破，投奔涼州。⑱庚午　四月二十八日。⑲高麗酋長劍牟岑反　事見《三國史記》卷六〈新羅本紀〉。劍牟岑，《新唐書・高宗紀》及〈高麗傳〉作「鉗牟岑」。⑳左監門大將軍　即左監門衛大將軍，正三品，掌宮城諸門禁衛及門籍，行幸則率兵監守牙門。㉑壬寅朔　六月初一日。㉒丁巳　八月十七日。㉓大非川　在今青海共和西南切吉平原。一說在青海湖西布哈河流域。㉔烏海　即今青海興海縣西南苦海。㉕趨利　謀利。㉖大非嶺　即今青海南山，在青海湖南。㉗吾屬　我等；我們。㉘掩　掩襲。㉙河口　即積石河口，在青海南境大雪山下。㉚將　帶。㉛徐進　緩慢前進。㉜論欽陵　祿東贊次子，任吐蕃相（時稱大論），常握重兵，控制朝綱。事見《舊唐書・吐蕃傳上》、《新唐書・吐蕃傳上》及《唐會要・吐蕃》。祿東贊事始見本書卷一百九十五唐太宗貞觀十四年。㉝按　按問。㉞悉多于　《舊唐書・吐蕃傳》作「悉多干」，《新唐書》、《唐會要》作「悉多于」。待考。㉟關中　地區名，所指範圍不一，一般指函谷關以西、散關以東、武關以北、蕭關以南地方，即今陝西關中平原。㊱丁丑　九月初七。㊲甲申　九月十四日。㊳魯國忠烈夫人楊氏卒　魯國夫人，為追贈封號。忠烈，為死後謚號。楊氏生於北周宣帝大成元年（西元五七九年），終年九十二歲。葬於順陵。事詳《全唐文》卷二百三十九〈大周無上孝明高皇后碑銘并序〉。㊴外命婦　內官之外有封號的婦女。㊵癸卯　閏九月初三日。㊶避位　讓位。㊷壬子　閏九月十二日。㊸甲寅　閏九月十四日。㊹乙未　十月二十六日。㊺庚寅　十月無庚寅。按，兩《唐書・高宗紀》作十二月庚寅。十二月庚寅，即十二月二十一日。當是。㊻官名皆復舊　即把百官名稱完全恢復到龍朔二年（西元六六二年）二月四日以前的狀況。

【校　記】①中　原無此字。據章鈺校，十二行本、乙十一行本、孔天胤本皆有此字，張敦仁《通鑑刊本識誤》同，今據補。②秉政　原無此二字。據章鈺校，十二行本、乙十一行本皆有此二字，張敦仁《通鑑刊本識誤》、張瑛《通鑑校勘記》同，今據補。

【語　譯】咸亨元年（庚午　西元六七〇年）

春，正月初三日丁丑，右相劉仁軌請求退休，高宗答應了。

三月初一日甲戌，因為乾旱，赦免天下，更改年號。○初四日丁丑，把蓬萊宮改名為含元宮。○十九日王辰，太子少師許敬宗請求退休，高宗答應了。

下令突厥酋長和子弟侍奉東宮，西臺舍人徐齊聃上疏，認為「皇太子應當召引文學端正賢良之士作陪侍身邊，怎麼可以讓戎狄醜類入侍宮中呢！」又上奏說：「齊獻公是陛下外祖父，雖然子孫犯了罪，怎麼可以歸罪到祖先！現在周忠孝公的廟修得非常好，而齊獻公廟毀敗，不知陛下如何垂範海內，顯揚孝道的風範！」高宗都採納了。齊聃，是九嬪充容的弟弟。

夏，四月，吐蕃攻陷西域十八州，又和于闐襲擊龜茲撥換城，城池陷落。撤銷龜茲、于闐、焉耆、疏勒四鎮的建制。初九日辛亥，任命右威衛大將軍薛仁貴為邏娑道行軍大總管，左衛員外大將軍阿史那道真、左衛將軍郭待封為他的副手，征討吐蕃，並且幫助吐谷渾返回舊地。○二十八日庚午，高宗到了九成宮。

高麗酋長劍牟岑反叛，立高藏的外孫安舜為高麗王。任命左監門大將軍高侃為東州道行軍總管，發兵討伐。安舜殺了劍牟岑，逃跑到新羅。

六月初一日王寅，發生日蝕。

秋，八月十七日丁巳，高宗返回京師。

郭待封原來和薛仁貴官位並列，等到征討吐蕃，郭待封恥居薛仁貴之下，薛仁貴所說的，郭待封大多違背不聽。部隊到達大非川，就將前往烏海，薛仁貴說：「烏海形勢險要，路途遙遠，行軍非常困難，輜重車跟隨在後，很難得到便宜。應該留下二萬人，在大非嶺上建造兩個柵寨，輜重車全部存放在柵寨內，我們再率領輕裝精銳士卒，日夜兼程，乘他們沒有防備時突襲，一定可以把他們打敗。」薛仁貴率領自己的部眾前進，在河口攻擊吐蕃，大敗吐蕃，斬殺俘虜很多敵人，向前推進，駐紮在烏海，以等待郭待封。郭待封不採用薛仁貴的謀略，帶著輜重車徐徐前進。還沒到達烏海，遇到二十多萬吐蕃兵，郭待封部隊大敗，往回撤退，丟棄了全部輜重。薛仁貴後退屯駐在大非川，吐蕃大論論欽陵率領四十多萬士兵向薛仁貴發動攻擊，唐兵大敗，死傷殆盡。薛仁貴、郭待封和阿史那道真都逃脫，免除一死，和欽陵談和後返回。高宗令大司憲樂彥瑋到軍中審問戰敗的情形，把他們戴上刑具送往京師，三人都免死，免除了做官的身分。

論欽陵，是祿東贊的兒子，和他的弟弟贊婆、悉多于、勃論都有才華謀略。祿東贊死後，欽陵接替其父的權位，秉持朝政，三個弟弟統兵居留在外，鄰國都很畏懼他們。

關中乾旱，鬧饑荒，九月初七日丁丑，下詔說明年正月要到東都。〇十四日甲申，皇后母親魯國忠烈夫人楊氏去世，下令文、武九品以上的官員和外命婦都到楊氏宅弔哭。

閏九月初三日癸卯，皇后因為長久乾旱，請求退位避災，高宗不允許。〇十二日壬子，加贈司徒周忠孝公武士彠為太尉、太原王，夫人為王妃。〇十四日甲寅，任命左相姜恪為涼州道行軍大總管，防禦吐蕃。

冬，十月二十六日乙未，太子右中護、同東西臺三品趙仁本為左肅機，免除處理政事的職權。〇庚寅日，下詔官名全部恢復舊稱。

【研　析】本卷記事八年又五個月，當唐高宗執政的中期。唐高宗的個人事業達到頂峰，對內頒布了新曆《麟德曆》，完成了上泰山封禪，對外征服了高麗。這一時期，唐高宗由明轉昏，其轉折點的標誌就是唐高宗冤殺上官儀，武則天垂簾聽政這一重大事件。開國元勳李勣受命征高麗，班師後不久辭世。本卷研析，著重唐高宗征服高麗、冤殺上官儀，以及李勣功過等三件事。

唐高宗征服高麗。我國領土今東北三省地區，漢武帝滅朝鮮納入版圖。魏晉南北朝戰亂，東北地區脫離中國。隋及唐初，今遼寧全境差不多為高麗所佔有，遼寧以北有霫、契丹、室韋等族。為了收復東北失地，統一王朝隋與唐多次對高麗用兵。隋文帝伐高麗，到達平壤，兵退地失。隋煬帝三征高麗，耗盡隋朝國力，隋兵只進至懷遠鎮（今遼寧北鎮）。唐太宗貞觀十六年（西元六四二年）命營州都督張儉征高麗，師至遼西。貞觀十九年唐太宗親征高麗，水路趨平壤，陸路取遼東，軍達安市城（在今遼寧海城南），不克而還。唐太宗回到營州（今遼寧朝陽），葬陣亡將士骸骨於柳城東南。唐軍主力沒有攻入高麗之境，得城不能固守，得人西遷內地，對遼東的統治仍不鞏固。

唐高宗即位，邊境不寧，西北、東北、嶺南皆有戰事。唐高宗用兵東北獲得大勝。龍朔三年（西元六六三年），唐將劉仁願征服百濟。乾封元年（西元六六六年），高宗完成上泰山封禪，告天稱成功，大發兵征高麗。經過兩年多的激戰，於總章元年（西元六六八年）九月，唐軍攻克平壤，滅亡高麗。移高麗之民三萬八千二百戶於江淮及山南、京西安置。十二月置安東都護府於平壤，命薛仁貴統軍二萬鎮守，東北地區復入中國版圖。滅高麗，象徵高宗一朝的極盛，也是唐高宗個人事業的頂峰。東北地區重入中國版圖，具有深遠的歷史意義。

隋文帝、隋煬帝、唐太宗，多次征高麗無功而終，唐高宗何以能取得輝煌勝利呢？唐高宗與侍御史賈言忠有一番君臣對話，討論了這一事件。總章元年二月，賈言忠奉使遼東回京，唐高宗問以軍事。當時唐軍已征戰一年多，激戰正酣，高宗十分擔憂前線的勝負。賈言忠說：「陛下無憂，高麗必平。」高宗說：「卿是怎麼知道的？」賈言忠說：「隋煬帝東征，國內人心怨離，所以不能取勝。先帝唐太宗征高麗，高麗國內團結一心，無隙可乘，所以仍不能取勝。如今形勢大變，所以臣料唐軍必能取勝。」賈言忠具體分析了唐軍取勝的四大原因。第一，高麗衰落。高麗名將蓋蘇文死，男建與男生兄弟爭權，發生內訌。男生投降唐朝為嚮導，敵之情偽，瞭如指掌。第二，高麗連年災荒，人心離散，是進討的最好時機。第三，唐軍強大，諸將和睦，將勇兵強，無堅不摧。賈言忠做了具體分析，說：薛仁貴勇冠三軍，龐同善持軍嚴整，高侃忠貞果斷有謀略，契苾何力有統御之才，而統帥李勣忘身憂國，諸將敬服。如此之軍，焉能不勝。第四，陛下聖明，國家富強。唐高宗在征高麗之前，於顯慶五年（西元六六〇年）、龍朔三年，兩度兵伐百濟，這是採納劉仁軌的建議：「欲吞滅高麗，先誅百濟」之策，對高麗形成南北夾擊之勢，是英明的表現。總括一句話，唐大高麗小，以盛強之大唐，征衰弱之小小高麗，天時、人和都有利。對唐軍不利的是地利不佔優，唐軍勞師遠征，後勤供應是極大的困難。隋煬帝、唐太宗，動用軍隊一百餘萬，恰恰是以短擊長。唐軍勞師遠征是其短，高麗以逸待勞是其長。這次唐高宗出征，啟用精兵強將，三十萬眾人數已大大佔優，國力盛強，可長期供應三十萬之眾，不怕持久，克服了地利的不足，所以唐軍取得了全勝。

唐高宗冤殺上官儀，武則天垂簾聽政。武則天未當皇后之前，曲意侍奉高宗，嬌媚可愛。皇后之位到手，便顯露了真性情，作威作福到高宗頭上，事事牽制，高宗每辦一件事，都要徵得武則天的同意。高宗結怨於心，忍無可忍，終於在麟德元年（西元六六四年）十月的一天爆發。高宗召宰相上官儀議事，表示要廢皇后，上官儀立即附議說：「皇后專權，肆無忌憚，全天下的人都不贊同，廢了才好。」高宗立即命上官儀起草廢后詔令。武則天的耳目飛報皇后，武則天立即起來在高宗面前撒嬌。上官儀起草的詔令還在几案上，唐高宗不知所措，反而羞愧滿面，向武則天陪罪，謊稱是上官儀教唆。武則天不依不饒，要高宗重懲上官儀。上官儀曾侍奉過故太子李忠，武則天指使許敬宗上奏誣告上官儀與故太子李忠謀反。十二月十三日，上官儀下獄，與太子李忠之子李庭芝、宦官王伏勝均死。十二月十五日，賜死故太子李忠於流所。許多反對武則天的朝官，也被株連貶官流放。武則天為防止廢后事件重演，她看緊了高宗，提出垂簾聽政的要求，唐高宗也依從。自此，武則天從幕後走上前臺，直接理政，內外並稱「二聖」。

高宗懦弱，但心智明晰。高宗罷權奸右相李義府，懲治左相許圉師，因其子欺壓民眾，表現了高宗體恤民情。高宗納劉仁軌之言，憂恤海東將士，任賢相征高麗，表現了高宗英明的一面。高宗聽任武則天擺布，欲廢而無決心，武則天一鬧，徹底敗下陣來，甘當傀儡，老婆垂簾丈夫，天下奇聞。武則天與高宗平起平坐，號稱「二聖」，實際是拱手讓權。武則天能改唐為周，直接稱皇帝，是垂簾奠定的基礎。上官儀激於義憤，謀慮不周，匆忙草詔，不僅搭了自己的性命，反倒成全了武則天的野心。如果沒有草詔廢后事件，武則天還不能垂簾，沒有並稱「二聖」的基礎，武則天登位，恐怕沒有那麼容易。

李勣的功過。李勣，唐初著名軍事家。本姓徐，名世勣，字懋功。唐賜姓李，為避李世民諱，改稱單名為李勣。山東曹州離狐縣（在今山東菏澤西北李莊集）人。

李勣於隋朝大業末聚義瓦崗，為農民起義軍著名將領。後歸唐，為唐王朝征戰殺伐，盡忠效節，仕唐五十餘年，出將入相，既是開國元勳，又是三朝元老，對唐帝國的建立與鞏固做出了巨大的貢獻。李勣從隋末唐初直到高宗總章元年領兵破高麗，幾乎參加了所有規模較大的戰爭，而且百戰百勝。史稱李勣用兵，「多籌算，料敵應變，皆契事機，及戰勝，必推功於下，得金帛，盡散之士眾」，「持法嚴，人樂為用」。李勣是唐太宗圖畫於凌煙閣二十四功臣之一，到唐肅宗時為姜太公立武成王廟，李勣與張良、韓信、諸葛亮等十人入選為良將十哲配享武成王廟。這些殊榮，李勣當之無愧。但人無完人，李勣伴君，為了自保，不免有些圓滑。李勣是唐太宗託孤大臣之一，他卻在高宗廢立皇后問題上冷眼旁觀，既不向高宗進言，也不向長孫無忌提出忠告，稱病不朝，騎牆觀望，表面中立，實質站在武則天一邊，以「此乃陛下家事，無須問外人」，把長孫無忌推向了懸崖。又有甚者，高宗與李勣燕語，論及隋煬帝拒諫亡國，高宗說：「朕常以為戒，虛心求諫，而竟無諫者，何也？」李勣竟然回答說：「陛下所為盡善，羣臣無得而諫」，簡直近於佞臣。褚遂良、韓瑗等因進諫亡身，群臣誰敢進諫。李勣為了明哲保身，獻諛求榮，不能不說是他的缺點。不過在伴君如伴虎的時代，也不能苛求李勣。李勣只是自保，沒有陷害忠良以求進升，已經是不容易了。

卷第二百二

唐紀十八

起重光協洽（辛未 西元六七一年），盡重光大荒落（辛巳 西元六八一年），凡十一年。

【題解】本卷記事起西元六七一年，迄西元六八一年，凡十一年。當唐高宗咸亨二年到開耀元年。此時期是唐高宗的後期執政，因身患風疾，大權旁落武則天皇后。武則天步步緊逼皇權，發生了兩次廢立太子事件。上元二年（西元六七五年），太子李弘暴卒，傳言為武則天所害。李賢繼立太子，五年之後，在調露二年（西元六八〇年）亦被廢貶。李弘、李賢兩位太子均有賢名，得到唐高宗的信任，於是深為武則天所忌，必欲置之死地。由此可見唐高宗的昏聵，並一度要傳位給武則天。上元元年武則天條奏十二條政務，表現了她的政治才能。其中子女為母守喪三年，與守父喪平等，可以說是提高了女權。這一年，唐高宗平反長孫氏，恢復長孫晟、長孫無忌官爵，表明了十六年前長孫氏之被遷逐、殺害是無辜的。高宗後期十一年間，國家四境不寧，風波不斷。高麗、新羅時叛時服，西域動盪，吐蕃寇邊，北疆突厥侵擾。裴行儉撫定西域，兩次大破突厥，堪稱國家柱石，也是這一時期唐朝軍事與政治的一大亮點。

高宗天皇大聖大弘孝皇帝中之下

咸亨二年（辛未　西元六七一年）

春，正月甲子❶，上幸東都❷。

夏，四月甲申❸，以西突厥阿史那都支❹為左驍衛大將軍❺兼匐延都督❻，以安集五咄陸之眾❼。

初，武元慶❽等既死，皇后奏以其姊子賀蘭敏之❾為士彠之嗣❿，襲爵周公⓫，改姓武氏，累遷弘文館學士⓬、左散騎常侍⓭。魏國夫人⓮之死也，上見敏之，悲泣曰：「曏⓯吾出視朝猶無恙，退朝已不救，何蒼猝如此！」敏之號哭不對。后聞之，曰：「此兒疑我。」由是惡之。敏之貌美，蒸⓰於太原王妃⓱，及居妃喪，釋衰絰⓲，奏妓⓳。司衛少卿⓴楊思儉女，有殊色，上及后自選以為太子妃，昏有日矣㉑，敏之逼而淫之。后於是表言敏之前後罪惡，請加竄逐。六月丙子㉒，敕流雷州㉓，復其本姓。至韶州㉔，以馬韁絞死。朝士坐與敏之交遊，流嶺南者甚眾。

秋，七月乙未朔㉕，高侃破高麗餘眾於安市城㉖。

九月丙申㉗，潞州刺史㉘徐王元禮㉙薨。

冬，十一月甲午朔㉚，日有食之。

車駕自東都幸許、汝㉛。十二月癸酉㉜，校獵於葉縣㉝。丙戌㉞，還東都。

【章旨】以上為第一段，寫武則天迫害武敏之，而武敏之的死，亦咎由自取。

【注釋】❶甲子　正月二十六日。❷上幸東都　即唐高宗巡幸洛陽。顯慶二年（西元六五七年）十二月以洛陽為東都。高宗巡幸東都的時間，兩《唐書・高宗紀》皆作正月乙巳，也就是正月初七，與《通鑑》不合。❸甲申　四月十八日。❹阿史那都支　西突厥部酋長，又稱阿史那匐延都支。後自稱十姓可汗。事見《舊唐書》卷八十四〈裴行儉傳〉、《新唐書》卷二百十五下〈突厥傳〉。❺左驍衛大將軍　官名，中央十二衛大將軍之一，正三品，掌統領宮廷警衛之法，宿衛宮禁。❻匐延都督　顯慶二年（西元六五七年）以西突厥處木昆部置匐延都督府，治所在今新疆和布克賽爾蒙古自治縣一帶。匐延都督為匐延都督府最高長官。❼安集五咄陸之眾　五咄陸即處木昆律、胡祿屋闕、攝舍提暾、突騎施賀邏施、鼠尼施處半。自龍朔二年（西元六六二年）興昔亡可汗阿史那彌射被殺後，五咄陸部落遂漸亡散。❽武元慶　（？—西元六六六年）武則天同父異母兄，相里氏所生。因不禮敬武則天的母親楊氏，與其弟元爽等被貶，乾封元年死於龍州。事見《舊唐書》卷一百八十三〈武承嗣傳〉、《新唐書》卷七十六〈則天武皇后傳〉。❾賀蘭敏之　（？—西元六七一年）武則天姐姐的兒子，官至蘭臺令史。事見《舊唐書》卷一百八十三〈武承嗣傳〉、《新唐書》卷二百六〈武士彠傳〉。❿嗣　嗣子；繼承人。⓫周公　顯慶元年（西元六五六年）追賜武士彠為周國公。⓬弘文館學士　官名，屬門下省。唐制，弘文館學士五品以上，六品以下為直學士。掌校正圖籍，教授生徒，並參議朝政制度禮儀等。⓭左散騎常侍　門下省屬官，從三品，掌規諫，以備顧問。⓮魏國夫人　賀蘭敏之之妹，死於乾封元年（西元六六六年）。事見《舊唐書》卷一百八十三〈武承嗣傳〉。⓯曏　「晌」的本字。方才，一會兒。⓰蒸　與母輩私通。⓱太原王妃　即則天母楊氏，武士彠後妻。武士彠曾被追贈為太原郡王，故楊氏為太原王妃。⓲衰絰　喪服。⓳奏妓　奏伎樂。⓴司衛少卿　官名，原名衛尉少卿，高宗龍朔間改稱司衛少卿，為司衛寺卿副官，從四品上，掌國家兵械。㉑昏有日矣　已確定婚期了。㉒丙子　六月十一日。㉓雷州　治所在今廣東海康。㉔韶州　治所在今廣東韶關市武水西。㉕乙未朔　七月初一日。㉖安市城　在今遼寧海城南營城子。㉗丙申　九月初二日。㉘刺史　州長官，從三品。㉙徐王元禮　（？—西元六七一年）唐高祖第十子，性恭順，有政績，是高祖諸子中較賢能的一位。傳見《舊唐書》卷六十四、《新唐書》卷七十九。㉚甲午朔　十一月初一日。㉛許汝　即許州、汝州。許州治所在今河南許昌，汝州治所在今河南汝州。㉜癸酉　十二月初十日。㉝葉縣 治所在今河南葉縣西南。㉞丙戌 十二月二十三日。

【語 譯】高宗天皇大聖大弘孝皇帝中之下

咸亨二年（辛未 西元六七一年）

春，正月二十六日甲子，皇帝親臨東都。

夏，四月十八日甲申，任命西突厥阿史那都支為左驍衛大將軍兼匐延都督，藉以安撫招集五咄陸的部眾。

當初，武元慶等人死後，皇后上奏讓她姐姐的兒子賀蘭敏之為武士彠的後嗣，承襲爵號周公，改姓武氏，累官升遷到弘文館學士、左散騎常侍。魏國夫人死時，高宗見了武敏之，悲傷地哭泣說：「前一會我去處理朝政時還沒有毛病，退朝時卻已無法挽救了，為什麼死得這麼突然！」武敏之號哭，不回答。武后聽到了，說：「這個孩子在懷疑我。」從此便憎惡武敏之。武敏之容貌美麗，和太原王武士彠妃私通；後來為王妃守喪時，脫去喪服，奏起伎樂。司衛少卿楊思儉女兒，長得特別漂亮，高宗和武后親自挑選她為太子妃，已定有婚期，武敏之逼迫並姦淫了她。武后於是上表數說武敏之前後所犯的罪過，請加放逐。六月十一日丙子，高宗頒下敕令把武敏之流放到雷州，恢復他原來的姓氏賀蘭。到達韶州，用馬韁絞死了他。朝中士人因和賀蘭敏之交往，很多人被流放嶺南。

秋，七月初一日乙未，高侃在安市城打敗高麗殘餘部隊。

九月初二日丙申，潞州刺史徐王李元禮去世。

冬，十一月初一日甲午，發生日蝕。

高宗車駕從東都到達許、汝。十二月初十日癸酉，在葉縣設柵欄圍獵。二十三日丙戌，返回東都。

三年（壬申 西元六七二年）

春，正月辛丑❶，以太子右[1]衛副率❷梁積壽為姚州道行軍總管，將兵討叛蠻❸。○庚戌❹，昆明蠻❺十四姓二萬三千戶內附，置殷、敦、總三州❻。

二月庚午❼，徙吐谷渾於鄯州浩亹水❽南。吐谷渾畏吐蕃之彊，不安其居，又鄯州地狹，尋徙靈州❾，以其部落置安樂州❿，以可汗諾曷鉢為刺史。吐谷渾故地皆入於吐蕃。○己卯⓫，侍中永安郡公姜恪⓬薨。

夏，四月庚午⓭，上幸合璧宮。

吐蕃遣其大臣仲琮⓮入貢，上問以吐蕃風俗，對曰：「吐蕃地薄氣寒，風俗朴魯⓯。然法令嚴整，上下一心，議事常自下而起⓰，因人所利而行之，斯所以能持久也。」上詰以吞滅吐谷渾、敗薛仁貴、寇逼涼州事⓱，對曰：「臣受命貢獻而已，軍旅之事，非所聞也。」上厚賜而遣之。癸未⓲，遣都水使者⓳黃仁素使于吐蕃。

【章旨】以上為第二段，寫唐高宗結和吐蕃。

【注釋】❶辛丑　正月初八日。❷太子右衛副率　官名，從四品上，協助右衛率掌東宮兵仗羽衛之政。據《唐六典》卷二十八，太子左右衛率府有副率，各二名。❸將兵討叛蠻　《新唐書》卷二百二十二下〈南蠻傳下〉載：「姚州境有永昌蠻，居古永昌郡地。咸亨五年叛，高宗以太子右衛率梁積壽為姚州道行軍總管討平之。」時間有所不同。❹庚戌　正月十七日。❺昆明蠻　少數民族名稱。《新唐書》卷二百二十二下載，昆明蠻在爨蠻之西，以西洱河為境，活動在今雲南洱海一帶。❻置

殷敦總三州　此三州皆帶有羈縻性質，分別在今四川宜賓西北、西南及南部。❼庚午　二月初八。❽浩亹水　即湟水支流大通河，在今青海、甘肅境內。《水經注》載：浩亹河經浩亹縣故城（在今甘肅永登西南大通河東岸）南，東流注入湟水，俗稱閤門河。❾靈州　治所在今寧夏靈武西南。❿安樂州　以靈州鳴沙縣地而置，治所在今寧夏中寧東。⓫己卯　二月十七日。⓬永安郡公姜恪　（？—西元六七二年）歷任將軍，以戰功升為宰相。事見《舊唐書》卷七十七〈閻立本傳〉、《新唐書》卷二百十六上〈吐蕃傳上〉。⓭庚午　四月初九日。⓮仲琮　即論仲琮，曾入太學讀書，文化水平較高。事見《新唐書》卷二百十六上〈吐蕃傳上〉。⓯朴魯　純樸粗獷。⓰議事常自下而起　議事程序，一般自下而上。⓱上詰以吞滅吐谷渾敗薛仁貴寇逼涼州事　詰，責問。吐蕃在唐龍朔三年（西元六六三年）滅吐谷渾，咸亨元年（西元六七〇年）敗薛仁貴於大非川，後盡有吐谷渾之地，並侵逼涼州。事詳兩《唐書．吐蕃傳》。⓲癸未　四月二十二日。⓳都水使者　官名，據《唐六典》卷二十三，都水監有使者二人，正五品上，掌川澤津梁之政。

【校　記】①右　原作「左」。據章鈺校，十二行本、乙十一行本、孔天胤本皆作「右」，張敦仁《通鑑刊本識誤》同，今據改。按，《舊唐書．高宗紀》、《新唐書．高宗紀》、〈南蠻傳〉皆作「右」。

【語　譯】三年（壬申　西元六七二年）

春，正月初八日辛丑，任命太子右衛副率梁積壽為姚州道行軍總管，率軍討伐反叛的蠻人。〇正月十七日庚戌，昆明蠻十四姓二萬三千戶歸附朝廷，設置殷、敦、總三州。

二月初八日庚午，把吐谷渾遷徙到鄯州浩亹水之南。吐谷渾畏懼吐蕃的強大，在住處不安心，還有鄯州地域狹小，不久便遷徙到靈州，把部落所在地置為安樂州，任命可汗諾曷鉢為刺史。吐谷渾舊有土地都歸入吐蕃。〇十七日己卯，侍中永安郡公姜恪去世。

夏，四月初九日庚午，高宗到合璧宮。

吐蕃派遣大臣仲琮到朝廷進貢，高宗訊問吐蕃的風俗，仲琮回答說：「吐蕃土地瘠薄，氣候寒冷，風俗質樸粗獷。然而法令嚴厲整齊，上下一心，討論事情常常是從下面開始，根據對民眾有利的原則來加以實施，這就是吐蕃的國運能維持久遠的緣故。」高宗追問他吞滅吐谷渾、擊敗薛仁貴、侵逼涼州的事，仲琮回答說：

「臣接受命令前來進貢罷了，軍旅之事，不是臣所應聽到的。」高宗給了他豐厚的賞賜，遣送他回去。四月二十二日癸未，派遣都水使者黃仁素出使吐蕃。

秋，八月壬午❶，特進❷高陽郡公許敬宗卒。太常博士❸袁思古❹議：「敬宗棄長子於荒徼❺，嫁少女於夷貊❻。按諡法『名與實爽❼曰繆❽』，請諡為繆。」敬宗孫太子舍人❾彥伯訟❿思古與許氏有怨，請改諡。太常博士王福時⓫議，以為「諡者[1]，得失一朝，榮辱千載。若嫌隙⓬有實，當據法推繩⓭。如其不然，義不可奪。」戶部尚書⓮戴至德⓯謂福時曰：「高陽公任遇如是，何以諡之為繆？」對曰：「昔晉司空何曾⓰既忠且孝，徒以日食萬錢，秦秀諡之為[2]『繆』⓱。許敬宗忠孝不逮於曾，而飲食男女之累過之，諡之曰『繆』，無負許氏矣。」詔集五品已上更議，禮部尚書⓲陽思敬⓳議：「按諡法『既過能改曰恭』，請諡曰恭。」詔從之。敬宗嘗奏流其子昂于嶺南，又以女嫁蠻酋馮盎之子，多納其貨⓴，故思古議及之。福時，勃之父也。

九月癸卯㉑，徙沛王賢為雍王。

冬，十月己未㉒，詔太子監國。○壬戌㉓，車駕發東都。

十一月戊子朔㉔，日有食之。○甲辰㉕，車駕至京師。

十二月，高侃與高麗餘眾戰于白水山，破之。新羅遣兵救高麗，侃擊破之。

○癸卯㉖，以左庶子㉗劉仁軌同中書門下三品。

太子罕接宮臣㉘，典膳丞㉙全椒㉚邢文偉㉛輒減所供膳㉜，并上書諫太子。太子復書，謝以多疾及入侍少暇，嘉納其意。頃之，右史㉝缺，上曰：「邢文偉事吾子，能撤膳進諫，此直士也。」擢為右史。

太子因宴集，命宮臣擲倒㉞，次至左奉裕率㉟王及善㊱，及善曰：「擲倒自有伶官㊲，臣若奉令，恐非所以羽翼㊳殿下㊴也。」太子謝之。上聞之，賜及善縑百匹，尋遷左千牛衛將軍㊵。

【章旨】以上為第三段，寫許敬宗死後得佳諡。

【注釋】❶壬午　八月二十四日。❷特進　散官之稱，正二品，無實職。❸太常博士　官名，太常寺屬官，從七品上，主管朝廷五禮儀式，遇重大祭祀及禮儀，負責引導，兼擬王公及三品以上官諡號。❹袁思古　事見《舊唐書》卷八十二〈許敬宗傳〉、《新唐書》卷二百二十三上〈許敬宗傳〉。❺敬宗棄長子於荒徼　《舊唐書．許敬宗傳》載，敬宗長子許昂與其繼室私通，敬宗以許昂不孝為辭，上奏將其流於嶺外。荒徼，荒涼的邊遠地區。❻嫁少女於夷貊　指許敬宗以小女兒嫁蠻酋馮盎之子。夷貊，古代對生活在東方和東北方的少數民族的稱呼。❼爽　差；違。❽繆　通「謬」。❾太子舍人　官名，即太子通事舍人，掌導引東宮諸臣辭見及承令勞問之事。❿訟　控告。⓫王福畤　王勃之父，官至雍州司功參軍，因王勃得罪而受牽連，被貶為交趾令。事見《舊唐書》卷一百九十上〈王勃傳〉、《新唐書》卷二百一〈王勃傳〉。⓬嫌隙　仇怨。⓭推繩　審問法辦。⑭戶部尚書　官名，為戶部長官，正三品，職掌天下田戶、均輸、錢穀之政令。⑮戴至德　（？—西元六七九年）相州安陽（今河南安陽）人，戴胄之姪，官至尚書右僕射。傳見《舊唐書》卷七十、《新唐書》卷九十九。⑯何曾　（西元一九九—二七八年）字穎考，陳國陽夏（今河南太康）人，生活奢侈，每天用一萬錢辦伙食，還說無下箸處。傳見《晉書》卷三十三。⑰秦秀諡之為繆　事見本書卷八十及《晉書》卷五十。⑱禮部尚書　官名，為禮部長官，正三品，職掌天下禮儀、祭享、貢舉之政令。⑲陽思敬　《唐會要》卷七十九作楊思敬，《冊府元龜》卷五百九十五亦然。按，《舊唐書》卷六十二〈楊恭仁傳〉及《新唐書》卷七十二下〈宰相世系表〉有禮部尚書楊思敬。當以《會要》為是。⑳貨　財貨。㉑癸卯　九月十五日。㉒己未　十月初二日。㉓壬戌　十月初五日。㉔戊子朔　十一月初一日。㉕甲辰　十一月十七日。㉖癸卯　《舊唐書》卷五〈高宗紀〉同。《新唐書》卷三〈高宗紀〉及卷六十一〈宰相表〉只言十二月，不載干支。此月戊午朔，無癸卯。疑誤。㉗左庶子　官名，太子左春坊最高長官，正四品上，掌侍從贊相，駁正啟奏。㉘罕接宮臣　很少接見東宮官屬。㉙典膳丞　官名，為東宮典膳郎之副，正八品上，掌進膳嘗食之事。㉚全椒　縣名，縣治在今安徽全椒。㉛邢文偉　以減膳切諫知名，官至內史，後來自殺。傳見《舊唐書》卷一百八十九下、《新唐書》卷一百六。㉜減所供膳　減少所供飯食。㉝右史　官名，高宗龍朔間改起居舍人為右史，從六品上，掌錄皇帝言論及制誥德音，以記時政損益。㉞擲倒　唐代散樂之一。頭下腳上，倒行而舞。此樂古已有之，南朝梁、陳時始稱擲倒。㉟左奉裕率　官名，高宗龍朔間，太子左內率府率改稱左奉裕率，正四品上，掌東宮侍奉之事和儀衛。㊱王及善　（西元六一八—六九九年）洺州邯鄲（今河北邯鄲）人，有大臣之節，官至內史。死後陪葬乾陵。傳見《舊唐書》卷九十、《新唐書》卷一百十六。㊲伶官　即樂官。相傳黃帝時的樂官名叫伶倫，後世遂將樂人稱為伶人，將樂官稱作伶官。㊳羽翼　輔佐。㊴殿下　漢以來對太子、諸王的稱呼。唐制，百官上書皇太后及皇后稱殿下；百官及東宮官稱皇太子為殿下。此處是對太子李弘的尊稱。㊵千牛衛將軍　官名，掌宮殿侍衛及供御儀仗。《唐六典》卷二十五：左右千牛衛將軍各一人，從三品。千牛衛以千牛刀而得名。千牛刀即皇帝防身之刀，取《莊子》庖丁解千牛而芒刃不減之意。

【校　記】①諡者　原無此二字。據章鈺校，十二行本、乙十一行本、孔天胤本皆有此二字，張敦仁《通鑑刊本識誤》同，今據補。②為　據章鈺校，十二行本、乙十一行本、孔天胤本皆作「曰」。

【語　譯】秋，八月二十四日壬午，特進高陽郡公許敬宗去世。太常博士袁思古建議：「許敬宗把長子拋棄在荒遠地帶，把小女兒嫁給夷貊。按照《諡法》「名字和實際相乖違的稱之為繆」，請諡號為繆。」許敬宗的孫子太子舍人許彥伯控告袁思古和許氏有怨隙，請求更改諡號。太常博士王福時建議，認為「諡法對於個人來說，是得失於一朝一夕之間，而榮辱卻是千年萬載。如果袁思古和許氏的怨隙確有其事，應當根據法令推究改正。如果不是那樣，道義是不能更改的。」戶部尚書戴至德對王福時說：「高陽公的官職待遇如此之高，怎麼還諡為繆？」回答說：「從前晉司空何曾又忠又孝，只因為每天吃飯花費一萬錢，秦秀就給他『繆』的諡號。許敬宗的忠孝比不上何曾，而飲食子女方面所受之害卻超過了他，給他諡號『繆』，並不有虧於許氏。」高宗下詔召集五品以上的官吏再議，禮部尚書陽思敬建議：「依據《諡法》『有過錯能改正稱之為恭』，請給許敬宗諡號為恭。」高宗下詔採納了這一建議。許敬宗曾經奏請流放他的兒子許昂到嶺南，又把女兒嫁給蠻酋馮盎的兒子，大量收取馮盎的財貨，所以袁思古才議及許敬宗的諡號。王福時，是王勃的父親。

九月十五日癸卯，把沛王李賢遷徙為雍王。

冬，十月初二日己未，高宗下詔由太子監治國政。〇初五日壬戌，高宗車駕從東都出發。

十一月初一日戊子，發生日蝕。〇十七日甲辰，高宗車駕到達京師。

十二月，高侃和高麗殘餘的部隊在白水山交戰，打敗了敵軍。新羅派兵援救高麗，高侃又擊敗了新羅援兵。〇癸卯日，任命左庶子劉仁軌同中書門下三品。

太子很少接見宮中大臣，典膳丞全椒人邢文偉常常減少供應太子的膳食，並上書勸諫太子。太子給邢文偉回信，以多病和入侍皇帝少有空閒為由，向邢文偉認錯，讚許並採納他的意見。不久，右史缺額，高宗說：「邢文偉侍奉我兒子，能撤減膳食，進言勸諫，是正直之士。」擢升他為右史。

太子趁著群臣宴會，命令宮中大臣跳擲倒舞，依次輪到左奉裕率王及善，王及善說：「擲倒舞自有伶官可跳，臣如果奉命照辦，恐怕不是用來輔佐殿下的方法。」太子向王及善謝罪。高宗聽到後，就賜給王及善細絹一百匹，不久升遷為左千牛衛將軍。

四年（癸酉　西元六七三年）

春，正月丙辰❶，絳州刺史鄭惠王元懿❷薨。

三月丙申❸，詔劉仁軌等改修國史，以許敬宗等所記多不實❹故也。

夏，四月丙子❺，車駕幸九成宮❻。

閏五月，燕山道總管、右領軍大將軍李謹行❼大破高麗叛者於瓠蘆河❽之[1]西，俘獲數千人，餘眾皆奔新羅。時謹行妻劉氏留伐奴城，高麗引靺鞨❾攻之，劉氏擐甲❿帥眾守城，久之，虜退。上嘉其功，封燕國夫人。謹行，靺鞨人突地稽⓫之子也[2]，武力絕人，為眾夷所憚。

秋，七月辛巳⓬[3]，婺州⓭大水，溺死者五千人。

八月辛丑⓮，上以瘧疾⓯，令太子於延福殿受諸司啟事。

冬，十月壬午⓰，中書令閻立本⓱薨。○乙巳⓲，車駕還京師。

十二月丙午⓳，弓月、疏勒二王來降。西突厥興昔亡可汗之世，諸部離散，弓月及阿悉吉⓴皆叛。蘇定方之西討也，擒阿悉吉以歸。弓月南結吐蕃，北招咽麪㉑，共攻疏勒，降之。上遣鴻臚卿㉒蕭嗣業㉓發兵討之。嗣業兵未至，弓月懼，與疏勒皆入朝。上赦其罪，遣歸國。

【章 旨】以上為第四段，寫唐軍在高麗和西域均取得勝利。

【注 釋】❶丙辰 正月二十九日。❷鄭惠王元懿 （?—西元六七三年）唐高祖第十三子。歷任兗、鄭、潞、絳等州刺史，數斷大獄，持法寬平。傳見《舊唐書》卷六十四、《新唐書》卷七十九。❸丙申 三月初十日。❹許敬宗等所記多不實 許敬宗自太宗時起，長期參與修撰國史實錄的活動，記事阿曲，褒貶失當。事詳《舊唐書》卷八十二〈許敬宗傳〉。❺丙子 四月二十一日。❻九成宮 在今陝西麟遊西。貞觀五年（西元六三一年）由隋仁壽宮改名。永徽二年（西元六五一年）九月八日改稱萬年宮。乾封二年（西元六六七年）二月十日復名九成宮。後經閻立德擴建，成為關中著名的離宮之一。❼李謹行 靺鞨首領突地稽之子，武功高強，曾多次擊敗吐蕃，累授鎮軍大將軍，封燕國公。事詳《舊唐書》卷一百九十九下〈靺鞨傳〉、《新唐書》卷一百十。❽瓠蘆河 據《新唐書‧劉仁軌傳》，此河當在高麗南界、新羅七重城之北，似為臨津江。❾靺鞨 東北少數民族名，由肅慎發展而來。唐時分為黑水、粟末二部。❿擐甲 穿甲；披甲。⓫突地稽 黑水靺鞨首領。曾與劉黑闥、高開道作戰，以功拜右衛將軍，賜姓李氏。事詳《舊唐書》卷一百九十九下〈靺鞨傳〉。⓬辛巳 七月二十八日。⓭婺州 州名，治所在今浙江金華。⓮辛丑 八月十九日。⓯瘧疾 急性傳染病。以瘧蚊為媒介，多週期性發作。⓰壬午 十月初一日。⓱中書令閻立本 閻立本總章元年（西元六六八年）升為右相，咸亨二年（西元六七一年）轉中書令，擔任宰相六年。中書令為中書省長官，正三品，大曆二年（西元七六七年）升為正二品，職掌軍國政令。閻立本事詳《舊唐書》卷七十七、《新唐書》卷一百本傳。⓲乙巳 十月二十四日。⓳丙午 十二月二十五日。⓴阿悉吉 少數民族名稱，據《舊唐書》卷八十三及《冊府元龜》卷四百二十，阿悉吉又作思結。本書卷二百亦作思結。㉑咽麪 少數民族名稱，屬鐵勒，活動在今哈薩克斯坦巴爾喀什湖以東地區。㉒鴻臚卿 鴻臚寺長官，從三品，職掌少數民族接待，以及凶儀之事。㉓蕭嗣業 少入突厥，知其情勢，詔領突厥民眾，累遷鴻臚卿。《舊唐書》卷六十三、《新唐書》卷一百一略載其事。

【校 記】[1]之 據章鈺校，十二行本、乙十一行本、孔天胤本皆無此字，張敦仁《通鑑刊本識誤》同。[2]也 據章鈺校，十二行本、乙十一行本、孔天胤本皆無此字。[3]辛巳 原無此二字。據章鈺校，十二行本、乙十一行本皆有此二字，張瑛《通鑑校勘記》同，今據補。

【語 譯】四年（癸酉 西元六七三年）

春，正月二十九日丙辰，絳州刺史鄭惠王李元懿去世。

三月初十日丙申，高宗下詔命令劉仁軌等人改寫國史，因為許敬宗等人記述的有很多不真實的緣故。

夏，四月二十一日丙子，高宗車駕親臨九成宮。

閏五月，燕山道總管、右領軍大將軍李謹行在瓠蘆河西面把反叛的高麗人打得潰敗，俘獲了幾千人，剩餘的部眾都逃跑到新羅。當時李謹行之妻劉氏留在伐奴城，高麗引領靺鞨攻城，劉氏身披甲冑率眾守城，過了很久，敵人退離。高宗嘉獎她的功勞，封為燕國夫人。李謹行，是靺鞨人突地稽的兒子，武力超人，為諸夷所畏懼。

秋，七月二十八日辛巳，婺州發大水，溺死五千人。

八月十九日辛丑，高宗因患瘧疾，命令太子在延福殿接受各部門官員啟奏政事。

冬，十月初一日壬午，中書令閻立本去世。〇二十四日乙巳，高宗車駕返回京師。

十二月二十五日丙午，弓月、疏勒二王前來投降。西突厥興昔亡可汗時，各部落分散，弓月和阿悉吉都叛變了。蘇定方西征時，活捉了阿悉吉回朝。弓月在南面交結吐蕃，北面聯繫咽麪，一起進攻疏勒，使疏勒降服。高宗派遣鴻臚卿蕭嗣業出兵討伐。蕭嗣業的軍隊還沒有到達，弓月慌恐，和疏勒一起前往朝廷；高宗赦免他們的罪過，把他們遣送回國。

上元元年（甲戌　西元六七四年）

春，正月壬午❶，以左庶子、同中書門下三品❷劉仁軌為雞林道大總管❸，衛尉卿❹李弼、右領軍大將軍李謹行副之，發兵討新羅。時新羅王法敏既納高麗叛眾，又據百濟故地，使人守之。上大怒，詔削法敏官爵，其弟右驍衛員外大將軍❺、臨海郡公仁問在京師，立以為新羅王，使歸國。

三月辛亥朔❻，日有食之。

賀蘭敏之既得罪，皇后奏召武元爽之子承嗣於嶺南❼，襲爵周公，拜尚衣奉御❽。夏，四月辛卯❾，遷宗正卿❿。

秋，八月壬辰⓫，追尊宣簡公⓬為宣皇帝，妣張氏為宣莊皇后；懿王⓭為光皇帝，妣賈氏為光懿皇后；太武皇帝⓮為神堯皇帝，太穆皇后為太穆神皇后；文皇帝⓯為太宗文武聖皇帝，文德皇后為文德聖皇后。皇帝稱天皇，皇后稱天后，以避先帝、先后之稱。改元，赦天下。

戊戌⓰，敕：「文武官三品以上服紫，金玉帶；四品服深緋，金帶；五品服淺緋，金帶；六品服深綠，七品服淺綠，並銀帶；八品服深青，九品服淺青，並鍮[1]石⓱帶；庶人服黃，銅鐵帶。自非庶人⓲，不聽服黃⓳。」

九月癸丑⓴，詔追復長孫晟、長孫無忌官爵㉑，以無忌曾孫翼㉒襲爵趙公，聽無忌喪歸，陪葬昭陵㉓。

【章　旨】以上為第五段，寫唐高宗平反長孫無忌。

【注　釋】❶壬午　正月壬子朔，無壬午。《新唐書》卷三作二月壬午，即二月初二日。❷同中書門下三品　中書、門下兩省長官皆三品，知政事，為宰相。太宗貞觀十七年（西元六四三年）非兩省長官知政事者均加此稱。❸大總管　官名，出兵征伐時設置的軍事長官，總攬軍務。❹衛尉卿　官名，衛尉寺長官，從三品，職掌國家兵仗、器械。❺右驍衛員外大將軍　右驍衛為中央十二衛之一，大將軍為之長，員一人，正三品，職掌宮禁守衛。員外大將軍係員額之外添授的大將軍。❻辛亥朔　三月初一日。❼召武元爽之子承嗣於嶺南　武元爽，則天皇后同父異母兄，乾封元年（西元六六六年）被流往振州。振州在今海南三亞一帶，屬嶺南地區。❽尚衣奉御　殿中省官名，尚衣，《舊唐書．高宗紀》及《新唐書．外戚傳》皆作「尚輦」。❾辛卯　四月十二日。❿宗正卿　官名，宗正寺最高長官，掌皇室九族六親屬籍，以別昭穆之序，並領崇玄署。⓫壬辰　八月十五日。⓬宣簡公　名熙，李淵曾祖，曾任後魏金門鎮將，武德元年六月二十二日追尊為宣簡公。⓭懿王　即李天賜，李淵祖父，武德元年追尊為懿王。⓮太武皇帝　即唐高祖李淵（西元五六六—六三六年）。太武，李淵諡號。西元六一八—六二六年在位。傳見《舊唐書》卷一、《新唐書》卷一。⓯文皇帝　即唐太宗李世民。文，太宗諡號。唐太宗（西元五九九—六四九年）是唐代著名的帝王，西元六二六—六四九年在位。傳見《舊唐書》卷二、《新唐書》卷二。言論主要保存在《貞觀政要》、《帝範》及《全唐文》卷四中。⓰戊戌　八月二十一日。⓱鍮石　即黃銅，由銅與爐甘石治煉而成。程大昌在《演繁露》中說鍮石質實為銅而色如黃金，只是較淡而已。⓲非庶人　指工商雜戶等末業之人。庶人，以農業為主的普通百姓。⓳不聽服黃　不准穿黃色衣裳。聽，聽任；任憑。唐代章服至此三變。貞觀四年（西元六三○年）八月規定：三品以上服紫，四品五品以上服緋，六品七品服綠，八品九品服青，婦人從夫之色，可通服黃色。五年八月，又規定七品以上服龜甲雙巨十花綾，其色綠，九品以上服絲布及雜小綾，其色青。到龍朔二年（西元六六二年）九月，又根據孫茂道的建議，改六品七品服綠，八品九品服碧，朝參之處，允許兼服黃色。此次規定比以前更加細密。⓴癸丑　九月初七日。㉑詔追復長孫晟長孫無忌官爵　顯慶四年（西元六五九年）削無忌官爵，流往黔州，並籍沒其家。長孫晟，無忌之父，隋淮陽太守，封齊獻公。傳見《隋書》卷五十一、《北史》卷二十二。㉒翼　《新唐書》卷七十二〈宰相世系表〉作「元翼」。《元和姓纂》亦然。㉓昭陵　唐太宗墓，在陝西禮泉東北四十五里九嵕山，是唐關中十八陵中規模最大、陪葬物品最多的一座。現為中國重點文物保護單位之一。

【校　記】①鍮　據章鈺校，十二行本、乙十一行本、孔天胤本皆作「碖」，熊羅宿《胡刻資治通鑑校字記》同。

【語　譯】上元元年（甲戌　西元六七四年）

春，正月壬午日，任命左庶子、同中書門下三品劉仁軌為雞林道大總管，衛尉卿李弼、右領軍大將軍李謹行作為副手，發兵征討新羅。當時新羅王金法敏既接納了高麗的反叛部眾，又佔據了百濟舊地，派人駐守。高宗大怒，下詔削奪法敏官爵，他的弟弟右驍衛員外大將軍、臨海郡公金仁問在京師，把他立為新羅王，派他回國。

三月初一日辛亥，發生日蝕。

賀蘭敏之獲罪後，皇后奏請召回流放嶺南的武元爽之子武承嗣，承襲周公爵位，任命為尚衣奉御。夏，四月十二日辛卯，升遷為宗正卿。

秋，八月十五日壬辰，追尊宣簡公為宣皇帝，先妣張氏為宣莊皇后；懿王為光皇帝，先妣賈氏為光懿皇后；太武皇帝為神堯皇帝，太穆皇后為太穆神皇后；文皇帝為太宗文武聖皇帝，文德皇后為文德聖皇后。皇帝稱做天皇，皇后稱做天后，以此避開先帝、先后的稱呼。更改年號，大赦天下。

八月二十一日戊戌，頒下敕令：「文武百官三品以上穿紫色官服，佩金玉帶；四品穿深紅色官服，佩金帶；五品穿淺紅色官服，佩金帶；六品穿深綠色官服，七品穿淺綠色官服，都佩銀帶；八品穿深青色官服，九品穿淺青色官服，都佩黃銅帶。庶人百姓穿黃色衣服，佩銅鐵帶。從工商雜戶等級開始，不允許穿黃色衣服。」

九月初七日癸丑，下詔追命恢復長孫晟、長孫無忌官爵，任命長孫無忌的曾孫長孫翼承襲趙公爵位，允許長孫無忌歸喪家鄉，陪葬昭陵。

甲寅❶，上御翔鸞閣❷，觀大酺❸，分音樂為東西朋❹，使雍王賢主東朋，周王顯主西朋，角勝為樂。郝處俊❺諫曰：「二王春秋尚少❻，志趣未定，當推梨讓棗❼，相親如一。今分二朋，遞相誇競，俳優小人，言辭無度❽，恐其交爭勝負，譏誚失禮，非所以崇禮義，勸敦睦也。」上瞿然❾曰：「卿遠識，非眾人所及也。」遽止之。是日，衛尉卿李弼❿暴卒于宴所，為之廢酺一日。

冬，十一月丙午朔⓫，車駕發京師。己酉⓬，校獵華山⓭之曲武原⓮。戊辰⓯，至東都。

箕州⓰錄事參軍⓱張君澈⓲等誣告刺史蔣王惲⓳及其子汝南郡王煒謀反，敕通事舍人⓴薛思貞㉑馳傳㉒往按之。十二月癸未㉓，惲惶懼，自縊死，上知其非罪，深痛惜之，斬君澈等四人。

戊子㉔，于闐王伏闍雄㉕來朝。辛卯㉖，波斯王卑路斯㉗來朝。

壬寅㉘，天后上表，以為：「國家聖緒，出自玄元皇帝㉙，請令王公以下皆習老子㉚，每歲明經㉛，準孝經㉜、論語㉝策試。」又請「自今父在，為母服齊衰㉞三年。」又，「京官八品以上，宜量加俸祿。」及其餘便宜，合十二條㉟。詔書褒美，皆行之。

是歲，有劉曉㊱者，上疏論選，以為：「今選曹㊲以檢勘㊳為公道㊴，書判㊵為得人，殊不知考其德行才能，況書判借人㊶者眾矣。又，禮部取士，專用文章為甲乙㊷，故天下之士，皆捨德行而趨文藝，有朝登甲科而夕陷刑辟者，雖日誦萬言，何關理體㊸！文成七步㊹，未足化人。況盡心卉木之間，極筆煙霞之際，以斯成俗，豈非大謬！夫人之慕名，如水趨下，上有所好，下必甚焉。陛下若取士以德行為先，文藝為末，則多士㊺雷奔，四方風動矣！」

【章　旨】以上為第六段，寫武則天的政治才能，條奏十二項政務，高宗一一施行。

【注　釋】❶甲寅　九月初八日。❷翔鸞閣　含元殿附屬建築之一。《唐六典》卷七：大明宮丹鳳門內正殿曰含元殿，夾殿兩閣，左曰翔鸞閣，右曰棲鳳閣，與殿飛廊相接。❸大酺　大宴飲。特指皇帝為表示喜慶而批准的大宴飲。❹朋　猶「隊」。❺郝處俊　處軍陣善謀略，處朝廷直言敢諫。在甲寅大酺之後，郝處俊遷中書令，兼太子賓客，檢校兵部尚書。其行跡詳見《舊唐書》卷八十四、《新唐書》卷一百十五本傳。❻二王春秋尚少　春秋，在此指年齡。時雍王李賢十九歲，周王李顯十七歲。❼推梨讓棗　喻兄弟友愛。推梨出孔融讓梨典故。《後漢書》卷七十〈孔融傳〉注云：孔融有兄弟七人，他排行第六。四歲時兄弟分梨，他取了最小的一個。大人問他為什麼這樣，他說他人小，應拿小的。大人說他還有弟弟。他說弟弟小，應吃大的。讓棗典出《南史·王泰傳》。王泰幼時，祖母召集諸孫，散棗於床。其他小孩都爭著去拿，王泰卻不去搶。祖母問他為何如此，他說：「不取，自當得賜。」推梨讓棗，又作讓棗推梨。見《南史·梁武陵王傳》。❽度　法度。❾瞿然　驚愕的樣子。❿李弼　（？—西元六七四年）李勣弟。事見《舊唐書》卷六十七〈李勣傳〉、《新唐書》卷九十三〈李勣傳〉。⓫丙午朔　十一月初一日。⓬己酉　十一月初四日。⓭華山　號稱西嶽，在今陝西華陰南。海拔二千一百公尺，奇峰突兀，巍峨壯觀，在五嶽中以險著稱。⓮曲武原　在華山下。⓯戊辰　十一月二十三日。⓰箕州　治所遼山，在今山西左權。⓱錄事參軍　官名，即錄事參軍事，上州為從七品上，中州為正八品上，下州為從八品上，職掌糾彈州縣官員，考核文書簿籍，監管符印。⓲張君澈　《新唐書》卷八十作「張君徹」，事跡不詳。⓳蔣王惲　（？—西元六七四年）唐太宗第七子。曾任安州都督、梁州刺史等職。死後追贈司空，陪葬昭陵。傳見《舊唐書》卷七十六、《新唐書》卷八十。⓴通事舍人　官名，從六品上，中書省屬官，掌引納臣僚朝見及辭謝。㉑薛思貞　官至鄆州刺史。見《新唐書》卷七十三下〈宰相世系三下〉。㉒馳傳　駕驛站車馬急行。㉓癸未　十二月初八日。㉔戊子　十二月十三日。㉕于闐王伏闍雄　（?—西元六九二年）姓尉遲。後因擊吐蕃有功，被任命為毗沙都督府都督。事見《舊唐書》卷一百九十八〈西戎傳〉、《新唐書》卷二百二十一上〈西域傳上〉。㉖辛卯　十二月十六日。㉗波斯王卑路斯　伊嗣侯之子。繼位後為阿拉伯帝國所逼，曾遣使向唐求援，被任命為波斯都督府都督。此次入朝，官拜右武衛將軍。後死於長安。《唐會要》卷一百及《舊唐書》卷一百九十八載儀鳳三年「裴行儉將兵冊送卑路斯為波斯王」的記載有誤。事詳《舊唐書》卷一百九十八〈波斯傳〉、《新唐書》卷二百二十一下〈波斯傳〉。㉘壬寅　十二月二十七日。㉙玄元皇帝　對老子李耳的尊稱。唐初帝王認為老子是其祖先，故加以推崇。乾封元年（西元六六六年）三月二十日追尊老子為太上玄元皇帝。宋、清兩代避諱「玄」字，改玄為「元」，稱為「元元皇帝」。㉚老子　即《道德經》，為老子所作，凡五千餘字，集中反映了老子的思想。㉛明經　唐代科舉制度所設置的主要科目之一，與進士並列，以考核經義為主。㉜孝經　申明孝道和孝治思想的儒家經典。㉝論語　記錄孔子言行思想的著作，凡二十篇。後來被列為《四書》之一。㉞齊衰　用粗麻布做成的喪服，為五服之一，僅次於斬衰。古禮，父在，為母服齊衰一年，至此改為三年。㉟合十二條　據《新唐書・則天皇后傳》，其具體內容為：一、勸農桑，薄賦徭；二、給復三秦地；三、息兵，以道德化天下；四、南北中尚禁浮巧；五、省功費力役；六、廣言路；七、杜讒口；八、王公以降皆習《老子》；九、父在為母服齊衰三年；十、上元前勳官已給告身者無追核；十一、京官八品以上益稟入；十二、百官任事久，材高位下者得進階申滯。㊱劉曉　《唐會要》作「劉嶢」，事跡不詳。㊲選曹　掌管銓選的機構。㊳檢勘　檢核勘查。胡注說檢勘是指考其功過，察其假名承僞、隱冒升降。㊴公道　猶「公平」。㊵書判　書法、判詞。《新唐書・選舉志下》：凡擇人之法有四：一曰身，體貌豐偉；二曰言，言辭辯正；三曰書，楷法遒美；四曰判，文理優長。㊶借人　假手於人；請人代筆。㊷甲乙　在此猶言高下次第。㊸理體　治道。㊹文成七步　喻文思敏捷。典出《世說新語・文學》。魏文帝曹丕令其弟曹植在行走七步的時間內作一首詩，作不出將被處死。曹植應聲誦道：「煮豆持作羹，漉菽以為汁；萁在釜下燃，豆在釜中泣；本是同根生，相煎何太急！」文帝聽後大慚，便釋放了曹植。㊺多士　眾多的士子。亦指百官。

【語　譯】九月初八日甲寅，高宗駕臨翔鸞閣，觀看盛大的宴飲聚會，把樂隊分為東西兩隊，派雍王李賢主持東隊，周王李顯主持西隊，爭勝為樂。郝處俊勸諫說：「二王年齡還小，志向還沒固定，彼此應該互相推讓，相親如一。現在分為兩隊，相互誇耀競爭，這些優伶們是小人，言辭沒有法度，恐怕他們在交相爭奪勝負時，譏諷嘲誚，失去禮節，這不是用來推崇禮義，勸導和睦。」高宗驚懼地說：「你的見識深遠，不是眾人所能趕得上的。」馬上停止了分隊爭勝為樂。這一天，衛尉卿李弼在宴會上突然死亡，為此停止聚會宴飲一天。

冬，十一月初一日丙午，高宗車駕從京師出發。初四日己酉，在華山的曲武原設置柵欄圍獵。二十三日戊辰，到達東都。

箕州錄事參軍張君澈等人誣告刺史蔣王李惲和他的兒子汝南郡王李煒策劃叛亂，下令通事舍人薛思貞飛馳傳車前往調查。十二月初八日癸未，蔣王李惲恐懼，自縊而死，高宗知道他無罪，深感痛惜，把張君澈等四人處斬。

十二月十三日戊子，于闐王伏闍雄前來朝見。十六日辛卯，波斯王卑路斯前來朝見。

十二月二十七日壬寅，天后上奏，認為：「國家的聖統，出自玄元皇帝李耳，請命令王公以下都學習《老子》，每年考明經時，和《孝經》、《論語》一樣，加考《老子》策。」又請「從現在起，父親還在的，居母親喪服齊衰三年。還有，在京的官吏八品以上的，應該酌量增加俸祿。」還有其他便利國家的建議共十二條。高宗下詔稱美天后，都加以施行。

這一年，有個叫劉曉的人，上疏討論有關選舉人才的事，認為：「現在掌管選舉的機構，認為能考量功過，調查真偽就是公道，楷字好、文筆優美就算得到人才，卻不知道考察人們的德行才能，何況楷法、文筆假借他人之手的為數眾多。而且禮部選取士人，專門利用文章分成甲乙不同等級，所以天下士人，都捨棄德行修養而追求詩文寫作，有早晨考上科甲，晚上就犯法的，雖然每天誦讀萬言書卷，與治道有什麼相干！走了七步就寫好詩文，未必能化育百姓。何況把心思放在花卉草木之間，極力描繪煙霧雲霞的景色，照這樣形成風氣，豈不是大錯嗎！百姓傾慕名望，如同水向下流，上面有所喜好，下面一定追求得更為厲害。陛下如果選取士人以德行為先，把作詩文放在末位，那麼眾多的才士，就會如同雷電奔騰，四面八方風起雲湧！」

二年（乙亥 西元六七五年）

春，正月丙寅❶，以于闐國為毗沙都督府，分其境內為十州，以于闐王尉遲伏闍雄為毗沙都督。○辛未❷，吐蕃遣其大臣論吐渾彌來請和❸，且請與吐谷渾復修鄰好，上不許。

二月，劉仁軌大破新羅之眾於七重城❹，又使靺鞨浮海，略新羅之南境，斬獲甚眾。仁軌引兵還，詔以李謹行為安東鎮撫大使，屯新羅之買肖城以經略之，三戰皆捷，新羅乃遣使入貢❺，且謝罪，上赦之，復新羅王法敏官爵❻。金仁問中道而還，改封臨海郡公。

三月丁巳❼，天后祀先蠶❽於邙山之陽❾，百官及朝集使❿皆陪位。

上苦風眩⓫甚，議使天后攝知國政。中書侍郎同三品郝處俊曰：「天子理外，后理內，天之道也⓬。昔魏文著令，雖有幼主，不許皇后臨朝⓭，所以杜禍亂之萌也。陛下柰何以高祖、太宗之天下，不傳之子孫而委之天后乎！」中書侍郎⓮昌樂⓯李義琰⓰曰：「處俊之言至忠，陛下宜聽之！」上乃止。

天后多引文學之士著作郎元萬頃、左史劉禕之等⓱，使之撰列女傳、臣軌、百僚新戒、樂書⓲，凡千餘卷。朝廷奏議及百司表疏，時密令參決，以分宰相之權，時人謂之「北門學士」⑲。禕之，子翼⑳之子也。

夏，四月庚辰㉑，以司農少卿㉒韋弘機㉓為司農卿㉔。弘機兼知東都營田㉕，受詔完葺宮苑。有宦者於苑中犯法，弘機杖之，然後奏聞。上以為能，賜絹數十匹，曰：「更有犯者，卿即杖之，不必奏也。」

初，左千牛將軍㉖長安趙瓌尚高祖女常樂公主，生女為周王顯妃。公主頗為上所厚，天后惡之。辛巳㉗，妃坐廢，幽閉於內侍省㉘，食料給生者，防人㉙候其突煙㉚，已而數日煙不出，開視，死腐㉛矣。瓌自定州刺史貶栝州㉜刺史，令公主隨之官，仍絕其朝謁㉝。

太子弘仁孝謙謹，上甚愛之；禮接士大夫，中外屬心㉞。天后方逞其志，太子奏請，數迕旨㉟，由是失愛於天后。義陽、宣城二公主，蕭淑妃之女也，坐母得罪，幽于掖庭，年踰三十不嫁㊱。太子見之驚惻㊲，遽奏請出降，上許之。天后怒，即日以公主配當上翊衛㊳權毅、王遂古㊴。己亥㊵，太子薨于合璧宮，時人以為天后酖之㊶也。

壬寅㊷，車駕還洛陽宮。五月戊申㊸，下詔：「朕方欲禪位皇太子，而疾遽不起，宜申往命，加以尊名，可諡為孝敬皇帝㊹。」

六月戊寅㊺，立雍王賢㊻為皇太子，赦天下。天后惡慈州刺史㊼杞王上金㊽，有司希旨奏其罪。秋，七月，上金坐解官，澧州㊾安置。

八月庚寅㊿，葬孝敬皇帝于恭陵(51)。

戊戌(52)，以戴至德為右僕射(53)，庚子(54)，以劉仁軌為左僕射，並同中書門下三品如故。張文瓘為侍中(55)，郝處俊為中書令；李敬玄為吏部尚書(56)兼左庶子，同中書門下三品如故。

劉仁軌、戴至德更日受牒訴(57)，仁軌常以美言許之，至德必據理難詰，未嘗與奪，實有冤結者，密為奏辯。由是時譽皆歸仁軌。或問其故，至德曰：「威福者人主之柄(58)，人臣安得盜取之！」上聞，深重之。有老嫗(59)欲詣仁軌陳牒，誤詣至德，至德覽之未終，嫗曰：「本謂是解事僕射(60)，乃不解事僕射邪！歸我牒(61)！」至德笑而授之。時人稱其長者(62)。文瓘時兼大理卿(63)，囚聞改官，皆慟哭。文瓘性嚴正，諸司奏議，多所糾駮，上甚委之。

【章旨】以上為第七段，寫武則天貪權，毒殺賢明太子李弘。

【注釋】❶丙寅　正月二十一日。❷辛未　正月二十六日。❸吐蕃遣其大臣論吐渾彌來請和　《舊唐書》卷五、《新唐書》卷二百十六上亦載此事。❹七重城　在今韓國京畿道坡州郡。❺新羅乃遣使入貢　《唐會要》卷九十五載新羅此後所輸物產，為諸蕃之最。❻復新羅王法敏官爵　恢復金法敏上元元年正月以前的官爵，即：開府儀同三司、上柱國、樂浪郡王、新羅王、雞林州都督。❼丁巳　三月十三日。❽先蠶　傳說中最早教人育蠶的神。歷代由皇后主祀先蠶，以表示對蠶桑的重視。唐制，皇后季春祀先蠶，並親自採桑。詳見《新唐書·禮樂志五》。❾邙山之陽　即邙山之南。古稱山之南或水之北為陽。邙山又稱北邙山、北芒，在今河南洛陽北。❿朝集使　按規定前來京師，朝見皇帝的地方官員。唐制，各道每年派使者朝集於京師，彙報工作。⓫風眩　因中風而引起的眩暈。⓬天子理外三句　語出《禮記·昏儀》。該書稱：天子聽男教，后聽女順；天子理陽道，后治陰德；天子聽外治，后聽內職。教順成俗，外內和順，國家理治，此之謂盛德。⓭昔魏文著令三句　事見本書卷六十九魏文帝黃初三年。魏文，即魏文帝曹丕，西元二二〇—二二六年在位。⓮中書侍郎　官名，中書省長官中書令的副官，正四品，大曆間升為正三品，職掌參議國家庶務，朝廷大政。⓯昌樂　在今河南南樂。⓰李義琰　性耿直，敢直諫。從司刑員外郎累遷中書侍郎，後進同中書門下三品，兼太子右庶子。其事詳見《舊唐書》卷八十一、《新唐書》卷一百五本傳。⓱著作郎元萬頃左史劉禕之等　據兩《唐書·則天紀》及〈文苑傳〉，當時所引文學之士還有周思茂、范履冰、衛敬業、苗神客、胡楚賓。唐著作郎屬祕書省，掌修撰碑誌、祝文、祭文，從五品上。左史為門下省屬官，原名起居郎，高宗龍朔間改稱右史，從六品上，職掌皇帝起居注，錄載天子言行。⓲使之撰列女傳臣軌百僚新戒樂書　詳見《舊唐書·經籍志》、《新唐書·藝文志》。據《唐會要》卷七十五、《通典》卷十五、《舊唐書》卷四十七及〈臣軌序〉，《臣軌》一書係武則天親作，非元萬頃等撰。⓳時人謂之北門學士　因這些人大都是以弘文館直學士的身分在皇宮中從事修撰和政治活動，常自皇宮北門出入，不經南衙，故有是稱。⓴子翼　劉禕之之父劉子翼，仕隋為著作郎，以學行稱；入唐，官至弘文館直學士。傳見《舊唐書》卷八十七、《新唐書》卷一百十七。㉑庚辰　四月初六日。㉒司農少卿　官名，司農寺長官司農卿的副手，從四品上，職掌與司農卿相同，參下文注。㉓韋弘機　京兆萬年人，因避太子弘諱，改稱韋機。自貞觀以來，歷任殿中監、檀州刺史、司農卿等職，號稱良吏。傳見《舊唐書》卷一百八十五上、《新唐書》卷一百。㉔司農卿　司農寺最高長官，從三品，掌國家倉儲委積之政令。㉕營田　官方墾殖經營的田地。下文云婁師德「兼知營田事」，與此意思相同。後來的屯田亦謂之營田，均屬官方性質。㉖左千牛將軍　唐中央十二衛之一左千牛衛，設大將軍，其下即為將軍，從三品，職掌宮廷侍衛。㉗辛巳　四月初七日。㉘內侍省　在長安掖庭宮南，通明門外。該省官員皆為宦官，下統掖庭、宮闈、奚官、內僕、內府、內坊六局。㉙防人　猶看守。

㉚候其突煙　等候她的煙突冒煙。㉛死腐　人死後屍體腐爛。㉜栝州　「栝」字有誤。唐無「栝州」，「栝」應為「括」。括州治所在今浙江麗水市東南。㉝絕其朝謁　不許她朝謁皇帝。㉞屬心　歸心。㉟迕旨　逆旨。㊱年踰三十不嫁　《新唐書》卷八十一作「四十不嫁」。均不可信。《唐會要》卷二載，太子弘請降義陽、宣城二公主在咸亨二年（西元六七一年），當時唐高宗才四十二歲，其女不當年逾三十，更不可能至四十歲。㊲驚惻　驚訝惻憐。㊳當上翊衛　正在值勤的翊府衛士。唐制，親勳翊三衛皆番上。當上即指當番上者。㊴王遂古　《新唐書》卷八十三及《唐會要》卷六均作潁川刺史王勗。㊵己亥　四月二十五日。㊶時人以為天后酖之　當時人認為他是被武則天毒死的。酖，以毒酒害人。關於太子弘之死，有多種說法。《新唐書・太子弘傳》載：「后將騁志，弘奏請數怫旨，從幸合璧宮，遇酖薨。」《唐曆》云：「……失愛於天后，不以壽終。」但《實錄》、《舊傳》皆不言弘遇鴆。司馬光在《考異》中說：「按弘之死，其事難明，今但云時人以為天后鴆之，疑以傳疑。」事實上，太子弘並不是被其母所殺，而是被肺結核奪去了生命。參《舊唐書》卷八十六、《全唐文》卷十五〈孝敬皇帝睿德紀〉及《唐大詔令集》卷二十六〈皇太子諡孝敬皇帝制〉等。㊷壬寅　四月二十八日。㊸戊申　五月初五。㊹可諡為孝敬皇帝　帝子諡皇帝始於此。唐朝追諡皇帝有五，其他四位是殤皇帝李重茂，讓皇帝李憲，奉天皇帝李琮和承天皇帝李倓。㊺戊寅　六月初五日。㊻雍王賢　（西元六五三—六八四年）武則天次子。容止端正，博聞強記。曾組織注釋《後漢書》，處事尤為明審。後被廢為庶人，流放巴州，在酷吏的逼迫下自殺。傳見《舊唐書》卷八十六、《新唐書》卷八十一。㊼慈州刺史　兩《唐書》杞王李上金本傳均不載李上金曾為慈州刺史。慈州，治所在今山西吉縣。㊽杞王上金　（？—西元六九〇年）唐高宗第三子，後宮劉氏所生。曾任鄜、壽等州刺史，武周時徙封畢王，又徙為澤王。後被誣告，自殺。傳見《舊唐書》卷八十六、《新唐書》卷八十一。㊾澧州　治所在今湖南澧縣。㊿庚寅　八月十九日。(51)恭陵　皇太子李弘之陵，在洛州緱氏縣懊來山，後改名太平山。(52)戊戌　八月二十七日。戴至德為右僕射的時間，《新唐書》卷三〈高宗紀〉、卷六十一〈宰相表〉皆作庚子。(53)右僕射　官名，尚書省長官為尚書令，其下有左右僕射各一員，從二品，職掌統理六官，綱紀庶務，為尚書令副手。(54)庚子　八月二十九日。(55)侍中　官名，門下省長官，正三品，大曆間升為正二品，佐天子統理天下大政，與中書令共參軍國之務，居宰相之任。(56)吏部尚書　官名，正三品，職掌天下官吏選授、勳封、考課之政令。(57)更日受牒訴　隔日輪班受理訟辭，亦可理解為接待投訴者。按，牒本係公文之一，秦漢已有，至唐更為通行。《唐六典・左右司郎中》條略云：凡下之所以達上，其制有六：曰表、狀、牋、啟、辭、牒。「表上於天子，其近臣亦為狀，牋啟於皇太子，然於其長亦為之。……九品以上公文皆曰牒，庶人曰辭。」牒與訟相連，即指訟辭。(58)威福者人主之柄　獎賞刑罰是帝王的權柄。(59)老嫗　老婦人。(60)解事僕射

明達事理的僕射。解事在此側重通達人情之意。㊶歸我牒　歸還我的訟牒。㊷稱其長者　稱頌他是忠厚長者。㊸大理卿　官名，為大理寺長官，從三品，掌國家刑獄。

【語　譯】二年（乙亥　西元六七五年）

春，正月二十一日丙寅，把于闐國設置為毗沙都督府，把它境內劃分為十個州，任命于闐王尉遲伏闍雄為毗沙都督。○二十六日辛未，吐蕃派遣大臣論吐渾彌前來請求和解，而且請與吐谷渾再結鄰國之好，高宗沒有答應。

二月，劉仁軌在七重城大敗新羅的部眾，又派靺鞨渡海，攻略新羅南方地域，斬殺俘獲很多敵人。劉仁軌率軍返回，朝廷下詔任命李謹行為安東鎮撫大使，駐紮在新羅的買肖城運籌新羅戰事，三次交戰都獲勝，新羅就派遣使者入朝進貢，並且向高宗謝罪，高宗予以赦免，恢復新羅王金法敏的官爵。金仁問半路返還，改封為臨海郡公。

三月十三日丁巳，天后在邙山之南祭祀先蠶，百官和朝集使都陪位祭祀。

高宗因為頭風眩暈非常厲害而痛苦，討論讓天后代理國政。中書侍郎同三品郝處俊說：「天子治理外事，皇后管理內務，這是上天的規則。過去魏文帝制定法令，雖然有年幼的國君，也不允許皇后臨朝聽政，以此來杜絕禍亂的發生。陛下怎麼能把高祖、太宗的天下，不傳給子孫而委託給天后呢！」中書侍郎昌樂人李義琰說：「郝處俊的話極為忠誠，陛下應該聽從！」高宗這才打消了這一念頭。

天后起用很多的文學之士，如著作郎元萬頃、左史劉禕之等人，讓他們撰寫《列女傳》、《臣軌》、《百僚新戒》、《樂書》，共一千多卷。朝廷奏議和百官表疏，時常祕密地命令這些文學之士參議決斷，以分割宰相的權力，當時人稱之為「北門學士」。劉禕之，是劉子翼的兒子。

夏，四月初六日庚辰，任命司農少卿韋弘機為司農卿。韋弘機兼代東都營田事，接受詔令修葺宮廷苑囿。有個宦官在苑囿中犯了法，韋弘機以杖拷打，然後奏報高宗。高宗認為他能幹，賞賜給他幾十匹絹帛，說：

「再有犯法的人，你立即以杖拷打，不必奏報。」

當初，左千牛將軍長安人趙瓌娶高祖的女兒常樂公主，生下女兒為周王李顯妃。常樂公主很受皇上厚愛，天后很忌恨。四月初七日辛巳，李顯妃因此被廢，幽禁在內侍省，給她生的食物，讓防衛之人候望煙囪是否冒煙，已經幾天煙囪不冒煙，打開門一看，人已死，屍體都腐爛了。趙瓌從定州刺史貶為栝州刺史，命令常樂公主隨從趙瓌赴任，還斷絕了趙瓌、常樂公主的朝覲進謁資格。

太子李弘仁愛孝順謙虛恭謹，高宗特別喜愛他。太子禮遇士大夫，朝廷內外歸心。天后那時正恣縱心志，太子的奏請，多次忤逆她的旨意，因此失去天后的歡心。義陽、宣城兩個公主是蕭淑妃的女兒，因為母親的關係也獲罪，囚禁在後宮旁舍嬪妃的住所中，年齡過了三十歲還沒出嫁。太子看了很驚訝，憐憫她們，很快奏請高宗把她們出嫁，高宗答應了。天后很生氣，當天就把公主許配給擔任輪番宿衛的翊衛權毅、王遂古。四月二十五日己亥，太子在合璧宮去世，當時人們認為是被天后毒死的。

四月二十八日壬寅，高宗車駕返回洛陽宮。五月初五日戊申，下詔：「朕正想傳位給皇太子，而太子卻突然一病不起，現在應重申以前的命令，加給他尊崇的名號，可以封謚號為孝敬皇帝。」

六月初五日戊寅，立雍王李賢為皇太子，大赦天下。天后厭惡慈州刺史杞王李上金，有關的主事官員迎合天后旨意奏報杞王的罪過。秋，七月，李上金獲罪被解除官職，安置在澧州。

八月十九日庚寅，把孝敬皇帝埋葬在恭陵。八月二十七日戊戌，任命戴至德為右僕射，二十九日庚子，任命劉仁軌為左僕射，都為同中書門下三品，與以前舊例相同。張文瓘為侍中，郝處俊為中書令；李敬玄為吏部尚書兼左庶子，也與先前一樣為同中書門下三品。

劉仁軌、戴至德輪流受理訴訟狀紙。劉仁軌遇到有人申訴，經常用好聽的話答應辦理，而戴至德一定據理詰問，不隨便決斷，實在有冤屈的，祕密地奏報高宗解決。因此當時人們的稱譽都集於劉仁軌一身。有人問戴至德那樣做的原因，戴至德說：「刑罰獎賞是國君的權柄，人臣怎麼可以盜取！」高宗聽了，對他深為敬重。有個老嫗打算到劉仁軌處陳述訴狀，結果錯到了戴至德那裡，戴至德還沒有把訴狀看完，老嫗說：「本以為是通達事理的僕射，卻原來是個不通達事理的僕射！還我訴狀！」戴至德笑著把訴狀還給她。當時的人都稱頌戴至德是忠厚長者。文瓘當時兼大理卿，囚犯聽說文瓘改任別的官職，都痛哭起來。文瓘生性嚴厲正直，對於各官署的奏議，多有糾正駁難，高宗很信任他。

儀鳳元年（丙子　西元六七六年）

春，正月壬戌❶，徙冀王輪為相王。○納州獠❷反，敕黔州都督發兵討之。

二月甲戌❸，徙安東都護府於遼東故城❹。先是有華人任安[1]東官者❺，悉罷之。徙熊津都督府於建安故城❻，其百濟戶口先徙於徐、兗等州者，皆置於建安。

天后勸上封中嶽❼，癸未❽，詔以今冬有事于嵩山。○丁亥❾，上幸汝州之溫湯❿。

三月癸卯⓫，黃門侍郎⓬來恆⓭、中書侍郎⓮薛元超⓯並同中書門下三品。恆，濟之兄；元超，收之子也。○甲辰⓰，上還東都。

閏月，吐蕃寇鄯、廓、河、芳⓱等州，敕左監門衛中郎將⓲令狐智通發興、鳳等州⓳兵以禦之。己卯⓴，詔以吐蕃犯塞，停封中嶽。乙酉㉑，以洛州牧周王顯為洮州道行軍元帥，將工部尚書㉒劉審禮等十二總管，并州大都督相王輪為涼州道行軍元帥，將左衛大將軍契苾何力㉓等，以討吐蕃。二王皆不行。○庚寅㉔，車駕西還。

甲寅㉕，中書侍郎李義琰同中書門下三品。○戊午㉖，車駕至九成宮。

六月癸亥㉗，黃門侍郎晉陵高智周㉘同中書門下三品。

秋，八月乙未㉙，吐蕃寇疊州㉚。○壬寅㉛，敕：「桂、廣、交[2]、黔等都督府㉜，比來注擬土人㉝，簡擇未精，自今每四年遣五品已上清正官充使，仍令御史同往注擬。」時人謂之南選㉞。

九月壬申㉟，大理㊱奏左威衛大將軍權善才、左監門中郎將范懷義誤斫昭陵柏，罪當除名㊲，上特命殺之。大理丞㊳太原狄仁傑㊴奏：「二人罪不當死。」上曰：「善才等斫陵柏，我不殺則為不孝。」仁傑固執不已，上作色㊵，令出，仁傑曰：「犯顏直諫，自古以為難。臣以為遇桀、紂㊶則難，遇堯、舜㊷則易。今法不至死而陛下特殺之，是法不信於人也，人何所措其手足！且張釋之㊸有言：『設有盜長陵一抔土㊹，陛下何以處之？』今以一株柏殺二將軍，後代謂陛下為何如㊺矣？臣不敢奉詔者，恐陷陛下於不道，且羞見釋之於地下故也。」上怒稍解，二人除名，流嶺南。後數日，擢仁傑為侍御史。

初，仁傑為并州法曹[46]，同僚鄭崇質當使絕域[47]，崇質母老且病，仁傑曰：「彼母如此，豈可使之有萬里之憂！」詣長史[48]藺仁基，請代之行[49]。仁基素與司馬[50]李孝廉不叶[51]，因相謂曰：「吾輩豈可不自愧乎！」遂相與輯睦[52]。

冬，十月，車駕還京師。〇丁酉[53]，祫享太廟，用太學博士[54]史璨[55]議，禘後三年而祫，祫後二年而禘[56]。

郇王素節，蕭淑妃之子也，警敏好學。天后惡之，自岐州刺史左遷[57]申州[58]刺史[59]。乾封初，敕曰：「素節既有舊疾，不須入朝。」而素節實無疾，自以久不得入覲，乃著忠孝論。王府倉曹參軍[60]張柬之因使潛封其論以進[61]。后見之，誣以贓賄[62]，丙午[63]，降封鄱陽王，袁州[64]安置。

十一月壬申[65]，改元，赦天下。〇庚寅[66]，以李敬玄為中書令。

十二月戊午[67]，以來恆為河南道大使，薛元超為河北道大使，尚書左丞[68]鄢陵崔知悌、國子司業[69]鄭祖玄為江南道大使，分道巡撫。

【章旨】以上為第八段，寫吐蕃犯邊；狄仁傑初露頭角，敢直言極諫。

【注釋】❶壬戌　正月二十三日。❷納州獠　生活在今四川瀘州敘永一帶的獠人。儀鳳三年平定獠人後置納州，屬瀘州都督府。❸甲戌　二月初六日。❹徙安東都護府於遼東故城　安東都護府設置於總章元年（西元六六八年）。內徙時間有咸亨元年（西元六七〇年）說，據《新唐書・高麗傳》等，安東都護府咸亨元年初徙於遼東州，上元三年移於遼東故城，即今遼寧遼陽。❺華人任安東官者　總章元年設安東都護府時，擢高麗、百濟、新羅有功的首領為都督、刺史、縣令，與華人參理百姓。這些華人即任「安東官者」。❻建安故城　在今遼寧蓋州東北青石關一帶。❼中嶽　即嵩山，又名嵩高，在今河南登封北。因其居於五嶽之中，故稱中嶽。❽癸未　二月十五日。❾丁亥　二月十九日。❿汝州之溫湯　《新唐書・地理志二》載：汝州梁縣西南五十里有溫湯，可以熟米。又有黃女湯，高宗置溫泉頓。故址在今河南汝州東。⓫癸卯　三月初五日。⓬黃門侍郎　官名，即門下侍郎，門下省長官侍中的副手，正四品上，大曆間升為正三品，對重大政務，能參議其中。⓭來恆　（？—西元六七八年）隋將來護兒之子，與其弟來濟俱以學行著稱。來濟先為宰相，龍朔二年戰死於北庭。傳見《舊唐書》卷八十、《新唐書》卷一百五。⓮中書侍郎　官名，中書省屬官，為中書令副手，正四品，大曆間升為正三品，參議國家庶務和朝廷大政。⓯薛元超　（西元六二二—六八三年）蒲州汾陰（今山西萬榮西南）人，以才氣知名。官至中書令兼左庶子，死後陪葬乾陵。傳見《舊唐書》卷七十三、《新唐書》卷九十八。⓰甲辰　三月初六日。⓱鄯廓河芳　此四州皆屬隴右道，地當今青海樂都、化隆及甘肅臨夏、迭部一帶。⓲左監門衛中郎將　左監門衛大將軍之下的屬官，掌監諸宮門，檢校出入。⓳興鳳等州　興鳳等州俱屬山南道，地處今陝西漢中西北，距隴右較近。⓴己卯　閏三月十一日。㉑乙酉　閏三月十七日。㉒工部尚書　官名，為工部長官，正三品，掌天下百工、屯田、山澤之政令。㉓契苾何力　（？—西元六七六年）鐵勒哥論易勿施莫賀可汗之孫，自貞觀以來屢立戰功。傳見《舊唐書》卷一百九、《新唐書》卷一百十。㉔庚寅　閏三月二十二日。㉕甲寅　閏三月己巳朔，無甲寅。據兩《唐書・高宗紀》，當為四月甲寅，即四月十七日。「甲寅」前應補「夏，四月」三字。㉖戊午　閏三月無戊午，當為四月戊午，即四月二十一日。㉗癸亥　六月二十七日。㉘高智周　（西元六〇二—六八三年）常州晉陵（今江蘇常州）人，曾任壽州刺史，治尚文雅，號為良吏。官至宰相。傳見《舊唐書》卷一百八十五上、《新唐書》卷一百六及《咸淳毗陵志》卷十一。㉙乙未　八月丙申朔，無乙未。《新唐書》卷三作七月乙未，即七月二十九日。當是。㉚疊州　治所在今甘肅迭部。㉛壬寅　八月初七日。㉜桂廣交黔等都督府　地當今廣西桂林、廣東廣州、越南河內一帶、重慶市彭水縣，皆在南方。㉝注擬土人　注擬土人首領當官。注擬意為登記並擬定官職。唐制，凡應試獲選者，先由尚書省登錄，再經考察，然後才擬定官職，習慣上稱之為注擬。㉞南選　南方之銓選。南選始於上元三年。詳見《唐會要・南選》以及《新唐書・選舉志下》。㉟壬申　九月初七日。㊱大理　即大理寺，主刑獄。㊲罪當除名　所犯罪行依法應當免去為官資格。㊳大理丞　官名，大理寺屬官，從六品上，掌判寺事，根據犯人本狀以正刑名。㊴狄仁傑　（西元六〇七－七〇〇年）字懷英，山西太原人，剛正不阿，有遠見。後來成為武周時的著名宰相，深受武則天敬重。傳見《舊唐書》卷八十九、《新唐書》卷一百十五。㊵作色　變臉；發怒。㊶桀紂　中國上古時代的兩個暴君。桀，夏朝的最後一位國王，名叫履癸。紂，亦稱帝辛，商朝末代國王。二人皆獨斷專行，荒淫無道。㊷堯舜　傳說中的兩位古代聖王。堯為陶唐氏，名放勳，史稱唐堯。舜姚姓，屬有虞氏，名重華，史稱虞舜。二人皆能發揚民主，選任賢才。㊸張釋之　西漢南陽堵陽（今河南方城東）人，文帝時官至廷尉，要求文帝嚴格依法處刑。傳見《史記》卷一百二、《漢書》卷五十。㊹設有盜長陵一抔土　語見本書卷四漢文帝三年。長陵，漢高祖劉邦之墓，在今陝西咸陽東北窖店鄉。一抔土，一捧土。史炤在《資治通鑑釋文》中說：「不忍言毀陵，故止云取長陵一抔土耳」。毀陵，指盜墓挖陵。㊺為何如　為怎樣的君主。㊻法曹　官名，即法曹司法參軍事，上州從七品下，中州正八品上，下州從八品下，掌律令格式、鞫獄定刑、督捕盜賊、糾舉奸非之事。㊼絕域　極遠的地域。㊽長史　官名，上州從五品上，中州正六品上，州長史協助刺史處理一州政務。㊾請代之行　請求代他出使絕域。㊿司馬　官名，上州從五品下，中州正六品上，下州從六品下，協助刺史，掌理州內政務。51不叶　不和諧。52輯睦　和睦。53丁酉　十月初三日。54太學博士　國子監屬官，正六品上，掌教在太學中學習的文武官五品以上及郡縣公子孫、從三品曾孫。55史璨　《新唐書》卷十三作「史玄璨」。《唐會要》卷十三、《全唐文》卷四百三十七作「史元璨」，避「玄」字。56禘後三年而祫二句　禘、祫均為祭名。按照史璨的觀點五年舉行一次禘祭，合高祖之父以上神主祭於太祖廟，高祖以下分祭於本廟。禘祭以後三年舉行一次祫祭，把遠近祖先的神主集合起來在太廟大祭。祫祭後二年再舉行禘祭。57左遷　降職。古代以右為尊，左為卑，故稱降職為左遷。58申州　治所在今河南信陽南。59刺史　素節先任岐州刺史，該州屬上州，刺史為從三品；後任申州刺史，申州屬中州，刺史為正四品上，品秩有所下降。60王府倉曹參軍　官名，王府設功、倉、戶、兵、騎、法、士七曹，各置參軍事一員，分掌本曹事務，正七品上。61因使潛封其論以進　指張柬之因充使赴京，暗中偷偷地帶上李素節的〈忠孝論〉，進獻給皇帝。張柬之欲以此感動高宗與武則天，這恰恰加重了李素節的罪行。62贓賄　貪汙受賄。63丙午　十月十二日。64袁州　州名，治所在今江西宜春。65壬申　十一月初八日。66庚寅　十一月二十六日。67戊午　十二月二十五日。68尚書左丞　官名，尚書省屬官，正四品上，掌管吏部、戶部、禮部十二司，通判都省事。69國子司業　官名。國子監置祭酒一員、司業二員，職掌國家儒學訓導之政令。國子司業從四品下。

【校記】①安　原無此字。據章鈺校，十二行本、乙十一行本、孔天胤本皆有此字，張敦仁《通鑑刊本識誤》同，今據補。②交　據章鈺校，十二行本、乙十一行本、孔天胤本皆作「文」。

【語譯】儀鳳元年（丙子　西元六七六年）

春，正月二十三日壬戌，把冀王李輪遷徙為相王。〇納州獠民叛亂，命令黔州都督出兵討伐。

二月初六日甲戌，把安東都護府遷徙到遼東舊城。此前已把在朝鮮半島上擔任官吏的唐朝人，全都罷免了。把熊津都督府遷徙到建安舊城，那些先前遷徙到徐州、兗州的百濟民戶，都安置在建安。

天后勸高宗到中嶽舉行封禪，二月十五日癸未，下詔今年冬天在嵩山舉行祭祀。〇十九日丁亥，高宗親臨汝州溫泉。

三月初五日癸卯，黃門侍郎來恆、中書侍郎薛元超均為同中書門下三品，來恆，是來濟的兄長；薛元超，是薛收的兒子。〇初六日甲辰，高宗返回東都。

閏三月，吐蕃侵犯鄯、廓、河、芳等州，下令左監門衛中郎將令狐智通調發興、鳳等州的軍隊加以抵禦。十一日己卯，下詔說由於吐蕃侵犯邊境，停止中嶽封禪。十七日乙酉，任命洛州牧周王李顯為洮州道行軍元帥，率領工部尚書劉審禮等十二位總管；并州大都督相王李輪為涼州道行軍元帥，率領左衛大將軍契苾何力等人，討伐吐蕃。但二王都不赴任。〇二十二日庚寅，高宗車駕西返長安。

甲寅日，任命中書侍郎李義琰為同中書門下三品。〇戊午日，高宗車駕到了九成宮。

六月二十七日癸亥，任命黃門侍郎晉陵人高智周為同中書門下三品。

秋，八月乙未日，吐蕃侵犯疊州。〇初七日壬寅，下敕令：「桂、廣、交、黔等都督府，近來選拔本地人為官，選擇不夠精細，從現在起，每四年派遣五品以上清明正直的官吏擔當使者，仍舊命令御史一起前往簡選官吏。」當時人們稱之為南選。

九月初七日壬申，大理寺奏報左威衛大將軍權善才、左監門中郎將范懷義誤砍了昭陵的柏樹，論罪應當免除做官的身分，高宗特別下令要處死他們。大理丞太原人狄仁傑上奏說：「兩人所犯之罪，不應當處死。」高宗說：「權善才等人砍伐昭陵柏樹，我不殺死他們就是不孝。」狄仁傑堅持不已，高宗變了臉色，命令狄仁傑出去。狄仁傑說：「冒顏直諫，自古以來都認為很困難。臣卻認為遇到桀、紂就很困難，遇到堯、舜就很容易。現在根據法令不至於處死，而陛下卻特意要殺了他們，這是法令不取信於民，人們會手足無措！況且張釋之說過：『假設有人盜竊長陵的一捧土，陛下要怎麼處理？』現在因為一株柏樹處死兩位將軍，後代人如何說陛下呢？臣不敢接受詔令，原因在於害怕把陛下陷於沒有道義的境地，而且臣在九泉之下見到張釋之感到羞愧。」高宗聽了，怒氣消掉一些，便將二人免除官籍，流放到嶺南。幾天後，擢升狄仁傑為侍御史。

當初，狄仁傑擔任并州法曹司法參軍事，同僚鄭崇質應當出使到絕遠的地方，鄭崇質的母親年老而且有病，狄仁傑說：「他母親這種樣子，怎麼可以讓他有萬里之外掛念母親的憂慮呢！」他到長史藺仁基那裡，請求代替鄭崇質遠行。藺仁基一向和司馬李孝廉不和諧，因此相互說道：「我們怎麼可以不自我感到慚愧呢！」於是雙方和睦相處。

冬，十月，高宗車駕返回京師。〇初三日丁酉，在太廟舉行祫祭祭祀祖先，採納太學博士史璨的建議，在禘祭後三年舉行祫祭，祫祭後二年舉行禘祭。

郇王李素節，是蕭淑妃的兒子，機警聰敏，喜好學習。天后厭惡他，把他從岐州刺史貶為申州刺史。乾封初年，高宗下令說：「李素節既然有舊病，無須入朝晉見。」而李素節其實沒有病，自己認為長期不能入朝晉謁，就撰寫了一篇〈忠孝論〉。王府倉曹參軍張柬之暗中把〈忠孝論〉加封，上報朝廷。天后看到〈忠孝論〉，誣告李素節貪贓受賄，十月十二日丙午，降封為鄱陽王，安置在袁州。

十一月初八日壬申，更改年號，大赦天下。〇二十六日庚寅，任命李敬玄為中書令。

十二月二十五日戊午，任命來恆為河南道大使，薛元超為河北道大使，尚書左丞鄗陵人崔知悌、國子司業鄭祖玄為江南道大使，分道巡察安撫地方。

二年（丁丑　西元六七七年）

春，正月乙亥❶，上耕藉田❷。

初，劉仁軌引兵自熊津還，扶餘隆畏新羅之逼，不敢留，尋亦還朝。二月丁巳❸，以工部尚書高藏❹為遼東州都督，封朝鮮王，遣歸遼東，安輯高麗餘眾；高麗先在諸州者，皆遣與藏俱歸。又以司農卿❺扶餘隆為熊津都督，封帶方王，亦遣歸安輯百濟餘眾，仍移安東都護府於新城❻以統之。時百濟荒殘，命隆寓居高麗之境。藏至遼東，謀叛，潛與靺鞨通；召還，徙邛州❼而死，散徙其人於河南、隴右諸州，貧者留安東城傍。高麗舊城沒於新羅，餘眾散入靺鞨及突厥，隆亦竟不敢還故地，高氏、扶餘氏❽遂亡。

三月癸亥朔❾，以郝處俊、高智周並為左庶子，李義琰為右庶子。

夏，四月，左庶子張大安❿同中書門下三品。大安，公謹之子也。

詔以河南、北旱⓫，遣御史中丞⓬崔謐等分道存問賑給。侍御史⓭寧陵劉思立⓮上疏，以為「今麥秀蠶老⓯，農事方殷，敕使撫巡，人皆竦抃⓰，忘其家業，冀此天恩，聚集參迎，妨廢不少。既緣賑給，須立簿書⓱，本欲安存，更成煩擾。望且委州縣賑給，待秋[1]務閒，出使褒貶。」疏奏，謐等遂不行。

五月，吐蕃寇扶州之臨河鎮⑱，擒鎮將杜孝昇，令齎書說松州⑲都督武居寂使降，孝昇固執不從。吐蕃軍還，捨孝昇而去，孝昇復帥餘眾拒守。詔以孝昇為游擊將軍⑳。

秋，八月，徙周王顯為英王，更名哲。命劉仁軌鎮洮河軍㉑。冬，十二月乙卯㉒，詔大發兵討吐蕃。

詔以顯慶新禮，多不師古㉓，其五禮㉔並依周禮㉕行事。自是禮官益無憑守，每有大禮，臨時撰定。

【章旨】以上為第九段，寫唐高宗安撫高麗、新羅未果，西疆與吐蕃戰事亦不利。

【注釋】❶乙亥　正月十二日。❷藉田　天子借用民力耕種的田地。每年春耕前，天子行藉禮，手執耒耜在藉田上三推，表示重視農耕。❸丁巳　二月二十五日。❹高藏　即高麗寶藏王。榮留王建武之弟。貞觀十七年（西元六四三年）封為遼東郡王、高麗王。總章元年（西元六六八年）十一月被俘至長安，授司平太常伯。封為朝鮮王後不久，與靺鞨謀叛，流邛州而死。事見《舊唐書》卷一百九十九上〈高麗傳〉、《新唐書》卷二百二十〈高麗傳〉。❺司農卿　官名，司農寺長官，從三品上，職掌邦國倉儲委積之事。❻移安東都護府於新城　自遼東故城遷至新城（今遼寧鐵嶺市）。據考證，安東都護府七遷，這是第三次遷徙。❼邛州　州名，治所在今四川邛崍。❽高氏扶餘氏　高氏、扶餘氏分別指高麗、百濟王室。❾癸亥朔　三月初一日。❿張大安　（？—西元六八四年）魏州繁水（今河南南樂西北）人，曾參加注釋《後漢書》，後因章懷太子被廢而左遷。傳見《舊唐書》卷六十八、《新唐書》卷八十九。⓫河南北旱　即黃河南、北遭受旱災。⓬御史中丞　官名，御史臺屬官，正四品下，為御史大夫副手，職掌邦國刑憲典章。⓭侍御史　官名，御史臺屬官，從六品下，職掌糾舉百官，推鞫獄訟。⓮劉思立　宋州寧陵（今河南寧陵東南）人，官至考功員外郎。曾奏請明經加帖、進士試雜文。事見《舊唐書》卷一百九十中〈劉憲傳〉、《新唐書》卷二百二〈劉憲傳〉及《全唐文》卷一百五十三。⑮麥秀蠶老　麥收在即，蠶功未畢。⑯竦抃　直立鼓掌。⑰簿書　文書簿冊。⑱扶州之臨河鎮　在今四川阿壩州內。⑲松州　治所嘉城，在今四川松潘。⑳游擊將軍　官名，武散官之一，從五品下。㉑洮河軍　軍鎮名，地望不詳。胡注：「鄯州城內有臨洮軍。」㉒乙卯　十二月二十七日。㉓顯慶新禮二句　顯慶《新禮》修成於顯慶三年，凡一百三十卷。《舊唐書・禮儀志一》載：時許敬宗、李義府用事，其所損益，多涉希旨，行用已後，學者紛議，以為不及貞觀禮。㉔五禮　指吉禮、賓禮、軍禮、嘉禮、凶禮。㉕周禮　原名《周官》，儒家經典之一，分〈天官〉、〈地官〉、〈春官〉、〈夏官〉、〈秋官〉、〈冬官〉六篇，共四十二卷。

【校　記】[1]秋　據章鈺校，十二行本、乙十一行本、孔天胤本皆作「秋深」。

【語　譯】二年（丁丑　西元六七七年）

春，正月十二日乙亥，高宗耕種藉田。

當初，劉仁軌帶兵從熊津返回，扶餘隆畏懼新羅的逼迫，不敢停留，沒多久也回到朝廷。二月二十五日丁巳，任命工部尚書高藏為遼東州都督，封為朝鮮王，派遣他返回遼東，安撫高麗剩餘的部眾；先前在各州的高麗人，都遣送他們與高藏一起回去。又任命司農卿扶餘隆為熊津都督，封為帶方王，也派他回去安撫百濟剩餘部眾，仍然把安東都護府遷移到新城，統一管理他們。當時百濟荒蕪破敗，命令扶餘隆寓居在高麗境內。高藏到了遼東，陰謀反叛，暗中與靺鞨相通；朝廷把他召回，遷徙到邛州而死，把他的部眾分散徙往河南、隴右各州，貧困的留在安東城邊。高麗舊城被新羅所吞併，餘下的部眾分散逃入靺鞨和突厥，而扶餘隆最終也不敢返回故地，高氏、扶餘氏便從此滅亡。

三月初一日癸亥，任命郝處俊、高智周都為左庶子，李義琰為右庶子。

夏，四月，左庶子張大安為同中書門下三品。張大安，是張公瑾的兒子。

由於河南、河北旱災，下詔派遣御史中丞崔謐等人分道進行慰問和賑濟。侍御史寧陵人劉思立上疏，認為「現在麥已抽穗，蠶已成熟，農事正忙，敕令使者四出巡視撫慰，人們都高興得翹著腳鼓掌，忘記了自己的家庭事業，希望得到皇上的恩典，集合起來參加迎接，這就會妨害不少農事。既然是為了賑災，就須建立簿籍文書，本來是要安撫存問百姓，反而變成了煩擾。希望暫且委託州縣進行賑濟，等到秋天農務清閒時，派出使者考核州縣，或褒或貶。」疏文上奏，崔謐等人就沒有成行。

五月，吐蕃侵犯扶州的臨河鎮，活捉了鎮將杜孝昇，命令杜孝昇攜帶書信遊說松州都督武居寂投降，杜孝昇堅決不順從。吐蕃軍隊撤了回去，拋下杜孝昇離去，杜孝昇再次率領剩餘部眾抵禦防守。高宗下詔任命杜孝昇為游擊將軍。

秋，八月，遷徙周王李顯為英王，改名為李哲。

命令劉仁軌鎮守洮河軍。冬，十二月二十七日乙卯，下詔大量發兵討伐吐蕃。

下詔說由於顯慶時制定的《新禮》，很多地方不師法古禮，其中五禮都是根據《周禮》的規定行事。從此以後，禮官更加沒有依傍，每有盛大禮儀，就臨時寫定。

三年（戊寅　西元六七八年）

春，正月辛酉❶，百官及蠻夷酋長朝天后于光順門❷。

劉仁軌鎮洮河，每有奏請，多為李敬玄❸所抑，由是怨之。仁軌知敬玄非將帥才，欲中傷之，奏言：「西邊鎮守，非敬玄不可。」敬玄固辭。上曰：「仁軌須朕，朕亦自往，卿安得辭！」丙子❹，以敬玄代仁軌為洮河道大總管❺，兼安撫大使，仍檢校❻鄯州都督。又命益州大都督府長史❼李孝逸❽等發劍南、山南兵以赴之。孝逸，神通之子也。○癸未❾，遣金吾[1]將軍❿曹懷舜⓫等分往河南、北募猛士，不問布衣⑫及仕宦⑬。

夏，四月戊申⑭，赦天下，改來年元為通乾。

五月壬戌⑮，上幸九成宮。丙寅⑯，山中雨，大寒，從兵有凍死者。

秋，七月，李敬玄奏破吐蕃於龍支⑰。◯上初即位，不忍觀破陳樂⑱，命撤之。辛酉⑲，太常少卿⑳韋萬石㉑奏：「久寢不作，懼成廢缺。請自今大宴會復奏之。」上從之。

九月辛酉㉒，車駕還京師。◯上將發兵討新羅，侍中㉓張文瓘臥疾在家，自輿入見㉔，諫曰：「今吐蕃為寇，方發兵西討；新羅雖云不順，未嘗犯邊，若又東征，臣恐公私不勝其弊。」上乃止。癸亥㉕，文瓘薨。

丙寅㉖，李敬玄將兵十八萬與吐蕃將論欽陵㉗戰於青海之上，兵敗，工部尚書、右衛大將軍彭城僖公㉘劉審禮為吐蕃所虜。時審禮將前軍深入，頓于濠所，為虜所攻，敬玄懦怯，按兵不救。聞審禮戰沒，狼狽還走，頓于承風嶺㉙，阻泥溝以自固㉚，虜屯兵高岡以壓之。左領軍員外將軍㉛黑齒常之㉜，夜帥敢死之士五百人襲擊虜營，虜眾潰亂，其將跋地設引兵遁去，敬玄乃收餘眾還鄯州。

審禮諸子自縛詣闕㉝，請入吐蕃贖其父，敕聽次子易從詣吐蕃省之㉞。比至，審禮已病卒㉟，易從晝夜號哭不絕聲，吐蕃哀之，還其尸，易從徒跣負之以歸㊱。

上嘉黑齒常之之功，擢拜左武衛將軍㊲，充河源軍㊳副使。

李敬玄之西征也，監察御史㊴原武婁師德㊵應猛士詔從軍，及敗，敕師德收集散亡，軍乃復振。因命使于吐蕃，吐蕃將論贊婆迎之赤嶺㊶。師德宣導上意，諭以禍福，贊婆甚悅，為之數年不犯邊。師德遷殿中侍御史㊷，充河源軍司馬㊸，兼知營田事。

上以吐蕃為憂，悉召侍臣謀之，或欲和親以息民；或欲嚴設守備，俟公私富實而討之；或欲亟發兵擊之。議竟不決，賜食而遣之。太學生宋城魏元忠㊹上封事㊺，言禦吐蕃之策，以為「理國㊻之要，在文與武。今言文者則以辭華㊼為首而不及經綸㊽，言武者則以騎射㊾為先而不及[2]方略㊿，是皆何益於理亂哉！故陸機著辨亡之論，無救河橋之敗(51)，養由基射穿七札，不濟鄢陵之師(52)，此已然之明效(53)也。古語有之：『人無常俗，政有理亂；兵無彊弱，將有巧拙。』故選將當以智略為本，勇力為末。今朝廷用人，類取(54)將門子弟及死事之家(55)，彼皆庸人，豈足當閫外(56)之任！李左車(57)、陳湯(58)、呂蒙(59)、孟觀(60)，皆出貧賤而立殊功(61)，未聞其家代為將(62)也。

「夫賞罰者，軍國之切務，苟有功不賞，有罪不誅，雖堯、舜不能以致理。議者皆云：『近日征伐，虛有賞格[63]而無事實。』蓋由小才之吏，不知大體，徒惜勳庸，恐虛倉庫，不知士不用命，所損幾何！黔首[64]雖微，不可欺罔。豈得懸不信之令，設虛賞之科，而望其立功乎？自蘇定方征遼東[65]，李勣破平壤[66]，賞絕不行，勳仍淹滯，不聞斬一臺郎[67]，戮一令史[68]，以謝勳人[69]。大非川之敗，薛仁貴、郭待封等不即重誅[70]，曏使早誅仁貴等，則自餘諸將豈敢失利於後哉！臣恐吐蕃之平，非旦夕可冀也。

「又，出師之要，全資馬力。臣請開畜馬之禁，使百姓皆得畜馬，若官軍大舉，委州縣長吏以官錢增價市之，則皆為官有。彼胡虜恃馬力以為彊，若聽人間[71]市而畜之，乃是損彼之彊為中國之利也。」先是禁百姓畜馬，故元忠言之。上善其言，召見，令直中書省，仗內供奉[72]。

冬，十月丙午[73]，徐州刺史密貞王元曉[74]薨。

十一月壬子[75]，黃門侍郎、同中書門下三品來恒薨。

十二月，詔停來年通乾之號，以反語不善故[76]也。

【章　旨】以上為第十段，寫唐軍敗於吐蕃。太學生魏元忠上奏，國家防務三章：其一，要把謀略放在第一位；其次，要賞罰嚴明；其三，開畜馬之禁，鼓勵百姓養馬。

【注　釋】❶辛酉　正月初四日。❷光順門　在大明宮宣政殿西北。《唐六典》卷七：宣政殿北曰紫宸門，紫宸門左曰崇明門，右曰光順門。❸李敬玄　代劉仁軌為中書令。傳見《舊唐書》卷八十一、《新唐書》卷一百六。❹丙子　正月十九日。❺以敬玄代仁軌為洮河道大總管　《考異》說：「《實錄》云：『與仁軌相知鎮守。而敬玄之敗，仁軌不預。』《新》《舊傳》皆云『以代仁軌』，今從之。」劉仁軌以私怨設局陷害李敬玄，不可謂賢。❻檢校　兼任；代理。❼大都督府長史　官名，從三品，協助大都督府長官都督管理府內庶務。❽李孝逸　唐宗室，淮安王李神通之子。始封梁郡公，後因平徐敬業有功，官至鎮軍大將軍，徙封吳國公。傳見《舊唐書》卷六十、《新唐書》卷七十八、《嘉泰會稽志》卷二。❾癸未　正月二十六日。❿金吾將軍　官名，屬左右金吾衛，職掌宮禁及京城巡警之法。⓫曹懷舜　籍貫不詳。後因與突厥作戰失利，被流於嶺南。其事散見於《舊唐書》卷五〈高宗紀下〉、《新唐書》卷二百十五上〈突厥傳下〉。⓬布衣　平民。⓭仕宦　本指做官，此處指官吏。⓮戊申　四月二十二日。⓯壬戌　五月初七日。⓰丙寅　五月十一日。⓱龍支　古縣名，在今青海民和東南。⓲破陳樂　即〈秦王破陳樂〉，唐代三大軍樂曲之一。《新唐書．禮樂志》載：太宗為秦王，破劉武周，軍中相與作〈秦王破陳樂〉曲。其後漸趨完善，包括三變、十二陣、五十二遍，舞者一百二十人。以討叛為主題，旨在歌頌唐太宗掃平天下的功績。⓳辛酉　七月七日。⓴太常少卿　官名，太常寺屬官，正四品，為太常寺卿副手，職掌邦國禮樂及郊廟、社稷祭享禮儀。㉑韋萬石　高宗朝著名音樂家。傳見《舊唐書》卷七十七、《新唐書》卷九十八等。㉒辛酉　九月七日。㉓侍中　官名，門下省長官，正三品，大曆中升為正二品，佐助天子，統理大政，凡軍國要務，與中書令參議決斷。㉔自輿入見　抱病登車，求見皇帝。㉕癸亥　九月初九日。㉖丙寅　九月十二日。㉗論欽陵　吐蕃權臣祿東贊次子。自儀鳳四年（西元六七九年）起專知政事，不斷侵擾唐境。聖曆二年（西元六九九年）與贊普器弩悉弄矛盾加劇，兵敗自殺。事詳《舊唐書》卷一百九十六上〈吐蕃傳上〉、《新唐書》卷二百十六上〈吐蕃傳上〉。㉘彭城僖公　劉審禮官爵與諡號的合稱。其中僖是諡號。《諡法》：「剛克曰僖；又，小心畏忌曰僖。」㉙承風嶺　地名，在今青海化隆回族自治縣西南。㉚阻泥溝以自固　以泥溝為阻隔。兩《唐書》所載與此不同。如《新唐書》卷一百六〈李敬玄傳〉：「乃頓承風嶺，又阻溝淖，莫能前。」同書卷二百十六上〈吐蕃傳上〉：「頓承風嶺，礙險不得縱。」《舊唐書》卷一百九十六上〈吐蕃傳上〉亦云：「頓於承風嶺，阻泥溝不能動。」據此，則是為泥溝所阻。㉛左領軍員外將軍　官名，隸屬左領軍衛，從三品，有員二人，員外任命的，稱「員外將軍」，職掌大朝會警衛。㉜黑齒常之　（？—西元六八九年）百濟人，高宗時入唐，成為一代名將。以戰功進封燕國公。後被酷吏誣告，在獄中自縊。傳見《舊唐書》卷一百九、《新唐書》卷一百十。㉝自縛詣闕　把自己綁起來前往皇宮。㉞省之　探望他的父親。㉟比至二句　時在永隆二年（西元六八一年）。見《舊唐書》卷七十七〈劉審禮傳〉。㊱易從徒跣負之以歸　徒跣，即赤腳行走。「負之以歸」恐非事實。《新唐書》卷一百六作「徒跣萬里，扶護以歸」。《舊唐書》卷七十七作「吐蕃哀其志行，還其父屍柩，易從徒跣萬里，扶護歸彭城」。此二說意思略同，較近情理。㊲左武衛將軍　官名，從三品，位左武衛大將軍之下，職掌宮廷警衛。㊳河源軍　儀鳳二年置，在今青海西寧。㊴監察御史　官名，隸屬御史臺，正八品上，掌巡察郡縣、屯田、鑄錢等事。㊵婁師德（西元六三〇—六九九年）字宗仁，鄭州原武（今河南原陽）人，進士出身。由監察御史應猛士詔出征，戰功卓著。武周時官至宰相，長期主持西北屯田，頗有政績。傳見《舊唐書》卷九十三、《新唐書》卷一百八。㊶赤嶺　山名，在今青海西寧西。㊷殿中侍御史　官名，隸屬御史臺，從七品下，掌殿廷供奉之儀式。㊸充河源軍司馬　此司馬為河源軍長吏。《考異》云：「《御史臺記》『充河源軍使』，今從《舊傳》。」㊹魏元忠　宋州宋城（今河南商丘）人，則天朝官至鳳閣侍郎、同鳳閣鸞臺平章事。中宗時拜衛尉卿、同中書門下三品。傳見《舊唐書》卷九十二、《新唐書》卷一百二十二。㊺封事　密封的章奏。古時官吏上奏機密大事，防止洩漏機密，用皂袋封緘，稱為封事。㊻理國　即治國。唐人避高宗名諱，改「治」為「理」。㊼辭華　辭藻華麗。㊽經綸　本指整理絲縷，此處引申為處理國家大事。㊾騎射　騎馬射箭。㊿方略　計謀策略。(51)陸機著辨亡之論二句　事見本書卷八十五晉惠帝太安二年。陸機（西元二六一—三〇三年），字士衡，吳郡華亭（今上海市松江區）人，三國時孫吳名將陸遜之孫，陸抗之子。入晉為著名文學家，曾著〈辨亡論〉述孫權之所以興，孫皓之所以亡的原因。西晉八王之亂，成都王司馬穎委陸機為後將軍，領軍二十餘萬討長沙王司馬乂，在河橋交戰全軍崩潰。此以諷陸機只會紙上談兵。傳見《晉書》卷五十四。(52)養由基射穿七札二句　事見《左傳》成公十六年。養由基，春秋時楚國大夫，以善射聞名，能百步穿楊。七札，七層甲葉。不濟鄢陵之師，指西元前五七五年鄢陵之戰，楚軍被晉軍打敗，養由基不能改變戰局。(53)明效　明證。(54)類取　猶多取。(55)死事之家　死於王事者的子孫。相當於「烈屬」。(56)閫外　原指郭門以外。此謂統兵在外。(57)李左車　秦漢之際謀士，曾向陳餘、韓信獻破敵之計。陳餘不用其策，兵敗身死；韓信用其策，取得燕地。事見《史記》卷八十九〈張耳陳餘列傳〉、卷九十二〈淮陰侯列傳〉、《漢書》卷三十二〈陳餘傳〉、卷三十四〈韓信傳〉等。(58)陳湯　字子公，山陽瑕丘（今山東兗州東北）人，西漢將領。因擊殺匈奴郅支單于而封關內侯。傳見《漢書》卷七十。(59)呂蒙　（西元一七八—二一九年）

字子明，汝南富陂（今安徽阜南縣東南）人，東吳大將。曾帶兵襲殺關羽，佔領荊州。傳見《三國志》卷五十四。(60)孟觀字叔時，渤海東光（今河北東光）人，少好讀書，解天文。晉惠帝時，氐帥齊萬年反於關中，孟觀統兵討伐，十餘次大戰皆勝，生擒齊萬年，威震氐羌，轉東羌校尉，徵拜右將軍。傳見《晉書》卷六十。(61)殊功　特殊的功勳。(62)代為將　即世為將。避太宗名諱，改「世」為「代」。(63)賞格　賞賜的格條。(64)黔首　百姓。(65)蘇定方征遼東　時在龍朔元年（西元六六一年）至二年。(66)李勣破平壤　時在總章元年（西元六六八年）。(67)臺郎　胡注：「尚書諸曹郎皆謂之臺郎。」(68)令史　唐三省六部及御史臺的低級事務人員，無品秩。(69)勳人　立功之人。(70)薛仁貴郭待封等不即重誅　大非川之戰失敗後，薛仁貴、郭待封免死除名。見本書卷二百一唐高宗咸亨元年。(71)人間　即民間。避太宗諱，改「民」稱「人」。(72)仗內供奉　即仗內供職。胡注：「仗內供奉，朝會得隨百官入見。」(73)丙午　十月二十三日。(74)密貞王元曉　唐高祖第二十一子，魯才人所生。傳見《舊唐書》卷十四、《新唐書》卷七十九。(75)壬子　十一月甲寅朔，無壬子。《新唐書》卷三〈高宗紀〉作閏十一月。閏十一月壬子，即閏十一月三十日。「十一月」前當添閏字。(76)以反語不善故　本來儀鳳三年（西元六七八年）四月敕改來年為通乾元年，現認為通乾的反語為天窮，故敕停不行。

【校　記】[1]金吾　據章鈺校，十二行本、乙十一行本、孔天胤本皆作「左金吾」。[2]及　據章鈺校，十二行本、乙十一行本、孔天胤本皆作「知」。

【語　譯】三年（戊寅　西元六七八年）

春，正月初四日辛酉，百官和蠻夷酋長在光順門朝見天后。

劉仁軌鎮守洮河，每次有所奏請，多被李敬玄所阻滯，因此怨恨李敬玄。劉仁軌知道李敬玄不是將帥之才，想要傷害他，就向高宗奏言：「鎮守西方邊境，非李敬玄不可。」李敬玄堅決推辭。高宗說：「劉仁軌需要我，我也會親自前往，你怎麼可以推辭！」正月十九日丙子，任命李敬玄代替劉仁軌為洮河道大總管，兼安撫大使，仍然檢校鄯州都督。又命令益州大都督府長史李孝逸等人，調動劍南、山南的軍隊前往。李孝逸，是李神通的兒子。〇二十六日癸未，派遣金吾將軍曹懷舜等人分別前往河南、河北招募勇猛之士，不用問是平民還是官宦子弟。

夏，四月二十二日戊申，大赦天下，更改下一年的年號為通乾。

五月初七日壬戌，高宗親臨九成宮。十一日丙寅，山中下雨，非常寒冷，隨從的士兵中有凍死的。

秋，七月，李敬玄奏報在龍支打敗吐蕃。〇高宗剛剛即位時，不忍心觀看〈破陳樂〉，命令撤掉此樂。初七日辛酉，太常少卿韋萬石上奏說：「長期棄置不演奏，恐怕變成殘廢的樂曲。請自今以後，在盛大宴會上再度演奏。」高宗聽從了這一建議。

九月初七日辛酉，高宗車駕返回京師。〇高宗準備發兵討伐新羅，侍中張文瓘臥病在家，自己乘坐轎子入朝謁見高宗，勸告說：「現在吐蕃為寇侵擾，正在調動軍隊向西征討；雖然說新羅不順服，卻沒有侵犯邊境，如果又東進征討，臣擔心公私兩方面都不能承受其害。」高宗這才取消了東征新羅。初九日癸亥，張文瓘去世。

九月十二日丙寅，李敬玄率領十八萬士兵在青海和吐蕃將論欽陵交戰，部隊吃了敗仗，工部尚書、右衛大將軍彭城僖公劉審禮被吐蕃俘虜。當時劉審禮率領前鋒部隊深入敵境，駐紮在濠所，被敵人攻擊。李敬玄膽怯懦弱，按兵不救。聽說劉審禮戰敗被擒，狼狽不堪地撤退，屯駐在承風嶺，利用泥溝阻隔敵人，以求自保。敵人屯兵在高崗上，進行壓制。左領軍員外將軍黑齒常之趁著夜色率領五百個敢死之士，偷襲敵人營寨，敵軍潰亂，敵將跋地設帶兵逃走，李敬玄才收攏餘部返回鄯州。

劉審禮的兒子們自我綑綁前往宮廷，請求交給吐蕃贖回他們的父親，高宗敕令讓第二個兒子劉易從到吐蕃探視父親。到達時，劉審禮已經病亡，劉易從晝夜號哭，聲音不絕，吐蕃哀憐他，送還劉審禮屍體，劉易從赤腳步行，背負亡父回家。高宗嘉許黑齒常之的功勞，擢升他為左武衛將軍，擔任河源軍副使。

李敬玄西征時，監察御史原武人婁師德響應尋求猛士的詔令而從軍，等到李敬玄兵敗，高宗敕令婁師德收攏逃散的部隊，軍力就又振作起來。因此高宗命令婁師德出使吐蕃，吐蕃將領論贊婆在赤嶺迎接他。婁師德宣諭高宗的旨意，以吉凶禍福曉示論贊婆，論贊婆非常高興，為此有好幾年不侵犯邊境。婁師德升遷為殿中侍御史，擔任河源軍司馬，兼理屯田事務。

高宗認為吐蕃是個憂患，把侍臣全部召來謀劃，有人打算與吐蕃和親，讓百姓休養生息；有人想要嚴密設防，等到國家、百姓都富有殷實時再討伐；有人主張馬上出兵攻擊。討論後最終也沒有結果，高宗賞賜食物後，把大臣們遣散了。太學生宋城人魏元忠呈上密封的奏章，提出抵禦吐蕃的策略，認為「治理國家的根本，在於文事和武備。現今談到文事，都以文辭華麗為首務，而不涉及治國平天下；談到武備，都以騎馬射箭為先務，而不涉及謀略，這樣子對於治理世亂有什麼好處呢！所以陸機撰寫〈辨亡論〉，無補於河橋之敗，養由基能射穿七層鎧甲，幫助不了鄢陵軍隊的敗北，這些是已經有過的明證。古語有這樣的說法：『人們沒有不變的習俗，政治卻有治亂的不同；軍隊沒有強弱之分，將領卻有巧妙笨拙之分。』所以選拔將領應該以智慧、謀略為本，勇氣、武力為末。現今朝廷用人，大多選取將門子弟和身死王事的家庭，那些人都平庸無才，怎麼能夠擔當國門之外的統兵大任！李左車、陳湯、呂蒙、孟觀，都出身貧賤而建立了大功勳，卻沒有聽說他們家世世為將。

「獎賞和刑罰是軍政至關重要的事情，如果有功勞不獎賞，有罪過不誅殺，就是堯、舜也不能達到大治。發表意見的都這麼說：『近期的征伐，空有獎賞的規格而無實際。』這是由於一些小才的官吏，不識大體，只知珍惜勳勞獎賞，擔心倉庫財物變空，不知道將士不效命，所損失的有多少！百姓雖然卑微，也不能欺騙。怎麼可以高懸不講信用的法令，設下虛偽的獎賞科條，而盼望人們能立功呢？自從蘇定方征討遼東，李勣攻破平壤，封賞已經中斷不再施行，賜勳仍然停滯，沒聽說過斬一個臺郎，殺一個令史，向有功勳的人謝罪。大非川的敗北，薛仁貴、郭待封等人沒有接受重刑，如果過去早些誅殺薛仁貴等人，那麼其他各將以後怎麼敢失利呢！臣擔心吐蕃的平定，不是早晚之間可以希冀的。

「還有，出動軍隊最要緊的，全憑馬力。臣請求開放養馬的禁令，使百姓都能夠養馬，如果官軍大舉出動，就委派州縣長官用公家金錢提高價格向百姓購買，那麼馬匹全為國家所有。那些胡虜依靠馬力而強大，如果聽任民間向胡人購買蓄養，那麼就是減弱胡人的強勢，而有利於中國。」以前禁止百姓養馬，所以魏元忠才議及養馬。高宗讚賞魏元忠的建議，召見他，命令他在中書省值守，朝會時可以隨著百官入見。

冬，十月二十三日丙午，徐州刺史密貞王李元曉去世。

十一月壬子日，黃門侍郎、同中書門下三品來恆去世。

十二月，下詔停用下一年的通乾年號，這是因為通乾的反語不吉利的緣故。

調露元年（己卯　西元六七九年）

春，正月己酉❶，上幸東都。

司農卿韋弘機作宿羽、高山、上陽❷等宮，制度壯麗。上陽宮臨洛水❸，為長廊1亙一里。宮成，上徙2御之。侍御史狄仁傑劾奏弘機導上為奢泰❹，弘機坐免官。左司郎中❺王本立❻恃恩用事，朝廷❼畏之。仁傑奏其姦，請付法司，上特原之，仁傑曰：「國家雖乏英才，豈少本立輩！陛下何惜罪人❽，以虧王法。必欲曲赦本立，請棄臣於無人之境，為忠貞將來之戒！」本立竟得罪❾。由是朝廷肅然。

庚戌❿，右僕射、太子賓客⓫道恭公戴至德薨。

二月壬戌⓬，吐蕃贊普卒，子器弩悉弄⓭立，生八年矣。時器弩悉弄與其舅麴薩若詣羊同⓮發兵，有弟生六年，在論欽陵軍中。國人畏欽陵之彊，欲立之，欽陵不可，與薩若共立器弩悉弄。上聞贊普卒，嗣主未定3，命裴行儉乘間圖之。

行儉曰：「欽陵為政，大臣輯睦，未可圖也。」乃止。

夏，四月辛酉[15]，郝處俊為侍中。

偃師人明崇儼[16]，以符呪[17]幻術[18]為上及天后所重，官至正諫大夫[19]。五月壬午[20]，崇儼為盜所殺，求賊，竟不得[21]。贈崇儼侍中。

丙戌[22]，命太子監國。太子處事明審[23]，時人稱之。○戊戌[24]，作紫桂宮於澠池之西[25]。

六月辛亥[26]，赦天下，改元。

初，西突厥十姓可汗阿史那都支及其別帥李遮匐與吐蕃連和，侵逼安西，朝議欲發兵討之。吏部侍郎裴行儉曰：「吐蕃為寇，審禮覆沒，干戈未息，豈可復出師西方！今波斯王卒，其子泥洹師[27]為質在京師，宜遣使者送歸國，道過二虜[28]，以便宜取之，可不血刃而擒也。」上從之，命行儉冊立波斯王[29]，仍為安撫大食使。行儉奏肅州刺史王方翼[30]以為己副，仍令檢校安西都護。

秋，七月己卯朔[31]，詔以今年冬至有事于嵩山。

初，裴行儉嘗為西州長史[32]，及奉使過西州，吏人郊迎，行儉悉召其豪傑子弟千餘人自隨，且揚言[33]天時方熱，未可涉遠，須稍涼乃西上。阿史那都支覘知之㉞，遂不設備。行儉徐召四鎮㉟諸胡酋長，謂曰：「昔在西州，縱獵甚樂，今欲尋舊賞㊱，誰能從吾獵者？」諸胡子弟爭請從行，近得萬人㊲。行儉陽為畋獵㊳，校勒部伍㊴，數日，遂倍道西進。去都支部落十餘里，先遣都支所親問其安否，外示閒暇，似非討襲，續使人[4]促召相見。都支先與李遮匐約，秋中拒漢使㊵，猝聞軍至，計無所出㊶，帥其子弟迎謁，遂擒之。因傳其契箭㊷，悉召諸部酋長㊸，執送碎葉城。簡其精騎，輕齎㊹，晝夜進掩遮匐，途中，獲都支還使與遮匐使者同來。行儉釋遮匐使者，使先往諭遮匐以都支已就擒，遮匐亦降。於是因都支、遮匐以歸，遣波斯王自還其國，留王方翼於安西，使築碎葉城㊺。

【章　旨】以上為第十一段，寫裴行儉撫定西域。

【注　釋】❶己酉　正月二十八日。❷宿羽高山上陽　宿羽宮在東都禁苑的東北隅，南臨大池。高山宮在禁苑的西北隅。上陽宮在禁苑之東，即今河南洛陽西洛水北岸。後來武則天常居於此。❸洛水　源出陝西洛南縣西北部，東經洛陽、偃師，納伊河，至鞏縣洛口流入黃河。❹奢泰　亦作「奢汰」。意為揮霍無度。❺左司郎中　官名，尚書省屬官。《唐六典》卷一載：左右司郎中各一人，從五品上。各掌付十二司之事，以舉正稽違，省署符目。❻王本立　武周時官至宰相。見《新唐書》卷六十一〈宰相〉上。❼朝廷　指帝王接受朝見和處理政事之處，也用作中央和帝王的代稱。此處專指朝官。❽何惜罪人　為何愛惜犯罪之人。❾得罪　受到處罰。❿庚戌　正月二十九日。⓫太子賓客　官名，東宮屬官，正三品，掌侍從規諫，贊相禮儀。顯慶元年，始置太子賓客四員。見《舊唐書・職官志》。《新唐書・百官志》則載：貞觀十八年以宰相兼賓客，開元中定員四人。⓬壬戌　二月十一日。⓭器弩悉弄　聖曆二年剷除論欽陵及其親黨，掌握實權。後在討伐泥婆羅門等國叛亂時死於軍中。事見《舊唐書》卷一百九十六上〈吐蕃傳上〉、《新唐書》卷二百十六上〈吐蕃傳上〉。⑭羊同　古國名，《唐會要》卷九十九：「大羊同國，東接吐蕃，西接小羊同，北直于闐，東西千里。」據此，則羊同有大小之分，地約當今西藏西南部。⑮辛酉　四月十二日。⑯明崇儼　（？—西元六七九年）洛州偃師（今河南偃師東）人，高宗朝術士，曾任冀王府文學，據說能役使鬼神。傳見《舊唐書》卷一百九十一、《新唐書》卷二百四。⑰符呪　道家術士用來驅鬼降妖或為人治病的文書和口訣。⑱幻術　幻化莫測的法術。⑲正諫大夫　官名，即諫議大夫。龍朔二年二月四日，改諫議大夫為正諫大夫，神龍元年二月，復為諫議大夫，隸屬門下省，品秩屢變，或正五品上，或正四品下。職掌侍從贊相，規諫諷諭。⑳壬午　五月初三日。㉑求賊二句　《舊唐書‧明崇儼傳》載：「時語以為崇儼密與天后為厭勝之法，又私奏章懷太子不堪承繼大位，太子密知之，潛使人害之。」據此，則主謀是皇太子。㉒丙戌　五月初七日。㉓明審　英明精審。㉔戊戌　五月十九日。㉕作紫桂宮於澠池之西　澠池，縣名，縣治雙橋，在今河南澠池縣。紫桂宮在澠池之西五里。㉖辛亥　六月初三日。這一天改元調露。㉗泥洹師　波斯王卑路斯之子。司馬光在《考異》中說：「《實錄》作泥浬師師，《舊傳》作泥湼師師，《唐曆》作泥汨師，今從《統紀》」。查今本《舊唐書‧裴行儉傳》作泥涅師師，與司馬光所見不同。又，《新唐書》卷一百八〈裴行儉傳〉及卷二百二十一下〈波斯傳〉俱作「泥涅師」。法國人沙畹在《西突厥史料》一書中將此名還原為Narses。岑仲勉據此認為以《實錄》所載為是。㉘道過二虜　途經阿史那都支及李遮匐轄區。㉙命行儉冊立波斯王　即命裴行儉護送泥洹師歸國，冊立為波斯王。㉚王方翼　（西元六二二—六八四年）并州祁（今山西祁縣東南）人。傳見《舊唐書》卷一百八十五上、《新唐書》卷一百十一。㉛己卯朔　七月初一日。㉜裴行儉嘗為西州長史　時在永徽五年。西州，治所高昌，在今新疆吐魯番東南。㉝揚言　高聲說。㉞覘知之　偵知此事。㉟四鎮　指龜茲、毗沙、焉耆、疏勒四都督府。㊱舊賞　昔日的賞心樂事。㊲近得萬人　差不多得到一萬人。㊳陽為畋獵　佯為打獵。㊴校勒部伍　檢閱統率軍隊。㊵秋中拒漢使　秋季之中拒絕唐使。漢使，即唐使。漢朝威加四夷，此後四夷稱中國人為漢人。㊶計無所出　無計可施。㊷契箭　作符契用的弓箭。突厥無符信，以箭為契信。㊸諸部酋長　西突厥沙鉢咥利失可汗分其國為十部，部以一人統之，即其酋長。酋長人授一箭，稱為十設，亦曰十箭。左五咄陸部，置五大啜，居碎葉城東。右五弩失畢部，置五大俟斤，居碎葉城西。㊹輕齎　猶輕裝。㊺使築碎葉城　王方翼所築碎葉在今哈薩克斯坦托克瑪克。

【校　記】①廊　原作「廓」。據章鈺校，十二行本、乙十一行本皆作「廊」，張敦仁《通鑑刊本識誤》同，今據改。按，「廓」

為城牆之意，此處言上陽宮設施華麗，作「廊」義長。[2]徙　據章鈺校，十二行本、乙十一行本、孔天胤本皆作「移」。[3]嗣主未定　原無此四字。據章鈺校，十二行本、乙十一行本、孔天胤本皆有此四字，張敦仁《通鑑刊本識誤》同，今據補。[4]人　原無此字。據章鈺校，十二行本、乙十一行本、孔天胤本皆有此字，張敦仁《通鑑刊本識誤》同，今據補。

【語　譯】調露元年（己卯　西元六七九年）

春，正月二十八日己酉，高宗親臨東都。

司農卿韋弘機興建宿羽、高山、上陽等宮殿，規模壯觀華麗。上陽宮臨近洛水，修建長廊連綿一里，宮殿建成後，高宗遷往居住。侍御史狄仁傑上書彈劾韋弘機誘導高宗奢侈無度，韋弘機坐罪免官。左司郎中王本立靠著高宗恩典，當權用事，朝中大臣都懼怕他。狄仁傑奏報他作奸犯科的事，請求把他交給執法機關，但高宗特別地寬恕了他。狄仁傑說：「國家雖然缺乏英才，難道會缺少王本立之輩！陛下為什麼要惋惜犯罪之人，而損害王法呢。如果一定要曲意赦免王本立，請把臣拋棄到無人之境，給忠貞的人作為未來的借鑑！」王本立最後獲罪，從此朝廷大臣都不敢為非作歹了。

正月二十九日庚戌，右僕射、太子賓客道恭公戴至德去世。

二月十一日壬戌，吐蕃贊普去世，兒子器弩悉弄即位，已出生八年。當時器弩悉弄和他的舅舅麴薩若前往羊同，要求一起發兵。器弩悉弄有個弟弟生下六年，在論欽陵軍中。國內百姓害怕論欽陵的強大，要立器弩悉弄之弟，論欽陵不贊成，和麴薩若一起擁立器弩悉弄。高宗聽說贊普死了，新的贊普仍未被擁立，命令裴行儉找機會圖謀吐蕃。裴行儉說：「論欽陵執政，大臣和睦，無法打吐蕃的主意。」高宗只好作罷。

夏，四月十二日辛酉，任命郝處俊為侍中。

偃師人明崇儼，以符咒幻術被高宗和天后所器重，官位升到正諫大夫。五月初三日壬午，明崇儼被盜賊所殺，搜尋盜賊，最終也沒有找到。追贈明崇儼為侍中。

五月初七日丙戌，命令太子監理國政。太子處理事務明達審慎，當時人們都稱讚他。〇十九日戊戌，在澠池西邊建造紫桂宮。

六月初三日辛亥，大赦天下，改換年號。

當初，西突厥十姓可汗阿史那都支和他的別部將帥李遮匐，和吐蕃結盟，侵犯安西，朝廷大臣建議出兵討伐。吏部侍郎裴行儉說：「吐蕃為寇侵掠，劉審禮覆滅，戰爭至今沒有停止，怎麼可以再出兵西方呢！現在波斯王死了，他的兒子泥洹師作為人質留在京師，應該派遣使者送泥洹師返回波斯，路上通過阿史那都支和李遮匐所在地時，利用方便有利的時機進行攻擊，可以兵不血刃而活捉他們。」高宗接受了這一建議，命令裴行儉冊封泥洹師為波斯王，還擔任安撫大食的使者。裴行儉奏請肅州刺史王方翼作為自己的副使，仍為檢校安西都護。

秋，七月初一日己卯，下詔在今年冬天祭祀嵩山。

當初，裴行儉曾經做西州長史，到此時奉命出使經過西州，西州官吏和百姓在郊外迎接他，裴行儉把其中才能出眾的子弟共一千多人全部召集起來跟隨自己，而且揚言天氣正炎熱，不能遠走，等到天氣稍微轉涼才向西進發。阿史那都支暗中察知後，便不設防備。裴行儉慢慢地召見四鎮的各胡族酋長，對他們說：「過去在西州，縱情打獵，非常快樂，現在要重尋舊時的賞心樂事，有誰能跟我一起去打獵呢？」各部胡人子弟爭著請求隨從行儉出獵，差不多得到一萬人。裴行儉佯裝打獵，卻暗中檢閱整飭部隊，過了幾天，就日夜兼程向西進發。距離阿史那都支部落十多里，先派遣阿史那都支所親近的人，向阿史那都支問安，表面上表示很閒暇，好像不是要襲擊，接著派使者急召阿史那都支來相見。阿史那都支已先和李遮匐約定，在秋季時拒止漢人使者，現在突然聽說唐軍到達，想不出計謀，只好率領子弟們迎見，裴行儉就擒獲了阿史那都支。乘機用阿史那都支的契箭傳信，把各部落的酋長全部召來，抓起來送往碎葉城。選擇精銳騎士，輕裝，不分晝夜進兵偷襲李遮匐，在路途中，俘獲了阿史那都支出使回還的使者和與之同來的李遮匐的使者。裴行儉釋放了李遮匐的使者，派他先期前往告訴李遮匐說阿史那都支已經就擒，李遮匐也投降了，於是拘禁了阿史那都支、李遮匐返回朝廷。遣送波斯王自己返回故國，把王方翼留在安西，讓他修築碎葉城。

冬，十月，單于大都護府突厥阿史德溫傅、奉職❶二部俱反，立阿史那泥熟匐❷為可汗，二十四州酋長皆叛應之❸，眾數十萬，遣鴻臚卿單于大都護府長史蕭嗣業、左[1]領軍衛將軍花大智❹、右千牛衛將軍李景嘉等將兵討之。嗣業等先戰屢捷，因不設備；會大雪，突厥夜襲其營，嗣業狼狽拔營走，眾遂大亂，為虜所敗，死者不可勝數。大智、景嘉引步兵且行且戰，得入單于都護府。嗣業減死，流桂州，大智、景嘉並免官。

突厥寇定州❺，刺史霍王元軌❻命開門偃旗❼，虜疑有伏，懼而宵遁❽。州人李嘉運與虜通謀，事洩，上令元軌窮其黨與，元軌曰：「強寇在境，人心不安，若多所逮繫❾，是驅之使叛也。」乃獨殺嘉運，餘無所問，因自劾違制。上覽表大喜，謂使者曰：「朕亦悔之，向無王❿，失定州矣。」自是朝廷有大事，上多密敕問之。

壬子⓫，遣左金吾衛將軍曹懷舜屯井陘⓬，右武衛將軍崔獻屯龍門⓭以備突厥。突厥扇誘奚、契丹侵掠營州⓮，都督周道務遣戶曹始平唐休璟⓯將兵擊破之。

○庚申⓰，詔以突厥背誕⓱，罷封嵩山。○癸亥⓲，吐蕃文成公主⓳遣其大臣論塞調傍⓴來告喪，并請和親，上遣郎將宋令文詣吐蕃會贊普之葬㉑。

十一月戊寅朔㉒，以太子左庶子、同中書門下三品高智周為御史大夫，罷知政事。

癸未㉓，上宴裴行儉，謂之曰：「卿有文武兼資，今授卿二職。」乃除禮部尚書，兼檢校右衛大將軍。甲辰㉔，以行儉為定襄道行軍大總管，將兵十八萬，并西軍檢校豐州都督程務挺㉕、東軍幽州都督李文暕㉖總三十餘萬以討突厥，並受行儉節度。務挺，名振㉗之子也。

【章　旨】以上為第十二段，寫唐高宗大發兵三十萬北征突厥。

【注　釋】❶阿史德溫傅奉職　阿史德，突厥大姓之一。溫傅、奉職，兩人名。事見《舊唐書》卷一百九十四上〈突厥傳〉、《新唐書》卷二百十五上〈突厥傳上〉。❷阿史那泥熟匐　《新唐書·突厥傳》作「阿史那泥孰匐」，《唐會要》卷九十四作「阿史那泥熟蔔」。字略不同，音譯所致。❸二十四州酋長皆叛應之　兩《唐書·突厥傳》所載略同。據《新唐書》卷二百十五上，單于都護府置於永徽元年，領狼山、雲中、桑乾三都督、蘇農等二十四州。「二十四州」所指不詳。《舊唐書》卷一百九十四上及本書卷一百九十九載單于初置時，轄一十四州，非二十四州。待考。❹花大智　人名，《新唐書·突厥傳》作「苑大智」。岑仲勉以為「苑」字近是。見《通鑑隋唐紀比事質疑》。❺定州　州名，治所在今河北定州。❻霍王元軌　唐高祖第十四子。傳見《舊唐書》卷六十四、《新唐書》卷七十九。❼開門偃旗　打開城門，放倒軍旗。❽宵遁　夜逃。❾逮繫　逮捕囚繫。❿向無王　假使當初無霍王此舉。向，假使；如果。⓫壬子　十月五日。⓬井陘　古關名，在今河北井陘西北，地當太行山區進入華北平原的要隘。⓭龍門　一名禹門口，在今山西河津和陝西韓城之間黃河上。⓮營州　州名，治所在今遼寧朝陽。⓯唐休璟　（西元六二七—七一二年）京兆始平（今陝西興平）人，則天朝名臣，熟悉邊疆事務，官至宰相，封宋國公。傳見《舊唐書》卷九十三、《新唐書》卷一百十一。⓰庚申　十月十三日。⓱背誕　違命放縱。⓲癸亥　十月十六日。⓳文成公主（？—西元六八〇年）唐宗室女。貞觀十五年（西元六四一年）正月十五日封降於吐蕃贊普松贊干布，對青藏高原的開發起了積極的作用。事見《舊唐書》卷一百九十六上〈吐蕃傳上〉、《新唐書》卷二百十六上〈吐蕃傳上〉、《唐會要》卷六〈和蕃公主〉。⑳論塞調傍　人名，《舊唐書·吐蕃傳》作「論寒調傍」。㉑會贊普之葬　參加贊普的葬禮。㉒戊寅朔　十一月初一日。㉓癸未　十一月六日。㉔甲辰　十一月二十七日。㉕程務挺　（？—西元六八四年）洺州平恩（今河北曲周東南）人，唐初名將程名振之子。官至左武衛大將軍、單于道安撫大使。突厥畏之，不敢入侵。傳見《舊唐書》卷八十三、《新唐書》卷一百十一。㉖李文暕　襄邑王李神符之子，封魏國公。武周時被殺。傳見《舊唐書》卷六十、《新唐書》卷七十八。㉗名振　程名振，唐貞觀、永徽時名將。傳見《舊唐書》卷八十三、《新唐書》卷一百十一。

【校　記】1左　原作「右」。據章鈺校，十二行本、乙十一行本、孔天胤本皆作「左」，今據改。按，《新唐書·突厥傳》亦作「左」。

【語　譯】冬，十月，單于大都護府突厥阿史德溫傅、奉職兩部落一起反叛，立了阿史那泥熟匐為可汗，二十四州的酋長全都叛變響應，部眾數十萬。派遣鴻臚卿單于大都護府長史蕭嗣業、左領軍衛將軍花大智、右千牛衛將軍李景嘉等人率兵討伐。蕭嗣業等人起先交戰時屢次獲勝，因此不再設防；適逢大雪，突厥在夜間偷襲蕭嗣業兵營，蕭嗣業狼狽拔營逃走，部眾因此大亂，被敵人打敗，死亡的人無法計算。花大智、李景嘉率領步兵，一面行軍一面作戰，才得以進入單于都護府。蕭嗣業減免死罪，流放到桂州，花大智、李景嘉都免除官職。

突厥侵擾定州，刺史霍王李元軌下令打開城門，收起軍旗，敵人懷疑有埋伏，心裡害怕，乘夜逃走。州人李嘉運和敵人通謀，事情洩露出來，高宗命令李元軌深查李嘉運的同黨。李元軌說：「強敵在境，人心不安，如果過多逮捕人，等於驅使他們反叛。」於是只殺了李嘉運，其他人都不加追究，李元軌又自我彈劾違背了高宗命令。高宗看了李元軌的奏表，非常高興，對使者說：「朕也後悔，如果沒有霍王，就要失掉定州了。」從此，朝廷有了重要的事情，高宗大多暗中敕令徵詢霍王的意見。

十月初五日壬子，派遣左金吾衛將軍曹懷舜駐軍井陘，右武衛將軍崔獻駐軍龍門，以防備突厥。突厥煽動引誘奚、契丹侵掠營州，都督周道務派遣戶曹始平人唐休璟率兵打敗了他們。〇十三日庚申，高宗下詔說由於突厥違命放縱，停止在嵩山舉行封禪。〇十六日癸亥，吐蕃文成公主派遣大臣論塞調傍前來報喪，並請求和親，高宗派遣郎將宋令文到吐蕃參加贊普的葬禮。

十一月初一日戊寅，任命太子左庶子、同中書門下三品高智周為御史大夫，罷免他的宰相職務。

十一月初六日癸未，高宗宴請裴行儉，對他說：「卿有文武兩方面的稟賦，現在委任你兩種職務。」於是任命裴行儉為禮部尚書，兼檢校右衛大將軍。二十七日甲辰，任命裴行儉為定襄道行軍大總管，率兵十八萬，和西軍檢校豐州都督程務挺、東軍幽州都督李文暕合起來統兵三十多萬討伐突厥，兩人都受裴行儉節制。程務挺，是程名振的兒子。

永隆元年❶（庚辰　西元六八〇年）

春，二月癸丑❷，上幸汝州之溫湯。戊午❸，幸嵩山處士❹三原田游巖❺所居。己未❻，幸道士宗城潘師正❼所居，上及天后、太子皆拜之。乙丑❽，還東都。

三月，裴行儉大破突厥於黑山❾，擒其酋長奉職；可汗泥熟匐為其下所殺，以其首來降。

初，行儉行至朔川❿，謂其下曰：「用兵之道，撫士貴誠，制敵貴詐。前日蕭嗣業糧運為突厥所掠⓫，士卒凍餒，故敗。今突厥必復為此謀，宜有以詐之。」乃詐為糧車三百乘⓬，每車伏壯士五人，各持陌刀⓭、勁弩⓮，以羸兵⓯數百為之援⑯，且伏精兵於險要以待之。虜果至，羸兵棄車散走。虜驅車就水草，解鞍牧馬，欲取糧，壯士自車中躍出，擊之，虜驚走，復為伏兵所邀⑰，殺獲殆盡，自是糧運行者，虜莫敢近。

軍至單于府北，抵暮，下營，掘塹已周⑱，行儉遽命移就高岡。諸將皆言士卒已安堵，不可復動，行儉不從，趣使移⑲。是夜，風雨暴至，前所營地，水深丈餘，諸將驚服，問其故，行儉笑曰：「自今但從我命，不必問其所由知也。」奉職既就擒，餘黨走保狼山⑳。詔戶部尚書崔知悌馳傳詣定襄宣慰將士，且區處㉑餘寇，行儉引軍還。

【章旨】以上為第十三段，寫裴行儉率領唐軍大破突厥。

【注釋】❶永隆元年　調露二年八月二十三日乙丑改元永隆。❷癸丑　二月初八日。❸戊午　二月十三日。❹處士　古時對有德才而隱居不仕的人的稱呼。❺田遊巖　京兆三原（今陝西三原東北）人，自稱「許由東鄰」。曾拜太子洗馬。傳見《舊唐書》卷一百九十二、《新唐書》卷一百九十六。❻己未　二月十四日。❼潘師正　（西元五八五－六八二年）貝州宗城（今河北威縣東）人（一說趙州贊皇，即今河北贊皇人），頗為唐高宗、武則天所重。傳見《舊唐書》卷一百九十二、《新唐書》卷一百九十六及《茅山志》卷七。❽乙丑　二月二十日。❾黑山　又名殺胡山，在今內蒙古包頭西北。❿朔川　《舊唐書．裴行儉傳》作「朔州」。朔州治所在今山西朔州。⓫蕭嗣業糧運為突厥所掠　不見記載，當在調露元年十月。⓬三百乘　三百輛。乘，古時四馬一車為一乘。⓭陌刀　兵器名，《唐六典》卷十六：「陌刀，長刀也，步兵所持。」⓮勁弩　強弩。弩，用機栝發箭的弓。唐代之弩有七種，即擘張弩、角弓弩、木單弩、大木單弩、竹竿弩、大竹竿弩、伏遠弩。⓯羸兵　老弱之兵。

⑯援　援車。即扶車而行。⑰邀　截擊。⑱掘塹已周　四周濠塹已經挖好。⑲趣使移　催促令移。⑳狼山　即今內蒙古杭錦後旗西北狼山。永徽元年，置狼山州，屬雲中都護府。㉑區處　區分處置。

【語　譯】永隆元年（庚辰　西元六八〇年）

春，二月初八日癸丑，高宗親臨汝州溫泉。十三日戊午，親臨嵩山處士三原人田遊巖的住處。十四日己未，親臨道士宗城人潘師正的住處，高宗和天后、太子都揖拜潘師正。二十日乙丑，返回東都。

三月，裴行儉在黑山大敗突厥，活捉突厥酋長奉職；可汗泥熟匐被他的部眾所殺，拿著他的頭顱前來投降。

當初，裴行儉行軍到朔川，對他的部下說：「用兵的原則是：撫慰將士貴在真誠，制服敵人貴在欺詐。前些日子蕭嗣業運送糧食時被突厥所搶掠，士卒又冷又餓，所以才失敗。眼下突厥必定再次運用這種謀略，我們應該設計欺騙他們。」於是偽裝糧車三百輛，每輛車上埋伏壯士五個，每人拿著長刀和強勁的弓弩，用幾百名羸弱的士兵扶車而行，並且在險要的地方埋伏精兵等待敵方。敵兵果然到來，羸弱的士兵丟棄了糧車而四散逃走。敵人把糧車駕到有水草的地方，解鞍牧馬，打算取走車上的糧食。埋伏的壯士從車裡躍出，攻擊敵人，敵人驚慌逃走，又被埋伏的部隊截擊，連殺帶抓，幾乎全部被消滅，從此以後，運糧行進時，沒有敵人再敢接近。

軍隊到達單于都督府北面，已是黃昏，安營紮寨，已經挖好了四周的溝塹，裴行儉突然下令把營寨轉移到高崗上。將軍們都說士卒已經安住下來，不能再移動。裴行儉不聽從，催促趕快移動。當天晚上，突然來了風雨，先前所紮下的營地，水深到一丈多，將軍們又驚異又佩服，向裴行儉詢問原因，裴行儉笑著說：「從今日起只須聽我命令，不必問我為什麼。」

奉職被活捉後，餘下的部眾逃往狼山固守。高宗下詔派戶部尚書崔知悌乘傳車馳往定襄宣諭慰勞將士，並且處理殘餘的敵人，裴行儉率軍返回。

夏，四月乙丑❶，上幸紫桂宮。○戊辰❷，黃門侍郎聞喜裴炎❸、崔知溫❹、中書侍郎京兆王德真❺並同中書門下三品。知溫，知悌之弟也。

秋，七月，吐蕃寇河源，左武衛將軍黑齒常之擊卻之❻。擢常之為河源軍經略大使。常之以河源衝要，欲加兵戍之，而轉輸險遠，乃廣置烽戍❼七十餘所，開屯田❽五千餘頃，歲收五百餘萬石，由是戰守有備焉。

先是，劍南募兵於茂州，西南築安戎城❾，以斷吐蕃通蠻之路。吐蕃以生羌為鄉導，攻陷其城，以兵據之，由是西洱諸蠻❿皆降於吐蕃。吐蕃盡據羊同、党項⓫及諸羌之地，東接涼、松、茂、嶲等州，南鄰天竺，西陷龜茲、疏勒等四鎮，北抵突厥，地方萬餘里，諸胡之盛，莫與為比⓬。

丙申⓭，鄭州刺史江王元祥⓮薨。○突厥餘眾圍雲州⓯，代州都督竇懷悊⓰、右領軍中郎將程務挺將兵擊破之。

【章旨】以上為第十四段，寫吐蕃極盛，地方萬餘里。

【注釋】❶乙丑　四月二十一日。❷戊辰　四月二十四日。❸裴炎　（？—西元六八四年）字子隆，絳州聞喜（今山西聞喜東北）人，唐高宗死後成為顧命大臣，因與徐敬業叛亂有關而被殺。傳見《舊唐書》卷八十七、《新唐書》卷一百十七。❹崔知溫　（西元六二七—六八三年）許州鄢陵（今河南鄢陵西北）人，唐高宗朝戶部尚書崔知悌之弟，官至中書令。傳見《舊唐書》卷一百八十五上、《新唐書》卷一百六。❺王德真　曾任中書侍郎、太常卿等職。垂拱元年（西元六八九年）流於象州。

事見《新唐書》卷六十一〈宰相上〉、《唐郎官石柱題名考》卷四。❻吐蕃寇河源二句　據《考異》引《實錄》：「吐蕃大將贊婆及素和貴等帥眾三萬進寇河源，屯兵於良非川。辛巳，河西鎮撫大使、中書令李敬玄統眾與賊戰於湟川，官軍敗績。副使、左武衛將軍黑齒常之帥精騎三千，夜襲賊營，殺獲二千餘級，贊婆等遂退。擢常之為河源軍經略大使，詔敬玄留鎮鄯州以為之援。」司馬光認為這一記載不可靠。所以略去了敬玄湟川敗事，只說常之擊卻之。據兩《唐書・吐蕃傳》及〈黑齒常之傳〉等，儀鳳三年九月，李敬玄與吐蕃論欽陵戰於青海。劉審禮率前軍深入，被論欽陵困於濠所。李敬玄懦怯，按兵不救。聽說劉審禮被俘，又急忙後退，為泥溝所阻，只好頓於承風嶺。這時，吐蕃追來，屯高逼下，直壓官軍，情況萬分緊急。黑齒常之率敢死士五百人，夜襲敵營，吐蕃首領跋地設棄軍而逃，李敬玄得以返回鄯州。永隆元年七月，李敬玄與吐蕃贊婆等戰於湟川，被贊婆打敗。在這種情況下，黑齒常之引精騎二千夜襲其軍，斬首二千級，獲羊馬數萬，贊婆等單騎逃去，又使唐軍轉危為安。此外，從黑齒常之職務的升遷也可以證實這一點。儀鳳三年常之是左領軍員外將軍。戰後因有大功，唐高宗歎其才略，擢授左武衛將軍，充河源軍副使。永隆元年，李敬玄又敗，而常之再立戰功，擢為河源軍經略大使。因此，應當相信《實錄》的記載是正確的。❼烽戍　烽燧屯戍。❽屯田　自西漢以來，組織軍隊、農民或商人墾種土地，以供軍餉，稱作屯田。此處「屯田」指以收穫作為軍餉的土地。❾安戎城　在今四川馬爾康東南。❿西洱諸蠻　生活在今雲南西部洱海一帶的少數民族。詳見《新唐書》卷二百二十二下〈兩爨蠻傳〉。⓫党項　西北少數民族，以今四川阿壩一帶為中心，分布在青海、甘肅、四川邊區。⓬莫與為比　沒有能同它相比的。⓭丙申　七月二十四日。⓮江王元祥　唐高祖第二十子。身體高大，貪得無厭。傳見《舊唐書》卷六十四、《新唐書》卷七十九。⓯雲州　州名，治所在今山西大同。⓰竇懷悊　曾官兗州都督，妻為太宗女蘭陵公主。事見《新唐書》卷八十三〈蘭陵公主傳〉、卷二百十五上〈突厥傳〉。

【語　譯】夏，四月二十一日乙丑，高宗到了紫桂宮。○二十四日戊辰，黃門侍郎聞喜人裴炎、崔知溫，中書侍郎京兆人王德真一起為同中書門下三品。崔知溫，是崔知悌的弟弟。

秋，七月，吐蕃侵犯河源，左武衛將軍黑齒常之把他們打退了。擢升黑齒常之為河源軍經略大使。黑齒常之認為河源地處要衝，打算增加兵力戍守，但軍需物資的轉運既危險又遙遠，因此廣為設置烽燧戍所七十多處，開墾屯田五千多頃，每年收穫糧穀五百多萬石，因此作戰或防守都有了後備。

此前，劍南在茂州招募兵員，在西南修建安戎城，以割斷吐蕃通向西南蠻人的道路。吐蕃利用生羌作為嚮導，攻陷安戎城，派兵據守，從此西洱的各蠻人部落都投降了吐蕃。吐蕃全部佔領了羊同、党項和各羌族的地域，東面和涼、松、茂、巂等州相接，南面和天竺為鄰，西面攻陷了龜茲、疏勒等四鎮，北面到達突厥，地域方圓一萬多里，各胡部落中勢力盛大的，沒有一個可以與吐蕃相比。

七月二十四日丙申，鄭州刺史江王李元祥去世。○突厥剩餘部眾包圍雲州，代州都督竇懷悊、右領軍中郎將程務挺率兵打敗了它。

八月丁未❶，上還東都。

中書令、檢校鄯州都督李敬玄軍既敗，屢稱疾請還，上許之。既至，無疾，詣中書視事，上怒，丁巳❷，貶衡州❸刺史。

太子賢聞宮中竊議❹，以賢為天后姊韓國夫人所生，內自疑懼。明崇儼以厭勝之術為天后所信，常密稱「太子不堪承繼，英王❺貌類太宗」，又言「相王❻相最貴」。天后嘗命北門學士撰少陽正範❼及孝子傳以賜太子，又數作書誚讓❽之，太子愈不自安。

及崇儼死，賊不得，天后疑太子所為。太子頗好聲色，與戶奴趙道生等狎昵❾，多賜之金帛，司議郎❿韋承慶上書諫，不聽。天后使人告其事。詔薛元超、裴炎與御史大夫高智周等雜鞫⓫之，於東宮馬坊搜得皁甲⓬數百領⓭，以為反具，道生又款稱太子使道生殺崇儼。上素愛太子，遲回⑭欲宥之，天后曰：「為人子懷逆謀，天地所不容，大義滅親，何可赦也！」甲子⑮，廢太子賢為庶人，遣右監門中郎將⑯令狐智通等送賢詣京師，幽於別所，黨與皆伏誅，仍焚其甲於天津橋⑰南以示士民。承慶，思謙⑱之子也。

乙丑⑲，立左衛大將軍、雍州牧英王哲為皇太子，改元，赦天下。

太子洗馬⑳劉訥言㉑常撰俳諧集㉒以獻賢，賢敗，搜得之，上怒曰：「以六經㉓教人，猶恐不化，乃進俳諧鄙說，豈輔導之義邪！」流訥言於振州㉔。

左衛將軍高真行之子政㉕為太子典膳丞㉖，事與賢連，上以付其父，使自訓責。政入門，真行以佩刀刺其喉，真行兄戶部侍郎審行又刺其腹，真行兄子琁斷其首，棄之道中。上聞之，不悅，貶真行為睦州㉗刺史，審行為渝州㉘刺史。真行，士廉之子也。

左庶子、同[1]中書門下三品張大安坐阿附太子，左遷普州刺史。其餘宮僚，上皆釋其罪，使復位，左庶子薛元超等皆舞蹈拜恩，右庶子李義琰獨引咎涕泣，時論美之。

九月甲申㉙，以中書侍郎、同中書門下三品王德真為相王府長史㉚，罷政事。

冬，十月壬寅㉛，蘇州刺史曹王明㉜，沂州刺史嗣蔣王煒㉝，皆坐故太子賢之黨，明降封零陵郡王，黔州安置；煒除名，道州㉞安置。

丙午㉟，文成公主薨于吐蕃㊱。○己酉㊲，車駕西還。

十一月壬申朔㊳，日有食之。

【章旨】以上為第十五段，寫武則天迫使高宗廢太子李賢，興大獄。

【注釋】❶丁未　八月初五日。❷丁巳　八月十五日。❸衡州　州名，治所衡陽，在今湖南衡陽。❹竊議　暗地議論。❺英王　即李顯。❻相王　即李旦。❼少陽正範　書名，意為太子學習的典範。凡三十卷。少陽，指東宮、太子。❽誚讓　責讓。❾狎昵　狎習親昵。❿司議郎　官名，隸屬東宮，正六品上，掌侍從、規諫、駁正、啟奏，並錄東宮記注。⓫雜鞫　共同推審。⓬皁甲　黑色的鎧甲。⓭領　與「襲」相同，是甲的數量單位。⓮遲回　遲延不決。⓯甲子　八月二十二日。⓰右監門中郎將　岑仲勉認為「右監門中郎將」為「左監門中郎將」之誤。見《通鑑隋唐紀比事質疑》。⓱天津橋　在今河南洛陽舊城西南隋唐皇城正南洛水之上。據《元和郡縣志》，此橋建於隋而固於唐。唐人由京師長安至東都洛陽，大都要經過天津橋。因過往行人很多，故於此焚甲示民。後來也常在此梟首示眾。⓲思謙　韋思謙，鄭州陽武（今河南原陽）人，頗得唐高宗親重，武周時封博昌縣男，官至宰相。有二子，承慶為大。傳見《舊唐書》卷八十八、《新唐書》卷一百十六。⓳乙丑　八月二十三日。⓴太子洗馬　太子屬官，從五品下，掌司經局，負責四庫圖籍繕寫、刊輯之事。㉑劉訥言　高宗乾封間曾官都水監主簿，以《漢書》授李賢。李賢為太子，擢升洗馬兼侍讀。傳見《舊唐書》卷一百八十九上、《新唐書》卷一百九十八。㉒俳諧集　猶笑話集。據《新唐書・藝文志三》，該書共十五卷。㉓六經　儒家的六部經典著作。即《詩》、《書》、《禮》、《樂》、《易》、《春秋》。㉔振州　治所在今海南三亞西。《新唐書・劉訥言傳》，劉訥言被除名為民，「復坐事流死振州」。㉕高真行之子政　高真行，太宗朝宰相高士廉之子，事見《舊唐書》卷六十五〈高士廉傳〉、《新唐書》卷九十五〈高儉傳〉。政，兩《唐書・士廉傳》作「岐」。㉖典膳丞　東宮典膳局屬吏，掌進膳嘗食，輪直廚事，正六品上。㉗睦州　州名，治所在今浙江淳安西。㉘渝

州　州名，治所在今重慶市。㉙甲申　九月十三日。㉚相王府長史　官名，據《舊唐書・職官志》，親王府長史一人，從四品上，掌統領府僚，紀綱職務。㉛壬寅　十月初一日。㉜曹王明　太宗第十四子。傳見《舊唐書》卷七十六、《新唐書》卷八十。㉝蔣王煒　蔣王惲之子。㉞道州　治所在今湖南道縣西。㉟丙午　十月初五日。㊱文成公主薨于吐蕃　在吐蕃凡四十年。㊲己酉　十月初八日。㊳壬申朔　十一月初一日。

【校記】1同　原無此字。據章鈺校，十二行本、乙十一行本、孔天胤本皆有此字，今據補。

【語譯】八月初五日丁未，高宗返回東都。

中書令、檢校鄯州都督李敬玄在軍隊失敗後，多次說有病，請求返回朝廷，高宗答應了。回到朝廷後，並沒有疾病，而到中書省處理政事，高宗很生氣，八月十五日丁巳，把他貶為衡州刺史。

太子李賢聽到宮中私下議論，說李賢是天后的姐姐韓國夫人所生，自己心中疑懼。明崇儼以詛咒之術被天后所信賴，常常暗中向天后說「太子能力不堪繼承皇位，英王相貌像太宗」，又說「相王的相貌最高貴」。天后曾經命令北門學士撰著《少陽正範》和《孝子傳》賜給太子，又多次寫信責備他，太子愈益不安。

及至明崇儼死了，找不到兇手，天后懷疑是太子幹的。太子非常愛好樂舞和美色，與家奴趙道生等人狎習親昵，把很多金帛賜給趙道生等人，司議郎韋承慶上書勸告太子，太子不聽。天后派人把太子的事情告訴高宗。高宗詔令薛元超、裴炎和御史大夫高智周等人一起審問此事，在東宮馬坊裡搜到幾百件黑色鎧甲，認為是謀反的器具，趙道生又服罪說是太子命令自己殺死明崇儼。高宗素來寵愛太子，猶豫徘徊，想要寬宥太子。天后說：「為人之子卻心懷逆謀，是天地所不能容忍的，應該大義滅親，怎麼可以赦免！」八月二十二日甲子，把太子李賢廢為庶人，派遣右監門中郎將令狐智通等人把李賢送到京師，幽禁在別室，太子的同黨都被處死，又在天津橋南焚毀搜到的黑色鎧甲，向士民宣示。韋承慶，是韋思謙的兒子。

八月二十三日乙丑，立左衛大將軍、雍州牧英王李哲為皇太子，改換年號，大赦天下。

太子洗馬劉訥言曾經編寫《俳諧集》獻給李賢，李賢事敗後，搜到了這本書，高宗生氣地說：「用《六經》教育人，還擔心不能教化，居然還進獻戲謔取笑的粗鄙言辭，這難道是輔導人的正確道理嗎！」把劉訥言流放到振州。

左衛將軍高真行的兒子高政擔任太子典膳丞，和李賢的事件相牽連，高宗把高政交給他父親，讓他父親自己訓責。高政一進家門，高真行拿佩刀刺他的咽喉，高真行的哥哥戶部侍郎高審行又刺他的腹部，高真行哥哥的兒子高琁砍掉了他的頭顱，丟棄在路上。高宗聽到了，心裡不高興，把高真行貶為睦州刺史，高審行貶為渝州刺史。高真行，是高士廉的兒子。

左庶子、同中書門下三品張大安因為阿附太子獲罪，降職為普州刺史。其他的東宮官屬，高宗都不再追究他們的罪過，讓他們恢復原職，左庶子薛元超等人都手舞足蹈，拜受高宗恩典，右庶子李義琰卻獨自引咎涕哭，當時的議論都讚美他。

九月十三日甲申，任命中書侍郎、同中書門下三品王德真為相王府長史，停止處理政事。

冬，十月初一日壬寅，蘇州刺史曹王李明、沂州刺史嗣蔣王李煒，都因為是前太子李賢的同黨牽連獲罪，李明降封為零陵郡王，安置在黔州，李煒被免除做官的身分，安置在道州。

十月初五日丙午，文成公主在吐蕃去世。○初八日己酉，高宗車駕西行回京。

十一月初一日壬申，發生日蝕。

開耀元年（辛巳　西元六八一年）

春，正月，突厥寇原、慶等州❶。乙亥❷，遣右衛將軍李知十等將兵[1]屯涇、慶❸二州以備突厥。

庚辰❹，以初立太子，敕宴百官及命婦❺於宣政殿❻，引九部伎❼及散樂❽自宣政門入。太常博士袁利貞⑨上疏，以為「正寢⑩非命婦宴會之地，路門⑪非倡優進御之所，請命婦會於別殿，九部伎自東西門入，其散樂伏望停省。」上乃更命置宴於麟德殿⑫。宴日，賜利貞帛百段。利貞，昂之曾孫也。

利貞族孫誼為蘇州刺史，自以其先自宋太尉淑以來，盡忠帝室⑬，謂琅邪王氏雖奕世台鼎⑭，而為歷代佐命⑮，恥與為比，嘗曰：「所貴於名家者，為其世篤忠貞，才行相繼故也。彼鬻婚姻求祿利者，又烏足⑯貴乎！」時人是其言⑰。

裴行儉軍既還，突厥阿史那伏念⑱復自立為可汗，與阿史德溫傅連兵為寇。癸巳⑲，以行儉為定襄道大總管，以右武衛將軍曹懷舜、幽州都督李文暕為副，將兵討之。

二月，天后表請赦杞王上金、鄱陽王素節之罪，以上金為沔州⑳刺史，素節為岳州㉑刺史，仍不聽朝集㉒。

三月辛卯㉓，以劉仁軌兼太子少傅㉔，餘如故。以侍中郝處俊為太子少保，罷政事。

少府監㉕裴匪舒，善營利，奏賣苑中馬糞，歲得錢二十萬緡。上以問劉仁軌，對曰：「利則厚矣，恐後代稱唐家賣馬糞，非嘉名也。」乃止。匪舒又為上造鏡殿，成，上與仁軌觀之，仁軌驚趨下殿。上問其故，對曰：「天無二日，土無二王㉖，適視㉗四壁有數天子，不祥孰甚焉㉘！」上遽令剔去。

曹懷舜與裨將竇義昭將前軍擊突厥。或告「阿史那伏念與阿史德溫傅在黑沙㉙[2]，左右纔二十騎以下，可徑往取也。」懷舜等信之，留老弱於瓠盧泊㉚，帥輕銳倍道進，至黑沙，無所見，人馬疲頓，乃引兵還。會薛延陀部落欲西詣伏念，遇懷舜軍，因請降。懷舜等引兵徐還，至長城北，遇溫傅，小戰，各引去。至橫水㉛，遇伏念，懷舜、義昭與李文暕及裨將劉敬同四軍合為方陳，且戰且行。經一日，伏念乘便風㉜擊之，軍中擾亂，懷舜等棄軍走，軍遂大敗，死者不可勝數。懷舜等收散卒，斂金帛以賂伏念，與之約和，殺牛為盟。伏念北去，懷舜等乃得還。

夏，五月丙戌㉝，懷舜免死，流嶺南。

【章旨】以上為第十六段，寫突厥大敗唐軍。

【注釋】❶原慶等州　今寧夏固原、甘肅慶陽一帶。❷乙亥　正月初五日。❸涇慶　涇州治所在今甘肅涇川縣北涇河北岸，慶州治所在今甘肅慶陽。❹庚辰　正月初十日。❺命婦　受有封號的婦女。❻宣政殿　皇帝常朝之處。在大明宮含元殿之北。❼九部伎　本為樂舞名。指〈燕樂伎〉、〈清商伎〉、〈西涼伎〉、〈天竺伎〉、〈高麗伎〉、〈龜茲伎〉、〈安國伎〉、〈疏勒伎〉和〈康國伎〉。此處指九部樂的演奏者。❽散樂　即百戲。有跳鈴、擲劍、戲繩、緣竿等節目。見《新唐書》卷二十一〈禮樂志〉十一及《唐會要》卷三十三〈散樂〉。❾袁利貞　梁司空袁昂之曾孫，官至祠部員外郎。事見《舊唐書》卷一百九十上〈袁朗傳〉、《新唐書》卷二百一〈袁朗傳〉。❿正寢　路寢；正居；正殿。此謂宣政殿。⓫路門　靠近路寢之門。此謂宣政門，是進入宣政殿的正門。⓬麟德殿　在大明宮翰林院之東。遺址已被發現，詳見《唐長安大明宮》。⓭自宋太尉淑以來二句　袁淑死於宋劉劭之亂，袁顗以死奉子勳，袁昂盡節於齊室，袁憲冒死護陳後主。事詳《宋書》卷七十〈袁淑傳〉、卷八十四〈袁顗傳〉、《梁書》卷三十一〈袁昂傳〉、《陳書》卷二十四〈袁憲傳〉。⓮奕世台鼎　累世宰相。古代稱三公或宰相為台鼎，意思是說職位重要，猶星有三台，鼎足而立。⓯歷代佐命　琅邪王氏毗贊晉室，而王弘為宋室佐命，王儉為齊室佐命，梁室之興、侯景之亂，王亮、王克為勸進之首。事詳《晉書》卷六十五〈王導傳〉、《宋書》卷四十二〈王弘傳〉、《南齊書》卷二十三〈王儉傳〉、《梁書》卷十六〈王亮傳〉、《南史》卷二十三〈王誕傳〉。⓰烏足　何足。⓱時人是其言　當時人們認為袁誼所言是對的。⓲阿史那伏念　突厥頡利可汗從兄之子。⓳癸巳　正月二十三日。⓴沔州　州名，治所在今湖北武漢漢陽鎮。㉑岳州　治所在今湖南岳陽。㉒不聽朝集　不許充當朝集使進見皇帝。㉓辛卯　三月二十二日。㉔太子少傅　東宮屬官，正二品，與太子少師、少保謂之「三少」，均掌教諭太子。㉕少府監　官名，從三品，掌百工伎巧之政令。㉖天無二日二句　比喻權柄統一，不能兩者並存。語出《禮・曾子問》。㉗適視　剛才看見。㉘不祥孰甚焉　不祥之事沒有能再超過這樣的，即這是最不吉祥的事。㉙黑沙　城名，後突厥默啜以為南庭。今址不詳。㉚瓠蘆泊　湖泊名，其地不詳。㉛橫水　地名，當在今內蒙古包頭北。㉜便風　順風。㉝丙戌　五月十八日。

【校　記】①將兵　原無此二字。據章鈺校，十二行本、乙十一行本、孔天胤本皆有此二字，張敦仁《通鑑刊本識誤》同，今據補。②黑沙　據章鈺校，十二行本、乙十一行本、孔天胤本「沙」下皆有「北」字。

【語　譯】開耀元年（辛巳　西元六八一年）

春，正月，突厥侵犯原、慶等州。初五日乙亥，派遣右衛將軍李知十等人率軍駐紮涇、慶二州，以防備突厥。

正月初十日庚辰，因為剛立太子，高宗下令在宣政殿宴請百官和命婦，引領九部樂歌伎和百戲倡優從宣政門進入。太常博士袁利貞上疏，認為「正寢不是命婦宴會之地，路門不是倡優進入獻技之處，請讓命婦在別殿宴集，九部樂歌伎從東西門進入，希望停止那些百戲雜技。」高宗就改令在麟德殿設置宴席。宴會當天，賜給袁利貞布帛一百段。袁利貞，是袁昂的曾孫。

袁利貞的族孫袁誼是蘇州刺史，自以為先祖從宋太尉袁淑以來，盡忠帝室，認為琅邪王氏雖然累世三公，為歷朝輔助國君創業的大臣，但恥於和琅邪王氏相提並論，曾經說：「人們重視名門家庭，是因為他們的世代篤行忠貞，才能、德行相承的緣故。那些買賣婚姻追求利祿的人，又有什麼可貴的呢！」當時的人都贊同他的話。

裴行儉軍隊返回後，突厥阿史那伏念又自立為可汗，和阿史德溫傅連兵寇掠。正月二十三日癸巳，任命裴行儉為定襄道大總管，任命右武衛將軍曹懷舜、幽州都督李文暕為副總管，率軍討伐突厥。

二月，天后上表請求赦免杞王李上金、鄱陽王李素節的罪過，任命李上金為沔州刺史，李素節為岳州刺史，仍然不允許他們為朝集使進見皇帝。

三月二十二日辛卯，任命劉仁軌兼任太子少傅，其他官職依舊。任命侍中郝處俊為太子少保，停止處理政事。

少府監裴匪舒善於經營獲利，上奏高宗賣掉宮苑中的馬糞，每年可以得到二十萬緡錢。高宗拿這件事問劉仁軌，劉仁軌回答說：「利潤倒是很豐厚，但恐怕後世說唐家賣馬糞，不是好名聲。」賣馬糞之事，便中止了。裴匪舒又為高宗修建鏡殿，建成後，高宗和劉仁軌一起觀看，劉仁軌驚恐地快步走出鏡殿。高宗詢問其中原因，劉仁軌回答說：「天上沒有兩個太陽，地上沒有兩個帝王，剛才看到四壁有好幾個天子，還有比這更不祥的事嗎！」高宗馬上命令把鏡子拿掉。

曹懷舜和裨將竇義昭統率前軍攻打突厥。有人報告「阿史那伏念和阿史德溫傅在黑沙，身邊僅有不滿二十個騎兵，可以直接前往攻取」。曹懷舜等人相信了，把老弱士卒留在瓠蘆泊，率領輕裝精兵兼程前進，到達黑沙，什麼也沒有見到，人馬疲憊，便率兵返回。適逢薛延陀部落打算西往阿史那伏念處，遇到曹懷舜的部隊，因此請求投降，曹懷舜等人率軍慢慢回返，到了長城北面，遇上阿史德溫傅，進行了一場小戰事，各自帶兵離去。到達橫水，遇到阿史那伏念，曹懷舜、竇義昭和李文暕以及裨將劉敬同，四支部隊結成方陣，一面作戰一面行進。經過一天，阿史那伏念利用順風攻擊唐軍，唐軍發生混亂，曹懷舜等人扔下部隊逃走，唐軍大敗，死亡的士卒數也數不清。曹懷舜等人搜尋散卒，收聚黃金布帛用以賄賂伏念，與他簽約和好，殺牛立盟。阿史那伏念北去，曹懷舜等人才得以回返。

夏，五月十八日丙戌，曹懷舜免除死罪，流放到嶺南。

己丑❶，河源道經略大使黑齒常之將兵擊吐蕃論贊婆於良非川❷，破之，收其糧畜而還。常之在軍七年，吐蕃深畏之，不敢犯邊。

初，太原王妃之薨❸也，天后請以太平公主❹為女官❺以追福。及吐蕃求和親，請尚太平公主，上乃為立太平觀❻，以公主為觀主以拒之。至是，始選光祿卿汾陰薛曜之子紹❼尚焉。紹母，太宗女城陽公主也。

秋，七月，公主適薛氏❽，自興安門❾南至宣陽坊❿西，燎炬相屬⓫，夾路槐木多死。紹兄顗以公主寵盛，深憂之，以問族祖戶部郎中克構，克構曰：「帝甥尚主，國家故事，苟以恭慎行之，亦何傷！然諺曰：『娶婦得公主，無事取官府。』不得不為之懼也。」

天后以顗妻蕭氏及顗弟緒妻成氏非貴族，欲出之，曰：「我女豈可使與田舍女為妯娌邪！」或曰：「蕭氏，瑀之姪孫，國家舊姻⓬。」乃止。

夏州羣牧使⑬安元壽奏：「自調露元年九月以來，喪馬一十八萬餘匹，監牧吏卒為虜所殺掠者八百餘人。」

薛延陀達渾等五州四萬餘帳來降⑭。○甲午⑮，左僕射兼太子少傅、同中書門下三品劉仁軌固請解僕射，許之。

閏七月丁未⑯，裴炎為侍中，崔知溫、薛元超並守⑰中書令。

上徵田遊巖為太子洗馬，在東宮無所規益⑱。右衛副率⑲蔣儼⑳以書責之曰：「足下負巢、由之俊節㉑，傲唐、虞之聖主，聲出區宇，名流海內。主上屈萬乘㉒之重，申三顧之榮㉓，遇子以商山之客㉔，待子以不臣之禮，將以輔導儲貳，漸染芝蘭㉕耳。皇太子春秋鼎盛，聖道未周，僕以不才，猶參庭諍，足下受調護之寄㉖，是可言之秋，唯唯㉗而無一談，悠悠以卒年歲。向使不餐周粟，僕何敢言㉘！祿及親矣，以何酬塞？想為不達，謹書起予㉙。」遊巖竟不能答。

庚申㉚，上以服餌，令太子監國。

裴行儉軍于代州之陘口㉛，多縱反間，由是阿史那伏念與阿史德溫傅浸相猜貳。伏念留妻子輜重於金牙山㉜，以輕騎襲曹懷舜。行儉遣裨將何迦密自通漢道、程務挺自石地道掩取之。伏念與曹懷舜[1]約和而還㉝，比至金牙山，失其妻子輜重，士卒多疾疫，乃引兵北走②細沙，行儉又使副總管劉敬同、程務挺等將單于府兵追躡之。伏念請執溫傅以自效㉞，然尚猶豫，又自恃道遠，唐兵必不能至，不復設備。敬同等軍到，伏念狼狽，不能整其眾，遂執溫傅，從間道㉟詣行儉降。候騎告以塵埃③漲天而至，將士皆震恐，行儉曰：「此乃伏念執溫傅來降，非他盜也。然受降如受敵㊱，不可無備。」乃命嚴備，遣單使迎前勞之。少選㊲，伏念果帥酋長縛溫傅詣軍門㊳請罪。行儉盡平突厥餘黨，以伏念、溫傅歸京師。

冬，十月丙寅朔㊴，日有食之。

壬戌㊵，裴行儉等獻定襄之俘。乙丑㊶，改元。丙寅㊷，斬阿史那伏念、阿史德溫傅等五十四人於都市。

初，行儉許伏念以不死，故降。裴炎疾行儉之功，奏言：「伏念為副將張虔勗、程務挺所逼，又回紇等自磧北南向逼之，窮窘而降耳。」遂誅之。行儉歎曰：「渾、濬爭功㊸，古今所恥。但恐殺降，無復來者。」因稱疾不出。

丁亥㊹，新羅王法敏卒，遣使立其子政明。

十一月癸卯㊺，徙故太子賢於巴州㊻。

【章　旨】以上為第十七段，寫裴行儉率唐軍再次大破突厥。

【注　釋】❶己丑　五月二十一日。❷良非川　在青海東部。❸太原王妃之薨　時在咸亨元年（西元六七〇年）八月二日。❹太平公主　（約西元六六七—七一三年）唐高宗第三女，武則天所生。初降薛紹，後嫁武攸暨。中宗、睿宗時參與朝政，權勢很大。玄宗時被殺。傳見《舊唐書》卷一百八十三、《新唐書》卷八十三。❺女官　即女道士。唐代官方文書一般稱之為女冠。❻太平觀　在長安城內大業坊內。儀鳳二年吐蕃入侵，並求太平公主和親，高宗令利用宋王元禮宅建觀，使公主出家，以示不嫁。❼薛曜之子紹　薛紹之父不是薛曜。薛曜係高宗朝宰相薛元超之子，官至正諫大夫，未曾尚城陽公主。見《舊唐書》卷七十三〈薛收傳〉、《新唐書》卷九十八〈薛收傳〉。城陽公主嫁薛瓘，《唐會要》卷六、《新唐書》卷八十三所載並同。據《新唐書》卷七十三下〈宰相世系表〉，薛紹為薛瓘之子。薛曜當為薛瓘之誤。❽公主適薛氏　指太平公主下嫁薛紹。適，出嫁。❾興安門　大明宮南面五門之一。大明宮南面五門，正南曰丹鳳門，西曰建福門，次曰興安門。❿宣陽坊　東為東市，西為崇義坊，南為親仁坊，北為平康坊，萬年縣治在此。自興安門至宣陽坊要經過光宅、永昌、永興、崇仁、平康教坊之地。太平公主出降，婚席設在萬年縣廨。⓫燎炬相屬　火把相接。⓬蕭氏三句　蕭瑀為唐高祖、唐太宗兩朝宰相，其子蕭銳尚唐太宗女襄城公主。見《舊唐書》卷六十三〈蕭瑀傳〉、《新唐書》卷一百一〈蕭瑀傳〉。⓭羣牧使　官名，《唐會要》卷六十六：「儀鳳三年十月，太僕少卿李思文檢校隴右諸牧監使，自茲始有使號。」羣牧使有四，分南、北、東、西四面統領諸牧監。夏州羣牧使統北面諸牧監。⓮薛延陀達渾等五州四萬餘帳來降　《新唐書》卷四十三下〈地理志七下〉：「達渾都督府，以延陀部落置，僑治寧朔。」達渾都督所領五州為：姑衍州、步訖若州、嵠彈州、鶻州、低粟州。⓯甲午　七月二十七日。⓰丁未　閏七月十一日。⓱守　代理。⓲規益　規諫和幫助。⓳右衛副率　官名，即太子右衛率府副率，從四品上，掌東宮兵仗羽衛之政令。⓴蔣儼　曾出使高麗，固守節操。為蒲州刺史，號良二千石。老年官太子右衛副率。傳見《舊唐書》卷一百八十五上、《新唐書》卷一百。㉑巢由之俊節　巢父、許由俊美的節操。傳說巢父是唐堯時的隱士，在樹上架巢而居。堯把天下讓給他，他推而不受。於是堯又讓天下給許由，許由也不接受，隱於箕山。見《漢書．古今人表》及晉皇甫謐《高士傳》。㉒萬乘　指天子。周制，天子地方千里，出兵車萬乘；諸侯地方百里，出兵車千乘。因此，人們往往把萬乘作為天子的代稱。㉓申三顧之榮　用劉備三顧茅廬之典。唐高宗遊嵩山，曾至田遊巖之室。㉔遇子以商山之客　把你同商山四皓一樣看待。商山四皓是指漢初隱居商山的東園公、綺里季、夏黃公、甪里先生。據說四皓曾輔導太子。見《漢書》卷四十〈張良傳〉。㉕芝蘭香草。比喻美善。㉖受調護之寄　受調教護理太子之任。語出《漢書・張良傳》：「高帝謂四皓曰：『煩公幸卒調護太子。』」㉗唯唯　猶「是，是」。指謙卑的應答。㉘向使不餐周粟二句　假如當初你不拿國家的俸祿，我怎麼敢這樣說你。不餐周粟，用伯夷、叔齊採薇西山之典。㉙想為不達二句　意謂我想不明白，恭謹地寫信啟發你。起予，語出《論語・八佾》。本來是啟發我的意思，此處意為啟發你。㉚庚申　閏七月二十四日。㉛陘口　即陘嶺關口，在今山西代縣西北。㉜金牙山　胡三省注云，突厥之初，建牙於金山，其後分為東西突厥，凡建牙之地，率謂之金牙山。蘇定方直抵金牙山，擒賀魯，此西突厥可汗所居之金牙山也；裴行儉遣程務挺等掩金牙山，取伏念妻子，此東突厥可汗所居之金牙山也。可汗所居謂之金帳，故亦以金牙言之。㉝伏念與曹懷舜約和而還　此事已載於本書本年三月條。此處為追敘三月戰況，與前面所載頗有重複，又未加「初」字或其他同義詞語，使人容易產生曹懷舜五月流嶺南，閏七月再敗於突厥的錯覺。岑仲勉認為此段改為「……浸相猜貳，方伏念襲懷舜時，行儉遣裨將何迦密自通漠道、程務挺自石地道趣金牙山，掩取其妻子輜重，比伏念還，無所歸……」為妥。見《通鑑隋唐紀比事質疑》。㉞自效　猶立功贖罪。㉟間道　偏僻小路。㊱如受敵　如同迎戰敵人。㊲少選　一會兒。㊳軍門　營門。㊴丙寅朔　十月初一日。㊵壬戌　十月丙寅朔，無壬戌。據《新唐書》卷三，裴行儉獻俘在九月壬戌，即九月二十七日。㊶乙丑　十月無乙丑。《新唐書・高宗紀》作九月乙丑，即九月三十日。《唐會要》卷一作「十月六日」改元。待考。㊷丙寅　即十月一日。與「丙寅朔」重複。㊸渾濬爭功　指西晉伐吳將領王渾與王濬爭功。王濬咸寧五年（西元二七九年）率兵攻入吳都，官至撫軍大將軍。王渾與王濬協同作戰，在橫江打敗吳軍後不敢渡江，及王濬凱旋，又愧恨不平。事見本書卷八十一晉武帝太康元年。又見《晉書》卷四十二〈王渾傳〉、〈王濬傳〉。㊹丁亥　十月二十二日。㊺癸卯　十一月初八日。㊻巴州　州名，治所在今四川巴中。

【校　記】[1]曹懷舜　據章鈺校，十二行本、乙十一行本、孔天胤本「舜」下皆有「等」字。[2]走　據章鈺校，十二行本、乙十一行本、孔天胤本此下皆有「保」字。[3]塵埃　據章鈺校，十二行本、乙十一行本、孔天胤本皆作「煙塵」。

【語　譯】五月二十一日己丑，河源道經略大使黑齒常之率兵在良非川攻打吐蕃論贊婆，把他打敗了，收聚吐蕃的糧食、牲畜而返回。常之在軍七年，吐蕃深為畏懼，不敢侵犯邊境。

當初，太原王武士彠之妃去世時，天后請以太平公主為女道士，以求冥福。及至吐蕃要求和親，請求娶太平公主。高宗便為公主建立太平觀，任命公主為太平觀住持，以此來拒絕吐蕃。到這時，才選擇嫁給光祿卿汾陰人薛曜的兒子薛紹。薛紹的母親是太宗女兒城陽公主。

秋，七月，公主出嫁薛氏，從興安門南面直到宣陽坊西邊，燃燒的火炬連綿不斷，沿路兩旁的槐樹大多被熏烤死了。薛紹哥哥薛顗由於公主尊寵隆盛，深為憂慮，就向族中長輩戶部郎中薛克構請教。薛克構說：「皇帝外甥娶公主，是國家的舊制，如果以謙恭謹慎的態度去做，有什麼妨害呢！可是諺謠說：『娶得公主做媳婦，不要去做打擾朝廷的事。』不能不小心警惕啊。」

天后認為薛顗的妻子蕭氏和薛顗弟弟薛緒的妻子成氏不是貴族，要休掉她們，說：「我怎麼可以讓我女兒與農家女做妯娌呢！」有人說：「蕭氏是蕭瑀的姪孫，和皇家早為姻親。」天后才沒有休掉她們。

夏州羣牧使安元壽上奏：「從調露元年九月以來，夏州喪失了十八萬多匹馬，監管放牧的吏卒被敵人所殺害劫掠的有八百多人。」

薛延陀達渾等五州四萬多帳幕前來投降。〇七月二十七日甲午，左僕射兼太子少傅、同中書門下三品劉仁軌堅決請求免除僕射的官職，高宗答應了。

閏七月十一日丁未，裴炎擔任侍中，崔知溫、薛元超都代理中書令。

高宗徵召田遊巖為太子洗馬，他在太子宮裡沒有什麼規諫和幫助。右衛副率蔣儼用書信責備他說：「足下有巢父、許由的俊美節操，又傲視聖主唐堯、虞舜，聲譽超越宇外，名聲流布海內。國君委屈萬乘之尊，對您表達三顧茅廬那樣的榮寵，禮遇您如同商山四皓，不用臣下禮節對待先生，準備讓您輔導太子，使太子逐漸受到芝蘭般的薰陶。皇太子正當盛年，對神聖的道理尚未周知，我以不才之身，還在宮廷中加以諍諫。足下接受訓導太子的寄託，正是可以諫言的時候。您只知道說是的是的，而沒有一次進言，悠哉悠哉混日子。如果足下像伯夷、叔齊一樣不食周粟不做官，我就不敢說什麼！但足下的俸祿用以養親，該拿什麼酬報朝廷？我想不明白，才寫信啟發您。」田遊巖最終不能回答。

閏七月二十四日庚申，高宗因為要服藥，命令太子監理國家大政。

裴行儉軍隊駐軍在代州的陘口，派出很多從事反間計的間諜，因此阿史那伏念和阿史德溫傅漸漸地相互猜疑。阿史那伏念把妻兒和輜重留在金牙山，用輕騎兵襲擊曹懷舜。裴行儉派遣裨將何迦密從通漢道、程務挺從石地道襲擊。阿史那伏念和曹懷舜相約和好而返回，到達金牙山時，失去了妻兒和輜重，士卒多患疾病，只好帶兵向北逃到細沙，裴行儉又派副總管劉敬同、程務挺等人統率單于府的部隊緊緊追擊。阿史那伏念請求抓獲阿史德溫傅來立功贖罪，然而心裡還在猶豫不決，又自恃路途遙遠，唐兵必定到達不了這裡，所以就不再防備。劉敬同等人的部隊到了，阿史那伏念狼狽不堪，無法調動部眾，於是抓獲了阿史德溫傅，從小路前往裴行儉處投降。偵察的騎兵報告說塵埃漫天而來，將士們都很驚恐，裴行儉說：「這是阿史那伏念擒獲阿史德溫傅前來投降，不是其他盜賊。可是接受投降如同遭遇敵人，不能沒有防備。」就命令嚴加戒備，派遣一個使者前往迎接慰勞。不一會兒，阿史那伏念果然率領酋長捆綁阿史德溫傅到軍門請罪。裴行儉全部平定了突厥餘黨，把阿史那伏念、阿史德溫傅帶回京師。

冬，十月初一日丙寅，發生日蝕。

壬戌日，舉行裴行儉等人獻定襄之俘的儀式。乙丑日，改換年號。十月初一日丙寅，在都市上斬殺阿史那伏念、阿史德溫傅等五十四人。

當初，裴行儉許諾不處死阿史那伏念，所以阿史那伏念才投降。裴炎嫉妒裴行儉的功勞，上奏說：「伏念是被副將張虔勗、程務挺所逼，加上回紇等從大漠北方向南侵逼，走投無路才投降。」因此殺了阿史那伏念。裴行儉感歎說：「王渾、王濬爭功，古今所恥。只恐怕殺死投降的人，沒有人再來投降了。」因此藉口生病不出家門。

十月二十二日丁亥，新羅王法敏死了，派遣使者立他的兒子政明為王。

十一月初八日癸卯，把前太子李賢遷徙到巴州。

【研　析】本卷集中研析「二聖」並立，武則天兩廢太子的事件。相關研析高宗八位皇子的命運，旨在揭示武則天為何狠心殘害骨肉的深層社會原因。

高宗有八子，其中武則天親生四子。武則天所生長子李弘，次子李賢，三子李顯，四子李旦。武則天入宮之前，高宗已有四子，長子李忠，次子李孝，三子李上金，四子李素節。長子李忠在高宗永徽三年（西元六五二年）被冊立為皇太子，這是大臣長孫無忌等為了保護王皇后對付武則天即將生子的一個預防措施，武則天當然記恨在心。因此，武則天當了皇后以後，首先便拿太子開刀。顯慶元年（西元六五六年）正月，即武則天登上皇后位才三個月，便指使許敬宗上疏，廢太子忠為梁王，立她自己所生長子代王李弘為皇太子。顯慶五年，又將梁王李忠廢為庶人，流放到黔州，囚禁於唐太宗故太子李承乾的舊居。麟德元年（西元六六四年），藉上官儀草詔廢后事件，又指使人誣告庶人李忠謀反，並將其賜死於流放地。李忠死時年僅二十二歲。高宗庶出第二子原王李孝，顯慶三年武則天將其貶為遂州刺史。麟德元年，李孝在故太子李忠被害後不久，不明不白死去。高宗庶出第三子澤王李上金、第四子許王李素節，高宗死後被武則天所害。李素節是蕭淑妃所生，更是武則天的眼中刺。天授元年（西元六九〇年），武則天登上皇位，為所欲為，以謀反罪誅殺李上金、李素節，同時殺掉李上金的七個兒子，李素節的九個兒子。

武則天誅殺高宗庶出四子，這裡只是相關論及。本卷所載兩廢太子，不包括故太子李忠，而是指武則天己出的太子李弘和太子李賢。武則天何以殘滅親生子，這才是研析的本旨。

先說太子李弘被廢。

上元二年（西元六七五年）太子李弘偶然在宮中見到了義陽、宣城兩位公主，她們都是蕭淑妃所生，一直被禁閉在後宮，已經三十多歲，不准嫁人。太子李弘將此事稟告了唐高宗，請求將兩公主嫁出去，唐高宗應允了。武則天得知此事，怒不可遏，她雖然即日打發兩公主出嫁，但同時派人將太子李弘毒殺於合璧宮。

李弘是武則天親生的長子，四歲立為皇太子，死年二十四歲。李弘在太子位上二十年，未聞有過，且有賢孝之名。高宗患風疾，不滿於自己的傀儡地位，準備禪位給太子。武則天恰恰在此時毒死太子，這絕不是偶然的。太子李弘之死，只不過是唐高宗與武則天爭奪政權鬥爭的犧牲品。由於太子無過，武則天只能採取毒殺的手段。太子弘死後，唐高宗十分傷心，下令為太子弘營建恭陵，以天子之禮殯葬，並親自撰寫〈睿德紀〉悼唁太子，自書於碑石，樹於陵側。

再說太子李賢被廢。

太子李弘死後，同年六月，高宗立武則天所生次子李賢為太子。李賢聰明好學，處事果斷，曾召集當時一些著名文人學士注解范曄《後漢書》，於儀鳳元年（西元六七六年）進上，高宗大喜，親自褒獎。太子李賢的賢能，遭到親生母武則天的猜忌。武則天處心積慮要剪除太子，清掃自己皇帝路上的絆腳石。武則天一方面指使人大造輿論說第三子李顯長得像唐太宗，有天生的天子像。又說李賢不是皇后所生，而是皇后之姐韓國夫人所生。一方面又多次下書指責太子李賢，並為李賢造《少陽正範》及《孝子傳》，教誨李賢盡忠盡孝，彷彿是說李賢不忠不孝。李賢惴惴不安，無所措手腳。曾作〈黃臺瓜辭〉以感悟皇后。辭曰：「種瓜黃臺下，瓜熟子離離。一摘使瓜好，再摘令瓜稀。三摘猶尚可，四摘抱蔓歸。」李賢譜曲令樂工歌唱，向武則天諷諭，如果把自己的親生兒子都殺掉，只剩下瓜藤對自己有什麼好處呢？

李賢的〈黃臺瓜辭〉沒能讓母后回心轉意。調露二年（西元六八〇年），武則天藉口在東宮馬坊中搜出數百領皂甲，命中書侍郎薛元超、黃門侍郎裴炎等誣告太子李賢謀反，將李賢廢為庶人。永淳二年（西元六八三年），又將李賢流放巴州。文明元年（西元六八四年），武則天登皇位，為了消除後患，派酷吏左金吾將軍丘神勣到巴州逼迫李賢自殺。李賢死時年僅三十二歲。當地人民懷念這位博學多才無辜而死的太子，在巴州為李賢立衣冠冢。至今四川巴中縣尚存李賢衣冠墓，以及讀書臺等遺跡。

武則天所生第三子李顯，後為唐中宗，四子李旦，後為唐睿宗。武則天稱帝時兩子尚幼，未遭毒手，成年後先後立為太子，亦是廢立無常，留待以後研析。

武則天為何要殘害自己的骨肉呢？按常人所思，似不可解。如果站在武則天的立場，她要實現自己的皇帝夢，而且還要革命，改唐為周，那就不能不這樣做。因為唐王朝是李氏的天下，它只能由李氏子孫來繼承。武則天要自己登上皇帝位，那麼所有可能繼承皇帝位的李氏子孫都是她登上皇帝位的障礙，不能不排除。俗話說：「無毒不丈夫。」只要是自己的障礙，即便是親生子，也是要排除的。權力欲異化了人性，本卷所載，武則天兩廢親生的皇太子，就是一個典型的例證。

卷第二百三

唐紀十九

起玄黓敦牂（壬午　西元六八二年），盡柔兆閹茂（丙戌　西元六八六年），凡五年。

【題　解】本卷記事起西元六八二年，迄西元六八六年，凡五年。當唐高宗永淳元年到武則天垂拱二年。本卷是記載唐政治從唐高宗到武則天稱制的一個過渡時期，前三年是高宗執政的晚年，後二年是武則天發動政變登上政治舞臺的頭兩年。武則天廢中宗，殺廢太子李賢，立傀儡皇帝睿宗，垂簾聽政，平定徐敬業之亂，唐朝政治發生了極大的振盪。唐高宗晚年，時昏時明。高宗納李善感、蘇良嗣之諫，表現了他的明，時人稱李善感為「鳳鳴朝陽」。此時政權已完全掌握在武則天之手，但高宗的權威仍能控制時局。可惜高宗明知武氏擅權而不忍裁抑，聽任武則天使人逼殺零陵王李明而不追究，不納魏玄同之言整頓銓選之弊，不能獎勵建功邊陲的王方翼等事件，表現高宗的昏聵。與高宗相比，武則天大刀闊斧，關鍵時刻使用鐵腕手段果決處理大事。武則天為了權力，不惜一切代價，廢中宗、殺廢太子李賢，藉平定徐敬業之勢，殺輔臣裴炎，殺功臣程務挺、王方翼，絕不手軟。垂拱元年，是武則天大作為之年。她平定了徐敬業之亂，藉勢推行酷吏政治，啟動告密之法，施行血腥的高壓手段威服政敵，排除異己，縱男寵以示淫威，從而開啟了唐朝政治的武則天時代。

高宗天皇大聖大弘孝皇帝下

永淳元年（壬午　西元六八二年）

春，二月，作萬泉宮於藍田❶。○癸未❷，改元，赦天下。

戊午❸，立皇孫重照❹為皇太孫。上欲令開府置官屬，問吏部郎中❺王方慶，對曰：「晉及齊皆嘗立太孫❻，其太子官屬即為太孫官屬，未聞太子在東宮而更立太孫者也。」上曰：「自我作古❼，可乎？」對曰：「三王❽不相襲禮，何為不可！」乃奏置師傅❾等官。既而上疑其非法，竟不補授。方慶，裒❿之曾孫也，名綝，以字行。

西突厥阿史那車薄⓫帥十姓反。

夏，四月甲子朔⓬，日有食之。

上以關中⓭饑饉⓮，米斗三百⓯，將幸東都；丙寅⓰，發京師，留太子監國，使劉仁軌、裴炎、薛元超輔之。時出幸倉猝，扈從之士有餓死於中道者。上慮道路多草竊⓱，命監察御史⓲魏元忠檢校⓳車駕前後。元忠受詔，即閱視赤縣獄⓴，得盜一人，神采語言異於眾。命釋桎梏㉑，襲冠帶㉒，乘驛以從，與之共食宿，託以詰盜㉓，其人笑許諾。比及東都，士馬萬數，不亡一錢。

【章　旨】以上為第一段，寫唐高宗就食東都，魏元忠護駕，引盜首隨從，一路平安。

【注　釋】❶藍田　縣名，治所在今陝西藍田。❷癸未　二月十九日。是日因皇太孫李重照滿月而下詔改開耀二年為永淳元年。❸戊午　二月乙丑朔，無戊午。《新唐書》卷三〈高宗紀〉作三月戊午，即三月二十五日。按，《唐會要》卷四說三月十五日立重照為皇太孫。待考。❹皇孫重照　太子李顯之長子。後避武則天名諱，改名李重潤。大足元年（西元七〇一年）被殺。中宗即位後贈為懿德太子，陪葬乾陵。傳見《舊唐書》卷八十六、《新唐書》卷八十一。❺吏部郎中　官名，從五品上，掌考天下文吏班秩品命。❻晉及齊皆嘗立太孫　晉惠帝永康元年（西元三〇〇年）立臨淮王司馬臧為皇太孫；永寧元年（西元三〇一年）立襄陽王司馬尚為皇太孫；齊永明十年（西元四九二年）立南郡王昭業為皇太孫。見《晉書》卷四〈惠帝紀〉、卷五十三〈愍懷太子遹傳〉、《南齊書》卷四〈鬱林王紀〉、《南史》卷五〈廢帝鬱林王紀〉。❼自我作古　亦作「自我作故」。意為由我創始。❽三王　禹、湯、周文王。❾師傅　太子官屬有三師三少，即太師、太傅、太保和少師、少傅、少保，高宗欲仿此為皇太孫亦設三太、三少之官。❿裒　當作「褒」。⓫阿史那車薄　又作阿史那車簿啜。自稱突厥可汗。事散見於兩《唐書・高宗紀》、〈裴行儉傳〉和〈王方翼傳〉。⓬甲子朔　四月初一日。⓭關中　地區名，相當於今陝西中部。⓮饑饉　饑荒。⓯米斗三百　一斗米的價格高至三百文。⓰丙寅　四月初三日。⓱草竊　草野盜賊。⓲監察御史　官名，御史臺屬官，正八品上，掌巡察郡縣、屯田、鑄錢等事。⓳檢校　檢察清理。⓴赤縣獄　即長安、萬年二縣的監獄。唐以此二縣為赤縣。㉑桎梏　腳鐐手銬。㉒襲冠帶　著冠帶。㉓詰盜　察盜。

【語　譯】高宗天皇大聖大弘孝皇帝下

永淳元年（壬午　西元六八二年）

春，二月，在藍田縣修建萬泉宮。〇十九日癸未，改換年號，大赦天下。

戊午日，立皇孫李重照為皇太孫。高宗想下令為皇太孫開建府署設置官屬，徵詢吏部郎中王方慶的意見，王方慶回答說：「晉和齊都曾經立過太孫，那時太子官屬就是太孫的官屬，從沒聽說太子在東宮，而再立太孫的事情。」高宗說：「從我創始，可以嗎？」回答說：「三代的禮節不相承襲，為什麼不可以！」就上奏設置師傅等官。沒多久高宗懷疑不合禮制，最終還是沒有補授這些官職。王方慶，是王裒的曾孫，名叫王綝，以表字行世。

西突厥阿史那車薄統率十姓部眾反叛。

夏，四月初一日甲子，發生日蝕。

高宗因為關中發生饑荒，米價一斗三百錢，準備親臨東都；四月初三日丙寅，從京師出發，留下太子監理國政，派劉仁軌、裴炎、薛元超輔助太子。當時高宗出行倉促，扈從士卒有的餓死在半路上。高宗考慮到路上有很多草莽賊寇，便命令監察御史魏元忠檢察清理車駕前後地域。魏元忠接受詔令，立即檢視赤縣的監獄，找到一個盜賊，他的神采言辭不同於一般人。魏元忠下令解除他的刑械，讓他穿上冠帶衣飾，乘坐驛車隨從，和他一起食宿，依靠他究察盜賊，那人笑著答應了。到了東都，上萬人馬，沒有丟失一文錢。

辛未❶，以禮部尚書❷聞喜憲公裴行儉為金牙道行軍大總管❸，帥右金吾將軍❹閻懷日等三總管分道討西突厥。師未行，行儉薨。

行儉有知人之鑒❺，初為吏部侍郎❻，前進士❼王勮❽、咸陽尉❾欒城蘇味道❿皆未知名，行儉一見謂之曰：「二君後當相次⓫掌銓衡⓬，僕有弱息⓭，願以為託。」是時勮弟勃⓮與華陰楊炯⓯、范陽盧照鄰⓰、義烏駱賓王⓱皆以文章有盛名，司列少常伯⓲李敬玄尤重之，以為必顯達。行儉曰：「士之致遠者[1]，當先器識⓳而後才藝⓴。勃等雖有文華，而浮躁淺露，豈享爵祿之器邪！楊子稍沈靜，應至令長㉑；餘得令終㉒幸矣。」既而勃度海墮水㉓，炯終於盈川㉔令，照鄰惡疾㉕不愈，赴水死，賓王反誅㉖，勮、味道皆典選㉗，如行儉言。行儉為將帥，所引偏裨㉘如程務挺、張虔勗、王方翼、劉敬同、李多祚、黑齒常之，後多為名將。

行儉常㉙命左右取犀角、麝香而失之㉚。又敕賜馬及鞍，令史㉛輒馳驟，馬倒，鞍破。二人皆逃去，行儉使人召還，謂曰：「爾曹皆誤耳㉜，何相輕之甚邪㉝！」待之如故。破阿史那都支，得馬腦盤，廣二尺餘，以示將士，軍吏王休烈捧盤升階，跌而碎之，惶恐，叩頭流血。行儉笑曰：「爾非故為㉞，何至於是！」不復有追惜之色。詔賜都支等資產、金器三千餘物㉟，雜畜稱是，並分給親故及偏裨，數日而盡。

阿史那車薄圍弓月城，安西都護㊱王方翼引軍救之，破虜眾於伊麗水㊲，斬首千餘級。俄而㊳三姓咽麪與車薄合兵拒方翼，方翼與戰於熱海㊴，流矢貫方翼臂，方翼以佩刀截之，左右不知。所將胡兵謀執方翼以應車薄，方翼知之，悉召會議，陽出㊵軍資賜之，以次引出斬之；會大風，方翼振金鼓以亂其聲㊶，誅七十餘人，其徒莫之覺㊷。既而分遣裨將襲車薄、咽麪，大破之，擒其酋長三百人，西突厥遂平。閻懷旦等[2]竟不行。方翼尋遷夏州都督㊸，徵入，議邊事。上見方翼衣有血漬，問之，方翼具對熱海苦戰之狀，上視瘡歎息。竟以廢后近屬㊹，不得用而歸㊺。

【章旨】以上為第二段，寫裴行儉文武雙全，尤善知人，所薦安西都護王方翼大破西突厥。

【注釋】❶辛未　四月初八日。❷禮部尚書　官名，禮部長官，正三品，掌天下禮儀、祭享、貢舉之政令。❸行軍大總管　唐制，重大征伐，以行軍大總管總攬全軍，諸軍總管均歸大總管轄制。❹右金吾將軍　官名。唐中央設十二衛，其中有右金吾衛，屬官有將軍，從三品，位次大將軍之下，掌宮禁和京城巡警。❺知人之鑒　鑑別人的能力。❻吏部侍郎　官名，吏部長官，正三品，掌天下官吏選授、勳封、考課之政令。❼前進士　對進士及第者的稱呼。《唐國史補》下：「進士為時所尚久矣，……得第謂之前進士。」❽王勮　（？—西元六九七年）絳州龍門（今山西河津）人。武氏長壽間為鳳閣舍人，尋加弘文館學士，兼知天官侍郎。天官侍郎即先前的吏部侍郎，為吏部尚書副手。傳見《舊唐書》卷一百九十上、《新唐書》卷二百一。❾尉　官名，縣尉職位低下，根據縣之大小，或從八品下，或正九品下，或從九品下。❿蘇味道　（西元六四八—七〇五年）趙州欒城（今河北欒城西）人，武氏時，曾任天官侍郎，官至宰相，人稱「蘇摸稜」。傳見《舊唐書》卷九十四、《新唐書》卷一百十四。⓫相次　先後。⓬掌銓衡　王勮、蘇味道前後歷官天官侍郎，掌天下官員的選授權衡，明與奪，抑貪冒，進賢能。⓭弱息　弱子。對自己子女的謙稱。⓮勃　王勮之弟王勃（西元六四九—六七六年）。六歲懂作文，詞情英邁。著有《周易發揮》五卷、《次論語》十卷、《王勃集》三十卷。⓯楊炯　（西元六五〇—六九三年）陝西華陰（今陝西華陰）人，擅長五言律詩。著有《盈川集》三十卷。⓰盧照鄰　（約西元六三九—六八九年）字升之，幽州范陽（今北京市附近）人，博學多識，為病所困。擅長七言歌行，有《盧照鄰集》二十卷。⓱駱賓王　（約西元六四〇—六八四年）婺州義烏（今浙江義烏）人，曾任長安主簿等職。著有《駱賓王集》十卷。按，王勃、盧照鄰、楊炯、駱賓王四人因生活在同一個時期，都特長詩文，在中國文學史上被稱為「初唐四傑」。傳見《舊唐書》卷一百九十上、《新唐書》卷二百一、《唐才子傳》卷一。⓲司列少常伯　官名，高宗龍朔間，改吏部侍郎為司列少常伯，正四品上，為吏部尚書的副手。⓳器識　器量與見識。⓴才藝　才華與技藝。㉑應至令長　職位應至縣官。唐制，大縣的最高長官稱作縣令，小縣稱為縣長。㉒令終　善終。㉓勃度海墮水　上元二年（西元六七五年）王勃赴交趾（在今越南河內西北）探望其父。次年渡南海，墮水而死，年僅二十八歲。㉔盈川　縣名，縣治在今浙江衢縣南。一說在今四川筠連境。㉕惡疾　痛苦難治的疾病。一說盧照鄰所得的病是麻瘋病。㉖賓王反誅駱賓王因反叛被殺。一說徐敬業敗後，駱賓王下落不明。還有一種說法，認為駱賓王出家當了和尚。㉗典選　王勮、蘇味道都曾擔任天官侍郎，典掌天下官員選授。㉘偏裨　偏將和裨將。泛指將佐。㉙常　通「嘗」。㉚失之　丟失了這些東西。㉛令史　當指禮部令史。㉜爾曹皆誤耳　你們這樣做都錯了。㉝何相輕之甚邪　你們懼罪責而逃，是以平常人來看待我，太輕視我了。言外之意，是他不計較小事。㉞故為　故意這樣做。㉟詔賜都支等資產金器三千餘物　意為賜給裴行儉所獲阿史那都支等人的資產金器三千餘件。金器，《冊府元龜》卷四百三十三及《全唐文》卷二百二十八〈贈太尉裴公神道碑〉並作「金銀器」。㊱都護　官名，正三品，掌撫慰諸蕃，輯寧外寇，征討叛逆。㊲伊麗水　即今新疆之伊犁河。㊳俄而　忽然；一會兒。㊴熱海　《新唐書・地理志七下》載熱海在碎葉城之東，即今吉爾吉斯斯坦伊塞克湖。㊵陽出　佯出。㊶振金鼓以亂其聲　鳴金擊鼓以亂斬殺之聲。㊷莫之覺　即莫覺之。沒有察覺此事。㊸都督　官名，都督府長官。品秩依都督府上中下三級，分別為從二品、正三品上、從三品。㊹廢后近屬　王方翼是王皇后的從祖堂兄，故云。㊺歸　指歸夏州。

【校　記】1者　原無此字。據章鈺校，十二行本、乙十一行本、孔天胤本皆有此字，今據補。2等　原無此字。據章鈺校，十二行本、乙十一行本、孔天胤本皆有此字，今據補。按，前文提及閻懷旦等三總管分道討西突厥事，閻懷旦即停，他人亦當不行也。

【語　譯】四月初八日辛未，任命禮部尚書聞喜憲公裴行儉為金牙道行軍大總管，統率右金吾將軍閻懷旦等三個總管，分道討伐西突厥。部隊尚未出發，裴行儉去世。

裴行儉有知人的識見，剛任吏部侍郎時，前進士王勮、咸陽尉欒城人蘇味道都尚未聞名於世，裴行儉一見就對他們說：「二君將來會相繼掌管人才的銓敘考核，我有弱子，希望託付給你們。」當時王勮弟弟王勃和華陰人楊炯、范陽人盧照鄰、義烏人駱賓王都因為文章負有盛名，司列少常伯李敬玄尤其器重他們，認為他們一定會顯赫騰達。裴行儉說：「士人要達到遠大目標，應該以器度識見為先，才藝為後。王勃等人雖然有文章才華，然而浮躁淺顯，淺薄貧乏，哪裡是享受爵祿的材料！楊炯稍微沉靜，應該官至一縣令長；其他的能得到善終就很幸運了。」不久王勃渡海時落水死，楊炯死在盈川縣令任內，盧照鄰患了惡病沒有痊癒，投水而死，駱賓王謀反被殺，王勮和蘇味道都做到典掌選授的官，一如裴行儉所言。裴行儉做將帥時，所薦引的偏裨將領如程務挺、張虔勗、王方翼、劉敬同、李多祚、黑齒常之，後來大多成為名將。

裴行儉曾經命令身邊人取來犀角、麝香，卻丟失了。皇帝敕命賞賜給他馬匹和馬鞍，禮部令史騎上去就縱馬馳騁，馬仆倒，馬鞍也破損了。兩人都逃跑了，裴行儉派人召回他們，對他們說：「你們都想錯了，怎麼把我小看得如此之甚！」對待他們仍然和以前一樣。打敗阿史那都支時，得到瑪瑙寶石製作的盤子，有二尺多寬，拿給將士看，軍吏王休烈捧著盤子上臺階，跌倒了，打碎了盤子，軍吏誠惶誠恐，磕頭流血。裴行儉笑著說：「你不是故意摔破的，何至於到這樣呢！」臉上不再有惋惜之色。高宗下令把都支軍人的資產、黃金器物三千多件，和同樣數目的各種牲畜賞賜給他，他都分送給親戚故友和偏將裨將，沒幾天就送光了。

阿史那車薄包圍弓月城，安西都護王方翼率軍救援，在伊麗水打敗敵人，斬首一千多人。不久三姓咽麪部眾與車薄合兵抵禦王方翼，王方翼在熱海和他們交戰，流矢射穿了王方翼的臂膀，王方翼用佩刀斬斷箭矢，身邊的人都不知道。他率領的胡兵計劃捉住王方翼響應車薄，王方翼知道了，把他們全召來參加會議，假裝要拿出軍中物資賞賜給他們，按次序把他們帶出去殺掉；正好遇到大風，王方翼鳴金擊鼓，以亂斬殺之聲，處死七十多人，這些人的部下都沒有人覺察。之後就分別派遣裨將襲擊車薄、咽麪，大敗敵眾，活捉敵人酋長三百人，於是平定了西突厥。閻懷旦等最後沒有率軍出發。王方翼不久遷任夏州都督，被徵召入朝，討論邊境事務。高宗看到王方翼衣服上有血跡，就詢問他原因，王方翼詳細回答了在熱海苦戰的情況，高宗察看他的瘡傷，深為感歎。最後因為他是已廢黜皇后的近屬，不能被重用而回到夏州。

乙酉❶，車駕至東都。

丁亥❷，以黃門侍郎❸潁川郭待舉❹、兵部侍郎❺岑長倩❻、祕書員外少監❼、檢校❽中書侍郎❾鼓城❿郭正一⓫、吏部侍郎⓬鼓城魏玄同⓭並與中書門下同承受進止平章事⑭。上欲用待舉等，謂崔知溫[1]曰：「待舉等資任尚淺，且令預聞政事，未可與卿等同名。」自是外司四品已下知政事者，始以平章事為名。長倩，文本之兄子也。

先是，玄同為吏部侍郎，上言銓選之弊⑮，以為「人君之體⑯，當委任而責成功，所委者當，則所用者自精矣。故周穆王⑰命伯冏⑱為太僕正⑲，曰：『慎簡乃僚⑳。』是使羣司各[2]求其小者，而天子命其大者也。乃至漢氏㉑，得人皆自州縣補署㉒，五府辟召㉓，然後升於天朝㉔，自魏、晉以來，始專委選部。夫以天下之大，士人之眾，而委之數人之手，用刀筆㉕以量才，按簿書而察行㉖，借使㉗平如權衡，明如水鏡，猶力有所極，照有所窮，況所委非人而有愚闇阿私之弊乎！願略依周、漢之規以救魏、晉之失。」疏奏，不納。

五月丙午㉘[3]，東都霖雨。乙卯㉙，洛水溢，溺民居千餘家。關中先水後旱、蝗，繼以疾疫㉚，米斗四百，兩京間死者相枕於路，人相食。

上既封泰山，欲遍封五嶽[4]。秋，七月，作奉天宮於嵩山南㉛。監察御史裏行㉜李善感諫曰：「陛下封泰山，告太平，致羣瑞，與三皇㉝、五帝㉞比隆矣。數年以來，菽粟不稔㉟，餓殍相望，四夷交侵，兵車歲駕。陛下宜恭默思道以禳災譴，乃更廣營宮室，勞役不休，天下莫不失望。臣忝備國家耳目，竊以此為憂！」上雖不納，亦優容之。自褚遂良、韓瑗之死㊱，中外以言為諱㊲，無敢逆意直諫，幾二十年。及善感始諫，天下皆喜，謂之「鳳鳴朝陽㊳」。

上遣宦者緣江徙異竹，欲植苑中。宦者科舟載竹，所在縱暴。過荊州㊴，荊州長史㊵蘇良嗣㊶囚之，上疏切諫，以為「致遠方異物，煩擾道路，恐非聖人愛人之意。又，小人竊弄威福，虧損皇明。」上謂天后曰：「吾約束不嚴，果為良嗣所怪。」手詔慰諭良嗣，令棄竹江中。良嗣，世長之子也。

黔州都督謝祐㊷希天后意，逼零陵王明㊸令自殺，上深惜之，黔府官屬皆坐免官。祐後寢於平閣，與婢妾十餘人共處，夜，失其首。垂拱中，明子零陵王俊、黎國公傑為天后所殺，有司籍其家，得祐首，漆為穢器，題云謝祐，乃知明子使刺客取之也。

太子留守京師，頗事遊畋，薛元超上疏規諫，上聞之，遣使者慰勞元超，仍㊹召赴東都。

【章　旨】以上為第三段，寫唐高宗晚年的納諫，時昏時明。

【注釋】❶乙酉　四月二十二日。❷丁亥　四月二十四日。❸黃門侍郎　官名，高宗咸亨間改門下侍郎為黃門侍郎，隸屬門下省，為侍中之副。❹郭待舉　許州潁川（今河南許昌）人，官至左散騎常侍、同中書門下三品。事見《新唐書》卷六十一〈宰相表〉、《唐郎官石柱題名考》卷六。❺兵部侍郎　官名，正四品下，為兵部長官尚書之副。❻岑長倩　（？—西元六九一年）太宗朝宰相岑文本之姪，官至輔國大將軍。傳見《舊唐書》卷七十、《新唐書》卷一百二。❼祕書員外少監　官名。祕書省長官為祕書監，下有少監二員，員額外另置者稱「員外」。少監從四品上，掌國家經籍圖書。❽檢校　代理。❾中書侍郎　官名，正四品，大曆間升為正三品，為中書令副手，國家朝廷大政，均得參議。❿鼓城　縣名，春秋時鼓國都邑，隋置昔陽縣，唐改名鼓城縣，即今河北晉州。⓫郭正一　（？—西元六八九年）定州鼓城（今河北晉州）人，官至中書侍郎、同中書門下平章事。明習故事，制敕多出其手，當時號為稱職。傳見《舊唐書》卷一百九十中、《新唐書》卷一百六。⓬吏部侍郎　官名，正四品上，為吏部長官尚書之副。⓭魏玄同　（西元六一七—六八九年）與郭正一同籍貫。進士出身，官至檢校納言。傳見《舊唐書》卷八十七、《新唐書》卷一百十七。⓮與中書門下同承受進止平章事　意為與中書門下長官一起商量處理軍國大事。後簡稱同平章事或同中書門下平章事，成為宰相名號之一。這種名號用於四品以下官員代行宰相職務的場合。⓯上言銓選之弊　上書指陳銓選的弊端。其文俱載《舊唐書・魏玄同傳》及《全唐文》卷一百六十八。⓰人君之體　人君為政之要。⓱周穆王　西周第五位國王，名叫姬滿。事見《史記》卷四〈周本紀〉。⓲伯冏　周穆王時的賢臣。《史記・周本紀》載：「穆王即位，春秋已五十矣。王道衰微，穆王閔文、武之道缺，乃命伯冏申誡太僕國之政，作〈冏命〉。」⓳太僕正　官名，當是周穆王主政之官。正，長。太僕正即太僕之長。但〈冏命〉云：「今予命汝作大正，正于群僕侍御之臣。」據此，太僕正則是「正于群僕」之義。⓴慎簡乃僚　語出《尚書・冏命》。意為審慎地簡選你的僚佐。㉑漢氏　漢代。㉒補署　補充署任。㉓辟召　徵辟召用。㉔天朝　朝廷；中央。㉕刀筆　本指書寫工具。此處指寫成的文章。㉖按簿書而察行　按照簿書觀察其德行高下。㉗借使　假使。㉘丙午　五月十四日。㉙乙卯　五月二十三日。㉚疾疫　疾病瘟疫。㉛作奉天宮於嵩山南　事詳《唐會要》卷三十〈奉天宮〉條。奉天宮故址在今河南登封北，與逍遙谷為鄰，接近潘師正之隆唐觀。見《說嵩》卷三。㉜監察御史裏行　隸屬御史臺，掌察巡郡縣、屯田、鑄錢等事。胡三省云：「裏行者，資序未至，未正除監察御史，令於監察御史班裏行也。」唐太宗朝始有監察御史裏行之名。唐高宗時因以置官，員數不定。武則天朝又有殿中裏行。㉝三皇　傳說中的遠古帝王。有七種說法：一、伏羲、神農、黃帝；二、天皇、地皇、泰皇；三、伏羲、神農、祝融；四、天皇、地皇、人皇；五、伏羲、女媧、神農；六、伏羲、神農、燧人；七、伏羲、神農、共工。㉞五帝　傳說中的上古帝王，實為原始社會末期的部落或部落聯盟領袖。具體所指不一，有四種說法：一、伏羲、神農、黃帝、堯、舜；二、黃帝、顓頊、帝嚳、唐堯、虞舜；三、太皞、炎帝、黃帝、少皞、顓頊；四、少昊、顓頊、高辛（帝嚳）、唐堯、虞舜。《史記・五帝本紀》採用第二種說法。㉟菽粟不稔　菽，本指大豆，引申為豆類。粟，古稱「禾」、「稷」、「穀」，即今之穀子。菽粟連用，泛指糧食。不稔，即不熟、歉收。㊱褚遂良韓瑗之死　時在顯慶三年（西元六五八年）、四年。㊲中外以言為諱　朝野以上書直言為忌諱。㊳鳳鳴朝陽　語出《詩經・卷阿》：「鳳皇鳴矣，於彼高岡。梧桐生矣，於彼朝陽。」後世以此喻賢才逢時，大顯神通。㊴荊州　治所江陵，在今湖北荊州。㊵長史　官名，上州從五品上，中州正六品上，輔佐刺史掌理州內庶務。㊶蘇良嗣（西元六〇六－六九〇年）雍州武功（今陝西武功西）人，其父世長，為秦府十八學士之一。父子同傳，見《舊唐書》卷七十五、《新唐書》卷一百三。㊷謝祐　事跡不詳，略見《舊唐書》卷七十六〈曹王明傳〉、《新唐書》卷八十〈曹王明傳〉。㊸零陵王明　即曹王李明，唐太宗第十四子，永隆元年坐與太子賢通謀，降封為零陵王，徙於黔州。㊹仍　因。

【校　記】①崔知溫　原作「韋知溫」。據章鈺校，十二行本、乙十一行本、孔天胤本皆作「崔知溫」，今據改。按，《舊唐書・高宗紀》亦作「崔知溫」。②各　據章鈺校，十二行本、乙十一行本、孔天胤本「各」下皆有「百」字。③丙午　原無此二字。據章鈺校，十二行本、乙十一行本、孔天胤本皆有此二字，張敦仁《通鑑刊本識誤》同，今據補。④五嶽　此二字原為空格。據章鈺校，十二行本、乙十一行本、孔天胤本皆作「五嶽」，今據補。按，《舊唐書・禮儀志》、《冊府元龜》卷三十六〈帝王部・封禪〉亦載高宗欲遍封五嶽之事。

【語　譯】四月二十二日乙酉，高宗到達東都。

四月二十四日丁亥，任命黃門侍郎潁川人郭待舉、兵部侍郎岑長倩、祕書員外少監・檢校中書侍郎鼓城人郭正一、吏部侍郎鼓城人魏玄同同為與中書門下同承受進止平章事。高宗想要任用郭待舉等人，對崔知溫說：「郭待舉等人資格和為官能力尚缺乏，暫且讓他們參與處置政事，不可以和你們諸位同等名位。」從此，外司官署四品以下參知政事的，開始以平章事為名。岑長倩，是岑文本哥哥的兒子。

此前，魏玄同為吏部侍郎，上書論說銓次選拔人才的弊病，認為「人君為政的根本，當在委任人才而責求他們事業成功。所委任的人得當，那麼所用的官吏自然就精幹。所以周穆王任命伯冏為大僕正，說道：『謹慎選擇你的僚屬。』這是讓各部門主管官員尋找下屬小吏，而天子任命地位較高的官員。到了漢代，所得人才都是從州縣之中補充，由五府徵辟召用，然後推薦給朝廷，從魏、晉以來，方始專門委託選部。天下這麼大，士人這麼眾多，把選拔人才委託數人之手，通過刀筆文章來衡量才能，根據簿書來觀察品行，縱使公平得和權衡一樣，明亮得和水鏡一樣，仍然會力量有所不足，觀察有所局限，何況所用非人，而有愚闇徇私的弊病呢！希望大略根據周、漢的制度，以補救魏、晉的缺失。」疏文上奏，未被採納。

五月十四日丙午，東都下雨不止。二十三日乙卯，洛水氾濫，淹沒民房一千多家。關中先遭水災，後發生旱災、蝗災，接著瘟疫流行，一斗米四百錢，兩京之間的死人相枕於路，百姓相食。

高宗在泰山封禪後，還打算遍封五嶽。秋，七月，在嵩山南面修建奉天宮。監察御史裏行李善感勸諫說：「陛下封禪泰山，告訴神祇天下太平，招來很多祥瑞，可以和三皇、五帝的興盛相對比了。這幾年來，豆類粟穀都不豐稔，遍地是餓死的人，四方夷狄交相侵逼，朝廷連年出兵。陛下應該恭敬沉默思考治國之道，以求避免上天降災示譴，如果更加大規模修建宮室，勞役不能休止，天下百姓沒有不失望的。臣忝為朝廷耳目，私下為這件事憂慮！」高宗雖不採納他的建議，但也很寬容他。從褚遂良、韓瑗之死，朝廷內外的大臣都忌諱發表意見，沒有人敢違背高宗旨意而直言正諫，這已將近二十年。等到李善感開始勸諫高宗時，天下都很高興，稱之為「鳳鳴朝陽」。

高宗派遣宦官沿著長江遷移奇異的竹子，打算種植在宮苑。宦官徵發舟楫運載竹子，所到之處都恣縱暴虐。經過荊州，荊州長史蘇良嗣囚禁了宦官，上疏極力勸諫，認為「運送遠方的奇異物品，煩擾沿路百姓，恐怕不是聖人愛人之意。再者，小人竊弄權柄作威作福，有損皇上聖明。」高宗對天后說：「我約束不嚴，果然被蘇良嗣責怪。」就親自書詔慰勉曉示蘇良嗣，讓他把竹子丟拋江中。蘇良嗣，是蘇世長的兒子。

黔州都督謝祐迎合天后之意，逼迫零陵王李明自殺，高宗深為惋惜，黔州府的官員都因此牽連而被免官。謝祐後來睡在平閣裡，和婢妾十幾個人住在一起，夜晚失去了頭顱。垂拱年間，李明的兒子零陵王李俊、黎國公李傑被天后所殺，官府抄沒他們家產時，找到了謝祐的頭顱，被塗漆製成便溺的器具，上面題云「謝祐」，才知道是李明的兒子指派刺客去割取了謝祐的頭顱。

太子留守京師，常常遊玩畋獵。薛元超上疏規諫，高宗聽到了，派遣使者慰勞薛元超，因而召他前往東都。

吐蕃將論欽陵寇柘、松、翼等州❶。詔左驍衛郎將❷李孝逸❸、右衛郎將❹衛蒲山發秦、渭等州兵分道禦之。

冬，十月丙寅❺，黃門侍郎劉景先❻同中書門下平章事。

是歲，突厥餘黨阿史那骨篤祿❼、阿史德元珍❽等招集亡散，據黑沙城反，入寇并州及單于府之北境❾，殺嵐州❿刺史⓫王德茂。右領軍衛將軍⓬、檢校代州都督薛仁貴將兵擊元珍於雲州，虜問唐大將為誰，應之曰：「薛仁貴。」虜曰：「吾聞仁貴流象州⓭，死久矣，何以紿我⓮！」仁貴免冑示之面，虜相顧失色，下馬列拜，稍稍⓯引去。仁貴因奮擊，大破之，斬首萬餘級，捕虜二萬餘人。

吐蕃入寇河源軍，軍使⓰婁師德將兵擊之於白水澗⓱，八戰八捷。上以師德為比部員外郎⓲、左驍衛郎將、河源軍經略副使⓳，曰：「卿有文武材，勿辭也！」

【章旨】以上為第四段，寫薛仁貴、婁師德建功邊陲。薛仁貴破西突厥，婁師德敗吐蕃。

【注釋】❶論欽陵寇柘松翼等州　即吐蕃論欽陵侵擾今四川黑水縣、松潘及其東部一帶。❷左驍衛郎將　官名，左驍衛大將軍下屬員，掌宮廷警衛。❸李孝逸　唐宗室淮安王李神通之子，後因平徐敬業有功，進位鎮軍大將軍，徙封吳國公。傳見《舊唐書》卷六十、《新唐書》卷七十八。❹右衛郎將　官名。右衛有中郎將之職，領本府之屬宿衛宮廷，右衛郎將為右衛中郎將副手。❺丙寅　十月初七日。❻劉景先　（？—西元六八九年）本名劉齊賢，因避章懷太子李賢名諱改為景先。傳見《舊唐書》卷八十一、《新唐書》卷一百六。❼阿史那骨篤祿　與頡利可汗有一定的血緣關係。世襲吐屯之職，所掌與御史略同。反叛後自立為可汗，不斷騷擾朔、代等北方州縣。❽阿史德元珍　本為單于都護府檢校降戶之官。降骨篤祿，被委任為阿波達干，掌握兵權。事見《舊唐書》卷一百九十四上〈突厥傳〉、《新唐書》卷二百十五上〈突厥傳〉。❾并州及單于府之北境　即今山西太原、內蒙古呼和浩特一帶。❿嵐州　治所宜芳，在今山西嵐縣北部嵐城。⓫刺史　官名，一州之長。大州從三品，中州正四品上，下州正四品下。⓬右領軍衛將軍　官名。右領軍衛為中央十二衛之一，大將軍為之長，其下有將軍，從三品，大朝會時負責戍衛。⓭仁貴流象州　薛仁貴於高宗上元（西元六七四—六七五年）中坐事流象州（今廣西象州東北），後被赦歸，起復為瓜州長史，尋授右領軍衛將軍、檢校代州都督。⓮何以紿我　為什麼騙我。⓯稍稍　漸漸。⓰軍使　高宗儀鳳間始置，黑齒常之曾為河源軍使。⓱白水澗　地名，在今青海大通回族土族自治縣西北。⓲比部員外郎　官名，《新唐書》卷四十六〈百官志〉一：「比部郎中、員外郎各一人，掌句會內外賦斂、經費、俸祿、公廨、勳賜、贓贖、徒役課程、逋欠之物，及軍資、械器、和糴、屯收所入。」⓳經略副使　官名。太宗貞觀二年（西元六二八年）始置經略使，執掌邊州軍務，其下設副使。

【語　譯】吐蕃將論欽陵侵擾柘、松、翼等州。下詔令左驍衛郎將李孝逸、右衛郎將衛蒲山調撥秦、渭等州的軍隊，分路抵禦。

冬，十月初七日丙寅，任命黃門侍郎劉景先同中書門下平章事。

這一年，突厥餘黨阿史那骨篤祿、阿史德元珍等人招集逃散的部眾，佔據黑沙城反叛，侵入并州和單于府的北境，殺害嵐州刺史王德茂。右領軍衛將軍、檢校代州都督薛仁貴統兵在雲州攻擊阿史德元珍，敵人詢問唐大將是誰，回答說：「是薛仁貴。」敵人說：「我聽說薛仁貴流放象州，死去很久了，為什麼來騙我！」薛仁貴脫下盔甲，讓他們看看面部，敵人面面相覷，大驚失色，下馬列隊揖拜，漸漸帶兵離去。薛仁貴趁機奮擊，大敗突厥兵，斬首一萬多級，抓獲敵人二萬多人。

吐蕃入侵河源軍，軍使婁師德率兵在白水澗進行攻擊，八戰八捷。高宗任命婁師德為比部員外郎、左驍衛郎將、河源軍經略副使，高宗說：「你有文武才能，不要推辭！」

弘道元年❶（癸未　西元六八三年）

春，正月甲午朔❷，上行幸奉天宮。

二月庚午❸，突厥寇定州，刺史霍王元軌擊卻之。乙亥❹，復寇媯州❺。三月庚寅❻，阿史那骨篤祿、阿史德元珍圍單于都護府，執司馬❼張行師，殺之。遣勝州都督王本立、夏州都督李崇義將兵分道救之。

太子右庶子❽、同中書門下三品李義琰改葬父母，使其舅氏遷舊墓。上聞之，怒曰：「義琰倚勢，乃陵其舅家，不可復知政事！」義琰聞之，不自安，以足疾乞骸骨❾，庚子❿，以義琰為銀青光祿大夫⓫，致仕。○癸丑⓬，守中書令⓭崔知溫薨。

夏，四月己未⓮，車駕還東都。

綏州步落稽⓯白鐵余⓰，埋銅佛於地中，久之，草生其上，紿其鄉人曰：「吾於此數見佛光。」擇日集眾掘地，果得之，因曰：「得見聖佛者，百疾皆愈。」

遠近赴之。鐵余以雜色囊盛之數十重，得厚施，乃去一囊。數年間，歸信者眾，遂謀作亂。據城平縣⑰，自稱光明聖皇帝，置百官，進攻綏德、大斌⑱二縣，殺官吏，焚民居。遣右武衛將軍程務挺與夏州都督王方翼討之，甲申⑲，攻拔其城，擒鐵余，餘黨悉平。

五月庚寅⑳，上幸芳桂宮㉑，至合璧宮，遇大雨而還。

乙巳㉒，突厥阿史那骨篤祿等寇蔚州㉓，殺刺史李思儉，豐州都督崔智辯將兵邀之於朝那山㉔北，兵敗，為虜所擒。朝議㉕欲廢豐州㉖，遷其百姓於靈、夏㉗。豐州司馬唐休璟㉘上言，以為「豐州阻河為固㉙，居賊衝要，自秦、漢已來，列為郡縣，土宜耕牧。隋季喪亂，遷百姓於寧、慶二州㉚，致胡虜深侵，以靈、夏為邊境；貞觀之末，募人實之，西北始安。今廢之則河濱之地復為賊有，靈、夏等州人不安業，非國家之利也！」乃止。

六月，突厥別部寇掠嵐州，偏將楊玄基擊走之。

秋，七月己丑㉛，立皇孫重福㉜為唐昌王。○庚辰[1]，詔以今年十月有事於嵩山；尋以上不豫㉝，改用來年正月。○甲辰㉞，徙相王輪為豫王，更名旦。

【章　旨】以上為第五段，寫唐西北邊境不寧，綏州稽胡反叛，突厥、吐蕃犯邊。

【注　釋】❶弘道元年　永淳二年十二月丁巳改元弘道。即弘道元年包有永淳二年。❷甲午朔　誤。《新唐書》卷三作「甲午」，不言朔。此月己丑朔。甲午即正月初六。「朔」字衍。❸庚午　二月十二日。❹乙亥　二月十七日。❺嬀州　州名，治所懷戎，在今河北涿鹿西南桑乾河南岸。❻庚寅　三月初二日。❼司馬　都護府司馬正五品上，為都護之副，掌撫慰邊遠諸蕃，征討叛離。❽太子右庶子　官名，東宮太子右春坊長官，正四品下，掌東宮侍從、獻納、啟奏之事。❾乞骸骨　又稱「乞身」。自請退職的慣用語。❿庚子　三月十二日。⓫銀青光祿大夫　文散官第五階，待遇為從三品。⓬癸丑　三月二十五日。⓭守中書令　猶攝中書令。以品級較低的人擔任職務較高的官稱為守某官。崔知溫以正四品的門下侍郎、同中書門下三品，為中書令，正三品，故稱守中書令。中書令為中書省長官，掌軍國大政。⓮己未　四月初二日。⓯步落稽　少數民族之一，通稱為稽胡。⓰白鐵余　人名，其事散見於《舊唐書》卷八十三、《新唐書》卷一百十一。⓱城平縣　西魏置，縣治在今陝西清澗縣東北。⓲綏德大斌　皆屬綏州，縣治分別在今清澗縣西北及子洲縣西南大理河南岸。⓳甲申　四月二十七日。⓴庚寅　五月初三日。㉑芳桂宮　即紫桂宮。在今河南澠池縣，儀鳳二年建。調露二年稱避暑宮，永淳元年改名芳桂宮。㉒乙巳　五月十八日。㉓蔚州　州名，治所靈丘，在今山西靈丘。㉔朝那山　即牛頭朝那山，屬陰山山脈。在今內蒙古固陽東。㉕朝議　朝廷商議。㉖豐州　州名，治所在今內蒙古臨河市東黃河北岸附近。㉗靈夏　靈、夏二州在今寧夏靈武至陝西靖邊一帶。㉘唐休璟　（西元六二七—七一二年）本名璿，以字行，京兆始平（今陝西咸陽西北）人，熟悉邊事，深為武則天賞識。官至夏官尚書、同鳳閣鸞臺平章事。傳見《舊唐書》卷九十三、《新唐書》卷一百十一。㉙阻河為固　阻隔黃河，以為險固。㉚寧慶二州　地當今甘肅寧縣、慶陽一帶。㉛己丑　七月初四日。㉜重福　（西元六八〇—七一〇年）中宗第二子。睿宗景雲元年謀反，兵敗自殺。傳見《舊唐書》卷八十六、《新唐書》卷八十一。㉝不豫　帝王有病的諱稱。㉞甲辰　七月十九日。

【校　記】①庚辰　嚴衍《通鑑補》改作「壬辰」，今據以校正。按，是年七月無庚辰，《冊府元龜》卷三十六〈帝王部・封禪〉作「庚申」，然是年七月亦無庚申，八月初五方為庚申，未知孰是。

【語　譯】弘道元年（癸未　西元六八三年）

春，正月甲午朔，高宗前往奉天宮。

二月十二日庚午，突厥侵擾定州，刺史霍王李元軌擊退了突厥。十七日乙亥，又侵擾嬀州。三月初二日庚寅，阿史那骨篤祿、阿史德元珍包圍單于都護府，抓獲司馬張行師，把他殺了。高宗派遣勝州都督王本立、夏州都督李崇義率軍分路救援。

太子右庶子、同中書門下三品李義琰改葬父母，讓他的舅舅家遷走舊墳。高宗聽到後，非常氣地說：「李義琰依仗權勢，竟然欺陵他的舅舅家，不可讓他再執掌政事！」李義琰聽到了，自己內心不安，就藉口有腳病，要求離職。三月十二日庚子，任命李義琰為銀青光祿大夫，讓他退休。〇二十五日癸丑，署理中書令崔知溫去世。

夏，四月初二日己未，高宗車駕返回東都。

綏州步落稽部族的白鐵余把銅佛埋在地裡，過了很久，上面長了草，就欺騙同鄉人說：「我在這裡一再見到佛光。」選擇了一天，集合一群人挖地，果然得到銅佛，趁機說道：「能夠看到聖佛的人，所有疾病都會痊癒。」不管遠近，人們都前來禮佛。白鐵余用各種顏色的囊袋盛著銅佛，有好幾十層，如果得到優厚的施捨，就拿一囊袋給施捨的信徒。幾年時間，歸附信仰的人眾多，便謀劃作亂。佔據了城平縣，自稱光明聖皇帝，設置百官，進攻綏德、大斌兩縣，殺死官吏，焚毀民居。朝廷派遣右武衛將軍程務挺和夏州都督王方翼討伐他，四月二十七日甲申，攻下城平縣縣城，活捉了白鐵余，剩下的黨徒都平定了。

五月初三日庚寅，高宗前往芳桂宮，到達合璧宮時，遇上大雨便返回了。

五月十八日乙巳，突厥阿史那骨篤祿等人侵擾蔚州，殺死刺史李思儉，豐州都督崔智辯率軍在朝那山北面攔擊，兵敗，被敵人擒獲。朝廷討論打算廢除豐州，把那裡的百姓遷移到靈州、夏州。豐州司馬唐休璟向高宗進言，認為「豐州阻隔黃河，成為險固地帶，處於敵人的要衝，從秦、漢以來，都把它置為郡縣，土地適合耕種放牧。隋朝末年喪亡動亂，把百姓遷徙到寧、慶兩州，致使胡虜深入侵擾，把靈州、夏州當成邊境；貞觀末年，招募百姓充實豐州，西北才安定。現在廢除豐州，那麼瀕臨黃河的土地又要被賊人所佔有，靈、夏等州的百姓不能安居樂業，這不是國家的利益所在！」朝廷停止了廢棄豐州的計畫。

六月，突厥的另一部族侵擾搶掠嵐州，偏將楊玄基把他們擊退。

秋，七月初四日己丑，封皇孫李重福為唐昌王。〇庚辰日，下詔令今年十月要在嵩山舉行祭祀；不久因為高宗患病，改在明年正月舉行。〇十九日甲辰，遷調相王李輪為豫王，改名為李旦。

中書令兼太子左庶子❶薛元超病瘖❷，乞骸骨，許之。

八月己丑❸，以將封嵩山，召太子赴東都；留唐昌王重福守京師，以劉仁軌為之副。冬，十月己卯❹，太子至東都。〇癸亥❺，車駕幸奉天宮。

十一月丙戌❻，詔罷來年封嵩山，上疾甚故也。上苦頭重，不能視，召侍醫秦鳴鶴診之❼，鳴鶴請刺頭出血，可愈。天后在簾中，不欲上疾愈，怒曰：「此可斬也，乃欲於天子頭刺血！」鳴鶴叩頭請命。上曰：「但刺之，未必不佳。」乃刺百會、腦戶二穴❽。上曰：「吾目似明矣。」后舉手加額曰：「天賜也！」自負❾綵百匹以賜鳴鶴。

戊戌❿，以右武衛將軍⓫程務挺為單于道安撫大使⓬，招討阿史那骨篤祿等。〇詔太子監國⓭，以裴炎、劉景先、郭正一同[1]東宮平章事⓮。〇上自奉天宮疾甚，宰相皆不得見。丁未⓯，還東都，百官見於天津橋南。

十二月丁巳⓰，改元，赦天下。上欲御則天門⓱樓宣赦，氣逆不能乘馬，乃召百姓入殿前宣之。是夜，召裴炎入，受遺詔輔政，上崩於貞觀殿⑱。遺詔太子柩前即位，軍國大事有不決者，兼取天后進止⑲。廢萬泉、芳桂、奉天等宮。

庚申⑳，裴炎奏太子未即位，未應宣敕，有要速處分㉑，望宣天后令㉒於中書、門下施行。甲子㉓，中宗即位，尊天后為皇太后，政事咸取決焉。太后以澤州刺史韓王元嘉㉔等，地尊望重，恐其為變，並加三公等官㉕以慰其心。

甲戌㉖，以劉仁軌為左僕射，裴炎為中書令。戊寅㉗，以劉景先為侍中。

故事，宰相於門下省議事，謂之政事堂㉘，故長孫無忌為司空，房玄齡為僕射，魏徵為太子太師，皆知門下省事。及裴炎遷中書令，始遷政事堂於中書省。

壬午㉙，遣左威衛將軍王果、左監門將軍令狐智通、右金吾將軍楊玄儉、右千牛將軍郭齊宗分往并、益、荊、揚四大都督府㉚，與府司相知鎮守㉛。中書侍郎、同平章事郭正一為國子祭酒，罷政事。

【章旨】以上為第六段，寫唐高宗駕崩，唐中宗即位。

【注釋】❶太子左庶子　官名，東宮太子左春坊長官，正四品上，掌侍從贊相，駁正啟奏。❷病瘖　患啞病。❸己丑　八月丙辰朔，無己丑。《舊唐書》卷五作七月己丑，即七月初四日。此日李重福始封唐昌郡王，若即令留守，似於理不通。《新唐書》卷三作八月乙丑，即八月十日。❹己卯　十月二十六日。關於太子至東都的時間，《舊唐書．高宗紀下》作十一月。《新唐書．高宗紀》不載。似應以《通鑑》所載為準。但從《舊紀》及《通鑑》行文來看，皇太子至東都在高宗幸奉天宮之前，而高宗幸奉天宮的時間《新紀》和《冊府元龜》並作十月癸亥，即十月十日，故尚需進一步考證。❺癸亥　十月初十日。❻丙戌　十一月初三日。❼召侍醫秦鳴鶴診之　此事又見《舊唐書》卷五、《新唐書》卷七十六。侍醫即侍御醫。唐制：尚藥局有御醫四人，從六品上，掌診候調和，為皇帝治病。❽乃刺百會腦戶二穴　《針灸經》：百會一名三陽五會，在前頂後寸半頂中央旋毛中，可容豆，針二分，得氣即瀉。腦戶，一名合顱，在枕骨上強後寸半，禁針，針令人啞。❾自負　親自扛負。❿戊戌　十一月十五日。⓫右武衛將軍　官名。右武衛為中央十二衛之一，大將軍為之長，其下有將軍，從三品，掌宮廷警衛，大朝會則率屬排列殿前，既是儀仗，又是侍衛。⓬安撫大使　為臨時設置之官，掌率兵征討，招撫郡縣。⓭詔太子監國　據《新唐書》卷三，時在十一月辛丑，即十一月十八日。⓮以裴炎劉景先郭正一同東宮平章事　時在十一月戊申，即二十五日。平章事，即共議政事。⓯丁未　十一月二十四日。⓰丁巳　十二月初四日。《唐會要》卷一所載相同。《舊唐書》卷五作「己酉」，誤。丁巳日改元弘道。是日夜高宗崩。⓱則天門　東都宮城南面中門，門外即朝堂。後因避武則天尊號，改為應天門。⓲貞觀殿　東都宮城中央三大宮殿之一。南為含元殿，北為徽猷殿。⓳兼取天后進止　由天后裁決、處理。⓴庚申　十二月七日。㉑有要速處分　有重要、緊急的事須要處理。㉒宣天后令　傳達天后的命令。㉓甲子　十二月十一日。中宗即位的時間，《冊府元龜》卷十五亦作「甲子」。《唐會要》作十二月六日，誤。㉔韓王元嘉　李淵第十一子。傳見《舊唐書》卷六十四、《新唐書》卷七十九。㉕並加三公等官　進授韓王元嘉為太尉，霍王元軌為司徒，舒王元名為司空，滕王元嬰為開府儀同三司，魯王靈夔為太子太師，越王貞為太子太傅，紀王慎為太子太保。見《新唐書》卷七十九〈高祖諸子傳〉。㉖甲戌　十二月二十一日。㉗戊寅　十二月二十五日。㉘政事堂　即宰相議政之所。關於政事堂產生的時間，學術界觀點不一。有人說起於貞觀，有人說起於武德，有人更推至隋朝。從有關資料來看，政事堂在隋代已顯露端倪，但宰相常在政事堂議事的制度則是在貞觀時確立的。政事堂在唐代經歷了一個變化的過程，起初在門下省，後來裴炎執政時移至中書省，最後張說改政事堂為中書門下。㉙壬午　十二月二十九日。㉚并益荊揚四大都督府　唐武德七年（西元六二四年）二月十二日改大總管府為大都督府。并州大都督府管澤、潞、汾、儀、嵐、忻、代、朔、蔚等州，益州大都督府管彭、蜀、漢、簡、眉、邛、嘉、雅、陵等州，荊州大都督府管硤、郢、澧、朗、岳、鄂等州，揚州大都督府管舒、和、滁、廬、楚、壽等州，戰略地位都很重要。㉛相知鎮守　相互知會，共同鎮守。

【校　記】1同　據章鈺校，十二行本、乙十一行本、孔天胤本皆作「兼」，張敦仁《通鑑刊本識誤》同。按，《舊唐書‧高宗紀》作「於東宮同平章事」，《新唐書・高宗紀》作「兼於東宮平章事」，未知孰是。

【語譯】中書令兼太子左庶子薛元超得了瘖啞病，乞求退職，高宗答應了。

八月己丑日，因為將要在嵩山封禪，召太子前往東都；留下唐昌王李重福守護京師，以劉仁軌為副手。冬，十月二十六日己卯，太子到達東都。○初十日癸亥，高宗車駕到達奉天宮。

十一月初三日丙戌，下詔停止明年在嵩山舉行封禪，因為高宗病得很厲害的緣故。高宗苦於頭部昏沉，不能看見東西，召來侍醫秦鳴鶴診治，秦鳴鶴請求把頭部刺破放血，就可以治癒。天后在簾幕裡，不想讓高宗治好病，就生氣地說：「說這話的人可殺，居然想在天子頭上刺出血！」秦鳴鶴磕頭請求饒命。高宗說：「只管刺頭，未必不好。」秦鳴鶴就刺百會、腦戶兩穴。高宗說：「我的眼睛好像可以看清楚東西了。」天后舉起手放在額頭上說：「這是上天所賜啊！」天后親自背負彩帛一百匹賞賜秦鳴鶴。

十一月十五日戊戌，任命右武衛將軍程務挺為單于道安撫大使，招降征討阿史那骨篤祿等人。○下詔令由太子監理國家政事，任命裴炎、劉景先、郭正一為同東宮平章事。○高宗自從在奉天宮病重後，宰相都不能見到他。二十四日丁未，高宗返回東都，百官在天津橋南見到高宗。

十二月初四日丁巳，改換年號，大赦天下。高宗想在則天門樓宣布赦令，感到呼吸不暢，無法乘坐車馬，就召百姓到殿前加以宣布。當天夜間，召裴炎入宮，接受遺詔輔佐政事，高宗在貞觀殿去世。遺詔令太子在高宗靈柩前即皇帝位，軍國大事有不能決斷的，可以兼取天后的意旨來處理。廢除萬泉、桂芳、奉天等宮。

十二月初七日庚申，裴炎上奏，認為太子還沒有即帝位，不應該宣布敕令，有重要和須快速處理的事情，希望把天后的命令在中書、門下宣布施行。十一日甲子，中宗即帝位，尊稱天后為皇太后，政事全部由皇太后決斷。太后認為澤州刺史韓王李元嘉等人地位尊崇，德高望重，怕他們作亂，就都加封三公等官銜以撫慰他們。

十二月二十一日甲戌，任命劉仁軌為左僕射，裴炎為中書令。二十五日戊寅，任命劉景先為侍中。

舊制，宰相在門下省議政，稱之為政事堂，所以長孫無忌任司空，房玄齡任僕射，魏徵任太子太師時，都在門下省處理政務。等到裴炎遷升為中書令，才開始把政事堂遷到中書省。

十二月二十九日壬午，派遣左威衛將軍王果、左監門將軍令狐智通、右金吾將軍楊玄儉、右千牛將軍郭齊宗分頭前往并・益・荊・揚四個大都督府，和各大都督府長官一起執掌鎮守事務。中書侍郎、同平章事郭正一任國子祭酒，罷除他參議政事職權。

則天順聖皇后❶上之上

光宅元年❷（甲申　西元六八四年）

春，正月甲申朔❸，改元嗣聖，赦天下。◯立太子妃韋氏❹為皇后，擢后父玄貞❺自普州❻參軍❼為豫州❽刺史。◯癸巳❾，以左散騎常侍❿杜陵韋弘敏⓫為太府卿⓬、同中書門下三品。

中宗欲以韋玄貞為侍中⓭，又欲授乳母之子五品官，裴炎固爭⓮，中宗怒曰：「我以天下與韋玄貞何不可⓯！而惜侍中邪！」炎懼，白太后，密謀廢立。二月戊午⓰，太后集百官於乾元殿⓱，裴炎與中書侍郎劉禕之、羽林將軍⓲程務挺、張虔勗勒兵入宮，宣太后令，廢中宗為廬陵王，扶下殿。中宗曰：「我何罪？」太后曰：「汝欲以天下與韋玄貞，何得無罪！」乃幽于別所。

己未⑲，立雍州牧豫王旦⑳為皇帝。政事決於太后，居睿宗於別殿，不得有所預㉑。立豫王妃劉氏為皇后。后，德威㉒之孫也。

有飛騎㉓十餘人飲於坊曲，一人言：「曏知別無勳賞，不若奉廬陵。」一人起出，詣北門㉔告之。座未散，皆捕得，繫羽林獄㉕。言者斬，餘以知反不告皆絞，告者除五品官，告密之端自此興矣。

壬子㉖，以永平郡王成器㉗為皇太子，睿宗之長子也。赦天下，改元文明。

○庚申㉘，廢皇太孫重照為庶人㉙，命劉仁軌專知西京留守事。流韋玄貞於欽州㉚。太后與劉仁軌書曰：「昔漢以關中事委蕭何㉛，今託公亦猶是矣。」仁軌上疏，辭以衰老㉜不堪居守，因陳呂后㉝禍敗之[1]事以申規戒。太后使祕書監㉞武承嗣齎璽書慰諭之曰：「今以皇帝諒闇㉟不言，眇身㊱且代親政，遠勞勸戒，復辭衰疾。又云『呂氏見嗤於後代，祿、產貽禍於漢朝㊲』，引喻良深㊳，愧慰交集。公忠貞之操，終始不渝，勁直之風，古今罕比。初聞此語，能不罔然；靜而思之，是為龜鏡㊴。況公先朝舊德㊵，遐邇具瞻㊶，願以匡救為懷，無以暮年致請。」

辛酉㊷，太后命左金吾將軍丘神勣㊸詣巴州，檢校故太子賢宅以備外虞，其實風使殺之。神勣，行恭之子也。

甲子[44]，太后御武成殿[45]，皇帝帥王公以下上尊號。丁卯[46]，太后臨軒，遣禮部尚書武承嗣冊嗣皇帝。自是太后常御紫宸殿[47]，施慘紫帳以視朝[48]。

丁丑[49]，以太常卿、檢校豫王府長史王德真[50]為侍中；中書侍郎、檢校豫王府司馬[51]劉禕之[52]同中書門下三品。

三月丁亥[53]，徙杞王上金為畢王，鄱陽王素節為葛王。

丘神勣至巴州，幽故太子賢於別室，逼令自殺。太后乃歸罪於神勣，戊戌[54]，舉哀於顯福門[55]，貶神勣為疊州[56]刺史。己亥[57]，追封賢為雍王。神勣尋復入為左金吾將軍。

夏，四月，開府儀同三司、梁州都督滕王元嬰[58]薨。◯辛酉[59]，徙畢王上金為澤王，拜蘇州[60]刺史；葛王素節為許王，拜絳州[61]刺史。◯癸酉[62]，遷廬陵王于房州，丁丑[63]，又遷于均州故濮王宅[64]。

五月丙申[65]，高宗靈駕西還[66]。

【章　旨】以上為第七段，寫唐高宗屍骨未寒，武則天以鐵腕手段迅急發動政變，廢中宗，又殺廢太子李賢，立傀儡皇帝睿宗，武則天垂簾聽政。

【注　釋】❶則天順聖皇后　即武則天（西元六二四—七〇五年）。「則天順聖皇后」是唐玄宗在天寶八載（西元七四九年）

給武則天所上的尊號。❷光宅元年　弘道元年十二月高宗崩，武則天臨朝稱制改元嗣聖。嗣聖元年二月己未睿宗改元文明，至九月甲寅又改元光宅。❸甲申朔　正月初一日。❹韋氏　唐中宗皇后。中宗被貶時，尚能共濟艱難。中宗復位後，即趁機擅權，並毒害中宗，造成很大的混亂。傳見《舊唐書》卷五十一、《新唐書》卷七十六。❺玄貞　韋玄貞後流死欽州。事見《舊唐書》卷一百八十三〈韋溫傳〉、《新唐書》卷二百六〈韋溫傳〉。❻普州　治所安岳，在今四川安岳。❼參軍　即參軍事，為州諸曹長官，大州參軍從七品上，中州正八品下，下州從八品下。❽豫州　治所汝陽，在今河南汝南縣。❾癸巳　正月初十日。❿左散騎常侍　官名，隸屬門下省，從三品，掌侍奉規諫，備顧問應對。⓫韋弘敏　京兆杜陵（今陝西西安東南）人，嗣聖元年（西元六八四年）正月十日至十月十九日擔任宰相。事見《新唐書》卷四〈則天皇后紀〉等。⓬太府卿　官名，太府寺長官，從三品，掌國家庫藏出納和貿易商稅等事務。⓭侍中　官名，宰相之一。為門下省最高長官，秩正三品，又稱納言、左相。掌出納帝命，緝熙皇極，總典吏職，贊相禮儀。⓮固爭　固執地再三諫諍。⓯何不可　即有何不可。⓰戊午　二月初六日。⓱乾元殿　東都宮城正殿，在貞觀殿之南。玄宗開元末，改稱含元殿。⓲羽林將軍　官名，唐左右羽林軍衛各有大將軍一人，將軍二人，掌統北衙禁兵。羽林之名，始於漢代，意即為國羽翼，如林之盛。唐初北衙武衛所領兵稱作羽林。龍朔二年（西元六六二年）始置左右羽林軍。⓳己未　二月七日。⓴雍州牧豫王旦　即唐睿宗。時年二十二歲。牧，官名，唐代州官稱刺史，唯雍州、河南、太原三府（三都）稱牧。㉑居睿宗於別殿二句　太后令睿宗居於別殿，不許他參與朝政。㉒德威　劉德威（西元五八二—六五二年），徐州彭城（今江蘇徐州）人，唐初任綿州刺史等職，政號廉平。傳見《舊唐書》卷七十七、《新唐書》卷一百六。㉓飛騎　羽林軍士。據《新唐書·兵志》及《隋唐嘉話》記載，太宗貞觀十二年置左右屯營於玄武門，選材力驍捷善馳射者充之，號為「飛騎」。後在屯營基礎上置左右羽林軍，其軍士亦有「飛騎」之稱。㉔北門　玄武門。㉕羽林獄　羽林軍之獄。㉖壬子　二月癸丑朔，無壬子。兩《唐書·則天紀》皆云：「己未，立永平郡王成器為皇太子。」立皇太子與改元同日，皆在二月己未。「壬子」似為衍文。㉗永平郡王成器　（西元六七九—七四一年）睿宗長子。又名李憲，以孝友謙讓著稱。死後追諡為讓皇帝，葬於惠陵。傳見《舊唐書》卷九十五、《新唐書》卷八十一。㉘庚申　二月初八日。㉙廢皇太孫重照為庶人　李重照，中宗長子，後避武則天諱改名重潤。永淳元年（西元六八二年）三月十五日（一說二十五日）始立為皇太孫。至此因父中宗皇太子被廢，遷房陵，重照皇太孫之位亦被廢。㉚欽州　治所在今廣西欽州東北欽江西北岸。㉛蕭何　（？—西元前一九三年）江蘇沛縣人，楚漢戰爭時留守關中，支援前線，以功進封酇侯。傳見《史記》卷五十三、《漢書》卷三十九。㉜辭以衰老　以衰老為辭推謝。時劉仁軌已八十三歲。㉝呂后　（西元前二四一—前一八〇年）

名雉，字娥姁，漢高祖皇后。高祖死後，排除異己，掌握實權，受到非議。傳見《史記》卷九、《漢書》卷三及卷九十七上。㉞祕書監　官名，祕書省最高長官，掌經籍圖書之事。㉟諒闇　又作「亮陰」、「涼陰」、「梁闇」，指天子居喪。㊱眇身　帝王自謙之詞，與「寡人」相類。㊲祿產貽禍於漢朝　呂祿、呂產均呂后之姪，惠帝時，被封為王。後欲奪取政權，被周勃所殺。事見《史記》卷九〈呂太后本紀〉、卷五十七〈絳侯周勃世家〉、《漢書》卷四十〈周勃傳〉。㊳引喻良深　引古喻今，寓意很深。㊴龜鏡　借鑑。龜能卜吉凶，鏡能別善惡。古人常以二字組詞，作為借鑑的代稱。㊵先朝舊德　先朝有德望的故老。㊶遐邇具瞻　受到朝野遠近的共同瞻仰。㊷辛酉　二月初九日。㊸丘神勣　（?—西元六九一年）左衛大將軍丘行恭之子。武周時期號為酷吏，官至左金吾衛大將軍。傳見《舊唐書》卷一百八十六上、《新唐書》卷二百九。㊹甲子　二月十二日。㊺武成殿　即後來的宣政殿。在洛陽宮城含元殿西。㊻丁卯　二月十五日。㊼紫宸殿　胡三省注：「《唐六典》洛陽宮不載紫宸殿。以西京大明宮準之，紫宸殿內朝也，其位置當在乾元殿後。」㊽施慘紫帳以視朝　設置淺紫色的幕帳以臨朝聽政。㊾丁丑　二月二十五日。㊿王德真　京兆霸陵（今陝西西安東北）人，永隆元年（西元六八〇年）四月入相，九月罷為相王府長史。睿宗即位，得以再度入相。事跡散見於《新唐書》卷六十一、《全唐詩》卷四十四、《唐郎官石柱題名考》卷四、卷六等。(51)司馬　王府司馬與長史統領府僚，總攬王府事務，從四品下。(52)劉禕之　（西元六三一—六八七年）常州晉陵（今江蘇常州）人，曾為北門學士，還擔任過宰相。傳見《舊唐書》卷八十七、《新唐書》卷一百十七、《咸淳毗陵志》卷十六。(53)丁亥　三月初五日。(54)戊戌　三月十六日。(55)顯福門　即明福門。在東都集賢殿書院之東，後避中宗諱，改「顯」為「明」。(56)疊州　治所在今甘肅迭部。(57)己亥　三月十七日。(58)滕王元嬰　（?—西元六八四年）唐高祖第二十二子。貪暴不法，曾多次受到唐高宗的斥責。傳見《舊唐書》卷六十四、《新唐書》卷七十九。(59)辛酉　四月初十日。(60)蘇州　州名，治所在今江蘇蘇州。(61)絳州　州名，治所在今山西新絳。(62)癸酉　四月二十二日。(63)丁丑　四月二十六日。(64)均州故濮王宅　貞觀末濮王泰所居之宅。均州治所在今湖北丹江口市西北。(65)丙申　五月十五日。(66)靈駕西還　謂皇帝靈車從洛陽向京師進發。

【校　記】[1]之　原無此字。據章鈺校，十二行本、乙十一行本、孔天胤本皆有此字，今據補。

【語　譯】則天順聖皇后上之上

光宅元年（甲申　西元六八四年）

春，正月初一日甲申，改年號為嗣聖，大赦天下。〇立太子妃韋氏為皇后，把皇后父親韋玄貞從普州參軍擢升為豫州刺史。〇初十日癸巳，任命左散騎常侍杜陵人韋弘敏為太府卿、同中書門下三品。

中宗打算任命韋玄貞為侍中，又想授給乳母的兒子五品官，裴炎堅決勸諫，中宗發怒說：「我把天下送給韋玄貞又有什麼不可以！還吝惜一個侍中嗎！」裴炎恐懼，告訴太后，祕密圖謀廢除中宗另立皇帝。二月初六日戊午，太后在乾元殿召集百官，裴炎和中書侍郎劉禕之、羽林將軍程務挺、張虔勗勒兵入宮，宣布太后命令，廢中宗為廬陵王，把他扶下殿堂。中宗說：「我有什麼罪？」太后說：「你要把天下給與韋玄貞，怎麼會沒有罪！」就把中宗幽禁在別宮裡。

二月初七日己未，把雍州牧豫王李旦立為皇帝。一切政事取決於太后，把睿宗安置在別殿，不能參與政事。立豫王妃劉氏為皇后。皇后是劉德威的孫女。

有飛騎十幾個人在小街曲巷裡喝酒，有一個人說：「早知道沒有勳爵封賞，還不如侍奉廬陵王。」有一個人起身出去，前往北門告密，在座的人還沒散去，全部被捕獲，囚禁在羽林軍監獄裡。說話的那個飛騎被斬首，剩下的以知道謀反不告發的罪名判處絞刑，告密的人被任命為五品官，告密之事從此興起。

壬子日，封永平郡王李成器為皇太子，他是睿宗的大兒子。大赦天下，改年號為文明。〇二月初八日庚申，把皇太孫李重照廢為庶人，命令劉仁軌專門負責西京留守事務。把韋玄貞流放到欽州。

太后給劉仁軌的書信中說：「過去漢朝把關中的事情託付給蕭何，現在託付你的和這一樣。」劉仁軌上疏，以衰老不能勝任留守為由而推辭，順便陳述呂后為害朝政的事情，申明勸誡。太后派遣祕書監武承嗣帶著加印的書信，慰問曉諭劉仁軌說：「現在因為皇帝在居喪，不言政事，所以由我這微末之身暫且親理政事，遠勞勸誡，又以衰老多病相辭。您又說『呂氏被後人嗤笑，呂祿、呂產嫁禍於漢朝』，所引的事例寓意的確深刻，使我慚愧與快慰交集。您忠誠堅貞的操守，始終不渝，剛強正直的作風，古往今來少有能相比的。起初聽到您的話，怎能不感到迷惘？但靜靜地考慮，您這些話是可以作為鑑戒的。何況您是先朝舊時有德望的老人，遠近的人士都一起仰望著您，希望您能以匡補朝廷為懷，不要用人老年暮為託辭請求告退。」

二月初九日辛酉，太后命令左金吾將軍丘神勣前往巴州，檢查前太子李賢住宅，以防外患，其實是暗示，讓他把故太子李賢殺掉。丘神勣，是丘行恭的兒子。

二月十二日甲子，太后親臨武成殿，睿宗率領王公以下大臣呈上尊號。十五日丁卯，太后親臨殿前平臺，派遣禮部尚書武承嗣冊封繼位皇帝。從此太后經常親臨紫宸殿，使用淺紫色的簾幕，臨朝理政。

二月二十五日丁丑，任命太常卿、檢校豫王府長史王德真為侍中；中書侍郎、檢校豫王府司馬劉禕之為同中書門下三品。

三月初五日丁亥，遷調杞王李上金為畢王，鄱陽王李素節為葛王。

丘神勣抵達巴州，把前太子李賢幽禁在別室，逼令自殺。太子自殺後，太后就歸罪於丘神勣，三月十六日戊戌，在顯福門舉辦喪事，貶丘神勣為疊州刺史。十七日己亥，追封李賢為雍王。沒多久，丘神勣又入朝擔任左金吾將軍。

夏，四月，開府儀同三司、梁州都督滕王李元嬰去世。○初十日辛酉，遷調畢王李上金為澤王，擔任蘇州刺史；遷調葛王李素節為許王，擔任絳州刺史。○二十二日癸酉，把廬陵王遷調到房州；二十六日丁丑，又遷調到均州濮王舊宅。

五月十五日丙申，高宗的靈車西行返回長安。

閏月，以禮部尚書武承嗣為太常卿❶、同中書門下三品❷。

秋，七月戊午❸，廣州都督路元叡❹為崑崙❺所殺。元叡闇懦，僚屬恣橫❻。有商舶至，僚屬侵漁❼不已，商胡訴於元叡，元叡索枷，欲繫治之。羣胡怒，有崑崙袖劍直登聽事❽，殺元叡及左右十餘人而去，無敢近者，登舟入海，追之不及。

溫州⑨大水，流四千餘家。◯突厥阿史那骨篤祿等寇朔州。

八月庚寅⑩，葬天皇大帝于乾陵⑪，廟號⑫高宗。

初，尚書左丞⑬馮元常⑭為高宗所委⑮，高宗晚年多疾，百司奏事[1]，每日：「朕體中不佳⑯，可與元常平章以聞⑰。」元常嘗密言「中宮⑱威權太重，宜稍抑損」。高宗雖不能用，深以其言為然。及太后稱制，四方爭言符瑞⑲。嵩陽令⑳樊文獻瑞石，太后命於朝堂示百官，元常奏[2]：「狀涉諂詐，不可誣罔天下。」太后不悅，出為隴州㉑刺史。元常，子琮㉒之曾孫也。

丙午㉓，太常卿、同中書門下三品武承嗣罷為禮部尚書。◯栝州㉔大水，流二千餘家。

九月甲寅㉕，赦天下，改元㉖。旗幟皆從金色㉗。八品以下，舊服青者更服碧㉘。改東都為神都，宮名太初㉙。又改尚書省為文昌臺，左、右僕射為左、右相，六曹為天、地、四時六官㉚；門下省為鸞臺，中書省為鳳閣，侍中為納言，中書令為內史；御史臺為左肅政臺㉛，增置右肅政臺㉜；其餘省、寺、監、率之名，悉以義類改之㉝。

以左武衛大將軍程務挺為單于道安撫大使，以備突厥。

武承嗣請太后追王其祖㉞，立武氏七廟㉟，太后從之。裴炎諫曰：「太后母臨天下，當示至公，不可私於所親。獨不見呂氏之敗乎！」太后曰：「呂后以權委生者㊱，故及於敗。今吾追尊亡者，何傷乎！」對曰：「事當防微杜漸，不可長耳！」太后不從。己巳㊲，追尊太后五代祖克己㊳為魯靖公㊴，妣為夫人；高祖居常㊵為太尉、北平恭肅王㊶，曾祖儉㊷為太尉、金城義康王㊸，祖華㊹為太尉、太原安成王，考士彠為太師、魏定王；祖妣皆為妃。裴炎由是得罪。又作五代祠堂於文水㊺。

【章　旨】以上為第八段，寫武則天稱制，四方爭言符瑞，武則天改元光宅，易服色，改官名，給武氏先人上尊號，充分暴露她覬覦皇權的野心，裴炎等人勸諫，埋下了殺身之禍。

【注　釋】❶太常卿　官名，太常寺長官，正三品，掌邦國禮樂、郊廟、社稷之事。❷同中書門下三品　據《新唐書・則天紀》及〈宰相表〉，武承嗣曾四度為相，這次任相時在閏五月甲子，即閏五月十三日，是第一次為相。❸戊午　七月九日。❹路元叡　廣州都督，曾任勳、吏二郎中。事見《新唐書》卷七十五下〈宰相世系五下〉、《唐郎官石柱題名考》卷七、十一、十四等。❺崑崙　本指中印半島南部及南洋諸島地區專以崑崙為名的國家。此處指崑崙商人。❻恣橫　恣肆專橫。❼侵漁　侵奪。❽聽事　廳堂。指辦公之處。❾溫州　州名，治所永嘉，在今浙江溫州。❿庚寅　八月十一日。⓫乾陵　位於陝西乾縣城北梁山。因山而築，有內外二城。外城周長八十里，內城面積二百二十九萬三千八百平方公尺，被稱為唐陵之冠。⓬廟號　宗廟中確定的稱號。舊時帝王死後，在太廟立室奉祀，並追尊以某祖某宗的名號，稱為廟號。⓭尚書左丞　官名，隸屬尚書省，正四品上，掌管吏部、戶部、禮部十二司，通判都省事。⑭馮元常　高宗時曾官監察御史、劍南道巡察使，轉任尚書左丞。傳見《舊唐書》卷一百八十五上、《新唐書》卷一百十二。⑮所委　所親信委任。⑯體中不佳　身體不適。⑰可與元常平章以聞　可與馮元常籌商研究，然後把結果告訴我。⑱中宮　本指皇后居處，也常作為皇后的代稱。此處即屬後者。⑲符瑞　祥瑞的徵兆，猶如吉兆。⑳令　官名，一縣之長。㉑隴州　州名，治所汧源，在今陝西隴縣。㉒子琮　北齊時任右僕射。傳見《北齊書》卷四十、《北史》卷五十五。㉓丙午　八月二十七日。㉔栝州　唐代無「栝州」，當為括州（今浙江麗水市）之誤。《新唐書》卷三十六〈五行志〉三作「括州溪水暴漲，溺死百餘人」。㉕甲寅　九月初六日。㉖改元　武則天改元光宅，易服色，改官名。光宅是武則天執政的第一個年號，未及一年改元垂拱。㉗旗幟皆從金色　唐為土德，旗幟尚赤，現改為金色。金色有黃、白二說，《新唐書》卷四〈則天紀〉作「旗幟尚白」。㉘服碧　穿青綠色官服。㉙宮名太初　改洛陽宮為太初宮。㉚六曹為天地四時六官　即改吏部為天官，戶部為地官，禮部為春官，兵部為夏官，刑部為秋官，工部為冬官。㉛左肅政臺　專知在京百司。㉜右肅政臺　專知按察諸州。㉝其餘省寺監率之名二句　改太常寺為司禮寺，鴻臚寺為司賓寺，宗正寺為司屬寺，光祿寺為司膳寺，太府寺為司府寺，太僕寺為司僕寺，衛尉寺為司衛寺，大理寺為司刑寺；改左右驍衛為左右武衛，左右武衛為左右鷹揚衛，左右威衛為左右豹韜衛，左右領軍衛為左右玉鈐衛。見《唐大詔令集》卷三〈改元光宅詔〉及《舊唐書》卷四十二〈職官志一〉。省、寺、監、率之名，尚有未改者。悉，當作「多」解。㉞追王其祖　追尊其祖先為王。㉟七廟　供奉七代祖先的廟宇。《禮記・王制》：「天子七廟，三昭三穆，與太祖之廟而七。」武氏當時不是天子，按照宗法制度不應建立七廟。㊱委生者　委任活著的人。㊲己巳　九月二十一日。㊳五代祖克己　《舊唐書》卷一百八十三誤作四代祖。武克己後魏時官至散騎常侍、越王長史。正史無傳。㊴魯靖公　為尊號與諡號的合稱。據《新唐書》卷七十六，克己此時被尊為魯國公，諡曰靖。㊵高祖居常　北齊時曾任殷州司馬，官至鎮遠將軍。㊶北平恭肅王　居常追贈北平郡王，諡曰恭肅。㊷曾祖儉　武儉北周時為永昌王諮議參軍，死後贈齊州刺史。㊸金城義康王　即金城郡王，義康為諡號。㊹祖華　武華隋時任東郡丞，贈并州刺史。此次追尊為太原郡王，諡曰安成。武氏出自庶族，自武華以上皆無傳。其事散見於《新唐書》卷七十四上〈宰相世系表〉、卷七十六〈則天皇后傳〉及《文苑英華》卷八百七十五〈攀龍臺碑〉等。㊺文水　縣名，縣治在今山西文水縣東。

【校　記】①百司奏事　此四字原無。據章鈺校，十二行本、乙十一行本、孔天胤本皆有此四字，張敦仁《通鑑刊本識誤》

同，今據補。②奏 據章鈺校，十二行本、乙十一行本、孔天胤本「奏」下皆有「言」字。

【語 譯】閏五月，任命禮部尚書武承嗣為太常卿、同中書門下三品。

秋，七月初九日戊午，廣州都督路元叡被崑崙商人所殺。路元叡昏昧懦弱，僚屬恣肆蠻橫。遇有商船到達，僚屬侵擾搜刮不止，經商的胡人向路元叡申訴，路元叡取來枷鎖，想把他們抓捕治罪。胡商們大怒，有個崑崙商人袖中藏劍，直上廳堂，殺死路元叡和他身邊十幾個人就離開了，沒有敢靠近的。崑崙商人登船入海，路元叡部下追捕，沒有趕上。

溫州發大水，沖走四千多家。〇突厥阿史那骨篤祿等人寇掠朔州。

八月十一日庚寅，天皇大帝葬於乾陵，廟號為高宗。

當初，尚書左丞馮元常被高宗所委重，高宗晚年多病，各官員上書奏事，高宗常常說：「朕身體不好，可與元常商議處理，再上報於朕。」馮元常曾經隱密地說「武后威權過重，應該稍加貶損」。高宗雖然沒有採用他的話，但對他說的話深以為然。等到太后掌權，四方爭先恐後地上言符瑞。嵩陽令樊文呈獻瑞石，太后命令在朝廷殿堂上讓百官觀看，馮元常上奏說：「看樣子像是在諂媚欺詐，不能欺罔天下人。」太后聽了不高興，把馮元常外放為隴州刺史。馮元常，是馮子琮的曾孫。

八月二十七日丙午，太常卿、同中書門下三品武承嗣免除原職，任命為禮部尚書。〇栝州發大水，沖走二千多家。

九月初六日甲寅，大赦天下，改換年號。旗幟都改為金色。八品以下的官員，過去穿青色的，都改穿青綠色，改東都為神都，宮名稱太初。又改尚書省為文昌臺，左、右僕射為左、右相，六部為天、地、四時六官；改門下省為鸞臺，中書省為鳳閣，侍中為納言，中書令為內史；改御史臺為左肅政臺，增設右肅政臺；其他省、寺、監、率的名稱，大多根據相似的意義和種類加以更改。

任命左武衛大將軍程務挺為單于道安撫大使，防備突厥。

武承嗣請求太后追封祖先為王，建立武氏七廟，太后同意了。裴炎勸諫說：「太后以母儀治天下，應該以至公昭示天下，對親屬不能有私心。難道沒看見呂氏之敗嗎！」太后說：「呂后把權柄委託給活著的人，所以導致敗亡。現在我追尊死亡的人，有什麼妨害呢！」裴炎回答說：「凡事應當防微杜漸，壞苗頭不可讓它滋長！」太后不加採納。九月二十一日己巳，追尊太后五代先祖武克己為魯靖公，五代祖母為夫人；高祖武居常為太尉、北平恭肅王，曾祖武儉為太尉、金城義康王，祖父武華為太尉、太原安成王，父親武士彠為太師、魏定王；高祖以下諸夫人都封為妃。裴炎從此得罪太后。太后又在文水縣修建五代先祖的祠堂。

時諸武用事，唐宗室人人自危，眾心憤惋❶。會眉州刺史英公李敬業及弟盩厔令敬猷、給事中❷唐之奇、長安主簿❸駱賓王、詹事司直❹杜求仁皆坐事❺，敬業貶柳州司馬❻，敬猷免官，之奇貶括蒼❼令，賓王貶臨海❽丞❾，求仁貶黟❿令。求仁，正倫之姪也。盩厔尉魏思溫嘗為御史⓫，復被黜⓬。皆會於揚州，各自以失職怨望⓭，乃謀作亂，以匡復廬陵王為辭⓮。

思溫為之謀主⓯，使其黨監察御史薛仲璋⓰求奉使江都⓱，令雍州人韋超詣仲璋告變，云「揚州長史陳敬之謀反。」仲璋收敬之繫獄。居數日，敬業乘傳而至，矯稱揚州司馬來之官⓲，云「奉密旨，以高州酋長馮子猷謀反，發兵討之。」於是開府庫，令士曹參軍⓳李宗臣就錢坊⓴，驅囚徒、工匠數百[1]授以甲。斬敬之於繫所，錄事參軍㉑孫處行拒之，亦斬以徇㉒，僚吏無敢動者。遂起一州之兵，復稱嗣聖元年㉓。開三府：一曰匡復府，二曰英公府，三曰揚州大都督府。敬業自稱匡復府上將，領揚州大都督。以之奇、求仁為左、右長史，宗臣、仲璋為左、右司馬，思溫為軍師，賓王為記室，旬日間得勝兵十餘萬。

移檄州縣㉔，略曰：「偽臨朝武氏者，人非溫順㉕，地㉖實寒微。昔充太宗下陳㉗，嘗以更衣入侍㉘，洎乎晚節㉙，穢亂春宮㉚。密隱先帝之私，陰圖後庭之嬖㉛，踐元后㉜於翬翟㉝，陷吾君於聚麀㉞。」又曰：「殺姊屠兄，弒君鴆母㉟，人神之所同嫉，天地之所不容。」又曰：「包藏禍心㊱，窺竊神器㊲。君之愛子，幽之於別宮㊳；賊之宗盟，委之以重任㊴。」又曰：「一抔之土未乾㊵，六尺之孤安在㊶！」又曰：「試觀今日之域中，竟是誰家之天下！」太后見檄，問曰：「誰所為？」或對曰：「駱賓王。」太后曰：「宰相之過也。人有如此才，而使之流落不偶乎㊷！」

敬業求得人貌類故太子賢者，紿眾云：「賢不死㊸，亡在此城中㊹，令吾屬㊺舉兵。」因奉以號令。

楚州司馬李崇福帥所部三縣應敬業㊻。盱眙㊼人劉行舉獨據縣不從，敬業遣其將尉遲昭攻盱眙，行舉拒卻之[2]。詔以行舉為游擊將軍㊽，以其弟行實為楚州刺史。

甲申㊾，以左玉鈐衛大將軍㊿李孝逸為揚州道大總管，將兵三十萬，以將軍李知十、馬敬臣為之副，以討李敬業。

【章旨】以上為第九段，寫徐敬業起兵討武則天，駱賓王為之草檄。

【注釋】❶憤惋　憤懣怨恨。❷給事中　官名，隸屬門下省，正五品上，掌陪侍皇帝左右，分管省事。❸主簿　官名，縣令屬官，從八品上，掌監印，檢核文書簿籍。❹詹事司直　官名，太子詹事府屬官，正九品上，掌糾劾東宮僚屬。太子監國，則與司議郎、舍人分日受理啟狀。❺坐事　因事獲罪。❻柳州司馬　柳州治所在今廣西柳州。據《新唐書·地理志七上》，柳州為下州，其司馬從六品下，與別駕、長史分掌州府政務。❼括蒼　縣名，縣治在今浙江麗水市東南。❽臨海　縣名，縣治在今浙江臨海。❾丞　官名，位次縣令之下，協助縣令統理庶務。❿黟　縣名，縣治在今安徽黟縣。⓫御史　官名，御史臺屬官，根據具體職司不同，有侍御史、殿中侍御史、監察御史之別。⓬被黜　被貶斥。⓭怨望　怨恨。⓮以匡復廬陵王為辭　以扶佐廬陵王恢復帝位為藉口。匡復有挽救將亡之國使其轉危為安之意，此處引申為扶佐。為辭，為藉口。⓯思溫為之謀主　以魏思溫為他們的謀主。事散見於《舊唐書》卷六十七、《新唐書》卷九十三及一百六。⓰薛仲璋　《舊唐書》卷六十七及《新唐書》卷九十三皆作「薛璋」。據《考異》，《實錄》亦作「薛璋」。司馬光依《御史臺記》作「薛仲璋」。⓱江都　縣名，揚州治所，在今江蘇揚州西南。⓲來之官　前來上任。⓳士曹參軍　官名。州置功、倉、戶、兵、法、士六曹，參軍為之長。士曹參軍掌津梁、舟車、舍宅、百工眾藝之事。⓴就錢坊　到造錢的作坊。㉑錄事參軍　官名，即錄事參軍事，上州從七品上，中州正八品上，下州從八品上，掌糾彈州縣官員，考核文書簿籍，監管符印。㉒斬以徇　斬以示眾。㉓嗣聖元年　西元六八四年。是年唐中宗即位，改元嗣聖。當年中宗被廢，睿宗即位，又改元文明。㉔移檄州縣　將駱賓王所作〈代李敬業傳檄天下文〉發至各州縣。駱賓王所作檄文《全唐文》作〈代李敬業討武氏檄〉，《唐文粹》作〈為徐敬業以武后臨朝移諸郡縣檄〉，標題頗不一致。今人或作〈討武曌檄〉，與原題相去更遠。此時武則天尚未以「曌」為名。㉕溫順　溫柔和順。㉖地　此處指門第。㉗昔充太宗下陳　過去充當唐太宗的婢妾。下陳本是古代統治者陳放禮品、站列婢妾的地方，後來借指皇宮中地位低下的妃嬪。武則天十四歲時被唐太宗召入宮中，封為才人。㉘嘗以更衣入侍　曾因更衣侍奉過太宗。「更衣入侍」並非指實，係用衛子夫以更衣得幸於漢武帝的典故來說明武則天與唐太宗的關係。㉙洎乎晚節　到了該守晚年節操的時候。晚節有晚年之意。此處非就年齡而言。㉚春宮　即東宮。又稱「春闈」。㉛嬖　寵。㉜元后　元配皇后。㉝翬翟　指皇后之服。㉞聚麀指亂倫。麀，牝鹿。《禮記·曲禮上》：「夫唯禽獸無禮，故父子聚麀。」㉟弒君鴆母　殺害高宗皇帝，毒死其母楊氏。考諸史冊，實無此事。㊱包藏禍心　暗藏害人之心，居心叵測。㊲竊窺神器　竊窺，意為偷看，可引申為覬覦。神器，指皇位。㊳君之愛子二句　廢中宗為廬陵王，徙於均州；以睿宗為傀儡，居之別殿。㊴賊之宗盟二句　用人唯親，重任諸武，以其姪武承嗣為宰相。㊵一抔之土未乾　意猶高宗屍骨未寒。一抔之土，代指陵墓。㊶六尺之孤安在　未成年的孤兒在什麼地方。「六尺之孤」語出《論語·泰伯》，本指十五歲以下的孤兒，周代一尺相當於現在的六寸。故以六尺言其年少。此處指中宗、睿宗。時中宗已二十九歲，睿宗二十二歲。㊷人有如此才二句　人有這樣高的才華，怎麼能使他飄泊遠方而得不到重用呢。此語又見《新唐書》卷二百一〈駱賓王傳〉。《唐語林》卷二作「宰相因何失如此之人」，並說武則天這樣說是「有遺才之恨」。不偶，又作「不耦」，不遇。㊸賢不死　太子李賢未死。㊹亡在此城中　逃亡在這座城中。㊺吾屬　我等；我們。㊻楚州司馬李崇福帥所部三縣應敬業　楚州位於揚州之北，治所在今江蘇淮安。所部三縣即山陽、安宜、鹽城。安宜縣治在今江蘇寶應境。鹽城濱海，縣治在今江蘇鹽城。按，李崇福從叛之事，《新唐書》卷四〈則天紀〉載於十月癸未，即十月初五日。又李孝逸出征及裴炎被殺以下事皆在十月。九月無甲申、丁亥、壬辰、丙申、丁酉。故當在「楚州」二字前添「十月，癸未」四字。㊼盱眙　縣名，位於楚州西南部。故治在今江蘇盱眙東北。㊽遊擊將軍　官名，從五品下。為武散官。㊾甲申　十月初六日。㊿左玉鈐衛大將軍　即左領軍衛大將軍。

【校　記】[1]數百　原無此二字。據章鈺校，十二行本、乙十一行本、孔天胤本皆有此二字，今據補。按，兩《唐書·徐敬業傳》亦有「數百」二字。[2]行舉拒卻之　原無此五字。據章鈺校，十二行本、乙十一行本、孔天胤本皆有此五字，張敦仁《通鑑刊本識誤》、張瑛《通鑑校勘記》同，今據補。

【語　譯】當時武氏專權用事，唐宗室人人自危，大家心裡都很憤懣怨恨。正好眉州刺史英公李敬業和弟弟盩厔令李敬猷、給事中唐之奇、長安主簿駱賓王、詹事司直杜求仁都因事獲罪，李敬業貶為柳州司馬，李敬猷免除官職，唐之奇貶為括蒼令，駱賓王貶為臨海丞，杜求仁貶為黟縣令。杜求仁，是杜正倫的姪子。盩厔尉魏思溫曾經擔任御史，後被貶黜。他們都會聚揚州，每個人都為了失去職位而怨恨，便謀劃叛亂，利用匡復廬陵王的帝位作為藉口。

魏思溫為他們主持謀劃，讓他的同黨監察御史薛仲璋要求朝廷派薛仲璋奉命出使江都，派雍州人韋超前往薛仲璋處舉報有變亂事件，說「揚州長史陳敬之謀劃反叛。」薛仲璋搜捕陳敬之拘押獄中。過了幾天，李敬業乘著傳車到達，冒充說揚州司馬前來赴任，說「接到祕密聖旨，因為高州酋長馮子猷陰謀反叛，要發兵討伐。」於是打開官府倉庫，命令士曹參軍李宗臣到鑄錢的作坊，驅使裡面的囚徒、工匠數百人反叛，授給他們甲衣。把陳敬之斬殺在拘押之處，錄事參軍孫處行抗拒，也把他斬了示眾，僚屬官吏沒有敢反抗的。於是動員了一州的軍隊，重新稱為嗣聖元年。開設三府：一稱匡復府，二稱英公府，三稱揚州大都督府。李敬業自稱匡復府上將，兼領揚州大都督。任命唐之奇、杜求仁為左、右長史，李宗臣、薛仲璋為左、右司馬，魏思溫為軍師，駱賓王為記室。十日之間就得到十幾萬能披甲作戰的士兵。

傳檄州、縣，大略說：「非法臨朝聽政的武氏這個人，為人並不溫和恭順，出身實在低微。過去充當過太宗的婢妾，曾經利用更衣之機入侍先帝。到了晚年，穢亂東宮。暗中隱瞞當過太宗才人的祕密，背地裡謀取高宗後宮的寵愛；竊據了皇后的冠服，使我國君主陷於亂倫非禮。」又說：「屠殺兄姐，害死國君，毒死母親，人神共恨，為天地所不容。」又說：「武氏包藏禍心，暗中窺伺帝位。國君寵愛的兒子，被幽禁在別宮；賊人武氏的宗族朋黨，都委以重任。」又說：「高宗墳墓的黃土還沒乾，年少的國君又在哪裡！」又說：「請看當今疆域之中，到底是哪家的天下！」太后見到檄文，問道：「誰寫的？」有人回答說：「是駱賓王。」太后說：「這是宰相的過錯。一個人有如此才華，卻讓他流落不得志啊！」

李敬業找到一個容貌像故太子李賢的人，欺騙大家說：「李賢沒有死，逃亡在這座城中，命令我們起兵。」便擁戴他以為號令。

楚州司馬李崇福率領所轄三縣響應李敬業。盱眙人劉行舉獨自佔據縣城不聽號令，李敬業派遣他的將領尉遲昭攻打盱眙，被劉行舉擊退。天后下詔任命劉行舉為遊擊將軍，以劉行舉的弟弟劉行實為楚州刺史。

十月初六日甲申，任命左玉鈐衛大將軍李孝逸為揚州道大總管，統領士兵三十萬，以將軍李知十、馬敬臣作為副手，討伐李敬業。

武承嗣與其從父弟右衛將軍三思以韓王元嘉❶、魯王靈夔❷屬尊位重，屢勸太后因事誅之。太后謀於執政，劉禕之、韋思謙皆無言❸。內史裴炎獨固爭，太后愈不悅。三思，元慶之子也❹。

及李敬業舉兵，薛仲璋，炎之甥也，炎欲示閒暇，不汲汲議誅討❺。太后問計於炎，對曰：「皇帝年長❻，不親政事，故豎子❼得以為辭❽。若太后返政，則不討自平矣。」監察御史藍田崔詧❾聞之，上言：「炎受顧託❿，大權在己，若無異圖，何故請太后歸政？」太后命左肅政大夫⓫金城騫味道⓬、侍御史櫟陽魚承曄⓭鞫之，收炎下獄⓮。炎被收，辭氣不屈。或勸炎遜辭以免⓯，炎曰：「宰相下獄，安有全理⓰！」鳳閣舍人⓱李景諶證炎必反。劉景先及鳳閣侍郎義陽胡元範⓲皆曰：「炎社稷元臣⓳，有功於國，悉心奉上，天下所知，臣敢明其不反。」太后曰：「炎反有端⓴，顧卿不知耳。」對曰：「若裴炎為反，則臣等亦反也。」

太后曰：「朕知裴炎反，知卿等不反。」文武間證炎不反者甚眾，太后皆不聽。俄并景先、元範下獄。丁亥㉑，以騫味道檢校內史、同鳳閣鸞臺三品，李景諶同鳳閣鸞臺平章事。

魏思溫說㉒李敬業曰：「明公㉓以匡復為辭，宜帥大眾鼓行而進㉔，直指洛陽，則天下知公志在勤王㉕，四面響應矣。」薛仲璋曰：「金陵有王氣㉖，且大江天險，足以為固，不如先取常、潤㉗，為定霸之基，然後北向以圖中原，進無不利，退有所歸，此良策也！」思溫曰：「山東豪傑以武氏專制，憤惋不平，聞公舉事，皆自蒸麥飯為糧，伸鋤為兵㉘，以俟南軍之至。不乘此勢以立大功，乃更蓄縮欲[1]自謀巢穴，遠近聞之，其誰不解體㉙！」敬業不從，使唐之奇守江都，將兵度江攻潤州。思溫謂杜求仁曰：「兵勢合則彊，分則弱，敬業不并力度淮㉚，收山東之眾以取洛陽，敗在眼中㉛矣！」

壬辰㉜，敬業陷潤州，執刺史李思文㉝，以李宗臣代之。思文，敬業之叔父也，知敬業之謀，先遣使間道上變，為敬業所攻，拒守久之，力屈而陷。思溫請斬以徇，敬業不許，謂思文曰：「叔黨於武氏，宜改姓武。」潤州司馬劉延嗣㉞不降，敬業將斬之，思溫救之，得免，與思文皆囚於獄[2]。劉延嗣，審禮從父弟也。曲阿㉟令河間尹元貞㊱引兵救潤州，戰敗，為敬業所擒，臨以白刃，不屈而死。

丙申㊲，斬裴炎于都亭㊳。炎將死，顧㊴兄弟曰：「兄弟官皆自致㊵，炎無分毫之力，今坐炎流竄㊶，不亦悲乎！」籍沒其家，無甔石之儲㊷。劉景先貶普州刺史，又貶辰州刺史[3]，胡元範流瓊州而死。裴炎弟子太僕寺丞㊸伷先㊹，年十七，上封事請見言事。太后召見，詰之曰：「汝伯父謀反，尚何言？」伷先對[4]曰：「臣為陛下畫計耳，安敢訴冤！陛下為李氏婦，先帝棄天下，遽攬朝政，變易嗣子，疏斥㊺李氏，封崇㊻諸武。臣伯父忠於社稷，反誣以罪，戮及子孫。陛下所為如是，臣實惜之！陛下早宜復子明辟㊼，高枕深居，則宗族可全；不然，天下一變，不可復救矣！」太后怒曰：「胡白㊽，小子敢發此言！」命引出，伷先反顧曰：「今用臣言，猶未晚。」如是者三。太后命於朝堂杖之一百，長流瀼州㊾。

炎之下獄也，郎將㊿姜嗣宗使至長安(51)，劉仁軌問以東都事，嗣宗曰：「嗣宗覺裴炎有異於常久矣。」仁軌曰：「使人覺之邪(52)？」嗣宗曰：「然。」仁軌曰：「仁軌有奏事，願附使人以聞(53)。」嗣宗曰：「諾。」明日，受仁軌表而還，表言：「嗣宗知裴炎反不言。」太后覽之，命拉嗣宗於殿庭，絞於都亭。

【章旨】以上為第十段，寫武則天排除異己，誅殺輔臣裴炎，劉仁軌施巧計除掉了佞臣姜嗣宗。

【注釋】❶韓王元嘉 （西元六一九—六八八年）唐高祖第十一子，宇文昭儀所生。恭謙好學，藏書至萬卷。❷魯王靈夔（?—西元六八八年）高祖第十九子，元嘉同母弟。善書法，通音律。二人同傳，見《舊唐書》卷六十四、《新唐書》卷七十九。❸太后謀於執政二句 其時有宰相九人。裴炎為內史，王德真為納言，劉仁軌為左相，右相缺。劉齊賢、郭待舉、岑長倩、魏玄同、韋寵敏、劉禕之皆以他職參知政事。韋思謙任右肅政臺御史大夫，尚未入相。❹三思二句 武三思（?—西元七〇七年），并州文水（今山西文水縣東）人，武則天兄武元慶第三子。武周時進封梁王，後為太子李重俊所殺。傳見《舊唐書》卷一百八十三、《新唐書》卷二百六。❺不汲汲議誅討 不迅速討論出兵征伐的問題。汲汲，表示心情急切的樣子。裴炎對武則天臨朝稱制的做法不滿，早在徐敬業起兵之前，就曾企圖「乘太后出遊龍門，以兵執之，還政天子」。但因久雨而未成功。見《新唐書》卷一百十七〈裴炎傳〉。此次故意拖延時間，是想借助徐敬業的力量迫使武則天交出政權。見《朝野僉載》卷五等。❻年長 年齡大了。❼豎子 猶小子，含有貶意。此處指徐敬業等人。❽辭 藉口。❾崔詧 初為著作郎，光宅元年（西元六八四年）十月十九日至垂拱元年（西元六八五年）三月十六日任宰相。事見《新唐書》卷六十一〈宰相表〉。「詧」為「察」的異體字。❿顧託 顧命囑託。高宗臨終，令裴炎輔佐太子。⓫左肅政大夫 即左御史大夫。⓬騫味道 （?—西元六八八年）蘭州金城（今甘肅蘭州）人，曾兩任宰相。事見《新唐書》卷六十一〈宰相上〉、卷七十四上〈宰相世系四上〉、《唐郎官石柱題名考》卷十、十一及《唐登科記考》卷二。⓭魚承曄 華州櫟陽（今陝西臨潼北）人，武周酷吏之一。事見《舊唐書》卷五十〈刑法志〉、卷八十七〈裴炎傳〉及卷一百八十六上〈來俊臣傳〉。⓮收炎下獄 《新唐書·裴炎傳》載：裴炎曾想對太后實行「兵諫」，迫使她歸政於睿宗。《朝野僉載》卷五載：徐敬業將反，令駱賓王設計取裴炎同起事。司馬光在《考異》中對此進行辯析，認為「此皆當時構陷炎者所言耳，非其實也。」事實上，裴炎與叛軍首領有一定的聯繫。司馬光所言，未必可信。⓯遜辭以免 恭順其辭，以免禍端。⓰安有全理 哪有生全之理。⓱鳳閣舍人 即中書舍人。⓲胡元範 申州義陽（今河南信陽南）人，廉介有才。事見《新唐書》卷一百十七〈裴炎傳〉、《唐詩紀事》卷五、《唐郎官石柱題名考》卷四、五及八。⓳元臣 老臣。猶元老。⓴端 端倪。㉑丁亥 十月初九日。㉒說 遊說；勸說別人服從自己的意見。㉓明公 對有名位者的尊稱。㉔鼓行而進 擊鼓前進，指堂堂正正、浩浩蕩蕩地進軍。㉕勤王 出兵救援王室。㉖金陵有王氣 金陵，即今江蘇南京。王氣，指帝王興起的祥光瑞氣。㉗常潤 即常州、潤州。常州治所晉陵，在今江蘇常州。潤州治所丹徒，在今江蘇鎮江市。二州皆在江南運河岸上，地理位置較為重要。㉘伸鋤為兵　將農具改作武器。鋤，本指鋤頭，此處泛指農具。兵，兵器。㉙解體　叛離。多用來比喻人心離散。亦有厭倦、灰心之意。㉚度淮　渡過淮河。淮，古代為四瀆之一，源出河南桐柏山，東經安徽、江蘇流入大海。㉛敗在眼中　敗亡就在轉眼之間。㉜壬辰　十月十四日。㉝李思文　徐敬業之叔，官至春官尚書。事見《新唐書》卷九十三〈李勣傳〉、《嘉定鎮江志》卷十四。㉞劉延嗣　劉審禮從弟，官至汾州刺史。事見《舊唐書》卷七十七〈劉德威傳〉、《新唐書》卷一百六〈劉德威傳〉。㉟曲阿　縣名，縣治在今江蘇丹陽。㊱尹元貞　(?—西元六八四年)瀛州河間(今河北河間)人。傳見《舊唐書》卷一百八十七上、《嘉定鎮江志》卷十七。㊲丙申　十月十八日。㊳都亭　即都亭驛。秦時郡縣治所皆置都亭。此處指洛陽都亭，在東都外郭城景行坊內。唐代常刑人於此。㊴顧　回頭看望。㊵自致　靠自己努力而獲得。㊶流竄　貶徙。㊷無甔石之儲　所儲糧食不足一石。甔，通「儋」。儋容一石，故有甔石之說。㊸太僕寺丞　官名，從六品上，掌理寺內庶務。㊹伷先　裴炎姪。武周時流亡於北庭。中宗朝官至范陽節度使、工部尚書。事見《舊唐書》卷八十七〈裴炎傳〉、《新唐書》卷一百十七〈裴炎傳〉、《太平廣記》卷一百四十七。㊺疏斥　疏遠排斥。㊻封崇　封拜尊崇。㊼復子明辟　復位兒子皇位。子，在此指睿宗而言。辟，古指國君。㊽胡白　胡扯。㊾瀼州　州名，治所臨江，在今廣西上思西南。㊿郎將　官名。唐諸衛親、勳、翊五府，置有中將郎，分掌諸衛五府，率本府之屬負責宿衛。其下有郎將為其副貳，分設左右。(51)使至長安　作為使者到達京師長安。(52)使人覺之邪　你真的發覺了麼。使人，指姜嗣宗。(53)以聞　以上達，指奏給皇上。按，姜嗣宗，小人也，裴炎下獄，落井下石。劉仁軌略施小技，使姜嗣宗遭到絞殺。

【校　記】[1]欲　原無此字。據章鈺校，十二行本、乙十一行本、孔天胤本皆有此字，張敦仁《通鑑刊本識誤》同，今據補。[2]獄　據章鈺校，十二行本、乙十一行本、孔天胤本「獄」下皆有「中」字。[3]又貶辰州刺史　原無此六字。據章鈺校，十二行本、乙十一行本、孔天胤本皆有此六字，張敦仁《通鑑刊本識誤》、張瑛《通鑑校勘記》同，今據補。按，《新唐書・則天皇后紀》亦載此事。[4]對　原無此字。據章鈺校，十二行本、乙十一行本、孔天胤本皆有此字，張敦仁《通鑑刊本識誤》同，今據補。

【語　譯】武承嗣和他的堂弟右衛將軍武三思認為韓王李元嘉、魯王李靈夔在李氏族屬中輩分尊地位高，多次勸太后假借事由殺掉他們。太后和執政大臣商議，劉禕之、韋思謙都不說話；只有內史裴炎一人堅決力爭，太后愈加不喜歡他。武三思，是武元慶的兒子。

等到李敬業起兵，由於薛仲璋是裴炎的外甥，裴炎是想表示國家閒暇無事，不著急討論誅討叛黨的事。太后向裴炎詢問計策，裴炎回答說：「皇帝的年齡已大，不親理政事，所以讓那些小子們找到藉口。如果太后返政於皇帝，那麼不必討伐，自己就平息了。」監察御史藍田人崔詧聽到了，進言說：「裴炎接受先帝的臨終囑託，大權在自己手上，如果沒有反叛的圖謀，為什麼請太后把政權交出來？」太后命令左肅政大夫金城人騫味道、侍御史櫟陽人魚承曄審訊此事，搜捕裴炎下獄。裴炎被收下獄後，講話的口氣沒有屈服。有人勸裴炎辭語謙遜，以求免罪，裴炎說：「宰相下獄，哪裡有全活的道理！」鳳閣舍人李景諶證言裴炎肯定反叛。劉景先和鳳閣侍郎義陽人胡元範都說：「裴炎是國家老臣，有功於國，全心侍奉皇上，天下所知，臣敢證明他沒有反叛。」太后說：「裴炎反叛有端倪，只是你們不知道罷了。」回答說：「如果裴炎反叛，那麼我們也反叛了。」太后說：「朕知道裴炎反叛，知道你們不反叛。」文武百官乘機證明裴炎不反叛的人非常多，太后都不採納。不久把劉景先、胡元範一起關進監獄。十月初九日丁亥，任命騫味道為檢校內史、同鳳閣鸞臺三品，李景諶為同鳳閣鸞臺平章事。

魏思溫勸李敬業說：「您以匡復大唐天下為藉口，應該統率大軍擊鼓前進，直指洛陽，那麼天下知道您志在為王室靖難，四方就會響應了。」薛仲璋說：「金陵有王者之氣，而且有大江作為天險，完全可以固守，不如首先攻佔常州、潤州，作為建立霸業的基礎，然後向北謀取中原，這樣，前進沒有不利的，後退也有歸宿，這是很好的策略啊！」魏思溫說：「山東豪傑認為武氏專制，憤懣怨恨，不能平靜，聽說您起事，都自己蒸好麥飯作為乾糧，把鋤頭改作兵器，等待南軍的到來。不乘這種形勢來建立宏大功業，卻藏頭縮尾，打算自謀巢穴，遠近豪傑百姓聽到了，還有誰不自行解體呢！」李敬業不採納，派遣唐之奇駐守江都，自己帶兵渡過長江進攻潤州。魏思溫對杜求仁說：「兵力合在一起就會強大，分散就會衰弱，李敬業不集中兵力渡過淮河，收聚山東的士卒奪取洛陽，敗亡就在轉眼之間了！」

十月十四日壬辰，李敬業攻陷潤州，抓獲了刺史李思文，用李宗臣代替他。李思文是李敬業的叔父，知道李敬業的圖謀，先派人從小路上報朝廷有變，被李敬業所攻擊，防守抵抗了很久，最後力盡城陷。魏思溫請求把李思文斬首示眾，李敬業不答應，對李思文說：「叔父結黨武氏，應該改姓武。」潤州司馬劉延嗣不投降，李敬業準備斬殺他，魏思溫救護劉延嗣，才得免死，和李思文一起囚禁在監獄裡。劉延嗣是劉審禮的堂弟。曲阿令河間人尹元貞帶兵救援潤州，戰敗，被李敬業所抓獲，面對白刃，不屈而死。

十月十八日丙申，在洛陽都亭處斬裴炎。裴炎臨死時，回頭看著他的兄弟說：「兄弟們的官位都是自己努力得到的，我裴炎沒有盡一絲一毫的力量，如今受我裴炎的連累而遭流放，這不令人悲傷嗎！」抄沒裴炎的家，糧無儋石之儲。劉景先貶為普州刺史，後又貶為辰州刺史，胡元範流放瓊州而死。裴炎弟弟的兒子太僕寺丞裴伷先，年齡十七歲，上密封的奏章求見太后論說事情。太后召見，質問他說：「你伯父謀反，還有什麼話說？」裴伷先回答說：「臣不過是為陛下出謀劃策罷了，豈敢訴冤！陛下是李家的媳婦，先帝死後，馬上掌握了朝政大權，改換了先帝的子嗣，疏遠排斥李家人，封賞尊崇武氏宗族。臣的伯父盡忠國家，反而誣陷他有罪，殺戮連及子孫。陛下這樣的作為，臣實在歎惜！陛下應該早些恢復先帝子孫聖明的帝位，高枕深居，那麼武氏宗族可以保全；不然的話，天下一變，就不能再挽救了！」太后生氣地說：「胡言亂語，小子竟敢說這樣的話！」下令把裴伷先帶出去，裴伷先回頭看著太后說：「如今採用臣的話，還不太遲。」像這樣說了三次。太后命令在朝堂上杖擊裴伷先一百下，永遠流放瀼州。

裴炎被關在監獄時，郎將姜嗣宗出使到長安，劉仁軌詢問他東都的事情。姜嗣宗說：「嗣宗發覺裴炎和平常異樣已經很久了。」劉仁軌說：「您是真的發覺了嗎？」姜嗣宗說：「是的。」劉仁軌說：「仁軌有事上奏，希望您附帶上報朝廷。」姜嗣宗說：「好的。」次日，接過劉仁軌的奏表返回洛陽。奏表說：「姜嗣宗知道裴炎反叛而不說。」太后看了奏表，下令把姜嗣宗拉到殿外庭院，絞死於都亭。

丁酉❶，追削李敬業祖考官爵，發冢斲棺❷，復姓徐氏。李景諶罷為司賓少卿❸，以右史❹武康沈君諒❺、著作郎❻崔詧為正諫大夫❼、同平章事。

徐敬業聞李孝逸將至，自潤州回軍拒之，屯高郵❽之下阿溪❾；使徐敬猷逼淮陰❿，別將韋超、尉遲昭屯都梁山⓫。

李孝逸軍至臨淮⓬，偏將雷仁智與敬業戰不利，孝逸懼，按兵不進。監軍[1]、殿中侍御史⓭魏元忠⓮謂孝逸曰：「天下安危，在茲一舉。四方承平日久，忽聞狂狡⓯，注心傾耳以俟其誅。今大軍久留不進，遠近失望，萬一朝廷更命它將以代將軍，將軍何辭以逃逗撓⓰之罪乎？」孝逸乃引軍而前。壬寅⓱，馬敬臣擊斬尉遲昭於都梁山。

十一月辛亥⓲，以左鷹揚大將軍⓳黑齒常之為江南道大總管，討敬業。

韋超擁眾據都梁山，諸將皆曰：「超憑險自固，士無所施其勇，騎無所展其足。且窮寇死戰，攻之多殺士卒，不如分兵守之，大軍直趣江都，覆其巢穴。」支度使⓴薛克構[2]曰：「超雖據險，其眾非多。今多留兵則前軍勢分，少留兵則終為後患，不如先擊之，其勢必舉㉑，舉都梁，則淮陰、高郵望風瓦解矣！」魏元忠請先擊徐敬猷㉒，諸將曰：「不如先攻敬業，敬業敗，則敬猷不戰自擒矣。若擊敬猷，則敬業引兵救之，是腹背受敵也。」元忠曰：「不然。賊之精兵[3]，盡在下阿，烏合而來，利在一決，萬一失利，大事去矣！敬猷出於博徒，不習軍事，其眾單弱[23]，人情易搖[24]，大軍臨之，駐馬可克[25]。敬業雖欲救之，計程必不能及。我克敬猷，乘勝而進，雖有韓、白[26]不能當其鋒[27]矣！今不先取弱者而遽攻其彊，非計也[28]。」孝逸從之，引兵擊超，超夜遁，進擊敬猷，敬猷脫身走。

庚申[29]，敬業勒兵阻溪拒守，後軍總管蘇孝祥夜將五千人，以小舟度溪先擊之，兵敗，孝祥死，士卒赴溪溺死者過半。左豹韜衛果毅[30]漁陽成三朗[31]為敬業所擒，唐之奇紿[32]其眾曰：「此李孝逸也！」將斬之，三朗大呼曰：「我果毅成三朗，非李將軍也。官軍今大至矣，爾曹[33]破在朝夕。我死，妻子受榮，爾死，妻子籍沒，爾終不及我也！」遂斬之。

孝逸等諸軍繼至，戰數不利。孝逸懼，欲引退，魏元忠與行軍管記[34]劉知柔[35]言於孝逸曰：「風順荻[36]乾，此火攻之利。」固請決戰。敬業置陳[37]既久，士卒多疲倦顧望，陳不能整，孝逸進擊之，因風縱火，敬業大敗，斬首七千級，溺死者不可勝紀。敬業等輕騎走[38]入江都，挈妻、子奔潤州，將入海奔高麗；孝逸進屯江都，分遣諸將追之。乙丑[39]，敬業至海陵[40]界，阻風[41]，其將王那相斬敬業、敬猷及駱賓王首來降[42]。餘黨唐之奇、魏思溫皆捕得，傳首神都[43]，揚、潤、楚三州平[44]。

陳嶽㊺論曰：「敬業苟能用魏思溫之策，直指河、洛㊻，專以匡復為事，縱㊼軍敗身戮，亦忠義在焉。而妄希金陵王氣，是真為叛逆，不敗何待！」

敬業之起也，使敬猷將兵五千，循江㊽西上，略地和州㊾。前弘文館學士㊿歷陽高子貢(51)帥鄉里數百人拒之，敬猷不能西。以功拜朝散大夫(52)、成均助教(53)。

丁卯(54)，郭待舉罷為左庶子(55)，以鸞臺侍郎韋方質(56)為鳳閣侍郎、同平章事。方質，雲起之孫也。

十二月，劉景先又貶吉州員外長史(57)，郭待舉貶岳州(58)刺史。

初，裴炎下獄，單于道安撫大使、左武衛大將軍程務挺密表申理，由是忤旨(59)。務挺素與唐之奇、杜求仁善，或譖之曰：「務挺與裴炎、徐敬業通謀。」癸卯(60)，遣左鷹揚將軍裴紹業即軍中斬之，籍沒其家。突厥聞務挺死，所在宴飲相慶；又為務挺立祠，每出師，必禱之。

太后以夏州都督王方翼與務挺連職，素相親善，且廢后近屬，徵下獄，流崖州(61)而死。

【章旨】以上為第十一段，寫李孝逸平定徐敬業之亂，武則天藉勢謀殺良將程務挺、王方翼。

【注釋】❶丁酉 十月十九日。❷發冢斲棺 發掘冢墓，斲毀棺槨。《隋唐嘉話》卷中載，徐敬業起兵後，武則天令掘平李勣之墓，「大霧三日不解，乃止焉」。《唐語林》卷三所載略同。據此，李勣墓似未挖開。但正史皆言斲棺，而且記載了中宗為之「葺完塋冢」的事。考古資料表明，以正史所載為實。❸司賓少卿 即鴻臚少卿，從四品下，協助司賓卿掌賓客及凶儀之事。❹右史 官名，即中書省起居舍人，從六品上，掌修記言之史，錄載天子制誥。❺沈君諒 湖州武康（今浙江安吉東南）人，光宅元年十月十九日至垂拱元年二月二十九日擔任宰相。其事散見於《新唐書》卷四、卷六十一、卷七十四上。❻著作郎 官名，祕書省屬官，從五品上，為著作局長官，掌修碑志、祝文、祭文。❼正諫大夫 官名，即諫議大夫，門下省屬官，正五品上，掌侍從贊相，規諫諷諭。❽高郵 揚州屬縣之一，縣治在今江蘇高郵。❾下阿溪 河名，在高郵之西。❿淮陰 楚州屬縣之一，北臨淮水，縣治在今江蘇淮陰。⓫都梁山 在江蘇盱眙東南五十里。⓬臨淮 縣名，屬泗州，縣治在今江蘇盱眙北淮河北岸。⓭殿中侍御史 御史臺屬官，從七品下，掌殿中供奉儀式。⓮魏元忠 （？—西元七〇七年）本名真宰，因避則天母號而改名。祖籍宋州宋城（今河南商丘東南），深為高宗、武后、中宗所重。再為宰相，數度提兵，享年七十餘歲。傳見《舊唐書》卷九十二、《新唐書》卷一百二十二。⓯忽聞狂狡 忽然聽說出現了狂妄狡黠的叛逆之徒。⓰逗撓 兵法用語，意為曲行觀望。撓，通「橈」。⓱壬寅 十月二十四日。⓲辛亥 十一月初四日。⓳左鷹揚大將軍 即左武衛大將軍。⓴支度使 官名，唐制，凡天下邊軍，有支度使，以計軍資糧仗之用。㉑其勢必舉 猶其勢必拔。「舉」有攻克、佔領之意。㉒魏元忠請先擊徐敬猷 這是魏元忠在討論第二步作戰方案時的主張，即在攻克都梁山之後先擊徐敬猷。㉓單弱 單薄軟弱。㉔人情易搖 人心易於搖動。㉕駐馬可克 極言其速，猶馬到成功。意思是說，很快可以攻克。㉖韓白 指韓信、白起。韓信（？—西元前一九六年），秦漢之際名將。曾協助劉邦擊敗項羽，以功被封為異姓王。後為呂后所殺。傳見《史記》卷九十二、《漢書》卷三十四。白起（？—西元前二五七年），戰國時秦國名將。曾率兵奪得韓、趙、魏、楚諸國不少土地。長平之戰，下令坑殺趙降卒四十餘萬。傳見《史記》卷七十三。因為二人善用兵，後世又以「韓白」作為智勇權謀之將的代稱。㉗鋒 鋒芒。喻取勝之軍的士氣如刀刃之鋒一樣銳利。㉘非計也 不是良策啊。㉙庚申 十一月十三日。㉚左豹韜衛果毅 官名，即左威衛果毅。唐制，諸府各有果毅都尉。這一年改左、右威衛為左、右豹韜衛。㉛成三朗 （？—西元六八四年）幽州漁陽（今天津市薊縣）人。傳見《舊唐書》卷一百八十七上。㉜紿 騙。㉝爾曹 猶爾輩、你們這些人。㉞行軍管記 官名，掌軍中文書。㉟劉知柔 徐州彭城（今江蘇徐州）人，著名史學家劉知幾之兄。官至太子賓客。傳見《舊唐書》卷一百二、《新唐書》卷二百一。㊱菼 多年生草本植物。根莖外有鱗片，多生長在路旁或水邊。㊲置陣 擺陣。古代作戰，一般要先列戰陣。《宋史．岳飛傳》：「陣而後戰，兵法之常，運用之妙，存乎一心。」㊳走 跑；逃跑。㊴乙丑 十一月十八日。㊵海陵 縣名，屬揚州，縣治在今江蘇泰州。《九域志》載：揚州東至海陵界九十八里；自海陵東至於海一百七里。㊶阻風 為風所阻。時遇逆風，船不得行。㊷其將王那相斬敬業敬猷及駱賓王首來降 《考異》引《唐紀》載：「敬業、猷、之奇、求仁、賓王走歸江都，焚簿書，攜妻子潛算山下，手書召宗臣。敬業初與宗臣木契為約，時亡其契，宗臣疑而不赴，或云宗臣已歸順。敬業入海，欲奔東夷，至海陵界，阻風，偽將王那相斬之來降，餘黨赴水死。」司馬光對這條材料未予採用。《新唐書》卷九十三〈李勣傳〉附〈李敬業傳〉則用之。㊸神都 即東都洛陽。此年九月改東都為神都。㊹楊潤楚三州平 徐敬業自九月二十九日起兵，至十一月十八日失敗，凡四十九日。㊺陳嶽 唐代史學家。著有《唐統紀》一百卷，今佚。見《新唐書》卷五十八〈藝文志二〉、《直齋書錄解題》卷四。㊻河洛 黃河、洛水流域。此處指位於黃河、洛水之間的神都洛陽。㊼縱 縱使。㊽江 長江。㊾和州 治所歷陽，在今安徽和縣，與馬鞍山市隔江遙望。㊿弘文館學士 官名，隸屬門下省。學士五品以上，六品以下為直學士。掌詳正圖籍，教授生徒，參議朝廷制度沿革、禮儀輕重之事。(51)高子貢 （？—西元六八八年）和州歷陽（今安徽和縣）人，精通《史記》。後因參與越王貞起兵被殺。傳見《舊唐書》卷一百八十九下、《新唐書》卷一百六。(52)朝散大夫 文散官，從五品下。(53)成均助教 官名，即國子助教。據《唐六典》卷二十一，國子監助教從六品上，掌協助博士，分經教授生徒。(54)丁卯 十一月二十日。(55)左庶子 官名，東宮屬官，為太子左春坊長官，掌侍從贊相，駁正啟奏。(56)韋方質 （？—西元六九〇年）京兆萬年人，隋治書御史韋雲起之孫。曾參與《垂拱格式》的修改，為時人所稱。事見《舊唐書》卷七十五〈韋雲起傳〉、《新唐書》卷一百三〈韋雲起傳〉。(57)員外長史 官名，唐制，州長史一人。員外長史係特置，無實權。(58)岳州 州名，治所巴陵，在今湖南岳陽。(59)忤旨 違逆旨意。(60)癸卯 十二月二十六日。(61)崖州 州名，治所舍城，在今海南瓊山區。

【校 記】①監軍 原無此二字。據章鈺校，十二行本、乙十一行本、孔天胤本皆有此二字，張敦仁《通鑑刊本識誤》同，今據補。按，兩《唐書．魏元忠傳》皆載其時為監軍。②薛克構 原作「薛克楊」。據章鈺校，十二行本、乙十一行本、孔天胤本皆作「薛克構」，張敦仁《通鑑刊本識誤》同，今據改。按，兩《唐書．淮南王神通傳附子孝逸傳》皆作「薛克構」。③兵 張敦仁《通鑑刊本識誤》作「銳」。

【語 譯】十月十九日丁酉，追削李敬業已故祖、父的官爵，並挖掘墳墓，砍斫棺木，恢復原姓徐氏。罷免李景諶的原官，改任司賓少卿，任命右史武康人沈君諒、著作郎崔詧為正諫大夫、同平章事。

徐敬業聽說李孝逸即將到達，就從潤州回軍抵禦，駐紮在高郵縣的下阿溪；派徐敬猷進逼淮陰，讓別將韋超、尉遲昭駐紮都梁山。

李孝逸軍隊到達臨淮，偏將雷仁智和徐敬業交戰失利，李孝逸很恐懼，按兵不動。監軍、殿中侍御史魏元忠對李孝逸說：「天下安危，在此一舉。四方太平日子已經很久了，忽然聽說有狂亂狡黠之徒反叛，大家都專心聆聽，等待叛敵被殺的消息。如今大軍久留不進，遠近臣民失望，萬一朝廷改命其他將領替代您，您用什麼藉口來逃避逗留阻撓大軍前進的罪名呢？」李孝逸便率軍前進。十月二十四日壬寅，馬敬臣在都梁山擊殺尉遲昭。

十一月初四日辛亥，任命左鷹揚大將軍黑齒常之為江南道大總管，討伐徐敬業。

韋超率領部眾據守都梁山，將領們都說：「韋超利用險要固守，我軍士卒的勇敢無法施展，騎士的馬力也無法展現。而且困窘的敵人拼死作戰，如果攻打他們，我方士卒會死傷很多，不如分兵駐守，大軍直趨江都，摧毀徐敬業的巢穴。」支度使薛克構說：「韋超雖然盤據險要，但他的部眾並不多。如今多留下兵力，那麼前方的軍力分散，少留兵力，韋超則終究成為後禍，不如先攻打韋超，就其形勢來看，一定可以攻下，攻下了都梁山，淮陰、高郵就聞風瓦解了！」魏元忠請求先攻打徐敬猷，將領們說：「不如先攻打徐敬業，徐敬業失敗了，那麼不用打仗就可擒獲徐敬猷。如果攻打徐敬猷，徐敬業就會帶兵救援，這是我們腹背受敵。」魏元忠說：「不對。賊人的精兵，全部在下阿溪，烏合前來，利在一戰，萬一我們失利，大局就丟失了！徐敬猷出身於賭博之徒，不習知軍事，兵單勢弱，士卒的信心容易動搖。大軍降臨，停馬之間就可攻下。徐敬業雖想救援，計算路程，肯定來不及。我方攻下徐敬猷，乘勝前進，就是有韓信、白起也不能抵擋我軍的鋒芒！如今不先攻取弱者，卻匆忙地去攻打強大的一方，不是好計謀。」李孝逸聽從了魏元忠的意見，帶兵攻打韋超，韋超乘夜逃走，再進攻徐敬猷，徐敬猷脫身逃走。

十一月十三日庚申，徐敬業率軍隔溪拒守，後軍總管蘇孝祥在夜間率領五千士卒，利用小船渡過溪流先行攻擊，兵敗，蘇孝祥死去，士卒落到溪裡溺死的超過半數。左豹韜衛果毅都尉漁陽人成三朗被徐敬業抓獲，唐之奇欺騙大家說：「這個人是李孝逸！」正要將他斬首時，成三朗大叫說：「我是果毅都尉成三朗，不是李將軍。官軍現在就要大批來到了，你們敗在旦夕。我死了，妻兒們都會得到榮耀，你們死了，妻兒們被抄沒，你們最終比不上我啊！」於是斬殺了成三朗。

李孝逸等人的軍隊相繼到達，交戰數次都失利了。李孝逸恐懼，打算率兵後退，魏元忠和行軍管記劉知柔對李孝逸說：「風是順風，荻草乾燥，這有利於火攻。」堅決請求決戰。徐敬業行兵布陣已經很長時間，士卒大多疲倦，瞻前顧後，陣形無法整飭，李孝逸進軍攻擊，藉著風勢縱火，徐敬業大敗，被斬殺七千首級，溺死在水裡的人無法計算。徐敬業等人輕騎逃入江都，帶領妻兒逃往潤州，準備入海投奔高麗；李孝逸進軍屯駐江都，分路派遣諸將追擊。十一月十八日乙丑，徐敬業到達海陵縣界，被風所阻，他的部將王那相把徐敬業、徐敬猷和駱賓王斬首前來投降。其餘黨羽唐之奇、魏思溫都被抓獲，把他們首級傳送到神都，平定了楊、潤、楚三州。

陳嶽評論說：「徐敬業如果能夠採用魏思溫的計策，大軍直指河、洛，專以匡復大唐天下為目標，縱使軍敗身死，忠義的精神尚存。而他妄想金陵的王者之氣，這是真正為逆，不失敗更待何時！」

徐敬業起兵時，讓徐敬猷率兵五千，沿著長江西進，攻略和州。前弘文館學士歷陽人高子貢率領鄉里幾百人抵抗，徐敬猷無法西進。高子貢因為這一功勞被任命為朝散大夫、成均助教。

十一月二十日丁卯，把郭待舉罷免原職改任左庶子，任命鸞臺侍郎韋方質為鳳閣侍郎、同平章事。韋方質，是韋雲起的孫子。

十二月，又貶劉景先為吉州員外長史，貶郭待舉為岳州刺史。

當初，裴炎下獄，單于道安撫大使、左武衛大將軍程務挺祕密上表為裴炎申訴，由此違逆了太后旨意。程務挺一向和唐之奇、杜求仁友善，有人毀謗程務挺說：「程務挺和裴炎、徐敬業合謀反叛。」十二月二十六日癸卯，派遣左鷹揚將軍裴紹業到軍中斬殺了程務挺，抄沒他的家產。突厥聽說程務挺死了，各地宴飲相慶；又為程務挺修建祠堂，每次出兵，一定在祠堂禱告。

太后認為夏州都督王方翼和程務挺職務相牽連，兩人一向親密友好，而且又是被廢黜皇后王氏的近親，所以召他回朝關進監獄，把他流放到崖州而死。

垂拱❶元年（乙酉　西元六八五年）

春，正月丁未朔❷，赦天下，改元。

太后以徐思文為忠，特免緣坐❸，拜司僕少卿❹。謂曰：「敬業改卿姓武，朕今不復奪也❺。」

庚戌❻，以騫味道守❼內史❽。○戊辰❾，文昌左相❿、同鳳閣鸞臺三品樂城文獻公劉仁軌薨。

二月癸未⓫，制：「朝堂所置登聞鼓及肺石，不須防守⓬，有撾鼓立石⓭者，令御史受狀以聞。」○乙巳⓮，以春官尚書⓯武承嗣、秋官尚書⓰裴居道⓱、右肅政大夫⓲韋思謙並同鳳閣鸞臺三品。

突厥阿[1]史那骨篤祿⓳等數寇邊，以左玉鈐衛中郎將⓴淳于處平㉑為陽曲道行軍總管，擊之。○正諫大夫、同平章事沈君諒罷。

三月，正諫大夫、同平章事崔詧罷。○丙辰㉒，遷廬陵王于房州㉓。○辛酉㉔，武承嗣罷㉕。○辛未㉖，頒垂拱格㉗。

朝士有左遷㉘詣宰相自訴者，內史騫味道曰：「此太后處分㉙。」同中書門下三品㉚劉禕之曰：「緣坐改官，由臣下奏請。」太后聞之，夏，四月丙子㉛，貶味道為青州刺史，加禕之太中大夫㉜。謂侍臣曰：「君臣同體㉝，豈得歸惡於君，引善自取乎！」

癸未㉞，突厥寇代州㉟，淳于處平引兵救之。至忻州㊱，為突厥所敗，死者五千餘人。

五月[2]丙午㊲，以裴居道為內史。納言王德真流象州。○己酉㊳，以冬官尚書㊴蘇良嗣為納言。○壬戌㊵，制內外九品以上及百姓，咸令自舉㊶。○壬申㊷，韋方質同鳳閣鸞臺三品。

六月，天官尚書㊸韋待價㊹同鳳閣鸞臺三品。待價，萬石㊺之兄也。

同羅、僕固等諸部叛，遣左豹韜衛將軍劉敬同㊻發河西騎士出居延海㊼以討之，同羅、僕固等皆敗散。敕僑置安北都護府於同城㊽以納降者。

秋，七月己酉㊾，以文昌左丞㊿魏玄同(51)為鸞臺侍郎、同鳳閣鸞臺三品。

詔自今祀天地，高祖、太宗、高宗皆配坐，用鳳閣舍人元萬頃(52)等之議也。

九月丁卯[53]，廣州都督王果討反獠，平之。

冬，十一月癸卯[54]，命天官尚書韋待價為燕然道行軍大總管以討突厥[3]。初，西突厥興昔亡、繼往絕可汗既死，十姓無主，部落多散亡，太后乃擢興昔亡之子左豹韜衛翊府中郎將[55]元慶為左玉鈐衛將軍，兼崐陵都護，襲興昔亡可汗，押五咄陸部落。

麟臺正字[56]射洪陳子昂[57]上疏，以為朝廷遣使巡察四方，不可任非其人，及刺史、縣令，不可不擇。比年百姓疲於軍旅，不可不安。其略曰：「夫使不擇人，則黜陟[58]不明，刑罰不中，朋黨者進，貞直者退；徒使百姓脩飾道路，送往迎來，無所益也。諺曰：『欲知其人，觀其所使。』不可不慎也。」又曰：「宰相，陛下之腹心；刺史、縣令，陛下之手足。未有無腹心手足而能獨理[59]者也！」又曰：「天下有危機[60]，禍福因之而生，機靜則有福，機動則有禍，百姓是也。百姓安則樂其生，不安則輕其死。輕其死則無所不至，祅[61]逆乘釁，天下亂矣！」又曰：「隋煬帝不知天下有危機，而信貪佞之臣，冀收夷狄之利，卒[62]以滅亡，其為殷鑒，豈不大哉！」

太后修故白馬寺[63]，以僧懷義[64]為寺主。懷義，鄠人，本姓馮，名小寶，賣藥洛陽市，因千金公主65以進，得幸於太后。太后欲令出入禁中，乃度為僧，名懷義。又以其家寒微，令與駙馬都尉薛紹合族66，命紹以季父67事之。出入乘御馬，宦者十餘人侍從，士民遇之者皆奔避。有近之者，輒撾其首流血，委之68而去，任其生死。見道士69則極意70毆之，仍髠其髮而去71。朝貴皆匍匐禮謁72，武承嗣、武三思皆執僮僕之禮以事之，為之執轡73，懷義視之若無人。多聚無賴少年，度為僧，縱橫犯法，人莫敢言。右臺御史74馮思勗屢以法繩之，懷義遇思勗於途，令從者毆之，幾死75。

【章旨】以上為第十二段，寫武則天頻繁更換宰輔大臣以固位，以及男寵薛懷義橫行京師。

【注釋】❶垂拱　武則天平定徐敬業之亂改元，是武氏執政的第一個年號（西元六八五—六八八年）。❷丁未朔　正月初一日。❸緣坐　因受親屬牽連而處罪。❹司僕少卿　即太僕少卿。光宅元年改太僕為司僕。❺敬業改卿姓武二句　徐思文是敬業的叔父，潤州刺史。敬業攻克潤州，俘其叔父，並譏諷說：「叔黨於武氏，宜改姓武。」思文也曾上表請改姓武，故這時武則天令其改姓武。❻庚戌　正月初四日。❼守　位卑攝理高官曰「守」。❽內史　即中書令。❾戊辰　正月二十二日。❿文昌左相　即尚書左僕射。⓫癸未　二月七日。⓬朝堂所置登聞鼓及肺石二句　登聞鼓起於晉代，是帝王為表示聽取臣下諫言或下民冤情而在朝堂外設置的一種鼓。肺石是一種紅色的石塊，其意與登聞鼓基本相同，但比登聞鼓起源更早。《周禮·秋官·大司寇》云：「以肺石達窮民，凡遠近惸獨老幼之欲有復於上而其長弗達者，立於肺石三日，士聽其辭，以告於上而罪其長。」唐初依前代舊制，設登聞鼓於西朝堂，設肺石於東朝堂，供告急訴冤之用，但派專人防守，一般人即使有冤，也很難擊鼓立石。現在取消防守，顯然是為了革其弊端。⓭撾鼓立石　敲登聞鼓、立肺石。⓮乙巳　二月二十九日。⓯春官尚書　即禮部尚書。光宅元年改名。⓰秋官尚書　即刑部尚書。光宅元年改名。⓱裴居道　（？—西元六九〇年）絳州聞喜（今山西聞喜東北）人，女為太子弘妃。傳見《舊唐書》卷八十六、《新唐書》卷八十一。⑱右肅政大夫　即右御史大夫。⑲阿史那骨篤祿　又稱骨咄祿、骨咄祿特勤、不卒祿。武周時常為邊患。事詳《舊唐書》卷一百九十四上〈突厥傳〉、《新唐書》卷二百十五上〈突厥傳〉。⑳左玉鈐衛中郎將　即左領軍衛中郎將。光宅間改左領軍衛為左玉鈐衛。㉑淳于處平　人名，淳于為複姓。事略見《舊唐書》卷一百九十四上〈突厥傳〉、《新唐書》卷二百十五上〈突厥傳〉。㉒丙辰　三月十一日。㉓遷廬陵王于房州　唐中宗被武則天廢為廬陵王，遷於均州，至是又遷於房州。房州，故址在今湖北房縣。㉔辛酉　三月十六日。㉕武承嗣罷　這是武承嗣第二次罷相。㉖辛未　三月二十六日。㉗垂拱格　書名，凡四卷。裴居道、岑長倩、韋方質等奉敕修纂，武則天親自作序。唐代法律文書有律、令、格、式四種形式。「格」是皇帝下達的有關百官日常行事的敕令。㉘左遷　降職。古代以右為尊，故稱降職為左遷。㉙處分　處理。有懲罰之意。㉚同中書門下三品　按當時官名，應稱為「同鳳閣鸞臺三品」。㉛丙子　四月初一日。㉜太中大夫　散官名，從四品上。㉝君臣同體　這是武則天的一貫主張。武則天曾論述過這種主張，見《臣軌・同體章》。㉞癸未　四月初八日。㉟代州　治所雁門，在今山西代縣。㊱忻州　治所秀容，在今山西忻州。㊲五月丙午　五月初一日。㊳己酉　五月初四日。㊴冬官尚書　即工部尚書。㊵壬戌　五月十七日。㊶咸令自舉　不管是什麼人，只要有才幹，都可毛遂自薦，以求受到重用。㊷壬申　五月二十七日。㊸天官尚書　即吏部尚書。㊹韋待價　京兆萬年人，行伍出身，曾護營乾陵。垂拱元年（西元六八五年）六月至永昌元年（西元六八九年）七月二十六日為相，多次率兵出征。傳見《舊唐書》卷七十七、《新唐書》卷九十八。㊺萬石　韋萬石，韋待價之兄，善音律，高宗時任太常少卿，號為稱職。事見《舊唐書》卷七十七與《新唐書》卷九十八〈韋挺傳〉。㊻劉敬同　裴行儉培養的驍將之一，兩《唐書》無傳。關於劉敬同征僕固的時間，兩《唐書》未載。岑仲勉據《伯玉集》卷六〈燕然軍人畫像銘并序〉及〈上西蕃邊州安危事〉所提供的資料，認為在垂拱二年。見《通鑑隋唐紀比事質疑》。㊼居延海　湖名，古稱流沙澤。在今內蒙古額濟納旗西北的蘇古諾爾湖和嘎順諾爾湖一帶。㊽同城　在今內蒙古額濟納旗東南。㊾己酉　七月初五日。㊿文昌左丞　官名，隸屬文昌臺，正四品上，原稱尚書左丞，龍朔間改稱左肅機。(51)魏玄同　（西元六一七—六八九年）定州鼓城（今河北晉州）人，進士出身。傳見《舊唐書》卷八十七、《新唐書》卷一百十七。(52)元萬頃　河南洛陽人，北門學士之一。傳見《舊唐書》卷一百九十中、《新唐書》卷二百一。(53)丁卯　九月二十四日。(54)癸卯　十一月初一日。(55)左豹韜衛翊府中郎將　左豹韜衛，即左驍騎衛。翊府中郎將，為其屬官。唐制，親府、勳一府、勳二府、翊一府、翊二府等五府諸衛均有中郎將。(56)麟臺正字　官名，即祕書省正字。光宅元年改祕書省為麟臺。《唐六典》卷十：「祕書省正字四人，正九品上，掌詳定典籍，正其文字。」(57)陳子昂　（西元六五六—六九五年）字伯玉，梓州射洪（今四川射洪西北）人，著名文學家。文詞宏麗，為世人所重。傳見《舊唐書》卷一百九十中、《新唐書》卷一百七及《唐才子傳》卷一。詩文主要保存在《伯玉集》及《全唐文》卷二百九、《全唐詩》卷八十三中。(58)黜陟　進退升降。(59)獨理　獨治。避高宗名諱改「理」云「治」。(60)危機　危險的樞機。(61)祅　通「妖」。(62)卒　終於。(63)故白馬寺　在河南洛陽東郊。始修於東漢，是佛教傳入中國後最早的寺院。詳見《洛陽伽藍記》卷四〈白馬寺〉。(64)懷義　（？—西元六九五年）原名馮小寶，出身寒微，武則天令其與太平公主婿薛紹合族以抬高身價，改名薛懷義，人稱薛師。京兆鄠縣（今陝西戶縣）人，武則天的男寵之一。事詳《舊唐書》卷一百八十三〈武承嗣傳〉、《新唐書》卷七十六〈則天武皇后傳〉等。(65)千金公主　即安定公主。唐高祖第十八女。下嫁溫挺，挺死，又嫁鄭敬玄。見《新唐書》卷八十三〈諸帝公主傳〉。(66)令與駙馬都尉薛紹合族　薛紹出自士族，又尚太平公主，門望較高。(67)季父　叔父。一般指父親最小的弟弟為季父。(68)委之　棄之。(69)道士　道教教徒。(70)極意　恣意。(71)仍髡其髮而去　髡本是古代一種剃去頭髮的刑罰，在此用作動詞，意為剪、斷。道士蓄髮，剪髮是受辱的一種表現。(72)匍匐禮謁　跪地爬行，施禮謁拜。(73)轡　馬韁繩。(74)右臺御史　官名。龍朔間改御史臺為憲臺，光宅間分臺為左右，名為左右肅政臺。左臺專知京城百司，右臺按察州縣。御史為其屬官，有侍御史、監察御史等。(75)幾死　幾乎死亡。

【校　記】①阿　原作「那」。據章鈺校，十二行本、乙十一行本皆作「阿」，張敦仁《通鑑刊本識誤》同，今據改。②五月　原無此二字。據章鈺校，十二行本、乙十一行本、孔天胤本皆有此二字，張敦仁《通鑑刊本識誤》同，今據補。按，《新唐書・則天皇后紀》亦作「五月丙午」。③突厥　原作「吐蕃」。嚴衍《通鑑補》改作「突厥」，今據以校正。按，《新唐書・則天皇后紀》、兩《唐書・韋挺附子待價傳》皆作「突厥」。燕然道在北，位於靈州大都督府轄內，是攻討突厥之主要通道。吐蕃在西南，行軍多以邏些、當彌、洮河等道。

【語　譯】垂拱元年（乙酉　西元六八五年）

春，正月初一日丁未，大赦天下，更改年號。

太后認為徐思文忠誠，特別赦免他因親黨連及入罪，拜官司僕少卿。太后對他說：「徐敬業把你的姓改為武氏，朕今天就不再取消。」

正月初四日庚戌，任命騫味道為代理內史。〇二十二日戊辰，文昌左相、同鳳閣鸞臺三品樂城文獻公劉仁軌去世。

二月初七日癸未，下令：「朝堂所設置的登聞鼓和肺石，無須派人防守，如有擊鼓或站在肺石上的人，讓御史接受訴狀上報。」○二十九日乙巳，任命春官尚書武承嗣、秋官尚書裴居道、右肅政大夫韋思謙都為同鳳閣鸞臺三品。

突厥阿史那骨篤祿等人多次寇掠邊境，任命左玉鈐衛中郎將淳于處平為陽曲道行軍總管，出兵攻打突厥。○正諫大夫、同平章事沈君諒罷官。

三月，正諫大夫、同平章事崔詧罷官。○十一日丙辰，把廬陵王遷徙到房州。○十六日辛酉，武承嗣罷官。○二十六日辛未，頒布《垂拱格》。

朝廷官員有被貶斥到宰相那裡自我申訴的，內史騫味道說：「這是太后處治的。」同中書門下三品劉禕之說：「因為坐罪而改官，是因臣下奏請的結果。」太后聽到後，夏，四月初一日丙子，把騫味道貶為青州刺史，給劉禕之加官太中大夫。對侍臣說：「君臣是同一體的，怎麼可以把壞事歸於國君，自取善事呢！」

四月初八日癸未，突厥寇掠代州，淳于處平率兵援救。到達忻州，被突厥所敗，死亡的有五千多人。

五月初一日丙午，任命裴居道為內史。納言王德真流放象州。○初四日己酉，任命冬官尚書蘇良嗣為納言。○十七日壬戌，下令朝廷內外九品以上官員和百姓，讓他們都可以自我薦舉。○二十七日壬申，任命韋方質為同鳳閣鸞臺三品。

六月，天官尚書韋待價為同鳳閣鸞臺三品。韋待價，是韋萬石的兄長。

同羅、僕固等各部落反叛，派遣左豹韜衛將軍劉敬同調發河西騎兵出居延海加以討伐，同羅、僕固等部落全都失敗逃散。下令在同城僑置安北都護府來招納投降的人。

秋，七月初五日己酉，任命文昌左丞魏玄同為鸞臺侍郎、同鳳閣鸞臺三品。

下詔從現在開始祭祀天地，高祖、太宗、高宗都配祭，這是採納鳳閣舍人元萬頃等人的建議。

九月二十四日丁卯，廣州都督王果討伐叛獠，平定了獠人。

冬，十一月初一日癸卯，任命天官尚書韋待價為燕然道行軍大總管討伐突厥。當初，西突厥興昔亡、繼往絕可汗死後，十姓部落沒有首領，部落大多分散流失，太后就提拔興昔亡的兒子左豹韜衛翊府中郎將元慶為左玉鈐衛將軍，兼任崐陵都護，繼承興昔亡可汗統管五個咄陸部落。

麟臺正字射洪人陳子昂上疏，認為朝廷派遣使者巡察四方，不能任非其人，以及任命刺史、縣令，不能不加選擇。近年百姓疲於戰事，不可不加安撫。內容大略說：「派出的使者不加選擇，那麼官員的升降就不能明白無誤，刑罰也不能公允，拉幫結黨的人被進用，貞潔正直的人被貶退；白白地讓百姓把使者經過的道路修整好，送往迎來，無所裨益。諺語說：『想要瞭解那個人，就觀察他所派出的使者。』這是不能不謹慎小心的。」又說：「宰相是陛下的心腹；刺史、縣令是陛下的手足。沒有無腹心、手足而能夠獨自把天下治理好的！」又說：「天下有了危機，禍福就此產生，關鍵時平靜就會有福運，關鍵時動盪就會有禍患，這取決於百姓。百姓安穩就會樂於自己的生業，不安穩就會把死亡看得很輕，輕視死亡就會什麼事都做得出來，妖逆叛亂乘機發生，天下就大亂了！」又說：「隋煬帝不知道天下存在危機，而信任貪冒諂佞之臣，希望取利於夷狄，終於滅亡，作為借鑑，難道還不嚴重嗎！」

太后修建先前的白馬寺，任命僧人懷義為住持。懷義是鄠人，本來姓馮，名叫小寶，在洛陽街市上賣藥，通過千金公主的關係得以進用，被太后寵幸。太后想讓他能在宮禁中自由出入，就剃度他為僧人，法名懷義。又因為他家世寒微，令他和駙馬都尉薛紹合族，讓薛紹把懷義作為叔父來侍奉。出入宮禁時乘坐皇帝車馬，十幾個宦官侍從，士人百姓遇到他都跑走躲避。如有靠近車馬的人，常常被打得頭破血流，棄之而去，任其生死。看見道士就恣意毆打，還要剃掉道士的頭髮才肯離去。朝廷顯貴都匍匐拜謁，武承嗣、武三思都持僮僕禮節奉事他，為他拉馬轡繩，薛懷義把這些不放在眼裡。他又聚集無賴少年，剃度為僧，橫行犯法，沒有人敢說話。右臺御史馮思勗多次依法處理他，薛懷義在路上遇到馮思勗，命令隨從毆打馮思勗，幾乎死去。

二年（丙戌　西元六八六年）

春，正月，太后下詔復政於皇帝。睿宗知太后非誠心，奉表固讓，太后復臨朝稱制。辛酉❶，赦天下。

二月辛未朔❷，日有食之。○右衛大將軍李孝逸既克徐敬業，聲望甚重，武承嗣等惡之，數譖於太后，左遷施州❸刺史。

三月戊申❹，太后命鑄銅為匭❺，置之朝堂，以受天下表疏銘[1]。其東曰「延恩」，獻賦頌、求仕進者投之；南曰「招諫」，言朝[2]政得失者投之；西曰「伸冤」，有冤抑❻者投之；北曰「通玄」，言天象災變及軍機祕計者投之❼。命正諫、補闕、拾遺❽一人掌之，先責識官❾，乃聽投表疏❿。

徐敬業之反也，侍御史魚承曄之子保家⓫教敬業作刀車及弩，敬業敗，僅得免。太后欲周知人間事，保家上書，請鑄銅為匭以受天下密奏。其器共為一室，中有四隔，上各有竅，以受表疏，可入不可出。太后善之。未幾，其怨家投匭告保家為敬業作兵器，殺傷官軍甚眾，遂伏誅。

太后自徐敬業之反，疑天下人多圖⓬己，又自以久專國事，且內行不正，知宗室大臣怨望，心不服，欲大誅殺以威之⓭。乃盛開告密之門，有告密者，臣下不得問，皆給驛馬⑭，供五品食⑮，使詣行在。雖農夫樵人⑯，皆得召見，廩於客館，所言或稱旨，則不次除官⑰，無實者不問。於是四方告密者蜂起，人皆重足屏息⑱。

有胡人索元禮⑲，知太后意，因告密召見，擢為游擊將軍，令案制獄⑳。元禮性殘忍，推一人必令引數十百人，太后數召見賞賜以張其權㉑。於是尚書都事㉒長安周興㉓、萬年人來俊臣㉔之徒效之，紛紛繼起。興累遷至秋官侍郎，俊臣累遷至御史中丞，相與私畜無賴數百人，專以告密為事；欲陷一人，輒令數處俱告，事狀如一。俊臣與司刑評事㉕洛陽萬國俊㉖共撰羅織經㉗數千言，教其徒網羅無辜，織成反狀，構造布置，皆有支節。太后得告密者，輒令元禮等推之，競為訊囚酷法，作大枷㉘[3]，有「定百脈」、「突地吼」、「死豬愁」、「求破家」、「反是實」等名號。或以椽關手足而轉之，謂之「鳳皇曬翅」；或以物絆其腰，引枷向前，謂之「驢駒拔撅」；或使跪捧枷，累甓其上，謂之「仙人獻果」；或使立高木之上[4]，引枷尾向後，謂之「玉女登梯」；或倒懸石縋其首，或以醋灌鼻，或以鐵圈轂㉙其首而加楔㉚，至有腦裂髓出者。每得囚，輒先陳其械具以示之，皆戰栗流汗，望風自誣㉛。每有赦令，俊臣輒令獄卒先殺重囚，然後宣示。太后以為忠，益寵任之。中外畏此數人，甚於虎狼。

【章　旨】以上為第十三段，寫武則天推行酷吏政治，用告密之法大規模誅除異己，全國士民籠罩在恐怖之中。

【注　釋】❶辛酉　正月二十日。❷辛未朔　二月初一日。❸施州　治所清江，在今湖北恩施。❹戊申　三月初八日。❺太后命鑄銅為匭　置匭，即設置檢舉箱，具有重大意義。正面影響是「由是人間善惡事多所悉知」，負面影響是揭發不實，多冤假錯案。關於置匭的時間，《統紀》、《唐曆》作八月；《唐會要》作六月；《實錄》及兩《唐書》本紀作三月。從有關材料分析，當是三月下令製作，六月置於朝堂使用。❻冤抑　冤枉而不得伸理。❼言天象災變及軍機祕計者投之　胡三省說，「四匭，各依方色」。據《唐會要》卷五十五〈匭〉、《舊唐書》卷五十〈刑法志〉等，當時所鑄之匭只有一個。方形，中間分為四室。東南西北四面分別塗上青紅白黑四種不同顏色，題有「延恩」、「招諫」、「伸冤」、「通玄」字樣。胡氏以為四匭，實誤。❽正諫補闕拾遺　皆官名。正諫，即正諫大夫，原稱諫議大夫，門下省屬官，掌封駁奏議，正五品。補闕、拾遺為垂拱元年所置，各有左右之分。左屬門下省，右屬中書省。據《舊唐書．職官志二》，左右補闕各兩員，左右拾遺亦各為兩員，掌供奉諷諫。補闕，從七品；拾遺，從八品。❾先責識官　掌匭使先問清保官，以免投匭欺詐。識官，猶今之擔保人。❿聽投表疏　聽任投入表章奏疏。每日所有投書，到天黑時由知匭使送入宮中。見《唐會要．匭》及《舊唐書．職官志》。⓫保家　即魚保家。《朝野僉載》作「魚思咺」。《通鑑》依《御史臺記》所載作「魚保家」。《舊唐書．刑法志》相同。⓬圖　圖謀。⓭威之　威懾他們。⓮皆給驛馬　都給提供驛馬。唐制，乘傳（車）日四驛，乘驛（馬）日六驛。凡給馬者，一品八匹，二品六匹，三品五匹，四品五品四匹，六品三匹，七品以下二匹。給傳乘者，一品十馬，二品九馬，三品八馬，四品五品四馬，六品七品二馬，八品九品一馬。三品已上敕召者給四馬，五品三馬，六品已下有差。一驛三十里。⓯供五品食　據《唐六典》卷四，五品官食料七盤，每日細米二升，麵二升三合，酒一升半，羊肉三分，瓜兩顆，鹽豉蔥薑葵韭之類各有差。⓰樵人　即樵夫、打柴人。⓱不次除官　不按尋常的次序拜除官職。意即破格提拔。⓲重足屏息　重足，疊足而立。屏息，不敢呼吸。言恐懼之態。⓳索元禮　（？—西元六九一年）武周時期的頭號酷吏，後為武則天所殺。傳見《舊唐書》卷一百八十六上、《新唐書》卷二百九。⓴制獄　又稱詔獄。奉皇帝詔令拘禁犯人的特別監獄。當時制獄主要有新開總監和洛州牧院兩處。㉑張其權　擴大他的權勢。㉒尚書都事　官名，《唐六典》卷一：「尚書都省有都事六人，從七品上。」㉓周興　（？—西元六九一年）雍州長安人，武周時期的酷吏之一，官至尚書左丞，陷害數千人之多。㉔來俊臣　（西元六五一—六九七年）雍州萬年人，歷任侍御史、左臺御史中丞等職，是繼索元禮之後最殘暴、影響最大的酷吏。傳見《舊唐書》卷一百八十六上、《新唐書》卷二百九。㉕司刑評事　官名，即大理評事。從八品下，掌出使推問查核獄事。㉖萬國俊　（？—西元六九三年）河南洛陽（今洛陽）人，常與來俊臣推審制獄，曾奏請捕殺流人。傳見《舊唐書》卷一百八十六上。㉗羅織經　凡一卷。專講虛構罪名、陷害無辜的方法。《唐會要》卷四十一〈酷吏〉：來俊臣等「又造《羅織經》一卷，其意旨皆網羅前人，織成反狀。」㉘作大枷　索元禮等所作大枷共十種，除《通鑑》所列五種外，還有「喘不得」、「著即承」、「失魂膽」、「實同反」、「求即死」等。見《舊唐書》卷一百八十六〈酷吏‧來俊臣傳〉。㉙轂　急束。㉚楔　上粗下尖的小木橛。㉛自誣　自己誣陷自己。

【校　記】①置之朝堂以受天下表疏銘　原無此十一字。據章鈺校，十二行本、乙十一行本、孔天胤本皆有此十一字，張敦仁《通鑑刊本識誤》、張瑛《通鑑校勘記》同，今據補。②朝　原無此字。據章鈺校，十二行本、乙十一行本、孔天胤本皆有此字，張敦仁《通鑑刊本識誤》同，今據補。③作大枷　原無此三字。據章鈺校，十二行本、乙十一行本、孔天胤本皆有此三字，張敦仁《通鑑刊本識誤》同，今據補。按，兩《唐書‧酷吏‧來俊臣傳》皆有此三字。④之上　原無此二字。據章鈺校，十二行本、乙十一行本、孔天胤本皆有此二字，今據補。

【語　譯】二年（丙戌　西元六八六年）

春，正月，太后下詔還政睿宗。睿宗知道太后不是誠心的，上表堅決推辭，太后又臨朝稱制。二十日辛酉，大赦天下。

二月初一日辛未，日蝕。○右衛大將軍李孝逸打敗徐敬業後，聲望極高，武承嗣等人厭惡他，多次向太后誣陷他，他被降職為施州刺史。

三月初八日戊申，太后命令用銅鑄造箱子置於朝堂之上，受理天下人的奏書、訴狀、文章、符籙等。東面的稱「延恩」，呈獻賦頌、要求做官的人投表疏其中；南面的稱「招諫」，評說朝政得失的人投表疏其中；西面的稱「伸冤」，有冤屈的人投表疏其中；北面的稱「通玄」，談論天象災變和軍機祕計的人投表疏其中。

命令正諫、補闕、拾遺各一人執掌。首先要求官吏擔保，才聽任投入章表奏疏。

徐敬業謀反時，侍御史魚承曄的兒子魚保家教授徐敬業製作刀劍、戰車和弓弩，徐敬業敗亡後，魚保家得以幸免。太后想要全部瞭解民間的事情，魚保家就上書朝廷，請求鑄造銅箱子來接受天下人的祕密奏章。這箱子是一個大空間，當中有四個隔斷，上方各自有孔，以容納章表奏疏，只能投進去，不能拿出來。太后對此很滿意。沒有多久，魚保家的仇家把奏章投到箱子裡，告發他曾替徐敬業製造兵器，殺傷官兵極多，於是魚保家被處死。

太后自從徐敬業反叛後，懷疑天下人多在圖謀她，又自認為長期專擅國政，而且自己的行為不正，知道宗室大臣怨恨她，內心不服，所以想以大肆誅殺來威懾他們。於是大開告密之門，如有告密的人，臣下不許過問，都供給驛馬，供應五品官的伙食，讓告密者前往太后的住處。即使是農人樵夫，都得以召見，食宿在客館裡，所說的事如果符合太后旨意，就破格拜官，與事實不符的也不問罪。於是四方告密的人蜂擁而起，人們都手足無措，不敢出氣。

有一個胡人叫索元禮，知道太后的心意，因為告密而被召見，提拔為游擊將軍，命令他審理太后下令辦理的獄訟。索元禮生性殘忍，推問一個人一定要牽連幾十上百人，太后多次召見賞賜，擴大他的權力。於是尚書都事長安人周興、萬年人來俊臣之徒都效法他，紛紛相繼而起。周興連續升遷到秋官侍郎，來俊臣連續升遷到御史中丞，彼此都私下蓄養無賴幾百人，專門從事告密；想要陷害一個人，就命令好幾處一起告發，舉報的事狀都一樣。來俊臣和司刑評事洛陽人萬國俊共同撰寫《羅織經》數千言，教唆他們的黨徒網羅無辜，編造成謀反的罪狀，虛構偽造、安排布置，使罪狀都有枝有節。太后得到告密的，就命令索元禮等人審問，索元禮等人爭相設計審問犯人的酷刑，上大枷之刑，有「定百脈」、「突地吼」、「死豬愁」、「求破家」、「反是實」等名稱。或者用木椽卡住手足而轉動，叫做「鳳皇曬翅」；或者用東西擋住腰部，再把頸上枷鎖向前拉，叫做「驢駒拔撅」；或者讓犯人跪下，手捧枷鎖，把磚堆在上面，叫做「仙人獻果」；或者讓犯人站在很高的木頭上，把枷鎖的尾部往後拉，叫做「玉女登梯」；或者倒掛著，以石縋頭，或者用醋灌往鼻內，或者用鐵圈緊束著頭，然後在周圍加上木楔，以至於有腦殼破裂腦髓流出的人。每次抓來犯人，常常先把刑具擺放開，讓犯人看，犯人都顫抖流汗，見此勢頭，便自己誣陷自己。每次有赦免令時，來俊臣常常讓獄卒先把重犯殺了，然後宣布赦令。太后認為他很忠心，對他更加寵幸信任。朝廷內外都害怕這幾個人，比怕虎狼還要厲害。

麟臺正字陳子昂上疏，以為「執事者疾徐敬業首亂唱禍❶，將息姦源，窮其黨與，遂使陛下大開詔獄，重設嚴刑，有迹涉嫌疑，辭相逮引❷，莫不窮捕考按❸。至有姦人熒惑❹，乘險相誣，糾告疑似，冀圖爵賞，恐非伐罪弔人❺之意也。臣竊觀當今天下，百姓思安久矣，故揚州構逆❻，殆有五旬，而海內晏然，纖塵不動。陛下不務玄默❼以救疲人，而反任威刑以失其望，臣愚暗昧，竊有大惑。伏見諸方告密，囚累百千輩❽，及其窮竟❾，百無一實。陛下仁恕，又屈法容之，遂使姦惡之黨快意相讎，睚眦之嫌❿即稱有密，一人被訟，百人滿獄，使者推捕，冠蓋如市⓫。或謂陛下愛一人而害百人，天下喁喁⓬，莫知寧所⓭。臣聞隋之末代，天下猶平，楊玄感作亂⓮，不踰月而敗。天下之弊，未至土崩，蒸人⓯之心，猶望樂業。煬帝不悟，遂使兵部尚書樊子蓋⓰專行屠戮，大窮黨與，海內豪士，無不罹殃。遂至殺人如麻，流血成澤，天下靡然⓱，始思為亂，於是雄傑並起，而隋族亡矣。夫大獄一起，不能無濫，冤人吁嗟⑱，感傷和氣，羣生癘疫，水旱隨之，人既失業，則禍亂之心怵然⑲而生矣。古者明王重慎刑法[1]，蓋懼此也。昔漢武帝時巫蠱獄起⑳，使太子奔走，兵交宮闕，無辜被害者以千萬數，宗廟幾覆㉑。賴武帝得壺關三老書㉒，廓然感悟，夷江充㉓三族，餘獄不論，天下以安爾。古人云：『前事之不忘，後事之師。』伏願陛下念之！」太后不聽。

夏，四月，太后鑄大儀㉔，置北闕㉕。以岑長倩為內史㉖。六月辛未㉗，以蘇良嗣為左相，同鳳閣鸞臺三品韋待價為右相。己卯㉘，以韋思謙為納言。

蘇良嗣遇僧懷義於朝堂，懷義偃蹇㉙不為禮，良嗣大怒，命左右捽曳㉚，批其頰數十㉛。懷義訴於太后，太后曰：「阿師當於北門出入，南牙㉜宰相所往來，勿犯也。」

太后託言懷義有巧思，故使入禁中營造。補闕長社王求禮㉝上表，以為「太宗時，有羅黑黑㉞善彈琵琶，太宗閹㉟為給使㊱，使教宮人。陛下若以懷義有巧性，欲宮中驅使者，臣請閹之，庶不亂㊲宮闈。」表寢不出。

秋，九月丁未㊳，以西突厥繼往絕可汗之子斛瑟羅㊴為右玉鈐衛將軍，襲繼往絕可汗，押五弩失畢部落。

己巳㊵，雍州言新豐縣東南有山踊出㊶，改新豐為慶山縣。四方畢賀㊷。江陵人俞文俊㊸上書：「天氣不和而寒暑併，人氣不和而疣贅㊹生，地氣不和而堆阜㊺出。今陛下以女主處陽位，反易剛柔，故地氣塞隔而山變為災。陛下謂之『慶山』，臣以為非慶也。臣愚以為宜側身修德以答天譴，不然，殃禍至矣！」太后怒，流於嶺外，後為六道使所殺㊻。

突厥入寇，左鷹揚衛大將軍黑齒常之拒之。至兩井，遇突厥三千餘人，見唐兵，皆下馬擐甲㊼，常之以二百餘騎衝之，皆棄甲走。日暮，突厥大至，常之令營中然火，東南又有火起㊽，虜疑有兵相應，遂夜遁。

狄仁傑為寧州㊾刺史。右臺監察御史晉陵郭翰㊿巡察隴右，所至多所按劾(51)。入寧州境，耆老(52)歌刺史德美者盈路，翰薦之於朝，徵為冬官侍郎(53)。

【章旨】以上為第十四段，寫武則天拒諫，用酷吏，縱男寵，編織祥瑞，開啟了武則天時代。

【注釋】❶首亂唱禍　首先發動叛亂，造成禍端。❷逮引　引及。❸考按　考問案驗。❹熒惑　猶炫惑、迷惑。❺伐罪弔人　討伐罪人，弔慰百姓。人，本作民，避唐太宗諱而改。❻揚州構逆　指徐敬業等在揚州發動叛亂。❼玄默　虛玄安靜。❽囚累百千輩　囚犯數百上千。極言其多，並非指實。❾窮竟　追究到最後。❿睚眦之嫌　比喻很小的矛盾。睚眦，本指瞪眼怒目而視，引申為小怨小忿。⓫冠蓋如市　車馬冠蓋之多如同集市。冠蓋，舊指仕宦的禮帽和車蓋。⓬天下喁喁　天下人低聲細語。⑬莫知寧所　不知道什麼地方是安定的處所。⑭楊玄感作亂　時在隋煬帝大業九年（西元六一三年）。楊玄感是隋朝宰相楊素的兒子，官至禮部尚書。傳見《隋書》卷七十。⑮蒸人　即蒸民。指眾人。避唐太宗李世民諱，改「民」為「人」。⑯樊子蓋　字華宗，無謀略，治軍持重，未嘗負敗。但嚴酷少恩，敢於殺戮，臨死時，見斷頭鬼前後重沓。傳見《隋書》卷六十三、《北史》卷七十六。⑰靡然　形容人心分散的樣子。⑱吁嗟　愁歎。⑲怵然　恐懼的樣子。⑳昔漢武帝時巫蠱獄起　古時認為用巫術咒語或埋木偶於地下可以害人，稱之為「巫蠱」。武帝晚年多病，疑為巫蠱所致。江充誣告太子據宮中木人甚多，太子殺江充與官軍交鋒，兵敗被殺。這是漢武帝晚年時的一件重大政治事件，交戰及被株連而死的人有十多萬，史稱巫蠱之禍。㉑宗廟幾覆　宗廟社稷差點傾覆。㉒壺關三老書　壺關係縣名，屬上黨郡。因山形似壺，設關於此，故名。故城在今山西長治東南。三老，官名，漢代鄉、縣均置三老，掌教化。一般以年長、有修行、能率眾向善者充任。壺關三老茂上書武帝為太子辯護，事載《漢書・武五子戾太子傳》。㉓江充　（?—西元前九一年）漢武帝寵信的一個奸臣，是他一手製造了巫蠱之禍，為戾太子劉據所殺。傳見《漢書》卷四十五。㉔大儀　太極圖案。㉕北闕　在洛陽宮城玄武門之北。㉖以岑長倩為內史　據《新唐書・則天紀》及〈宰相表〉，時在四月庚辰，即四月十一日。㉗辛未　六月初三日。㉘己卯　六月十一日。㉙偃蹇　傲慢。㉚捽曳　揪、拉；抓住。㉛批其頰數十　打了他幾十個耳光。㉜南牙　即南衙。指宮禁以南的行政官署。㉝王求禮　（?—西元七〇五年）許州長社（今河南許昌）人，剛正不阿，官至衛王掾。傳見《舊唐書》卷一百一、卷一百八十七上、《新唐書》卷一百十二。㉞羅黑黑　元吳萊說他「藝傾一國」。事見《朝野僉載》五、《太平廣記》卷二百五。㉟閹割；割去生殖腺。㊱給使　供差役的人。此處指內侍。㊲亂　淫亂。㊳丁未　九月初十日。㊴斛瑟羅　即阿史那斛瑟羅。曾被武則天封為竭忠事主可汗。事見《舊唐書》卷一百九十四下〈突厥傳〉、《新唐書》卷二百十五下〈突厥傳〉。㊵己巳　九月戊戌朔，無己巳。《新唐書》卷四〈則天紀〉作十月己巳，即十月初二日。當在己巳前添「十月」二字。㊶新豐縣東南有山踊出　新豐縣，屬雍州，縣治在今陝西臨潼東北。「有山踊出」即「踊出一山」。兩《唐書》載，這種現象係風雨在一夜之間所為。宋人程大昌則認為是人力所成。㊷畢賀　皆賀。㊸俞文俊　荊州江陵（今湖北江陵）人。傳見《新唐書》卷一百八十七上。㊹疣贅　皮膚上的病毒感染，亦稱瘊子。㊺塠阜　小丘。㊻後為六道使所殺　長壽二年（西元六九三年）武則天派劉光業、王德壽等人分六道出使，推案流人，流人多被誅殺。見《舊唐書》卷一百八十六〈酷吏傳〉。㊼擐甲　套甲。㊽東南又有火起　《舊唐書・黑齒常之傳》作「時東南忽有大風起」。㊾寧州　州名，治所定安，在今甘肅寧縣。㊿郭翰　傳見《新唐書》卷一百十七。(51)按劾　按問彈劾。(52)耆老　老人。特指受人尊敬的老者。(53)冬官侍郎　即工部侍郎。

【校記】①法 據章鈺校，十二行本、乙十一行本、孔天胤本皆作「罰」。

【語譯】麟臺正字陳子昂上疏，認為「主事官員痛恨徐敬業首倡禍亂，為了剷除奸亂的根源，窮治徐敬業的黨羽，便使陛下下詔追辦的獄訟鋪展開來，嚴厲設置重刑，有涉嫌疑行跡的人，供詞相互牽連，沒有不追捕到底而加以審訊的。以至於有奸人炫惑主上，乘人之危，進行誣陷，舉告疑似有罪的人，希望求得封爵獎賞，這恐怕不是討伐有罪、弔慰百姓的意思吧。臣私下觀察當今天下，百姓心思安定已經很久了，所以揚州的叛逆，差不多有五十天，而海內安定，絲毫不動。陛下不務求靜默無為以拯救疲憊的民眾，反而使用嚴厲的刑罰使百姓失望，臣愚昧不明，私下大惑不解。臣看到四方告密，被囚的犯人積在一起，成百上千，等到追究完畢，一百人中沒有一個是真實的。陛下仁慈寬恕，又枉法寬容，於是讓為姦作惡的黨徒稱心如意，仇視別人，一點很小的嫌怨就舉報對方有密謀，一個人被起訴，就把一百人關滿監獄，使者各地審問抓捕犯人，車馬冠蓋之多如同集市。有人說陛下只愛一人而害了一百人。天下人低聲細語，不知道什麼地方才能安寧。臣聽說隋朝末年，天下還很平靜，楊玄感作亂，沒過一個月就失敗了。天下的病弊，不至於土崩瓦解，民眾的心理，仍然希望安居樂業。但煬帝不醒悟，便派兵部尚書樊子蓋專務殺戮，大肆深究黨徒，海內的豪傑之士，沒有不遭殃的。以至於殺人如麻，血流成澤，天下散亂，這時人們才想到要作亂，於是英雄豪傑同時起義，而隋王室就滅亡了。大規模的獄訟一起，不可能不過濫，蒙冤的人憂歎，傷害了諧和氣氛，發生各種癘疫，水災旱災相繼而來，人們既然失去了生業，那麼為禍作亂的想法就出現了。古代聖明的君主對刑罰很慎重，就是害怕這種情況。以前漢武帝時發生巫蠱之獄，使得太子逃亡，交戰宮廷，無辜被害的人以千萬計，國家宗廟幾乎傾覆。幸虧武帝得到壺關三老的上書，豁然覺醒，誅殺江充三族，其他人的罪過不予追究，天下因此才安定下來。古人說：『以前的事情不忘記，可作為後來行事的借鑑。』希望陛下想想！」太后不聽他的勸告。

夏，四月，太后鑄造大儀，放置在北闕。

任命岑長倩為內史。六月初三日辛未，任命蘇良嗣為左相，同鳳閣鸞臺三品韋待價為右相。十一日己卯，任命韋思謙為納言。

蘇良嗣在朝堂碰到僧人薛懷義，薛懷義傲慢地不向蘇良嗣行禮，蘇良嗣大怒，命令左右侍衛揪住薛懷義，打了幾十個耳光。薛懷義向太后申訴，太后說：「師傅你應當從北門出入，南衙是宰相來往的地方，不要冒犯。」

太后藉口薛懷義有巧妙的構思，所以讓他進入宮禁營建工程。補闕長社人王求禮上表太后，認為「太宗時，有個名叫羅黑黑的善彈琵琶，太宗把他閹割，作為供給使喚之用，讓他教授宮人。陛下如果認為薛懷義有奇巧的秉性，打算讓他在宮中供使喚的話，臣請求把他閹掉，差不多可以不淫亂宮禁。」奏表被擱置不送達臺省。

秋，九月初十日丁未，任命西突厥繼往絕可汗的兒子斛瑟羅為右玉鈐衛將軍，承襲繼往絕可汗，統領五弩失畢部落。

十月初二日己巳，雍州報告新豐縣東南有山從地面冒出，把新豐改為慶山縣。四方都來祝賀。江陵人俞文俊上書說：「天氣不和諧而寒暑交錯，人氣不和諧而疣贅生長，地氣不和諧而丘阜出現。現在陛下以女君之身處在陽位，顛倒剛柔，所以地氣壅塞隔絕，而山嶺變化成為災異。陛下稱之為『慶山』，臣認為不值得慶賀。愚臣認為陛下應該側身修養德行，以回應上天的譴責，不然的話，災禍就來臨了！」太后非常生氣，把俞文俊流放嶺外，後來被六道使所殺。

突厥入寇邊境，左鷹揚衛大將軍黑齒常之抵抗。到達兩井，遇到突厥三千多人，他們看見唐兵，都下馬穿上鎧甲，黑齒常之利用二百多騎兵衝擊他們，突厥人全都棄甲逃走。黃昏時，突厥大軍到達，黑齒常之讓軍營中燒起火，東南又有火光出現，敵人懷疑有部隊相呼應，就乘夜逃走了。

狄仁傑擔任寧州刺史。右臺監察御史晉陵人郭翰巡察隴右，所到之處對官吏多所按察彈劾。進入寧州界內，歌頌刺史美德的老人沿路都是，郭翰向朝廷薦舉，朝廷徵召狄仁傑為冬官侍郎。

【研　析】本卷記載唐高宗辭世，武則天登基，中國歷史上唯一的女皇橫空出世。武則天登基，看似平靜，實質是一場不流血的宮廷政變，伴隨慢性流血的高壓政治。政權更迭，總是多事之秋，有許多突發事件值得研析。中宗被廢、徐敬業起兵、誅裴炎、軍中斬程務挺，這些都是突發事件，每一事件都伴隨著血腥，這就是慢性流血。武則天以垂簾形式登基，牢牢地掌控著局面，表現了武則天非凡的政治才能。次第研析上述各項突發事件。

中宗被廢。弘道元年（西元六八四年）十二月初四日丁巳，唐高宗駕崩。十二月十一日甲子，皇太子李顯即位，是為中宗。武則天為皇太后。裴炎為中書令，是首輔大臣。弘道二年正月，中宗改元嗣聖，要任命皇后之父韋玄貞為侍中，又欲任命乳母之子為五品官。裴炎不同意，固執地與中宗爭論。中宗一時火起，說了一句氣話：「我想把天下都給予韋玄貞，難道會捨不得一個侍中嗎？」裴炎向武則天報告，而武則天正要找機會收回皇權，此時裴炎還是武則天的心腹，兩人一合計，決定廢中宗，另立武則天的幼子，即第四子李旦為皇帝。李旦天性懦弱，也不貪戀權位。武則天要奪回皇權，裴炎要掌控皇帝，一個是太后，一個是首輔，兩人合謀，無須廷議。一個皇帝的廢立大事，如同兒戲一般上演了。二月初六日戊午，武則天在乾元殿召集百官會議，中書令裴炎與中書侍郎劉禕之、羽林將軍程務挺、張虔勗帶兵入宮。此時武則天以太后詔宣布廢中宗為盧陵王，中宗說：「我有什麼罪？」太后說：「你要把天下送給韋玄貞，怎麼說沒有罪？」第二天，二月初七日己未，豫王李旦即位，是為睿宗，改元文明。睿宗從即位的當天就被軟禁在別殿，不得干預政事。武則天以太后身分垂簾聽政，事實上已經登基做了皇帝。因此，中宗與睿宗的廢立，是一場不流血的宮廷政變。中宗只做了兩個月的皇帝，睿宗連皇位的邊也沒沾上，他的皇帝名分只不過是替武則天撐起的一把遮陽傘。

高宗之死，也十分突然。高宗長期患中風病、頭疼，在死前一個月，即光宅元年十一月，頭疼加重，召侍醫秦鳴鶴診斷。秦鳴鶴說，可用針灸刺頭出血治癒。武則天在簾後厲聲說：「秦鳴鶴可斬，敢用針刺天子之頭。」武則天不滿「二聖」並立，早就想高宗死去，所以十分厭惡秦鳴鶴治高宗的病。高宗堅持針灸，不僅止了疼，眼睛也明亮起來。不久，高宗病勢轉重，但武則天隔斷內外，連宰相都見不到高宗的面。高宗之死，武則天是否做了手腳，史籍沒有記載，不可妄猜。毒害天子，那可是非常事件。後來韋皇后下毒害死了睿宗，激起事變，招來殺身之禍。武則天的高明就在於，長期等待，讓高宗慢慢死去，不讓醫生好好治療，加速高宗的死亡，讓天下人抓不到她篡權的把柄。她不急於直接稱帝，用廢立的辦法，做事實上的皇帝。文明元年九月初六日甲寅，武則天改元光宅，赦天下，易服色，改官名，可以說是發動了一場去李唐化的運動。但武則天仍以太后垂簾的身分漸進改變。她還在等待根基牢固之後，再來「革命」，不僅直接做皇帝，還要改國號。武則天的政治權術，何等高明。裴炎助成其事，已墮入武則天術中。當時的鬚眉，不是武則天的對手。

這一場皇帝的非常廢立，武則天獲得了完勝。

徐敬業起兵。武則天垂簾，殺廢太子李賢，流放廬陵王於均州，隨即改流放地於房州，把廬陵王禁錮在唐太宗的廢太子李承乾的故宅中。其時，武氏外戚得勢，諸武用事，武承嗣入相，以禮部尚書為太常卿、同中書門下三品，以分裴炎之權。接著武則天立武氏七廟，違反禮制，裴炎固爭而得罪太后。武則天易服色，改官名，貶諸王，一系列去李唐運動使宗室人人自危。在這種形勢下，李勣之子徐敬業以名臣之後，在揚州起兵，以匡復廬陵王為辭，發檄文聲討武則天。旬日之間，擁眾十餘萬。

徐敬業謀主魏思溫建言，徐敬業集中主力，大張旗鼓直指洛陽，表明志在勤王，將會得到全天下人的響應。徐敬業所署右司馬薛仲璋，他是裴炎的外甥，曾任監察御史，在起事叛軍中有較高的地位。他反對魏思溫的策謀，說什麼金陵有王氣，要徐敬業佔領南京為根據地，站穩腳跟，徐圖中原。魏思溫說：「山東豪傑不滿意武則天專政，他們日夜等待南軍北上，明公不趁此時機北上，先謀巢穴，人心失望，一旦解體，大勢去矣。」徐敬業沒有聽從魏思溫的謀畫，採納薛仲璋的建議，留下左長史唐之奇守揚州，自己帶兵不是北上渡淮，而是南下攻服潤州。魏思溫說：「兵力集中則強，兵力分散則弱。徐敬業不全力渡淮，凝聚山東之眾以取洛陽，失敗就在眼前。」果如魏思溫所料。武則天派左玉鈐衛大將軍，宗室李孝逸率領三十萬大軍討伐叛逆。徐敬業很快被擊敗，完全應驗了魏思溫的預料。徐敬業起兵，聲勢浩大，不到三個月就失敗了。

唐代史學家陳嶽對徐敬業起兵，有如下評價。陳嶽說：「徐敬業如果採用魏思溫的計謀，大軍直指洛陽，以匡復唐室為號召，即使失敗而被殺，至少留下忠義精神。但他卻妄想依賴金陵王氣，卻使自己變成了真正的叛逆，怎能不失敗呢！」陳嶽的評論，可以說是一針見血。

徐敬業不採納魏思溫的善計，表現了他不是一個真正的勤王者，也沒有幹大事業的本領。當時人心思唐，所以徐敬業振臂一呼，四面雲集，雖是十萬烏合之眾，卻能連敗李孝逸的三十萬大軍。由於徐敬業沒有渡淮，不能凝聚中原之眾，當他割據者的面目暴露，人心也就散了。徐敬業的對手武則天，卻顯示了一個君王的大度，策謀得當，贏得了人心。不得意的大文學家駱賓王，投靠徐敬業做了記室。他寫的檄文痛罵武則天，甚至人身攻擊。武則天卻不動怒，連聲稱讚文章寫得好還責備宰相沒有發現和啟用這樣的人才是十分的錯誤。如此大度，震懾人心。武則天用唐宗室為將，自己又沒有稱帝，太后討逆，堂堂正正。於是扭轉了人心，武則天非凡的政治才能，化解危局，平安度過了風浪。

誅裴炎，斬程務挺。裴炎是忠於唐室的政治首領，程務挺是忠於唐室的軍事領袖。兩人都受到武則天的器重。武則天拉攏兩人，想收買兩人，委以重任，示之以信，示之以誠。武則天在東都洛陽，把穩定與防守長安的重任交給程務挺，尊獎他為唐之蕭何。但兩人不贊同武則天垂簾，要武則天還政於睿宗，程務挺直言諫勸，以西漢呂后之禍警示武則天。武則天手諭褒獎，然後把他從長安調走，任命程務挺為單于道安撫大使，督軍以禦突厥，駐軍雲中（在今山西大同西北）。武則天抓住裴炎外甥薛仲璋助逆的把柄，誣陷裴炎謀反。程務挺上表替裴炎申理而被株連為裴炎同黨。為了防止兵變，武則天遣使即在軍中斬殺程務挺，如同當年秦二世誅殺蒙恬一樣。武則天以皇權之重臨之，忠臣不能辯其冤。裴炎則在京都明正典刑。《唐統紀》載，武則天殺了裴炎和程務挺後，在朝堂上向群臣訓話說：「朕事先帝二十餘年，憂天下至矣！公卿富貴，皆朕與之；天下安樂，朕長養之。及先帝棄群臣，以天下託顧於朕，不愛身而愛百姓。今為戎首，皆出於將相，群臣何負朕之深也。且卿輩有受遺老臣，倔強難制過裴炎者乎？有將門貴種，能糾合亡命過徐敬業者乎？有握兵宿將，攻戰必勝過程務挺者乎？此三人者，人望也，不利於朕，朕能戮之。卿等有能過此三者，當即為之；不然，須革心事朕，無為天下笑。」武則天鐵腕剛毅的個性展示無遺。中宗不聽話，立即廢除；李賢有可能被奉為旗幟，立即誅殺；大臣有異心，斬立決。睿宗唯唯諾諾，就掌控在手中作木偶。此時武則天根基還不牢，所以不直接稱帝，而以太后臨朝的方式假皇權以壓臣民。武則天的機權幹略與果決處事，的確是千載難遇。武則天之所以能夠化險為夷，不是偶然的。

誅裴炎，斬程務挺，僅僅是武則天以威臨天下殺伐的開始。

卷第二百四

唐紀二十

起強圉大淵獻（丁亥 西元六八七年），盡重光單閼（辛卯 西元六九一年），凡五年。

【題解】本卷記事起西元六八七年，迄西元六九一年，凡五年。當武則天垂拱三年到天授二年。武則天執政二十年，這一時期是武則天前期執政最重要的階段。由於女人當皇帝不合禮制，加之內行不檢，諸多物議，而且又改國號為周，必然遭到唐宗室的反抗。武則天不愧為一個鐵腕女人，她先下手為強，推行血腥政治來鎮壓反對派。一是建立告密制度。凡捕風捉影，只要是告密者皆給予重賞。二是大量啟用酷吏。於是群醜登場，侯思業、王弘義、周興、索元禮、來俊臣等酷吏，競相攀比苛酷，一個比一個兇殘。武則天藉懲治徐敬業餘黨之名，大興冤獄，大殺唐宗室，以及不滿武氏專政的大臣，動輒誅殺成千累萬。鳳閣侍郎劉禕之，只因一句背後私議，說武則天應還政於睿宗，被鳳閣舍人賈大隱告密而賜死。功臣亦被武則天忌疑。黑齒常之，捍衛疆土，立有大功，一旦被告密，立即被誅殺。武則天以刑殺立威，朝野人士，人人自危，可以說武則天的前期政治是一片黑暗。但在這一背景下，有狄仁傑、徐有功、杜景儉等執法寬平的大臣，仍有陳子昂的直諫，武則天也能兼容，甚至對狄仁傑十分敬重，表現了武則天政治的多面性與雄才。這也是武周政權得以存在的一個方面。本卷還記述了武則天明堂建成，行大禮，既尊號武氏列祖列宗，也尊禮唐室李氏祖宗，表現了武則天的政治權術老練與成熟。

則天順聖皇后上之下

垂拱三年（丁亥　西元六八七年）

春，閏正月丁卯❶，封皇子成美為恆王❷，隆基為楚王，隆範為衛王，隆業為趙王。

二月丙辰❸，突厥骨篤祿等寇昌平❹，命左鷹揚大將軍❺黑齒常之帥諸軍討之。

三月乙丑❻，納言韋思謙以太中大夫致仕。

夏，四月，命蘇良嗣留守西京。時尚方監❼裴匪躬❽檢校❾京苑❿，將鬻苑中蔬果⓫以收其利。良嗣曰：「昔公儀休⓬相魯，猶能拔葵、去織婦⓭，未聞萬乘之主鬻蔬果也。」乃止。〇壬戌⓮，裴居道⓯為納言⓰。

五月丙寅⓱，夏官侍郎⓲京兆張光輔⓳為鳳閣侍郎⓴、同平章事。

鳳閣侍郎、同鳳閣鸞臺三品㉑劉禕之竊謂㉒鳳閣舍人㉓永年賈大隱㉔曰：「太后既廢昏立明㉕，安用臨朝稱制㉖！不如返政[1]，以安天下之心。」大隱密奏之，太后不悅，謂左右曰：「褘之我所引㉗，乃復叛我！」或誣褘之受歸誠州都督孫萬榮金㉘，又與許敬宗妾有私㉙，太后命肅州刺史王本立推之。本立宣敕示之，褘之曰：「不經鳳閣鸞臺，何名為敕㉚！」太后大怒，以為拒捍制使㉛，庚午㉜，賜死于家。

褘之初下獄，睿宗為之上疏申理，親友皆賀之，褘之曰：「此乃所以速吾死也。」臨刑，沐浴，神色自若，自草謝表，立成數紙。麟臺郎㉝郭翰、太子文學㉞周思鈞稱歎其文。太后聞之，左遷翰巫州㉟司法㊱，思鈞播州㊲司倉㊳。

【章旨】以上為第一段，寫鳳閣侍郎劉褘之因鳳閣舍人賈大隱的告密而被賜死，可見當時告密之風已盛行政壇。

【注釋】❶丁卯　閏正月初二日。❷封皇子成美為恆王　《考異》：「《唐曆》、《舊本紀》、《新傳》皆作『成義』。今從《實錄》。」按，李成美、李隆基、李隆範、李隆業，皆睿宗皇帝李旦之子。❸丙辰　二月二十二日。❹昌平　縣名，屬幽州，縣治在今北京市昌平西南，其西北三十五里有軍都關，即居庸關。❺左鷹揚大將軍　即左武衛大將軍，正三品，掌宮廷警衛。❻乙丑　三月初一日。❼尚方監　官名，原名少府監，光宅元年改名尚方監，掌百工技巧之事。❽裴匪躬　後因私謁皇嗣而被腰斬。事見《舊唐書》卷七十五〈蘇世長傳〉、《新唐書》卷七十六〈后妃・則天武皇后傳〉、卷一百三〈蘇世長傳〉。❾檢校　檢查。❿京苑　京師苑囿。唐京師長安有三苑，即東內苑、西內苑和禁苑，均在長安城北。⓫蔬果　蔬菜水果。⓬公儀休　春秋時魯國賢相。傳見《史記》卷一百十九。⓭拔葵去織婦　公儀休回家見其妻織帛、食葵，遂拔葵，又棄逐其妻，表示做官的人家已有俸祿，不應該與民爭利。⓮壬戌　四月二十九日。⓯裴居道　絳州聞喜（今屬山西）人，武則天時歷官納言、內史、太子少保，封翼國公。載初元年（西元六八九年）為酷吏所陷，下獄死。⓰納言　官名，武則天光宅元年改門下省侍郎為納言，掌出納帝命，正四品。⑰丙寅　五月初三日。⑱夏官侍郎　官名，即兵部侍郎。兵部長官為尚書，正三品。副職為侍郎，員二人，正四品下。⑲張光輔　（？—西元六八九年）少明辯，有吏才。討越王貞有功。傳見《舊唐書》卷九十。⑳鳳閣侍郎　官名，即中書侍郎。中書省長官為令，掌軍國政令，出納章奏。唐中書令常空缺，只設副職侍郎，員二人，正四品。武則天光宅元年改中書省為鳳閣。鳳閣侍郎加「同平章事」，即為宰相。㉑鸞臺三品　官名，即門下侍郎，正三品，武則天光宅元年改門下省為鸞臺。唐代宰相由三省長官共任。三省為中書省取旨，門下省審核，尚書省執行。他官加「同鳳閣鸞臺三品」，即為宰相。㉒竊謂　私下對人說悄悄話。㉓鳳閣舍人　即中書舍人，員六人，正五品，掌侍奉進奏，參議表章。㉔賈大隱　洺州永年（今河北永年東南）人，官至禮部侍郎。著有《老子述義》十卷。事見《舊唐書》卷一百八十九上〈賈公彥傳〉、《新唐書》卷一百九十八〈張士衡傳〉。㉕廢昏立明　廢除昏君，另立明主。指廢中宗為廬陵王，另立睿宗為帝。㉖臨朝稱制　當朝處理國事，行使皇帝權力。㉗引　薦舉。㉘受歸誠州都督孫萬榮金　接受歸誠州都督孫萬榮的賄賂。歸誠州，屬松漠都督府（治所在今內蒙古翁牛特旗西北），貞觀二十三年以契丹別部設置。孫萬榮（？—西元六九七年），契丹別部首領孫敖曹之曾孫。與李盡忠發動叛亂，兵敗被殺。事詳《舊唐書》卷一百九十九下〈契丹傳〉、《新唐書》卷二百十九〈契丹傳〉等。㉙有私　有曖昧關係。㉚不經鳳閣鸞臺二句　唐制，制敕由中書省（鳳閣）草定，由門下省（鸞臺）審覆，呈交皇帝批准，然後實施。王本立所宣之敕未經此二省，直接由武則天頒發，所以劉禕之認為它不是敕書。㉛拒捍制使　抵抗天子所派使臣。㉜庚午　五月初七日。㉝麟臺郎　麟臺即祕書省，置有祕書郎、校書郎、著作郎佐郎等職，均係郎官。㉞太子文學　東宮官名，《唐六典》卷二十六：太子司經局，文學三人，正六品，掌分知經籍，侍奉文章。㉟巫州　治所在今湖南懷化西南。㊱司法　官名，即司法參軍事，掌刑法。州置功、倉、戶、兵、法、士六曹，參軍事為諸曹之長。依州大小，或從七品下，或正八品下，或從八品下。㊲播州　治所在今貴州遵義。㊳司倉　即司倉參軍事，掌倉庫、租賦、度量、市肆、公廨諸事。

【校　記】①政　原作「正」。據章鈺校，十二行本、乙十一行本皆作「政」，張瑛《通鑑校勘記》同，今據改。按，兩《唐書・劉禕之傳》皆作「政」。

【語　譯】則天順聖皇后上之下

垂拱三年（丁亥　西元六八七年）

春，閏正月初二日丁卯，封皇子李成美為恆王，李隆基為楚王，李隆範為衛王，李隆業為趙王。二月二十二日丙辰，突厥骨篤祿等侵犯昌平，命令左鷹揚大將軍黑齒常之統率各部軍隊前去討伐。三月初一日乙丑，納言韋思謙以太中大夫身分離職。

夏，四月，命令蘇良嗣留守西京。當時尚方監裴匪躬正在檢查西京禁苑，準備賣掉苑囿中的蔬菜水果，來獲取一些收益。蘇良嗣說：「以前公儀休做魯國宰相時，還能夠拔掉葵菜，休掉織帛的妻子，不與百姓爭利。我沒有聽說過大國之君售賣蔬菜水果。」裴匪躬於是取消了這個計畫。〇二十九日壬戌，任命裴居道為納言。

五月初三日丙寅，任夏官侍郎京兆人張光輔為鳳閣侍郎、同平章事。

鳳閣侍郎、同鳳閣鸞臺三品劉禕之私下對鳳閣舍人永年人賈大隱說：「太后既然廢除了昏庸的中宗，冊立了賢明的睿宗，怎麼還用親自臨朝發號施令呢！不如返政於睿宗，以安定天下的人心。」賈大隱把這些話暗中向太后奏報，太后很不高興，對身邊大臣說：「劉禕之是我一手提拔的，竟然又背叛我！」有人誣陷劉禕之接受歸誠州都督孫萬榮的金錢，又與許敬宗的侍妾私通，太后命令肅州刺史王本立追究查辦。王本立向劉禕之宣示了太后敕令，劉禕之說：「不經過鳳閣和鸞臺，怎麼可以稱作敕令！」太后大怒，認為這是抗拒天子的使臣，五月初七日庚午，把劉禕之賜死在家中。

劉禕之剛入獄時，睿宗為他上疏申訴辯護，親戚朋友都向他祝賀，劉禕之說：「這樣做恰恰是加速我的死亡。」臨刑時，他先沐浴，神色泰然自若，親自書寫謝表，立刻寫了幾張紙。麟臺郎郭翰、太子文學周思鈞讚歎他的文章。太后知道後，左遷郭翰貶為巫州司法，周思鈞為播州司倉。

秋，七月壬辰❶，魏玄同檢校納言。

嶺南俚❷戶舊輸半課❸，交趾都護❹劉延祐❺使之全輸，俚戶不從，延祐誅其

魁首⑥。其黨李思慎等作亂，攻破安南府城⑦，殺延祐⑧。桂州司馬⑨曹玄靜將兵討思慎等，斬之。

突厥骨篤祿、元珍寇朔州，遣燕然道大總管黑齒常之擊之，以左鷹揚大將軍李多祚⑩為之副，大破突厥於黃花堆⑪，追奔四十餘里，突厥皆散走磧北⑫。多祚世為靺鞨酋長，以軍功得入宿衛。黑齒常之每得賞賜，皆分將士；有善馬為軍士所損，官屬請笞⑬之，常之曰：「柰何以私馬笞官兵乎⑭！」卒不問。

九月己卯⑮，虢州人楊初成⑯詐稱郎將⑰，矯制於都市募人迎廬陵王於房州，事覺，伏誅。

冬，十月庚子⑱，右監門衛中郎將⑲爨寶璧⑳與突厥骨篤祿、元珍戰，全軍皆沒，寶璧輕騎遁歸。寶璧見黑齒常之有功，表請窮追餘寇。詔與常之計議，遙為聲援。寶璧欲專其功，不待常之，引精卒萬三千人先行，出塞二千餘里，掩擊其部落。既至，又先遣人告之，使得嚴備，與戰，遂敗。太后誅寶璧，改骨篤祿曰不卒祿。

命魏玄同留守西京。○武承嗣又使人誣李孝逸自云「名中有兔，兔，月中物，當有天分。」㉑太后以孝逸有功，十一月戊寅㉒，減死除名，流儋州㉓而卒。

太后欲遣韋待價將兵擊吐蕃㉔，鳳閣侍郎韋方質奏，請如舊制遣御史㉕監軍，太后曰：「古者明君遣將，閫外之事悉以委之。比聞御史監軍，軍中事無大小皆須承稟㉖。以下制上，非令典㉗也，且何以責㉘其有功！」遂罷之㉙。

是歲，天下大饑，山東、關內尤甚。

【章旨】以上為第二段，寫黑齒常之大破突厥，爨寶璧貪功冒進而致敗。

【注釋】❶壬辰　七月癸亥朔，無壬辰。關於魏玄同檢校納言的時間，《舊唐書·則天紀》作「秋八月」。《新唐書》卷四〈則天紀〉、卷六十一〈宰相表〉作「八月壬子」，即八月二十一日。❷俚　生活在嶺南地區的少數民族，即後來的黎族。❸半課　交納一半賦稅。❹都護　官名，都護府最高長官，正三品，管理轄區內軍政事務和民族事務。❺劉延祐　（?—西元六八七年）徐州彭城（今江蘇徐州）人，少舉進士，精明強幹。曾任箕州刺史等職。事見《舊唐書》卷一百九十上〈劉胤之傳〉、《新唐書》卷二百一〈劉延祐傳〉。❻魁首　頭領。據兩《唐書·劉延祐傳》，延祐所誅俚戶頭領為李嗣仙。❼安南府城　即安南都護府治所宋平縣，在今越南河內。❽殺延祐　《新唐書·則天紀》及《舊唐書·馮元常傳》載：李嗣仙殺劉延祐。其時嗣仙已死，殺延祐者實為其黨徒丁建、李思慎等。❾司馬　官名，州司馬上州從五品下，中州正六品上，下州從六品下，與別駕、長史共同協助刺史分理一州庶務。❿左鷹揚大將軍李多祚　唐制，左鷹揚大將軍一員。其時黑齒常之為左鷹揚大將軍，李多祚豈能為之。據《新唐書》卷一百十〈李多祚傳〉，「左」當為「右」之誤。⓫黃花堆　地名，地當今山西山陰東北一帶。⓬磧北　大漠以北。⓭笞　鞭打；杖擊。⓮柰何以私馬笞官兵乎　為什麼要以私馬受傷之故而鞭打官兵呢。⓯己卯　九月十八日。⓰楊初成　（?—西元六八七年）虢州（今河南靈寶一帶）人。事見《新唐書》卷四〈則天紀〉。⓱郎將　官名。唐諸衛五府置有中郎將，率本府之屬負責宮廷宿衛。其下有郎將為其副貳，分設左右。⓲庚子　十月初九日。⓳右監門衛中郎將　右監門衛大將軍之下置將軍、中郎將，中郎將正四品下，掌監宮禁諸門，檢校出入。⓴爨寶璧　事見《舊唐書》卷一百九〈黑齒常之傳〉、卷一百九十四上〈突厥傳〉、《新唐書》卷一百十〈黑齒常之傳〉、卷二百十五〈突厥傳〉。㉑誣李孝逸自

云名中有兔四句　《舊唐書》卷六十載：「承嗣等又使人誣告李逸往任益州，嘗自解逸字云：『走遶兔者，常在月中，月既近天，合有天分。』」有天分，指有當天子之分。㉒戊寅　十一月十八日。㉓儋州　州名，治所義倫，在今海南儋州西北。㉔太后欲遣韋待價將兵擊吐蕃　司馬光在《考異》中說：「《實錄》：『十二月壬辰，命待價為安息道大總管，督三十六總管以討吐蕃。』不言師出勝敗如何。至永昌元年五月，又云：『命待價擊吐蕃，七月敗於寅識河。』按本傳不云兩度出兵，今刪此事。」㉕御史　官名，隸屬御史臺。有侍御史，掌糾舉百官，審獄訟；監察御史，掌分察巡按郡縣。㉖承稟　承奉啟稟。㉗令典　國家的憲章法令。非令典，意為不是合理的典章制度。㉘責　求。㉙遂罷之　於是在軍中裁撤監軍之職。

【語　譯】秋，七月壬辰日，魏玄同代理納言。

嶺南俚族人家過去只繳納賦稅的一半，交趾都護劉延祐要他們全額繳納，俚人不接受，劉延祐把他們的首領殺掉了。首領的黨徒李思慎等作亂，攻破安南府城，殺死了劉延祐。桂州司馬曹玄靜領兵討伐李思慎等人，把他們殺了。

突厥骨篤祿、元珍入寇朔州，派遣燕然道大總管黑齒常之反擊，任命左鷹揚大將軍李多祚作為他的副將，在黃花堆大敗突厥，追趕逃敵四十多里，突厥全部散逃漠北。李多祚世代為靺鞨酋長，憑藉戰功進宮宿衛。黑齒常之每次得到的賞賜，都分給將士。他有一匹好馬被軍士傷害了，屬僚要求鞭打軍士，黑齒常之說：「怎麼能為了私人的馬而鞭打官兵呢！」最終沒有追究這件事。

九月十八日己卯，虢州人楊初成詐稱自己是郎將，假託太后命令在都市招募人馬去房州接回廬陵王，事情發覺後，被處死。

冬，十月初九日庚子，右監門衛中郎將爨寶璧與突厥骨篤祿、元珍交戰，全軍覆沒，爨寶璧輕騎逃了回來。爨寶璧看到黑齒常之立了功，上表請求窮追突厥餘眾。太后下詔讓他和黑齒常之商議，遙相聲援。爨寶璧想獨佔功勞，不等待黑齒常之，就帶領精兵一萬三千人率先出發，出塞二千多里，準備突襲突厥部落。到了以後，又先派人通報對方，使得突厥部落嚴加戒備，爨寶璧和對方交戰，便被打敗了。太后處死爨寶璧，把骨篤祿改名為不卒祿。

命令魏玄同留守西京。〇武承嗣又指使人誣告李孝逸，說他自己說「名字中有兔，兔子是月亮裡的東西，應當有天子的名分。」太后考慮到李孝逸有功，十一月十八日戊寅，免去死罪，廢除了他做官的身分，流放儋州而死。

太后想要派韋待價率兵攻打吐蕃，鳳閣侍郎韋方質上奏，請求按照以前的制度，派遣御史監督部隊，太后說：「古代賢明的君主派遣將領，統兵在外的事情全都委託他來處理。近來聽說御史監督部隊時，軍中事無大小，都需要向監軍稟報。由下職控制上職官員，不是好的制度，況且這樣做，又怎麼能要求將領立功呢！」於是作罷。

這一年，天下出現嚴重饑荒，山東、關內尤為厲害。

四年（戊子　西元六八八年）

春，正月甲子❶，於神都立高祖、太宗、高宗三廟，四時享祀如西廟❷之儀。又立崇先廟以享武氏祖考❸。太后命有司議崇先廟室數，司禮博士❹周悰請為七室，又減唐太廟為五室。春官侍郎❺賈大隱奏：「禮：『天子七廟，諸侯五廟』，百王不易❻之義。今周悰別引浮議❼，廣述異聞[1]，直崇臨朝權儀❽，不依國家常度。皇太后親承顧託，光顯大猷，其崇先廟室應如諸侯之數，國家宗廟不應輒有變移。」太后乃止。

太宗、高宗之世，屢欲立明堂❾，諸儒議其制度，不決而止。及太后稱制，獨與北門學士議其制，不問諸儒。諸儒以為明堂當在國陽丙巳之地⑩，三里之外，七里之內。太后以為去宮太遠。二月庚午⑪，毀乾元殿⑫，於其地作明堂，以僧懷義為之使，凡役數萬人。

夏，四月戊戌⑬，殺太子通事舍人⑭郝象賢⑮。象賢，處俊之孫也。

初，太后有憾於處俊⑯，會奴誣告象賢反，太后命周興鞫之，致象賢族罪⑰。象賢家人詣朝堂，訟冤於監察御史樂安任玄殖⑱。玄殖奏象賢無反狀，玄殖坐免官。象賢臨刑，極口罵太后⑲，發揚宮中隱慝⑳，奪市人柴以擊刑者，金吾兵㉑共格殺㉒之。太后命支解其尸，發其父祖墳，毀棺焚尸。自是終太后之世，法官每刑人，先以木丸塞其口㉓。

武承嗣使鑿白石為文曰「聖母臨人，永昌帝業」。末紫石雜藥物填之㉔。庚午㉕，使雍州人唐同泰㉖奉表獻之，稱獲之於洛水。太后喜，命其石曰「寶圖」。擢同泰為遊擊將軍。五月戊辰㉗，詔當親拜洛，受「寶圖」；有事南郊，告謝昊天㉘，禮畢，御明堂，朝羣臣。命諸州都督、刺史及宗室、外戚以拜洛前十日集神都。乙亥㉙，太后加尊號為聖母神皇。

【章　旨】以上為第三段，寫武則天建明堂，造祥瑞，自加尊號為「聖母神皇」。

【注　釋】❶甲子　正月初五日。❷西廟　指京師太廟。京師又稱西京，故稱太廟為西廟。❸祖考　祖先。❹司禮博士　即太常博士。光宅元年改太常曰司禮。❺春官侍郎　官名，光宅間改禮部侍郎為春官侍郎，正四品下，掌天下禮儀、祭享、貢舉之政令。❻易　更易。❼浮議　無根之談。❽直崇臨朝權儀　只推崇臨朝的權宜禮儀。❾明堂　相傳為古代帝王布政、祭祀、大享、朝會的地方。《事物紀原》說明堂創自周公，漢魏六朝多有設置，但制度不詳，形狀各異。唐太宗、唐高宗多次想立明堂，因諸儒議論紛然，未能實現。事見《舊唐書》卷二十二〈禮儀志二〉、《新唐書》卷十三〈禮樂志三〉、《唐會要》卷十一〈明堂制度〉。❿國陽丙巳之地　京師皇宮南三里之外，七里之內的光明之地。⓫庚午　二月庚寅朔，無庚午。關於武則天下令毀乾元殿，於其地作明堂的時間，史書記載不一，除《通鑑》作二月庚午外，尚有六種說法：《唐會要》卷十一作「垂拱三年」；《舊唐書》卷二十二作「垂拱三年春」；《舊唐書》卷一百八十三作「垂拱四年」；《新唐書》卷四作「垂拱四年正月庚午」；《舊唐書》卷六作「四年春二月」；《唐會要》卷三十作「四年二月十日」。按，《全唐文》卷一百六十四劉允濟〈萬象明堂賦〉云：「粵正月庚午，始創明堂之制焉。」垂拱三年正月丙申朔，無庚午。四年正月有之，為十一日。故當以《新唐書》卷四〈則天紀〉所載為是。⓬乾元殿　在東都乾元門內，是洛陽最重要的宮殿之一。⓭戊戌　四月十一日。⓮通事舍人　太子官屬，正七品下，掌導引宮臣辭見及勞問之事。⓯郝象賢　（？—西元六八八年）高宗朝宰相郝處俊之孫。事見《舊唐書》卷八十四〈郝處俊傳〉、《新唐書》卷一百十五〈郝處俊傳〉。⓰初二句　上元二年（西元六七五年）三月，高宗病重，欲讓武則天（太后）攝知國政，郝處俊曾予以諫阻。⓱致象賢族罪　處郝象賢以滅族之罪。⓲任玄殖　《元和姓纂》卷五及《李文公集》卷十四作「任玄植」。⓳極口罵太后　破口大罵武則天。⓴發揚宮中隱慝　揭發宮中隱私醜事。㉑金吾兵　左右金吾衛的士卒。㉒格殺　擊殺。㉓自是終太后之世三句　此說不可盡信。《通鑑》卷二百四永昌元年八月條載：「（張）楚金等皆為敬真所引，云與敬業通謀。臨刑，太后使鳳閣舍人王隱客馳騎傳聲赦之。聲達於市，當刑者皆喜躍讙呼，宛轉不已；（魏）元忠獨安坐自如，或使之起，元忠曰：『虛實未知。』隱客至，又使起，元忠曰：『俟宣敕已。』」受刑者既能歡呼言語，可見其口未被堵塞。㉔末紫石雜藥物填之　即以紫石末和藥嵌之。見《朝野僉載》卷三。㉕庚午　四月戊子朔，無庚午。《新唐書》卷四〈則天紀〉作五月庚申。五月無庚申而有庚午，即五月十三日。然觀下文五月戊辰（十一日）下詔拜洛受圖，則五月庚午亦誤。《舊唐書》卷二十四〈禮儀志〉作四月。當以四月為是，而庚午日則誤，唯具體干支難以斷定。㉖唐

同泰　事跡不詳，散見於《舊唐書》卷二十四、《新唐書》卷七十六等。㉗戊辰　五月十一日。㉘昊天　泛稱蒼天。㉙乙亥　五月十八日。

【校　記】①聞　據章鈺校，十二行本、乙十一行本皆作「文」，張敦仁《通鑑刊本識誤》同。

【語　譯】四年（戊子　西元六八八年）

春，正月初五日甲子，在神都建立高祖、太宗、高宗三廟，四季祭祀的禮儀都和西京的宗廟一樣。又建立崇先廟以祭祀武氏祖先。太后命有關官員討論崇先廟房間的數目，司禮博士周悰請求設立七室，又把唐的太廟減為五室。春官侍郎賈大隱上奏說：「《禮記》規定：『天子七廟，諸侯五廟』，這是百代君王不變的原則。現在周悰引用無根之談，多方陳述異聞，只為尊崇臨朝稱制者的威儀，不遵循國家的常規。皇太后親承先帝的重託，彰顯帝王的大道，崇先廟的室數應該和諸侯相同，國家的宗廟不應該隨意變更。」太后於是打消了這個念頭。

太宗、高宗之世，幾次準備設立明堂，因儒士們討論它的制度沒有結果而作罷。等到太后臨朝聽政，獨自和北門學士討論明堂制度，不再徵詢儒士們的意見。儒士們認為明堂應當設在國都南面丙巳方位，在三里之外，七里之內。太后認為離皇宮太遠。二月庚午日，毀掉乾元殿，在原地建造明堂，任命和尚懷義為主管使者，共役使幾萬人。

夏，四月十一日戊戌，殺掉太子通事舍人郝象賢。郝象賢，是郝處俊的孫子。

當初，太后對郝處俊有所懷恨，遇上奴僕誣告郝象賢謀反，太后命令周興審訊，郝象賢被判滅族。郝象賢家人前往朝廷，向監察御史樂安人任玄殖訴說冤情。任玄殖上奏說郝象賢沒有謀反的證據，任玄殖獲罪免官。郝象賢臨刑時，破口大罵太后，揭發宮中的隱私醜事，搶過市上百姓的木柴擊打行刑的人，金吾兵多人一起把郝象賢殺死。太后命令肢解他的屍體，挖開他父親、祖父的墳墓，毀棺焚屍。從此直到太后死，法官每次處決犯人，先用木丸把他的嘴巴塞住。

武承嗣派人鑿治白石，刻上文字說「聖母臨人，永昌帝業」。把紫石搗為粉末，混雜藥物填在字裡。庚午日，指使雍州人唐同泰呈表獻石，聲稱這白石是在洛水得到的。太后很高興，把石頭命名為「寶圖」。把唐同泰提升為遊擊將軍。五月十一日戊辰，下詔令要親自到洛水祭拜，接受「寶圖」；在南郊舉行祭祀，以告謝上天，祭祀完畢，親臨明堂，朝見群臣。命令各州都督、刺史以及宗室、外戚，要在祭拜洛水之前十天到神都集合。十八日乙亥，太后加尊號為聖母神皇。

六月丁亥朔❶，日有食之。◯壬寅❷，作神皇三璽❸。

東陽大長公主❹削封邑，并二子徙巫州。公主適高履行❺，太后以高氏長孫無忌之舅族，故惡之。

江南道[1]巡撫大使、冬官侍郎狄仁傑以吳、楚多淫祠❻，奏焚其一千七百餘所，獨留夏禹❼、吳太伯❽、季札❾、伍員❿四祠。

秋，七月丁巳⓫，赦天下。更命「寶圖」為「天授聖圖」；洛水為永昌洛水，封其神為顯聖侯，加特進，禁漁釣，祭祀比四瀆⓬。名圖所出曰「聖圖泉」，泉側置永昌縣。又改嵩山為神嶽，封其神為天中王，拜太師、使持節、神嶽大都督，禁芻牧⓭。又以先於汜水得瑞石⓮，改汜水為廣武。

太后潛謀革命⓯，稍除⓰宗室。絳州刺史韓王元嘉⓱、青州刺史霍王元軌⓲、邢州刺史魯王靈夔⑲、豫州刺史越王貞⑳及元嘉子通州刺史黃公譔、元軌子金州刺史江都王緒、虢王鳳子申州刺史東莞公融、靈夔子范陽王藹、貞子博州刺史琅邪王沖，在宗室中皆以才行有美名，太后尤忌之。元嘉等內不自安，密有匡復之志。

譔謬為書與貞云：「內人㉑病浸重，當速療之，若至今冬，恐成痼疾。」及[2]太后召宗室朝明堂，諸王因遞相驚曰：「神皇欲於大饗之際，使人告密，盡收宗室，誅之無遺類[3]。」譔詐為皇帝璽書與沖云：「朕遭幽縶，諸王宜各發兵救我。」沖又詐為皇帝璽書云：「神皇欲移李氏社稷以授武氏。」八月壬寅㉒，沖召長史蕭德琮等令募兵，分告韓、霍、魯、越及貝州刺史紀王慎㉓，令各[4]起兵共趣㉔神都。太后聞之，以左金吾將軍丘神勣為清平道行軍大總管以討之。

沖募兵得五千餘人，欲度河取濟州㉕，先擊武水㉖，武水令郭務悌詣魏州㉗求救。莘㉘令馬玄素將兵千七百人中道邀沖，恐力不敵，入武水，閉門拒守。沖推草車塞其南門，因風縱火焚之，欲乘火突入。火作而風回，沖軍不得進，由是氣沮。堂邑㉙董玄寂為沖將兵擊武水，謂人曰：「琅邪王與國家交戰，此乃反也。」沖聞之，斬玄寂以徇，眾懼而散入草澤，不可禁止，惟家僮左右數十人在。沖還走博州㉚，戊申㉛，至城門，為守門者所殺㉜，凡起兵七日而敗。丘神勣至博州，官吏素服出迎，神勣盡揮刃[5]殺之，凡破千餘家。

越王貞聞沖起，亦舉兵於豫州㉝，遣兵陷上蔡㉞。九月丙辰㉟，命左豹韜大將軍麴崇裕㊱為中軍大總管，岑長倩為後軍大總管，將兵十萬以討之，又命張光輔為諸軍節度㊲。削貞[6]、沖屬籍㊳，更姓虺㊴氏。貞聞沖敗，欲自鎖詣闕謝罪，會所署新蔡㊵令傅延慶募得勇士二千餘人，貞乃宣言於眾曰：「琅邪已破魏、相數州㊶，有兵二十萬，朝夕㊷至矣。」發屬縣兵共得五千，分為五營，使汝南縣㊸丞裴守德等將之，署九品以上官五百餘人。所署官皆受迫脅，莫有鬭志，惟守德與之同謀，貞以其女妻之，署大將軍，委以腹心。貞使道士及僧誦經以求事成，左右及戰士皆帶辟兵符㊹。麴崇裕等軍至豫州城東四十里，貞遣少子規及裴守德拒戰，兵潰而歸。貞大懼，閉閤自守。崇裕等至城下，左右謂貞曰：「王豈可坐待戮辱！」貞、規、守德及其妻皆自殺㊺。與沖皆梟首東都闕下。

初，范陽王藹遣使語貞及沖曰：「若四方諸王一時並起，事無不濟。」諸王往來相約結，未定而沖先發，惟貞狼狽應之，諸王皆不敢發，故敗。

貞之將起兵也，遣使告壽州刺史趙瓌㊻，瓌妻常樂長公主㊼謂使者曰：「為我語越王：昔隋文帝㊽[7]將篡周室，尉遲迥㊾，周之甥也，猶能舉兵匡救社稷，功雖不成，威震海內，足為忠烈。況汝諸王，先帝之子，豈得不以社稷為心㊿！今李氏危若朝露51，汝諸王不捨生取義，尚猶豫不發，欲何須52邪！禍且至矣，大丈夫當為忠義鬼，無為徒死53也。」

及貞敗，太后欲悉誅韓、魯等諸王，命監察御史藍田蘇珦54按其密狀。珦訊問，皆無明驗，或告珦與韓、魯通謀，太后召珦詰之，珦抗論不回。太后曰：「卿大雅之士55，朕當別有任使，此獄不必卿也。」乃命珦於河西監軍，更使56周興等按之，於是收韓王元嘉、魯王靈夔、黃公譔、常樂公主於東都，迫脅皆自殺，更其姓曰「虺」，親黨皆誅。

【章　旨】以上為第四段，寫武則天逼反諸親王，藉勢大開殺戒，清除唐室宗親。

【注　釋】❶丁亥朔　六月初一日。❷壬寅　六月十六日。❸璽　印。先秦時為印章的統稱，秦以後專指皇帝的大印。❹東陽大長公主　唐太宗第九女。漢制，皇帝女稱公主，姐妹稱長公主，姑稱大長公主。歷代因而不改。東陽公主是唐睿宗之姑，故為大長公主。❺高履行　高士廉之子。傳見《舊唐書》卷六十五、《新唐書》卷九十五。❻淫祠　在禮制之外濫設的祠廟。❼夏禹　傳說中的部落聯盟領袖，治水有功，為夏朝的奠基人。事見《史記》卷二〈夏本紀〉。❽太伯　或作泰伯，周代吳國的始祖。事見《史記》卷四〈周本紀〉、《論語·泰伯》。❾季札　又名公子札，春秋時吳國貴族，曾多次推讓王位。傳見《史記》卷三十一〈吳太伯世家〉。❿伍員　字子胥，春秋時的吳國大夫，對吳國的發展有一定貢獻。傳見《史記》卷六十六〈伍子胥列傳〉。⓫丁巳　七月初一日。⓬祭祀比四瀆　四瀆，指長江、黃河、淮河、濟水。據《唐六典》卷四，唐代祭祀分為三等，四瀆為中祀。⑬禁芻牧　禁止樵採放牧。⑭先於汜水得瑞石　時在垂拱四年六月一日。汜水，縣名，屬河南府，縣治在今河南滎陽西北汜水邊上。瑞石，吉祥的石頭。⑮謀革命　指計劃更替唐朝。⑯稍除　漸除。⑰韓王元嘉　唐高祖第十一子。⑱霍王元軌　高祖第十四子。⑲魯王靈夔　高祖第十九子。與上文韓王元嘉、霍王元軌均見《舊唐書》卷六十四、《新唐書》卷七十九。⑳越王貞　（？—西元六八八年）唐太宗第八子，燕妃所生。越王貞善騎射，頗涉文史，兼有吏才，被稱為「材王」，但德望很差。傳見《舊唐書》卷七十六、《新唐書》卷八十。㉑內人　對其妻的稱呼。㉒壬寅　八月十七日。㉓紀王慎　唐太宗第十子。長於文史，在皇族中與越王貞齊名。傳見《舊唐書》卷七十六、《新唐書》卷八十。㉔趣　通「趨」。奔赴。㉕濟州　州名，治所在今山東茌平西南。㉖武水　縣名，屬博州，縣治在今山東聊城西南。㉗魏州　州名，治所在今河北大名東北，武水之西。㉘莘　縣名，屬魏州，與武水接壤，縣治在今山東莘縣。㉙堂邑　縣名，屬博州，縣治在今山東聊城西北。㉚博州　治所在今山東聊城東北。㉛戊申　八月二十三日。㉜為守門者所殺　兩《唐書・丘神勣傳》云，為勳官吳希智、白丁孟青棒所殺。㉝豫州　治所汝陽，在今河南汝南縣。㉞上蔡　縣名，在汝陽西北，縣治即今河南上蔡。㉟丙辰　九月初一日。㊱麴崇裕　高昌王後裔。官至左武衛大將軍，封交河郡王。事見《舊唐書》卷一百九十八、《新唐書》卷二百二十一上〈高昌傳〉。㊲節度　節制調度。㊳屬籍　宗屬名籍。㊴虺　毒蛇；毒蟲。㊵新蔡　縣名，縣治在今河南新蔡。㊶琅邪已破魏相數州　琅邪王沖已攻克魏、相等數州之地。㊷朝夕　本指早晚。此處言時間之短。㊸汝南縣　在豫州之西。㊹辟兵符　能夠避免兵器傷害的符籙，相當於後世的護身符。辟，通「避」。㊺貞規守德及其妻皆自殺　時在九月丙寅，即九月十一日。越王貞起兵，凡二十日而敗。㊻趙瓌　事散見《舊唐書》卷七十六〈太宗諸子・越王貞傳〉、《新唐書》卷七十六〈后妃上・中宗和思順聖皇后趙氏傳〉等篇。㊼常樂長公主　唐高祖第十九女。傳見《新唐書》卷八十三。㊽隋文帝　即楊堅（西元五四一—六〇四年），弘農華陰（今陝西華陰）人，隋朝的建立者，西元五八一—六〇四年在位。傳見《隋書》卷一、《北史》卷十一。㊾尉遲迥　（？—西元五八〇年）官至相州總管。曾與益州總管王謙、鄖州總管司馬消難起兵反抗楊堅篡周。傳見《周書》卷二十一、《北史》卷六十二。㊿為心　為意。(51)危若朝露　朝露見日即晞，比喻極端危險。(52)何須　何待。(53)徒死　空死；白白地死去。(54)蘇珦　（西元六三五—七一五年）雍州藍田（今陝西藍田）人，官至太子賓客。傳見《舊唐書》卷一百、《新唐書》卷一百二十八。(55)大雅之士　宏達雅正之士。(56)更使　改派。

【校　記】 ①江南道　據章鈺校，十二行本、乙十一行本皆作「河南道」。②及　原無此字。據章鈺校，十二行本、乙十一行本、孔天胤本皆有此字，今據補。③類　原無此字。據章鈺校，十二行本、乙十一行本、孔天胤本皆有此字，張敦仁《通鑑刊本識誤》同，今據補。④令各　據章鈺校，十二行本、乙十一行本、孔天胤本二字皆互乙。⑤揮刃　原無此二字。據章鈺校，十二行本、乙十一行本、孔天胤本皆有此字，今據改。按，張敦仁《通鑑刊本識誤》作「揮刀」、《舊唐書・酷吏・丘神勣傳》作「揮刃」。⑥貞　原無此字。據章鈺校，十二行本、乙十一行本皆有此字，張敦仁《通鑑刊本識誤》同，今據補。按，《新唐書・則天皇后紀》亦言削李貞屬籍。⑦文帝　張敦仁《通鑑刊本識誤》作「楊氏」。

【語譯】六月初一日丁亥，發生日蝕。○十六日壬寅，製作了神皇的三尊印璽。

東陽大長公主被削奪封邑，和兩個兒子一起遷徙到巫州。東陽大長公主嫁給高履行，太后認為高氏是長孫無忌舅父的同族，所以厭惡他們。

江南道巡撫大使、冬官侍郎狄仁傑認為吳、楚兩地有很多濫建的祠廟，奏報太后燒毀一千七百多處，只留下夏禹、吳太伯、季札、伍員等四人祠廟。

秋，七月初一日丁巳，大赦天下。把「寶圖」改名為「天授聖圖」；把洛水改名為永昌洛水，封洛水之神為顯聖侯，加封特進，禁止打魚垂釣，按照祭祀四瀆的規格來祭祀洛水。把寶圖所出地命名為「聖圖泉」，在泉的旁邊設置永昌縣。又把嵩山改稱神嶽，封其神為天中王，拜為太師、使持節、神嶽大都督，禁止割草放牧。又因為以前在汜水得到瑞石，所以把汜水縣改名為廣武。

太后暗中計劃取代唐朝，逐漸除去皇族宗室。絳州刺史韓王李元嘉、青州刺史霍王李元軌、邢州刺史魯王李靈夔、豫州刺史越王李貞以及李元嘉的兒子通州刺史黃公李譔、李元軌的兒子金州刺史江都王李緒、虢王李鳳的兒子申州刺史東莞公李融、李靈夔的兒子范陽王李藹、李貞的兒子博州刺史琅邪王李沖，在宗室中都因才學德行享有好名聲，太后格外忌恨他們。李元嘉等人自己心感不安，暗中有挽救恢復大唐天下的志向。

李譔虛假地寫信給李貞說：「妻子病情越來越重，應當趕緊治療，如果到了今年冬天，恐怕會變成頑疾。」等到太后召來宗室朝見明堂，諸王乘機相互警告說：「神皇要在舉行大饗祭禮時，派人告密，把宗室全部逮捕，一個不留地殺掉。」李譔假造皇帝給李沖的璽書說：「朕遭受幽禁，諸王應該各自發兵救我。」李沖也假造皇帝的璽書說：「神皇打算把李氏的天下轉交給武氏。」八月十七日壬寅，李沖叫來長史蕭德琮等人，命令他們招募士兵，分頭通知韓、霍、魯、越各王及貝州刺史紀王李慎，讓他們各自起兵，一同開往神都。太后聽到消息後，任命左金吾將軍丘神勣為清平道行軍大總管，討伐他們。

李沖招募到五千多士兵，打算渡過黃河奪取濟州，首先攻打武水，武水縣令郭務悌前往魏州求救。莘縣縣令馬玄素率領士兵一千七百人在半路截擊李沖，擔心兵力抵擋不住，便進入武水，閉門防守。李沖推草車堵塞南面城門，利用風勢縱火焚燒，想乘著大火衝進城去。不料火起後風向逆轉，李沖的軍隊不能前進，因此士氣低落。堂邑人董玄寂為李沖率兵攻打武水，對人說：「琅邪王和朝廷作戰，這就是反叛啊。」李沖聽說後，就把董玄寂斬首示眾，士兵們害怕，逃散了，進入草澤，無法阻止，在身邊只有家僮和左右侍衛幾十個人。李沖退往博州，八月二十三日戊申，到了城門，被守城門的人殺死，起兵總共七天就失敗了。丘神勣到達博州，官吏穿著喪服出城迎接，丘神勣亂刀把他們全部殺掉，總共一千多戶家破人亡。

越王李貞聽說李沖起兵，也在豫州起兵，派兵攻陷上蔡。九月初一日丙辰，朝廷任命左豹韜大將軍麴崇裕為中軍大總管，岑長倩為後軍大總管，率兵十萬討伐越王李貞，又命令張光輔為各軍節度。削除李貞、李沖宗屬的名籍，改姓為虺氏。李貞聽說李沖失敗，本想要綁上自己前往朝廷請罪，恰好所轄的新蔡縣縣令傅延慶招募了勇士二千多人，李貞便向大家宣告說：「琅邪王李沖已經攻破了魏、相幾個州，擁兵二十萬，早晚就要到了。」又徵調所屬各縣士兵五千人，分為五營，派汝南縣丞裴守德等人率領，委任九品以上官員五百多人。所委任的官員都受到脅迫，沒有鬥志，只有裴守德與李貞一起謀劃，李貞把女兒嫁給裴守德，任命他為大將軍，把他當成心腹。李貞派道士、和尚念經，祈求事情能夠成功，身邊的人和士兵都帶著避兵符。麴崇裕等人的軍隊到達豫州城東四十里，李貞派小兒子李規和裴守德迎戰，兵敗逃回，李貞大為恐懼，閉門自守。麴崇裕等人攻到了城下，身邊的人對李貞說：「您怎麼可以坐等被殺受辱！」李貞、李規、裴守德以及裴守德的妻子都自殺了，他們和李沖都在東都宮門前斬首示眾。

當初，范陽王李藹派遣使者告訴李貞和李沖說：「如果四方諸王同時起事，事情沒有不成功的。」諸王來往互相聯絡，事情還沒決定下來，李沖就率先起事，只有李貞一人匆忙響應，其他諸王都不敢行動，所以失敗了。

李貞即將起兵時，派遣使者通知了壽州刺史趙瓌，趙瓌的妻子常樂長公主對使者說：「替我告訴越王：過去隋文帝要篡奪北周帝位時，尉遲迥是北周皇帝的外甥，還能夠起兵匡救國家社稷，雖然沒有成功，但威震海內，足為忠烈之士。何況你們諸王，都是先帝的兒子，怎麼可以不關心國家社稷！現在李氏王朝就像早上的露水一樣危險，你們諸王不能捨生取義，還在猶豫不動，想等什麼呢！馬上就大禍臨頭了，大丈夫應該做忠義之鬼，不要白白地死去。」

等到李貞兵敗，太后準備把韓、魯諸王全都殺掉，命令監察御史藍田人蘇珦調查他們密謀的情況。蘇珦加以訊問，都沒有明顯證據。有人舉報蘇珦和韓、魯諸王通謀，太后召見蘇珦責問他，蘇珦據理抗爭不改變看法。太后說：「你是高雅之士，朕會另有任用，這件案子不必用你了。」便命令蘇珦到河西監軍，改派周興等人審理，於是拘捕韓王李元嘉、魯王李靈夔、黃公李譔、常樂公主，囚禁在東都，逼迫他們全部自殺，把他們的姓氏改為「虺」，親戚黨羽全部處死。

以文昌左丞❶狄仁傑為豫州刺史。時治越王貞黨與，當坐者六七百家，籍沒❷者五千口，司刑❸趣❹使行刑。仁傑密奏：「彼皆詿誤❺，臣欲顯奏，似為逆人申理，知而不言，恐乖陛下仁恤之旨。」太后特原之，皆流豐州。道過寧州，寧州父老迎勞之曰：「我狄使君活汝邪？」❻相攜哭於德政碑❼下，設齋三日而後行。

時張光輔尚在豫州，將士恃功，多所求取❽，仁傑不之應❾。光輔怒曰：「州將⑩輕元帥邪？」仁傑曰：「亂河南⑪者一越王貞耳，今一貞死，萬貞生！」光輔詰其語⑫，仁傑曰：「明公總兵三十萬，所誅者止於越王貞。城中聞官軍至，踰城出降者四面成蹊⑬，明公縱將士暴掠，殺已降以為功，流血丹野⑭，非萬貞而何！恨不得尚方斬馬劍⑮，加於明公之頭，雖死如歸⑯耳！」光輔不能詰，歸，奏仁傑不遜，左遷復州刺史⑰。

丁卯⑱，左肅政大夫騫味道、夏官侍郎王本立並同平章事。

太后之召宗室朝明堂也，東莞公融⑲密遣使問成均助教高子貢，子貢曰：「來必死。」融乃稱疾不赴。越王貞起兵，遣使約融，融蒼猝不能應，為官屬所逼，執使者以聞，擢拜右贊善大夫⑳。未幾，為支黨所引，冬，十月己亥㉑，戮於市，籍沒其家。高子貢亦坐誅。

濟州刺史薛顗、顗弟緒、緒弟駙馬都尉紹，皆與琅邪王沖通謀。顗聞沖起兵，作兵器，募人。沖敗，殺錄事參軍㉒高纂以滅口。十一月辛酉㉓，顗、緒伏誅，紹以太平公主故㉔，杖一百，餓死於獄。

十二月乙酉㉕，司徒、青州刺史霍王元軌坐與越王連謀，廢徙黔州㉖，載以檻車㉗，行至陳倉㉘而死。江都王緒、殿中監郕公裴承先皆戮於市。承先，寂之孫也㉙。○命裴居道留守西京。

左肅政大夫、同平章事騫味道素不禮於殿中侍御史周矩㉚，屢言其不能了事㉛。會有羅告味道者，敕矩按之。矩謂味道曰：「公常責矩不了事，今日為公了之。」乙亥㉜，味道及其子辭玉皆伏誅㉝。

【章旨】以上為第五段，寫酷吏治獄，誅殺無限擴大，豫州刺史狄仁傑護佑無辜，存活者五千餘口。

【注釋】❶文昌左丞　官名，光宅元年改尚書左丞為文昌左丞。❷籍沒　登記並抄沒全部人口財產。❸司刑　即大理寺。則天光宅年間改大理寺為司刑。❹趣　敦促。❺詿誤　亦作「掛誤」、「縫誤」，指受到牽連。❻寧州父老迎勞之曰二句　狄仁傑垂拱年間（西元六八五—六八八年）曾任寧州刺史。《舊唐書》卷八十九〈狄仁傑傳〉載：「（仁傑）俄轉寧州刺史，撫和戎夏，人得歡心，郡人勒碑頌德。」使君，本是漢代對州刺史的稱呼，後世用作對州郡長官的尊稱。❼德政碑　頌揚官吏政績的碑刻。此處指寧州父老為狄仁傑所立的德政碑。❽求取　索要財物。❾不之應　即不應之，不予理睬。❿州將　本是漢代對州刺史的稱呼，後代或因之。此處指狄仁傑。⓫河南　胡三省注：「當作汝南。」⓬詰其語　追問他這話是什麼意思。⓭四面成蹊　言出城降者極多，把城外四周踩踏成條條道路。蹊，徑。⓮流血丹野　血跡把原野都染紅了。喻死人之多。⓯尚方斬馬劍　尚方原係漢代少府官屬，掌作御刀劍及玩物。尚方斬馬劍又稱尚方劍、尚方寶劍，指皇帝所用之劍。⓰雖死如歸　即使死了，也如同回到家裡一樣，沒有什麼遺憾。⓱左遷復州刺史　復州，治所在今湖北天門西北。狄仁傑先任豫州刺史，從三品，現任復州刺史，正四品下，故稱「左遷」。⓲丁卯　九月十二日。⓳東莞公融　（？—西元六八八年）虢王李鳳之子。《新唐書》卷七十九〈高祖諸子傳〉作「茂融」。官至申州刺史。⓴右贊善大夫　官名，掌翼贊太子，以規諷諫，正五品上。㉑己亥　十月十四日。㉒錄事參軍　官名，掌勾攏省署抄目，監符印。㉓辛酉　十一月六日。㉔紹以太平公主故　薛紹因是太平公主的丈夫的緣故。㉕乙酉　十二月一日。㉖廢徙黔州　廢為庶人，徙往黔州。黔州治所彭水，在今重慶市彭水苗族土家族自治縣。㉗檻車　亦作「轞車」，裝載猛獸或囚犯的車子。㉘陳倉　縣名，地當關中與漢中之間的交通要衝，縣治在今陝西實雞東。㉙承先二句　裴承先是唐朝開國功臣裴寂的孫子。按，「承先」之名，《舊唐書》卷六十四〈霍王元軌傳〉、《新唐書》卷四〈則天紀〉及卷七十一上〈宰相世系表〉作「承光」。岑仲勉認為光、先字形相近，其中當有一訛。依唐人家諱及命子方法，當以承光為是。詳見《唐史餘瀋》卷一。㉚周矩　事跡散見於《舊唐書》卷一百八十三、《新唐書》卷五十六、七十六、二百九等。㉛了事　猶辦事，解決問題。㉜乙亥　十二月乙酉朔，無乙亥。《新唐書》卷四〈則天紀〉、卷六十一〈宰相表〉均作「己亥」。即十二月十五日。㉝味道及其子辭玉皆伏誅　《考異》引《御史臺記》作「味道陷周興獄」，《通鑑》未予採用。

【語　譯】任命文昌左丞狄仁傑為豫州刺史。當時查辦越王李貞的同黨，應該獲罪的有六七百家，被籍沒官府為奴的有五千人，司刑寺催促行刑。狄仁傑祕密上奏說：「那些人都是受牽連的，臣想公開上奏，似乎是在為叛逆者申辯，但知而不言，又擔心違背了陛下仁慈憐憫的旨意。」太后特例原宥了這些人，全部流放到豐州。這些人途經寧州時，寧州父老兄弟迎接慰勞他們說：「是我們的狄使君救下你們的吧？」大家相互攙扶著在狄仁傑的德政碑前痛哭，齋戒三日後上路。

當時張光輔還在豫州，將士依仗有功，多方勒索，狄仁傑不予理睬。張光輔生氣地說：「你刺史輕視我這個元帥嗎？」狄仁傑說：「在河南作亂的不過是越王李貞一人罷了，現在一個李貞死了，卻一萬個李貞出現了！」張光輔責問這話是什麼意思，狄仁傑說：「您統領軍隊三十萬，所殺的僅僅是越王李貞。城裡百姓聽說官軍到了，翻越城牆出來投降的人把城外四面都踏出了小路，您卻放縱將士暴加掠奪，殺死已投降的人用以報功，血流染紅了荒野，這些人不是一萬個李貞又是什麼！我恨不得拿到尚方斬馬劍，加在您的脖子上，我雖死如歸！」張光輔無法再責問，回朝後，上奏說狄仁傑傲慢不遜，把狄仁傑降職為復州刺史。

九月十二日丁卯，左肅政大夫騫味道、夏官侍郎王本立都任命為同平章事。

太后召宗室朝拜明堂時，東莞公李融暗中派人詢問成均助教高子貢，子貢說：「前來必死。」李融就說有病沒有去。越王李貞起兵，派遣使者聯絡李融，李融匆忙間不能回答，被部下官屬所逼迫，逮捕了李貞的使者，把情況上報，朝廷擢升李融為右贊善大夫。不久，李融被親黨所牽連，冬，十月十四日己亥，處死於街市，家產被抄沒。高子貢也獲罪被殺。

濟州刺史薛顗、薛顗的弟弟薛緒、薛緒的弟弟駙馬都尉薛紹，都和琅邪王李沖串通謀反。薛顗聽說李沖起兵，就製造兵器，招募人員。李沖失敗後，薛顗殺了錄事參軍高纂來滅口。十一月初六日辛酉，薛顗、薛緒伏罪被殺，薛紹因為是太平公主丈夫的緣故，杖打一百下，餓死在監獄裡。

十二月初一日乙酉，司徒、青州刺史霍王李元軌因犯與越王串連謀反之罪，被廢為庶人，流放黔州，用檻車押送，走到陳倉就死了。江都王李緒、殿中監郕公裴承先都被處死在街市上。裴承先，是裴寂的孫子。

○命令裴居道留守西京。

左肅政大夫、同平章事騫味道一向不尊重殿中侍御史周矩，一再說他不能解決問題，正好有人羅織罪名控告騫味道，太后下敕書令周矩查辦。周矩對騫味道說：「你常責備我周矩不能解決問題，今天就為你解決問題。」乙亥日，騫味道和他的兒子騫辭玉一起伏罪被殺。

己酉❶，太后拜洛受圖❷，皇帝、皇太子皆從，內外文武百官、蠻夷酋長[1]各依方敘立❸，珍禽、奇獸、雜寶列於壇❹前，文物鹵簿❺之盛，唐興以來未之有❻也。

辛亥❼，明堂成❽，高二百九十四尺，方三百尺❾。凡三層：下層法四時，各隨方色❿；中層法十二辰⓫，上為圓蓋，九龍捧之。上層法二十四氣⓬，亦為圓蓋[2]，上施鐵鳳，高一丈，飾以黃金。中有巨木十圍，上下通貫，栭櫨樘棍⓭藉以為本⓮。下施鐵渠⓯，為辟雍⓰之象。號曰萬象神宮。宴賜羣臣，赦天下，縱民入觀⓱。改河南為合宮縣。又於明堂北起天堂五級以貯大像；至三級，則俯視明堂矣⑱。僧懷義以功拜左威衛大將軍、梁國公⑲。

侍御史王求禮⑳上書曰：「古之明堂，茅茨不翦，采椽不斲㉑。今者飾以珠玉，塗[3]以丹青，鐵鷟入雲，金龍隱霧，昔殷辛瓊臺㉒，夏癸瑤室㉓，無以加㉔也。」太后不報。

【章旨】以上為第六段，寫明堂建成，武則天男寵薛懷義因監造之勞，受封梁國公。

【注釋】❶己酉　十二月二十五日。❷拜洛受圖　朝拜洛水，接受「寶圖」，即唐同泰所獻瑞石。❸各依方敘立　各按指定的方位順序而立。❹壇　即拜洛壇，在神都洛陽聖圖泉北，承福坊南。專為拜洛受圖而築。❺鹵簿　帝王出行時扈從的儀仗隊。封演《封氏聞見記》：「輿駕行幸，羽儀導從謂之鹵簿。」唐代四品以上亦給鹵簿，規模編制各不相同。❻未之有　即未有之。❼辛亥　十二月二十七日。❽明堂成　關於明堂建成的時間，史書記載不同。《舊唐書》卷六〈則天紀〉作垂拱四年十二月，卷二十二〈禮儀志二〉作四年正月五日。據《唐大詔令集》卷七十三等推測，當以《通鑑》所載十二月二十七日為是。❾高二百九十四尺二句　明堂的大小，各書都說是高二百九十四尺，方三百尺。唐尺有大小二種：大尺合今三十一公分，小尺合二十五公分。土木工程用大尺，據此，可知明堂高九一．一四公尺，地面東西南北各長九十三公尺。❿下層法四時二句　四時，即四季，指春、夏、秋、冬。方色，東方青色，南方紅色，西方白色，北方黑色。⓫十二辰　指自子至亥十二時。古人分一晝夜為十二時，而以干支中的地支表示，每個時辰等於現代的兩小時。這種記時法起於漢代。參見趙翼《陔餘叢考》卷三十四。⓬二十四氣　即二十四節氣。⓭栭櫨橕㮰　房頂上的斗拱結構。栭、橕，斜柱。櫨、㮰，柱上架構。⓮藉以為本　借巨木的支撐點。⓯鐵渠　用鐵鑄渠以通水。⓰辟雍　本為周代為貴族子弟所設學校，四周環水。其後多用以象徵教化。⓱縱民入觀　即開放明堂，讓老百姓隨便參觀。《舊唐書》卷二十二：「自明堂成後，縱東都婦人及諸州父老入觀，兼賜酒食，久之乃止。」⓲至三級二句　《舊唐書．薛懷義傳》說天堂「廣袤亞於明堂」。司馬光採小說及《通典》。但就當時情況分析，〈薛懷義傳〉所言較合情理。⑲僧懷義以功拜左威衛大將軍梁國公　《考異》引《實錄》云：「懷義監造明堂，以功擢授左武衛大將軍，固辭不拜。」司馬光係據《舊唐書》。⑳王求禮　許州長社（今河南長葛）人，武后時為左拾遺、監察御史，終衛王府參軍。為人剛正，仕途齟齬。傳見《舊唐書》卷一百一、卷一百八十七上、《新唐書》卷一百十二。㉑茅茨不翦二句　所用的茅茨不加修剪，採用的木椽不加砍削。㉒殷辛瓊臺　殷紂王所造瓊臺。紂王名辛。㉓夏癸瑤室　夏桀所造瑤室。桀王名履癸。㉔加　過。

【校　記】[1]酋長　原無此二字。據章鈺校，十二行本、乙十一行本皆有此二字，張敦仁《通鑑刊本識誤》同，今據補。[2]上層法二十四氣亦為圓蓋　原無此十一字。據章鈺校，十二行本、乙十一行本、孔天胤本皆有此十一字，今據補。按，前已述下層、中層之狀，不應捨上層不述，且《舊唐書‧禮儀志》、《唐會要》卷十一〈明堂〉皆述上層狀貌，如章校。[3]塗　據章鈺校，十二行本、乙十一行本、孔天胤本皆作「圖」。

【語　譯】十二月二十五日己酉，太后禮拜洛水接受「聖圖」，睿宗、皇太子都跟隨著，朝廷內外文武百官、蠻夷首領，各自按照方位依次站立，珍禽、奇獸、各種珍寶排列在祭壇前，華麗寶物和車馬儀仗之盛，是自唐開國以來從未有過的。

十二月二十七日辛亥，明堂修建完畢，高二百九十四尺，四周每邊三百尺。共有三層：下層效法四季，各自隨著四方的顏色；中層效法十二時辰，上層為圓蓋，由九條龍捧起。上層效法二十四節氣，也是圓蓋，裝有鐵製的鳳鳥，高一丈，外飾黃金。中間有十圍粗的巨大木頭，上下貫通，栭、櫨、橕、欂都以它作為支撐點。下面設有鐵製的水渠，做成辟雍的樣子，稱為萬象神宮。太后設宴款待群臣，大赦天下，准許百姓進入觀看。把河南縣改為合宮縣。又在明堂北面建造五層天堂擺放大幅佛像；到第三層，就可以俯視明堂了。僧人薛懷義因為修建明堂有功拜為左威衛大將軍、梁國公。

侍御史王求禮上書說：「古時的明堂，所用的茅草不加修剪，採用的木椽不加砍削。現在使用珠寶玉石裝飾，塗上各種顏色，鐵製的鳳凰高聳入雲，金製的龍隱現霧中，過去商紂的瓊臺，夏桀的瑤室，都超不過它。」太后不予理睬。

太后欲發梁、鳳、巴蜑❶，自雅州❷開山通道，出擊生羌，因襲吐蕃。正字陳子昂上書，以為「雅州邊羌，自國初以來未嘗為盜。今一旦無罪戮之，其怨必甚，且懼誅滅，必蜂起為盜。西山❸盜起，則蜀之邊邑不得不連兵備守，兵久不解，臣愚以為西蜀之禍，自此結矣。臣聞吐蕃愛蜀富饒，欲盜之久矣，徒以山川阻絕，障隘不通，勢不能動。今國家乃亂邊羌，開隘道，使其收奔亡之種，為鄉導以攻邊，是借寇兵為賊除道，舉全蜀以遺❹之也。蜀者國家之寶庫，可以兼濟中國❺。今執事者乃圖僥幸之利以事西羌，得其地不足以稼穡，財不足以富國，徒為糜費，無益聖德，況其成敗未可知哉！夫蜀之所恃者險也，人之所以安者無役也。今國家乃開其險，役其人，險開則便寇，人役則傷財，臣恐未見羌戎，已有姦盜在其中矣。且蜀人尫劣❻，不習兵戰，山川阻曠，去中夏❼遠，今無故生西羌、吐蕃之患，臣見其不及百年，蜀為戎矣。國家近廢安北，拔單于，棄龜茲，放疏勒❽，天下翕然謂之盛德者，蓋以陛下務在養人，不在廣地也。今山東饑，關、隴弊，而徇❾貪夫之議，謀動甲兵，興大役，自古國亡家敗，未嘗不由黷兵❿，願陛下熟計之。」既而役不果興⓫。

【章　旨】以上為第七段，寫武則天停開西川山道，不失為英明。陳子昂建言免西川用兵，不失為忠臣。

【注　釋】❶巴蜑　西南少數民族之一，生活在巴州一帶山區。❷雅州　治所在今四川雅安西。貞觀五年（西元六三一年），唐太宗置西雅州管理生羌，貞觀八年去西字。❸西山　地名，在成都西。松、茂二州都督府所統諸州，即今四川松潘、茂縣一帶，為羌人聚居地。西山盜起，指這一帶羌人發生動亂。❹遺　贈；送。❺中國　指中原地區。❻尫劣　瘦小陋劣。❼中夏　猶中原。❽廢安北四句　安北，指安北都護府，治所初在大同鎮（在今內蒙古額爾濟納旗），垂拱元年（西元六八五年）移治西安城（在今甘肅民樂）。胡三省注：「廢安北，拔單于，因突厥畔援也。棄龜茲，放疏勒，以吐蕃侵逼也。」❾徇　順從。❿黷兵　窮兵黷武。⓫役不果興　開山道，擊生羌、襲吐蕃之役最後沒有興起。

【語　譯】太后打算徵發梁州、鳳州、巴州蜑人，從雅州開山通道，出兵攻打生羌，乘機襲擊吐蕃。正字陳子昂上書朝廷，認為「雅州邊地的羌人，從建國初期以來，從未作過盜賊。現在一旦無罪去殺戮他們，他們一定極為怨恨，而且他們害怕被消滅，必定會群起為盜。西山盜賊一起，那麼蜀地邊境縣邑不得不軍隊聯合防禦，戰爭長期不能消除，臣認為西蜀的禍亂，從此形成了。臣聽說吐蕃喜歡蜀地的富饒，很久就想竊取它，只因山川阻絕，阻塞不通，形勢使它不能有所舉動。現在朝廷擾亂邊地的羌人，開通隘道，讓吐蕃收留逃亡的羌人，做嚮導攻擊邊境，這是借給敵人士卒替敵人開路，把整個蜀地都送給吐蕃。蜀地是國家的寶庫，可以接濟中原。現在當政者居然貪圖僥倖的利益，要對西羌進行討伐，得到了土地不能種莊稼，得到了財物也不足以使國家富裕，白白損耗國力，無益於天子聖德，何況成敗還無法知道呢！蜀地所依賴的是險阻，百姓所以能夠安定在於沒有勞役。現今朝廷要打通當地的險阻，役使當地的百姓，險阻一開就方便了敵人，百姓受役使就會耗費財物，臣擔心還沒看到羌戎，已有奸人盜賊為亂蜀中了。而且蜀人瘦小陋劣，不習戰事，山川阻絕，距離中原遙遠，如今無故挑起西羌、吐蕃的禍患，臣看不到一百年，蜀地就變成戎人的地方了。朝廷最近放棄了安北、單于、龜茲、疏勒，天下人一致稱之為美德，是因為陛下致力於休養百姓，不注重擴大土地。如今山東發生饑荒，關、隴等地荒廢，卻聽從貪心人的提議，計劃要挑起戰爭，大規模興發徭役，自古家破國亡，沒有不是因為窮兵黷武的，希望陛下深思熟慮。」其後徵役的事沒有進行。

永昌元年（己丑　西元六八九年）

春，正月乙卯朔❶，大饗萬象神宮，太后服袞冕❷，搢大圭❸，執鎮圭❹為初獻，皇帝為亞獻，太子為終獻。先詣昊天上帝座，次高祖、太宗、高宗，次魏國先王❺，次五方帝座。太后御則天門，赦天下，改元❻。丁巳❼，太后御明堂，受朝賀。戊午❽，布政于明堂，頒九條以訓百官。己未❾，御明堂，饗羣臣。

二月丁酉❿，尊魏忠孝王曰周忠孝太皇⓫，妣曰忠孝太后，文水陵曰章德陵，咸陽陵⓬曰明義陵。置崇先府官。戊戌⓭，尊魯公曰太原靖王，北平王曰趙肅恭王，金城王曰魏義康王，太原王曰周安成王。

三月甲子⓮，張光輔守納言。○壬申⓯，太后問正字陳子昂當今為政之要。子昂退，上疏，以為「宜緩刑崇德，息兵革，省賦役，撫慰宗室，各使自安。」辭婉意切，其論甚美，凡三千言。○癸酉⓰，以天官尚書武承嗣為納言，張光輔守內史。

夏，四月甲辰⓱，殺辰州別駕汝南王煒、連州別駕鄱陽公諲等宗室十二人⓲，徙其家於巂州。煒，惲之子；諲，元慶之子也。○己酉⓳，殺天官侍郎藍田鄧玄挺⓴。玄挺女為諲妻，又與煒善。諲謀迎中宗於廬陵，以問玄挺；煒又嘗謂玄挺曰：「欲為急計，何如？」玄挺皆不應㉑。故坐知反不告，同誅。

五月丙辰㉒，命文昌右相韋待價為安息道行軍大總管，擊吐蕃。◯浪穹州蠻㉓酋傍時昔等二十五部，先附吐蕃，至是來降；以傍時昔為浪穹州刺史，令統其眾。◯己巳㉔，以僧懷義為新平軍大總管㉕，北討突厥。行至紫河㉖，不見虜，於單于臺㉗刻石紀功而還。

諸王之起兵也，貝州刺史紀王慎㉘獨不預謀，亦坐繫獄。秋，七月丁巳㉙，檻車徙巴州，更姓虺氏，行及蒲州㉚而卒。八男徐州刺史東平王續等，相繼被誅㉛。家徙嶺南。◯女東光縣主楚媛㉜，幼以孝謹稱㉝，適司議郎㉞裴仲將，相敬如賓；姑有疾，親嘗藥膳；接遇娣姒㉟，皆得歡心。時宗室諸女皆以驕奢相尚，誚㊱楚媛獨儉素，曰：「所貴於富貴者，得適志也，今獨守勤苦，將以何求？」楚媛曰：「幼而好禮，今而行之，非適志歟！觀自古女子，皆以恭儉為美，縱侈為惡。辱親是懼，何所求乎！富貴儻來之物㊲，何足驕人！」眾皆慚服。及慎凶問㊳至，楚媛號慟，嘔血數升。免喪，不御膏沐㊴者垂二十年。

韋待價軍至寅識迦河㊵，與吐蕃戰，大敗。會大雪，糧運不繼[1]，待價既㊶無將領之才，狼狽失據，士卒凍餒㊷，死亡甚眾，乃引軍還。太后大怒，丙子㊸，待價除名，流繡州[44]，斬副大總管安西大都護閻溫古[45]。安西副都護唐休璟收其餘眾，撫安西土，太后以休璟為西州都督。◯戊寅[46]，以王本立同鳳閣鸞臺三品。

徐敬業之敗[47]也，弟敬真流繡州，逃歸，將奔突厥。過洛陽，洛州司馬弓嗣業[48]、洛陽令張嗣明[49]資遣之。至定州，為吏所獲，嗣業縊死。嗣明、敬真多引海內知識[50]，云有異圖[51]，冀以免死[52]；於是朝野之士為所連引坐死者甚眾。嗣明誣內史張光輔，云「征豫州日，私論圖讖[53]、天文[54]，陰懷兩端。」八月甲申[55]，光輔與敬真、嗣明等同誅，籍沒其家。

乙未[56]，秋官尚書太原張楚金、陝州刺史郭正一、鳳閣侍郎元萬頃、洛陽令魏元忠，並免死流嶺南[57]。楚金等皆為敬真所引，云與敬業通謀。臨刑，太后使鳳閣舍人王隱客馳騎傳聲赦之[58]。聲達於市，當刑者皆喜躍讙呼，宛轉不已，元忠獨安坐自如，或使之起，元忠曰：「虛實未知。」隱客至，又使起，元忠曰：「俟宣敕已。」既宣敕，乃徐起，舞蹈再拜，竟無憂喜之色。是日，陰雲四塞，既釋楚金等，天氣晴霽[59]。

九月壬子[60]，以僧懷義為新平道行軍大總管，將兵二十萬討突厥骨篤祿。

初，高宗之世，周興以河陽[61]令召見，上欲加擢用，或奏以為非清流[62]，罷之。興不知，數於朝堂俟命[63]。諸相皆無言，地官尚書、檢校納言魏玄同時同平章事，謂之曰：「周明府[64]可去矣。」興以為玄同沮己[65]，銜之。玄同素與裴炎善，時人以其終始不渝，謂之「耐久朋」。周興奏誣玄同言：「太后老矣，不若奉嗣君為耐久。」太后怒，閏月甲午[66]，賜死于家。監刑御史房濟謂玄同曰：「丈人[67]何不告密，冀得召見，可以自直[68]！」玄同歎曰：「人殺、鬼殺，亦復何殊，豈能作告密人邪！」乃就死。又殺夏官侍郎崔詧於隱處[69]。自餘內外大臣坐死及流貶者甚眾。

彭州[70]長史劉易從[71]亦為徐敬真所引；戊申[72]，就州誅之。易從為人，仁孝忠謹，將刑於市，吏民憐其無辜，遠近奔赴，競解衣投地曰：「為長史求冥福[73]。」有司平準[74]，直[75]十餘萬。

周興等誣右武衛大將軍燕公黑齒常之謀反，徵下獄。冬，十月戊午[76]，常之縊死。○己未[77]，殺宗室鄂州刺史嗣鄭王璥[78]等六人。庚申[79]，嗣滕王脩琦等六人免死，流嶺南[80]。○丁卯[81]，春官尚書范履冰[82]、鳳閣侍郎邢文偉並同平章事。○己卯[83]，詔太穆神皇后、文德聖皇后宜配皇地祇，忠孝太后[84]從配。

右衛冑曹參軍[85]陳子昂上疏，以為「周頌成、康[86]，漢稱文、景[87]，皆以能措刑[88]故也。今陛下之政，雖盡善矣，然太平之朝，上下樂化，不宜有亂臣賊子，日犯天誅[89]。比者[90]大獄增多，逆徒滋廣[91]，愚臣頑昧[92]，初謂皆實，乃去月十五日，陛下特察繫囚李珍等無罪，百僚慶悅，皆賀聖明，臣乃知亦有無罪之人挂於疏網者。陛下務在寬典[93]，獄官務在急刑，以傷陛下之仁，以誣太平之政，臣竊恨之。又，九月二十一日[94]敕免楚金等死，初有風雨，變為景雲[95]，臣聞陰慘者刑也，陽舒者德也，聖人法天，天亦助聖，天意如此，陛下豈可不承順之哉！今又陰雨，臣恐過在獄官。凡繫獄之囚，多在極法[96]，道路之議，或是或非，陛下何不悉召見之，自詰其罪！罪有實者顯示明刑，濫者嚴懲獄吏，使天下咸服，人知政刑[97]，豈非至德克明哉！」

【章旨】以上為第八段，寫武則天以窮治徐敬業黨羽之名，屢興大獄，大殺唐宗室以及清廉之臣。永昌元年（西元六八九年）不昌而黯，是武則天執政時代最黑暗時期開始的一年。

【注釋】❶乙卯　正月初一日。❷服袞冕　穿著禮服。袞，指袞衣。冕，指冠冕。唐制，天子衣服有十二等，袞冕是其中一種。諸祭祀、遣上將、征還、飲至、踐阼、加元服、納后、元日受朝則服袞冕。❸搢大圭　紳帶間插著大圭。大圭，插在衣帶間作記事用的佩玉。❹執鎮圭　拿著鎮圭。鎮圭，是一種吉祥物，帝王執鎮圭是安定四方的意思。❺魏國先王　指武士彠。❻改元　改元為永昌元年。❼丁巳　正月初三日。❽戊午　正月初四日。❾己未　正月初五日。❿丁酉　二月十四日。⓫尊魏忠孝王曰周忠孝太皇　魏忠孝王即武士彠。光宅元年九月，尊武士彠為太師、魏王，十月，追謚忠孝。高宗永徽中，贈武士彠并州都督、司徒、周國公，此又加尊號為周忠孝太皇。⑫咸陽陵　胡三省注：「士彠及其妻葬咸陽。」這種說法是錯誤的。據《全唐文》卷二百四十九〈攀龍臺碑〉，武士彠死後葬於山西文水。其墓永昌元年（西元六八九年）被尊為章德陵，天授元年（西元六九〇年）改稱昊陵，聖曆二年（西元六九九年）又改為攀龍臺。墓前有「大周無上孝明高皇帝碑」，即所謂「攀龍臺碑」。這一點後世志書中也有明確的記載。如《太平寰宇記》卷四十〈河東道・并州文水〉條載：「大（太）原王墓在縣西北十五里，即唐則天氏（父）武士彠也。」《永樂大典》卷五千二百四〈古跡〉引《太原志》云：「唐武士彠墓在文水縣北十里，唐則天皇后父也。」《山西道志》卷一百七十二〈陵墓〉條亦有類似記載。武士彠既葬於文水，則胡注之誤可知。從《全唐文》卷二百三十九〈大周無上孝明高皇后碑銘并序〉及《冊府元龜》卷三百三〈外戚部〉的記載看，咸陽陵是則天母楊氏的單人墓。⑬戊戌　二月十五日。⑭甲子　三月十一日。⑮壬申　三月十九日。⑯癸酉　三月二十日。⑰甲辰　四月二十二日。⑱殺辰州別駕汝南王煒句　此次所殺主要是蔣王惲、道王元慶、徐王元禮、曹王明的子孫。見《舊唐書》卷六〈則天紀〉。《新唐書》卷四載：「四月甲辰，殺汝南郡王瑋、鄱陽郡公諲、廣漢郡公謐、汶山郡公蓁、零陵郡王俊、廣都郡公璹」，凡六人，不足十二之數。⑲己酉　四月二十七日。⑳鄧玄挺　（？—西元六八九年）雍州藍田（今陝西藍田）人，在州縣任職，皆有善政，遷任吏部侍郎，極不稱職。傳見《舊唐書》卷一百九十上。㉑不應　不予回答。㉒丙辰　五月初五日。㉓浪穹州蠻　生活在今雲南洱源一帶的少數民族。據《新唐書・南詔傳》，南詔由六部組成，浪穹詔為其中之一。㉔己巳　五月十八日。㉕為新平軍大總管　《舊唐書・薛懷義傳》作「為清平道大總管」。新平軍，鎮豳州，在今陝西彬縣。㉖紫河　河名，發源於今晉西北，經內蒙古清水河縣入黃河。㉗單于臺　在今內蒙古呼和浩特西。㉘紀王慎　（？—西元六八九年）太宗第九子。傳見《舊唐書》卷七十六、《新唐書》卷八十。㉙丁巳　七月七日。㉚蒲州　治所在今山西永濟西蒲州鎮。㉛八男徐州刺史東平王續等二句　此條係司馬光據《實錄》而書。《新唐書》卷七十下〈宗室世系表〉載：紀王慎有十子：續、琮、愻、莊、叡、秀、獻、欽、曠、澄。《新唐書》卷八十〈太宗諸子傳〉則說李慎七子：續、琮、叡、秀、獻、欽、證，與〈世系表〉不合。不過兩《唐書・紀王慎傳》都說其長子東平王續早卒，而非被殺；被殺者為義陽王琮、楚國公叡、遂州別駕襄郡公秀、廣化郡公獻、建平郡公欽等五人。唐中宗時以其少子鐵誠為嗣紀王，改名澄。㉜女東光縣主楚媛　即紀王慎之女東光縣主楚媛。《唐六典》卷二：「王之女封縣主，視正二品。」㉝以孝謹稱　以孝順謹慎著稱。㉞司議郎　太子左春坊官。《唐六典》卷二十六：司議郎掌侍從規諫，駁正啟奏，以佐庶子，中允之闕。㉟娣姒　即妯娌。㊱誚　譏誚。㊲儻來之物　無意得來的東西。㊳凶問　凶信。㊴不御膏沐　不用化妝品。㊵寅識迦河　據《舊唐書・韋待價傳》，寅識迦河當在弓月西南，弓月城在今新疆霍城西。㊶既　盡；全。㊷凍餒　凍飢；飢寒交迫。㊸丙子　七月二十六日。㊹繡州　州名，治所在今廣西桂平南。唐武德四年分鬱林郡置林州，武德六年改為繡州。㊺閻溫古　（？—西元六八九年）事跡不詳。《舊唐書》卷七十七〈韋挺傳〉：「副將閻溫古以逗留伏法。」㊻戊寅　七月二十八日。㊼徐敬業之敗　時在光宅元年（西元六八四年）十一月。㊽弓嗣業《舊唐書》卷九十〈張光輔傳〉作房嗣業。《朝野僉載》及《新唐書》作弓嗣業。㊾張嗣明　《新唐書》卷四〈則天紀〉作「弓嗣明」。㊿知識　相知相識的人。(51)異圖　猶異謀，思謀叛逆。(52)冀以免死　希望通過株連多人以立功免死。(53)圖讖　漢代宣揚符命占驗的讖書。此處指圖籙讖緯。(54)天文　指日月星辰等天體在宇宙間的分布、運行等現象。(55)甲申　八月初四日。(56)乙未　八月十五日。(57)並免死流嶺南　岑仲勉據《伯玉集》卷九〈諫刑書〉等認為「乙未（十五日）止赦魏元忠及重推元萬頃。若楚金、正一，則至辛丑（二十一日）始赦死流嶺南，非同一日事」。詳見《通鑑隋唐紀比事質疑》。(58)馳騎傳聲赦之　一邊騎馬奔馳，一邊大聲宣布赦令。(59)既釋楚金等二句　晴霽，放晴。《考異》云：「《唐曆》：『七月二十四日，張楚金絞死；八月二十一日，郭正一絞死。』《年代紀》：『七月甲戌，楚金絞死；八月辛亥，郭正一絞死。』《新書紀》：『八月辛丑，殺郭正一。』今據《實錄》，楚金等皆流配未死。《舊書》楚金、正一、萬頃傳，皆云流嶺南。《御史臺記》云：『元忠將刑，至於市，神色自若。則天以揚、楚功免死流放，復敘授御史中丞。復陷來俊臣獄，復至市，將刑，神色如初。……敕罷刑，復放嶺南。』又云：『前後坐棄市、流放者四。』《舊傳》云『前後三被流』。今從《舊傳》。」(60)壬子　九月初三日。《新唐書》卷四作八月癸未，即八月初三日。(61)河陽　縣名，縣治在今河南孟州南。(62)非清流　不是清流出身。周興起家為尚書都事，屬流外官。(63)俟命　等待新的任命。(64)明府　漢魏以來對太守牧尹的代稱。隋唐時亦稱縣令為明府。(65)沮己　敗壞自己的前途。(66)甲午　閏九月十五日。(67)丈人　對年高德劭者的尊稱。(68)自直　自行申理，以直冤屈。(69)隱處　暗處。將崔督祕密處死。(70)彭州　州名，治所在今四川彭州西北。(71)劉易從　（？—西元六八九年）劉審禮之子，以孝行著稱，時號「孝義劉家」。事見《舊唐書》卷七十七〈劉德威傳〉、《新唐書》卷一百六〈劉德威傳〉。(72)戊申　閏九月二十九日。(73)冥福　陰間福祿。即死後之福。(74)平準　本為官府平抑物價的措施，此處指平價、平值。(75)直　通「值」。(76)戊午　十月九日。(77)己未　十月十日。(78)嗣鄭王璥　璥，《舊唐書‧高祖諸子傳》作「敬」。唐高祖之孫，鄭王元懿的長子。《新唐書》卷七十九說嗣鄭王璥「薨」，不言被殺。(79)庚申　十月十一日。(80)嗣滕王脩琦等六人免死二句　胡三省注云：「《考異》曰：《統紀》云：『元嬰男脩瑤等五人免死配流。』今從《舊傳》。」按，脩琦，《舊唐書》本傳作「循琦」，李元嬰之長子。李元嬰，唐高祖第二十二子，封滕王。(81)丁卯　十月十八日。(82)范履冰　（？—西元六九〇年）懷州河內（今河南沁陽）人，北門學士之一。

曾為相。傳見《舊唐書》卷一百九十中、《新唐書》卷二百一。(83)己卯　十月三十日。(84)忠孝太后　即則天母楊氏。(85)右衛冑曹參軍　官名，正八品下，掌戎杖器械及公廨興造、決罰之事。岑仲勉認為陳子昂此次上疏應繫之於九月，否則，與疏文所言不合。(86)成康　即周成王、周康王。周成王名誦，曾在周公輔佐下實行分封。周康王名釗，在位時繼續推行成王之政，「明德慎罰」。史載：「成、康之際，天下安寧，刑錯四十餘年不用。」事見《史記》卷四〈周本紀〉等。(87)文景　即漢文帝、漢景帝。漢文帝，名劉恆（西元前二〇二—前一五七年），西漢第四位皇帝，西元前一八〇—前一五七年在位。推行「與民休息」的政策。漢景帝，名劉啓（西元前一八八—前一四一年），西漢第五位皇帝，西元前一五七—前一四一年在位。繼續「輕徭薄賦」，發展經濟。在他們統治時期，土地開闢，人口增加，國家逐漸富強，史家稱之為「文景之治」。(88)措刑　擱置刑罰。(89)天誅　舊指上天對罪人的懲罰。此指天子施行的誅殺。(90)比者　近來。(91)滋廣　漸多。(92)頑昧　頑固愚昧。(93)寬典　寬刑。(94)九月二十一日　《陳伯玉集》卷九作「其月二十一日」，即八月二十一日。(95)景雲　慶雲；祥雲。古人認為，有至德或天下太平，才會出現景雲。(96)極法　最高的刑法，即死刑。(97)人知政刑　意即人知政刑不濫不欺。

【校　記】[1]會大雪糧運不繼　原無此七字。據章鈺校，十二行本、乙十一行本、孔天胤本皆有此七字，張瑛《通鑑校勘記》同，今據補。按，《舊唐書・韋挺傳附子待價傳》亦載大雪與糧運不利事，《新唐書》同傳所載略同。

【語　譯】永昌元年（己丑　西元六八九年）

春，正月初一日乙卯，在萬象神宮舉行大饗祭禮，太后身服袞冕，腰間插著大圭，手握鎮圭率先進獻，睿宗隨後進獻，太子最後進獻。首先來到昊天上帝的靈位，其次是高祖、太宗、高宗，再次是魏國先王，再次是五方帝的靈位。太后親臨則天門，大赦天下，更改年號。初三日丁巳，太后親臨明堂，接受朝賀。初四日戊午，在明堂處理政務，頒布九條政令訓示百官。初五日己未，太后親臨明堂，宴享群臣。

二月十四日丁酉，太后追尊魏忠孝王為周忠孝太皇，其母為忠孝太后，把文水祖陵改稱為章德陵，咸陽陵改稱為明義陵，設置崇先府官員。十五日戊戌，尊稱魯公為太原靖王，北平王為趙肅恭王，金城王為魏義康王，太原王為周安成王。

三月十一日甲子，張光輔代理納言。〇十九日壬申，太后詢問正字陳子昂當今執政的要點。陳子昂退朝後，上疏認為「應該減輕刑罰，崇尚仁德，停止戰爭，減輕賦稅和徭役，安撫皇族宗室，使他們各自安心。」言辭委婉，情真意切，他的論述很好，共有三千字。〇二十日癸酉，任命天官尚書武承嗣為納言，張光輔代理內史。

夏，四月二十二日甲辰，處死了辰州別駕汝南王李煒、連州別駕鄱陽公李諲等宗室十二人，把他們的家屬流放到巂州。李煒，是李惲的兒子；李諲，是李元慶的兒子。〇二十七日己酉，處死了天官侍郎藍田人鄧玄挺。鄧玄挺的女兒是李諲的妻子，又和李煒要好。李諲謀劃到廬陵迎立中宗，就此事詢問鄧玄挺；李煒又曾經對鄧玄挺說：「想制定應急計畫，怎麼樣？」鄧玄挺都沒有回答。所以犯了知道反叛而不舉報的罪，一同處死。

五月初五日丙辰，任命文昌右相韋待價為安息道行軍大總管，攻打吐蕃。〇浪穹州蠻族酋長傍時昔等二十五部落原先歸附吐蕃，這時前來投降；任命傍時昔為浪穹州刺史，讓他統領自己的部眾。〇十八日己巳，任命僧人薛懷義為新平軍大總管，北去討伐突厥。進軍到紫河，沒有看到敵人，就在單于臺上刻石記功後返回。

諸王起兵時，只有貝州刺史紀王李慎沒有參與謀劃，但也被牽連入獄。秋，七月初七日丁巳，用囚車流放到巴州，改姓為虺氏，走到蒲州就死了。八個兒子徐州刺史東平王李續等人，相繼被殺，家眷流放到嶺南。〇李慎的女兒東光縣主李楚媛，年幼時就以孝順謹慎有名，嫁給司議郎裴仲將，夫婦相敬如賓；婆婆生病，她親口品嘗藥物膳食；對待妯娌，都讓她們很高興。當時宗室女子都以驕奢相攀比，譏笑李楚媛就她一個人節儉樸素，說：「富貴的可貴就在於能滿足自己的欲望，現在你一個人堅守勤苦，將要追求什麼呢？」李楚媛說：「小時候我就喜歡禮節，現在踐行它，這不是滿足了我的心願嗎！審視自古以來的女子，都以恭謹節儉為美，驕縱奢侈為醜。我害怕給親人帶來恥辱，別的還有什麼要求呢！富貴是無意間得來的東西，不值得向人炫耀！」大家都既慚愧又佩服。等到李慎死亡的消息傳來，李楚媛號哭哀慟，吐血數升。除喪後，近二十年不用化妝品。

韋待價的軍隊到了寅識迦河，與吐蕃交戰，被打得大敗。剛好遇上大風雪，軍糧接繼不上，韋待價完全沒有將領之才，困窘無依，士卒受凍挨餓，死亡很多，只好領軍返回。太后大怒，七月二十六日丙子，撤銷韋待價的官籍，流放到繡州，處死副大總管安西大都護閻溫古。安西副都護唐休璟收聚殘部，安撫西部邊地，太后任命唐休璟為西州都督。○二十八日戊寅，任命王本立為同鳳閣鸞臺三品。

徐敬業失敗時，他的弟弟徐敬真流放到繡州，逃了回來，即將投奔突厥。路過洛陽，洛州司馬弓嗣業、洛陽令張嗣明給予資助，送他上路。到了定州，被官吏查獲，弓嗣業自縊而死。張嗣明、徐敬真牽連了很多天下相知相識的人，說他們有謀反企圖，希望藉此免於一死；於是朝野的士人被他們牽連獲死罪的特別多。張嗣明誣陷內史張光輔，說「征討豫州的時候，私下論說圖籙讖緯和天文，暗懷二心。」八月初四日甲申，張光輔和徐敬真、張嗣明等人一起被殺，抄沒了他們的家產。

八月十五日乙未，秋官尚書太原人張楚金、陝州刺史郭正一、鳳閣侍郎元萬頃、洛陽令魏元忠，都免除死罪，流放到嶺南。張楚金等人都是被徐敬真所舉報，說他們和徐敬業一起串通謀反。臨刑時，太后派鳳閣舍人王隱客快馬傳達口頭命令赦免他們，聲音傳到街市上，受刑的人都高興得歡呼跳躍，輾轉不停，只有魏元忠安坐自如，有人要他起來，魏元忠說：「情況真假還不知道。」王隱客到了後，又讓他起來，魏元忠說：「等宣布完敕令吧。」已經宣布了敕令，他才慢慢起來，行舞蹈禮，拜了兩拜，竟然沒有憂愁或高興的表情。當天，四周陰雲密布，釋放張楚金等人後，天空放晴。

九月初三日壬子，任命僧人薛懷義為新平道行軍大總管，統兵二十萬討伐突厥骨篤祿。

當初，在高宗時候，周興以河陽縣令的身分被召見，高宗想要提拔任用他，有人上奏說周興不是清流出身，此事作罷。周興不知道情況，多次在朝堂等候高宗的任命。各位宰相都默不作聲，地官尚書、檢校納言魏玄同當時任同平章事，對他說：「周縣令可以離去了。」周興認為魏玄同敗壞自己的前途，銜恨在心。魏玄同一向和裴炎要好，當時的人因為他們的友情始終不變，稱他們是「耐久朋」。周興上奏誣陷魏玄同說過：「太后年老了，不如奉立中宗，時間較為長久。」太后大怒，閏九月十五日甲午，賜他死在家裡。監刑御史房濟對魏玄同說：「您為什麼不告密，以求獲得太后召見，可以自我申訴！」魏玄同歎息說：「人殺我、鬼殺我，又有什麼不同，怎麼能做告密的人呢！」隨即自殺。又在隱蔽的地方處死了夏官侍郎崔詧。其他朝廷內外大臣因此獲罪而死，以及流放貶官的非常多。

彭州長史劉易從也被徐敬真所牽連；閏九月二十九日戊申，到彭州殺死了他。劉易從為人仁慈孝順，忠誠謹慎，在街市上即將行刑時，官員和百姓憐憫他無辜，不論遠近都趕往刑場，爭著脫掉衣服扔到地上說：「為長史祈禱陰間的福祿。」官員估價，這些衣服價值有十幾萬。

周興等人誣告右武衛大將軍燕公黑齒常之謀反。黑齒常之被召回下獄。冬，十月初九日戊午，黑齒常之自縊而死。○初十日己未，殺死宗室鄂州刺史嗣位鄭王李璥等六人。十一日庚申，嗣滕王李脩琦等六人免除死罪，流放到嶺南。○十八日丁卯，春官尚書范履冰、鳳閣侍郎邢文偉都擔任同平章事。○三十日己卯，太后下詔令把太穆神皇后、文德聖皇后和皇地祇配祭，忠孝太后跟著配享。

右衛胄曹參軍陳子昂上疏，認為「周朝，人們頌揚成王、康王，漢朝，人們讚美文帝、景帝，都是因為棄置刑法的緣故。如今陛下的政治，雖然盡善盡美了，但太平的時代，上下都樂於陛下的教化，不應有亂臣賊子，天天觸犯天子被殺。近來重大案件增多，叛逆的人也日漸加多，愚臣冥頑無知，原以為他們都有犯罪的確鑿證據，可是上月十五日，陛下特地查明關在監獄的犯人李珍等人無罪，百官慶賀歡悅，齊賀聖上英明，臣才知道也有無罪之人落入疏闊的法網上。陛下力求寬刑，獄官力求嚴刑，損害了陛下之仁，玷汙了太平之政，臣私下為此很遺憾。還有，九月二十一日下敕令免除張楚金等人的死罪，開始時天有風雨，後來變為祥雲。臣聽說天空陰暗是刑罰所致，陽氣舒展是德政所致，聖人效法上天，上天也幫助聖人，天意如此，陛下怎麼能不承順天意呢！現在陰沉下雨，臣擔心過錯在獄官身上。凡是關在獄中的囚犯，大多判處死刑，路上行人的議論，或是或非，陛下為什麼不召見全部犯人，親自審問他們的罪過！罪有實據的，公開處死示眾。濫加刑罰的就嚴懲獄吏，使天下都能心悅誠服，人人都瞭解政刑，這難道不是大德清明的政治嗎！」

天授元年❶（庚寅　西元六九〇年）

十一月庚辰朔❷，日南至❸。太后享萬象神宮❹，赦天下。始用周正❺，改永昌元年十一月為載初元年正月，以十二月為臘月，夏正月為一月。以周、漢之後為二王後❻，舜、禹、成湯之後為三恪❼，周、隋之嗣同列國❽。

鳳閣侍郎河東宗秦客❾改造「天」、「地」等十二字以獻❿，丁亥⓫，行之，太后自名「曌⓬」，改詔曰制⓭。秦客，太后從父姊之子也。

乙未⓮，司刑少卿周興奏除唐親屬籍⓯。

臘月辛未⓰，以僧懷義為右衛大將軍⓱，賜爵鄂國公。

春，一月戊子⓲，武承嗣遷文昌左相，岑長倩遷文昌右相、同鳳閣鸞臺三品，鳳閣侍郎武攸寧⓳為納言，邢文偉守內史，左肅政大夫、同鳳閣鸞臺三品王本立罷為地官尚書。攸寧，士彠之兄孫也。

時武承嗣、三思用事⓴，宰相皆下之㉑。地官尚書、同鳳閣鸞臺三品韋方質有疾，承嗣、三思往問之，方質據牀不為禮㉒。或諫之，方質曰：「死生有命，大丈夫安能曲事近戚以求苟免乎！」尋為周興等所搆，甲午㉓，流儋州，籍沒其家。

二月辛酉㉔，太后策貢士於洛城殿㉕。貢士殿試自此始㉖。○丁卯㉗，地官尚書王本立薨㉘。

三月丁亥㉙，特進、同鳳閣鸞臺三品蘇良嗣薨。

夏，四月丁巳㉚，春官尚書、同平章事范履冰坐嘗舉犯逆者㉛下獄死。

醴泉人侯思止㉜，始以賣餅為業，後事游擊將軍高元禮為僕㉝，素詭譎無賴㉞。恆州刺史裴貞杖一判司㉟，判司使思止告貞與舒王元名㊱謀反，秋，七月辛巳㊲，元名坐廢，徙和州㊳，壬午㊴，殺其子豫章王亶，貞亦族滅㊵。擢思止為游擊將軍。時，告密者往往得五品，思止求為御史，太后曰：「卿不識字，豈堪御史㊶！」對曰：「獬豸㊷何嘗識字，但能觸邪耳。」太后悅，即以為朝散大夫、侍御史㊸。它日㊹，太后以先所籍沒宅賜之，思止不受，曰：「臣惡反逆之人，不願居其宅。」太后益賞之。

衡水人王弘義㊺，素無行㊻，嘗從鄰舍乞瓜，不與，乃告縣官，瓜田中有白兔。縣官使人搜捕，蹂踐瓜田立盡。又遊趙、貝㊼，見閭里耆老作邑齋㊽，遂告以謀反，殺二百餘人。擢授游擊將軍，俄遷殿中侍御史。或告勝州㊾都督王安仁謀反，敕弘義按之。安仁不服，弘義即於枷上刎其首；又捕其子，適至，亦刎其首，函之以歸。道過汾州㊿，司馬毛公與之對食，須臾51，叱毛公下階，斬之，槍揭其首入洛，見者無不震栗52。

時置制獄53於麗景門54內，入是獄者，非死不出，弘義戲呼曰「例竟門55」。朝士人人自危，相見莫敢交言56，道路以目57。或因入朝密遭掩捕，每朝58，輒與家人訣59曰：「未知復相見否？」

【章旨】以上為第九段，寫酷吏侯思止、王弘義等人的兇殘嘴臉。

【注釋】❶天授元年　武則天於永昌元年（西元六八九年）十一月改元載初，始用周曆，以十一月為正月，十二月為臘月，夏正月為一月，故紀年先有正月（夏曆十一月）、臘月（夏曆十二月）、一月（夏曆正月）。到西元六九〇年，即載初元年九月改元天授，改國號為周。《通鑑》行文，省去載初元年，即天授元年包有載初元年。❷庚辰朔　十一月一日。❸日南至　冬至。❹萬象神宮　即明堂。❺周正　三正之一。所謂三正即指夏正、殷正、周正。夏正建寅，以農曆正月初一為一年之始；殷正建丑，以農曆十二月為正月；周正建子，以農曆十一月為正月。❻以周漢之後為二王後　古者建國，有賓有恪。二王之後為賓，待以客禮。唐本以後周及隋後為二王後，今改為周漢之後。❼舜禹成湯之後為三恪　即給舜、禹、成湯的子孫以王侯的名號，待之如賓。恪，敬也，待之以敬，即亦賓也。❽周隋之嗣同列國　待後周和隋朝的直系後裔，如同列國中的諸侯。❾宗秦客　蒲州河東（今山西永濟西）人，宗楚客之兄，武則天堂姐之子。曾勸武則天稱帝。擔任過宰相。事附《舊唐書》卷九十二〈宗楚客傳〉。❿改造天地等十二字以獻　則天時所造新字數目，各書所載有差異。《新唐書》卷七十六、《續通志》卷七十一作「十有二文」。《通志》卷三十五作十八字。《宣和書譜》卷一作十九字。此外，《正字通》所錄則天朝新字八個，《集韻》所錄凡十六字。按，《唐大詔令集》卷四〈改元載初赦〉云：「特創制一十二字，率先百辟」。據此可知則天朝所制新字最初為十二字，以後又有增加。最初十二字為曌（照）、𠀑（天）、埊（地）、𡆠（日）、𡝝（月）、〇（星）、𠥱（君）、𢘑（臣）、𤯔（人）、𠁈（載）、𠡦（年）、𠙺（正）。以後。出現的新字計有𠥄（初）、𧩐（證）、𨲢（聖）、𥠢（授）、圀（國）等。其中丙、埊、𠙺、圀四字古已有之，為武則天所啟用。這些文字在武周時期通行全國，現在在當時留下的碑刻和文書如敦煌吐魯番文書中仍可以看到。⑪丁亥　正月八日。永昌元年十一月至久視元年十月用周正。此外正月實即寅正永昌元年十一月。⑫曌　武周新字之一。合明空二字為一字，取光明普照天下之意。⑬改詔曰制　詔與曌音同，為避諱而改。⑭乙未　正月十六日。⑮除唐親屬籍　即除唐宗室屬籍。⑯辛未　臘月二十三日。⑰右衛大將軍　正三品，掌統領宮廷警衛。⑱戊子　一月初十日。⑲武攸寧　武士讓之孫，武懷道之子，武則天之姪。曾三度為相。傳見《新唐書》卷二百六。⑳用事　當權。㉑宰相皆下之　宰相皆處其下。㉒據牀不為禮　靠在床上不行禮。㉓甲午　一月十六日。㉔辛酉　二月十四日。㉕洛城殿　在洛陽宮城西南。東為集賢殿書院，西為麗景夾城，南為洛城南門，北為飲羽殿，是東都比較重要的宮殿之一。此次殿試規模宏大，應試者很多，考試持續進行，數日方畢。㉖貢士殿試自此始　所謂殿試即皇帝在殿廷上親發策問的考試。殿試之制始創於此。㉗丁卯　二月二十日。㉘王本立薨　《考異》：「《新紀》：『丁卯，殺王本立。』《御史臺記》：『本立為周興所誅。』今從《實錄》。」㉙丁亥　三月初十日。㉚丁巳　四月十一日。㉛坐嘗舉犯逆者　因所薦舉的人犯了大逆之罪而受到牽連。㉜侯思止　（？—西元六九三年）雍州醴泉（今陝西禮泉北）人，武周時期酷吏之一。傳見《舊唐書》卷一百八十六上、《新唐書》卷二百九。㉝為僕　為奴僕。㉞詭譎無賴　狡黠詭詐，品行不端。㉟判司　官名，為州曹參軍的通稱。唐人有時亦稱州郡佐吏為判司。㊱舒王元名　唐高祖第十八子。歷任州刺史，有善政，是高祖諸子中較賢的一位。傳見《舊唐書》卷六十四、《新唐書》卷七十九。㊲辛巳　七月初七日。㊳元名坐廢二句　和州治所在今安徽和縣。《舊唐書》卷六十四載：元名「與子亶俱為丘神勣所陷，被殺。」《新唐書》卷七十九載：「元名坐遷利州，尋被殺。」與《通鑑》及兩《唐書．則天紀》所載不合。㊴壬午　七月八日。㊵貞亦族滅　裴貞也被滅族。㊶豈堪御史　怎麼能夠勝任御史之職。㊷獬豸　傳說中的異獸，能辨別是非。見人鬥，觸不直者。㊸侍御史　御史臺官，從六品下，掌糾舉百僚，推鞫獄訟。㊹它日　另外一天。㊺王弘義　（？—西元六九四年）冀州衡水（今河北衡水市西）人，曾與來俊臣羅告無辜。傳見《舊唐書》卷一百八十六上、《新唐書》卷二百九。㊻無行　沒有德行；品行不好。㊼趙貝　即趙州、貝州。趙州治所在今河北趙縣。貝州治所在今河北清河縣西。㊽作邑齋　設齋請僧侶祈禱。㊾勝州　州名，治所在今內蒙古準噶爾旗東北黃河南岸十二連城。㊿汾州　州名，治所在今山西汾陽。(51)須臾　一會兒；片刻。(52)震栗　震驚戰慄。栗，通「慄」。發抖。(53)制獄　即漢代的詔獄，為皇帝特命監禁罪囚之處。(54)麗景門　洛陽皇城西面二門之一。門內有麗景夾城，可暗通上陽宮。(55)例竟門　意思是說，入此門者，沒有生還的希望。例，一概。竟，盡。《舊唐書》卷一百八十六上〈來俊臣傳〉載：則天「於麗景門別置推事院，俊臣推勘必獲，專令俊臣等按鞫，亦號為新開門。但入新開門者，百不全一。弘義戲謂麗景門為『例竟門』，言入此門者，例皆竟也。」❺❻交言　交談。❺❼道路以目　道路相見，以目示意。❺❽每朝　即每入朝。❺❾訣　訣別。

【語　譯】天授元年（庚寅　西元六九〇年）

十一月初一日庚辰，冬至。太后在萬象神宮享祭，大赦天下。開始使用周代的曆法，改永昌元年十一月為載初元年正月，以十二月稱為臘月，夏正月為一月。封周朝、漢朝的後代為二王之後，舜、禹、成湯的後代為三恪，後周、隋朝的子孫後裔和列國中諸侯的地位同等。

鳳閣侍郎河東人宗秦客改造「天」、「地」等十二字呈上，正月初八日丁亥，下令推行。太后自己命名為「曌」，把「詔」改稱「制」。宗秦客，是太后堂姐的兒子。

正月十六日乙未，司刑少卿周興上奏請求削除唐宗室的屬籍。

臘月二十三日辛未，任命僧人薛懷義為右衛大將軍，賜爵號為鄂國公。

春，一月初十日戊子，武承嗣升遷為文昌左相，岑長倩升遷為文昌右相、同鳳閣鸞臺三品，鳳閣侍郎武攸寧為納言，邢文偉代理內史，左肅政大夫、同鳳閣鸞臺三品王本立免除原職改任地官尚書。武攸寧，是武士彠哥哥的孫子。

當時武承嗣、武三思當政，宰相都居於下位。地官尚書、同鳳閣鸞臺三品韋方質生病，武承嗣、武三思前往問候，韋方質靠在床上不行禮。有人勸他，韋方質說：「生死有命，大丈夫豈能屈身侍奉太后的近親以求苟且免禍呢！」他不久便被周興等人搆陷，一月十六日甲午，流放儋州，抄沒家產。

二月十四日辛酉，太后在洛城殿策問貢士。貢士的殿試制度是從這時開始的。〇二十日丁卯，地官尚書王本立去世。

三月初十日丁亥，特進、同鳳閣鸞臺三品蘇良嗣去世。

夏，四月十一日丁巳，春官尚書、同平章事范履冰因曾舉薦犯有叛逆之罪的人，獲罪入獄死去。

醴泉人侯思止，最早以賣餅為生，後來侍奉游擊將軍高元禮，成為僕人，他一向就奸詐無賴。恆州刺史裴貞杖罰一個判司，判司指使侯思止舉報裴貞與舒王李元名圖謀造反，秋，七月初七日辛巳，李元名獲罪免官，調往和州，初八日壬午，處死李元名的兒子豫章王李亶，裴貞也被滅族。太后擢升侯思止為游擊將軍。當時，告密的人往往得到五品官，侯思止要求做御史，太后說：「你不識字，怎能勝任御史！」侯思止回答說：「獬豸何嘗識字，但能頭觸邪惡之人。」太后很高興，立刻任命他為朝散大夫、侍御史。另外一天，太后把以前所抄沒的宅第賞賜給他，侯思止不肯接受，說：「臣憎恨叛逆的人，不願居住他們的宅第。」太后更加賞識他。

衡水人王弘義，一向品行不好，曾經向鄰居討瓜吃，鄰居不給，他就告訴縣官，瓜田裡有白兔。縣官派人搜捕，馬上把瓜田踐踏完了。他又遊歷趙州、貝州，看到鄉里老人設齋請僧侶祈禱，就告發說他們謀反，殺死兩百多人。王弘義被提拔為游擊將軍，不久又升任殿中侍御史。有人告發勝州都督王安仁謀反，太后敕令王弘義查辦。王安仁不服，王弘義就在王安仁的枷上把他的頭砍了下來；又抓捕王安仁的兒子，正好王安仁的兒子回來，也砍了他的頭，用匣子裝著回朝。路過汾州，司馬毛公和王弘義對坐飲食，不一會兒，喝令毛公走下臺階，殺了他，用槍挑著毛公的頭顱進入洛陽，看到的人沒有不震驚顫抖的。

當時在麗景門裡設置制獄，進入這種監獄的，不死是出不去的，王弘義開玩笑地稱為「例竟門」。朝中士大夫人人自危，相互見面不敢交談，路上相見，以目示意。有人因為入朝時暗中突然被逮捕，所以官員早朝時，常常和家人訣別說：「不知道還能不能相見？」

時法官競為深酷，唯司刑丞❶徐有功❷、杜景儉❸獨存平恕❹，被告者皆曰：「遇來、侯必死，遇徐、杜必生。」

有功，文遠之孫也[5]，名弘敏，以字行。初為蒲州司法[6]，以寬為治，不施敲朴[7]。吏相約有犯徐司法杖者，眾共斥之。迨[8]官滿，不杖一人，職事亦修。累遷司刑丞，酷吏所誣構者，有功皆為直[9]之，前後所活數十百家[10]。嘗廷爭獄事，太后厲色詰之，左右為戰栗，有功神色不撓[11]，爭之彌[12]切。太后雖好殺，知有功正直，甚敬憚之。景儉，武邑人也。

司刑丞滎陽李日知[13]亦尚平恕。少卿胡元禮欲殺一囚，日知以為不可，往復數四，元禮怒曰：「元禮不離刑曹[14]，此囚終無生理！」日知曰：「日知不離刑曹，此囚終無死法！」竟以兩狀列上，日知果直。

東魏國寺僧法明等撰大雲經四卷[15]，表上之，言太后乃彌勒佛[16]下生，當代唐為閻浮提[17]主，制頒於天下。

武承嗣使周興羅告隋州刺史澤王上金、舒州刺史許王素節謀反，徵詣行在[18]。素節發舒州[19]，聞遭喪哭者，歎曰：「病死何可得，乃更哭邪！」丁亥[20]，至龍門[21]，縊殺之。上金自殺。悉誅其諸子及支黨。

太后欲以太平公主妻其伯父士讓之孫攸暨[22]，攸暨時為右衛中郎將，太后潛使人殺其妻而妻之。公主方額廣頤[23]，多權略[24]，太后以為類己[25]，寵愛特厚，常與密議天下事。舊制，食邑㉖，諸王不過千戶，公主不過三百五十戶，太平食邑獨累加至三千戶㉗。

八月甲寅㉘，殺太子少保、納言裴居道；癸亥㉙，殺尚書左丞張行廉。辛未㉚，殺南安王穎等宗室十二人㉛，又鞭殺故太子賢二子㉜，唐之宗室於是殆盡矣，其幼弱存者亦流嶺南，又誅其親黨數百家㉝。惟千金長公主㉞以巧媚得全，自請為太后女，仍改姓武氏，太后愛之，更號延安大長公主。

【章旨】以上為第十段，寫徐有功、杜景儉為法寬平，但無補於酷吏之殘虐，武則天仍在大開殺戒，唐宗室繼續遭誅滅。

【注釋】❶司刑丞　即大理丞。掌分判寺事，凡因犯皆據其本狀，以正刑名。❷徐有功　（西元六四一—七〇二年）本名弘敏，避孝敬皇帝諱，以字行，洛州偃師（今河南偃師）人，歷任司刑丞、左臺侍御史、司刑少卿等職，剛正不阿，持法寬平，時人稱之。傳見《舊唐書》卷八十五、《新唐書》卷一百十三。言論保存在《全唐文》卷一百六十三中。❸杜景儉　初名元方，垂拱中改名，冀州武邑（今河北武邑）人，善守法，兩度為相。傳見《舊唐書》卷九十、《新唐書》卷一百十六。《考異》：「《實錄》及《新紀》、〈表〉、〈傳〉皆作『景佺』，蓋《實錄》以草書致誤，《新書》因承之耳。」按，《通典》卷二十五、《文苑英華》卷三百九十八、《全唐文》卷二百四十二等原始資料皆作「景儉」，《朝野僉載》卷六亦然。疑《考異》有誤。❹平恕　平和寬恕。❺有功二句　徐有功是徐文遠的孫子。徐文遠，博學多識，隋時任國子博士。入唐，復任該職。傳見《舊唐書》卷一百八十九上、《新唐書》卷一百九十八。❻司法　官名，全稱司法參軍事，州刺史屬吏，掌律令格式、鞫獄定刑、督捕盜賊、察糾奸非之事。❼敲朴　以杖擊人。❽迨　及；到。❾直　猶正。此指平反洗冤。❿數十百家　數十家至一百家。此為大概的說法，旨在說明家數之多。⓫神色不撓　神色不變。⓬彌　更加；愈益。⓭李日知　（？—西元七一五年）鄭州滎陽（今河南滎陽）人。歷官給事中、黃門侍郎，景雲間，為同中書門下平章事，轉御史大夫，仍知政事。傳見《舊唐書》卷一百八十八、《新唐書》卷一百十六。⑭刑曹　司法機關。此處指司刑寺。⑮法明等撰大雲經四卷　此說法與事實不符。《大雲經》早已有之。唐高宗時，釋道宣所編《大唐內典錄》中就著錄了後秦竺佛念和北涼曇無讖的兩個譯本。宋人贊寧認為法明等所上《大雲經》為重譯本。按，王國維根據敦煌石室發現的《大雲經疏》殘卷指出：《大雲經疏》所引經文與涼譯「無甚差池」。陳寅恪在王氏研究的基礎上進一步探討，說法明等所上「既非偽造，亦非重譯」，而是取涼譯舊本，「附以新疏，巧為傅會」。這種見解雖不完美，但較為深刻。事實上，僧法明等所取《大雲經》是後秦沙門竺佛念的譯本而不是曇無讖的譯本。這個譯本武則天是親眼看到過的。法明等所撰的是《大雲經疏》而不是《大雲經》。後來武則天下詔賜撰疏人紫袈裟、銀龜袋而不及撰（譯）經人，正說明經為舊本，疏為新撰。參《沙州文錄補》、《金明館叢稿二編》、《歷代三寶記》、《高僧傳》、《全唐文》卷九十七。⑯彌勒佛　佛名之一。見唐釋湛然《維摩經略疏》卷五。⑰閻浮提　梵語，意為南贍部洲。胡三省注：「釋氏以人世為閻浮提。」⑱行在　天子駐蹕之處。此處指洛陽。按，澤王李上金、許王李素節，皆唐高宗之子。⑲舒州　州名，治所懷寧，在今安徽潛山縣。⑳丁亥　七月十三日。㉑龍門　山名，即伊闕，在河南洛陽南十二．五公里處，為洛陽南面門戶。㉒太后欲以太平公主句　薛紹餓死獄中以後，太平公主寡居，武則天欲使她再嫁。攸暨，武攸暨。傳見《舊唐書》卷一百八十三、《新唐書》卷二百六。㉓方額廣頤　前額方正，頰頤寬廣。㉔權略　權智謀略。㉕類己　和自己相似。㉖食邑　即采邑、封地。㉗太平食邑獨累加至三千戶　唐制，公主食封三百戶。但實際上往往突破此數。太平公主尤為明顯，神龍元年食封至一萬戶。㉘甲寅　八月十一日。㉙癸亥　八月二十日。㉚辛未　八月二十八日。㉛殺南安王潁等宗室十二人　《新唐書》卷四〈則天紀〉作「殺南安郡王潁、鄅國公昭及諸宗室李直、李敞、李然、李勳、李策、李越、李黯、李玄、李英、李志業、李知言、李玄貞」，據此，則所殺不止十二人。南安王潁為密貞王李元曉之子。《新唐書》卷七十九〈元曉傳〉略載其事，不言被殺。㉜又鞭殺故太子賢二子　此說不確。太子賢共有三子，即光順、守禮、守義。《通鑑》卷二百四天授二年（西元六九一年）二月條載：「立故太子賢之子光順為義豐王。」八月條載：「義豐王光順、嗣雍王守禮、永安王守義、長信縣主（李賢女）等皆賜姓武氏。」若天授元年已鞭殺二人，這些記載是無法解釋的。據〈章懷太子傳〉，當時並無鞭殺二子之事。㉝又誅其親黨數百家　《考異》：「《實錄》作數千家。今從《舊本紀》。」按，《舊唐書．則天紀》天授元年不載，垂拱四年有此語。㉞千金長公主　唐高祖第十八女，下嫁溫挺。傳見《新唐書》卷八十三。

【語　譯】當時審案的官員爭為嚴酷，只有司刑丞徐有功、杜景儉獨自保持平和寬恕的態度，被告發的人都說：「遇到來俊臣、侯思止一定死，遇到徐有功、杜景儉一定能活。」

徐有功，是徐文遠的孫子，名叫弘敏，以表字行世。起初任蒲州司法，辦事寬和，不施棍棒。他的下屬相約，有違背徐司法的規定而使用杖刑的，大家一起斥責他。等到徐有功任職期滿，沒有杖打過一個人，職內的事也辦得很好。他多次升遷後任司刑丞，酷吏所誣害的，徐有功都替他們申冤，前後救活了數十百家。他曾經在朝堂爭論刑獄之事，太后臉色嚴厲地責問他，左右大臣為之顫抖，徐有功神色不改，爭執得更激烈。太后雖然好殺戮，但知道徐有功正直，極為敬重畏懼他。杜景儉，是武邑人。

司刑丞滎陽人李日知也崇尚平和寬恕。司刑少卿胡元禮要處決一個犯人，李日知認為不可以，多次反覆爭論，胡元禮惱怒地說：「我胡元禮不離開刑曹，這個犯人終究沒有生還的理由！」李日知說：「我李日知不離開刑曹，這個犯人終究沒有判處死刑的道理！」最後把兩人定案的卷宗上報，果然李日知斷案正確。

東魏國寺和尚法明等人撰寫《大雲經》四卷，奉表呈獻太后，說太后是彌勒佛轉生下世，應當取代唐成為人世的主宰，太后下詔頒布天下。

武承嗣派周興羅織罪名誣告隋州刺史澤王李上金、舒州刺史許王李素節謀反，太后徵召他們到太后停留的地方。李素節從舒州出發，聽到遭遇喪事痛哭的，感歎說：「人病死了怎麼能活過來，還有什麼好哭的！」七月十三日丁亥，到了龍門，把李素節縊死。李上金也自殺了。全部處死了他們的兒子和宗支黨羽。

太后想把太平公主嫁給她伯父武士讓的孫子武攸暨，武攸暨當時任右衛中郎將，太后暗中派人殺掉了武攸暨的妻子，把公主嫁給武攸暨。公主方額頭，寬面頰，多謀略，太后認為她很像自己，特別厚加寵愛，常常和她密議天下大事。過去規定，諸王所封食邑不超過一千戶，公主不超過三百五十戶，獨有太平公主的食邑累積加到三千戶。

八月十一日甲寅，處死太子少保、納言裴居道；二十日癸亥，處死尚書左丞張行廉。二十八日辛未，處死南安王李穎等唐宗室十二人，又用鞭子打死故太子李賢的兩個兒子，至此，唐朝宗室幾乎沒有人了，那些留下來的年幼弱小的人，也都流放到嶺南，又殺了他們的親戚黨羽幾百家。只有千金長公主因為巧言諂媚得以保全性命，自己請求做太后的女兒，便改姓武氏，太后寵愛她，改換名號為延安大長公主。

九月丙子❶，侍御史汲人傅遊藝❷帥關中百姓九百餘人詣闕上表，請改國號曰周，賜皇帝姓武氏；太后不許，擢遊藝為給事中❸。於是百官及帝室宗戚、遠近百姓、四夷酋長❹、沙門❺、道士合六萬餘人❻，俱上表如遊藝所請，皇帝亦上表自請賜姓武氏。戊寅❼，羣臣上言：有鳳皇自明堂飛入上陽宮❽，還集左臺❾梧桐之上，久之，飛東南去，及赤雀數萬集朝堂。

庚辰❿，太后可皇帝及羣臣之請。壬午⓫，御則天樓⓬，赦天下，以唐為周⓭，改元⓮。乙酉⓯，上尊號曰聖神皇帝，以皇帝為皇嗣，賜姓武氏，以皇太子為皇孫。

丙戌⓰，立武氏七廟于神都，追尊周文王曰始祖文皇帝⓱，妣姒氏⓲曰文定皇后；平王少子武曰睿祖康皇帝，妣姜氏曰康惠[1]皇后；太原靖王曰嚴祖成皇帝，妣曰成莊皇后；趙肅恭王曰肅祖章敬皇帝，魏義康王曰烈祖昭安皇帝，周安成王曰顯祖文穆皇帝，忠孝太皇曰太祖孝明高皇帝，妣皆如考謚，稱皇后⓳。立武承嗣為魏王，三思為梁王，攸寧為建昌王，士彠兄孫攸歸、重規、載德、攸暨、懿宗、嗣宗、攸宜、攸望、攸緒、攸止皆為郡王⑳，諸姑姊皆為長公主。

又以司賓卿㉑溧陽史務滋㉒為納言，鳳閣侍郎宗秦客檢校內史，給事中傅遊藝為鸞臺侍郎、平章事。遊藝與岑長倩、右玉鈐衛大將軍張虔勗、左金吾大將軍丘神勣、侍御史來子珣㉓等並賜姓武。秦客潛勸太后革命，故首為內史㉔。遊藝朞年之中歷衣青、綠、朱、紫㉕，時人謂之「四時仕宦」㉖。

敕改州為郡。或謂太后曰：「陛下始革命而廢州，不祥㉗。」太后遽追止之。命史務滋等十人巡[2]撫諸道。癸卯㉘[3]，太后立兄孫延基等六人㉙為郡王。

冬，十月甲子㉚，檢校內史宗秦客坐贓貶遵化㉛尉，弟楚客、晉卿[4]亦以姦贓流嶺外。○丁卯㉜，殺流人韋方質㉝。○辛未㉞，內史邢文偉坐附會宗秦客貶珍州㉟刺史。頃之，有制使㊱至州，文偉以為誅己，遽自縊死。○壬申㊲，敕兩京諸州各置大雲寺一區㊳，藏大雲經，使僧升高座講解，其撰疏僧㊴雲宣等九人皆賜爵縣公㊵，仍賜紫袈裟㊶、銀龜袋㊷。○制天下武氏咸蠲課役㊸。

西突厥十姓，自垂拱以來為東突厥所侵掠，散亡略盡。濛池都護繼往絕可汗斛瑟羅收其餘眾六七萬人入居內地，拜右[5]衛大將軍，改號竭忠事主可汗。

道州刺史李行褒[44]兄弟為酷吏所陷，當族，秋官郎中徐有功固爭不能得[45]。秋官侍郎周興奏有功，故[6]出反囚[46]，當斬[47]，太后雖不許，亦免有功官。然太后雅重[48]有功，久之，復起為侍御史。有功伏地流涕固辭曰：「臣聞鹿走山林而命懸庖廚，勢使之然也。陛下以臣為法官，臣不敢枉陛下法，必死是官矣。」太后固授之，遠近聞者相賀。

是歲，以右衛大將軍泉獻誠[49]為左衛大將軍。太后出金寶，命選南北牙善射者五人賭之，獻誠第一，以讓右玉鈐衛大將軍薛咄摩[50]，咄摩復讓獻誠，獻誠乃奏言：「陛下今選善射者，今多非漢官[51]，竊恐四夷輕漢[52]，請停此射。」太后善而從之。

【章　旨】以上為第十一段，寫武則天終於爬上皇帝寶座，稱帝，改國號為周。

【注　釋】❶丙子　九月初三日。❷傅遊藝　（？—西元六九一年）衛州汲（今河南衛輝）人，歷任合宮主簿、左補闕宰相等職。曾勸武則天發六道使捕殺流人，後被親友所告，伏誅。傳見《舊唐書》卷一百八十六上、《新唐書》卷二百二十三上。❸給事中　門下省屬吏，高宗龍朔間稱東臺舍人，正五品上，掌陪侍皇帝左右，分管省事。有封駁權、人事審查權和部分司法權。❹四夷酋長　各少數民族首領。❺沙門　佛教徒；僧侶。原為古印度各教派信徒的通稱，後專指依照佛教戒律出家修行的人。❻合六萬餘人　據時人陳子昂所言，請願活動共進行了三次：第一次關中耆老數百人在傅遊藝率領下請願；第二次是「神都耆老、遐荒夷貊、緇衣黃冠等」一萬二千餘人；第三次是「遠近百姓、四夷酋長、沙門道士」、文武百官、帝室宗親及睿宗皇帝共五萬多人。見《全唐文》卷二百九。❼戊寅　九月初五日。❽上陽宮　洛陽地區最重要的離宮之一。《唐六典》

卷五：「東都上陽宮，在皇城之西南，苑之東垂也。南臨洛水，西拒穀水，東面即皇城右掖門之南。上元中營造，高宗晚年，常居此宮以聽政焉。」❾左臺　即左肅政臺。❿庚辰　九月初七日。⓫壬午　九月初九日。⓬則天樓　即則天門樓。⓭以唐為周　即改國號為周。武則天之所以改國號為周，主要有兩個原因：一是為了顯姓氏，崇根本。相傳武氏出自姬姓，「周平王少子生而有文在手曰『武』，遂以為氏。」武則天本人也常以周氏苗裔自居，高宗時又封其父武士彠為周國公。以「周」為國號，可以表明來歷。二是表示要效法古代盛世，創造新的奇蹟。在唐人看來，古代盛世有周有漢。武則天認為周用王道，漢雜霸道，漢不如周。所以用「周正」，改唐為周也有表明政治抱負的意思。⓮改元　改元天授。⓯乙酉　九月十二日。⓰丙戌　九月十三日。⓱追尊周文王曰始祖文皇帝　周文王，商末周族領袖，姓姬名昌，在位五十年，使周族勢力大增，「三分天下有其二」，為西周的建立奠定了基礎。西周建立，追尊為文王。傳見《史記》卷四。武則天攀附為姬氏之後，追尊周文王為文皇帝。胡三省評曰：「后遠祖姬周，誣神甚矣，文王其肯饗非鬼之祭乎！」⓲姒氏　指周文王夫人太姒氏。妣，對已死的女性祖先的稱呼，一般稱母親。⓳妣皆如考諡二句　被追尊為皇帝者的妻都尊稱為皇后。如尊其母楊氏為孝明高皇后。⓴士彠兄孫攸歸句　攸宜、攸緒、攸暨、攸歸、攸止、攸望皆士彠次兄武士讓之孫。懿宗、嗣宗、重規、載德係士彠三兄武士逸之孫。見《舊唐書》卷一百八十三、《新唐書》卷二百六等。㉑司賓卿　官名，光宅元年改鴻臚為司賓，卿為長官，掌外事接待與凶喪之儀，從三品。㉒史務滋　（？—西元六九一年）宣州溧陽（今江蘇溧陽西北）人，曾為相。傳見《舊唐書》卷九十、《新唐書》卷一百十四。㉓來子珣　（？—西元六九二年）雍州萬年人，酷吏。傳見《舊唐書》卷一百八十六上、《新唐書》卷二百九。㉔首為內史　改唐為周後第一個擔任內史。內史即中書令。㉕朞年之中歷衣青綠朱紫　用服色的變化來說明官階的升遷。唐制，文武官三品已上服紫，四品服深緋，五品服淺緋，六品服深綠，七品服淺綠，八品服深青，九品服淺青。緋色即大紅色。朞年，一週年。歷衣青、綠、朱、紫，即自八、九品遷至三品。㉖四時仕宦　意即每季一遷官職。㉗廢州二句　因「州」、「周」同音，故認為廢州不祥。㉘癸卯　九月三十日。㉙兄孫延基等六人　指延基、延秀、崇訓、崇烈、延暉、延祚。武崇訓、武崇烈是武則天長兄武元慶之孫，梁王武三思之子。其餘皆則天次兄武元爽之孫。其中延暉、延祚為武承業之子；延基、延秀係武承嗣之子。見兩《唐書·外戚傳》。㉚甲子　十月二十一日。㉛遵化　縣名，屬欽州，縣治在今廣西靈山縣西南。㉜丁卯　十月二十四日。㉝殺流人韋方質　《舊唐書·韋方質傳》云：「配流儋州，尋卒。」本書依《統紀》和《新唐書》本傳。韋方質，官至宰相，因不附武承嗣、武三思而被構陷遭流放，尋被誅殺。㉞辛未　十月二十八日。㉟珍州　州名，其地有隆珍山，取「珍」字名州。治所麗皋，在今貴州正安西北。㊱制使　奉制出巡的使者。後世稱為欽差。㊲壬申十月二十九日。㊳兩京諸州各置大雲寺一區　即京師長安、神都洛陽和天下諸州各建大雲寺一座。區，數量單位，唐人習稱寺廟一座為一區。㊴撰疏僧　即撰寫《大雲經疏》的和尚。㊵縣公　爵號之一，屬第五等。唐制，縣公從二品，食邑一千五百戶。㊶紫袈裟　紫色袈裟，袈裟為佛教僧尼的法衣。胡僧袈裟用毛皮，中土用繒帛，緇色，皇上賜紫者才能衣紫。㊷銀龜袋　銀飾龜袋。《新唐書・車服志》：高宗給五品以上隨身銀魚袋，以防召命之詐，出內必合之，三品以上金飾袋。垂拱中，都督刺史始賜魚。天授二年改佩魚皆為龜。其後三品以上龜袋飾以金，四品以銀，五品以銅。中宗又廢龜袋，復給魚袋。品官要隨身佩魚袋以明身分，防召命有詐。㊸蠲課役　蠲，免除。課役，賦稅力役。㊹李行褒　兩《唐書・徐有功傳》皆作「李仁褒」。李行褒時任梁州都督，與徐有功無關。見《舊唐書》卷九十八〈韓休傳〉、《新唐書》卷一百二十六〈韓休傳〉。當改「行」為「仁」。㊺不能得　不能按族滅論處。㊻出反囚　出，與「入」相對，在此為法律用語，意為出脫或變重為輕。反囚，反逆之囚。㊼當斬　應當斬首。㊽雅重　甚重。㊾泉獻誠　右衛大將軍泉男生之子，後為來俊臣所誣殺。事見《舊唐書》卷一百九十九上〈高麗傳〉、《新唐書》卷一百十〈泉男生傳〉。㊿薛咄摩　薛延陀人，《新唐書・泉男生傳附泉獻誠傳》及《舊唐書・高麗傳》作「薛吐摩支」。(51)今多非漢官　現在選出來的人多非漢族官吏。(52)恐四夷輕漢　因為他們會從這件事中看出漢人不善於射箭。

【校　記】[1]惠　原作「睿」。據章鈺校，十二行本、乙十一行本皆作「惠」，今據改。按，《新唐書・則天皇后紀》亦作「惠」。[2]巡　據章鈺校，十二行本、乙十一行本皆作「存」。[3]癸卯　原無此二字。據章鈺校，十二行本、乙十一行本、孔天胤本皆有此二字，張敦仁《通鑑刊本識誤》、張瑛《通鑑校勘記》同，今據補。[4]晉卿　原無此二字。據章鈺校，十二行本、乙十一行本皆有此二字，今據補。按，兩《唐書・宗楚客傳》皆載其弟晉卿俱流嶺外之事。[5]右　據章鈺校，十二行本、乙十一行本、孔天胤本皆作「左」。按，《舊唐書・突厥傳》亦作「左衛」，然《新唐書・突厥傳》載斛瑟羅任左衛大將軍在聖曆二年，未知孰是。[6]故　原無此字。據章鈺校，十二行本、乙十一行本、孔天胤本皆有此字，張敦仁《通鑑刊本識誤》同，今據補。

【語　譯】九月初三日丙子，侍御史汲縣人傅遊藝率領九百多關中百姓前往皇宮上表，請求改國號為周，賜給睿宗姓武氏；太后沒有答應，擢升傅遊藝為給事中。於是百官和皇帝宗族親戚、遠近的百姓、四方夷狄的酋長、僧徒、道士共計六萬多人，一起上表，所請求的和傅遊藝一樣，睿宗也上表，自己請求賜姓武氏。初五日戊寅，群臣上書說：有鳳凰從明堂飛入上陽宮，回來落在左肅政臺的梧桐上，很長時間，飛向東南，還有幾萬隻赤雀落在朝堂。

九月初七日庚辰，太后同意了睿宗和群臣的請求。初九日壬午，親臨則天門樓，大赦天下，改唐為周，更改年號。十二日乙酉，太后自上尊號為聖神皇帝，以睿宗為皇嗣，賜姓武氏，把皇太子立為皇孫。

九月十三日丙戌，在神都設立武氏七廟，追尊周文王為始祖文皇帝，他的夫人姒氏為文定皇后；平王的小兒子武為睿祖康皇帝，他的夫人姜氏為康惠皇后；太原靖王為嚴祖成皇帝，他的夫人為成莊皇后；趙肅恭王為肅祖章敬皇帝，魏義康王為烈祖昭安皇帝，周安成王為顯祖文穆皇帝，忠孝太皇為太祖孝明高皇帝，他們的妻子都和他們的謚號一樣，稱為皇后。立武承嗣為魏王，武三思為梁王，武攸寧為建昌王，武士讓哥哥的孫子武攸歸、武重規、武載德、武攸暨、武懿宗、武嗣宗、武攸宜、武攸望、武攸緒、武攸止都封為郡王，諸位姑姐都封為長公主。

又任命司賓卿溧陽人史務滋為納言，鳳閣侍郎宗秦客為檢校內史，給事中傅遊藝為鸞臺侍郎、平章事。傅遊藝和岑長倩、右玉鈐衛大將軍張虔勗、左金吾大將軍丘神勣、侍御史來子珣等人都賜姓武。宗秦客暗中勸太后改朝換代，所以第一個任為內史。傅遊藝一年中，穿遍青、綠、朱、紫四種顏色的朝服，當時人們說他「四時仕宦」。

下敕令把州改稱郡。有人對太后說：「陛下剛剛改朝換代就廢了州，不吉利。」太后馬上追回敕令，停止改州為郡。命令史務滋等十人巡察安撫各道。九月三十日癸卯，太后封她哥哥的孫子延基等六人為郡王。

冬，十月二十一日甲子，檢校內史宗秦客犯貪贓罪貶為遵化尉，宗秦客的弟弟宗楚客、宗晉卿也因作姦貪贓流放嶺南。〇二十四日丁卯，殺死流放人員韋方質。〇二十八日辛未，內史邢文偉犯附和宗秦客罪貶為珍州刺史。不久，有欽差到達珍州，邢文偉以為是來殺自己的，便急忙自縊而死。〇二十九日壬申，太后下敕令兩京各州，各建大雲寺一座，收藏《大雲經》，讓和尚升座講經，撰寫注疏的和尚雲宣等九人都賜爵縣公，還賜給紫袈裟、銀龜袋。〇下詔令天下姓武的人全部蠲免賦稅勞役。

西突厥十姓部落從垂拱年間以來被東突厥所侵奪，四散逃亡殆盡。濛池都護繼往絕可汗斛瑟羅收羅餘部六七萬人入居內地，朝廷授予他右衛大將軍，更改名號為竭忠事主可汗。

道州刺史李行褒兄弟被酷吏所陷害，應當滅族，秋官郎中徐有功再三力爭，沒有成功。秋官侍郎周興奏報徐有功，故意開脫謀反的囚犯，應該斬首，太后雖然沒有答應，但也免去了徐有功的官職。然而太后素來器重徐有功，時間長了，又起用為侍御史。徐有功跪伏地上，流著淚堅決推辭說：「臣聽說鹿奔跑在山林，而生命卻繫於庖廚，這是形勢所造成的。陛下任命臣為法官，臣不敢違背陛下的法令，必定死在這官職上。」太后堅持任命他，遠近士民聽到這一消息的，都相互慶賀。

這一年，任命右衛大將軍泉獻誠為左衛大將軍。太后拿出金銀珠寶，命令從南北牙中挑選五名善於射箭的進行比賽，泉獻誠獲得第一，他把第一讓給右玉鈐衛大將軍薛咄摩，薛咄摩又讓給泉獻誠，泉獻誠就上奏說：「陛下命令選拔善於射箭的人，現在獲勝的多不是漢官，臣私下擔心四方夷狄輕視漢人，請求陛下停止這種射箭比賽。」太后認為很對，接受了這一建議。

二年（辛卯　西元六九一年）

正月癸酉朔❶，太后始受尊號❷於萬象神宮，旗幟尚赤❸。○甲戌❹，改置社稷於神都。辛巳❺，納武氏神主于太廟；唐太廟之在長安者，更命曰享德廟❻，四時唯享高祖已下三廟❼[1]，餘四室❽皆閉不享。又改長安崇先廟❾為崇尊廟。乙酉❿，日南至，大享明堂，祀昊天上帝，百神⓫從祀，武氏祖宗配饗，唐三帝⓬亦同配。

御史中丞知大夫事李嗣真⓭以酷吏縱橫，上疏，以為「今告事紛紜⓮，虛多實少，恐有凶慝陰謀離間陛下君臣。古者獄成，公卿參聽，王必三宥，然後行刑⑮。比日獄官單車奉使，推鞫既定，法家⑯依斷，不令重推。或臨時專決，不復聞奏。如此，則權由臣下，非審慎之法，儻⑰有冤濫，何由可知！況以九品之官專命推覆，操殺生之柄，竊人主之威，按覆既不在秋官⑱，省審復不由門下⑲，國之利器⑳，輕以假人，恐為社稷之禍。」太后不聽。

饒陽尉姚貞亮等數百人表請上尊號曰上聖大神皇帝，不許。○侍御史來子珣誣尚衣奉御劉行感兄弟謀反，皆坐誅。

春，一月，地官尚書武思文㉑及朝集使二千八百人，表請封中嶽㉒。○己亥㉓，廢唐興寧、永康、隱陵署官㉔，唯量置守戶㉕。○左金吾大將軍丘神勣以罪誅㉖。

納言史務滋與來俊臣同鞫劉行感獄，俊臣奏務滋與行感親密，意欲寢其反狀㉗。太后命俊臣并推之。庚子㉘ [2] 務滋恐懼自殺。

或告文昌右丞周興與丘神勣通謀，太后命來俊臣鞫之，俊臣與興方推事對食㉙，謂興曰：「囚多不承㉚，當為何法㉛？」興曰：「此甚易耳！取大甕，以炭四周炙之㉜，令囚入中，何事不承！」俊臣乃索大甕，火圍如興法㉝，因起謂興曰：「有內狀㉞推兄，請兄入此甕㉟！」興惶恐叩頭伏罪。法當死，太后原之，二月，流與嶺南，在道，為仇家所殺。

興與索元禮、來俊臣競為暴刻，興、元禮所殺各數千人，俊臣所破千餘家。元禮殘酷尤甚，太后亦殺之以慰人望㊱。

【章　旨】以上為第十二段，寫武則天登基受尊號與酷吏苛刻形成鮮明對照，即恐怖政治是武氏專政的基礎。

【注　釋】❶癸酉朔　正月初一日。❷尊號　尊崇皇帝、皇后的稱號。尊號秦已有之，唐朝以後越來越多。唐玄宗在位六次上尊號。參唐封演《封氏聞見記》卷四、宋葉夢得《石林燕語》卷五等。❸旗幟尚赤　即尚紅。先此，旗幟尚白。❹甲戌　正月初二日。❺辛巳　正月初九日。❻唐太廟之在長安者二句　意即改唐長安太廟為享德廟。❼三廟　即高祖、太宗、高宗三室。❽餘四室　其餘四室指唐高祖以上的宣帝、元帝、光帝、景帝的廟室。❾崇先廟　武則天在垂拱四年為武氏先祖所立的祭廟。❿乙酉　正月十三日。⓫百神　泛指眾神。⓬唐三帝　指高祖、太宗、高宗。⓭李嗣真　（？—西元六九六年）滑州匡城（今河南長垣西南）人，博學，曉音律，兼通陰陽推算之術。著有《明堂新禮》十卷，《孝經指要》、《詩品》、《書品》、《畫品》各一卷。傳見《舊唐書》卷一百九十一、《新唐書》卷九十一。⓮紛紜　繁多。⓯古者獄成四句　《禮記．王制》：結案後，史以獄成告於正，正聽之；正以獄成告於大司寇，大司寇聽之於棘木之下；大司寇以獄成告於王，王命三公參聽之；三公以獄成告於王，王三宥，然後行刑。三宥，三次下達寬赦覆審之令，以示對死刑的重視。⓰法家　法官。⓱儻　假若。⓲秋官　刑部。⓳門下　即門下省。其中心工作是審議與封駁。⓴國之利器　國家的權力。古人常用「利器」比喻刑罰、賞賜及兵柄。此處指刑罰。㉑武思文　即李思文，徐敬業之叔。因反對徐敬業叛亂有功，賜姓為武。其事散見《舊唐書》卷六十七〈李敬業傳〉、《新唐書》卷七十六〈后妃上．則天武皇后傳〉等篇。㉒中嶽　嵩山。在今河南登封。㉓己亥　一月二十七日。㉔廢唐興寧永康隱陵署官　興寧陵，係世祖元皇帝李昺（追尊）之墓，在陝西咸陽境內。永康陵，係太祖景皇帝李虎（追尊）之墓，在陝西三原縣北。隱陵，係太子建成之墓，在陝西長安。據《唐六典》卷十四，唐陵皆設署置官。永康、興寧二陵署，各有陵令一人，掌山陵，率陵戶守護，從七品下。其下有丞，丞二人，從八品下。隱太子陵令一人，從八品下，丞一人，從九品下。今廢官署，只置守陵戶，降低規格，貶抑李唐皇室。㉕量置守戶　根據實際情況設置守陵人戶。守戶，即守陵戶，指看守帝王陵墓的人家。㉖以罪誅　以謀反罪被殺。㉗欲寢其反狀　想掩蓋劉行感謀反的事實。寢，止息。在此指掩蓋。㉘庚子　一月二十八日。㉙方推事對食　正因推鞫之事在衙中同桌進餐。㉚承　順承。在此引申為招供、認罪。㉛當為何法　用什麼辦法才能使他們坦白。㉜以炭四周炙之　用炭火從四面圍起來燒它。㉝火圍如興法　按照周興所說的辦法用炭火把甕圍住。㉞內狀　猶密旨。㉟請兄入此甕　成語「請君入甕」即源於此。比喻以其治人之道，還治其人之身。㊱以慰人望　用以安撫人們的心願。

【校　記】①三廟　原無此二字。據章鈺校，十二行本、乙十一行本皆有此二字；孔天胤本、張敦仁《通鑑刊本識誤》皆作「四廟」，今據十二行本補。按，唐自高祖至高宗崩，太廟皆為六室，加上一直虛設的太祖之室，合為七廟。此處若為四廟，加上所餘四室，合為八廟，於禮制不符，且《舊唐書．禮儀志》載「唯享高祖已下三室」，故以三廟為宜。②庚子　原無此二字。據章鈺校，十二行本、乙十一行本皆有此二字，張敦仁《通鑑刊本識誤》同，今據補。按，《新唐書．則天皇后紀》亦有「庚子」。

【語　譯】二年（辛卯　西元六九一年）

正月初一日癸酉，太后開始在萬象神宮接受尊號，旗幟崇尚赤色。〇初二日甲戌，把社稷壇改設在神都。初九日辛巳，把武氏神主納入太廟；把在長安的唐太廟改名為享德廟。四季只祭祀高祖以下的三位先帝，餘下的四個殿堂都關閉不再舉行祭禮，又改長安的崇先廟為崇尊廟。十三日乙酉，冬至，太后在明堂舉行大祭，祭祀昊天上帝，眾神陪祭。武氏祖宗配祭，唐三帝也同樣配祭。

御史中丞知大夫事李嗣真因為酷吏橫行無忌，上奏認為「如今密告的案件紛繁，但虛多實少，恐怕會有兇險小人，陰謀離間陛下和群臣的關係。古代獄訟結案時，公卿參與聽斷，帝王一定要寬恕三次，然後才行刑。近來獄官一個人奉命為使者，獨自審問，審定之後，法官依此斷案，不讓重新審問。有時獄官自己臨時獨斷，不再奏聞。這樣下去，權力就落在臣下手裡，這可不是周密慎重的方法，假如有冤枉過失，怎麼可能知道呢！何況以九品官的身分專斷推問覆核，掌握生殺大權，竊取君主的權威，審查覆核的職事既不歸刑部，省察審核又不經過門下省，國家的權力，輕易地交給別人，恐怕是國家社稷的禍害。」太后沒有聽從。

饒陽縣尉姚貞亮等數百人上表請太后加尊號為上聖大神皇帝，太后沒有答應。○侍御史來子珣誣陷尚衣奉御劉行感兄弟圖謀反叛，劉行感兄弟都獲罪被殺。

春，一月，地官尚書武思文和朝集使二千八百人，上表請求到中嶽嵩山封禪。○二十七日己亥，廢除唐興寧、永康、隱陵陵寢官署的官員，只酌量設置守陵戶。○左金吾大將軍丘神勣因犯罪被殺。

納言史務滋和來俊臣一起審理劉行感的案件，來俊臣奏言史務滋和劉行感關係密切，想要擱置劉行感謀反案。太后命令來俊臣同時審訊史務滋。一月二十八日庚子，史務滋恐懼自殺。

有人告發文昌右丞周興和丘神勣串通謀反，太后命令來俊臣審理，來俊臣和周興正審案後相對就餐，來俊臣對周興說：「犯人多不認罪，應當使用什麼方法？」周興說：「這極為容易！拿一口大缸，用木炭在缸的四周燒烤，讓犯人進到缸裡，還有什麼事情不招認！」來俊臣就找來一口大缸，按周興所說的方法，圍缸燒烤，然後起身對周興說：「朝廷密旨要審問老兄，請兄入甕！」周興害怕得磕頭認罪。依法周興應該處死，太后原諒了他，二月，把周興流放到嶺南，在路上被仇家殺死了。

周興和索元禮、來俊臣競為殘暴，周興、索元禮各殺了幾千人，來俊臣所毀家庭有一千多家。索元禮尤其殘酷，太后也把他殺掉了，來慰撫人們的心願。

徙左衛大將軍千乘王武攸暨為定王。立故太子賢之子光順為義豐王❶。

甲子❷，太后命始祖墓曰德陵，睿祖墓曰喬陵，嚴祖墓曰節陵，肅祖墓曰簡陵，烈祖墓曰靖陵，顯祖墓曰永陵，改章德陵為昊陵，顯義陵為順陵。○追復李君羨官爵❸。

夏，四月壬寅朔❹，日有食之。◯癸卯❺，制以釋教開革命之階❻，升於道教之上❼。◯命建安王攸宜留守長安。◯丙辰❽，鑄大鍾，置北闕。

五月，以岑長倩為武威道行軍大總管，擊吐蕃，中道召還，軍竟不出。

六月，以左肅政大夫格輔元❾為地官尚書，與鸞臺侍郎樂思晦❿、鳳閣侍郎任知古⓫並同平章事。思晦，彥瑋[1]之子也。

秋，七月，徙關內戶數十萬以實⓬洛陽。

八月戊申⓭，納言武攸寧罷為左羽林大將軍；夏官尚書歐陽通⓮為司禮卿兼判納言事。◯庚申⓯，殺玉鈐衛大將軍張虔勗⓰。來俊臣鞫虔勗獄，虔勗自訟於徐有功，俊臣怒，命衛士以刀亂斫殺之，梟首于市。

義豐王光順、嗣雍王守禮、永安王守義、長信縣主⓱等皆賜姓武氏，與睿宗諸子⓲皆幽閉宮中，不出門庭者十餘年。守禮、守義，光順之弟也。

或告地官尚書武思文初與徐敬業通謀；甲子⓳，流思文於嶺南，復姓徐氏⓴。

九月乙亥㉑，殺岐州刺史雲弘嗣。來俊臣鞫之，不問一款㉒，先斷其首，乃偽立案㉓奏之，其殺張虔勗亦然。敕旨皆依，海內鉗口㉔。

鸞臺侍郎、同平章事傅遊藝夢登湛露殿，以語所親，所親告之。壬辰㉕，下獄，自殺。

【章　旨】以上為第十三段，寫酷吏來俊臣之兇殘。

【注　釋】❶義豐王　《舊唐書・李賢傳》作安樂王。❷甲子　二月二十二日。❸追復李君羨官爵　即平反李君羨冤案。李君羨（?—西元六四八年），洺州武安（今河北武安）人，唐初屢立戰功，官至左武候中郎將，封武連縣公。貞觀二十二年，太白星晝現，太史占卜的結果是「女主昌」，民間又謠傳說「當有女武王者」。唐太宗以李君羨官邑屬縣皆有「武」字，小字又叫「五娘子」，與傳說中的人物頗為相似，懷疑他可能威脅到自己的統治，便把他貶為華州刺史，旋又殺之。至此雪冤，追復官爵，以禮改葬。事詳《舊唐書》卷六十九〈薛萬徹傳〉附傳、《新唐書》卷九十四〈薛萬均傳〉附傳，以及本書卷一百九十九唐太宗貞觀二十二年。❹壬寅朔　四月初一日。❺癸卯　四月初二日。❻釋教開革命之階　釋教即佛教。階，因由；階梯。佛教為武則天改唐為周、當上皇帝提供了理論根據。在中國歷史上，沒有女人當皇帝的先例。儒家經典嚴戒婦女參政，說「牝雞之晨，惟家之索」。道教中也沒有女子可以當權的說法。佛教經典則不同，《大雲經》中有女子可以為王的文字。僧法明等作《大雲經疏》，巧妙地將佛教經典與現實生活聯繫起來，對武周政權的建立起了很大的輿論作用。❼升於道教之上　這是唐代佛教勢力發展的第一個高峰。唐太宗貞觀年間，規定道士女冠在僧尼之前。唐高宗上元時，規定佛道地位平等，不分高低先後。至此，佛教地位超過了道教。❽丙辰　四月十五日。❾格輔元　（?—西元六九一年）汴州浚儀（今河南開封）人，曾任殿中侍御史、宰相等職。事見《舊唐書》卷七十、《新唐書》卷一百二〈岑文本傳〉。❿樂思晦　（?—西元六九一年）雍州長安人，曾為相。其父樂彥瑋，高宗時亦位至宰相。事見《舊唐書》卷八十一〈樂彥瑋傳〉。⓫任知古　曾為相。事散見《新唐書》卷六十一、卷一百十三、卷一百十五等處。⓬實　充實。⓭戊申　八月初十日。⓮歐陽通　（?—西元六九一年）潭州臨湘（今湖南長沙）人，著名書法家歐陽詢之子，亦以善書著稱。曾為相。傳見《舊唐書》卷一百八十九上、《新唐書》卷一百九十八及《宣和書譜》卷八。⓯庚申　八月二十二日。⓰玉鈐衛大將軍張虔勗　唐制，玉鈐衛大將軍有左右之分。據《新唐書》卷四〈則天紀〉，張虔勗時任右玉鈐衛大將軍。⓱義豐王光順嗣雍王守禮永安王守義長信縣主　此數人都是章懷太子的子女。唐制，皇兄弟、皇子皆封國，稱為親王。親王諸子中承嫡襲爵的稱為嗣王。皇太子諸子稱為郡王。⓲睿宗諸子　即李重潤、李重福、李重俊、李重茂。⓳甲子　八月二十六日。⓴復姓徐氏　徐思文，光宅元年改姓武氏，今復故姓。

㉑乙亥　九月初八日。㉒款　指法令、制度等分條列舉的項目。罪人受審訊，每回答一項記錄在案稱為一款。款，誠信之意，謂所錄口供皆真實，故稱款。胡三省注認為「獄辭之出於囚口者為款」，可供參考。㉓案　案卷。凡官文書可考據者皆曰案。㉔鉗口　亦作「拑口」、「箝口」，指閉口不敢言語。㉕壬辰　九月二十五日。

【校　記】1彥瑋　原作「彥暐」。據章鈺校，十二行本、乙十一行本皆作「彥瑋」，今據改。按，樂彥瑋，雍州長安人，官至給事中、中書舍人、御史大夫，《舊唐書》有傳，《新唐書．百官志》、〈劉洎傳〉亦載其事跡。

【語　譯】把左衛大將軍千乘王武攸暨徙為定王。封前太子李賢的兒子李光順為義豐王。

二月二十二日甲子，太后下令，始祖墓稱德陵，睿祖墓稱喬陵，嚴祖墓稱節陵，肅祖墓稱簡陵，烈祖墓稱靖陵，顯祖墓稱永陵，把章德陵改為昊陵，顯義陵改為順陵。○追溯往事，恢復李君羡的官爵。

夏，四月初一日壬寅，發生日蝕。○初二日癸卯，下詔令說，因為佛教開創了以周代唐的基礎，把佛教提升到道教之上。○命令建安王武攸宜留守長安。○十五日丙辰，鑄造大鐘，放置在宮殿北面的門樓上。

五月，任命岑長倩為武威道行軍大總管，攻打吐蕃，半路又召了回來，軍隊最終沒有出征。

六月，任命左肅政大夫格輔元為地官尚書，和鸞臺侍郎樂思晦、鳳閣侍郎任知古都擔任同平章事。樂思晦，是樂彥瑋的兒子。

秋，七月，遷徙關內幾十萬民戶充實洛陽。

八月初十日戊申，納言武攸寧免去官職，擔任左羽林大將軍；夏官尚書歐陽通任司禮卿，兼代納言的事務。○二十二日庚申，殺了玉鈐衛大將軍張虔勗。來俊臣審問張虔勗一案，張虔勗自訴於徐有功，來俊臣很生氣，命令衛士把張虔勗亂刀砍死，在街市上懸首示眾。

義豐王李光順、嗣雍王李守禮、永安王李守義、長信縣主等人都賜姓武氏，和睿宗的兒子們都幽禁在宮內，十多年不出家門。李守禮、李守義，是李光順的弟弟。

有人告發地官尚書武思文當初曾與徐敬業合謀反叛；八月二十六日甲子，把武思文流放到嶺南，恢復本姓徐氏。

九月初八日乙亥，處死岐州刺史雲弘嗣。來俊臣審問他，不問一句口供，先砍了他的頭，便假造案卷奏報。來俊臣殺張虔勗時也是這樣。太后敕令都同意了，天下都鉗口無言。

鸞臺侍郎、同平章事傅遊藝夢中登上了湛露殿，把這事告訴了親近的人，他所親近的人舉報了他。九月二十五日壬辰，傅遊藝入獄自殺。

癸巳❶，以左羽林衛大將軍建昌王武攸寧為納言，洛州司馬狄仁傑為地官侍郎，與冬官侍郎裴行本❷並同平章事。太后謂仁傑曰：「卿在汝南，甚有善政❸，卿欲知譖❹卿者名乎？」仁傑謝曰：「陛下以臣為過❺，臣請改之；知臣無過，臣之幸也，不願知譖者名。」太后深歎美之。

先是，鳳閣舍人脩武張嘉福❻使洛陽人王慶之❼等數百人❽上表，請立武承嗣為皇太子。文昌右相、同鳳閣鸞臺[1]三品岑長倩以皇嗣❾在東宮，不宜有此議，奏請切責❿上書者，告示令散。太后又問地官尚書、同平章事格輔元，輔元固稱不可⓫。由是大忤諸武意，故斥長倩令西征吐蕃，未至，徵還，下制獄。承嗣又譖輔元。來俊臣又脅長倩子靈原，令引司禮卿兼判納言事歐陽通等數十人，皆云同反。通為俊臣所訊，五毒⓬備至，終無異詞，俊臣乃詐為通款⓭。冬，十月己酉⓮，長倩、輔元、通等皆坐誅。

王慶之見太后，太后曰：「皇嗣我子，奈何廢之⑮？」慶之[2]對曰：「『神不歆⑯非類，民不祀非族。』今誰有天下，而以李氏為嗣乎？」太后諭遣之。慶之伏地，以死泣請，不去，太后乃以印紙⑰遺之曰：「欲見我，以此示門者。」自是慶之屢求見，太后頗怒之，命鳳閣侍郎李昭德⑱賜慶之杖。昭德引出光政門⑲外，以示朝士曰：「此賊欲廢我皇嗣，立武承嗣。」命撲之⑳，耳目皆血出，然後杖殺之㉑，其黨乃散。

昭德因言於太后曰：「天皇㉒，陛下之夫；皇嗣，陛下之子。陛下身有天下㉓，當傳之子孫為萬代業㉔，豈得以姪為嗣乎！自古未聞姪為天子而為姑立廟者也㉕！且陛下受天皇顧託，若以天下與承嗣，則天皇不血食矣㉖。」太后亦以為然。昭德，乾祐㉗之子也。

壬辰㉘，殺鸞臺侍郎・同平章事樂思晦、右衛將軍李安靜㉙。安靜，綱㉚之孫也。太后將革命，王公百官皆上表勸進，安靜獨正色拒之。及下制獄，來俊臣詰其反狀，安靜曰：「以我唐家老臣，須殺即殺㉛！若問謀反，實無可對。」俊臣竟殺之。

太學生㉜王循之上表，乞假還鄉㉝，太后許之。狄仁傑曰：「臣聞君人者唯殺生之柄不假㉞人，自餘皆歸之有司㉟。故左、右丞，徒以下不句㊱；左、右相，流以上乃判，為其漸貴故也。彼學生求假，丞、簿事耳㊲，若天子為之發敕，則天下之事幾敕可盡乎！必欲不違其願，請普為立制㊳而已。」太后善之。

【章　旨】以上為第十四段，寫武則天敬仰狄仁傑，默許李昭德誅殺無賴小人王慶之，表現了武則天政治的多面性。

【注　釋】❶癸巳　九月二十六日。❷裴行本　曾擔任宰相。事跡散見《舊唐書》卷八十五和《新唐書》卷四、卷六十一、卷七十一上、卷一百十三。❸卿在汝南二句　狄仁傑在豫州刺史任上，很有優秀的政績。❹譖　進讒言；說壞話。❺以臣為過　認為臣有過失。❻張嘉福　懷州脩武（今河南修武）人。事散見《舊唐書》卷七、卷七十、卷九十三、卷一百八十九上及《新唐書》卷一百十一。❼王慶之　事散見《舊唐書》卷七十、卷八十七、卷九十三、《新唐書》卷一百二、卷一百十一、卷一百十七等。❽數百人　《考異》：「《御史臺記》作千餘人。今從《舊傳》。」❾皇嗣　即睿宗李旦。❿切責　嚴厲斥責；深加斥責。⓫固稱不可　堅持說不可以立武承嗣為皇太子。⓬五毒　五種酷刑，指鞭、箠、灼、徽、纆。泛指各種殘酷的刑法。⓭詐為通款　偽造歐陽通的交代材料。⓮己酉　十月十二日。⓯柰何廢之　為什麼要廢掉他。⓰歆　歆享。⓱印紙　蓋有皇帝璽印的紙片。⓲李昭德　（？—西元六九七年）雍州長安人，精明強幹，頗受武則天器重。擔任過宰相，曾勸武則天打消立武承嗣為皇太子的念頭。後與酷吏來俊臣同日被殺。傳見《舊唐書》卷八十七、《新唐書》卷一百十七。⓳光政門　東都宮城南面有三門，西邊的曰光政門，即長樂門。⓴撲之　擊之。㉑然後杖殺之　李昭德藉武則天一時之怒杖殺投機小人王慶之，實快人心。而杖殺王慶之的時間，史籍記載不一。司馬光採信《實錄》、《御史臺記》、《舊唐書・李昭德傳》，認為應在李昭德任鳳閣侍郎時，非在其任宰相時。㉒天皇　即唐高宗李治。李治上元元年稱天皇，死後被追諡為天皇大帝。㉓身有天下　即親有天下。㉔萬代業　萬世基業。㉕自古未聞姪為天子而為姑立廟者也　姪為天子，則為其祖考立廟，而不為姑立廟。㉖不血食矣　得不到廟享了。古時祭祀，多殺牲取血，故曰血食。㉗乾祐　李乾祐貞觀初為殿中侍御史。貞觀初救裴仁軌免於難。事見兩《唐書・李昭德傳》。㉘壬辰　十月戊戌朔，無壬辰。樂思晦被殺的時間，《新唐書》卷四〈則天紀〉及卷六十一〈宰相表〉均作十月「壬戌」，即十月二十五日。㉙右衛將軍李安靜　（？—西元六九一年）傳見《新唐書》卷九十九。《新唐書》卷四作左衛將軍，誤。㉚綱　李綱為人慷慨。隋時為太子洗馬，入唐後官至太子少師。傳見《舊唐書》卷六十二、《新唐書》卷九十九。㉛須殺即殺　意謂要殺就殺。李綱以剛直著稱於隋唐之際，李安靜有乃祖之風。㉜太學生　在太學讀書的學生。太學為國子監所屬六學之一，有學生五百人。㉝乞假還鄉　請假回家。㉞假　借。㉟有司　官吏。古代設官分職，各有專司，「有司」遂成為官吏的代稱。㊱句　通「勾」。意為勾當、辦理。㊲丞簿事耳　此指太學生告假，應是國子監丞和主簿應管的事。國子監丞，掌判監事，從六品下。主簿，從七品下。㊳普為立制　制定一個普遍適應的或通行的制度。

【校　記】①鳳閣鸞臺　原作「鸞臺鳳閣」。據章鈺校，十二行本、乙十一行本皆作「鳳閣鸞臺」，今據改。按，鳳閣鸞臺及中書門下，有唐一代未見同門下中書三品者。②慶之　據章鈺校，十二行本、乙十一行本皆無此二字。

【語　譯】九月二十六日癸巳，任命左羽林衛大將軍建昌王武攸寧為納言，洛州司馬狄仁傑為地官侍郎，和冬官侍郎裴行本一起任同平章事。太后對狄仁傑說：「你在汝南，很有好的政績，你想知道毀謗你的人姓名嗎？」狄仁傑謝罪說：「陛下認為臣有過錯，臣請求改正；知道臣沒有過錯，那是臣的幸運，不願意知道毀謗人的名字。」太后深為歎美。

此前，鳳閣舍人脩武人張嘉福派洛陽人王慶之等幾百人上表，請求冊立武承嗣為皇太子。文昌右相、同鳳閣鸞臺三品岑長倩認為已有皇嗣在東宮，不應有此議論，奏請嚴厲斥責上書的人，告訴他們散去。太后又詢問地官尚書、同平章事格輔元，格輔元堅決說不可以。由此大大地違背了武氏家族的心意，所以他們排斥岑長倩，讓他西征吐蕃，還沒有到達，又徵召回來，關入制獄。武承嗣又誣陷格輔元。來俊臣還威脅岑長倩的兒子岑靈原，讓他牽連出司禮卿兼判納言事歐陽通等數十人，說他們都一起造反。歐陽通被來俊臣審訊，用遍五種毒刑，供詞始終如一，來俊臣就偽造了歐陽通的口供。冬，十月十二日己酉，岑長倩、格輔元、歐陽通等人都因罪被殺。

王慶之見到太后，太后說：「皇嗣是我的兒子，為什麼要廢掉他？」王慶之回答說：「『神靈不享用不同族類的祭祀，百姓也不祭祀不同家族的人。』當今是誰擁有天下，為什麼要以李氏作為繼承人呢？」太后指示臣下打發他走。王慶之伏在地上，哭著以死相請，不肯離去，太后就把蓋印的紙頁送給王慶之說：「想見我的話，就拿這個出示給守門的人。」從此王慶之屢屢求見，太后十分惱怒他，命令鳳閣侍郎李昭德賞賜王慶之杖刑。李昭德把他帶出光政門外，讓朝臣們看，說：「這個賊子要廢掉我們皇嗣，冊立武承嗣。」命令手下打他，耳朵、眼睛都流出了血，然後再用棍棒打死了他，他的黨羽便散去了。

李昭德趁機對太后說：「天皇，是陛下的丈夫；皇嗣，是陛下的兒子。陛下親有天下，應當傳給子孫成為萬代基業，怎麼可以讓姪子作為繼承人呢！自古以來沒聽說姪子為天子而替姑姑立廟的！況且陛下接受天皇的臨終託付，如果把天下讓給武承嗣，那麼天皇就不能享受祭祀了。」太后也認為是這樣。李昭德，是李乾祐的兒子。

壬辰日，殺了鸞臺侍郎、同平章事樂思晦和右衛將軍李安靜。李安靜，是李綱的孫子。太后將要以周代唐時，王公百官都上表勸武后登上皇位，只有李安靜厲色拒絕。等到身入制獄，來俊臣詰問他謀反的情況，李安靜說：「我是唐家老臣，要殺就殺！如果問我謀反，實在沒有可回答的。」來俊臣最終還是殺了他。

太學生王循之上表，請假回家，太后答應了。狄仁傑說：「臣聽說為人君主的，只有生殺之權不假手他人，其他的都歸給有關官署辦理。所以凡是左、右丞，士庶以下的事就不必處理；左、右相，入流官吏以上的事才予以判理，這是因為這些人地位逐漸尊貴的緣故。那個學生請假，屬於國子監丞、主簿的事，如果天子還替他發布敕令，那麼天下事幾乎全可以發布敕令了！一定要事情不違背自己的心願，請普遍設立制度罷了。」太后認為建議很好。

【研　析】本卷記載武則天正式登基為皇帝，改國號為周，表示改朝換代，被稱為革天命。改朝換代的「革命」，總是伴隨血腥。武則天作為女性，「革命」難度更艱巨。本卷看點與研析的重點，就是武則天如何完成武周的「革命」。請看武則天的「革命」招數。

第一招，建立告密制度，以刑殺立威。早在文明元年（西元六八四年），武則天發動宮廷政變，廢中宗立睿宗，宮廷禁衛軍飛騎有十幾個小兵對未得封賞而發牢騷，他們在酒店聚會，其中一個隨意說了一句：「早知沒有封賞，還不如扶立廬陵王呢！」當即有一個離席赴北門告狀，席還沒散，飛騎們就都被抓了起來。說話的人被斬首，知情不舉的人處絞刑，告密的被授予五品官。十來個小兵發牢騷，本無足輕重，武則天卻小題大作，處以極刑，其目的是為自己立威。武則天從這一事件受到啟發，規定今後凡告密者，任何人不得干涉，並應向其提供驛馬和相當於五品官的伙食，京師還要設置專門接待告密者的賓館。告密有功，可以馬上當官；即使是誣告，也絕不治罪。此例一開，告密之風大盛，告密者紛至沓來。著名酷吏索元禮、來俊臣、來子珣等人都是靠告密起家的。垂拱二年（西元六八六年），武則天設置銅匭，收受告密信。銅匭器形特殊，「其器共為一室，中有四隔，上各有竅，以受表疏，可入不可出。」既然投書銅匭又保密又安全，告密的人就更加肆無忌憚了，從此告密成為武則天專政的一項制度。宰相劉禕之與鳳閣舍人賈大隱閒談說：「太后既然廢了昏庸的中宗，立了賢明的睿宗，就應當還政於皇帝以安定天下，還要臨朝幹什麼呢！」賈大隱向武則天密告，武則天立即把劉禕之賜死於家中。告密使人人自危，武則天坐收漁利。告密是一種醜惡，它只能施之於專制政體。即使封建社會，開明的君主也反對這種醜惡。唐太宗就反對告密和進行政治陷害，他曾說：「有上書訐人小惡者，當以讒人之罪罪之。」（《貞觀政要》卷六）唐高宗在位時，也曾經下令「禁酷刑及匿名信」，說：「匿名信，國有常禁，……此風若扇，為文蠹深。」（《全唐文》卷十一）因告密者大都不是善類。武則天一反常態，拋棄祖宗之法，運用強大的政治力把告密這一惡行推向全社會。告密惡行衝擊社會的人倫底線，是非完全顛倒。武則天為什麼這樣做呢？因為女主干政，在封建社會中名不正、言不順。武則天始終多疑，懷疑有人要推翻自己，因此，鼓勵告密、重用酷吏就成了她防患於未然的重要手段。告密與酷吏政治是孿生兄弟。關於酷吏，留待以後研析。

第二招，造祥瑞。古人宣揚天人感應，武則天充分利用這一哲學思維，給自己登基得天命製造輿論。垂拱四年（西元六八八年）五月，武則天首先在神都洛陽舉行了盛大的朝會，諸州都督、刺史及宗室、外戚雲集，慶賀「寶圖」出世。所謂「寶圖」不過是一塊白石頭，石上刻有「聖母臨人，永昌帝業」八字，暗示武則天就是當代的「聖母」。這是武則天的姪子武承嗣搞的把戲，故意事先叫人在石頭上刻好字，然後指使雍州人唐同泰獻上，誆說是在洛水中得到的。武則天假戲真做，親拜洛水，禱告上天，並授唐同泰為游擊將軍，將白石命名為「天授神圖」，洛水命名為「永昌洛水」，改「寶圖」所出地為「永昌縣」，自稱為「聖母神皇」。武則天還利用佛教為女主登基造輿論。在後涼曇無讖所譯的《大雲經》中，有這樣一種說法，即菩薩為救天下眾生，化為女身。洛陽僧人法明等人附會這種說法，作了《大雲經疏》獻給武則天。疏中「言則天是彌勒下生，作閻浮提（人世）主，唐氏合微」（《舊唐書・薛懷義傳》）。法明等人編造的鬼話卻給武則天代唐君臨天下抹上了一層神祕的靈光，它正中武則天的下懷。武則天下令在全國各州都要建一座大雲寺，藏一部《大雲經》；剃度一千名僧侶，由寺僧向大眾宣講《大雲經》。武則天重賞了投機撰寫《大雲經疏》的法明和尚等九人，全部賜爵為縣公。

第三招，殺戮唐宗室而重用武氏外戚。這是漸進完成政權過渡。大殺唐宗室，削弱唐皇室根基，史稱「太后潛謀革命，稍除宗室」。絳州刺史韓王李元嘉，青州刺史霍王李元軌，邢州刺史魯王李靈夔，豫州刺史越王李貞，李貞子博州刺史琅邪王李沖，還有李元嘉、李元軌之子，這些人在唐宗室中皆有才行美名，深為武則天所忌。武則天藉諸王謀反，加以殺滅。與之同時，大批重用武氏親族，以壯大自己的根基。如用其兄武元爽之子武承嗣為文昌左相、同鳳閣鸞臺三品，用其兄武元慶子武三思為夏官尚書；用其伯父武士讓孫武攸寧為鳳閣侍郎、納言，士讓孫武攸暨為右衛中郎將、尚太平公主，用其從父姐之子宗秦客為內史、宗楚客為夏官侍郎；用其伯父武士逸孫武懿宗為左金吾衛大將軍；用其母楊氏本家的楊執柔為夏官尚書、同平章事等等。武則天曾得意地宣稱：「我令當宗（武氏）及外家（楊氏）常一人為宰相。」（《舊唐書・楊恭仁傳》）這種一朝天子一朝臣的用人政策，是武則天得以順利稱帝的重要保障。

第四招，建明堂。建明堂是盛世的標誌。明堂法天，上圓下方，複廟重屋，既是帝王最重要的布政之所，也是祭天的場所。唐朝重視禮樂，建明堂是施禮的重要場所，唐太宗、唐高宗都想建明堂而因工程浩大沒有施行。光宅元年（西元六八四年）陳子昂上疏：「於國南郊，建立明堂，與天下更始，不其盛哉！」陳子昂要為唐建明堂，武則天抓住機會為武周建明堂。武則天派她的男寵薛懷義監修。垂拱四年（西元六八八年）二月，建造明堂工程啟動。武則天動用民夫數萬人，拆毀乾元殿，在其基礎上修造。明堂於同年十二月完工，前後只用了十個月的時間，速度實在驚人。明堂成，高二百九十四尺（約合今七十二公尺左右），方三百尺（約合今七十四公尺左右）。凡三層：下層法四時，各隨方色；中層法十二辰，上為圓蓋，九龍捧之。上施鐵鳳，高一丈，飾以黃金。中有巨木十圍，上下通貫，栭櫨橕欂藉以為本。下施鐵渠，為辟雍之象。號曰萬象神宮。

第五招，預演登基。永昌元年（西元六八九年）十一月，武則天大赦天下，改元載初，用周正，以永昌元年十一月為載初元年正月。這又是改朝換代的一個重要標誌。鳳閣侍郎宗秦客是武則天從父姐之子，他特地趁機向武則天獻上「天」、「地」等新造的字。武則天將其中的「曌」字選為自己的名字。此後，為避武則天之諱，將頒布的「詔書」均改稱為「制書」。

第六招，發動請願，順從民情。武則天經過五年臨朝稱制的精心準備，認為「革命」的時機成熟。武則天於載初元年（西元六九〇年）九月，指使汲人傅遊藝帶著關中九百多人到神都洛陽詣闕上書，請求改國號為「周」，賜皇帝姓武氏。對這一提議，武則天表面上拒不接受，但卻立即將傅遊藝提升為給事中，這種「此地無銀三百兩」的做法再清楚不過地洩露了武則天的「天機」。於是，朝中百官及皇室親戚、四夷酋長、和尚道士共六萬多人紛紛上表，演出了一場勸進的鬧劇，連傀儡皇帝睿宗也迫於形勢，上表自請賜姓為武氏。

載初元年九月九日，適逢重陽佳節，六十七歲的武則天終於同意了皇帝及群臣的「請求」，在則天門樓上宣布，以唐為周，改元天授，立武氏七廟於洛陽，以皇帝李旦為皇嗣，正式登上了大周「聖神皇帝」的寶座。可笑的是，武則天竟追尊周文王為始祖文皇帝、周平王少子姬武為睿祖康皇帝，把姬周和自己的武周硬嫁接在一起，真是不倫不類。

武則天一當上皇帝，就立即封武承嗣為魏王，武三思為梁王，武攸寧為建昌王；其餘武氏諸男皆封郡王，諸女皆為公主；連普天下姓武的人也跟著沾了光，可以免服勞役。帶頭勸進的傅遊藝一時也身價百倍，被封為鸞臺侍郎、平章事，賜姓武氏。這位改了姓的武遊藝出盡了風頭，一年之中，從九品官升至三品官，官服連續換了青、綠、朱、紫四種，人稱「四時仕宦」。

作為中國歷史上唯一的女皇，武則天是一個成功者。正因唯一，說明她是一次偶然的出現。這一偶然的客觀原因是唐太宗給了武則天機會。是唐太宗召武則天入宮，又是唐太宗選錯了接班人，高宗的懦弱與依賴，成就了武則天。偶然的主觀原因是武則天才能卓著，她是一個大政治家。她從皇后到太后，是事實上的皇帝代理人，但她卻用垂簾的方式把握一個又一個時機，一步一個腳印通向女皇之位。用孟子「動心忍性」四個字來評價武則天，一點也不過分。

卷第二百五

唐紀二十一

起玄黓執徐（壬辰　西元六九二年），盡柔兆涒灘（丙申　西元六九六年），凡五年。

【題解】本卷記事起西元六九二年，迄西元六九六年，凡五年。當武則天長壽元年到萬歲通天元年。這是武則天執政中期的前段。一方面是恐怖的酷吏政治達到登峰造極，名臣任知古、狄仁傑、裴行本、裴宣禮、盧獻、魏元忠、李嗣真等七人被來俊臣誣奏謀反，震動朝野，諸賢差點死於冤獄。武則天明知誣枉，為了鼓勵酷吏，只是不族滅諸賢，仍然全部貶官降職。武則天自垂拱以來至長壽元年（西元六八五—六九二年）八年間，任用酷吏誅殺唐宗室貴戚數百人，次及大臣數百家，刺史、郎將以下不可勝數。長壽二年，酷吏萬國俊一次誅殺流人三百餘人，駭人聽聞。另方面，武則天已覺察恐怖政治造成人人自危的負面影響，告密一度危及睿宗，加之朱敬則、周矩等人諫諍，武則天著手清除酷吏政治。武則天當眾揭露告密人杜肅，又令監察御史嚴善思懲治誣告者八百餘人，誣告之風少衰。來俊臣失勢，王弘義被杖殺，狄仁傑、姚元崇、徐有功等賢臣的被啟用，可以說是武則天政治轉軌的一個信號。這一時期，也是武則天個人志得意滿最高潮的時期，加尊號稱「金輪聖神皇帝」。武則天在薛懷義火燒明堂後，只用了十四個月的時間又重建了明堂，顯示了當時武周國力之盛。但也邊釁不斷，吐蕃時服時叛，契丹反叛，戰費支出，以及大興土木，給人民帶來了沉重的負擔。

則天順聖皇后中之上

長壽元年❶（壬辰　西元六九二年）

正月戊辰朔❷，太后享萬象神宮。

臘月，立故于闐王尉遲伏闍雄❸之子瑕❹為于闐王。

春，一月丁卯❺，太后引見存撫使所舉人❻，無問賢愚，悉加擢❼用，高者試❽鳳閣舍人、給事中，次試員外郎、侍御史、補闕、拾遺、校書郎❾。試官自此始❿。時人為之語曰：「補闕連車載，拾遺平斗量。欋推侍御史，盌脫校書郎⓫。」有舉人沈全交續之曰⓬：「䴴心存撫使，眯目聖神皇。」為御史紀先知⓭所擒，劾其誹謗朝政，請杖之朝堂，然後付法；太后笑曰：「但使卿輩不濫⓮，何恤人言⓯！宜釋其罪。」先知大慚。太后雖濫以祿位⓰收天下人心，然不稱職者，尋亦黜⓱之，或加刑誅。挾刑賞之柄以駕御天下，政由己出，明察善斷，故當時英賢亦競為之用⓲。

寧陵⓳丞廬江郭霸⓴以諂諛干㉑太后，拜監察御史。中丞魏元忠病，霸往問之，因嘗其糞，喜曰：「大夫㉒糞甘則可憂，今苦，無傷也㉓。」元忠大惡之，遇人輒告之。

戊辰㉔，以夏官尚書楊執柔㉕同平章事。執柔，恭仁弟之孫也㉖，太后以外族用之㉗。

初，隋煬帝作東都㉘，無外城，僅有短垣而已，至是，鳳閣侍郎李昭德始築之㉙。

【章旨】以上為第一段，寫武則天濫用官吏，壯大統治基礎，乃有郭霸這樣吃人糞便的人升為京官。

【注釋】❶長壽元年 此時為天授三年（西元六九二年），是年四月朔改元如意，九月庚子改元長壽。即長壽元年包有天授三年，以及如意元年。❷戊辰朔 正月初一日。❸尉遲伏闍雄 （？—西元六九二年）上元元年（西元六七四年）入朝，擊吐蕃有功，被任命為毗沙都督。事見《舊唐書》卷五〈高宗紀〉下、卷一百九十八〈于闐傳〉、《新唐書》卷二百二十一上〈于闐傳〉。❹瑕 兩《唐書．于闐傳》均作「璥」。❺丁卯 一月一日。❻引見存撫使所舉人 天授元年（西元六九〇年）九月派遣存撫使分十道巡行天下。❼擢 提拔。❽試 試署。非正授。❾補闕拾遺校書郎 皆官名。垂拱元年（西元六八五年）置左右補闕各二員，從七品；左右拾遺各二員，從八品上，掌供奉諷諫。至天授二年二月五日各加置三員，通前共為五員。見《唐會要》卷五十六。❿試官自此始 試官即試用待錄之官。先讓擔任某種職務，看是否稱職。若稱職，即予以正除；否則則予以罷免。按，關於試官的起源，《唐會要》卷六十七說：「天授二年二月十五日，十道使舉人石艾縣令王山輝等六十一人，並授拾遺補闕；懷州錄事參軍霍獻可等二十四人，並授侍御史；并州錄事參軍徐昕等二十四人，授著作郎；魏州內黃縣尉崔宣道等二十三人，授衛佐校書。蓋天后收人望也。……試官自此始也。」《通鑑考異》所引《唐統紀》所載略同，疑與長壽元年一月丁卯引見存撫使所舉人同為一事。⓫補闕連車載四句 此謠係時人張鷟所作，見《朝野僉載》卷四。全句都是一個意思，就是說當時補闕、拾遺等試官極多、極濫。平斗，即滿斗。欋推，耙推。欋，農具四齒耙。盌脫，食器模型，指從一個模子中倒出。⓬沈全交續之曰　沈全交係詩人沈佺期之弟。據《朝野僉載》卷四，沈全交所續亦四句，即：「評事不讀律，博士不尋章。麵糊存撫使，眯目聖神皇。」麵糊，《通鑑》作「麹心」。意謂心為麵漿所糊，昏迷不清。眯目，指眼睛被塵埃迷住，看不明白。聖神皇，即武則天。後二句旨在揭示造成補闕連車載等現象的原因，近似人身攻擊。⓭紀先知　中宗朝宰相紀處訥的堂兄弟。見《新唐書》卷七十五上〈宰相世系表〉五上。⓮濫　過度；無節制。⓯何恤人言　何怕人說。恤，憂。⓰祿位　俸祿官位。⓱黜　罷免。⓲競為之用　爭著為她所用。⓳寧陵　縣名，治所在今河南寧陵。⓴郭霸　（？—西元六九八年）廬州廬江（今安徽廬江縣）人，《新唐書》卷二百九作「郭弘霸」。《通鑑》作「郭霸」，係從《御史臺記》。但據《舊唐書》卷五十〈刑法志〉及杜佑《通典》，其名本為「郭弘霸」，「郭霸」係避諱所改。傳見《舊唐書》卷一百八十六上、《新唐書》卷二百九。㉑干　求。㉒大夫　對魏元忠的諛稱。當時魏元忠官御史中丞，尚未至大夫。㉓無傷也　無妨；沒關係。㉔戊辰　一月初二日。㉕楊執柔　弘農華陰（今陝西華陰）人，曾任宰相。傳見《舊唐書》卷六十二、《新唐書》卷一百。㉖執柔二句　楊執柔是楊恭仁弟楊續的孫子。楊恭仁，高祖朝宰相。傳見《舊唐書》卷六十二、《新唐書》卷一百。㉗太后以外族用之　則天母楊氏係楊達之女，楊達為楊恭仁之叔。楊執柔與楊氏同宗，故武則天視之為外戚。㉘隋煬帝作東都　時在大業元年（西元六〇五年）。㉙李昭德始築之　李昭德所築除外郭外，尚有文昌臺、定鼎門、上東門等，時人以為能。事見兩《唐書・李昭德傳》。

【語　譯】 則天順聖皇后中之上

長壽元年（壬辰　西元六九二年）

正月初一日戊辰，太后在萬象神宮祭祖。

臘月，冊立原于闐國王尉遲伏闍雄的兒子尉遲璥為于闐王。

春，一月初一日丁卯，太后接見存撫使所薦舉的人才，不論賢愚優劣，一律提拔任用。才高的試用為鳳閣舍人、給事中，次等的試用為員外郎、侍御史、補闕、拾遺、校書郎。試用官吏的制度從此興起。當時人針對這種情形說：「補闕連車載，拾遺平斗量。欋推侍御史，盌脫校書郎。」有個被推舉的人沈全交補充說：「糊心存撫使，迷目聖神皇。」結果被御史紀先知所捕，彈劾他誹謗朝政，請求在朝堂上處以杖刑，然後交付法官。太后笑著說：「只要諸位恪守本分，何必怕人議論！應當寬免他的罪過。」紀先知極為羞愧。太后雖然濫用官職俸祿來籠絡天下人心，但是對於不稱職的人，也會隨即罷免，或判刑或斬首。她掌控著賞罰大權以統治天下，政由己出，明於觀察，善於決斷，所以當時的傑出人才也競相為她效力。

寧陵縣丞盧江人郭霸，利用諂媚奉承太后來謀取職位，拜官監察御史。中丞魏元忠病了，郭霸前去慰問，乘機嘗了他的糞便，高興地說：「大夫，您的糞便如果有甜味便可憂了，如今是苦味，病無大礙了。」魏元忠對此非常厭惡，逢人就說這件事。

一月初二日戊辰，任命夏官尚書楊執柔為同平章事。楊執柔，是楊恭仁弟弟的孫子，太后因他是母親家族的人而任用他。

當初，隋煬帝營造東都，沒有外城，只有短牆而已。到此時，鳳閣侍郎李昭德才開始修築外城。

左臺中丞來俊臣羅告同平章事任知古、狄仁傑、裴行本、司農[1]卿裴宣禮[2]、前文昌左丞盧獻、御史中丞魏元忠、潞州刺史李嗣真謀反。先是，來俊臣奏請降敕，一問即承反❶者得減死。及知古等下獄，俊臣以此誘之，仁傑對曰：「大周革命，萬物惟新，唐室舊臣，甘從誅戮。反是實❷！」俊臣乃少寬之。判官❸王德壽謂仁傑曰：「尚書❹定減死矣。德壽業受驅策，欲求少階級❺，煩尚書引❻楊執柔，可乎？」仁傑曰：「皇天后土遣狄仁傑為如此事❼！」以頭觸柱，血流被面❽，德壽懼而謝之❾。

侯思止鞫魏元忠，元忠辭氣不屈，思止怒，命倒曳之。元忠曰：「我薄命，譬如墜驢⑩，足絓於鐙，為所曳耳。」思止愈怒，更曳之，元忠曰：「侯思止，汝若須魏元忠頭則截取，何必使承反也！」

狄仁傑既承反，有司待報⑪行刑，不復嚴備。仁傑裂衾帛⑫書冤狀，置綿衣中，謂王德壽曰：「天時⑬方熱⑭，請授家人去其綿⑮。」德壽許之。仁傑子光遠⑯得書，持之告[3]變，得召見。則天覽之，以問俊臣，對曰：「仁傑等下獄，臣未嘗褫⑰其巾帶，寢處甚安，苟無事實，安肯承反！」太后使通事舍人⑱周綝往視之，俊臣暫假⑲仁傑等巾帶，羅立⑳於西，使綝視之，綝不敢視，惟東顧唯諾而已。俊臣又詐為仁傑等謝死表㉑，使綝奏之。

樂思晦男未十歲，沒入司農㉒，上變㉓，得召見，太后問狀，對曰：「臣父已死，臣家已破，但惜陛下法為俊臣等所弄㉔，陛下不信臣言，乞擇朝臣之忠清、陛下素所信任者，為反狀以付俊臣，無不承反矣。」太后意稍寤，召見仁傑等，問曰：「卿承反何也？」對曰：「不承，則已死於拷掠㉕矣。」太后曰：「何為作謝死表？」對曰：「無之。」出表示之，乃知其詐，於是出此七族㉖。庚午㉗，貶知古江夏㉘令，仁傑彭澤㉙令，宣禮夷陵㉚令，元忠涪陵㉛令，獻西鄉㉜令。流行本、嗣真于嶺南。

俊臣與武承嗣等固請誅之，太后不許。俊臣乃獨稱行本罪尤重，請誅之，秋官郎中徐有功駁之，以為「明主有更生㉝之恩，俊臣不能將順㉞，虧損恩信。」殿中侍御史貴鄉霍獻可㉟，宣禮之甥也，言於太后曰：「陛下不殺裴宣禮，臣請隕㊱命於前。」以頭觸殿階，血流霑地，以示為人臣者不私其親。太后皆不聽。獻可常以綠帛裹其傷，微露之於幞頭㊲下，冀太后見之以為忠。

【章旨】以上為第二段，寫來俊臣等酷吏假公濟私，故意誣告朝臣，製造冤獄，武則天已感事態嚴重，用流刑代替死刑。

【注釋】❶承反　承認謀反。❷反是實　謀反屬實。❸判官　官名，唐制，特派擔任臨時職務的大臣皆可自選中級官員奏請充任判官，佐理庶務。此處指來俊臣所選的屬官。❹尚書　指狄仁傑。時狄仁傑任地官侍郎、判尚書、同鳳閣鸞臺平章事。❺欲求少階級　意為想有所升遷。❻引　援引。❼皇天后土遣狄仁傑為如此事　意思是說皇天后土不容狄仁傑幹這樣的昧心之事。皇天后土，指天地。《新唐書·狄仁傑傳》作「皇天后土，使仁傑為此乎！」語意較為明白。❽被面　滿面。❾謝之　指王德壽向狄仁傑道歉。謝，道歉。❿墜驢　從驢背上掉下來。⓫報　判決。⓬裂衾帛　撕下被單。⓭天時　本指自然運行的時序，此處指天氣。⓮方熱　將熱。⓯請授家人去其綿　請把綿衣交給家人，讓把其中的綿絮取掉。⓰光遠　狄仁傑之次子，官至州司馬。見《新唐書》卷七十四下。⓱褫　剝；脫。⓲通事舍人　中書省屬官，從六品上。掌朝臣進退之節，凡軍旅之出，則承命慰勞送迎。⓳暫假　暫時借給。⓴羅立　羅列而立；排隊站立。㉑俊臣又詐為仁傑等謝死表　兩《唐書·狄仁傑傳》作「來俊臣令王德壽代仁傑作謝死表」。謝死表，謝表之一。其意有二：一是感謝將自己處死；二是請求將自己處死。本文屬後者。㉒樂思晦男未十歲二句　樂思晦天授二年（西元六九一年）十月被殺。未十歲，不滿十歲。沒入司農，籍沒後進入司農寺當僕隸。㉓上變　上書申冤。㉔弄　舞弄。㉕拷掠　鞭打。泛指刑訊。㉖出此七族　減輕對這七個人及其家族成員的處罰。出，法律用詞，指量刑從輕。族，家族。按，《唐律》規定，謀反罪首從皆斬，其父及子年十六以上皆絞，十五以下及母、女、妻、妾、祖、孫、兄、弟、姐、妹及部曲，資財、田宅一律沒官，伯叔父及兄弟之子，亦流三千里，不限籍之異同。一人犯法，涉及一族。此次狄仁傑等被誣謀反者共七人，故有「七族」之說。㉗庚午　一月初四日。㉘江夏　縣名，縣治在今湖北武昌。㉙彭澤　縣名，縣治在今江西彭澤東北。㉚夷陵　縣名，縣治在今湖北宜昌東南。㉛涪陵　縣名，縣治在今重慶市涪陵。㉜西鄉　縣名，縣治在今陝西西鄉。㉝更生　再生。㉞將順　隨順；順勢助成。㉟霍獻可　魏州貴鄉（今河北大名東北）人。事散見於《舊唐書》卷五十、卷八十九、卷一百八十六上，《新唐書》卷一百二、卷二百九及《太平廣記》卷二百五十九。㊱隕　同「殞」。㊲幞頭　頭巾。亦稱「四腳」、「折上巾」。本為軍服，後漸流行。有四帶，二條繫於腦後，留部分下垂；二條反繫頭上，令曲折附頂。

【校　記】①農　原作「禮」。據章鈺校，十二行本、乙十一行本、孔天胤本皆作「農」，張敦仁《通鑑刊本識誤》、張瑛《通鑑校勘記》同，今據改。②裴宣禮　原作「崔宣禮」。據章鈺校，十二行本、乙十一行本皆作「裴宣禮」，今據改。按，兩《唐書．李嶠傳》亦作「裴宣禮」。③告　據章鈺校，十二行本、乙十一行本皆作「稱」。

【語　譯】左臺中丞來俊臣羅織罪名誣告同平章事任知古、狄仁傑、裴行本、司農卿裴宣禮、前文昌左丞盧獻、御史中丞魏元忠、潞州刺史李嗣真謀反。此前，來俊臣奏請朝廷發出敕令：凡一審就承認造反的人可減免死罪。等到任知古等人入獄後，來俊臣便拿這條敕令誘使他們招認。狄仁傑回答說：「大周改朝換制，萬物革新；我是唐室舊臣，甘願受到誅殺。造反是實情！」這時來俊臣對狄仁傑案才稍加放鬆。判官王德壽對狄仁傑說：「尚書您一定會減免死罪的了。我已受人指點，也想官階上稍有升遷，煩勞尚書把楊執柔牽連到案中來，可以嗎？」狄仁傑說：「皇天后土豈叫我狄仁傑幹這種事情！」一頭撞在柱上，血流滿面，王德壽心生畏懼，向狄仁傑道歉。

侯思止審問魏元忠，魏元忠義正詞嚴，不屈不撓，侯思止大怒，教人倒拖著他走。魏元忠說：「我命薄，如同從驢子背上跌落，雙足掛在鐙上，被驢子拖著走。」侯思止愈加憤怒，再次拖拽他。魏元忠說：「侯思止，你如果要魏元忠的腦袋就砍吧，何必讓我承認謀反！」

狄仁傑已承認謀反，主管部門等判決書到後行刑，不再嚴加防備。狄仁傑撕下一塊被單，寫明冤案情委，放在綿衣裡面，對王德壽說：「天氣將熱，請將綿衣交給我家人，把絲綿抽掉。」王德壽答應了。狄仁傑的兒子狄光遠得到冤狀，便拿去申報變故，得到太后召見。武則天看後，以此事質問來俊臣，來俊臣回答說：「狄仁傑等人入獄，臣並未撤除他們的巾衣腰帶，生活起居也很安適，若無其事，他們豈肯承認謀反！」太后派通事舍人周綝去視察，來俊臣臨時把巾衣腰帶還給狄仁傑等人，讓他們排隊站在西邊，安排周綝去看，周綝不敢西視，只是向東看，口中應諾而已。來俊臣又偽造狄仁傑等人的謝死罪表，讓周綝上奏太后。

樂思晦的兒子不滿十歲，被籍沒入司農寺為奴，他上書申訴冤情，得到召見。太后詢問情況，他回答說：「臣父親已死，家已敗亡，只可惜陛下的法制已被來俊臣等所玩弄。陛下若不信臣言，乞請選擇一個忠良清廉而素來又為陛下所信任的臣子，說他有謀反的行為，交來俊臣去審問，沒有不承認造反的。」太后心中稍有醒悟，召見狄仁傑等，問道：「你為何承認造反呢？」回答說：「不承認，便早已死在拷打之下了。」太后說：「為何又作謝死罪表？」回答說：「沒有此事。」太后拿出奏表給他看，這才知道奏表是偽造的，於是放出了狄仁傑等七人家族。一月初四日庚午，貶職任知古為江夏縣令，狄仁傑為彭澤縣令，裴宣禮為夷陵縣令，魏元忠為涪陵縣令，盧獻為西鄉縣令。流放裴行本、李嗣真到嶺南。

來俊臣與武承嗣等堅決請求處死他們，太后不答應。來俊臣便單獨提出裴行本罪行尤其嚴重，請求處死他，秋官郎中徐有功予以駁斥，認為「賢明的君主對臣子有再生的恩典，來俊臣不能隨順助成，有損主上的恩信。」殿中侍御史貴鄉人霍獻可，是裴宣禮的外甥，他對太后說：「陛下不殺裴宣禮，臣願死在殿前。」用頭撞殿上石階，血流浸溼地面，以此表示為臣不偏私於親戚。太后均未聽從。霍獻可常用綠帛包紮傷口，故意露出一點在頭巾外，希望太后看見而認為他忠誠。

甲戌❶，補闕薛謙光❷上疏，以為「選舉之法，宜得實才，取捨之間，風化❸所繫。今之選人，咸稱覓舉❹，奔競相尚，諠訴無慚❺。至於才應經邦，惟令試策❻；武能制敵，止驗彎弧❼。昔漢武帝見司馬相如❽賦，恨不同時，及置之朝廷，終文園令，知其不堪公卿之任故也。吳起❾將戰，左右進劍，起曰：『將者提鼓揮桴❿，臨敵[1]決疑，一劍之任，非將事也。』然則虛文⓫豈足以佐時⓬，善射豈足以克敵！要⓭在文吏察其行能，武吏觀其勇略，考居官之臧否⓮，行舉者賞罰而已⓯。」

來俊臣求金於左衛大將軍泉獻誠，不得，誣以謀反，下獄，乙亥⓰，縊殺之。

○庚辰⓱，司刑卿、檢校陝州刺史李游道⓲為冬官尚書、同平章事。

二月己亥⓳，吐蕃党項部落萬餘人內附，分置十州。○戊午⓴，以秋官尚書袁智弘㉑同平章事。

夏，四月丙申㉒，赦天下，改元如意。

五月丙寅㉓，禁天下屠殺及捕魚蝦。江淮旱，饑，民不得采魚蝦㉔，餓死者甚眾㉕。

右拾遺張德，生男㉖三日，私殺羊會㉗同僚，補闕杜肅懷一餤㉘，上表告之。

明日，太后對仗，謂德曰：「聞卿生男，甚喜。」德拜謝。太后曰：「何從得肉？」德叩頭服罪。太后曰：「朕禁屠宰，吉凶不預㉙。然卿自今召客，亦須擇人。」出肅表示之。肅大慚，舉朝㉚欲唾其面。

吐蕃酋長曷蘇㉛帥部落請內附，以右玉鈐衛將軍張玄遇㉜為安撫使，將精卒二萬迎之。六月，軍至大渡水㉝西，曷蘇事洩，為國人所擒。別部酋長昝捶㉞帥羌蠻八千餘人內附，玄遇以其部落置莱川州[2]而還。

【章旨】以上為第三段，寫薛謙光上奏慎選舉。武則天自己當眾揭露告密者杜肅，武后的權變之術非常人所及。

【注釋】❶甲戌　一月初八日。❷薛謙光　（西元六四七—七一九年）字登，常州義興（今江蘇宜興）人，博涉文史，不畏權貴。官至太子賓客。傳見《舊唐書》卷一百一、《新唐書》卷一百十二、《咸淳毗陵志》卷七。❸風化　風俗教化。❹覓舉　士子請託以求薦舉。此處是對舉人的貶稱。❺無慚　不知羞慚。❻試策　考作策文。❼彎弧　彎弓。❽司馬相如　（西元前一七九—前一一七年）字長卿，蜀郡成都（今四川成都）人，西漢時的著名文學家，被譽為漢代辭宗。漢武帝對他的〈子虛賦〉十分賞識，曾說恨不與他同時。但召見後並未予以重用。事見《史記》卷一百十七〈司馬相如列傳〉、《漢書》卷五十七〈司馬相如傳〉。❾吳起　（？—西元前三八一年）衛國左氏（今山東曹縣北）人，戰國時期的軍事家。曾先後在魯、魏二國為將，屢立戰功。後輔佐楚悼王實行變法，被貴族殺害。傳見《史記》卷六十五〈孫子吳起列傳〉。❿桴　鼓槌。⓫虛文　空文。⓬佐時　猶濟時。⓭要　關鍵。⓮臧否　猶好壞、得失。⓯行舉者賞罰而已　對薦舉之人進行賞罰而已。此句薛謙光疏文作「有稱職者受薦賢之賞，濫舉者抵欺罔之罪，自然舉得賢行」。見《舊唐書》卷一百一〈薛登傳〉。⓰乙亥　一月初九日。⓱庚辰　一月十四日。⓲李游道　趙州高邑（今河北高邑）人，曾任宰相。事見《舊唐書》卷一百八十五上〈李素立傳〉。

⑲己亥　二月初三日。⑳戊午　二月二十二日。㉑袁智弘　曾為相。見《新唐書》卷六十一〈宰相上〉、卷七十四下〈宰相世系四下〉。㉒丙申　四月初一日。㉓丙寅　五月初一日。㉔采魚蝦　捕魚蝦。㉕餓死者甚眾　武則天佞佛，禁殺生，不准屠宰和捕魚，活活餓死了許多民眾。㉖生男　生子。㉗會　宴請。㉘餤　肉餅。㉙吉凶不預　吉凶之事不予干涉，可以破例。㉚舉朝　滿朝官吏。㉛曷蘇　吐蕃大首領。事見《舊唐書》卷一百九十六上〈吐蕃傳〉、《新唐書》卷二百十六上〈吐蕃傳〉。㉜張玄遇　事散見於《舊唐書》卷六、卷一百九十六上、卷一百九十九下。㉝大渡水　即大渡河。在今四川境內。㉞昝捶　《新唐書》卷二百十六上〈吐蕃傳〉作「昝插」。《考異》：「《唐紀》作『沓搖』，今從《實錄》。」

【校記】1敵　據章鈺校，十二行本、乙十一行本皆作「稱」。2萊川州　胡三省注云：「黎州都督府所管羈縻州有米川州，《新書》作「葉州」。」嚴衍《通鑑補》改作「葉川州」，未知孰是。按，《舊唐書‧吐蕃傳》作「葉川州」。

【語譯】一月初八日甲戌，補闕薛謙光上疏，認為「選舉的法則，應當得到真正的人才，錄取和捨棄什麼樣的人，關係到國家的教化。現在參加選拔的士子，都是自求舉薦的人，他們競相奔走門路，攀比爭勝，喧譁吹噓，不知羞恥。至於才幹是否適應治國，只令參加策試；武功能否克敵，僅僅考驗箭法。從前漢武帝看到了司馬相如的〈子虛賦〉，恨不能與他同世，等到安置他到朝廷做官，最終是主管孝文帝陵園的小官，因為瞭解他不能勝任公卿大臣的緣故。吳起即將出戰，身邊的人獻上劍來，吳起說：『為將軍的是提鼓揮槌，臨陣時決斷疑難大事；持劍殺人的任務，不是將軍的事。』那麼，空談的文章豈能足以濟世，善長射箭豈能足以戰勝敵人！關鍵在於對文官要察看他的德行才能，對武官要觀察他的膽識韜略，考核居官時政績的優劣，對舉薦的人加以賞罰而已。」

來俊臣向左衛大將軍泉獻誠索取錢財，沒有得到，便誣告他謀反，逮捕入獄。一月初九日乙亥，泉獻誠被勒死。〇十四日庚辰，司刑卿、檢校陝州刺史李游道任冬官尚書、同平章事。

二月初三日己亥，吐蕃役屬下的党項部落一萬多人歸附朝廷，分別安置在十個州居住。〇二十二日戊午，任秋官尚書袁智弘同平章事。

夏，四月初一日丙申，赦免天下罪犯，改年號為如意。

五月初一日丙寅，禁止天下屠殺牲畜及捕撈魚蝦。江淮間旱災，出現饑荒，百姓不能捕撈魚蝦，餓死的人很多。

右拾遺張德，生下兒子第三天，私自殺羊宴請同事，補闕杜肅懷藏了一塊肉餡餅，上表告發他。次日，太后臨朝聽政，對著儀仗，跟張德說：「聽說你生了個兒子，很是高興。」張德拜謝。太后說：「從哪裡得到的肉？」張德磕頭認罪。太后說：「我禁止屠宰牲畜，對喜慶喪葬之事不干預。但你今後請客，也應該選擇人。」說完拿出杜肅的奏表給他看。杜肅非常羞慚，滿朝的官員都想啐他的臉。

吐蕃酋長曷蘇率領部落請求歸附朝廷，朝廷任命右玉鈐衛將軍張玄遇為安撫使，率領精兵二萬迎接他。六月，大軍行至大渡水西岸，曷蘇歸附之事洩漏，被本國人抓獲。另一部落酋長昝捶率羌蠻八千多人來歸附，張玄遇把他的部落安置在萊川州後撤兵。

辛亥❶，萬年主簿徐堅❷上疏，以為「書有五聽❸之道，令著三覆之奏❹。竊見比有敕推按反者，令使者得實，即行斬決。人命至重，死不再生，萬一懷枉，吞聲赤族❺，豈不痛哉！此不足肅姦逆❻而明典刑❼，適所以長威福而生疑懼。臣望絕此處分，依法覆奏。又，法官之任，宜加簡擇，有用法寬平，為百姓所稱者，願親而任之；有處事深酷，不允❽人望者[1]，願疏而退之。」堅，齊聃❾之子也。

夏官侍郎❿李昭德密言於太后曰：「魏王承嗣權太重。」太后曰：「吾姪也，故委以腹心⓫。」昭德曰：「姪之於姑，其親何如子之於父？子猶有篡弒其父者，況姪乎！今承嗣既陛下之姪，為親王，又為宰相，權侔人主[12]，臣恐陛下不得久安天位[13]也！」太后矍然[14]曰：「朕未之思[15]。」秋，七月戊寅[16]，以文昌左相[17]、同鳳閣鸞臺[18]三品武承嗣為特進[19]，納言[20]武攸寧為冬官尚書[21]，夏官尚書[22]、同平章事楊執柔為地官尚書[23]，並罷政事。以秋官侍郎[24]新鄭崔元綜[25]為鸞臺侍郎[26]，夏官侍郎李昭德為鳳閣侍郎[27]，檢校天官侍郎[28]姚璹[29]為文昌左丞[30]，檢校地官侍郎李元素[31]為文昌右丞，與司賓[32]卿崔神基[33]並同平章事。璹，思廉[34]之孫。元素，敬玄[35]之弟也。辛巳[36]，以營繕大匠[37]王璿[38]為夏官尚書、同平章事。承嗣亦毀昭德於太后，太后曰：「吾任昭德，始得安眠，此代吾勞，汝勿言也。」

是時，酷吏恣橫[39]，百官畏之側足[40]，昭德獨廷奏其姦。太后好祥瑞[41]，有獻白石赤文[42]者，執政詰其異[43]，對曰：「以其赤心[44]。」昭德怒曰：「此石赤心，它石盡反邪？」左右皆笑。襄州人胡慶以丹漆書龜腹曰：「天子萬萬年。」詣闕獻之。昭德以刀刮盡，奏請付法[45]。太后曰：「此心亦無惡[46]。」命釋之。

太后習貓[47]，使與鸚鵡[48]共處。出示百官，傳觀未遍，貓飢，搏[49]鸚鵡食之，太后甚慚。

太后自垂拱[50]以來，任用酷吏，先誅唐宗室貴戚數百人，次及大臣數百家，其刺史、郎將以下，不可勝數。每除一官，戶婢(51)竊相謂曰：「鬼朴(52)又來矣。」不旬月，輒遭掩捕、族誅。監察御史朝邑嚴善思(53)，公直敢言(54)。時告密者不可勝數，太后亦厭其煩，命善思按問，引虛伏罪(55)者八百五十餘人。羅織之黨為之不振，乃相與共[2]構陷善思，坐流驩州(56)。太后知其枉，尋復召為渾儀監丞(57)。善思名譔，以字行。

右補闕新鄭朱敬則(58)以太后本任威刑以禁異議，今既革命，眾心已定，宜省刑尚寬，乃上疏，以為「李斯(59)相秦，用刻薄變詐以屠諸侯(60)，不知易之以寬和，卒至土崩，此不知變之禍也。漢高祖定天下，陸賈、叔孫通說之以禮義(61)，傳世十二，此知變之善(62)也。自文明(63)草昧(64)，天地屯蒙(65)，三叔流言(66)，四凶構難(67)，不設鉤距(68)，無以應天順人，不切(69)刑名，不可摧姦息暴。故置神器，開告端(70)，曲直之影必呈，包藏之心盡露，神道助直，無罪不除，蒼生晏然(71)，紫宸(72)易主。然而急趨無善迹(73)，促柱少和聲(74)，向時(75)之妙策，乃當今之芻狗(76)也。伏願覽秦、漢之得失，考時事之合宜，審(77)糟粕之可遺(78)，覺蘧廬(79)之須毀，去萋菲之牙角(80)，頓姦險之鋒芒，窒(81)羅織之源，掃(82)朋黨之迹，使天下蒼生坦然大悅，豈不樂哉！」太后善之，賜帛三百段。

侍御史周矩(83)上疏曰：「推劾之吏皆相矜以虐(84)，泥耳籠頭(85)，枷研楔轂(86)，摺膺籤爪(87)，懸髮薰(88)耳，號曰『獄持』。或累日節食，連宵緩問，晝夜搖撼，使不得眠，號曰『宿囚』。此等(89)既非木石，且救目前，苟求賒死(90)。臣竊聽輿議(91)，皆稱天下太平，何苦須反(92)！豈被告者盡是英雄，欲求帝王邪？但不勝楚毒自誣(93)耳。願陛下察之。今滿朝側息(94)不安，皆以為陛下朝與之密，夕與之讎，不可保也。周用仁而昌，秦用刑而亡。願陛下緩刑用仁，天下幸甚！」太后頗采其言，制獄稍衰(95)。

【章　旨】以上為第四段，寫武則天調整執政班子，掌控朝政，裁抑武承嗣等人的權勢，冷靜聽取徐堅、李昭德、朱敬則、周矩等大臣對酷吏政治的批評。

【注　釋】❶辛亥　六月甲子朔，無辛亥。疑誤。❷徐堅　（？—西元七二九年）字元固，湖州長城（今浙江長興）人，博學多識，舉進士，歷則天、中宗、睿宗、玄宗四朝，官至集賢院學士。曾參與《三教珠英》、《則天皇后實錄》、《初學記》等書的編寫，著有《徐堅集》三十卷。傳見《舊唐書》卷一百二、《新唐書》卷一百九十九、《嘉泰吳興志》卷十六。❸五聽　指審案的五種方法。一曰辭聽，二曰色聽，三曰氣聽，四曰耳聽，五曰目聽。❹令著三覆之奏　貞觀五年（西元六三一年），唐太宗詔為處死刑應極為審慎，遂下詔三覆奏，即三次審查上奏。❺吞聲赤族　無聲息而被族滅。❻肅姦逆　肅清奸臣叛逆。❼明典刑　彰顯刑典。❽不允　不孚。❾齊聃　徐齊聃，高宗時官至西臺舍人（即中書舍人）。善寫文誥，為當時所稱，唐高宗頗愛其文。傳見《舊唐書》卷一百九十上、《新唐書》卷一百九十九及《嘉泰吳興志》卷十六。❿夏官侍郎　即兵部侍郎。⓫委以腹心　委以腹心之任。腹心，喻親信。⓬權侔人主　權力與帝王相等。侔，均；等。⓭天位　帝位。⓮矍然　驚視的樣子。⓯未之思　即未思之，沒有考慮到這種事。⓰七月戊寅　七月甲午朔，無戊寅。此當為八月。八月戊寅，八月十六日。

⑰文昌左相　官名，尚書省長官二人，為左右僕射，光宅元年（西元六八四年）改為文昌左、右相，從第二品。⑱鳳閣鸞臺　即中書省與門下省。高宗龍朔二年（西元六六二年）改中書省為西臺，門下省為東臺。武后光宅元年，又改西臺為鳳閣，東臺為鸞臺。武承嗣以文昌左相，加同鳳閣鸞臺三品，即為宰相。鳳閣、鸞臺長官，正三品。⑲特進　文散官第二等，正二品。⑳納言　即門下省長官尚書。㉑冬官尚書　即工部尚書。㉒夏官尚書　即兵部尚書。㉓地官尚書　即戶部尚書。㉔秋官侍郎　即刑部侍郎。㉕崔元綜　鄭州新鄭（今河南新鄭西南）人，曾為相，頗勤於政事。傳見《舊唐書》卷九十、《新唐書》卷一百十四。㉖鸞臺侍郎　即門下侍郎，為門下省副長官，正三品。㉗夏官侍郎李昭德為鳳閣侍郎　鳳閣侍郎，即中書侍郎。《舊唐書．李昭德傳》：「舉明經，累遷至鳳閣侍郎。長壽二年增置夏官侍郎三員，時選昭德與婁師德、侯知一為之；是歲，遷鳳閣鸞臺平章事。」《新紀》、〈表〉、〈傳〉皆云昭德自夏官侍郎遷鳳閣侍郎同平章事。司馬光認為李昭德自鳳閣為夏官，自夏官復為鳳閣。㉘天官侍郎　即吏部侍郎，吏部副長官。吏部長官為尚書。龍朔二年（西元六六二年），改尚書為太常伯，侍郎為少常伯。㉙姚璹　（西元六三二—七〇五年）雍州長安（今陝西西安）人，刻苦好學，博涉經史，曾參與《瑤山玉彩》等書的撰寫。兩度為相。傳見《舊唐書》卷八十九、《新唐書》卷一百二。㉚文昌左丞　官名，尚書省副長官。尚書省長官為左右僕射，光宅元年改為文昌左右相。副長官為左右丞。左丞，正四品上。右丞，正四品下。㉛李元素　（？—西元六七九年）初為武德令，剛正敢諫。兩度為相。事見《舊唐書》卷八十一、《新唐書》卷一百六〈李敬玄傳〉。㉜司賓　官名，司賓卿，戶部屬官。㉝崔神基　以門蔭入仕。曾為相。事見《舊唐書》卷七十七、《新唐書》卷一百九〈崔義玄傳〉。㉞思廉　姚璹祖父姚思廉，隋時任代王侍讀，唐初官至弘文館學士。著有《梁書》五十六卷、《陳書》三十六卷，行於世，收入廿四史之中。㉟敬玄　李敬玄，李元素之兄，相唐高宗。㊱辛巳　七月甲午朔，無辛巳。此當為八月辛巳，八月十九日。㊲營繕大匠　官名，即將作大匠。光宅元年改將作監為營繕監。㊳王璿　曾為相。事見《新唐書》卷四〈則天皇后紀〉、卷六十一〈宰相上〉。㊴恣橫　縱恣驕橫。㊵側足　累足。形容畏懼而不敢直立。㊶祥瑞　吉祥的徵兆。㊷白石赤文　有紅色紋理的白石塊。㊸詰其異　問他這塊石頭的奇異之處。㊹以其赤心　因為它的中心赤紅。紅心意味著赤誠。㊺付法　付法司治罪。㊻無惡　沒有惡意。㊼習貓　馴貓。㊽鸚鵡　鳥名，俗稱「鸚哥」。羽毛美麗，經過訓練能模仿人的聲音。㊾搏　捕。㊿垂拱　武則天年號（西元六八五—六八八年）。(51)戶婢　即在宮門聽候驅使的奴婢。(52)鬼朴　作鬼的材料。(53)嚴善思　（西元六四五—七二九年）同州朝邑（今陝西大荔東）人，善天文曆數及卜相之術。則天時屢上表陳述時政得失，多被採納。傳見《舊唐書》卷一百九十一、《新唐書》卷二百四。(54)公直敢言　公正率直，敢於說話。(55)引虛伏罪　舉報虛妄而伏罪。(56)驢

州　州名，治所在今越南義安演州西安城。57渾儀監丞　官名，即司天監丞，從七品下。58朱敬則　（西元六三五—七〇九年）字少連，亳州永城（今河南永城）人，《通鑑》作新鄭人，不知所據。生於孝義之家，為官清廉正直。曾任宰相，執政以用人為先。著有《十代興亡論》。傳見《舊唐書》卷九十、《新唐書》卷一百十五。59李斯　（？—西元前二〇八年）秦代政治家。曾任廷尉、丞相等職，對秦國政治有較大影響。傳見《史記》卷八十七。60用刻薄變詐以屠諸侯　李斯曾建議對六國實行各個擊破的政策。擔任丞相後，反對分封，主張焚書坑儒，加強專制統治。61陸賈叔孫通說之以禮義　兩人均為西漢開國功臣。事詳《史記》卷九十七、卷九十九，《漢書》卷一、卷四十三。62善　好處；益處。63文明　唐睿宗年號。僅施行於元年（西元六八四年）二月至九月。64草昧　草創；創始。65天地屯蒙　天地初開時的混沌狀態。指武則天臨朝稱制之初，如天地生物之始。屯，謂事物初始。蒙，謂事物冥昧。66三叔流言　本指周初管叔、蔡叔、霍叔誹謗周公。此處借指韓王元嘉、霍王元軌等誣衊武則天。67四凶構難　原指不服從舜控制的渾敦、窮奇、檮杌、饕餮等四凶作怪。這裡指徐敬業等人發動叛亂。68鉤距　古代連接弩車弩機的部件。69切　嚴。70置神器二句　指鑄匭以開告密之門。按，鑄匭是垂拱二年（西元六八六年）的事。在此之前，告密之門已開。71晏然　安然。72紫宸　本為天文學術語。紫微星居北辰之中，象徵帝座，故曰紫宸。唐代帝王朝見群臣的內朝正殿取其意，稱為紫宸殿。此處泛指宮禁。73急趨無善迹　急奔沒有完好的足跡。是以走路為喻。趨，跑；疾行。迹，足跡。74促柱少和聲　繃緊的琴絃沒有和諧之聲。以彈琴打比方。促柱，使絃繃緊。和聲，和諧之聲。75向時　從前；過去。76芻狗　用茅草紮成的狗。用於祭祀，祭畢即棄去。77審　明悉。78遺　棄。79蘧廬　旅舍。典出《莊子・天運》：「仁義，先王之蘧廬也，止可以一宿，而不可久處。」80去萋菲之牙角　萋菲，指進讒言的人。典出《詩・小雅・巷伯》：「萋兮斐兮，成是貝錦。彼譖人者，亦已大甚。」牙角，齒舌。此處指讒言。81窒　塞。82掃　除。83周矩　人名。事見《舊唐書》卷一百八十三〈薛懷義傳〉、《新唐書》卷五十六〈刑法志〉、《全唐文》卷二百六十。84相矜以虐　以暴虐相矜誇。85泥耳籠頭　泥耳，把犯人耳朵研成肉泥。籠頭，給犯人頭上套上鐵圈子，即鐵籠首，一種特製的刑具。86枷研楔轂　枷研，以重枷研其頸。楔轂，以鐵圈轂其首而加楔。87籤爪　用竹籤刺犯人的十根手指。88薰　「熏」的異體字。以火煙熏炙。89此等　這些人。90苟求賒死　苟且招供，以求暫時遠離死亡。賒，遠。91輿議　眾議。92何苦須反　何苦必須造反。93自誣　自己誣陷自己；本來無罪而被迫認罪。94側息　側足屏息。形容惶恐不安的樣子。95太后頗采其言二句　此事各書所載不一。如《新唐書》卷五十六〈刑法志〉說：「武后不納。」同書卷二百九〈酷吏傳〉則說：「后寤，獄乃稍息，而酷吏寖寖以罪去。」

【校　記】①者　原無此字。據章鈺校，十二行本、乙十一行本、孔天胤本皆有此字，張敦仁《通鑑刊本識誤》同，今據補。
②共　原無此字。據章鈺校，十二行本、乙十一行本、孔天胤本皆有此字，今據補。

【語　譯】辛亥日，萬年縣主簿徐堅上奏章，認為「古書上審案有五聽的方法，詔令明示死刑要經三次覆勘奏聞。我看見先前有命令推究審問謀反者，讓使者獲取實情，就立即處以斬刑。人命至關重要，死了不能復生，萬一含冤，無聲族滅，怎不令人痛心！這不足以肅清奸臣叛賊而彰顯刑典，恰好助長刑吏的威福，而使人們產生疑懼。我希望杜絕這種處置，依法覆審再奏。還有，法官的任用，要加以選擇。有執法寬大公平，為百姓所稱道的，希望親信而任用他；有處事苛刻嚴酷，不孚眾望的，希望疏遠而罷免他。」徐堅，是徐齊聃的兒子。

夏官侍郎李昭德對太后祕密進言說：「魏王武承嗣權位太重。」太后說：「他是我的姪子，所以委以腹心之任。」李昭德說：「姪子對於姑母，他們親近的程度怎麼能比得上兒子對於父親？兒子還有殺父篡位的，何況是姪子呢！今武承嗣既是陛下的姪子，為親王，又為宰相，權力等於君主，我恐怕陛下不能長久安坐天子之位了！」太后驚視說：「我沒有考慮到這種事。」秋，七月戊寅日，任命文昌左相、同鳳閣鸞臺三品武承嗣為特進，納言武攸寧為冬官尚書，夏官尚書、同平章事楊執柔為地官尚書，一併罷免他們的政務。委任秋官侍郎新鄭人崔元綜為鸞臺侍郎，夏官侍郎李昭德為鳳閣侍郎，檢校天官侍郎姚璹為文昌左丞，檢校地官侍郎李元素為文昌右丞，與司賓卿崔神基並為同平章事。姚璹，是姚思廉的孫子。李元素，是李敬玄的弟弟。辛巳日，以營繕大匠王璿為夏官尚書、同平章事。武承嗣也在太后前詆毀李昭德，太后說：「我任用李昭德，才得安睡；他能分擔我的操勞，你不必說了。」

這時，酷吏放肆驕橫，百官畏懼他們，側足而立，獨有李昭德在朝廷上奏明他們的邪惡。太后喜歡吉祥的徵兆，有人進獻帶有紅色花紋的白石，執政官追問這塊石頭的奇異之處，那人回答說：「因為它有紅心。」李昭德發怒說：「這塊石頭有紅心，別的石頭都是叛逆嗎？」左右的人都笑了。襄州人胡慶用紅漆在龜腹寫上：「天子萬萬年。」到皇宮門前來進獻。李昭德用刀刮盡字跡，奏請交付法司治罪。太后說：「此心並無惡意。」下令釋放他。

太后訓練貓，讓牠和鸚鵡相處。有一次帶出來向百官展示，傳看還沒有完畢，貓餓了，抓住鸚鵡吃了，太后很羞愧。

太后自垂拱年以來，任用殘酷的官吏，首先殺戮唐室皇親國戚數百人，其次再殺大臣幾百家，至於迫害刺史、郎將以下官吏，難以數清。每任命一官，宮門奴婢就會私下相告：「做鬼的材料又來了。」不到十天個把月，即遭意外逮捕，全族被殺。監察御史朝邑人嚴善思，公正率直，敢說話。當時告密的人多到數不清，太后也厭其煩，便派嚴善思去查究審問，舉報虛妄而伏罪的有八百五十多人。羅織陷害人的團伙為之喪氣，於是他們共同誣陷嚴善思，嚴善思獲罪流放驩州。太后知道他冤枉，不久又召他回來擔任渾儀監丞。嚴善思名譔，以表字善思行於世。

右補闕新鄭人朱敬則認為太后原是用嚴厲的刑法來禁止不同的意見，如今已經天命變更，眾人心緒已定，應該減少刑罰，崇尚寬大，於是上書認為「李斯做秦國的丞相，用刻薄欺詐手段屠殺諸侯，不知道改用寬大溫和政策，終於土崩瓦解，這是不知應變的禍害。漢高祖平定天下，陸賈、叔孫通說服他用禮義治理，結果帝位傳了十二代，這是知道應變的好處。自文明年間帝業初創，如天地混沌初開，三位親王散布流言，四個元兇起兵作亂，不用機謀之法，便不能應天意順民心，不嚴施刑法，便不能破奸止暴。所以設置銅匭，開告密之始，使曲直善惡的狀況一定顯現，包藏的禍心全部暴露，天道幫助正直之人，沒有罪惡不被清除，百姓安定，宮禁換了主人。然而急奔沒有完好的足跡，繃緊的琴絃沒有和諧之聲，以前的好政策，今日便成了無用之物。懇切希望借鑑秦、漢的得失，考求現時的合適措施，明白糟粕應當遺棄，認識旅舍草屋應當毀棄，拔去進讒言的齒舌，挫敗險惡的鋒芒，塞住誣陷的源頭，掃除結黨的現象，讓天下百姓皆舒坦歡悅，豈不快樂！」太后嘉許他，賜給絲帛三百段。

侍御史周矩上疏說：「審訊犯人的官吏都以暴虐相互矜誇，泥糊耳朵，籠罩腦袋，用重枷磨頸，用鐵圈束頭並加楔子，打斷肋骨，用竹籤釘指頭，吊頭髮，薰耳朵，號稱『獄持』。或者連著幾天減少食物，通宵達旦不停地審問，晝夜搖撼，不讓睡眠，號稱『宿囚』。這些人並非木石，為了避免眼前的痛苦，苟且認罪以求晚死幾天。臣私下聽到的輿論，都說天下太平，何苦去造反！難道被告都是英雄，想做皇帝嗎？只是受不了酷刑苦楚而自誣。請陛下明察這一情況。當今滿朝官吏惶恐不安，都以為陛下早晨親信他，晚上便以他為仇敵，難以保命。周代用仁政而強盛，秦朝用刑戮而滅亡。願陛下減緩刑罰，施行仁政，天下人就非常慶幸了！」

太后採納了他的很多意見，詔獄案件稍減。

太后春秋雖高❶，善自塗澤❷，雖左右不覺其衰❸。丙戌❹，敕以齒落更生❺，九月庚子❻，御則天門，赦天下，改元❼。更以九月為社❽。◯制於并州置北都❾。癸丑❿，同平章事李遊道、王璿、袁智弘、崔神基、李元素、春官侍郎孔思元⓫、益州長史任令輝，皆為王弘義⓬所陷，流嶺南。◯左羽林中郎將來子珣⓭坐事流愛州⓮，尋卒。

初，新豐王孝傑⓯從劉審禮擊吐蕃為副總管，與審禮皆沒於吐蕃。贊普⓰見孝傑泣曰：「貌類吾父。」厚禮之⓱，後竟得歸，累遷右鷹揚衛將軍⓲。孝傑久在吐蕃，知其虛實。會西州都督唐休璟請復取龜茲、于闐、疏勒、碎葉四鎮⓳，敕以孝傑為武威軍總管，與左[1]武衛大將軍阿史那忠節⓴將兵擊吐蕃。冬，十月丙戌㉑，大破吐蕃，復取四鎮。置安西都護府於龜茲㉒，發兵戍之。

【章　旨】以上為第五段，寫武則天年老生齒，以及敗吐蕃，復置安西四鎮。

【注　釋】❶太后春秋雖高　武則天時年六十九歲，已為高齡。春秋，年齡。❷塗澤　塗脂潤澤，修飾容貌。❸衰　衰老。❹丙戌　八月二十四日。❺更生　復生。❻庚子　九月初九日。❼改元　改元長壽。武則天因年老而齒重生，於是改元長壽。❽更以九月為社　將社日改在九月。社日係祭祀土神的日子，一般在立春、立秋後的第五個戊日。❾北都　即太原。關於置北都的時間，兩《唐書・地理志》作天授元年（西元六九〇年），與《通鑑》所載不同。❿癸丑　九月二十二日。⓫孔思元　岑仲勉據《元和姓纂》及郎官石柱題名認為思元當為惠元之訛。見《通鑑隋唐紀比事質疑》。⓬王弘義　（?—西元六九四年）冀州衡水（今河北衡水市西）人，武周時期的酷吏之一。傳見《舊唐書》卷一百八十六上、《新唐書》卷二百九。⓭來子珣（?—西元六九二年）武周時期的酷吏。傳見《舊唐書》卷一百八十六上、《新唐書》卷二百九。⓮愛州　州名，治所在今越南清化。⓯王孝傑　（?—西元六九七年）京兆新豐（今陝西臨潼）人，以軍功歷任右鷹揚衛將軍等職，曾率兵收復安西四鎮。擔任過宰相。傳見《舊唐書》卷九十三、《新唐書》卷一百十一。⓰贊普　吐蕃君長的稱號。《新唐書・吐蕃傳》：「其俗謂雄強曰贊，丈夫曰普，故號君長曰贊普。」⓱厚禮之　對他厚加優禮。⓲右鷹揚衛將軍　即右武衛將軍。⓳唐休璟請復取龜茲于闐疏勒碎葉四鎮　咸亨元年（西元六七〇年）安西四鎮陷於吐蕃，故唐休璟有此奏請。⓴武衛大將軍阿史那忠節　此時既改武衛為鷹揚衛，不應復以舊官名命忠節。大概是史家仍按舊官名記事。㉑丙戌　十月二十五日。㉒置安西都護府於龜茲　咸亨元年（西元六七〇年）龜茲失陷，安西都護府被迫僑遷。至此，復置安西都護府於龜茲。

【校　記】①左　原無此字。據章鈺校，十二行本、乙十一行本、孔天胤本皆有此字，今據補。按，《舊唐書・王孝傑傳》亦載阿史那忠節為左武衛大將軍。

【語　譯】太后年紀雖老，但善於修飾容貌，即使左右之人也覺察不出她衰老。八月二十四日丙戌，下敕令，由於牙脫落後長出新齒，九月初九日庚子，駕幸則天門，大赦天下，改換年號。改在九月祭祀土地神。〇下令在并州設立北都。

九月二十二日癸丑，同平章事李遊道、王璿、袁智弘、崔神基、李元素、春官侍郎孔思元、益州長史任令輝，皆被王弘義陷害，流放到嶺南。〇左羽林中郎將來子珣，受事牽連，流放到愛州，不久死去。

當初，新豐人王孝傑隨著劉審禮攻擊吐蕃，任副總管，與劉審禮一道淪陷在吐蕃。吐蕃贊普見到王孝傑，流淚說：「你的相貌像我父親。」對王孝傑厚加禮遇，後來終於得以返回，累遷右鷹揚衛將軍。王孝傑久居吐蕃，知道那裡的實情。時逢西州都督唐休璟請求再次收復龜茲、于闐、疏勒、碎葉四鎮，詔命王孝傑為武威軍總管，與左武衛大將軍阿史那忠節領兵征吐蕃。冬，十月二十五日丙戌，大敗吐蕃，再次奪取四鎮。在龜茲設立安西都護衙門，派兵駐守。

二年（癸巳　西元六九三年）

正月壬辰朔❶，太后享萬象神宮，以魏王承嗣為亞獻，梁王三思為終獻。太后自制神宮樂，用舞者九百人❷。

戶婢團兒為太后所寵信，有憾於皇嗣，乃譖皇嗣妃劉氏❸、德妃竇氏❹為厭呪❺。癸巳❻，妃與德妃朝太后於嘉豫殿，既退，同時殺之，瘞❼於宮中，莫知所在。德妃，抗之曾孫也❽。皇嗣畏忤旨，不敢言，居太后前，容止自如。團兒復欲害皇嗣，有言其情於太后❾者，太后乃殺團兒。

是時，告密者皆誘人奴婢告其主，以求功賞。德妃父孝諶為潤州刺史，有奴妄為妖異以恐❿德妃母龐氏，龐氏懼，奴請夜祠禱解⓫，因發其事。下監察御史龍門薛季昶[12]按之，季昶誣奏，以為與德妃同祝詛，先涕泣不自勝，乃言曰：「龐氏所為，臣子所不忍道。」太后擢季昶為給事中。龐氏當斬，其子希瑊[13]詣侍御史徐有功訟冤，有功牒[14]所司停刑，上奏論之，以為無罪。季昶奏有功阿黨惡逆，請付法，法司處有功罪當絞。令史[15]以白有功，有功嘆曰：「豈我獨死，諸人永不死邪！」既食，掩扇而寢[16]。人以為有功苟自強，必內憂懼，密伺之，方熟寢。太后召有功，迎謂曰：「卿比按獄，失出[17]何多？」對曰：「失出，人臣之小過；好生[18]，聖人之大德。」太后默然。由是龐氏得減死，與其三子皆流嶺南[19]，孝諶貶羅州[20]司馬，有功亦除名[21]。

戊申[22]，姚璹奏請令宰相撰時政記[23]，月送史館[24]。從之。時政記自此始。

臘月丁卯[25]，降皇孫成器為壽春王[26]，恆王成義為衡陽王，楚王隆基為臨淄王，衛王隆範為巴陵王，趙王隆業為彭城王，皆睿宗之子也。

春，一月庚子[27]，以夏官侍郎婁師德[28]同平章事。師德寬厚清慎，犯而不校[29]。與李昭德俱入朝，師德體肥行緩，昭德屢待之不至，怒罵曰：「田舍夫[30]！」師德徐笑曰：「師德不為田舍夫，誰當為之！」其弟除代州[31]刺史，將行，師德謂曰：「吾備位[32]宰相，汝復為州牧[33]，榮寵過盛，人所疾[34]也，將何以自免？」弟長跪㉟曰：「自今雖有人唾某面㊱，某拭之而已，庶㊲不為兄憂。」師德愀然㊳曰：「此所以為吾憂也！人唾汝面，怒汝也。汝拭之，乃逆其意，所以重其怒。夫唾，不拭自乾㊴，當笑而受之。」

甲寅㊵，前尚方監㊶裴匪躬、內常侍㊷范雲仙坐私謁皇嗣腰斬於市，自是公卿以下皆不得見。又有告皇嗣潛有異謀者，太后命來俊臣鞫其左右，左右不勝楚毒，皆欲自誣。太常工人㊸京兆安金藏㊹大呼謂俊臣曰：「公既不信金藏之言，請剖心以明皇嗣不反。」即引佩刀自剖其胸，五藏皆出，流血被地。太后聞之，令轝㊺入宮中，使醫內五藏㊻，以桑皮線縫之，傅以藥㊼，經宿始蘇㊽。太后親臨視之，歎曰：「吾有子不能自明，使汝至此。」即命俊臣停推㊾。睿宗由是得免。

罷舉人習老子，更習太后所造臣軌㊿。

二月丙子(51)，新羅王政明卒(52)，遣使立其子理洪為王。〇乙亥(53)，禁人間錦(54)。侍御史侯思止(55)私畜錦，李昭德按之，杖殺於朝堂。

【章旨】以上為第六段，寫酷吏告密治獄危及皇儲睿宗。

【注釋】❶壬辰朔　正月初一日。❷太后自制神宮樂二句　《舊唐書》卷二十八〈音樂志〉：「先是，上自制〈神宮大樂〉，舞用九百人，至是舞於神宮之庭。」❸皇嗣妃劉氏　劉德威之女，睿宗即位之初，曾被立為皇后。傳見《舊唐書》卷五十一、

《新唐書》卷七十六。❹德妃竇氏　唐睿宗的妃嬪，生玄宗及金仙、玉真二公主。後被追謚為昭成順聖皇后。與劉氏同傳。❺厭呪　厭勝詛咒。❻癸巳　正月初二日。❼瘞　埋。❽德妃二句　皇太子李旦妃竇氏，是竇抗的曾孫女。竇抗是高祖太穆順聖皇后竇氏的從兄。傳見《舊唐書》卷六十一、《新唐書》卷九十五。❾言其情於太后　有人把這些情況向太后做了報告，太后便殺了韋團兒。《通鑑考異》引劉知幾《太上皇實錄》云：「韋團兒諂佞多端，天后尤所信任。欲私於上而拒焉，怨望，遂作桐人潛埋於二妃院內，譖殺之，又矯制按問上。」❿恐　恐嚇。⓫禱解　祈福解殃。⓬薛季昶　絳州龍門（今山西河津）人，因上封事拜監察御史，為政頗有威名。後曾參與張柬之政變。傳見《舊唐書》卷一百八十五上、《新唐書》卷一百二十。⓭希瑊　即竇希瑊，官至太子少傅。傳見《舊唐書》卷一百八十三。⓮牒　唐代的一種公文，多用於平行機關。⓯令史　流外官名，據《唐六典》卷十三，御史臺有侍御史四人，侍御史下有令史十五人。⓰掩扇而寢　關上門扇而臥。⓱失出　指判案錯誤或重罪輕判。⓲好生　愛惜生靈，不濫誅殺。⓳與其三子皆流嶺南　《新唐書》卷七十一下載竇孝諶有四子：希瑊、希球、希瑰、希琬，不知龐氏所生為哪三位。⓴羅州　州名，治所在今廣東廉江市東北。㉑有功亦除名　此事各書記載略有差異。《舊唐書．徐有功傳》云有功為御史，坐龐氏除名，尋起為左司郎中。《御史臺記》云「有功自秋官員外郎，坐龐氏除名為流人，月餘，授御史。」司馬光在《考異》中說：「按《實錄》，有功天授初，累補司刑丞、秋官員外郎，稍遷郎中，後以公事免。萬歲通天元年，擢拜殿中侍御史。今從之。」㉒戊申　正月十七日。㉓時政記　是宰相親自記錄的皇帝與宰相等人商討軍國大事的文件。㉔月送史館　每月一次，送往史館。史館，國家修撰史書的機構。㉕丁卯　臘月初七日。㉖壽春王　即壽春郡王，以下諸王亦為郡王。㉗庚子　一月初十日。㉘婁師德　（西元六三〇—六九九年）字宗仁，鄭州原武（今河南原陽西）人，進士。為人寬厚，頗有軍功。長期主持西北屯田，深受武則天器重。兩度擔任宰相。傳見《舊唐書》卷九十三、《新唐書》卷一百八。㉙犯而不校　有所冒犯，也不計較。㉚田舍夫　《新唐書》卷一百八〈婁師德傳〉作「田舍子」。《隋唐嘉話》卷下作「田舍漢」。三者意思相同，為譏諷語，謂像農夫一樣鄙俗。㉛代州　州名，治所雁門，在今山西代縣。㉜備位　謙詞。意為徒佔其位，聊以充數。㉝州牧　即州刺史。漢武帝初置州刺史，漢成帝改刺史為州牧。東漢以降，廢置不常。唐代僅雍州置牧，其餘各州均置刺史。但人們按習慣有時也將刺史稱作州牧。㉞疾　恨。㉟長跪　直身而跪。古人席地而坐，跪則伸直腰股以示敬重。㊱唾某面　唾在我臉上。某，自稱。這種用法早已有之，至唐漸趨流行。文人書啟，多自稱為「某」。㊲庶　也許可以。表示希望。㊳愀然　臉色驟變，表示憂愁的樣子。㊴夫唾二句　典故「唾面自乾」本此。婁師德尚且如此告誡弟弟，可見當時人人自危的情況。㊵甲寅　一月二十四日。㊶尚方監　官名，即少府監，從三品，掌管百工伎巧之政令。

㊷內常侍　內侍省官，正五品下，地位僅次於內侍。協助內侍，常在內侍奉，出入宮掖，宣傳制令。㊸太常工人　屬籍於太常寺的工優。㊹安金藏　京兆長安（今陝西西安）人，因救睿宗有功，官至右驍衛將軍，開元二十年（西元七三二年），特封代國公。傳見《舊唐書》卷一百八十七下、《新唐書》卷一百九十一。㊺轝　本指車廂，後成為車的代稱，俗稱為轎子。㊻使醫內五藏　讓太醫把流出體外的內臟放入體內。㊼傅以藥　抹上藥。傅，通「敷」。㊽經宿始蘇　經過一宿才蘇醒過來。㊾停推　停其獄，不再推鞫。㊿罷舉人習老子二句　高宗上元元年（西元六七四年）令貢舉人習《老子》。臣軌，凡兩卷、十章，講為臣之道。關於罷學《老子》、更習《臣軌》的時間，各書記載不一。《通鑑》作「長壽二年一月」。《冊府元龜》卷六百三十九〈貢舉部・條制一〉作「二月」。《唐會要》卷七十五〈明經〉作「三月」。待考。(51)丙子　二月十六日。(52)新羅王政明卒　新羅王政明死亡的時間，《舊唐書》卷一百九十九上〈新羅傳〉作「天授三年」。《唐會要》卷九十五則作「長壽二年」，與《通鑑》所載大體接近。(53)乙亥　二月十五日。乙亥當在丙子之前。(54)禁人間錦　禁止民間使用錦製品。(55)侯思止　（？—西元六九三年）雍州醴泉（今陝西禮泉北）人，武周酷吏之一。傳見《舊唐書》卷一百八十六上、《新唐書》卷二百九。

【語　譯】二年（癸巳　西元六九三年）

正月初一日壬辰，太后在萬象神宮舉行大饗祭禮，獻酒三次，讓魏王武承嗣為亞獻，梁王武三思為終獻。太后自作神宮樂，舞者用了九百人。

值守宮門婢女團兒受到太后的寵信，她對皇太子不滿，於是誣陷皇太子妃劉氏、德妃竇氏搞厭勝詛咒。正月初二日癸巳，劉妃和德妃在嘉豫殿朝見太后，退出後，同時把她倆殺了，埋在宮中，無人知道下落。德妃是竇抗的曾孫女。皇太子怕違逆太后的旨意，不敢聲張。在太后面前，表情舉止和平常一樣。團兒又想害皇太子，有人把實情告訴太后，太后便處死了團兒。

當時，告密的人全都引誘人家的奴婢去舉報主人，以求得功勞和賞賜。德妃的父親竇孝諶任潤州刺史，有家奴裝作妖怪來恐嚇德妃的母親龐氏，龐氏害怕，家奴便讓她夜晚祭祀鬼神祈求免災，趁機予以告發。案子交給監察御史龍門人薛季昶審理。薛季昶上奏誣陷，說龐氏和德妃一同詛咒，他先是哭泣著裝出一副經受不住的樣子，然後說：「龐氏所幹的事，我不忍說出口。」太后便升薛季昶為給事中。龐氏罪當斬首，她的兒子竇希瑊去侍御史徐有功那裡申冤，徐有功向主管部門發文停止行刑，上奏章申辯，認為她沒罪。薛季昶奏告徐有功偏私叛逆，請求交付法司，法司判徐有功罪當絞刑。令史把案情告訴徐有功，徐有功歎息說：「難道只有我一人死，他們永遠不會死嗎！」吃完飯，關上門就睡。人們認為徐有功表面勉為剛強，內心一定憂懼，暗中窺伺他，正在熟睡。太后召見徐有功，迎面說：「你近來審理案子，誤判輕判的為何多起來了？」答說：「誤判輕判，是為臣子的小過；愛惜生靈，是聖人的大德。」太后沉默不語。因此龐氏得以減免死罪，和她的三個兒子都流放到嶺南。竇孝諶貶為羅州司馬，徐有功也被免除了做官的身分。

正月十七日戊申，姚璹上奏請求命宰相撰寫《時政記》，每月送交史館。太后聽從了。《時政記》便從這時開始。

臘月初七日丁卯，降皇孫李成器為壽春王，恆王李成義為衡陽王，楚王李隆基為臨淄王，衛王李隆範為巴陵王，趙王李隆業為彭城王，他們都是睿宗的兒子。

春，一月初十日庚子，任命夏官侍郎婁師德為同平章事。婁師德寬宏厚道，清廉謹慎，人家冒犯他也不計較。與李昭德一起上朝，婁師德身體肥胖，行動遲緩，李昭德多次等他也趕不上，便怒罵說：「種田的農夫！」婁師德微笑說：「我不做農夫，該誰做呢！」他的弟弟拜為代州刺史，將上任，婁師德對他說：「我充數於相位，你又任刺史，恩寵太厚，是人們所嫉恨的，自己將用什麼辦法來避免呢？」弟弟直身而跪說：「從現在起，即使有人在我臉上吐唾沫，我擦掉而已，希望不致讓哥哥擔憂。」婁師德憂慮地說：「這正是使我擔心的！人家唾你臉，是生你的氣。你擦去，便是違背人家的意願，更加重人家的怒氣。那唾液，不拭自乾，應該笑著承受它。」

一月二十四日甲寅，前任尚方監裴匪躬、內常侍范雲仙犯了私謁皇太子的罪腰斬於街市，從此公卿以下官員都不能見皇太子。又有人告發說皇太子暗中有異常的圖謀，太后命令來俊臣審問太子左右的人，他們受不了酷刑拷打，都想屈認有罪。太常寺工人京兆人安金藏大聲對來俊臣說：「大人既不信我的話，願意剖心來證明太子沒有造反。」便自己用佩刀剖開胸腹，五臟都出來了，血流滿地。太后聽說，令人用轎子抬進宮中，讓醫師把內臟放回體內，用桑皮線縫合，敷上藥，經過一夜才醒過來。太后親自去看他，歎息說：「我有兒子不能自明有罪無罪，而讓你到這種地步。」立刻令來俊臣停止審問。睿宗因此而免禍。

停止舉人研讀《老子》，改為學習太后所撰的《臣軌》。

二月十六日丙子，新羅王政明死了，派使者去立他的兒子理洪為國王。〇十五日乙亥，禁止民間用錦製品。侍御史侯思止私藏錦物，李昭德查辦他，用杖刑把他打死在朝堂上。

或告嶺南流人❶謀反，太后遣司刑評事❷萬國俊❸攝監察御史就按之。國俊至廣州，悉召流人，矯制賜自盡。流人號呼不服，國俊驅就水曲❹，盡斬之，一朝殺三百餘人。然後詐為反狀，還奏，因言諸道流人，亦必有怨望謀反者，不可不早誅。太后喜，擢國俊為朝散大夫、行侍御史❺。更遣右翊衛兵曹參軍❻劉光業、司刑評事王德壽、苑南面監丞❼鮑思恭、尚輦直長❽王大貞、右武威衛兵曹參軍屈貞筠皆攝監察御史，詣諸道按流人。光業等以國俊多殺蒙賞，爭效之，光業殺七百人，德壽殺五百人，自餘少者不減百人，其遠年雜犯流人亦與之俱斃。太后頗知其濫，制：「六道流人未死者并家屬皆聽還鄉里。」國俊等亦相繼死，或得罪流竄。

來俊臣誣冬官尚書蘇幹❾，云在魏州與琅邪王沖通謀❿，夏，四月乙未⓫，殺之。

五月癸丑⓬，棣州⓭河溢，流二千餘家[1]。

秋，九月丁亥朔⓮，日有食之。

魏王承嗣等五千人表請加尊號曰金輪聖神皇帝。乙未⓯，太后御萬象神宮，受尊號，赦天下。作金輪等七寶⓰，每朝會，陳之殿庭。

庚子⓱，追尊昭安皇帝曰渾元昭安皇帝⓲，文穆皇帝曰立極文穆皇帝，孝明高皇帝曰無上孝明高皇帝，皇后從帝號。

辛丑⓳，以文昌左丞、同平章事姚璹為司賓卿⓴，罷政事。以司賓卿萬年豆盧欽望㉑為內史，文昌左丞韋巨源㉒同平章事，秋官侍郎吳人陸元方㉓為鸞臺侍郎、同平章事。巨源，孝寬㉔之玄孫也。

【章旨】以上為第七段，寫酷吏政治的最高峰大殺流人，此與武則天上尊號曰金輪聖神皇帝成鮮明對照。

【注釋】❶流人 被流放的犯人。唐代流刑僅次於死刑，分為三等：二千里、二千五百里、三千里。❷司刑評事 官名，即大理評事。《舊唐書・職官志三》：「大理寺，光宅為司刑，評事十二人，從八品下。」❸萬國俊 （？—西元六九三年）洛陽（在今河南洛陽）人，武周酷吏，曾與來俊臣等造《羅織經》陷害宗室朝貴。傳見《舊唐書》卷一百八十六上。❹水曲 水流曲折的地方。此處指水濱。❺行侍御史 兼代侍御史官職。階高兼代卑職稱為「行」。❻右翊衛兵曹參軍 官名，《唐六典》卷二十四左右衛條載：唐初改左右翊衛為左右衛府，龍朔二年除府字，為左右衛。據此，「翊」為衍字。❼苑南面監丞　官名，據《舊唐書・職官志三》，唐京都禁苑四面皆置監。每面有監一人，從六品下，丞二人，正八品下。「四面監掌所管面苑內宮館園池，與其種植修葺之事，丞掌判監事。」❽尚輦直長　官名，尚輦局副職。❾蘇幹　宰相蘇瓌從父兄。傳見《舊唐書》卷八十八、《新唐書》卷一百二十五。❿云在魏州與琅邪王沖通謀　來俊臣誣奏蘇幹在魏州與琅邪王沖私書往復。時蘇幹任魏州刺史。⓫乙未　四月庚申朔，無乙未。《新唐書》卷四作五月乙未，即五月七日。關於蘇幹之死，兩《唐書・蘇幹傳》云「繫獄，發憤卒」。⓬癸丑　五月二十五日。⓭棣州　治所厭次，在今山東惠民東南。⓮丁亥朔　九月初一日。⓯乙未　九月初九日。⓰七寶　即金輪寶、白象寶、女寶、馬寶、珠寶、主兵臣寶、主藏臣寶。⓱庚子　九月十四日。⓲追尊昭安皇帝曰渾元昭安皇帝　昭安皇帝即武則天曾祖武儉。這是武則天臨朝後第四次追尊其祖先。⓳辛丑　九月十五日。⓴司賓卿　官名，即鴻臚寺卿，掌賓客及凶儀之事。㉑豆盧欽望　（西元六三〇—七〇九年）京兆萬年（在今陝西西安東）人，出身於士族。則天朝曾三度擔任宰相。中宗復位後復為尚書左僕射、平章軍國重事。執政十餘年，無所裁抑。傳見《舊唐書》卷九十、《新唐書》卷一百十四。豆盧，複姓，豆盧氏本姓慕容，北地王慕容精降後魏，北方人稱歸義為「豆盧」，因以為氏。㉒韋巨源　（西元六三一—七一〇年）京兆萬年人，與韋安石同宗，則天、中宗朝，數為宰相。後為亂兵所殺。傳見《舊唐書》卷九十二、《新唐書》卷一百二十三。㉓陸元方　（西元六三九—七〇一年）字希仲，蘇州吳縣（在今江蘇蘇州）人，為官清謹，兩度為相，頗受武則天信任。傳見《舊唐書》卷八十八、《新唐書》卷一百十六。㉔孝寬　即韋孝寬，韋巨源的曾祖。韋孝寬事宇文氏，為名將。傳見《周書》卷三十一、《北史》卷六十四。

【校　記】①流二千餘家　原無此五字。據章鈺校，十二行本、乙十一行本、孔天胤本皆有此五字，張敦仁《通鑑刊本識誤》、張瑛《通鑑校勘記》同，今據補。按，《新唐書・五行志》載：「棣州河溢，壞居民二千餘家。」

【語　譯】有人告發嶺南那些流放的人圖謀造反，太后派遣司刑評事萬國俊代理監察御史就地查問。萬國俊到廣州，召集所有流放的人，假借太后的詔命賜令自殺。流放的人哭叫著不服從，萬國俊把他們驅趕到水邊，全部斬首，一個早上就殺了三百多人。然後假造謀反的罪狀，回奏太后，趁機說各地方的流放人員，也一定有憤恨而謀反的，不可不早些殺掉。太后很高興，提升萬國俊為朝散大夫、行侍御史。又另派右翊衛兵曹參軍劉光業、司刑評事王德壽、苑南面監丞鮑思恭、尚輦直長王大貞、右武威衛兵曹參軍屈貞筠都代理監察御史，前往各地審問流放的人。劉光業等人因萬國俊殺人多而得到賞賜，競相效法，劉光業殺了七百人，王德壽殺了五百人，其他少的也不下百人，那些早年各類犯罪而流放的也都跟著被殺。太后頗為清楚他們濫殺，下令：「六道流放的人沒死的連同他們的家屬，都准許返回家鄉。」萬國俊等也相繼死去，有的獲罪被流放。

來俊臣誣陷冬官尚書蘇幹，說他在魏州與琅邪王李沖串通謀反，夏，四月乙未日，把他殺了。

五月二十五日癸丑，棣州河水氾濫，衝壞了二千多戶民居。

秋，九月初一日丁亥，出現日蝕。

魏王武承嗣等五千人上表，請加尊號為金輪聖神皇帝。九月初九日乙未，太后駕臨萬象神宮，接受尊號，赦免天下。製作了金輪等七件寶器，每次朝會，便陳列在殿上。

九月十四日庚子，追尊稱昭安皇帝為渾元昭安皇帝，文穆皇帝為立極文穆皇帝，孝明高皇帝為無上孝明高皇帝，皇后的尊號隨帝號。

九月十五日辛丑，任命文昌左丞、同平章事姚璹為司賓卿，免除他的政務職權。任司賓卿萬年人豆盧欽望為內史，文昌左丞韋巨源同平章事，秋官侍郎吳人陸元方為鸞臺侍郎、同平章事。韋巨源，是韋孝寬的玄孫。

延載元年❶（甲午　西元六九四年）

正月丙戌❷，太后享萬象神宮。○突厥可汗骨篤祿卒，其子幼，弟默啜❸自立為可汗。臘月甲戌❹，默啜寇靈州。○室韋❺反，遣右鷹揚衛大將軍李多祚❻擊破之。

春，一月，以婁師德為河源等軍檢校營田大使。

二月，武威道總管王孝傑破吐蕃敎論贊與[1]突厥可汗俀子⑦等於冷泉⑧及大嶺⑨，各三萬餘人，碎葉鎮守使韓思忠破泥孰俟斤等萬餘人⑩。○庚午⑪，以僧懷義為代北道行軍大總管，以討默啜。

三月甲申⑫，以鳳閣舍人蘇味道為鳳閣侍郎、同平章事，李昭德檢校內史。更以僧懷義為朔方道行軍大總管，以李昭德為長史，蘇味道為司馬，帥契苾明、曹仁師、沙吒忠義等十八將軍以討默啜，未行，虜退而止。昭德嘗與懷義議事，失其旨，懷義撻之，昭德惶懼請罪。

夏，四月壬戌⑬，以夏官尚書、武威道大總管王孝傑同鳳閣鸞臺三品。

五月，魏王承嗣等二萬六千餘人上尊號曰越古金輪聖神皇帝⑭。甲午⑮，御則天門樓受尊號，赦天下，改元⑯。

天授中，遣監察御史壽春裴懷古⑰安集西南蠻。六月癸丑⑱，永昌蠻酋董期[2]帥部落二十餘萬戶內附⑲。

河內⑳有老尼居神都麟趾寺，與嵩山人韋什方㉑等以妖妄惑眾。尼自號淨光如來，云能知未然㉒，什方自云吳赤烏㉓元[3]年生。又有老胡亦自言五百歲，云見薛師㉔已二百年矣，容貌愈少。太后甚信重之，賜什方姓武氏。秋，七月癸未㉕，以什方為正諫大夫、同平章事，制云：「邁軒代㉖之廣成㉗，逾漢朝之河上㉘。」八月，什方乞還山，制罷遣之。

戊辰㉙，以王孝傑為瀚海道行軍總管，仍受朔方道行軍大總管薛懷義節度。

【章　旨】以上為第八段，寫武則天迷戀尊號，受胡僧愚弄。

【注　釋】❶延載元年　武則天於長壽三年（西元六九四年）五月甲午改元延載。即延載元年包有長壽三年。❷丙戌　正月初一日。❸默啜　姓阿史那，後來又稱默啜可汗、遷善可汗、立功報國可汗等。事詳《舊唐書》卷一百九十四上、《新唐書》卷二百十五上〈突厥傳〉。❹甲戌　臘月十九日。❺室韋　東北少數民族之一，契丹別種。居住在黑龍江上游兩岸及額爾古納河一帶，主要靠狩獵生活。自北朝以來即與中原王朝有較為密切的關係，後為契丹所併。詳見《文獻通考》卷三百四十七及兩《唐書・室韋傳》。❻李多祚　（？—西元七〇七年）靺鞨人，驍勇善射，以軍功官至右羽林大將軍，宿衛北門二十餘年，曾參加張柬之政變。後隨節愍太子起事，為左右所殺。傳見《舊唐書》卷一百九、《新唐書》卷一百十。❼俀子　西突厥部新立之可汗，姓阿史那氏。見《新唐書》卷二百十五下〈突厥傳〉。❽冷泉　地名，當與下文「大嶺」相去不遠，應在今青海境內。❾大嶺　即大嶺城，在今青海西寧西。❿韓思忠破泥熟俟斤等萬餘人　《考異》云：「此事諸書皆無，唯《統紀》有之。《統紀》又云：『又破吐蕃萬泥勳沒馱城。』語不可曉，今刪去。」按，此處《考異》有誤。《新唐書》卷二百十五下〈突厥傳〉載：「碎葉鎮守使韓思忠又破泥熟俟斤及突厥施質汗、胡祿等，因拔吐蕃泥熟沒斯城。」同書卷二百十六上〈吐蕃傳〉亦載：「碎葉鎮守使韓思忠破泥熟沒斯城。」可見「此事諸書皆無」說法不確。又《統紀》所謂「萬泥勳沒馱城」，似為「泥熟沒斯城」之異譯。⓫庚午　二月十六日。⓬甲申　三月初一日。⓭壬戌　四月初九日。⓮越古金輪聖神皇帝　意即超越前古的金輪聖神皇帝。長壽二年九月始稱金輪聖神皇帝，至此又加「越古」二字。⓯甲午　五月十一日。⓰改元　改元延載。⓱裴懷古　壽州壽春（今安徽壽縣）人，歷任監察御史、相州刺史、并州大都督長史，所至吏民懷愛，號稱循吏。傳見《舊唐書》卷一百八十五下、《新唐書》卷一百九十七。⑱癸丑　六月初一日。⑲永昌蠻酋董期帥部落二十餘萬戶內附　姚州境有永昌蠻，居永昌郡地。部落二十餘萬戶，《新唐書》卷二百二十二下作「部落二萬」。「十餘」二字疑衍。⑳河內　舊縣名，隋開皇十六年（西元五九六年）改野王縣置，縣治在今河南沁陽。㉑韋什方　生平不詳。賜姓武，曾為相。見《新唐書》卷四〈則天皇后紀〉及卷六十一〈宰相上〉。㉒未然　未來；尚未發生的事。㉓赤烏　東吳孫權年號（西元二三八－二五〇年）。㉔薛師　即薛懷義。懷義為白馬寺主，顯赫一時，人稱「薛師」。㉕癸未　七月初一日。㉖軒代　黃帝時代。黃帝名軒轅，故以軒代指黃帝之世。㉗廣成　即廣成子。傳說黃帝時仙人，居崆峒山中。㉘逾漢朝之河上　逾，越。河上，即河上公。西漢人，姓名不詳。據葛洪《神仙傳》，漢文帝曾向他請教過《道德經》中的一些問題。河上公送給漢文帝素書二卷，說「余注是經以來千七百餘年」。㉙戊辰　八月十七日。

【校　記】①與　原作「刃」。嚴衍《通鑑補》改作「與」，今從改。按，《新唐書．吐蕃傳》載：「勃論贊與突厥偽可汗阿史那俀子南侵。」②董期　原作「薰期」。胡三省注云：「『薰期』，《新書》作『董期』。」嚴衍《通鑑補》改作「董期」，今據以校正。③元　原無此字。據章鈺校，十二行本、乙十一行本、孔天胤本皆有此字，張敦仁《通鑑刊本識誤》同，今據補。

【語　譯】延載元年（甲午　西元六九四年）

正月初一日丙戌，太后在萬象神宮舉行大饗祭禮。〇突厥可汗骨篤祿死了，他的兒子幼小，弟弟默啜自立為可汗。臘月十九日甲戌，默啜侵犯靈州。〇室韋反叛，派右鷹揚衛大將軍李多祚擊敗室韋。

春，一月，任命婁師德為河源等軍檢校營田大使。

二月，武威道總管王孝傑在冷泉和大嶺打敗吐蕃敎論贊與突厥可汗俀子等各三萬多人。碎葉鎮守使韓思忠打敗泥熟俟斤等一萬多人。〇十六日庚午，任命僧人薛懷義為代北道行軍大總管，去討伐默啜。

三月初一日甲申，任命鳳閣舍人蘇味道為鳳閣侍郎、同平章事，李昭德為檢校內史。另外任命僧人薛懷義為朔方道行軍大總管，任命李昭德為長史，蘇味道為司馬，率契苾明、曹仁師、沙吒忠義等十八位將軍征討默啜，沒有出發，敵人退走而作罷。李昭德曾和薛懷義商量事情，因不合薛懷義的想法，被薛懷義打了，李昭德恐懼請罪。

夏，四月初九日壬戌，任夏官尚書、武威道大總管王孝傑為同鳳閣鸞臺三品。

五月，魏王武承嗣等二萬六千多人給太后上尊號為越古金輪聖神皇帝。十一日甲午，太后駕臨則天門樓接受尊號，大赦天下，更改年號。

天授年間，派監察御史壽春人裴懷古安撫西南蠻。六月初一日癸丑，永昌蠻酋長董期率部落二十多萬戶歸附朝廷。

河內有個老尼姑住在神都麟趾寺，與嵩山人韋什方等用妖妄邪說迷惑民眾。老尼姑自稱為淨光如來，說能預知未來事，韋什方自稱生在孫吳赤烏元年。又有個年老的胡人也自稱有五百歲了，說見到薛懷義已有二百年了，他的容貌愈來愈年輕。太后很信任器重他們，賜韋什方姓武。秋季，七月初一日癸未，任用武什方為正諫大夫、同平章事，制書中說他：「超過軒轅時的廣成子，逾越漢代的河上公。」八月，武什方請求回山，於是下詔免職，送他回去。

八月十七日戊辰，任王孝傑為瀚海道行軍總管，仍受朔方道行軍大總管薛懷義節制。

己巳❶，以司賓少卿姚璹為納言，左肅政中丞原武楊再思❷為鸞臺侍郎，洛州司馬杜景儉為鳳閣侍郎，並同平章事。

豆盧欽望請京官九品已上輸兩月俸以贍軍❸，轉❹帖百官，令拜表❺。百官但赴拜，不知何事，拾遺王求禮❻謂欽望曰：「明公祿厚，輸之無傷；卑官貧迫，奈何不使其知而欺奪之❼乎？」欽望正色拒之。既上表，求禮進言曰：「陛下富有四海，軍國有儲，何藉貧官九品之俸而欺奪之！」姚璹曰：「求禮不識大體。」

求禮曰：「如姚璹，為識大體者邪！」事遂寢。○戊寅❽，鸞臺侍郎、同平章事崔元綜坐事流振州❾。

武三思帥四夷酋長請鑄銅鐵為天樞❿，立於端門⓫之外，銘紀功德，黜唐頌周；以姚璹為督作使。諸胡聚錢百萬億，買銅鐵不能足，賦民間農器以足之⓬。

九月壬午朔⓭，日有食之。○殿中丞⓮來俊臣坐贓貶同州參軍⓯。王弘義流瓊州⓰，詐稱敕追還，至漢北⓱，侍御史胡元禮⓲遇之，按驗，得其姦狀，杖殺之。

【章旨】以上為第九段，寫酷吏來俊臣失勢，王弘義被杖殺。

【注釋】❶己巳　八月十八日。❷楊再思　（？—西元七〇九年）鄭州原武（今河南原陽西）人，為人巧媚，歷事三主，知政十餘年。傳見《舊唐書》卷九十、《新唐書》卷一百九。❸請京官九品已上輸兩月俸以贍軍　據《唐會要》卷九十一，一品月俸八千，食料一千八百，雜用一千二百文；二品月俸六千，食料一千五百，雜用一千文；三品月俸五千，食料一千一百，雜用九百文；四品月俸四千五百，食料七百，雜用六百文；五品月俸三千，食料六百，雜用五百文；六品月俸二千三百，食料四百，雜用四百文；七品月俸一千七百五十，食料三百五十，雜用三百五十文；八品月俸一千三百，食料三百，雜用二百五十文；九品月俸一千五十，食料二百五十，雜用二百文。贍軍，助軍。❹轉　傳送。❺拜表　上奏章。臣子上表，例須先拜，故稱拜表。❻王求禮　許州長社（今河南許昌）人，為人剛正。官至衛王府參軍。傳見《舊唐書》卷一百一、卷一百八十七上，《新唐書》卷一百十二。❼欺奪之　欺蒙侵奪俸祿。❽戊寅　八月二十七日。❾振州　治所寧遠，在今海南三亞西。❿天樞　本為星名，指北斗第一星，象徵國家權柄。此處指八稜刑鐵柱。⓫端門　洛陽皇城南面正門。⓬賦民間農器以足之　賦斂民間製造農器的鋼鐵，以足其數額。⓭壬午朔　九月初一日。⓮殿中丞　官名，掌殿中省副監事，兼勾檢稽失，省署抄目。⓯來俊臣坐贓貶同州參軍　來俊臣坐贓事的時間，各書記載不同。司馬光經過考異，據《舊唐書·來俊臣傳》認為應在這時。⑯瓊州　州名，治所瓊山，在今海南海口市瓊山區東南。⑰漢北　漢水之北。⑱胡元禮　曾任司刑少卿等職。事跡散見於兩《唐書・李日知傳》及〈王弘義傳〉。

【語譯】八月十八日己巳，任命司賓少卿姚璹為納言，左肅政中丞原武人楊再思為鸞臺侍郎，洛州司馬杜景儉為鳳閣侍郎，皆同平章事。

豆盧欽望要求九品以上的京官捐出兩個月的薪俸來補助軍隊費用，通過帖子轉告眾官，讓他們一起上奏章。百官只知赴朝上表，不知表奏什麼事。拾遺王求禮對豆盧欽望說：「明公俸祿豐厚，捐點不傷大體，低級官吏清貧困窘，怎能不讓他們知道而欺蒙侵奪他們呢？」豆盧欽望態度嚴肅地拒絕了勸告。表奏上後，王求禮進言說：「陛下富有四海，軍隊國家都有儲備，何以用得著貧官九品的俸祿而加以騙取呢！」姚璹說：「王求禮不識大體。」王求禮說：「像你姚璹就是識大體的人嗎！」這事也就放下了。○八月二十七日戊寅，鸞臺侍郎、同平章事崔元綜因事獲罪流放振州。

武三思率四夷酋長請求鎔鑄銅鐵天樞，立於端門外，刻文字紀功德，貶唐頌周；任命姚璹為督作使。胡人集資百萬億，買銅鐵尚不足用，徵收民間的農具來補足缺額。

九月初一日壬午，出現日蝕。○殿中丞來俊臣犯貪贓罪貶為同州參軍。王弘義流放瓊州，詐稱有敕令讓他回都，到達漢水北部，侍御史胡元禮遇到他，通過追查審核，取得他作奸罪狀，用棍杖打死了他。

內史李昭德恃太后委遇，頗專權使氣，人多疾之，前魯王府功曹參軍❶丘愔❷上疏攻之，其略曰：「陛下天授以前，萬機獨斷。自長壽以來，委任昭德，參奉機密，獻可替否❸。事有便利，不預諮謀，要待晝日❹將行，方乃別生駮異。揚露專擅，顯示於人，歸美引愆❺，義不如此。」又曰：「臣觀其膽，乃大於身，鼻息所衝，上拂雲漢。」又曰：「蟻穴壞隄，針芒寫❻氣，權重一去，收之極難。」長上果毅❼鄧注❽，又著石論數千言，述昭德專權之狀。鳳閣舍人逄弘敏❾取奏之，太后由是惡昭德。壬寅❿，貶昭德為南賓⓫尉，尋又免死流竄。

太后出黎花一枝以示宰相，宰相皆以為瑞⓬。杜景儉獨曰：「今草木黃落，而此更發榮，陰陽不時⓭，咎在臣等。」因拜謝⓮。太后曰：「卿真宰相⓯也！」

冬，十月壬申⓰，以文昌右丞李元素為鳳閣侍郎，左肅政中丞周允元⓱檢校鳳閣侍郎，並同平章事。允元，豫州人也。

嶺南獠反，以容州都督張玄遇⓲為桂、永等州經略大使以討之。

【章旨】以上為第十段，寫李昭德擅權遭流放，可見武則天大權始終未旁落。

【注釋】❶魯王府功曹參軍　據《唐六典》卷二十九，親王府功曹參軍一人，正七品上，掌文官簿書、考課陳設儀式等事。❷丘愔　生平不詳。以上疏彈劾李昭德而聞名，疏文見《舊唐書》卷八十七、《新唐書》卷一百十七及《全唐文》卷二百六十。❸獻可替否　進獻可行者，廢棄不可行者，意謂諍言進諫。《左傳》昭公二十年云：「君所謂可，而有否焉，臣獻其否，以成其可；君所謂否，而有可焉，臣獻其可，以去其否：是以致平而民不干。」❹畫日　《舊唐書・李昭德傳》作「畫旨」，《新唐書・李昭德傳》作「畫可」。唐制，皇太子監國，下令書時須畫日，猶天子畫可。見《新唐書・百官志》太子左春坊條。此處丘愔上書不可能用「畫日」字樣，「日」字顯係後人妄改。❺歸美引愆　意謂臣下應歸善於君，引過於己，而不應自我炫耀。愆，咎。❻寫　通「瀉」。宣瀉。❼長上果毅　府兵軍府的副將稱果毅都尉，簡稱果毅。長上果毅是不輪番入值，長期番上的軍府副將。❽鄧注　事見《舊唐書》卷八十七、《新唐書》卷一百十七〈李昭德傳〉。❾逄弘敏　《元和姓纂》作「逄弘敏」，

《舊唐書》卷二十二作「逄敏」。事見兩《唐書・李昭德傳》。❿壬寅　九月二十一日。⓫南賓　縣名，縣治在今廣西靈山縣西。⓬瑞　祥瑞。⓭不時　不合時節。⓮拜謝　再拜謝罪。謝有謝恩、謝罪之分。此處意為謝罪。⓯真宰相　真正名副其實的宰相。⓰壬申　十月二十二日。⓱周允元　（？—西元六九五年）字汝良，豫州（治所在今河南汝南縣）人，進士。曾為相。傳見《舊唐書》卷九十、《新唐書》卷一百十四。⓲張玄遇　官至右金吾衛大將軍。曾率兵擊契丹、安撫党項。事見《舊唐書》卷一百九十六上〈吐蕃傳〉、卷一百九十九下〈契丹傳〉。

【語譯】內史李昭德仗著太后的信任，頗為專權而意氣用事，人們大多恨他。前任魯王府功曹參軍丘愔上疏攻擊他，奏疏大略說：「陛下在天授年以前，萬端政務獨自決斷。自長壽年間以來，委任李昭德，參與機密大事，進言可行的，廢棄不可行的。事務中有些是方便宜行的，不需事先諮詢謀劃，只等陛下批示就可行了，這時李昭德才提出異議，揚才露己，專權獨斷，炫耀於人。歸善於君，引過於己。從道義上說，不應像李昭德這樣。」又說：「臣看他的膽子，比身體還大，鼻孔出的氣，都衝到雲霄上去了。」又說：「蟻穴可以壞堤，針尖可以洩氣，大權一旦失去，要收回就太難了。」長上果毅鄧注又撰〈石論〉數千字，記述李昭德專權的情況。鳳閣舍人逄弘敏拿去呈奏，太后因此厭惡李昭德。九月二十一日壬寅，貶李昭德為南賓縣尉，不久又被免除死罪流放。

太后出示一枝梨花給宰相們看，宰相們都認為是祥瑞。惟獨杜景儉說：「現在草木枯黃凋落，而此花再開，是陰陽失序，過失在我們人臣。」因而再拜謝罪。太后說：「你是真宰相！」

冬，十月二十二日壬申，任命文昌右丞李元素為鳳閣侍郎，左肅政中丞周允元為檢校鳳閣侍郎，都任同平章事。周允元，是豫州人。

嶺南獠人造反，任命容州都督張玄遇為桂、永等州經略大使去討伐。

天冊萬歲元年❶（乙未　西元六九五年）

正月辛巳朔❷，太后加號慈氏越古金輪聖神皇帝❸，赦天下，改元證聖。

周允元與司刑少卿皇甫文備❹奏內史豆盧欽望、同平章事韋巨源、杜景儉、蘇味道、陸元方附會李昭德，不能匡正，欽望貶趙州❺，巨源貶麟州❻，景儉貶溱州❼，味道貶集州❽，元方貶綏州❾刺史。

初，明堂既成❿，太后命僧懷義作夾紵大像⓫，其小指中猶容數十人，於明堂北構天堂⓬以貯之。堂始構，為風所摧，更構之，日役萬人，采木江嶺⓭，數年之間，所費以萬億計，府藏為之耗竭。懷義用財如糞土，太后一聽之，無所問。每作無遮會⓮，用錢萬緡⓯。士女雲集，又散錢十車，使之爭拾，相蹈踐有死者。所在公私田宅，多為僧有，懷義頗厭入宮，多居白馬寺，所度力士為僧者滿[1]千人。侍御史周矩疑有姦謀，固請按之。太后曰：「卿姑退，朕即今往⓰。」矩至臺，懷義亦至，乘馬就階而下，坦腹於牀⓱。矩召吏將按之，遽躍馬而去。矩具奏其狀，太后曰：「此道人病風⓲，不足詰，所度僧，惟卿所處⓳。」悉流遠州。遷矩天官員外郎。

乙未⓴，作無遮會於朝[2]堂，鑿地為阬㉑，深五丈，結綵為宮殿，佛像皆於阬中引出之，云自地涌出。又殺牛取血，畫大像，首高二百尺，云懷義刺膝血為之。

丙申㉒，張像於天津橋南，設齋。時御醫㉓沈南璆㉔亦得幸於太后，懷義心慍㉕，是夕，密燒天堂，延及明堂，火照城中如晝，比明皆盡，暴風裂血像為數百段。太后恥而諱之，但云內作工徒誤燒麻主，遂涉明堂。時方酺宴㉖，左拾遺劉承慶㉗請輟朝㉘停酺以答天譴㉙，太后將從之。姚璹曰：「昔成周宣榭㉚，卜代愈隆；漢武建章㉛，盛德彌永。今明堂布政之所，非宗廟也，不應自貶損。」太后乃御端門，觀酺如平日。命更造明堂、天堂，仍以懷義充使。又鑄銅為九州鼎㉜及十二神㉝，皆高一丈㉞，各置其方㉟。

先是，河內老尼晝食一麻一米，夜則烹宰宴樂，畜弟子百餘人，淫穢靡㊱所不為。武什方自言能合長年藥㊲，太后遣乘驛於嶺南采藥。及明堂火，尼入唁㊳太后，太后怒叱之，曰：「汝常言能前知，何以不言明堂火？」因斥還河內，弟子及老胡等皆逃散。又有發㊴其姦者，太后乃復召尼還麟趾寺，弟子畢集，敕給使㊵掩捕，盡獲之，皆沒為官婢。什方還，至偃師㊶，聞事露㊷，自絞死。

【章旨】以上為第十一段，寫武則天男寵薛懷義膽大妄為，因爭風吃醋火燒明堂。

【注釋】❶天冊萬歲元年　武則天於延載元年（西元六九四年）九月甲辰改元天冊萬歲元年，臘月又改元為萬歲登封。❷辛巳朔　正月初一日。❸慈氏越古金輪聖神皇帝　去年五月始稱越古金輪聖神皇帝，至此加「慈氏」二字。慈氏為梵語彌勒的義譯。這種尊號在一定程度上反映了武則天與佛教的關係。❹皇甫文備　武周酷吏。事見《舊唐書》卷七〈中宗紀〉、卷五十〈刑法志〉。❺趙州　州名，治所在今河北趙縣。❻麟州　治所新秦縣，在今陝西神木。關於韋巨源被貶之處，各書所載不一。兩《唐書》載作「鄜州」。鄜州，治所在今陝西富縣。《通鑑》係據《實錄》、《唐曆》。❼溱州　州名，治所在今重慶市綦江縣南。❽集州　州名，治所在今四川南江縣。❾綏州　州名，治所在今陝西綏德。❿明堂既成　明堂成於垂拱四年（西元六八八年）十二月二十七日。⓫夾紵大像　用麻布夾層縫製的大佛像。後世稱之為「麻主」。紵，苧麻。此指粗麻布。⓬天堂　此處指儲放大像的殿堂。據《朝野僉載》卷五，天堂又叫「功德堂」，高一千尺。⓭江嶺　江南嶺表。⓮無遮會　佛教徒舉行的布施僧俗的法會。無遮，有寬容無阻，無所遮攔之意。佛教宣稱，無論富貴、貧賤，也不管僧俗，都可平等參加此會。⓯緡　本為穿錢的繩子。後亦指成串的錢。一千文為一緡。⓰令往　令往御史臺。⓱坦腹於牀　坦腹坐於床上。⓲病風　患瘋癲之症。⓳處　處分。⓴乙未　正月十五日。㉑阬　同「坑」。㉒丙申　正月十六日。㉓御醫　唐制，御醫四人，從六品上，掌診候調和。㉔沈南璆　事見《舊唐書》卷一百八十三〈薛懷義傳〉、《新唐書》卷七十六〈則天順聖皇后武氏傳〉。㉕心愠　內心怨恨。㉖酺宴　臣民聚飲。酺，眾人合聚飲食。㉗劉承慶　官至太常博士。事見《舊唐書》卷二十二〈禮儀志〉二、卷二十五〈禮儀志〉五、卷八十九〈姚璹傳〉等。㉘輟朝　停止上朝。㉙以答天譴　以回應上天的警告。㉚成周宣榭　成周，相對宗周而言，指洛邑。宣榭，西周設在洛邑的講武之所，被火災焚毀。㉛建章　漢武帝太初元年（西元前一〇四年）建造的宮殿。位於漢未央宮西。時柏梁臺遭受火災，乃大修此宮，極盡豪華。㉜九州鼎　象徵國家政權的九個大鼎，古代分天下為九州，鑄九鼎，象九州。據《舊唐書．禮儀志二》及《通典》卷四十四，天冊萬歲元年（西元六九五年）所鑄九州鼎都有名稱：豫州鼎名永昌，冀州鼎名武興，雍州鼎名長安，兗州鼎名日觀，青州鼎名少陽，徐州鼎名東原，揚州鼎名江都，荊州鼎名江陵，梁州鼎名咸都。其中豫州鼎高一丈八尺，各受一千八百石，另外八鼎皆高一丈四尺，各受一千二百石。共用銅五十六萬七百一十二斤（約合今六十六萬八千餘斤）。鼎上圖有本州山川物產之像。㉝十二神　即十二生肖。㉞皆高一丈　此言十二神高度。㉟各置其方　各放在相應的位置上。㊱靡　無。㊲長年藥　長生不老之藥。㊳唁　弔。㊴發　告發。㊵給使　供差遣的人。凡宦人無官品者，稱內給使，屬宮闈局管理，掌諸門進物出物之事。㊶偃師　縣名，縣治在今河南偃師。㊷聞事露　聽說事情敗露。

【校記】 1滿　張敦仁《通鑑刊本識誤》作「數」。2朝　原作「明」。據章鈺校，十二行本、乙十一行本皆作「朝」，今據改。按，《朝野僉載》卷五載：「起無遮大會於朝堂。掘地深五丈，以亂彩為宮殿臺閣。」

【語　譯】天冊萬歲元年（乙未　西元六九五年）

正月初一日辛巳，太后加尊號為慈氏越古金輪聖神皇帝，大赦天下，改年號為證聖。

周允元與司刑少卿皇甫文備奏內史豆盧欽望、同平章事韋巨源、杜景儉、蘇味道、陸元方附和李昭德，不能糾正他的過失。豆盧欽望貶為趙州刺史，韋巨源貶為麟州刺史，杜景儉貶為溱州刺史，蘇味道貶為集州刺史，陸元方貶為綏州刺史。

當初，明堂建成後，太后命令僧人薛懷義製作夾層苧麻布大像，像的小指就能容納幾十個人，在明堂的北面修築了天堂殿屋貯放它。天堂初建時，被風吹壞了，再次建造，每天役使萬人，到江南嶺南採伐木材，幾年內，費用以萬億計算，國庫因此耗竭。薛懷義花費錢財如同糞土，太后一概聽從他，不加過問。每次作無遮法會，用錢萬貫。士女雲集，又散發十車錢，讓人們爭著拾取，相互踐踏，有被踩死的人。各地公私田地房舍，多被僧人佔有。薛懷義很不願意進宮，大多數時間住在白馬寺，經他剃度壯士做僧人的達一千人。侍御史周矩懷疑他有奸謀，一再請求審查他。太后說：「你暫且回去，我立刻命令他前往。」周矩回到御史臺，薛懷義也到了，他就著臺階從馬上下來，坦腹坐在床上。周矩召來吏卒將要審他，他立刻跨馬而去。周矩上奏稟明他的無禮，太后說：「這道人有瘋病，不值得追究，他所剃度的僧人，任你去處置。」這些僧人全部流放到邊遠的州縣去了。提升周矩為天官員外郎。

正月十五日乙未，在朝堂做無遮法會，在地上掘了個坑，五丈深，用彩綢紮成宮殿，佛像都從坑中引出來，說是從地下湧出的。又殺牛取血，用來畫大像，頭高二百尺，說是薛懷義刺膝取血所畫。十六日丙申，把像掛在天津橋南，設齋。當時御醫沈南璆也是太后寵幸的人，薛懷義心存怨恨，當晚，暗地縱火燒天堂，波及明堂，火焰照得城內像白天一樣，到天亮全都燒光了。暴風把血像颳成幾百段。太后感到羞恥而隱瞞真相，只說宮內作坊的徒工誤燃麻像，便延燒到明堂。當時正在聚會飲食，左拾遺劉承慶奏請停止上朝及宴會以回答上天的譴責，太后將要聽從。姚璹說：「從前成周宣榭失火，占卜謂周代更加興隆；漢武帝建章宮再造，盛德更加久遠。現在明堂只是布政的地方，不是宗廟，不宜貶低抑損自己。」太后於是駕臨端門，如平常一樣觀賞宴飲。下令再造明堂、天堂，仍然派薛懷義負責。又鑄成九個以九州命名的銅鼎，還有十二生肖神像，皆一丈高，按它們所屬的方位安置。

此前，河內老尼白天吃一麻一米，夜裡便宰殺烹煮、宴飲作樂，收養弟子一百多人，淫蕩汙穢無所不為。武什方自稱能配長生藥，太后派他乘驛車到嶺南採藥。後來明堂火災，老尼入宮慰問太后，太后怒斥她，說：「你常說能預知未來事，為何不說明堂失火？」由此斥逐她返回河內，她的弟子和老胡人都逃散了。又有人告發她們奸惡之事，太后便又召老尼返回麟趾寺，她的弟子們也都回來了，太后敕令宮闈給使乘其不備逮捕她們，全部抓獲，都沒入官府為奴。武什方返回，到了偃師縣，聽說事已敗露，自縊而死。

庚子❶，以明堂火告廟，下制求直言。劉承慶上疏，以為「火發既從麻主，後及總章❷，所營佛舍，恐[1]勞無益❸，請罷之。又，明堂所以統和天人，一旦焚毀，臣下何心猶為酺宴！憂喜相爭，傷於情性。又，陛下垂制❹博訪，許陳至理，而左史張鼎以為今既火流王屋❺，彌顯大周之祥，通事舍人逄敏❻奏稱，彌勒成道時有天魔燒宮，七寶臺須臾散壞，斯實諂妄之邪言，非君臣之正論。伏願陛下乾乾翼翼❼，無戾❽天人之心而興不急之役，則兆人蒙賴，福祿無窮。」

獲嘉❾主簿彭城劉知幾❿表陳四事：其一，以為「皇業權輿⓫，天地開闢，嗣君即位，黎元更始，時則[2]藉非常之慶以申再造[12]之恩。今六合清晏而赦令不息，近則一年再降，遠則每歲無遺[13]，至於違法悖禮之徒，無賴不仁之輩，編戶[14]則寇攘為業，當官則贓賄是求。而元日[15]之朝，指期天澤[16]，重陽之節[17]，佇降皇恩，如其忖度，咸果釋免。或有名垂結正[18]，罪將斷決，竊行貨賄，方便規求，故致稽延[19]，畢霑寬宥。用使俗多頑悖，時罕廉隅，為善者不預恩光，作惡者獨承徼幸[20]。古語曰『小人之幸，君子之不幸。』斯之謂也。望陛下而今而後，頗節於赦，使黎氓[21]知禁，姦宄[22]肅清。」其二，以為「海內具僚[23]九品以上，每歲逢赦，必賜階勳[24]，至於朝野宴集，公私聚會，緋服眾於青衣[25]，象板多於木笏[26]。皆榮非德舉[27]，位罕才升，不知何者為妍蚩[28]，何者為美惡。臣望自今以後，稍息私恩，使有善者逾効忠勤，無才者咸知勉勵。」其三，以為「陛下臨朝踐極，取士太廣，六品以下職事清官，遂乃方[29]之土芥，比之沙礫，若遂不加沙汰[30]，臣恐有穢皇風[31]。」其四，以為「今之牧伯[32]遷代太速，倏來忽往，蓬轉萍流[33]，既懷苟且之謀[34]，何暇循良之政[35]！望自今刺史非三歲以上不可遷官，仍明察功過，尤甄賞罰[36]。」疏奏，太后頗嘉之。是時官爵易得而法網嚴峻，故人競為趨進而多陷刑戮，知幾乃著思慎賦[37]以刺時見志焉。

【章旨】以上為第十二段，寫武則天因明堂火災而下詔求言，劉知幾上奏直言四事：一是赦令太濫，二是升轉官吏品秩太濫，三是任官太濫，四是州官遷調太濫。切中時弊。

【注釋】❶庚子　正月二十日。❷總章　明堂朝西的三個房間，各種禮儀皆於此舉行。此處代指明堂。❸恐徒勞無益。❹垂制　下制；頒發制書。❺火流王屋　此處指火燒明堂。王屋，指王所居室。❻逄敏　即逄弘敏。❼乾乾翼翼　乾乾，語出《易經・乾卦》「君子終日乾乾」，意為健強不息。翼翼，出《詩經・大雅・大明》「小心翼翼」，比喻恭敬的樣子。❽戾　違。❾獲嘉　縣名，縣治在今河南獲嘉。❿劉知幾　（西元六六一—七二一年）字子玄，徐州彭城（今江蘇徐州）人，唐代著名史學家。官至太子中允左散騎常侍，長期擔任史職。與修《三教珠英》、《文館詞林》、《姓族系錄》、《則天皇后實錄》及《太上皇實錄》。所著《史通》二十卷，是我國第一部史學評論專著。另有《劉子玄集》三十卷傳世。傳見《舊唐書》卷一百二、《新唐書》卷一百三十二。⓫權輿　創始。⓬再造　再生。⓭每歲無遺　每年都有赦書頒發。⓮編戶　編於戶籍的人。即平民。⓯元日　正月初一日。⓰指期天澤　指望君王的恩澤。⓱重陽之節　節令名，又叫重九，即陰曆九月初九日。⓲結正　結案判定。⓳故致稽延　故意使之遲延。⓴徼幸　同「僥倖」。不應得而得之恩。㉑黎氓　黎民。氓，野民。㉒姦宄　亦作「奸軌」，指犯法作亂的人。㉓具僚　備位的官僚。㉔階勳　唐制，文武散階各二十九，勳級凡十二等。據《唐六典》卷二及卷五，文散階為：開府儀同三司（從一品）、特進（正二品）、光祿大夫（從二品）、金紫光祿大夫（正三品）、銀青光祿大夫（從三品）、正議大夫（正四品上）、通議大夫（正四品下）、太中大夫（從四品上）、中大夫（從四品下）、中散大夫（正五品上）、朝議大夫（正五品下）、朝請大夫（從五品上）、朝散大夫（從五品下）、朝議郎（正六品上）、承議郎（正六品下）、奉議郎（從六品上）、通直郎（從六品下）、朝請郎（正七品上）、宣德郎（正七品下）、朝散郎（從七品上）、宣議郎（從七品下）、給事郎（正八品上）、徵事郎（正八品下）、承奉郎（從八品上）、承務郎（從八品下）、儒林郎（正九品上）、登事郎（正九品下）、文林郎（從九品上）、將士郎（從九品下）。武散階為：驃騎大將軍（從一品）、輔國大將軍（正二品）、鎮軍大將軍（從二品）、冠軍大將軍、懷化大將軍（正三品）、雲麾將軍、歸德將軍（從三品）、忠武將軍（正四品上）、壯武將軍（正四品下）、宣威將軍（從四品上）、明威將軍（從四品下）、定遠將軍（正五品上）、寧遠將軍（正五品下）、游騎將軍（從五品上）、游擊將軍（從五品下）、昭武校尉（正六品上）、昭武副尉（正六品下）、振威校尉（從六品上）、振威副尉（從六品下）、致果校尉（正七品上）、致果副尉（正七品下）、翊麾校尉（從七品上）、翊麾副尉（從七品下）、宣節校尉（正八品上）、宣節副尉

(正八品下)、御武校尉(從八品上)、御武副尉(從八品下)、仁勇校尉(正九品上)、仁勇副尉(正九品下)、陪戎校尉(從九品上)、陪戎副尉(從九品下)。勳級:十二轉上柱國(比正二品)、十一轉柱國(比從二品)、十轉上護軍(比正三品)、九轉護軍(比從三品)、八轉上輕車都尉(比正四品)、七轉輕車都尉(比從四品)、六轉上騎都尉(比正五品)、五轉騎都尉(比從五品)、四轉驍騎尉(比正六品)、三轉飛騎尉(比從六品)、二轉雲騎尉(比正七品)、一轉武騎尉(比從七品)。㉕緋服眾於青衣　四品、五品官多於八品、九品官。唐制,四品服緋,五品服淺緋,八品服深青,九品服淺青。㉖象板多於木笏　唐制,五品以上用象笏(板),以下用木笏。笏,臣僚朝見時所持的手板。㉗榮非德舉　榮耀不是起於德行。㉘妍蚩　美好與醜惡。㉙方　比擬。㉚沙汰　淘汰。㉛皇風　皇家的風教。㉜牧伯　古時對州牧與方伯的合稱。此處指州刺史。㉝蓬轉萍流　像飛蓬旋轉,浮萍流蕩,很不穩定。㉞苟且之謀　得過且過的打算。㉟循良之政　做出循吏的政績。㊱尤甄賞罰　特別要甄別賞罰。㊲思慎賦　見《全唐文》卷二百七十四。

【校　記】①恐　張敦仁《通鑑刊本識誤》作「徒」。②時則　據章鈺校,十二行本、乙十一行本二字皆互乙。

【語　譯】正月二十日庚子,因明堂火災告祭宗廟,下詔徵求直言。劉承慶上疏,認為「火災既然生自麻主,後來延燒到明堂,所要建的佛舍,恐徒勞無益,希望停止。還有,明堂是統一協和天人的場所,一旦焚毀,臣下哪有心情聚會飲食呢!憂喜衝突,傷害性情。還有,陛下降旨廣泛訪求,允許人們講述真理,然而左史張鼎竟認為現在火燒帝王屋室,更加顯示大周的祥瑞。通事舍人逢敏上奏說,彌勒佛成道的時候,有天魔來燒他的宮室,七寶臺立刻毀壞,這些實在是諂媚虛妄的邪說,不是君臣間的正確道理。伏請陛下終日乾乾,小心翼翼,不要違逆天理人心而興起並不急迫的工役,那麼億萬人仰賴,福祿無窮。」

獲嘉縣主簿彭城人劉知幾上表陳述四事:第一,他認為「帝業創始,開天闢地,嗣君即位,黎民有了新的開始,當時藉著非同一般的喜慶,頒賜再生之恩。如今天下清平而赦令不止,近了說一年赦兩次,遠了說每年沒有漏過。至於那些犯法背禮的、無賴不仁的,如果是民眾,便以搶劫為職業,如果是官吏,便貪贓求賄。而到新年初一朝會之時,指望天子的恩澤,重陽佳節,盼降皇上的恩典,到時就如他們所揣度的,都得到了釋放赦免。有的罪名幾乎已結案判定,刑罰即將執行,便暗中賄賂,有司乘機貪求,故意使結案拖延時間，最終獲得寬恕。以致世間多頑劣背理之徒，當世罕見廉潔方正之人，行善的人得不到皇上的嘉獎，作惡的人獨自得到非分的恩典。古話說『小人的幸運，就是君子的不幸。』就是這個意思。請陛下從今以後，稍稍節制赦令，讓百姓知道禁忌，作奸犯法的人得到肅清。」第二，認為「國家具有九品以上的官僚，每年遇到大赦，必賜與官階勳級，以致朝野宴會，公私聚會，穿紅衣的多於穿青衣的，拿象板的多於拿木笏的。這些榮耀不是起於德行，官位極少是因才能升遷；不曉得什麼是美醜，什麼是善惡。臣請陛下自今天起，稍稍停止私意加恩，使賢能的更加效忠於朝廷，無才能的都懂得勤勉努力。」第三，認為「陛下即位聽政，取士太泛，六品以下政事清閒的職官，就像泥土草芥、沙子碎石一樣多，如果最終不加以淘汰，臣恐怕有汙陛下的風範。」第四，認為「現在的州刺史調任太快，匆匆來去，像飛蓬浮萍，既然懷有得過且過的打算，哪有心思做出循吏的政績！請從今以後，刺史任期不到三年以上不能升遷，還要考察他們的功過，特別要甄別賞罰。」疏奏呈上，太后很是嘉許。當時官爵易得而法網嚴酷，因此競爭做官的人多而被殺害的也多，劉知幾便作〈思慎賦〉來諷時見志。

丙午❶，以王孝傑為朔方道行軍總管，擊突厥。

春，二月己酉朔❷，日有食之。○僧懷義益驕恣，太后惡之。既焚明堂，心不自安，言多不順，太后密選宮人有[1]力者百餘人以防❸之。壬子❹，執之於瑤光殿前樹下，使建昌王武攸寧❺帥壯士毆殺之❻，送尸白馬寺，焚之以造塔。○甲子❼，太后去「慈氏越古」之號。

三月丙辰❽，鳳閣侍郎、同平章事周允元薨。

夏，四月，天樞成❾，高一百五尺❿，徑十二尺⓫，八面，各徑五尺⓬。下為鐵山，周百七十尺，以銅為蟠龍、麒麟縈繞之；上為騰雲承露盤，徑三丈，四龍人立⓭捧火珠，高一丈。工人毛婆羅⓮造模⓯，武三思為文，刻百官及四夷酋長名⓰，太后自書其榜⓱曰「大周萬國頌德天樞⓲」。

秋，七月辛酉⓳，吐蕃寇臨洮⓴，以王孝傑為肅邊道行軍大總管以討之。

九月甲寅㉑，太后合祭天地於南郊，加號天冊金輪大聖皇帝，赦天下，改元㉒。

冬，十月，突厥默啜遣使請降，太后喜，冊授左衛大將軍、歸國公。

【章　旨】以上為第十三段，寫武則天男寵薛懷義之死，以及勞民的天樞建成。

【注　釋】❶丙午　正月二十六日。❷己酉朔　二月初一日。❸防　防備。❹壬子　二月初四日。❺武攸寧　武則天之姪。天授至聖曆間三度為相。傳見《新唐書》卷二百六。❻毆殺之　擊殺之。關於薛懷義之死，有幾種說法。《舊唐書．薛懷義傳》認為是太平公主乳母張夫人令壯士縊殺。李商隱的〈宜都內人傳〉認為是武則天下令誅殺。《通鑑》係據《實錄》。❼甲子　二月十六日。❽丙辰　三月初九日。❾天樞成　天樞鑄成。去年八月下令鑄天樞，至此竣工。❿高一百五尺　合今三二．五五公尺。⓫徑十二尺　即直徑十二尺，合今三．七二公尺。⓬各徑五尺　此處之「徑」指每面的寬度。⓭四龍人立　四條龍向上升首，像人站著一樣。⓮毛婆羅　東夷人。事見《新唐書》卷三十四、《歷代名畫記》卷九。⓯模　模子。⓰刻百官及四夷酋長名　四夷酋長曾參與立天樞的活動。延載元年（西元六九四年）請求獻錢立天樞，武則天析洛陽、永昌二縣，特置來庭縣廨於神都從善坊，以領四方蕃客。天樞功成，乃刻其名。⓱榜　榜額。⓲大周萬國頌德天樞　用銅五十萬斤（約合今五十九萬六千餘斤），用鐵三百三十餘萬斤（合今三百九十三萬八千餘斤）。⓳辛酉　七月十五日。⓴臨洮　古縣名，治所在今甘肅岷縣。㉑甲寅　九月初九日。㉒改元　改元天冊萬歲。

【校記】①有 據章鈺校，十二行本、乙十一行本皆作「多」。

【語譯】正月二十六日丙午，任命王孝傑為朔方道行軍總管，攻打突厥。

春，二月初一日己酉，出現日蝕。○僧人薛懷義愈來愈驕橫放肆，太后厭惡他。明堂燒毀後，他心中不安，言談多不順服，太后暗中選了一百多名有武力的宮人防備他。二月初四日壬子，在瑤光殿前的樹下逮住了薛懷義，派建昌王武攸寧率領壯士打死了他，屍體送到白馬寺，焚屍造塔。○十六日甲子，太后去掉「慈氏越古」的尊號。

三月初九日丙辰，鳳閣侍郎、同平章事周允元逝世。

夏，四月，天樞建成，柱高一百零五尺，直徑十二尺，八個面，每面寬五尺。底部為鐵山，周圍一百七十尺，用銅鑄成蟠龍、麒麟縈繞在上面；頂部鑄有騰雲承露盤，直徑三丈，四條龍像人站立捧著火珠，高一丈。工人毛婆羅造模型，武三思撰文，刻有百官及四夷酋長名字，太后親自書寫榜額「大周萬國頌德天樞」。

秋，七月十五日辛酉，吐蕃侵犯臨洮，任命王孝傑為肅邊道行軍大總管加以討伐。

九月初九日甲寅，太后在南郊合祭天地，加尊號天冊金輪大聖皇帝，大赦天下，改換年號。

冬，十月，突厥默啜派使者來請求受降，太后很高興，授冊拜官為左衛大將軍、歸國公。

萬歲通天元年❶（丙申　西元六九六年）

臘月甲戌❷，太后發神都；甲申❸，封神嶽❹，赦天下，改元萬歲登封，天下百姓無出今年租稅，大酺九日。丁亥❺，禪于少室❻。己丑❼，御朝覲壇受賀。癸巳❽，還宮。甲午❾，謁太廟。

右千牛衛將軍安平王武攸緒⑩，少有志行，恬澹寡欲，扈從⑪封中嶽還，即求棄官，隱於嵩山之陽⑫。太后疑其詐，許之，以觀其所為。攸緒遂優游巖壑⑬，冬居茅椒⑭，夏居石室⑮，一如山林之士⑯。太后所賜及王公所遺野服⑰器玩，攸緒一皆置之不用，塵埃凝積。買田使奴耕種，與民無異。

春，一月甲寅⑱，以婁師德為肅邊道行軍副總管，擊吐蕃。己巳⑲，以師德為左肅政大夫，知政事如故⑳。○改長安崇尊廟㉑為太廟。

二月辛巳㉒，尊神嶽天中王㉓為神嶽天中黃帝，靈妃㉔為天中黃后。啓㉕為齊聖皇帝；封啓母神為玉京太后㉖。

三月壬寅㉗，王孝傑、婁師德與吐蕃將論欽陵、贊婆戰於素羅汗山㉘，唐兵大敗，孝傑坐免為庶人，師德貶原州員外司馬㉙。師德因署移牒，驚曰：「官爵盡無邪㉚！」既而曰：「亦善，亦善。」不復介意。

丁巳㉛，新明堂成，高二百九十四尺，方三百尺，規模率小於舊㉜。上施金塗鐵鳳㉝，高二丈，後為大風所損，更為銅火珠，羣龍捧之，號曰通天宮。赦天下，改元萬歲通天㉞。

大食請獻師子㉟。姚璹上疏，以為「師子專食肉，遠道傳致㊱，肉既難得，極為勞費。陛下鷹犬不蓄，漁獵悉停，豈容菲薄於身而厚給於獸！」乃卻之。

【章旨】以上為第十四段，寫唐軍兵敗於吐蕃；新建明堂落成。

【注釋】❶萬歲通天元年　武則天於天冊萬歲元年（西元六九五年）臘月改元萬歲登封，只行用了四個月，於萬歲登封元年（西元六九六年）三月丁巳改元萬歲通天。即萬歲通天元年包有萬歲登封元年。❷甲戌　臘月初一日。❸甲申　臘月十一日。❹封神嶽　在神嶽峻極峰祭告昊天上帝。神嶽，即嵩山，垂拱四年（西元六八八年）武則天把山名改稱神嶽。由峻極峰、太室、少室三大部分組成。峻極峰最高，海拔一千四百四十公尺。❺丁亥　臘月十四日。❻禪于少室　在少室下趾東南祭后土。少室在峻極峰之西，與太室相對，有三十六峰。❼己丑　臘月十六日。❽癸巳　臘月二十日。❾甲午　臘月二十一日。❿武攸緒　（？—西元七二三年）武則天堂兄惟良之子。傳見《舊唐書》卷一百八十三、《新唐書》卷一百九十六。⓫扈從　隨從天子車駕。⓬嵩山之陽　即嵩山之南。⓭巖壑　巖嶺溪壑。⓮茅椒　用茅草和椒木搭成的屋子。⓯石室　即石窟。⓰山林之士　山林隱士。⓱野服　田野平民的服裝。⓲甲寅　一月十一日。⓳己巳　一月二十六日。⓴以師德為左肅政大夫二句　以婁師德為左肅政大夫，知政事如故的時間，各書記載不一，司馬光據《實錄》記載。㉑崇尊廟　本名崇先廟，垂拱四年造，以享武氏祖考。天授元年（西元六九〇年）九月，立武氏七廟於神都。次年正月，納武氏神主於太廟，改西京崇先廟為崇尊廟，享祀一如太廟之儀。㉒辛巳　二月初九日。㉓神嶽天中王　天中王為神嶽之神。㉔靈妃　即仙女宓妃。傳說宓妃為洛水女神。㉕啓　禹之子。禹死後，啓繼王位，確立傳子制度，建立了夏朝。㉖封啓母神為玉京太后　傳說啓母在嵩山生啓而化為石。後世遂以為啓母神，並為之建廟。㉗壬寅　三月初一日。㉘素羅汗山　據《舊唐書・婁師德傳》，素羅汗山當在洮州（治所在今甘肅臨潭）境內。㉙師德貶原州員外司馬　原州，治所在今寧夏固原。王孝傑坐免為庶人與婁師德被貶原州是否同時，各書記載不一，司馬光據《實錄》記為同時。㉚官爵盡無邪　師德原任左肅政御史大夫、同鳳閣鸞臺平章事，封原武縣男，現僅為員外司馬，故有此感歎。㉛丁巳　三月十六日。㉜規模率小於舊　舊明堂亦高二百九十四尺，方三百尺。見《舊唐書》卷二十二及本書卷二百四。所謂小於舊，當指構件而言。㉝金塗鐵鳳　即鎏金鐵鳳。㉞赦天下二句　改元的時間，《舊唐書》卷六作「夏四月」，卷二十二作「四月朔日」即四月初一日，《唐會要》卷三同。按，四月初一日武則天曾舉行親享明堂之禮，當以四月初一日赦天下、改元為是。㉟大食請獻師子　大食，即阿拉伯帝國。師子，即獅子。師，與「獅」通。㊱傳致　傳遞致送。

【語譯】萬歲通天元年（丙申　西元六九六年）

臘月初一日甲戌，太后從神都出發。十一日甲申，在神嶽祭天，大赦天下，改年號為萬歲登封，免除天下百姓今年的租稅，大飲宴九天。十四日丁亥，在少室山祭地。十六日己丑，駕臨朝覲壇接受群臣朝賀。二十日癸巳，回宮。二十一日甲午，謁告太廟。

右千牛衛將軍安平王武攸緒年少時就有志向操守，淡泊寡欲，侍從太后封禪中嶽回來，立刻請求棄職，隱居於嵩山南麓。太后懷疑他有詐，答應了他的請求，藉以觀察他的作為。武攸緒於是優閒地居住在巖嶺溪壑中，冬天居住茅椒屋，夏天居住石窟，與山林隱士一樣。太后所賜及王公大臣所贈的隱居衣服玩物，武攸緒一概閒置不用，上面塵埃封積。他買田讓奴僕耕種，與平民沒有區別。

春，一月十一日甲寅，任命婁師德為肅邊道行軍副總管，攻打吐蕃。二十六日己巳，任命婁師德為左肅政大夫，仍舊主持政事。〇把長安崇尊廟改為太廟。

二月初九日辛巳，尊神嶽天中王為神嶽天中黃帝、靈妃為天中黃后、夏后啓為齊聖皇帝。封啓母神為玉京太后。

三月初一日壬寅，王孝傑、婁師德與吐蕃將領論欽陵、贊婆在素羅汗山交戰，唐軍大敗，王孝傑坐罪免官為平民，婁師德被貶官為原州員外司馬。婁師德在簽署送來的公文時，驚訝地說：「官爵全沒有了呀！」簽署後說：「也好，也好。」便不再介意。

三月十六日丁巳，新明堂落成，高二百九十四尺，方三百尺，規模比原來略小些。上面設有黃金塗飾的鐵鳳，高二丈，後被大風所壞，換成一個銅火珠，由群龍簇擁著，號稱通天宮。大赦天下，改年號為萬歲通天。

大食國請求進獻獅子。姚璹上疏認為「獅子專吃肉，遠道送來，肉食難以得到，極其耗費人力物力。陛下不養鷹犬，禁止一切漁獵，怎麼能容得對自己菲薄而厚養獅獸！」於是拒絕此事。

以檢校夏官侍郎孫元亨同平章事❶。夏，五月壬子❷，營州契丹松漠都督李盡忠❸、歸誠州刺史孫萬榮❹舉兵反，攻陷營州❺，殺都督趙文翽❻。盡忠，萬榮之妹夫也，皆居於營州城側。文翽剛愎，契丹饑，不加賑給，視酋長如奴僕，故二人怨而反。乙丑❼，遣左鷹揚衛將軍曹仁師、右金吾衛大將軍張玄遇、左威衛大將軍李多祚、司農少卿麻仁節等二十八將討之。秋，七月辛亥❽，以春官尚書梁王武三思為榆關道❾安撫大使，姚璹副之，以備契丹。改李盡忠為李盡滅，孫萬榮為孫萬斬。

盡忠尋自稱無上可汗，據營州，以萬榮為前鋒，略地，所向皆下；旬日，兵至數萬，進圍檀州❿，清邊前軍副總管張九節擊卻之。

八月丁酉⓫，曹仁師、張玄遇、麻仁節與契丹戰于硤石谷⓬，唐兵大敗。先是，契丹破營州，獲唐俘數百，囚之地牢，聞唐兵將至，使守牢霫⓭紿之曰：「吾輩家屬，飢寒不能自存⓮，唯俟官軍至即降耳。」既而契丹引出其俘，飼以糠粥，慰勞之曰：「吾養汝則無食，殺汝又不忍，今縱汝去。」遂釋之。俘至幽州⓯，具言其狀，諸軍聞之，爭欲先入。至黃麞谷⑯，虜又遣老弱迎降，故遺老牛瘦馬於道側。仁師等三軍棄步卒，將騎兵先[1]進。契丹設伏橫擊之，飛索以䋄⑰玄遇、仁節，生獲之，將卒死者填山谷，鮮有脫者。契丹得軍印，詐為牒，令玄遇等署⑱之，牒總管燕匪石、宗懷昌等云：「官軍已破賊，若至營州，軍將皆斬⑲，兵不敘勳。」匪石等得牒，晝夜兼行⑳，不遑㉑寢食以赴之，士馬疲弊，契丹伏兵於中道邀之，全軍皆沒。

九月，制㉒：「天下繫囚及庶士家奴驍勇者，官償其直㉓，發以擊契丹。」初[2]令山東近邊諸州置武騎團兵㉔，以同州刺史建安王武攸宜㉕為右武威衛大將軍，充清邊道行軍大總管，以討契丹。

右拾遺陳子昂為攸宜府參謀㉖，上疏曰：「恩制免天下罪人及募諸色㉗奴充兵討擊契丹，此乃捷急㉘之計，非天子之兵。且比來刑獄久清，罪人全少，奴多怯弱，不慣征行，縱其募集，未足可用。況當[3]今天下忠臣義[4]士，萬分未用其一。契丹小孽，假命待誅，何勞免罪贖奴，損國大體！臣恐此策不可威示天下。」

丁巳㉙，突厥寇涼州，執都督許欽明㉚。欽明，紹之曾孫也。時出按部，突厥數萬奄至城下，欽明拒戰，為所虜。

欽明兄欽寂㉛，時為龍山軍㉜討擊副使，與契丹戰於崇州㉝，軍敗，被擒。虜將圍安東㉞，令欽寂說其屬城未下者。安東都護裴玄珪㉟在城中，欽寂謂曰：「狂賊天殃，滅在朝夕，公但勵兵謹守以全忠節。」虜殺之。

【章旨】以上為第十五段，寫契丹族反叛，唐軍征討大敗。

【注釋】❶以檢校夏官侍郎孫元亨同平章事　《新唐書》卷四〈則天紀〉及卷六十一〈宰相表〉將此事列於四月癸酉，即四月初二日。當在「以」前補「四月癸酉」四字。❷壬子　五月十二日。❸李盡忠　（？—西元六九六年）契丹酋長窟哥之孫。官至武衛大將軍、松漠都督，自號無上可汗。事見《舊唐書》卷一百九十九下、《新唐書》卷二百十九〈北狄列傳〉。❹孫萬榮　（？—西元六九七年）契丹別部酋長孫敖曹之曾孫，垂拱初累授右玉鈐衛將軍、歸誠州刺史，封永樂縣公。事詳《舊唐書》卷一百九十九下、《新唐書》卷二百十九〈契丹列傳〉。❺營州　治所在今遼寧朝陽。❻趙文翽　（？—西元六九六年）又稱「趙翽」。事見《舊唐書》卷一百九十九下、《新唐書》卷二百十九〈契丹列傳〉等。❼乙丑　五月二十五日。❽辛亥　七月十一日。❾榆關道　此處榆關即指古渝關，即今山海關。渝，亦作「榆」。❿檀州　治所在今北京市密雲。⓫丁酉　八月二十八日。⓬硤石谷　在今河北盧龍東南一帶。⓭守牢霫　看守地牢的霫人。霫，古民族名，唐時居潢水（西拉木倫河）以北，以射獵為生，習俗與契丹基本相同。見《舊唐書》卷一百九十九下〈北狄列傳〉。⓮存　存活。⓯幽州　治所薊縣，在今北京市城區西南。⓰黃麞谷　在西硤石。⓱緺　套。《朝野僉載》卷六載，天后時，將軍李楷固，契丹人，善用緺索。李盡忠之敗，麻仁節、張玄遇等並被緺。⓲署　簽名。⓳軍將皆斬　意為遲到將領將皆被斬首。⓴兼行　倍道而行。㉑遑　暇。㉒制　即詔。載初元年（西元六八九年）正月，武則天自以「曌」字為名，「詔」與「曌」同音避諱，遂改詔書為制書。㉓官償其直　官府償其身價。㉔武騎團兵　地方武裝。組織當地居民加以訓練，以保衛家鄉，抵禦契丹。㉕武攸宜　則天堂兄惟良之子。曾任同州刺史，前後總禁兵十年。傳見《新唐書》卷二百六。㉖為攸宜府參謀　以本官參謀軍事，不列為品秩。㉗諸色　各種。㉘捷急　迅急。㉙丁巳　九月十八日。㉚許欽明　唐初功臣許紹之曾孫，曾任左玉鈐衛將軍、安西大都護等職。傳見《舊唐書》卷五十九、《新唐書》卷九十。㉛欽明兄欽寂　襲封譙國公。傳見《舊唐書》卷五十九、《新唐書》卷九十。

㉜龍山軍　軍鎮名。龍山，即慕容氏和龍之山。㉝崇州　羈縻府州名稱，當在今遼寧朝陽一帶。㉞安東　即安東都護府。時安東都護府的治所新城，在今遼寧撫順北。㉟裴玄珪　官至安東都護。事見《舊唐書》卷五十九〈許欽明傳〉、《新唐書》卷九十〈許欽寂傳〉。

【校　記】①先　據章鈺校，十二行本、乙十一行本、孔天胤本皆作「輕」。②初　張敦仁《通鑑刊本識誤》作「又」。③當　原無此字。據章鈺校，十二行本、乙十一行本、孔天胤本皆有此字，張敦仁《通鑑刊本識誤》同，今據補。④義　據章鈺校，十二行本、乙十一行本、孔天胤本皆作「勇」。

【語　譯】任命檢校夏官侍郎孫元亨同平章事。

夏，五月十二日壬子，營州契丹松漠都督李盡忠、歸誠州刺史孫萬榮起兵造反，攻陷營州，殺了都督趙文翽。李盡忠是孫萬榮的妹夫，都住在營州城邊。趙文翽剛愎自用，契丹發生饑荒，不進行救濟，把酋長看成奴僕，所以李、孫二人怨恨他而造反。二十五日乙丑，派左鷹揚衛將軍曹仁師、右金吾衛大將軍張玄遇、左威衛大將軍李多祚、司農少卿麻仁節等二十八位將領征討他們。秋，七月十一日辛亥，派春官尚書梁王武三思為榆關道安撫大使，姚璹為副使，用來防備契丹。把李盡忠改名李盡滅，孫萬榮改名孫萬斬。

李盡忠不久自稱無上可汗，佔據營州，以孫萬榮為先鋒，侵奪土地，所到之處都攻了下來；十天之間，兵力達到數萬，進兵包圍檀州，清邊前軍副總管張九節擊退了他。

八月二十八日丁酉，曹仁師、張玄遇、麻仁節跟契丹在硤石谷交戰，唐兵大敗。此前，契丹攻破營州，俘獲幾百名唐兵，囚禁在地牢裡，聽說唐兵快到了，讓把守地牢的霫人騙他們說：「我們的家屬，飢寒不能活命，只等官軍到達立刻投降。」不久契丹放出唐俘，供給米糠粥，慰勞他們說：「我們養活你們，但沒有食物，殺掉你們又不忍心，現在放你們離去。」於是釋放了唐俘。唐俘回到幽州，把情況詳加說明，各部軍隊聽了，爭著想先攻入契丹。到了黃麞谷，契丹又派遣老弱迎降，故意在路邊丟些老牛瘦馬。曹仁師等三軍便留下步兵，率騎兵先行。契丹設下埋伏從側面發動攻擊，用套索投向張玄遇、麻仁節，生擒了他們，將士死屍填塞山谷，很少有人逃脫。契丹獲得軍印，便假造公文，令張玄遇等簽署，通知總管燕匪石、宗懷昌等說：「官軍已破契丹，如果到營州晚了，將軍全要論斬，兵士不予論功加勳。」燕匪石等得到公文，日夜兼程而行，無暇寢食，趕赴營州，兵馬疲乏，契丹在半路上設伏兵截擊，燕匪石等全軍覆沒。

九月，下詔：「天下囚犯及庶民士人家奴中勇敢的，由官府出錢抵身價，徵發攻打契丹。」始命山東近邊塞各州設置武騎團兵，任命同州刺史建安王武攸宜為右武威衛大將軍，充任清邊道行軍大總管，去征伐契丹。

右拾遺陳子昂任武攸宜軍府的參謀，他上奏說：「陛下降恩，詔令免除天下罪犯，及招募各類奴僕充當兵卒討伐契丹，這是應急的辦法，不是天子的士兵。而且近來刑獄公正已久，罪人減少，奴僕多數懦弱，不習慣行軍打仗，即使募集了他們，未必能夠使用。何況現在天下的忠臣義士，萬分未用其一。契丹這小孽賊，苟活等死而已，何勞赦免罪人，贖取奴僕，有損國家大體！臣恐怕這種政策不能向天下顯示朝廷的威嚴。」

九月十八日丁巳，突厥侵犯涼州，抓了都督許欽明。許欽明是許紹的曾孫。當時正出去巡察部屬，突厥幾萬人突然到達城下，許欽明抵抗，被俘。

許欽明的兄長許欽寂，當時任龍山軍討擊副使，與契丹在崇州交戰，軍敗，被俘。契丹將包圍安東，命令許欽寂勸說他轄屬的尚未攻下的城邑。安東都護裴玄珪在城中，許欽寂對他說：「狂賊必遭上天的懲罰，亡在旦夕，您只管勵兵謹守來保全忠貞氣節。」契丹殺了許欽寂。

吐蕃復遣使請和親，太后遣右武衛胄曹參軍❶貴鄉郭元振❷往察其宜。吐蕃將論欽陵請罷安西四鎮戍兵，并求分十姓突厥之地❸。元振曰：「四鎮、十姓與吐蕃種類本殊，今請罷唐兵，豈非有兼并之志乎？」欽陵曰：「吐蕃苟貪土地，欲為邊患，則東侵甘、涼，豈肯規利❹於萬里之外邪！」乃遣使者隨元振入請之。

朝廷疑未決，元振上疏，以為「欽陵求罷兵割地，此乃利害之機，誠不可輕舉措❺也。今若直拒其善意，則為邊患必深。四鎮之利遠，甘、涼之害近，不可不深圖也。宜以計緩之，使其和望❻未絕則善矣。彼四鎮、十姓，吐蕃之所甚欲也，而青海、吐谷渾，亦國家之要地也，今報之宜曰：『四鎮、十姓之地，本無用於中國，所以遣兵戍之，欲以鎮撫西域，分吐蕃之勢❼，使不得併力❽東侵也。今若果無東侵之志，當歸我吐谷渾諸部及青海故地❾，則五俟斤部❿亦當以歸吐蕃。』如此則足以塞欽陵之口⓫，而亦未與之絕也。若欽陵小有乖違，則曲在彼矣。且四鎮、十姓款附⓬日[1]久，今未察其情之向背，事之利害，遙割而棄之，恐傷諸國之心，非所以御四夷也⓭。」太后從之。

元振又上言：「吐蕃百姓疲於傜戍⓮，早願和親，欽陵利於統兵專制，獨不欲歸款⓯。若國家歲發和親使，而欽陵常不從命，則彼國之人怨欽陵日深，望國恩日甚，設欲大舉其徒，固亦難矣。斯亦離間之漸，可使其上下猜阻⓰，禍亂內興矣。」太后深然之。元振名震，以字行。

【章　旨】以上為第十六段，寫武則天用郭元振計羈縻吐蕃。

【注　釋】❶右武衛冑曹參軍　官名，掌兵械及公廨興建修繕等事。❷郭元振　（西元六五六—七一三年）本名震，以字顯，魏州貴鄉（今河北大名東南）人，高宗咸亨時舉進士，經則天、中宗、睿宗、玄宗四朝，歷任涼州都督、安西大都護等職，甚有善政，後官至宰相。著有《定遠安邊策》三卷、《九諫書》一卷、《安邦策》一卷。傳見《舊唐書》卷九十七、《新唐書》卷一百二十二。❸十姓突厥之地　即五咄陸和五弩失畢活動的地方，約當今阿爾泰山以西、錫爾河以東的廣大地區。❹規利　求利。❺輕舉措　輕易行動。❻和望　求和的希望。❼分吐蕃之勢　《舊唐書・郭元振傳》作「分蕃國之力」。《新唐書》作「扼諸蕃走集，以分其力」。❽併力　合力。❾當歸我吐谷渾諸部及青海故地　咸亨元年（西元六七〇年）大非川之戰，唐軍敗績，吐蕃勢力大振，據有青海一帶，蠶食吐谷渾部落。三年，吐谷渾被迫遷往靈州，故地盡入吐蕃。❿五俟斤部　即五弩失畢部。西突厥五弩失畢部各有酋長，稱為俟斤。五俟斤即代表五弩失畢。⓫口　藉口。⓬款附　誠附。⓭非所以御四夷也　不是駕御四夷的辦法。《舊唐書・郭元振傳》作「非制馭之長算也」。⓮傜戍　傜役戍守。⓯歸款　歸附獻誠。⓰猜阻　猜疑阻隔。

【校　記】①日　據章鈺校，十二行本、乙十一行本、孔天胤本皆作「歲」。

【語　譯】吐蕃又遣使請求和親，太后派右武衛冑曹參軍貴鄉人郭元振去察看情況。吐蕃將領論欽陵要求撤去安西四鎮的戍兵，並要求分得十姓突厥的土地。郭元振說：「四鎮、十姓和吐蕃本是不同種族，現請求撤除唐兵，豈不是有兼併的企圖嗎？」論欽陵說：「吐蕃如貪求土地，想成為唐朝的邊患，便向東侵擾甘州、涼州，怎會謀利於萬里之外的地方呢！」於是派使者隨郭元振入朝請求。

朝廷疑而不決，郭元振上奏，認為「論欽陵求撤兵割地，這是利害的關鍵，確實不可輕易行動。現在若直接拒絕他的善意，吐蕃則深為邊患。四鎮的利益遙遠，甘州、涼州的危害則在近處，不可不深加考慮。應當用計謀來拖延他，使他對求和的希望不斷絕就好了。那四鎮、十姓，是吐蕃極想得到的，而青海、吐谷渾也是我國的重要地方，現在回答他應該說：『四鎮、十姓的地方，本對中國無用，所以派兵戍守，是想鎮撫西域，分散吐蕃的力量，使它不能合力向東侵擾。現在假如果真沒有向東侵擾的意圖，就應當歸還我吐谷渾諸部以及青海舊地，那麼五俟斤部也應當還給吐蕃。』這樣便足以堵住論欽陵的嘴，而且也沒有與他決裂。

如果論欽陵稍有違背，則理屈在他們。而且四鎮、十姓歸誠已久，現在沒有搞清吐蕃實情向背，此事的利害關係，就遙加割捨拋棄，恐會傷害各國人心，不是統御四夷的辦法。」太后依從了他的意見。

郭元振又上奏說：「吐蕃百姓疲於徭役和兵役，早就願意和親，論欽陵貪圖統兵專權之利，獨不願歸順；如朝廷每年派遣和親大使，而論欽陵常不從命，那麼吐蕃百姓埋怨論欽陵會日益加深，而盼望我國的恩惠也會日甚一日，論欽陵想大肆調動手下人馬，自然困難。這也是離間吐蕃的步驟，可以使他們上下猜忌，禍亂從內部興起。」太后非常贊同。郭元振名叫震，以表字行世。

庚申❶，以并州長史王方慶❷為鸞臺侍郎，與殿中監萬年李道廣❸並同平章事。

突厥默啜請為太后子，并為其女求昏❹，悉歸河西降戶❺，帥其部眾為國討契丹。太后遣豹韜衛大將軍閻知微❻、左衛郎將攝司賓卿田歸道❼冊授默啜左衛大將軍、遷善可汗。知微，立德之孫。歸道，仁會之子也。

冬，十月辛卯❽，契丹李盡忠卒，孫萬榮代領其眾。突厥默啜乘間❾襲松漠❿，虜盡忠、萬榮妻子而去。太后進拜默啜為頡跌利施大單于、立功報國可汗。

孫萬榮收合餘眾，軍勢復振，遣別帥駱務整⓫、何阿小⓬為前鋒，攻陷冀州⓭，殺刺史陸寶積，屠吏民數千人。又攻瀛州⓮，河北震動。制起彭澤令狄仁傑⓯為魏州刺史。前刺史獨孤思莊⑯畏契丹猝至⑰，悉驅百姓入城，繕脩守備。仁傑至，悉遣還農，曰：「賊猶在遠，何煩如是！萬一賊來，吾自當之。」百姓大悅。

時契丹入寇，軍書填委⑱，夏官郎中硤石姚元崇⑲剖析如流，皆有條理，太后奇之，擢為夏官侍郎。

太后思徐有功用法平⑳，擢拜左臺殿中侍御史，遠近[1]聞者無不相賀。鹿城㉑主簿宗城潘好禮㉒著論，稱有功蹈道依仁，固守誠節㉓，不以貴賤死生易其操履㉔。設客問曰：「徐公於今誰與為比？」主人曰：「四海至廣，人物至多，或匿迹韜光㉕，僕不敢誣，若所聞見，則一人而已，當於古人中求之。」客曰：「何如張釋之㉖？」主人曰：「釋之所行者甚易，徐公所行者甚難，難易之間，優劣見矣。張公逢漢文之時，天下無事，至如盜高廟玉環及渭橋驚馬㉗，守法而已，豈不易哉！徐公逢革命之秋，屬惟新之運，唐朝遺老，或包藏禍心，使人主有疑。如周興、來俊臣，乃堯年之四凶㉘也，崇飾惡言以誣盛德；而徐公守死善道㉙，深相明白㉚，幾陷囹圄㉛，數挂網羅[2]，此吾子所聞，豈不難哉！」客曰：「使為司刑卿㉜，乃得展其才矣。」主人曰：「吾子徒見徐公用法平允，謂可置司刑，僕覩其人，方寸之地㉝，何所不容㉞，若其用之，何事不可，豈直㉟司刑而已哉！」

【章　旨】以上為第十七段，寫狄仁傑、姚元崇、徐有功三位賢傑大臣再次登場。

【注　釋】❶庚申　九月二十一日。❷王方慶　（?—西元七〇二年）名綝，以字行，雍州咸陽（在今陝西咸陽）人，曾任廣州都督，有善政。為相將近二年，直言敢諫。著書二百餘卷，尤精三《禮》。傳見《舊唐書》卷八十九、《新唐書》卷一百十六。❸李道廣　雍州萬年（在今陝西西安）人，曾任汴州刺史，有善政。官至宰相，累封金城縣侯。傳見《舊唐書》卷九十八、《新唐書》卷一百二十六。❹昏　同「婚」。❺悉歸河西降戶　要求唐朝全部歸還散處河西的突厥降戶。事見《舊唐書·突厥傳》。❻閻知微　（?—西元六九八年）唐初著名建築學家閻立德之孫，官至右豹韜衛將軍。屈事突厥可汗，被誅。傳見《舊唐書》卷七十七、《新唐書》卷一百。❼田歸道　雍州長安（在今陝西西安）人，良吏田仁會之子。累遷通事舍人內供奉、左衛郎將。出使突厥有功，官拜左金吾將軍、司膳卿。傳見《舊唐書》卷一百八十五上、《新唐書》卷一百九十七。❽辛卯　十月二十二日。❾乘間　乘隙；趁機。❿松漠　即松漠都督府，治所在今內蒙古翁牛特旗西北。⓫駱務整　契丹孫萬榮之偏將，降唐後官至右武威衛將軍。事見《舊唐書》卷八十九〈狄仁傑傳〉、《新唐書》卷二百十九〈契丹傳〉等。⓬何阿小　契丹驍將，殺人如麻，後為楊玄基所擒。事見《舊唐書》卷一百八十三〈武懿宗傳〉、卷一百九十九下〈契丹傳〉及《新唐書》卷二百十九〈契丹傳〉等。⓭冀州　州名，治所在今河北冀州。⓮瀛州　州名，治所在今河北河間。⓯彭澤令狄仁傑　狄仁傑為酷吏來俊臣所誣，長壽元年（西元六九二年）一月被貶為彭澤令。⓰獨孤思莊　官至右金吾大將軍。見《新唐書》卷七十五下。⓱猝至　突然到來。⓲填委　填塞委積；堆積。⓳姚元崇　（西元六五〇—七二一年）字元之，陝州硤石（今河南三門峽市南）人，後避開元年號，單名為「崇」。倜儻好學，為武則天、唐睿宗、唐玄宗三朝名相。有文集十卷。傳見《舊唐書》卷九十六、《新唐書》卷一百二十四。《咸淳毗陵志》卷七、《嘉泰會稽志》卷二亦載其事。言論又見於《全唐文》卷二百六、《唐文拾遺》卷十六等。⓴太后思徐有功用法平　長壽二年徐有功為酷吏周興所劾，免官，故太后思之。用法平，用法平允。㉑鹿城　縣名，縣治在今河北深州西。㉒潘好禮　貝州宗城（今河北清河縣西南）人，開元時官至豫州刺史。勤儉清廉。傳見《舊唐書》卷一百八十五下、《新唐書》卷一百二十八。言論保存在《全唐文》卷二百七十九。㉓誠節　即忠節。㉔操履　猶操行。㉕匿迹韜光　隱才不露。匿迹，隱匿行跡。韜光，斂藏光彩。㉖張釋之　西漢人，文景時期名臣。官至廷尉，以執法平允而著稱。傳見《史記》卷一百二、《漢書》卷五十。㉗盜高廟玉環及渭橋驚馬　事見本書卷十四漢文帝三年。㉘堯年之四凶　堯時的四個兇殘之人。堯年，堯世。四凶，即渾敦、窮奇、檮杌、饕餮。㉙守死善道　用生命矢守善道。善道，《新唐書》卷一百十三作「明道」，意思相同。㉚明白　猶「發明」。㉛囹圄　牢獄。㉜司刑卿　官名，即大理寺卿，從三品，掌邦國折獄詳刑之事。㉝方寸之地　指心而言。簡作「方寸」或「方寸地」。㉞容　容納。㉟直　但；只。

【校　記】①遠近　原無此二字。據章鈺校，十二行本、乙十一行本、孔天胤本皆有此二字，張敦仁《通鑑刊本識誤》同，今據補。②羅　原作「維」。據章鈺校，十二行本、乙十一行本、孔天胤本皆作「羅」，熊羅宿《胡刻資治通鑑校字記》同，今據改。

【語　譯】九月二十一日庚申，任命并州長史王方慶為鸞臺侍郎，與殿中監萬年人李道廣並為同平章事。

突厥阿史那默啜請求做太后的義子，並為他的女兒求婚，要求全部歸還降服的河西民戶，率領他的部眾為唐朝討伐契丹。太后派豹韜衛大將軍閻知微、左衛郎將代理司賓卿田歸道奉策書授阿史那默啜為左衛大將軍、遷善可汗。閻知微，是閻立德的孫子。田歸道，是田仁會的兒子。

冬，十月二十二日辛卯，契丹李盡忠死了，孫萬榮取代他統率契丹。突厥阿史那默啜趁機襲擊松漠，俘獲李盡忠、孫萬榮的妻兒而去。太后晉升阿史那默啜為頡跌利施大單于、立功報國可汗。

孫萬榮集合殘餘部眾，軍勢復振，派遣別部將領駱務整、何阿小為先鋒，攻陷冀州，殺了刺史陸寶積，屠殺官吏平民幾千人。又攻打了瀛州，河北動盪。頒下制書起用彭澤令狄仁傑為魏州刺史。前任刺史獨孤思莊畏懼契丹突然到來，將百姓全部驅趕入城，修築防禦工事。狄仁傑到了，全部遣返回家務農，說：「賊兵尚在遠處，何必這樣煩擾！萬一賊兵來了，我自己去抵擋。」百姓大為高興。

當時契丹入侵，軍事文書堆集，夏官郎中硤石人姚元崇剖析流暢，皆有條理，太后視為奇才，將他升為夏官侍郎。

太后念徐有功執法平允，提升為左臺殿中侍御史，遠近聽說的人無不互相道賀。鹿城縣主簿宗城人潘好禮撰寫文章，稱徐有功遵行大道，依從仁義，堅守忠誠的氣節，不因貴賤死生改變操行。文中假設一客人問道：「徐公在今天誰可跟他相比？」主人說：「四海極廣，人物極多，有的隱藏行跡，斂藏光彩，我不敢隨便亂說；但就我所聞所見，只有他一人而已，應在古人中去找匹配者。」客人說：「跟張釋之比怎麼樣？」

主人說：「釋之所做的很容易，徐公所做的很難，難易之間，可看出二人的優劣。張公遇上漢文帝時代，天下太平無事，至於像偷高祖廟中的玉環，以及渭橋驚擾漢文帝的車駕等案件，依法處理而已，難道不容易嗎！徐公遇上變革的年代，正值改舊推新的世道，唐朝的遺老，有的心懷不軌，使君主產生猜疑。如周興、來俊臣，便是堯時的四凶，粉飾惡言以誣陷賢良；而徐公死守善道，深明事理，幾乎身陷牢獄，多次觸犯刑網，這是您所聽說的，難道不是很困難的嗎！」客人說：「假使他做司刑卿，便可施展他的才能了。」主人說：「您只看到徐公用法平允，以為可任司刑，我看他這個人，方寸之心無所不容，如要用他，哪樣職事不能勝任，何止可任司刑呢！」

【研　析】本卷所載的五年史事，起西元六九二年，迄西元六九六年，是武則天建立的武周政權的極盛時期，也是武則天個人尊榮得意達到了頂點，同時也是武則天賴以生存的政治基礎負面影響到了無法忍受的程度，可以說是物極必反，武則天不改弦易轍，武周政權有顛覆的危險。武則天不動聲色地轉危為安，表現了她的大智慧與大政治家的情懷。以此看點，本卷研析四個問題：武則天鼎盛的標誌；酷吏政治的危害；官場腐敗的積習；武則天第一個男寵薛懷義之死。

武則天鼎盛的標誌。武則天稱制不久，在垂拱四年（西元六八八年），建明堂，這是盛世的標誌。長壽二年（西元六九三年），武則天加尊號「金輪聖神皇帝」，同時追尊祖上武氏先皇加尊號。追尊昭安皇帝曰渾元昭安皇帝，文穆皇帝曰立極文穆皇帝，孝明高皇帝曰無上孝明高皇帝。「金輪聖神」、「渾元」、「立極」、「無上」，這些尊號表現了武則天自鳴得意的心境。第二年長壽三年五月，又改元為元載元年（西元六九四年），並改尊號為「越古金輪聖神皇帝」。八月，徵銅鐵在洛陽端門（洛陽皇城正南門）外修建頌揚大周國威的天樞，銘紀功德，黜唐頌周。第二年，天冊萬歲元年（西元六九五年）四月，「天樞成，高一百五十尺，徑十二尺，八面，各徑五尺。下為鐵山，周百七十尺，以銅為蟠龍、麒麟縈繞之；上為騰雲承露盤，徑三丈，四龍人立捧火珠，高一丈。工人毛婆羅造模，武三思為文，刻百官及四夷酋長名，太后自書其榜曰『大周萬國頌德天樞』。在此期間，武則天又重建明堂，比原建明堂更為壯麗。史稱，初建明堂，「日役萬人，所費以萬億計，府藏為之耗竭」。建天樞與重建明堂，工程更為浩大，並在短期內建成，標誌了武周的鼎盛氣象，也標誌武則天的好大喜功。武則天還大修佛寺，鑄九鼎，耗盡了國庫，加重了民眾的沉重負擔。劉承慶上疏指陳其弊，宛轉地批評說：「伏願陛下乾乾翼翼，無戾天人之心而興不急之役，則兆人蒙賴，福祿無窮。」

開元二年（西元七一四年），唐玄宗下令「毀天樞，發匠熔其鐵錢，歷月不盡」。歷史總是和一切好大喜功的獨裁者開玩笑，愈是要流芳百世的人，愈是歷史上匆匆來往的過客。武則天的「大周萬國頌德天樞」的壽命只存在了二十年，就是一個生動的例證。

酷吏政治的危害。唐太宗貞觀之治，完善國家制度，在當時世界上是最先進、最優越的政治制度，到唐高宗時完成的《唐律疏議》也是中國封建律令中先進的法典。《唐律》五百條，分為十二篇，對社會人與人的各種關係都制定了規範的行為。死罪有一百十幾條，只有犯「十惡」的人才定死罪，為了避免法律的酷濫，《唐律》有關於訴訟、斷獄嚴格的程序規定。訴訟要有確切的證據指陳犯罪，不得稱疑，違者笞五十。投匿名信告人罪被查出，流放二千里，誣告謀反及大逆者，斬，從者絞，審判官與訴訟雙方有親屬仇嫌者一律迴避。嚴禁刑訊逼供，疑罪疑獄，可用錢贖。被判死罪的人，在京師執行時要經過五次覆奏，在外地的，要經過刑部五次覆奏。凡被冤枉的人，可以越級上訴，以至向皇帝申冤。唐初統治者吸取隋朝「政苛刑煩」而滅亡的教訓，一部《唐律》充分體現了「輕刑慎殺，務從寬簡」的特點。但是在封建社會，制度的廢立由皇帝決定。武則天女人主政，在當時社會為非禮非法，所以武則天牢牢抓住法律為武器，以刑殺為威鎮壓反對派，公開建立告密制度，實施酷吏專政為其政治基礎。武則天的酷吏政治，完全推翻了《唐律》「輕刑慎殺，務從寬簡」的特點，屢興大獄，誅殺無算。史稱「太后自垂拱以來，任用酷吏，先誅唐宗室貴戚數百人，次及大臣數百家，其刺史、郎將以下，不可勝數。」長壽二年，遣六道使殺流人案，濫殺無辜達到登峰造極。起因是補闕李秦授欲藉人頭來升官。他利用武則天多疑的心理，謊稱「代武者劉」，「劉者流也」，建議武則天誅滅被流放的諸王以及大臣的親族。武則天立即派酷吏萬國俊前往流放最多的嶺南去推按。萬國俊到了嶺南，假傳聖旨，召集流人，命其自殺。一次就殺了三百多人。萬國俊回朝，謊報流人謀反，並建議武則天派員視察各地流人的動靜。武則天立即升萬國俊為朝散大夫、行侍御史，同時派劉光業、王德壽等五人分赴諸道巡查，「光業等見國俊盛行殘殺，得加榮貴，乃共肆其凶忍，唯恐後之。光業殺九百人，德壽殺七百人，其餘少者咸五百人。亦有遠年流人，非革命時犯罪，亦同殺之」（《舊唐書・萬國俊傳》）。如此慘絕人寰的大屠殺，在歷史上是十分罕見的，武則天濫施淫威，確實曠古未聞。

酷吏興大獄的手法，先是使人誣告，說某某人謀反，接著用嚴刑逼供，株連勾引。來俊臣、索元禮等酷吏所用刑法，花樣百出，殘忍手段，令人髮指。《舊唐書・來俊臣傳》載：「俊臣每鞫囚，無問輕重，多以醋灌鼻，禁地牢中；或盛之甕中，以火環繞炙之，並絕其糧餉，至有抽衣絮以噉之者。又令寢處糞穢，備諸苦毒。自非身死，終不得出。每有赦令，俊臣先遣獄卒盡殺重囚，然後宣示。」酷吏索元禮發明有十種大枷，分別叫定百脈、喘不得、突如吼、著即錄、失魂膽、實同反、反是實、死豬愁、求即死和求破家。這些枷名，光聽聽也會叫人魂飛魄散、毛骨悚然的。此外，還有什麼「鳳皇曬翅」、「獼猴鑽火」等酷刑。長壽元年，同平章事任知古、狄仁傑、裴行本、司禮卿裴宣禮、前文昌左丞盧獻、御史中丞魏元忠、潞州刺史李嗣真同時被來俊臣誣告謀反，朝野震動。酷吏王德壽因與宰相楊執柔有私仇，便在審問狄仁傑時，強迫狄仁傑羅織楊執柔，狄仁傑不肯，以頭觸柱，血流滿面，才得以作罷。楊執柔是武則天的本家外甥，狄仁傑為相深受武則天信任，酷吏對他們二人尚如此胡為，對其他人便可想而知了。事實查明狄仁傑等人蒙冤不反，武則天也只是免死，仍然將狄仁傑等貶官流放。酷吏們更加膽大妄為，竟然誣告皇嗣睿宗謀反。酷吏專橫到如此地步，朝野人人自危，動搖了武則天的統治基礎。右補闕朱敬則、侍御史周矩上疏勸諫，認為太后用「威刑以禁異議」，濫施酷刑，使「滿朝側息不安」。朱敬則說：「今既革命，眾心已定，宜省刑尚寬。」周矩說：「周用仁而昌，秦用刑而亡。願陛下緩刑用仁，天下幸甚。」武則天亦有所悟，她翻過手來誅殺酷吏以塞責。萬國俊、來俊臣、周興、傅遊藝、丘神勣、索元禮、侯思止、來子珣、王弘義等酷吏先後均被武則天所殺或流放。

有唐一代，任用酷吏之多，實行恐怖統治時間之長，武則天都是首屈一指的。在她的統治下，告密者相望於道，酷吏們橫行不法，冤獄遍於寰中。武則天是這一歷史悲劇的始作俑者。她利用酷吏維護了自身的統治，又用酷吏們的性命去減輕人們對自己的責難，一石二鳥。她的手腕是高明的，很多人都把仇恨記在酷吏們的帳上。如來俊臣被殺時，「國人無少長皆怨之，競剮其肉，斯須盡矣」（《舊唐書‧來俊臣傳》）。

酷吏政治是武則天畸形政權的產兒，酷吏政治也是獨裁暴政所特有的歷史現象。它不僅打擊了李唐宗室和朝廷官僚，也給廣大人民帶來了苦難；武則天所導演的這幕血腥醜劇是一場民族的悲劇，這個深重的歷史教訓必須記取。

官場腐敗的積習。為了培植自己的勢力，武則天除了重用酷吏之外，還任用了大批冗官。唐太宗認為，「官在得人，不在員多」，他命令房玄齡進行了大規模的精簡，中央一級官員只保留了六百四十三人（《資治通鑑》卷一百九十二）。到高宗時，官吏數目已經大大增加，武則天當政以後，官吏隊伍的膨脹就越發不可收拾了。武則天除按正常科舉取士外，又舉行殿試、自舉、試官、武舉、南選，還擴充宦官和「不次授官」，只要合她的意，隨時可以進入官僚階層。

武則天之時，賣官之風已經很盛，據《朝野僉載》卷一說：「乾封以前選人，每年不越數千，垂拱以後，每歲常至五萬。」「選司考練，總是假手冒名，勢家囑請。手不把筆，即送東司，眼不識文，被舉南館。正員不足，權補試、攝、檢校之官，賄貨縱橫，贓汙狼藉。流外行署，錢多即留。」「是以選人冗冗，甚於羊群，吏部喧喧，多於蟻聚。」天授二年（西元六九一年），武則天派專使赴七道授「試官」（即見習之官），由於亂授拾遺、補闕、校書郎等官，「故當時諺曰：『補闕連車載，拾遺平斗量。欋推侍御史，盌脫校書郎。』」大批冗官多係賄選，上任後便大肆搜刮錢財，人民的負擔日益加重。

吏治冗濫，官場腐敗成為積習。婁師德是唐代著名的將相，他竟然教誨弟弟在官場做人要「唾面自乾」，中國的封建官僚，一個個對上級唯唯諾諾，任憑宰割，活得像一條蟲蛆，而對下級和民眾頤指氣使，兇狠如狼。他們的人性被扭曲，婁師德的行為經驗，便是一個鮮活的例證。更有甚者，為了當官和上爬，杜肅告密賣友，郭霸嘗糞便諂諛，如此的修煉工夫，使人歎為觀止。官場利祿的權力誘因，使人性墮落到這種程度，發人深思。

武則天第一個男寵薛懷義之死。武則天男寵眾多，最鍾愛的是張易之、張昌宗兄弟。而武則天的第一個男寵則是薛懷義。薛懷義原名馮小寶，京兆戶縣（今陝西戶縣）人，自幼不務正業，曾在洛陽市上賣藥。在一個偶然的機會裡，馮小寶結識了唐高祖的女兒千金公主，受到賞識。千金公主為了巴結武則天，便將馮小寶推薦給她，武則天果然對馮小寶十分寵幸。為便於馮小寶在宮廷出入，武則天命人將馮小寶剃度為僧，並起名懷義。又恐馮小寶出身微賤遭人恥笑，便讓他與駙馬都尉薛紹合宗，薛紹稱他為叔父，所以他始改姓薛。洛陽市上的賣藥人搖身一變成了武則天的倖臣薛懷義。武則天又特意大修洛陽白馬寺，讓薛懷義做白馬寺主。

薛懷義倚仗武則天的權勢，到處胡作非為。他將一批市井無賴度為和尚，任意橫衝直撞，遇見道士就隨意毆打，並剃光道士的頭髮。薛懷義常騎著高頭大馬，前呼後擁，招搖過市，有靠近者，打得頭破血流。右臺御史馮思勗曾多次處罰過薛懷義的不法僧徒，薛懷義懷恨在心，有一次恰好狹路相逢，薛懷義指使手下人將馮御史打個半死，也沒人敢過問。一班武氏子弟，如武承嗣、武三思等人，雖然位居高官，但對薛懷義卻一味巴結，像僕人一樣伺候他，甚至親自為他牽馬。他們不敢叫薛懷義的名字，將其稱為「薛師」。

為了使薛懷義能經常入宮，武則天藉故說薛懷義有「巧思」，派他監修明堂。明堂修成後，武則天封薛懷義為左威衛大將軍、梁國公。武則天為了提高這位花和尚的身價，竟荒唐地委派薛懷義掛帥出征。永昌元年（西元六八九年）五月，武則天任命薛懷義為新平軍大總管，北討突厥。軍隊進至柴河，卻不見敵人的蹤影，薛懷義在單于臺刻石紀功後凱旋。九月，又任命薛懷義為新平道行軍大總管，領兵二十萬，再伐突厥。同年十二月，薛懷義被封為右衛大將軍，賜爵鄂國公。延載元年（西元六九四年）二月，任命薛懷義為代北道行軍大總管；三月，又改任朔方道行軍大總管，受命討伐突厥。恰遇突厥退兵，因此並沒有進軍。這位洛陽市上的無賴竟然多次擔任了領兵元帥。薛懷義確也鴻運高照，幸得上蒼保佑，每次出征，均未遇敵。倘若遭遇強敵，那後果不堪設想。

薛懷義的情敵御醫沈南璆日漸得到武則天的寵愛，自己日益被疏遠。薛懷義竟然妒火難禁，膽大妄為報復武則天。天冊萬歲元年（西元六九五年）正月十六日己未，武則天在明堂做無遮大會，設齋。這樣的佛事大會，武則天榮光無比。薛懷義卻在當夜放了一把火，燒天堂和明堂。史稱「火照城中如晝，比明皆盡。」武則天明知是薛懷義所為，為了掩蓋醜行，武則天不動聲色，表面上仍對薛懷義示以恩寵，任命他重新建造明堂。暗地裡選拔了百餘個強健的宮人防範薛懷義作惡。西元六九六年二月初四日壬子，武則天宣召薛懷義到瑤光殿議事，被宮人在殿前樹下擒獲。建昌王武攸寧奉命率領壯士把薛懷義活活地打死，送屍白馬寺，火化後造塔供奉。這個以男色事人的和尚，最終沒有好下場。

卷第二百六

唐紀二十二

起強圉作噩（丁酉　西元六九七年），盡上章困敦（庚子　西元七〇〇年）六月，凡三年有奇。

【題　解】本卷記事起西元六九七年，迄西元七〇〇年六月，凡三年又六個月。當武則天神功元年到聖曆二年六月。這一時期是武則天執政中期的後段。政治大勢結束了酷吏政治，來俊臣東山再起又興大獄，可是很快覆滅。來俊臣之死標誌武周政權酷吏政治轉軌的完成。姚元崇、狄仁傑、韋嗣立、韋慶之一批賢臣受到武則天的重用。狄仁傑獻安邊之策，擊敗突厥，護佑皇嗣，保護良將，安撫河北民眾，做出了重大貢獻。武則天親信，酷吏之一的吉頊，也轉變立場，反對苛酷，忠心唐室，在保護李唐皇嗣中起了決定性的作用。狄仁傑、吉頊等人努力，促使武則天最終作出了棄姪立子的決定。盧陵王返回神都，重新立為太子，河北民眾踴躍從軍擊賊，人心所向，志在復唐。這時期，武則天個人生活的荒唐也達到登峰造極，置控鶴監養蓄男寵。張易之、張昌宗兄弟登場，兩人與武周外戚武氏諸王結成朋黨，仍在政治上有重大的負面影響。例如臨川王武嗣宗領兵平亂契丹，畏敵如虎卻濫殺良民，誣為賊寇以邀功，給河北民眾帶來了沉重的災難。

則天順聖皇后中之下

神功元年❶（丁酉　西元六九七年）

正月己亥朔❷，太后享通天宮❸。

突厥默啜寇靈州❹，以許欽明自隨❺。欽明至城下大呼，求美醬、粱米❻及墨，意欲城中選良將、引精兵、夜襲虜營，而城中無諭其意者。

箕州刺史劉思禮❼學相人❽於術士張憬藏❾，憬藏謂思禮當歷箕州，位至太師。思禮念太師人臣極貴，非佐命無以致之，乃與洛州錄事參軍綦連耀❿謀反，陰結朝士，託相術，許人富貴⓫，俟其意悅，因說以「綦連耀有天命⓬，公必因之以得富貴。」鳳閣舍人王勮兼天官侍郎事，用思禮為箕州⓭刺史。明堂⓮尉河南[1]吉頊⓯聞其謀，以告合宮⓰尉來俊臣，使上變告之。太后使河內王武懿宗⓱推之。懿宗令思禮廣引朝士，許免其死，凡小忤意者[2]皆引之⓲。於是思禮引鳳閣侍郎・同平章事李元素、夏官侍郎・同平章事孫元亨、知天官侍郎事石抱忠、劉奇、給事中周譒及王勮兄涇州刺史勔、弟監察御史助等，凡三十六家⓳，皆海內名士，窮楚毒以成其獄，壬戌⓴，皆族誅之，親黨連坐流竄㉑者千餘人。

初，懿宗寬思禮於外，使誣引諸人。諸人既誅，然後收思禮，思禮始[3]悔之。

懿宗自天授㉒以來，太后數使之鞫獄，喜誣陷人，時人以為周、來㉓之亞。來俊臣欲擅其功，復羅告吉頊，頊上變，得召見，僅免。俊臣由是復用，而頊亦以此得進。

俊臣黨人羅告司刑府史㉔樊惎㉕謀反，誅之。惎子訟冤於朝堂，無敢理者，乃援㉖刀自刳㉗其腹。秋官侍郎上邽劉如璿㉘見之，竊歎而泣。俊臣奏如璿黨惡逆㉙，下獄，處以絞刑，制流㉚瀼州㉛。

【章旨】以上為第一段，寫酷吏來俊臣東山再起，又起大獄。

【注釋】❶神功元年　武則天於萬歲通天二年（西元六九七年），以契丹破滅，九鼎鑄成，九月大享，改元神功。❷己亥朔　正月初一日。❸通天宮　即明堂。上一年三月新明堂建成，號曰通天宮，改元萬歲通天。❹靈州　治所迴樂，在今寧夏靈武西南。❺以許欽明自隨　許欽明任涼州都督，萬歲通天元年九月，為突厥默啜所擒。❻粱米　農作物名稱，粟類。有青、黃、白三種，黃粱品質最佳。❼劉思禮　（？—西元六九七年）唐初功臣劉義節之姪。傳見《舊唐書》卷五十七、《新唐書》卷八十八。❽相人　相人之術；給人看相。❾張憬藏　許州長社（今河南許昌）人，唐朝著名術士，與袁天罡齊名。傳見《舊唐書》卷一百九十一、《新唐書》卷二百四。❿綦連耀　（？—西元六九七年）事跡散見於《舊唐書》卷六、卷五十七、卷八十一、卷一百八十六、卷一百九十等。《元和姓纂》卷二：「綦連，代北人號綦連部，因氏焉。」據此，綦連為代北胡姓。⓫許人富貴　稱許看相的人都會富貴。⓬天命　此處指當天子的命運。⓭箕州　武德八年（西元六二五年）遼州改名箕州，治所遼山，在今山西左權。⓮明堂　縣名，唐高宗乾封三年（西元六六八年）將建明堂，改元總章，分京師萬年縣置明堂縣，縣治在永樂坊。⓯吉頊　（？—西元七〇〇年）洛州河南（今河南洛陽）人，進士出身。武周酷吏，官至宰相。對中宗復位曾起過一些作用。傳見《舊唐書》卷一百八十六上、《新唐書》卷一百十七。⓰合宮　縣名，永昌元年（西元六八九年）改東都河南縣為合宮縣，縣治在東都道德坊。⑰武懿宗　武則天之姪。自司農卿晉爵為郡王，曾任懷、洛二州刺史及神兵道大總管等職，以殘暴酷烈著稱。傳見《舊唐書》卷一百八十三、《新唐書》卷二百六。其事又見《朝野僉載》卷四。⑱凡小忤意者皆引之　凡稍逆其意者皆予以牽引。⑲凡三十六家　共三十六人。據本書及《舊唐書》卷一百八十六上〈吉頊傳〉、《新唐書》卷四〈則天紀〉等，僅得十二人姓名。其餘二十四人不詳。⑳王戌　正月二十四日。㉑流竄　流放竄逐。㉒天授　武則天年號（西元六九〇—六九二年）。㉓周來　指酷吏周興和來俊臣。㉔司刑府史　流外官名，唐司刑寺（即大理寺）有史五十六人。㉕樊惎　事跡不詳。《新唐書》卷二百九〈來俊臣傳〉作「樊戩」。待考。㉖援　拿。㉗刳　剖。㉘劉如璿　秦州上邽（今甘肅天水市西）人，著有《議化胡經狀》一卷。事散見《新唐書》卷二百九、《太平廣記》卷二百六十九及《全唐文》卷一百六十五。㉙黨惡逆　與惡逆之人為黨。㉚制流　指武則天下制書裁定為流放罪。㉛瀼州　州名，治所臨江縣，在今廣西上思西南。瀼，《新唐書》卷二百九作「漢」，誤。

【校　記】①河南　原無此二字。據章鈺校，十二行本、乙十一行本、孔天胤本皆有此二字，張敦仁《通鑑刊本識誤》同，今據補。②者　原無此字。據章鈺校，十二行本、乙十一行本皆有此字，張敦仁《通鑑刊本識誤》同，今據補。③始　原無此字。據章鈺校，十二行本、乙十一行本、孔天胤本皆有此字，今據補。

【語　譯】則天順聖皇后中之下

神功元年（丁酉　西元六九七年）

正月初一日己亥，太后在通天宮舉行大饗祭禮。

突厥阿史那默啜侵犯靈州，讓許欽明隨行。許欽明到城下大喊，要求好醬、粱米和墨，意思是想讓城中選良將，率精兵，夜襲突厥營地，但是城中無人領會他的意思。

箕州刺史劉思禮向術士張憬藏學習相人之術，張憬藏說劉思禮將歷官箕州，官位可做到太師。劉思禮想到太師是臣子中的極品高官，不是輔佐君主的人則不能擔任，便和洛州錄事參軍綦連耀謀劃造反，暗中交結朝廷官員，假借相術，稱許他們都會富貴；等到對方心裡高興，便說「綦連耀有帝王的命，您一定依靠他而得到富貴。」鳳閣舍人王勮兼天官侍郎，便起用劉思禮為箕州刺史。

明堂縣尉河南人吉頊得知劉思禮的陰謀，告訴了合宮縣尉來俊臣，讓他向朝廷舉報有謀叛之事。太后派了河內王武懿宗審理此案。武懿宗命令劉思禮廣泛牽連朝廷官員，答應免除他的死罪，凡是稍有違逆自己心意的人都牽連進來。於是劉思禮牽引鳳閣侍郎・同平章事李元素、夏官侍郎・同平章事孫元亨、知天官侍郎事石抱忠、劉奇，給事中周譒及王勮的哥哥涇州刺史王勔、弟弟監察御史王助等，共三十六人，都是天下知名人士，用盡酷刑而使謀反案成立。正月二十四日壬戌，他們全被滅族，親信黨與受連累獲罪放逐的有一千多人。

起初，武懿宗法外寬大劉思禮，讓他誣陷牽連他人。等他人已被處死，然後逮捕了劉思禮，劉思禮才後悔不已。武懿宗自天授年以來，太后多次命他審理案件，他喜歡誣陷人，當時人視他為周興、來俊臣之流。

來俊臣想獨佔這次的功勞，又羅織罪名告發吉頊，吉頊向太后密告謀反之事，得到召見，才得以免罪。來俊臣由此再被重用，而吉頊也由此得到升遷。

來俊臣的黨人羅織罪名告發司刑府史樊甚謀反，殺了樊甚。樊甚的兒子到朝廷申冤，無人敢受理，他便抽刀自己剖腹。秋官侍郎上邽人劉如璿見了，暗自歎息落淚。來俊臣便上奏說劉如璿偏私叛逆，逮捕入獄，判處絞刑，太后命令流放瀼州。

尚乘奉御❶張易之❷，行成之族孫也，年少，美姿容，善音律。太平公主薦易之之弟昌宗❸入侍禁中，昌宗復薦易之，兄弟皆得幸於太后，常傅朱粉，衣錦繡。昌宗累遷散騎常侍❹，易之為司衛少卿❺。拜其母臧氏、韋氏為太夫人，賞賜不可勝紀，仍敕鳳閣侍郎李迥秀❻為臧氏私夫❼。迥秀，大亮之族孫也。武承嗣、三思、懿宗、宗楚客、晉卿皆候易之門庭，爭執鞭轡，謂易之為五郎，昌宗為六郎❽。

【章旨】以上為第二段，寫武則天新歡男寵張易之、張昌宗兄弟登場。

【注釋】❶尚乘奉御 官名，從五品上，隸殿中省。《唐六典》卷十一：「尚乘奉御，掌內外閑廄之馬，辨其粗良而率其習馭。」❷張易之（?—西元七〇五年）武則天之男寵，太宗朝宰相張行成之族孫。官至麟臺監，後在張柬之政變中被殺。傳見《舊唐書》卷七十八、《新唐書》卷一百四。❸昌宗 張易之之弟，亦為武則天之男寵。❹散騎常侍 官名。唐制，散騎常侍有左右之別，分隸於門下省和中書省。據《舊唐書》卷七十八，張昌宗所任官為左散騎常侍，掌侍奉規諫，以備顧問應對。❺司衛少卿 官名，司衛寺第二長官，地位僅次於司衛卿，協助司衛卿掌邦國器械文物之政令。龍朔間改衛尉為司衛。❻李迥秀 京兆涇陽（今陝西涇陽）人，高祖、太宗朝大臣李大亮之族孫。通過科舉入仕，曾擔任宰相。傳見《舊唐書》卷六十二、《新唐書》卷九十九。❼私夫 非正式的丈夫。民間稱之為「姘夫」。❽謂易之為五郎二句 把張易之稱為五郎，張昌宗稱為六郎。「郎」稱起於六朝，用法頗多，一般用於年輕貌美、風流瀟灑的男子。張易之排行第五，張昌宗排行第六，故武承嗣等稱之為五郎、六郎以表示親敬。

【語譯】尚乘局奉御張易之，是張行成的族孫。年輕，相貌俊美，擅長音律。太平公主推薦張易之的弟弟張昌宗入皇宮侍奉太后，張昌宗又引薦張易之，兄弟都得到太后的寵愛，常塗脂抹粉，穿著錦繡。張昌宗積功升官到散騎常侍，張易之為司衛少卿。封他們的母親臧氏、韋氏為太夫人，賞賜多得無法計算。還下敕命鳳閣侍郎李迥秀為臧氏的姘夫。李迥秀是李大亮的族孫。武承嗣、武三思、武懿宗、宗楚客、宗晉卿都到張易之家去恭候，爭著替他牽馬執鞭，稱張易之為五郎，張昌宗為六郎。

癸亥❶，突厥默啜寇勝州，平狄軍❷副使安道買擊破之。○甲子❸，以原州司馬婁師德守鳳閣侍郎、同平章事。

春，三月戊申❹，清邊道總管王孝傑、蘇宏暉等將兵十七萬與孫萬榮戰于東硤石谷❺，唐兵大敗，孝傑死之。孝傑遇契丹，帥精兵為前鋒，力戰。契丹引退，孝傑追之，行背懸崖，契丹回兵薄❻之，宏暉先遁，孝傑墜崖死，將士死亡殆盡❼。宏管記❽洛陽張說❾馳奏其事，太后贈孝傑官爵，遣使斬宏暉以徇，使者未至，宏暉以立功得免。

武攸宜軍漁陽❿，聞孝傑等敗沒，軍中震恐，不敢進。契丹乘勝寇幽州，攻陷城邑，剽掠吏民，攸宜遣將擊之，不克。

閻知微、田歸道同使突厥，冊默啜為可汗。知微中道遇默啜[1]使者，輒與之緋袍、銀帶⓫，且上言：「虜使至都，宜大為供張⓬。」歸道上言：「突厥背誕⓭積年，方今悔過，宜待聖恩寬宥。今知微擅與之袍帶，使朝廷無以復加⓮，宜令反初服⓯以俟朝恩。又，小虜⓰使臣，不足大為供張。」太后然之。知微見默啜，舞蹈，吮其靴鼻⓱。歸道長揖不拜。默啜囚歸道，將殺之，歸道辭色不撓，責其無厭⓲，為陳禍福。阿波達干元珍⓳曰：「大國使者，不可殺也。」默啜怒稍解，但拘留不遣⓴。

初，咸亨中，突厥有降者，皆處之豐、勝、靈、夏、朔、代六州㉑，至是，默啜求六州降戶及單于都護府之地㉒，并穀種、繒帛、農器、鐵，太后不許。默啜怒，言辭悖慢㉓。姚璹、楊再思以契丹未平，請依默啜所求給之。麟臺少監㉔、知鳳閣侍郎贊皇李嶠㉕曰：「戎狄㉖貪而無信，此所謂『借寇兵資盜糧㉗』也，不如治兵以備之。」璹、再思固請與之，乃悉驅六州降戶數千帳㉘以與默啜，并給穀種四萬斛，雜綵五萬段，農器三千事，鐵四[2]萬斤，并許其昏㉙，默啜由是益彊。

田歸道始得還㉚，與閻知微爭論於太后前。歸道以為默啜必負約，不可恃和親，宜為之備。知微以為和親必可保。

【章旨】以上為第三段，寫北方突厥勢力再起，武周羈縻應之。

【注釋】❶癸亥　正月二十五日。❷平狄軍　胡三省注：「代州北有大武軍，調露元年改曰神武軍，天授二年改曰平狄軍。」當在今山西代縣北。❸甲子　正月二十六日。❹戊申　三月十二日。❺與孫萬榮戰于東硤石谷　此事《舊唐書》卷六繫於二月條，無具體日期；《新唐書》卷四繫之於三月庚子，即三月初四日。岑仲勉曾據《伯玉集》卷七〈國殤文〉進行辨析，只得出推測性結論。見《通鑑隋唐紀比事質疑》。❻薄　迫近。❼將士死亡殆盡　《朝野僉載》上說：「孝傑將四十萬眾，被賊誘退，逼就懸崖，漸漸挨排，一一落澗，坑深萬丈，屍與崖平，匹馬無歸，單兵莫返。」司馬光在《考異》中引用了這段話，認為言過其實，沒有全部採錄。❽管記　官名，據《舊唐書・王孝傑傳》，此處管記為「節度管記」。掌文書，多由文學之士擔任。❾張說　（西元六六七—七三〇年）字道濟，又字說之，河南洛陽（今洛陽）人，弱冠應制舉，得武則天獎拔。唐中宗、睿宗、玄宗朝皆為宰相。「前後三秉大政，掌文學之任凡三十年。」為文俊麗，用思精密，尤長於墓誌碑文。曾參與《三教珠英》、《今上實錄》的編寫，有文集二十卷。傳見《舊唐書》卷九十七、《新唐書》卷一百二十五、《國秀集》卷上、《唐才子傳》卷一。❿漁陽　縣名，屬幽州，縣治在今天津市薊縣。⓫與之緋袍銀帶　即給突厥使者四品以下服飾。唐制，四品服緋，五品服淺緋，皆金帶；六品服深綠，七品服淺綠，皆銀帶。⓬供張　亦作「供帳」，指陳設帷帳等物以供宴會之需。⓭背誕　叛逆作亂。《舊唐書．田歸道傳》作「背恩」。⓮使朝廷無以復加　使朝廷恩澤無以復加。即國家沒有辦法再行賞賜。⓯反初服　穿原來的服裝。⓰小虜　此處指突厥。⓱吮其靴鼻　即吻其靴尖。嗅靴鼻是突厥最卑遜的禮節。⓲責其無厭　斥責他貪得無厭。⓳阿波達干元珍　即阿史德元珍。阿史德元珍投降骨咄祿後，被封為「阿波達干」，專統兵馬。見《舊唐書》卷一百九十四上〈突厥傳上〉。⓴不遣　不遣送田歸道回朝。㉑豐勝靈夏朔代六州　地當今寧夏東部、內蒙古中部、陝西及山西北部一帶。㉒單于都護府之地　相當今內蒙古陰山、河套一帶。㉓悖慢　悖謬傲慢。㉔麟臺少監　官名，即祕書少監，從四品上，協助麟臺監掌邦國經籍圖書之事。㉕李嶠　（西元六四四－七一三年）字巨山，趙州贊皇（今河北贊皇）人，才思精敏，二十中進士，又舉制策甲科。武則天、唐中宗朝，位至宰相。曾參與《三教珠英》的撰寫，著有《軍謀前鑒》十卷，另有文集五十卷，雜詠詩十二卷。傳見《舊唐書》卷九十四、《新唐書》卷一百二十三、《唐才子傳》卷一等。㉖戎狄　泛指西北少數民族。此處指突厥默啜。㉗借寇兵資盜糧　資助敵人兵器，供給敵人糧食。借，資助。資，供給。㉘數千帳　猶數千戶。㉙昏　通「婚」。㉚田歸道始得還　田歸道與閻知微奉命冊封默啜為可汗，反為默啜所拘，至此放還。

【校記】①默啜　原作「突厥」。據章鈺校，十二行本、乙十一行本皆作「默啜」，張敦仁《通鑑刊本識誤》同，今據改。②四　據章鈺校，十二行本、乙十一行本皆作「數」。

【語譯】正月二十五日癸亥，突厥阿史那默啜侵犯勝州，平狄軍副使安道買打敗了他。〇二十六日甲子，以原州司馬婁師德代理鳳閣侍郎、同平章事。

春，三月十二日戊申，清邊道總管王孝傑、蘇宏暉等率兵十七萬，與孫萬榮在東硤石谷交戰，唐軍大敗，王孝傑戰死。王孝傑遇到契丹兵，率精兵做先鋒，奮力作戰。契丹兵撤退，王孝傑追擊，走到背靠懸崖的地方，契丹回兵迫近他，蘇宏暉先逃走，王孝傑墜崖身亡，將士幾乎全都戰死。管記洛陽人張說急奏此事，太后追贈王孝傑官爵，派使者前去斬殺蘇宏暉示眾，使者還未到達，蘇宏暉因立功得以免死。

武攸宜駐軍漁陽，聽說王孝傑等戰敗覆滅，軍中震驚害怕，不敢前進。契丹乘勝侵擾幽州，攻陷城鎮，劫掠官吏百姓，武攸宜派將領去攻擊他們，未能取勝。

閻知微、田歸道一同出使突厥，冊封阿史那默啜為可汗。閻知微在半路上遇到默啜的使者，即送他紅袍、銀帶，並且上奏說：「突厥使臣抵達京城，應大設帷帳、大擺酒食。」田歸道上奏說：「突厥背叛妄為多年，現在才悔過，應等聖上的恩典來寬恕他。而今閻知微擅自給他紅袍銀帶，使朝廷無法再加封賞，應當讓他穿原來的服裝，以等待朝廷的恩賜。另外，小國的使臣，不值得大加款待。」太后同意他的意見。閻知微入見阿史那默啜，行舞蹈禮儀，吻他的靴頭。田歸道只拱手鞠躬，不跪拜。阿史那默啜囚禁田歸道，將要殺他，田歸道的言辭神態毫不屈服，指責阿史那默啜貪得無厭，為他陳述禍福利害。阿波達干元珍說：「大國的使臣，不能殺害。」阿史那默啜怒氣稍消，但拘留他不放還。

當初，在咸亨年間，突厥有來投降的人，都安置在豐、勝、靈、夏、朔、代六州。到這時，阿史那默啜要求得到六州的降戶，以及單于都護府的地方，還要穀種、絹帛、農具、鐵，太后不答應。阿史那默啜很生氣，言語傲慢無禮。姚璹、楊再思認為契丹尚未平定，請求依照阿史那默啜的要求給予他。麟臺少監、知鳳閣侍郎贊皇人李嶠說：「戎狄貪心而不守信用，這叫做『資助敵人兵器，供應敵人糧食』，不如整頓軍隊來防備他。」姚璹、楊再思堅持請求給與阿史那默啜，於是把六州降戶幾千帳全給了阿史那默啜，並且給穀種四萬斛，各種帛五萬段，農具三千件，鐵四萬斤，並且答允通婚，阿史那默啜因此更加強大。

田歸道這時才得以回國，他和閻知微在太后面前爭論。田歸道認為阿史那默啜一定背約，不可依賴和親，應作防備。閻知微認為和親必定可保證他不背約。

夏，四月，鑄九鼎成❶，徙置通天宮。豫州鼎高丈八尺❷，受千八百石❸，餘州高丈四尺，受千二百石，各圖山川物產於其上，共用銅五十六萬七百餘斤❹。

太后欲以黃金千兩塗之，姚璹曰：「九鼎神器，貴於天質❺自然。且臣觀其五采煥炳❻相雜，不待金色以為炫燿❼。」太后從之。自玄武門曳入❽，令宰相、諸王帥南北牙宿衛兵十餘萬人并仗內大牛、白象共曳之❾。

前益州長史王及善❿已致仕，會契丹作亂，山東不安，起為滑州⓫刺史。太后召見，問以朝廷得失，及善陳治亂之要十餘條。太后曰：「外州末事，此為根本，卿不可出。」癸酉⓬，留為內史⓭。

癸未⓮，以右金吾衛大將軍武懿宗為神兵道行軍大總管，與右豹韜衛將軍何迦密⓯將兵擊契丹。五月癸卯⓰，又以婁師德為清邊道副大總管，右武威衛將軍沙吒忠義⓱為前軍總管，將兵二十萬擊契丹。

先是，有朱前疑⓲者上書云：「臣夢陛下壽滿八百。」即拜拾遺。又自言「夢陛下髮白再玄⓳，齒落更生。」遷駕部郎中⓴。出使還，上書曰：「聞嵩山呼萬歲。」賜以緋筭袋㉑，時未五品，於綠衫㉒上佩之。會發兵討契丹，敕京官出馬二[1]匹供軍，酬以五品。前疑買馬輸之，屢抗表㉓求進階，太后惡其貪鄙㉔。六月乙丑㉕，敕還其馬，斥歸田里。

【章　旨】以上為第四段，寫武則天鑄成九鼎。

【注　釋】❶鑄九鼎成　據《新唐書·則天紀》，時在四月戊辰，即四月初三日。❷豫州鼎高丈八尺　約合今五·五八公尺。❸受千八百石　約容粟十四萬四千斤。❹用銅五十六萬七百餘斤　約合今六十六萬八千餘斤。❺天質　本質；自然質地。❻煥炳　光芒煥發。❼炫燿　光彩炫目。❽自玄武門曳入　從玄武門外作坊曳入宮城。玄武門，在東都上陽宮壽昌門北。❾曳之　拖曳九鼎。武則天作〈曳鼎歌〉，令眾人唱和。❿王及善　（西元六一八—六九九年）洺州邯鄲（今河北邯鄲）人，唐高宗時官至右千牛衛將軍。曾為相，死後陪葬乾陵。傳見《舊唐書》卷九十、《新唐書》卷一百十六。⓫滑州　州名，治所白馬，在今河南滑縣東。⓬癸酉　四月初八日。⓭內史　即中書令，宰相之一。佐天子，執大政，掌軍國政令。⓮癸未　四月十八日。⓯何迦密　事跡不詳。其名又見於《新唐書》卷四〈則天紀〉。⓰癸卯　五月初八日。⓱沙吒忠義　（？—西元七〇七年）《元和姓纂》卷五作「沙阤忠義」。兩《唐書》無傳，事散見於〈則天紀〉、〈高宗紀〉及〈突厥傳〉等。⓲朱前疑　事見《朝野僉載》卷四、《元和姓纂》卷二及《唐郎官石柱題名考》卷六。⓳玄　黑。⓴駕部郎中　官名，或稱駕部郎，為兵部駕部司長官，從五品上，掌邦國輿輦、車乘、傳驛、廄牧、官私馬牛雜畜簿籍。㉑筭袋　貯筆硯用的口袋。胡三省注：「唐初職事官三品以上賜金裝刀、礪石，一品以下則有手巾、筭袋。開元以後，百官朔望朝參，外官衙日，則佩筭袋，各隨其所服之色，餘日則否。」筭，通「算」。㉒綠衫　六品、七品服色。㉓抗表　上表直言。㉔貪鄙　貪婪卑鄙。㉕乙丑　六月初一日。

【校　記】[1]二　原作「一」。據章鈺校，十二行本、孔天胤本皆作「二」，張敦仁《通鑑刊本識誤》同，今據改。

【語　譯】夏，四月，鑄成九鼎，移置在通天宮。豫州鼎高一丈八尺，容一千八百石，其餘的州鼎各高一丈四尺，容一千二百石，各鼎鑄有山川物產的圖像，共用銅五十六萬七百多斤。太后想用千兩黃金塗鼎，姚璹說：「九鼎是神聖的器物，貴在本質自然。而且我看它五彩交相輝映，不需再塗金色使它光彩炫目。」太后依從他的意見。九鼎從玄武門拖入，命令宰相、各王率南北牙的宿衛兵十多萬人，以及儀仗內的大牛、白象一同拖拽。

前益州長史王及善已退休，適逢契丹作亂，山東動盪不安，起用他出任滑州刺史。太后召見，詢問朝政得失，王及善陳述治亂的要點十多條。太后說：「外州之事為末節，朝廷之事是根本，你不可出任外職。」

四月初八日癸酉，留他做內史。

四月十八日癸未，任命右金吾衛大將軍武懿宗為神兵道行軍大總管，與右豹韜衛將軍何迦密領兵攻打契丹。五月初八日癸卯，又任命婁師德為清邊道副大總管，右武威衛將軍沙吒忠義為前軍總管，領兵二十萬攻打契丹。

在此之前，有個叫朱前疑的人上書說：「臣夢到陛下壽滿八百歲。」當即拜為拾遺。又自稱「夢見陛下白頭髮又黑了，牙齒脫落又長了出來。」朱前疑遷升為駕部郎中。他出使回來，上書說：「聽到嵩山呼萬歲。」太后賜給他緋算袋，他當時官不到五品，便佩戴在綠色官服上。遇上發兵討伐契丹，敕命京官出二匹馬供給軍用，賞賜五品官。朱前疑買馬捐獻後，屢次上表要求提升官階，太后討厭他貪婪鄙陋。六月初一日乙丑，敕令退還他的馬，把他斥逐回鄉。

右司郎中馮翊喬知之❶有美妾曰碧玉❷，知之為之不昏。武承嗣借以教諸姬，遂留不還。知之作綠珠怨❸以[1]寄之，碧玉赴井死。承嗣得詩於裙帶，大怒，諷酷吏羅告，族誅[2]之❹。

司僕少卿❺來俊臣倚勢貪淫，士民妻妾有美者，百方❻取之。或使人羅告其罪，矯稱敕❼以取其妻，前後羅織誅人，不可勝計。自宰相以下，籍其姓名而取之❽。自言才比石勒❾。監察御史李昭德素惡俊臣，又嘗庭辱秋官侍郎皇甫文[3]備，二人共誣昭德謀反，下獄。

俊臣欲羅告武氏諸王及太平公主，又欲誣皇嗣⑩及廬陵王⑪與南北牙⑫同反，冀因此盜國權，河東人衛遂忠⑬告之。諸武及太平公主恐懼，共發其罪，繫獄，有司處以極刑⑭。太后欲赦之，奏上三日，不出。王及善曰：「俊臣凶狡貪暴，國之元惡⑮，不去之，必動搖朝廷。」太后遊苑中，吉頊執轡，太后問以外事，對曰：「外人唯怪來俊臣奏⑯不下。」太后曰：「俊臣有功於國，朕方思之。」頊曰：「于安遠告虺貞反⑰，既而果反，今止為成州⑱司馬。俊臣聚結不逞⑲，誣構良善，贓賄如山，冤魂塞路，國之賊也，何足惜哉！」太后乃下其奏。

丁卯⑳，昭德、俊臣同棄市㉑，時人無不痛昭德而快俊臣。仇家爭噉㉒俊臣之肉，斯須㉓而盡，抉眼剝面，披腹出心，騰蹋成泥。太后知天下惡之，乃下制數其罪惡㉔，且曰：「宜加赤族㉕之誅，以雪蒼生之憤，可準法㉖籍沒其家。」士民皆相賀於路曰：「自今眠者背始帖席㉗矣。」

俊臣以告綦連耀功，賞奴婢十人。俊臣閱司農婢㉘，無可者，以西突厥可汗斛瑟羅㉙家有細婢㉚，善歌舞，欲得以為賞口㉛，乃使人誣告斛瑟羅反。諸酋長詣闕割耳剺面㉜訟冤者數千人㉝。會俊臣誅，乃得免。

俊臣方用事，選司㉞受其屬請㉟不次除官者，每銓數百人。俊臣敗，侍郎皆自首。太后責之，對曰：「臣負陛下，死罪！臣亂國家法，罪止一身。違俊臣語，立見滅族。」太后乃赦之。

上林令㊱侯敏㊲素諂事俊臣㊳，其妻董氏諫之曰：「俊臣國賊，指日將敗，君宜遠之。」敏從之。俊臣怒，出為武龍㊴令。敏欲不往，妻曰：「速去勿留！」俊臣敗，其黨皆流嶺南，敏獨得免。

太后徵于安遠為尚食奉御㊵，擢吉頊為右肅政中丞㊶。○以檢校夏官侍郎宗楚客同平章事㊷。

【章旨】以上為第五段，寫武周頭號酷吏來俊臣之死，大快人心。

【注釋】❶喬知之　同州馮翊（今陝西大荔）人，有文才。所作詩篇，多為時人傳誦，有集二十卷。官至右司郎中，《舊唐書》本傳及《新唐書・外戚傳》云官至左司郎中。從五品上。傳見《舊唐書》卷一百九十中。❷碧玉　孟棨《本事詩》、《舊唐書》卷一百九十中、《新唐書》卷二百六均作「窈娘」。❸綠珠怨　綠珠本晉人石崇愛妾，善歌舞吹笛。孫秀求之不得，勸趙王倫殺石崇以取之。綠珠悲憤，跳樓自盡。喬知之作詩藉綠珠事以寄情。❹族誅之　滅喬知之全族。關於喬知之被殺的時間，《唐曆》、《統紀》及《新唐書》卷四〈則天紀〉皆繫之於天授元年（西元六九〇年）。司馬光據盧藏用〈陳氏別傳〉和趙儋〈陳子昂旌德碑〉，認為喬氏被殺當在神功元年（西元六九七年）後。岑仲勉受趙紹祖《新舊唐書互證》啟發，對盧傳和趙碑進行研究，認為二者皆不足為據，主張以天授元年八月為是。詳見《通鑑隋唐紀比事質疑》。❺司僕少卿　官名，光宅元年（西元六八四年）改太僕為司僕，太僕掌廄牧車馬事務。長官稱卿，從三品。副職為少卿，從四品上。❻百方　猶百計。❼矯稱敕　假稱敕旨。❽籍其姓名而取之　把姓名記錄在冊，加以奪取。❾石勒　（西元二七四—三三三年）字世龍，上黨武鄉（今山西榆社北）人，羯族。十六國時期後趙的建立者。西元三一九—三三三年在位。傳見《晉書》卷一百四、《魏書》卷九十五。❿皇嗣　即武則天第四子李旦。⓫廬陵王　則天第三子李顯。⓬南北牙　謂禁軍。唐代禁軍分為南北牙。南牙，即諸衛兵，北牙，即禁軍。牙，通「衙」。⓭衛遂忠　河東（今山西永濟西南蒲州鎮）人，曾任司刑評事，與來俊臣善。事散見於兩《唐書》中的〈刑法志〉和〈酷吏傳〉。⓮極刑　最重的刑罰。唐代刑名有五：笞、杖、徒、流、死。死刑分絞和斬兩種，以斬為極刑。⓯元惡　首惡。⓰來俊臣奏　司法機關請求判處來俊臣死刑的奏摺。⓱于安遠告虺貞反　時在垂拱四年（西元六八八年）。于安遠，籍貫生平不詳，以告越王貞謀反出名。官至尚食奉御。見《新唐書》卷一百十七〈吉頊傳〉。虺貞，即越王李貞。李貞垂拱四年八月起兵反叛，九月兵敗被殺。武則天惡之，改其姓為虺氏。⓲成州　州名，治所在今甘肅禮縣西南。⓳不逞　本指不得志。此處指為非作歹的不法之徒。⓴丁卯　六月初三日。㉑棄市　處死刑。古代在鬧市處決死囚，並將屍體暴露在街頭示眾，故稱「棄市」。㉒噉　「啖」的異體字。吃。㉓斯須　須臾；一會兒。㉔下制數其罪惡　制書全文見《全唐文》卷九十五。㉕赤族　即滅族。因誅滅全族流血甚多，故云「赤族」。㉖準法　依法。㉗背始帖席　意即始得安眠。㉘司農婢　司農司所轄奴婢。唐制，官奴婢隸司農。㉙斛瑟羅　即阿史那斛瑟羅。㉚細婢　姿色美好的小婢。㉛賞口　受賞的生口，即抄家後供賞賜為奴婢的人。㉜剺面　以刀劃臉。此乃突厥、回紇風俗，用以表示悲愁。㉝數千人　諸酋長當不至有千人，疑為「數十人」之訛。㉞選司　掌管銓選的機關。《新唐書．選舉志下》：「凡選有文、武，文選吏部主之，武選兵部主之，皆為三銓，尚書、侍郎分主之。」㉟屬請　囑咐請託。㊱上林令　官名，即上林署令，從七品下，掌苑囿園池之事。㊲侯敏　兩《唐書》無傳，事見《朝野僉載》卷三。㊳諂事俊臣　即巴結奉承來俊臣。㊴武龍　縣名，胡三省注：「武龍縣屬田州，開蠻洞置。《舊書》作「武籠」，云失廢置年月。又涪州有武龍縣，武德二年分涪陵置。」按，田州武龍縣在今廣西百色東，開元中置。涪州武龍縣在今重慶市武隆西北。據《朝野僉載》卷三，侯敏被貶為涪州武龍令。㊵尚食奉御　殿中省屬官，正五品下，掌供天子之常膳，隨四時之禁，適五味之宜。㊶右肅政中丞　官名，即右肅政臺御史中丞。㊷以檢校夏官侍郎宗楚客同平章事　據《新唐書》卷四〈則天紀〉及卷六十一〈宰相表〉，宗楚客自尚方少監入相，時在六月己卯，即六月十五日。宗楚客（？—西元七一〇年），字叔敖，蒲州河東（在今山西永濟西南蒲州鎮）人，性明辨，美鬚髯。進士及第。則天、中宗朝官至宰相。傳見《舊唐書》卷九十二、《新唐書》卷一百九。

【校　記】 ①以　據章鈺校，十二行本、乙十一行本、孔天胤本「以」上皆有「詩」字；張敦仁《通鑑刊本識誤》「以」作「詩」。②誅　原無此字。據章鈺校，十二行本、乙十一行本、孔天胤本皆有此字，張敦仁《通鑑刊本識誤》同，今據補。③文原作「丈」。據章鈺校，十二行本、乙十一行本、孔天胤本皆作「文」，張瑛《通鑑校勘記》同，今據改。按，《舊唐書・酷吏傳》、《新唐書・徐有功傳》皆作「文備」。

【語譯】右司郎中馮翊人喬知之有個名叫碧玉的美妾，喬知之為了她而不結婚。武承嗣借了她來教導自己的姬妾，於是留下不放她回去。喬知之作〈綠珠怨〉詩寄給她，碧玉便跳井死了。武承嗣在她的裙帶中得到詩，大怒，暗示酷吏羅織罪名告發喬知之，誅滅了他全族。

司僕少卿來俊臣仗勢貪淫，士人百姓妻妾有美麗的，千方百計弄來。或指使人羅織其罪，偽傳聖旨奪取他們的妻妾，前後被羅織罪名所殺的人，不可勝數。自宰相以下，寫成名冊來奪取他們的妻妾。自稱才智可跟石勒相比。監察御史李昭德一向厭惡來俊臣，又曾經在朝堂當眾侮辱秋官侍郎皇甫文備，二人一起誣告李昭德謀反，把他關進監獄。

來俊臣想誣告武氏諸王以及太平公主，又想誣陷皇太子及廬陵王與南北牙一同謀反，企圖藉此竊取國權，河東人衛遂忠把他舉告了。武家各王及太平公主很害怕，一同揭發來俊臣的罪狀，把他拘繫獄中，審判官判處來俊臣死刑，太后想赦免他，奏書呈上去，過了三日都不見批覆。王及善說：「來俊臣兇惡奸猾貪吝殘暴，是國家的首惡，不除掉他，一定會動搖朝廷。」太后在御苑中遊賞，吉頊駕御車馬，太后詢問朝廷的事，回答說：「朝臣只對奏殺來俊臣的公文沒批下來感到奇怪。」太后說：「來俊臣對國家有功，朕正在考慮中。」吉頊說：「于安遠告虺貞謀反，而後果然造反；于安遠今天只是成州司馬。來俊臣聚集不法的人，誣陷好人，貪贓納賄如山，冤魂滿路，是國家的敵人，哪裡值得憐惜！」太后於是批准他們的奏書。

六月初三日丁卯，李昭德、來俊臣同時在鬧市處死，世人無不痛惜李昭德之死，而對來俊臣之死感到快慰，仇家爭著吃來俊臣的肉，片刻便光了，挑出眼珠，剝下面皮，開腹掏心，踐踏成泥。太后曉得天下人痛恨來俊臣，於是降詔書指責他的罪惡，而且說：「應誅滅他的全族，以雪民眾之恨，可依法抄沒全家。」士民百姓都在路上相慶賀，說：「從今天起，睡覺的人背部可以貼著席子安臥了。」

來俊臣因告發綦連耀之功，賞給他奴婢十人。來俊臣看了司農寺中的婢女，沒有中意的，知西突厥可汗斛瑟羅家有小婢，很會歌舞，想得到她作為賞賜的活口，便指使人誣告斛瑟羅造反。各酋長到朝廷割耳劃面替他申辯冤屈的有幾千人。遇上來俊臣被斬，才得免死。

來俊臣正當權的時候，銓選官署的主事官受到他的囑託而不按照等次授官的，每次銓選達數百人。來俊臣敗露，侍郎全都自首。太后斥責他們，他們回答說：「臣辜負陛下，該當死罪！臣敗壞國家法令，懲罰只及本身。違逆來俊臣的話，便會馬上滅族。」太后於是赦免了他們。

上林署令侯敏素來諂媚來俊臣，他妻子董氏規勸他說：「來俊臣是國賊，不久將敗露，你應疏遠他。」侯敏聽從了她的意見。來俊臣大怒，調他出任武龍縣令，侯敏想不去，他妻子說：「快去不要滯留！」來俊臣敗露，他的黨羽都流放到嶺南，惟獨侯敏幸免。

太后徵召于安遠為尚食局奉御，提升吉頊為右肅政中丞。○任命檢校夏官侍郎宗楚客同平章事。

武懿宗軍至趙州❶，聞契丹將駱務整❷數千騎將至冀州❸，懿宗懼，欲南遁。或曰：「虜無輜重，以抄掠為資，若按兵拒守，勢必離散，從而擊之，可有大功。」懿宗不從，退據相州❹，委棄❺軍資器仗甚眾。契丹遂屠趙州。甲午❻，孫萬榮為奴所殺❼。

萬榮之破王孝傑也，於柳城❽西北四百里依險築城，留其老弱婦女，所獲器仗資財，使妹夫乙冤羽守之，引精兵寇幽州。恐突厥默啜襲其後，遣五人至黑沙❾，語默啜曰：「我已破王孝傑百萬之眾，唐人破膽，請與可汗乘勝共取幽州。」三人先至，默啜喜，賜以緋袍。二人後至，默啜怒其稽緩⑩，將殺之，二人曰：「請一言而死。」默啜問其故，二人以契丹之情告。默啜乃殺前三人而賜二人緋⑪，使為鄉導，發兵取契丹新城⑫，殺所獲涼州都督許欽明以祭天⑬，圍新城三日，克之，盡俘以歸。使乙冤羽馳報萬榮。

時萬榮方與唐兵相持，軍中聞之，恟懼⑭。奚⑮人叛萬榮，神兵道總管楊玄基擊其前，奚兵擊其後，獲其將何阿小。萬榮軍大潰⑯，帥輕騎數千東走。前軍總管張九節⑰遣兵邀⑱之於道，萬榮窮蹙，與其奴逃至潞水⑲東，息於林下，嘆曰：「今欲歸唐，罪已大。歸突厥亦死，歸新羅亦死。將安之乎！」奴斬其首以降，梟之四方館門⑳。其餘眾及奚、霫皆降於突厥。

戊子㉑，特進武承嗣、春官尚書武三思並同鳳閣鸞臺三品。○辛卯㉒，制以契丹初平，命河內王武懿宗、婁師德及魏州刺史狄仁傑分道安撫河北。懿宗所至殘酷，民有為契丹所脅從㉓復來歸者，懿宗皆以為反㉔，生刳㉕取其膽。先是，何阿小嗜殺人㉖，河北人為之語曰：「唯此兩何㉗，殺人最多。」

秋，七月丁酉㉘，昆明㉙內附，置竇州㉚。○武承嗣、武三思並罷政事。

庚午㉛，武攸宜自幽州凱旋㉜。武懿宗奏河北百姓從賊者請盡族之㉝，左拾遺王求禮庭折之㉞曰：「此屬素無武備，力不勝賊，苟㉟從之以求生，豈有叛國之心！懿宗擁彊兵數十萬，望風退走，賊徒滋蔓，又欲移[1]罪於草野詿誤之人，為臣不忠，請先斬懿宗以謝河北！」懿宗不能對。司刑卿杜景儉亦奏：「此皆脅從之人，請悉原之。」太后從之。

八月丙戌㊱，納言姚璹坐事左遷益州長史，以太子宮尹豆盧欽望為文昌右相、鳳閣鸞臺三品㊲。

九月壬辰㊳，大享通天宮，大赦[2]，改元㊴。○庚戌㊵，婁師德守納言。

【章旨】以上為第六段，寫契丹之亂被平定，武懿宗誣良為寇，為禍河北。

【注釋】❶趙州　州名，治所在今河北趙縣。❷駱務整　契丹人，李盡忠部將。後降唐，官至右武威衛將軍。事散見於《舊唐書》卷八十九、卷一百九十九下，《新唐書》卷一百十五、卷二百十九。❸冀州　州名，治所在今河北冀州。❹相州　州名，治所在今河南安陽。❺委棄　拋棄。❻甲午　岑仲勉認為六月無甲午，甲午「非壬午即甲申之訛」。按，六月乙丑朔，甲午即六月三十日。然孫萬榮被殺亦非甲午，《通鑑》此處確實有誤，觀下文「辛卯（六月二十七日），制以契丹初平」即知。查《全唐文》卷二百二十五張說〈為河內郡王武懿宗平冀州賊契丹等露布〉，楊玄基等俘獲契丹何阿小等魁首三百餘人，擊潰契丹主力在六月初一日。從兩《唐書・契丹傳》及本書記載的情況來看，何阿小等被俘後不久，孫萬榮就被殺掉了。因此，甲午很可能是「庚午」（六月初六日）之訛。❼孫萬榮為奴所殺　孫萬榮途窮，與家奴輕騎走潞河東，憊甚，臥林下，奴斬其首。❽柳城　縣名，治所在今遼寧朝陽。❾黑沙　突厥汗庭。據《舊唐書・突厥傳》，黑沙為突厥南庭，今址不詳。❿稽緩　稽留延緩。⓫緋　即緋袍。⓬新城　指契丹在柳城西北四百里處新修築的城堡。⓭殺所獲涼州都督許欽明以祭天　許欽明萬歲通天元年（西元六九六年）九月為默啜所俘。⓮忷懼　亦作「恟懼」、「兇懼」，表示震驚恐懼的樣子。⓯奚　東北少數民族之一。居於違河上游，柳城西北。北魏時自稱庫莫奚，隋唐時簡稱為奚。經濟以畜牧為主，風俗與突厥相同。⑯萬榮軍大潰　關於孫萬榮軍大潰的原因，司馬光在《考異》中說：「《朝野僉載》：『突厥破萬榮新城，群賊聞之失色，眾皆潰散。』不云為玄基等所破。《實錄》但云為玄基及奚所破，不云突厥取新城。要之，契丹聞新城破，眾心已離，唐與奚人擊之，遂潰耳。今兩取之。」⑰張九節　事跡不詳。兩《唐書・契丹傳》所載與本書略同。⑱邀　截擊。⑲潞水　即今經河北、北京市到天津市入海的白河（上游）、潮白河（下游）。⑳梟之四方館門　梟，懸。張九節把孫萬榮的首級送至神都洛陽，武則天令懸掛於四方館門示眾。胡三省注：「後魏置諸國使邸，其後又作四館以處四方來降者。」「至隋煬帝置四方館於建國門外，以待四方使客，各掌其方國及互市事，屬鴻臚寺。唐以四方館隸中書省，通事舍人主之。」按，唐東西兩京皆有四方館。此處指東都四方館，在應天門外第一橫街之南，第二橫街之北，中書外省之西，右衛率府之東。㉑戊子　六月二十四日。㉒辛卯　六月二十七日。㉓脅從　脅迫隨從。㉔以為反　認為是反叛者。㉕生刳　活活的剖開肚子。㉖嗜殺人　嗜好殺人。㉗兩何　指武懿宗與何阿小。武懿宗封河內郡王。「河」與「何」音同，故有「兩何」之說。㉘丁酉　七月初三日。㉙昆明　即昆明蠻。散居於今雲南、貴州、廣西部分地區。㉚竇州　州名，治所在今廣東信宜南。昆明蠻生活區域與廣東相去甚遠，「竇州」二字當誤。似應作「賓州」。賓州治所領方縣，在今廣西賓陽。㉛庚午　七月乙未朔，無庚午。八月有庚午，即八月七日。㉜凱旋　奏凱樂振師而還。㉝族之　誅殺全族。㉞庭折之　在殿庭上駁斥武懿宗。㉟苟　苟且。㊱丙戌　八月二十三日。㊲以太子宮尹豆盧欽望為文昌右相句　胡三省注：「天授中改太子詹事為太子宮尹。『鳳閣』之上當有『同』字。」關於豆盧欽望擔任文昌右相、同鳳閣鸞臺三品的時間，《新唐書・宰相表》先書之於神功元年（西元六九七年），又書之於聖曆二年（西元六九九年），且日月完全相同。按，《舊唐書・豆盧欽望傳》：「廬陵王復為皇太子，以欽望為皇太子宮尹。」《新唐書・豆盧欽望傳》所載略同。廬陵王復為皇太子在聖曆元年（西元六九八年）九月，據此則欽望不可能在神功元年八月以「太子宮尹」的身分入相。《新唐書》卷四〈則天紀〉、《舊唐書》卷六〈則天紀〉及兩《唐書・豆盧欽望傳》均載之於聖曆二年八月庚子，極是。㊳壬辰　九月甲午朔，無壬辰。《新唐書》卷四作「壬寅」，即九月初九日。《唐會要》卷三亦作九月初九日。「辰」當為「寅」之誤。㊴改元　改元神功。㊵庚戌　九月十七日。

【校　記】①移　原作「委」。據章鈺校，十二行本、乙十一行本、孔天胤本皆作「移」，張敦仁《通鑑刊本識誤》同，今據改。②大赦　據章鈺校，十二行本、乙十一行本皆作「赦天下」。

【語　譯】武懿宗的軍隊到了趙州，聽說契丹將領駱務整的幾千名騎兵即將到達冀州，武懿宗很害怕，想向南逃。有人說：「敵人沒有輜重，靠搶劫作給養，如果我們屯兵堅守，勢必會潰散，乘機攻擊，可以建立大功。」武懿宗不採納，退守相州，丟棄軍需兵器很多，契丹於是屠戮趙州。六月甲午日，孫萬榮被家奴所殺。

孫萬榮打敗王孝傑時，在柳城西北四百里處依險要築城，留下老弱婦女及所獲的器械財物，讓妹夫乙冤羽守護，自帶精兵侵擾幽州。他害怕突厥阿史那默啜襲擊他的後方，派五個人去黑沙，對阿史那默啜說：「我已打敗王孝傑百萬軍隊，唐人嚇破了膽，願與可汗乘勝同取幽州。」三個人先到，阿史那默啜很高興，賜給他們紅袍。兩個人後到，阿史那默啜因他們稽留延緩很生氣，將要殺死他們，那兩個人說：「請讓我們說一句話再死。」阿史那默啜問他們原因，二人告訴他契丹的情形，阿史那默啜便把先來的三人殺了而賜紅袍給那二人，讓他們做嚮導，發兵攻打契丹新城，殺死擒獲的涼州都督許欽明用來祭天，包圍新城三天，攻了下來，把留守新城的契丹人全部俘虜而回。讓乙冤羽急馳報告孫萬榮。

當時孫萬榮正跟唐軍相持，軍中聽到這消息，驚駭不安。奚人背叛孫萬榮，神兵道總管楊玄基攻孫萬榮的前面，奚兵攻擊他的後方，俘獲他的將領何阿小。孫萬榮軍隊大潰，他率領幾千名輕騎兵向東逃去。前軍總管張九節派兵中途攔截，孫萬榮窮蹙，和奴僕逃到潞水東，在林下休息，歎息說：「現在想歸順唐朝，但罪惡已大，歸附突厥也是死，投奔新羅也是死，將要去哪裡呢！」奴僕砍下他的頭向唐朝投降，首級被懸掛在京城四方館門示眾。他餘下的部眾，以及奚、霫人都投降了突厥。

六月二十四日戊子，特進武承嗣、春官尚書武三思一起被任命為同鳳閣鸞臺三品。〇二十七日辛卯，下詔書，以契丹剛剛平定，命河內王武懿宗、婁師德及魏州刺史狄仁傑分路安撫河北。武懿宗所到之處處置殘酷，有被契丹裹脅又歸附的平民，武懿宗都認為是反叛，活活地剖腹取膽。在此之前，何阿小喜殺人，河北人說他們是：「唯此兩何，殺人最多。」

秋，七月初三日丁酉，昆明歸附朝廷，被設置為竇州。〇武承嗣、武三思一同被免除掌管政事的職務。

庚午日，武攸宜從幽州凱旋。武懿宗奏請將河北曾服從契丹的百姓滅族，左拾遺王求禮在朝廷上反駁他說：「這些人一向沒有武裝，力量上勝不過契丹，苟且依附契丹以求活命，哪有叛國之心！武懿宗擁有幾十萬強兵，望風敗逃，致使賊眾滋蔓，他又想推卸罪過給草野失誤之人，為臣不忠，請先斬武懿宗來向河北百姓道歉！」武懿宗無言以對。司刑卿杜景儉也上奏說：「這些都是被脅從的人，請全部寬恕他們。」太后聽從了。

八月二十三日丙戌，納言姚璹因事獲罪降為益州長史，任命太子宮尹豆盧欽望為文昌右相、鳳閣鸞臺三品。

九月壬辰日，在通天宮舉行大饗祭禮，宣布大赦，更改年號。〇十七日庚戌，婁師德代理納言。

甲寅❶，太后謂侍臣曰：「頃者周興、來俊臣按獄，多連引朝臣，云其謀反。國有常法❷，朕安敢違！中間疑其不實，使近臣就獄引問❸，得其手狀❹，皆自承服❺，朕不以為疑。自興、俊臣死，不復聞有反者，然則前死者不有冤邪？」夏官侍郎姚元崇對曰：「自垂拱以來坐謀反死者，率皆興等羅織，自以為功。陛下使近臣問之，近臣亦不自保❻，何敢動搖❼！所問者若有翻覆，懼遭慘毒，不若速死。賴天啟聖心，興等伏誅，臣以百口為陛下保❽，自今內外之臣無復反者。若微有實狀，臣請受知而不告之罪❾。」太后悅曰：「曏時❿宰相皆順成其事，陷朕為淫刑之主⓫。聞卿所言，深合朕心。」賜元崇錢千緡。

時人多為魏元忠訟冤者，太后復召為肅政中丞⓬。元忠前後坐棄市流竄者四⑬。嘗侍宴，太后問曰：「卿往者數負謗⑭，何也？」對曰：「臣猶鹿耳，羅織之徒欲得臣肉為羹，臣安所⑮避之！」

冬，閏十月甲寅⑯，以幽州都督狄仁傑為鸞臺侍郎，司刑卿杜景儉為鳳閣侍郎，並同平章事。

仁傑上疏以為「天生四夷⑰，皆在先王封略⑱之外，故東拒滄海，西阻流沙，北橫大漠，南阻五嶺，此天所以限夷狄而隔中外也。自典籍所紀，聲教⑲所及，三代⑳不能至者，國家盡兼㉑之矣。詩人矜薄伐於太原㉒，美化行於江、漢㉓，則三代之遠裔，皆國家之域中㉔也。若乃用武方[1]外㉕，邀功絕域㉖，竭府庫之實以爭不毛之地㉗，得其人不足增賦，獲其土不可耕織，苟求冠帶遠夷之稱，不務固本安人之術，此秦皇、漢武之所行，非五帝、三王之事業也。始皇窮兵極武㉘，務求廣地，死者如麻，致天下潰叛㉙。漢武征伐四夷，百姓困窮，盜賊蜂起。末年悔悟，息兵罷役，故能為天所祐。近者國家頻歲㉚出師，所費滋廣㉛，西戍四鎮㉜，東戍安東㉝，調發日加，百姓虛弊。今關東饑饉，蜀、漢逃亡，江、淮已南，徵求不息，人不復業，相率為盜，本根一搖，憂患不淺。其所以然者，皆以爭蠻貊㉞不毛之地，乖㉟子養蒼生之道也。昔漢元納賈捐之之謀而罷朱崖郡㊱，宣帝用魏相之策而棄車師之田㊲，豈不欲慕尚虛名，蓋憚㊳勞人力也。近貞觀中克平九姓㊴，立李思摩㊵為可汗，使統諸部者，蓋以夷狄叛則伐之，降則撫之，得推亡固存㊶之義，無遠戍勞人之役，此近日之令典㊷，經邊之故事也。竊謂宜立阿史那斛瑟羅㊸為可汗，委之四鎮，繼高氏絕國㊹，使守安東。省軍費於遠方，并甲兵於塞上，使夷狄無侵侮之患則可矣，何必窮其窟穴，與螻蟻校長短㊺哉！但當敕邊兵，謹守備，遠斥候㊻，聚資糧，待其自致㊼，然後擊之。以逸待勞則戰士力倍，以主禦客則我得其便，堅壁清野則寇無所得，自然二賊㊽深入則有顛躓之慮，淺入必無寇獲之益。如此數年，可使二虜不擊而服矣。」事雖不行，識者是之。

鳳閣舍人李嶠知天官選事㊾，始置員外官㊿數千人。

先是曆官(51)以是月為正月，以臘月為閏。太后欲正月甲子朔冬至(52)，乃下制以為「去晦(53)仍見月，有爽天經(54)。可以今月為閏月，來月為正月。」

【章旨】以上為第七段，寫姚元崇抨擊酷吏政治；狄仁傑上奏安邊之策。

【注釋】❶甲寅　九月二十一日。❷常法　固定的法律。❸引問　提審。❹手狀　親筆寫的材料。❺承服　承認罪行，服從判決。❻不自保　不能自保性命。❼動搖　改動酷吏的判決。❽以百口為陛下保　即以全家百口性命作擔保。百口，泛指全家或親近一族。❾受知而不告之罪　據《唐律疏議》，知反而不告者將被處以絞刑。❿曏時　以前。⓫淫刑之主　濫用刑罰的君主。⓬肅政中丞　即御史中丞。⓭元忠前後坐棄市流竄者四　即魏元忠先後四次被流。所謂「四流」當指：垂拱三年前後為洛陽令，陷周興獄，因過去討徐敬業有功，配流貴州；垂拱四年為御史中丞，被來俊臣誣陷，臨刑，遇赦，流費州；長壽元年為御史中丞，又為侯思止所陷，流嶺表；其後長安三年再為張易之所譖，貶為高要縣尉。⓮數負譖　多次被誣陷。兩《唐書・魏元忠傳》作「累負譖鑠」。「譖鑠」比喻強烈的毀謗。⓯安所　即何所，什麼地方。⓰甲寅　閏十月二十一日。⓱四夷　舊指東夷、西戎、南蠻、北狄。此處泛指周邊少數民族。⓲封略　封疆；疆界。⓳聲教　聲威教化。⓴三代　指夏、商、周。㉑盡兼　完全擁有。㉒詩人矜薄伐於太原　《詩經・六月》有「薄伐玁狁，至于大原」句，以誇尹吉甫輔佐宣王北伐之功。㉓美化行於江漢　《詩經・周南》有〈漢廣〉，讚美周文王以德治國，教化行於江漢之域。㉔域中　疆域之內。㉕方外　與「方內」相對，指邊遠地區。㉖絕域　極遠的地方。㉗不毛之地　不生長草木五穀的地方。㉘窮兵極武　猶窮兵黷武。㉙潰叛　崩潰叛亂。㉚頻歲　猶連年。㉛滋廣　日益增多。㉜四鎮　即安西四鎮。此時的安西四鎮為：龜茲、于闐、疏勒、碎葉。㉝安東　即安東都護府。㉞蠻貊　蠻指南方少數民族，貊為對北方少數民族的稱呼。此處泛指周邊各族。㉟乖　違。㊱昔漢元納賈捐之之謀而罷朱崖郡　事見本書卷二十八漢元帝初元二年。㊲宣帝用魏相之策而棄車師之田　事見本書卷二十五漢宣帝元康二年。㊳憚　懼怕。㊴貞觀中克平九姓　見本書卷一百九十唐太宗貞觀十三年。㊵李思摩　頡利可汗族人，本姓阿史那氏。事詳《舊唐書》卷一百九十四上、《新唐書》卷二百十五上〈突厥傳〉。㊶推亡固存　推翻行亡道之國，鞏固行存道之邦。典出《尚書・仲虺之誥》：「推亡固存，邦乃其昌。」㊷令典　憲章法令。㊸阿史那斛瑟羅　阿史那步真之子。事詳《舊唐書》卷一百九十四下、《新唐書》卷二百十五下〈突厥傳〉。㊹繼高氏絕國　恢復高麗國號，使高藏子孫繼承王位。高麗王室姓高，其國總章元年為李勣所滅。見兩《唐書・高麗傳》。㊺與螻蟻校長短　螻蟻，本指螻蛄和螞蟻，後常用以比喻勢單力薄，無足輕重的人物，此處指突厥等少數民族。校，意思與「較」相同。長短，指高低、勝負。㊻遠斥候　即遠遣斥候。指偵察延伸到最遠之地，目的在於速知敵情，早做準備。斥候，原指偵察、候望。此處指偵察敵情的士兵。㊼自致　自至。㊽二賊　與下文「二虜」同義。胡三省認為指突厥、吐蕃。但從狄仁傑奏文來看，當指突厥、高麗。㊾知天官選事　主持吏部銓選之事。光宅元年改吏部為天官。㊿員外官　正員以外的官員。據《新唐書・百官志一》，太宗貞觀時，「已有員外置」。《唐會要》卷六十七〈員外官〉云：「永徽五年（西元六五四年）八月，蔣孝璋除尚藥奉御，員外特置，仍同正員。員外官自此始也。」(51)曆官　掌管天文曆法的官員，即太史令及其屬官司曆。(52)冬至　二十四節氣之一。在十二月廿二或廿三日。53去晦 上個月的晦日。陰曆以每月的最後一天，因看不到月亮，稱之為「晦」。54有爽天經 有失於天之常道。

【校 記】1方 據章鈺校，十二行本、乙十一行本、孔天胤本皆作「荒」，張敦仁《通鑑刊本識誤》同。

【語 譯】九月二十一日甲寅，太后對侍從大臣說：「近來周興、來俊臣審理案件，多牽連朝臣，說他們謀反。國家有固定的法律，朕怎麼敢違背！其間懷疑案情不實，派親信大臣去獄中提審，得到囚犯的親筆供狀，都自己招認服罪，朕不再懷疑。自從周興、來俊臣死後，不再聽到有謀反的人，以前死去的人沒有冤枉的嗎？」夏官侍郎姚元崇回答說：「自垂拱年間以來，犯謀反罪死去的人，大多都是周興等人羅織罪狀，為自己求取功勞。陛下派親信大臣去查問，他們也不能自我保全，怎敢改變原判！所審問的囚犯如果翻供，怕遭酷刑，還不如早些死掉。仰賴上天啟迪聖心，周興等人伏法，臣以全族一百口人的性命向陛下保證，從今以後朝廷內外的臣子不會再有反叛的人。如果稍有謀反的實情，臣願擔當知情不告的罪過。」太后高興地說：「以前宰相都順應鑄就那些誣陷之事，害朕成為濫用刑罰的君主。聽到你的話，十分契合朕的心意。」賜給姚元崇一千貫錢。

當時很多人替魏元忠申訴冤屈，太后又召他回來擔任肅政中丞。魏元忠前後被判死刑和放逐共四次。他曾侍奉太后宴飲，太后問道：「你以前多次受到誹謗，為什麼？」回答說：「我就像鹿，設置羅網的人想要得到我的肉作羹，我能逃避到什麼地方！」

冬，閏十月二十一日甲寅，任命幽州都督狄仁傑為鸞臺侍郎，司刑卿杜景儉為鳳閣侍郎，一併同平章事。

狄仁傑上疏認為「上天降生四夷，都在先王封疆以外，所以東面有滄海隔離著，西面有流沙阻遏著，北面有沙漠橫絕著，南面有五嶺阻隔著，這是上天用來限制夷狄而阻隔中原與外夷。自書籍所載，聲威教化所至，夏、商、周三代不能達到的地方，國家都已完全擁有了。詩人誇耀宣王北伐太原，讚美教化推行到江、漢流域，那麼三代的邊遠地方，都在國家的疆域之中。至於向疆域之外用武，謀求功業於絕遠的地方，耗盡國庫的儲備去爭奪不毛之地，得到那裡的民眾不能增加國家的賦稅，獲取那裡的土地也無法耕織，暫時求得使遠方夷人歸附認同的稱譽，而不致力於鞏固根本安定民眾的措施，這是秦始皇、漢武帝所踐行的，不是五帝、三王的事業。秦始皇窮兵黷武，追求開拓疆土，死人如麻，致使天下叛亂崩潰。漢武帝征伐四夷，百姓困頓，盜賊蜂起。晚年悔悟，休戰免役，所以能得到上天保佑。近來國家連年出兵，費用日益增長，西方戍守四鎮，東方戍守安東，徵調日益加多，百姓財空力弊。現在潼關以東鬧饑荒，蜀、漢民眾逃亡，江、淮以南，徵役索稅不止，百姓不再從事生業，結夥為盜，根基一旦動搖，憂患不淺。之所以造成這種局勢，都是因為爭奪蠻貊的不毛之地，違背愛撫養育百姓的道理。從前漢元帝採納賈捐之的謀略而廢棄朱崖郡，漢宣帝採用魏相的計策而放棄車師屯田，他們難道不想崇尚虛名，只是怕勞苦民力。近期貞觀年間平定突厥九姓，立李思摩為可汗，讓他統領各部落，就是因夷狄叛亂時就討伐，歸順時就安撫，合於《尚書》推翻行亡道之國、鞏固行存道之邦的道理，而沒有遠戍勞民之役，這是近來的好政令，經略邊疆的先例。我以為應立阿史那斛瑟羅為可汗，委託他管轄四鎮，使亡國的高麗建立繼統，讓它守護安東。我們節省了用於遠方的軍費，集中兵力於邊塞，使夷狄沒有侵侮的禍患便可以了，何必窮追到他們的巢穴，跟螻蟻較量長短呢！只應命令邊防士兵，嚴加守備，向遠處派出偵察兵，積聚物資糧米，等敵人自己到來，然後反擊他們。以逸待勞則戰士的勇力倍增，以主禦客則我方獲得方便，堅壁清野則敵寇一無所獲，自然而然，突厥和高麗深入我方便有覆滅的顧忌，淺入必定沒有寇掠的利益。這樣幾年下來，就可以使這兩個敵人不加征伐便歸順了。」這事雖未推行，但有見識的人都加以肯定。

鳳閣舍人李嶠掌管天官選官事務，開始設置幾千名正式員額以外的官員。

在此之前曆法官以本月為正月，以臘月為閏月，太后想定正月初一日甲子為冬至，就下詔書，以為「上月晦日仍見到了月亮，有失天道，可以本月為閏月，下月為正月。」

聖曆元年（戊戌　西元六九八年）

正月甲子朔，冬至，太后享通天宮，赦天下，改元❶。○夏官侍郎宗楚客罷政事。

春，二月乙未❷，文昌右相、同鳳閣鸞臺三品豆盧欽望罷為太子賓客❸。武承嗣、三思營求❹為太子，數使人說太后曰：「自古天子未有以異姓為嗣者。」太后意未決。狄仁傑每從容言於太后曰：「文皇帝❺櫛風沐雨❻，親冒鋒鏑❼[1]，以定天下，傳之子孫。大帝❽以二子❾託陛下。陛下今乃欲移之他族❿，無乃非天意乎⓫！且姑姪之與母子孰親⓬？陛下立子，則千秋萬歲⓭後，配食太廟，承繼無窮；立姪，則未聞姪為天子而祔⓮姑於廟者也。」太后曰：「此朕家事，卿勿預知⓯。」仁傑曰：「王者以四海為家，四海之內，孰非臣妾⓰，何者不為陛下家事！君為元首⓱，臣為股肱⓲，義同一體，況臣備位宰相，豈得不預知乎！」又勸太后召還廬陵王⓳。王方慶、王及善亦勸之。太后意稍寤。它日，又謂仁傑曰：「朕夢大鸚鵡兩翼⓴皆折，何也？」對曰：「武者，陛下之姓，兩翼，二子也。陛下起㉑二子，則兩翼振矣。」太后由是無立承嗣、三思之意。

孫萬榮之圍幽州也，移檄朝廷曰：「何不歸我廬陵王？」吉頊與張易之、昌宗皆為控鶴監供奉㉒，易之兄弟親狎㉓之。頊從容說二人曰：「公兄弟貴寵㉔如此，非以德業㉕取之也，天下側目切齒㉖多矣。不有大功於天下，將[2]何以自全㉗？竊㉘為公憂之！」二人懼，涕泣[3]問計。項曰：「天下士庶㉙未忘唐德，咸㉚復思廬陵王。主上㉛春秋高㉜，大業須有所付㉝，武氏諸王非所屬意㉞。公何不從容勸主[4]上立廬陵王以繫㉟蒼生之望！如此，非[5]徒㊱免禍，亦可以長保富貴矣。」二人以為然，承間㊲屢為太后言之。太后知謀出於項，乃召問之，項復為太后具陳利害，太后意乃定㊳。

三月己巳㊴，託言㊵廬陵王有疾，遣職方員外郎㊶瑕丘徐彥伯㊷召廬陵王及其妃、諸子詣行在療疾。戊子㊸，廬陵王至神都㊹。

夏，四月庚寅朔㊺，太后祀太廟。○辛丑㊻，以婁師德充隴右諸軍大使，仍檢校營田事。

【章　旨】以上為第八段，寫皇嗣之爭，武則天最終棄姪立子，廬陵王李顯回到神都洛陽。

【注　釋】❶改元　改元聖曆。❷乙未　二月初四日。❸豆盧欽望罷為太子賓客　時在久視元年（西元七〇〇年）二月十五日乙未。❹營求　謀求。❺文皇帝　即唐太宗。太宗死後諡曰文。❻櫛風沐雨　以風梳髮，以雨洗頭。形容奔波勞苦。❼鋒鏑　泛指兵器。鋒，兵刃。鏑，箭鏃。❽大帝　即高宗。高宗諡天皇大帝。❾二子　指廬陵王李顯和皇嗣李旦。❿移之他族　把天下傳給異姓。此處異姓指武氏。⓫無乃非天意乎　恐怕不符合天意吧。⓬姑姪之與母子孰親　姑姪與母子相比，哪一種關係親密。武則天與武承嗣等是姑姪關係，與李顯、李旦是母子關係，故狄仁傑提出這樣的問題讓武則天考慮。⓭千秋萬歲帝王死亡的諱辭。⓮祔　祭名，指新死者與祖先合享之祭。⓯預知　參與。⓰臣妾　古指奴隸，男稱臣，女稱妾。此處泛指臣民。⓱元首　頭。⓲股肱　大腿和胳膊。⓳勸太后召還廬陵王　時廬陵王尚在房州。⓴兩翼　兩個翅膀。㉑起　起用。㉒控鶴監供奉　官名。控鶴監係侍奉宴樂之官署，長官為監，其下有供奉，多為嬖寵，間用文士。聖曆二年（西元六九九年）正月甲子，又置控鶴監丞、主簿等官。㉓狎　親近而不莊重。㉔貴寵　富貴寵幸。㉕德業　功德績業。㉖側目切齒　表示怨恨之意。㉗自全　自己保全自己。㉘竊　私下。㉙士庶　士人與庶民。㉚咸　皆；都。㉛主上　猶皇上。指武則天。㉜春秋高　年齡大。㉝付　託付。㉞非所屬意　此謂武氏諸王不是太后心意歸屬的人。屬意，歸心。㉟繫　維繫。㊱非徒　不但。㊲承間　趁機。㊳太后意乃定　太后傳位於子的想法才確定下來。武則天決意傳位於子經歷了長期複雜的思想鬥爭。改唐為周之初，武則天以四子李旦為皇嗣而封武氏諸姪為王。天授二年，武承嗣使洛陽人王慶之率千餘人請廢皇嗣而立承嗣為太子；武則天令李昭德杖殺王慶之，尚無立姪之意。但長壽二年一月發生了尚方監裴匪躬等人私謁皇嗣的事件，武則天對皇嗣的忠誠產生了懷疑，在立姪還是立子的問題上舉棋不定。在這種情況下，其姪武承嗣、武三思加緊了謀求繼承權的活動，而朝臣多反對立姪，主張傳位於子。據文獻記載，最先出來勸說武則天傳位於子的是宰相李昭德。李昭德在杖殺王慶之後不久，即上書從血緣關係等方面進行分析，指出武則天應將皇位傳給子孫。後來狄仁傑、王方慶、王及善等也從不同的角度勸說武則天，反對以武氏諸姪繼位。武則天本來就對武承嗣等不太滿意，聽了這些大臣的話，越來越對諸姪失去了信心。所以，當二張再次提出立子時，武則天便找到他們的謀主吉頊，經過一番詳談，決意將來由兒子繼承皇位。在武則天思想轉變的過程中，狄仁傑、吉頊等人的政治傾向及其活動起了很大的作用。但史書對狄仁傑、吉頊等人言行的記載不大一致。司馬光對《狄梁公傳》、《談賓錄》、《御史臺記》、《朝野僉載》及《新唐書・狄仁傑傳》的記載進行了辨析，才做了如此的記載。㊴己巳　三月初九日。㊵託言　假稱。㊶職方員外郎　官名，為尚書省兵部職方司副長官，從六品上。協助尚方郎中掌天下地圖、城隍、鎮戍、烽堠等事。㊷徐彥伯　（？—西元七一四年）本名洪，以字行，兗州瑕丘（今山東兗州東北）人，善為文，與李嶠齊名。官至右散騎常侍、太子賓客兼昭文館學士。曾參與《三教珠英》、《則天皇后實錄》的撰寫，有文集二十卷。傳見《舊唐書》卷九十四、《新唐書》卷一百十四、《國秀集》卷上。㊸戊子　三月二十八日。㊹廬陵王至神都　廬陵王李顯自房州到達洛陽。關於召還廬陵王一事，《狄梁公傳》所載與此不同。該傳說武則天偷派十名宮人至房州，以看望廬陵王為名，暗中給他換上宮人服裝，把他祕密接回洛陽，朝廷內外一無所知。廬陵王到達神都後，武則天在一座小殿接見狄仁傑，把廬陵王藏在簾後。狄仁傑慷慨陳辭，再次要求以廬陵王為儲君。武則天歔欷流涕，遂出廬陵王，並命狄仁傑擇日冊封。狄仁傑說自古無偷人做天子者。武則天令廬陵王重新回到龍門，「具法駕，陳百僚，就迎之」，儲位乃定。《舊唐書・狄仁傑傳》沿用了這種說法。司馬光認為這種說法不大可靠。他在《考異》中說：武后若密召廬陵王，宮人十人既知其謀，洛陽至房州往來道路甚遠，難保外人不知。若說此時儲位已定，豈可自三月回都九月始立為太子。故而據《實錄》記載。㊺庚寅朔　四月初一日。㊻辛丑　四月十二日。

【校　記】①鏑　據章鈺校，十二行本、乙十一行本皆作「鏑」。②將　原無此字。據章鈺校，十二行本、乙十一行本、孔天胤本皆有此字，張敦仁《通鑑刊本識誤》同，今據補。③涕泣　原作「流涕」。據章鈺校，十二行本、乙十一行本、孔天胤本皆作「涕泣」，張敦仁《通鑑刊本識誤》同，今據改。④主　原無此字。據章鈺校，十二行本、乙十一行本、孔天胤本皆有此字，張敦仁《通鑑刊本識誤》同，今據補。⑤非　據章鈺校，十二行本、乙十一行本皆作「豈」。

【語　譯】聖曆元年（戊戌　西元六九八年）

正月初一日甲子，冬至，太后在通天宮舉行大饗祭禮，大赦天下，更改年號。〇夏官侍郎宗楚客被免除掌管政事的職務。

春，二月初四日乙未，文昌右相、同鳳閣鸞臺三品豆盧欽望免職為太子賓客。

武承嗣、武三思謀求成為太子，多次派人去勸太后說：「自古以來的天子，沒有把外姓人作為繼承人的。」太后主意未定。狄仁傑常常閒談時勸太后說：「太宗文皇帝櫛風沐雨，親自冒著刀箭的危險，來平定天下，傳繼子孫。高宗大帝把兩個兒子託付給陛下，陛下現在竟想把帝位轉交給外姓，恐怕不合天意吧！而且姑姪與母子相比誰更親呢？陛下立兒子為後嗣，那麼您千秋萬歲後，配祭太廟，代代承繼不止；立姪子為後嗣，則從沒聽說過姪兒為天子，而祔祭姑姑於太廟的。」太后說：「這是朕的家事，你不要干預。」狄仁傑說：「帝王以四海為家，四海以內，誰不是他的奴僕，什麼事不是陛下的家事！君王是頭，臣子是胳膊大腿，理應一體，況且臣充數於宰相之位，怎能不參與呢！」又勸太后召回廬陵王。王方慶、王及善也勸太后。太后的心裡逐漸醒悟。有一天，她又對狄仁傑說：「我夢見一隻大鸚鵡兩翼都折斷了，是什麼意思？」回答說：「武，是陛下的姓，兩翼，是兩個皇子，陛下起用二皇子，那麼兩翼就能振起了。」太后因此打消了立武承嗣、武三思為太子的想法。

孫萬榮圍困幽州時，傳檄文給朝廷說：「為何不召回我廬陵王？」吉頊和張易之、張昌宗都任控鶴監供奉，張易之兄弟和他很親近狎昵。吉頊閒談時勸二人說：「你們兄弟這般的貴顯得寵，不是靠德行功業得來的，天下對你們咬牙怒視的人很多。沒有為國家立大功，將來用什麼來保全自己？私下我替你們擔憂啊！」二人害怕，流著淚詢問對策。吉頊說：「天下士人百姓還沒忘掉唐朝的恩德，都還在思念廬陵王。皇上年紀老了，帝業必須要有所託付，武氏諸王不是她屬意的人，你們為何不閒談時勸皇上立廬陵王來維繫百姓的期望！這樣，不僅可以免禍，也可以長久保住富貴。」二人認為很對，乘機多次勸說太后。太后知道是吉頊出的主意，便召他來詢問，吉頊又替太后詳細陳說利害，太后的主意才定下來。

三月初九日己巳，藉口廬陵王生病，派職方員外郎瑕丘人徐彥伯去召廬陵王和他的妃子、兒子們到太后住地醫病。二十八日戊子，廬陵王到達神都洛陽。

夏，四月初一日庚寅，太后祭祀太廟。○十二日辛丑，任命婁師德充當隴右諸軍大使，仍檢校營田事務。

六月甲午❶，命淮陽王武延秀❷入突厥，納默啜女為妃；豹韜衛大將軍閻知微攝春官尚書，右武衛郎將楊齊莊❸攝司賓卿，齎金帛巨億❹以送之。延秀，承嗣之子也。鳳閣舍人襄陽張柬之❺諫曰：「自古未有中國❻親王娶夷狄女者。」由是忤旨，出為合州❼刺史。

秋，七月，鳳閣侍郎、同平章事杜景儉罷為秋官尚書❽。

八月戊子❾，武延秀至黑沙南庭。突厥默啜謂閻知微等曰：「我欲以女嫁李氏⑩，安用武氏兒邪！此豈天子之子乎！我突厥世受李氏恩，聞李氏盡滅，唯兩兒在，我今將兵輔立之。」乃拘延秀於別所，以知微為南面可汗，言欲使之主⑪唐民也。遂發兵襲靜難、平狄、清夷⑫等軍，靜難軍使慕容玄崱⑬以兵五千降之。虜勢大振，進寇嬀、檀⑭等州。前從閻知微入突厥者，默啜皆賜之五品、三品之服，太后悉奪之。

默啜移書⑮數⑯朝廷曰：「與我蒸穀種⑰，種之不生，一也；金銀器皆行濫⑱，非真物，二也；我與使者緋紫皆奪之，三也；繒帛皆疏惡，四也；我可汗女當嫁天子兒，武氏小姓，門戶不敵⑲，罔冒⑳為昏，五也。我為此起兵，欲取河北耳。」

監察御史裴懷古㉑從閻知微入突厥，默啜欲官之，不受。囚，將殺之。逃歸，抵晉陽㉒，形容羸悴㉓。突騎㉔譟聚，以為間諜，欲取其首以求功。有果毅㉕嘗為人所枉，懷古按直之㉖，大呼曰：「裴御史也！」救之，得全。至都，引見，遷祠部員外郎㉗。

時諸州聞突厥入寇，方秋㉘，爭發民修城。衛州刺史太平敬暉㉙謂僚屬曰：「吾聞金湯㉚非粟不守㉛，柰何㉜捨收穫而事城郭㉝乎？」悉罷之，使歸田，百姓大悅。

甲午㉞，鸞臺侍郎、同平章事王方慶罷為麟臺監㉟。○太子太保魏宣王武承嗣，恨不得為太子，意怏怏㊱。戊戌㊲，病薨。○庚子㊳，以春官尚書武三思檢校內史，狄仁傑兼納言。

太后命宰相各舉尚書郎㊴一人，仁傑舉其子司府丞㊵光嗣㊶，拜地官員外郎㊷，已而㊸稱職。太后喜曰：「卿足繼祁奚㊹矣。」

通事舍人㊺河南元行沖㊻，博學多通，仁傑重之。行沖數規諫仁傑，且曰：「凡為家者必有儲蓄脯醢㊼以適口㊽，參朮㊾以攻疾。僕竊計明公之門，珍味多矣，行沖請備藥物之末㊿。」仁傑笑曰：「吾藥籠中物(51)，何可一日無也！」行沖名澹，以字行。

以司屬卿(52)武重規(53)為天兵中道大總管，右武衛將軍(54)沙吒忠義為天兵西道總管，幽州都督下邽(55)張仁愿(56)為天兵東道總管，將兵三十萬以討突厥默啜。又以左羽林衛大將軍閻敬容(57)為天兵西道後軍總管，將兵十五萬為後援。

癸丑(58)，默啜寇飛狐(59)，乙卯(60)，陷定州(61)，殺刺史孫彥高(62)及吏民數千人。

九月甲子(63)，以夏官尚書武攸寧同鳳閣鸞臺三品。○改突厥[1]默啜為斬啜。

默啜使閻知微招諭趙州，知微與虜連手蹋歌(64)[2]萬歲樂(65)於城下。將軍陳令英[66]在城上謂曰：「尚書位任非輕[67]，乃為虜蹋歌，獨[68]無慚乎！」知微微吟曰：「不得已[69]，萬歲樂。」

戊辰[70]，默啜圍趙州，長史唐般若[71]翻城應之。刺史高叡[72]與妻秦氏仰藥詐死[73]，虜輿之詣默啜，默啜以金獅子帶、紫袍[74]示之曰：「降則拜官，不降則死！」叡顧其妻，妻曰：「酬報[75]國恩，正在今日！」遂俱閉目不言。經再宿[76]，虜知不可屈，乃殺之。虜退，唐般若族誅。贈叡冬官尚書，諡曰節。叡，熲之孫也。

皇嗣固請遜位於廬陵王，太后許之。壬申[77]，立廬陵王哲為皇太子，復名顯。赦天下。甲戌[78]，命太子為河北道元帥[79]以討突厥。先是，募人[80]月餘不滿千人，及聞太子為元[3]帥，應募者雲集，未幾，數盈五萬。

【章旨】以上為第九段，寫閻知微投敵，招致突厥侵擾河北。

【注釋】❶甲午　六月初六日。❷武延秀　（？—西元七一〇年）魏王武承嗣次子。尚安樂公主，官至太常卿兼右衛將軍。傳見《舊唐書》卷一百八十三、《新唐書》卷二百六。❸楊齊莊　（？—西元六九八年）事見《朝野僉載》卷二及《舊唐書．突厥傳》。據《考異》，「楊齊莊」之名，《實錄》作「楊鸞莊」。查《新唐書》卷二百六及卷二百十五上亦作「楊鸞莊」。❹巨億　意同「巨萬」。萬萬。極言數目之大。❺張柬之　（西元六二五—七〇六年）字孟將，襄州襄陽（今湖北襄樊）人，進士出身。武則天末年官至宰相，發動宮廷政變，顛覆了武周政權。傳見《舊唐書》卷九十一、《新唐書》卷一百二十。❻中國　此處指中原。❼合州　州名，治所在今重慶市合川區。❽杜景儉罷為秋官尚書　時在七月辛未，即七月十三日。❾戊子　八月初一日。❿李氏　即李唐子孫。《舊唐書．突厥傳》作「李家天子兒」，語意與此相同。⓫主　統治。⓬靜難平狄清夷　軍鎮名。前二者地望不詳，當在今河北懷來西北。清夷軍垂拱年間設置，在今河北懷來東南媯水北岸。⑬慕容玄崱　官至左玉鈐衛將軍。見《舊唐書》卷一百九十四上、《新唐書》卷二百十五上〈突厥傳〉。⑭媯檀　媯州，州名，治所在今河北涿鹿西南。檀州，州名，治所在今北京市密雲。⑮移書　發送公文。此指突厥默啜發送唐朝的國書。⑯數　責問；指斥。⑰與我蒸穀種　送給我的是蒸煮過的穀種。⑱行濫　假劣；粗惡。行，摻假質劣。胡三省注：「市列為行，市列造金銀器販賣，率殺他物以求贏，俗謂之行作。」濫，惡。⑲不敵　不當。⑳罔冒　欺騙冒充。㉑裴懷古　壽州壽春（今安徽壽縣）人，歷任監察御史、姚州都督、相州刺史等職，為則天朝著名廉吏。傳見《舊唐書》卷一百八十五下、《新唐書》卷一百九十七。㉒晉陽　縣名，縣治在今山西太原。㉓羸悴　羸弱憔悴。㉔突騎　能夠衝鋒陷陣的精銳騎兵。㉕果毅　軍官名稱，即果毅都尉。唐制，諸衛折衝都尉府置折衝都尉一人，左右果毅都尉各一人，為折衝都尉之副。後來「果毅」如別將一樣，授受頗濫。㉖按直之　審問後得以平反，澄清了他的冤屈。㉗祠部員外郎　官名，從六品上，協助郎中掌管祠祀、享祭、天文、漏刻、國忌、廟諱、卜筮、醫藥及僧尼之事。㉘方秋　正值秋收季節。㉙敬暉　絳州太平（今山西侯馬西北）人，參與張柬之政變，官至侍中。傳見《舊唐書》卷九十一、《新唐書》卷一百二十。㉚金湯　「金城湯池」的省語，比喻城池堅固。㉛非粟不守　無粟不能堅守。㉜奈何　怎麼；為什麼。㉝事城郭　從事城郭的修築。㉞甲午　八月初七日。㉟麟臺監　官名，即祕書監。㊱怏怏　因不滿意而鬱鬱不樂的樣子。㊲戊戌　八月十一日。㊳庚子　八月十三日。㊴命宰相各舉尚書郎　當時有五位宰相，即婁師德、狄仁傑、王及善、武三思、楊再思。尚書郎，官名，係對尚書省各部侍郎、郎中的通稱。㊵司府丞　官名，即太府丞。㊶光嗣　狄仁傑長子。事見《新唐書》卷一百十五〈狄仁傑傳〉、《唐郎官石柱題名考》卷十一、十二。㊷地官員外郎　即戶部員外郎，掌管戶口、田畝之事。㊸已而　不久。㊹祁奚　字黃羊，春秋時晉國大夫。告老辭職時，晉悼公讓他推薦能夠代替他的人選，他推薦了自己的仇人解狐。解狐還未上任就死了，他又推薦了自己的兒子祁午。當時人都說他「外舉不避仇，內舉不避親」。事見《左傳》襄公三年、《國語．晉語》及《史記．晉世家》。㊺通事舍人　中書省屬官，從六品上，掌朝臣進退之節，凡軍旅之出，則承命慰勞送迎。㊻元行沖　（西元六五三—七二九年）河南（今洛陽）人，官至太子賓客、弘文館學士。著有《魏典》三十卷、《類禮義疏》五十卷。傳見《舊唐書》卷一百二、《新唐書》卷二百。㊼脯醢　脯，乾肉。醢，肉醬。㊽適口　適合口味。此處指滿足食欲。㊾參朮　參，人參。朮，白朮、蒼朮。皆為中藥名稱。㊿藥物之末　不重要的藥物。51吾藥籠中物　意為你正是我藥籠中之物。52司屬卿　官名，即宗正卿。光宅元年改宗正卿為司屬卿。53武重規　蜀節王武士逸之孫，武則天之姪。官至左金吾衛大將軍。傳見《新唐書》卷二百六。54右武衛將軍　左右衛，光宅元年已改為左右鷹揚衛，此時無右武衛將軍稱號。據兩《唐書・突厥傳》，沙吒忠義任右武威衛將軍。「武」下當補「威」字。(55)下邽　縣名，故治在今陝西渭南市北。(56)張仁愿　（？—西元七一四年）本名仁亶，後改名仁愿，華州下邽人，有文武才略，出將入相。傳見《舊唐書》卷九十三、《新唐書》卷一百十一。(57)閻敬容　事見《舊唐書》卷一百九十四上〈突厥傳〉、《新唐書》卷四〈則天皇后紀〉、卷二百十五上〈突厥傳〉。《新唐書》卷二百六「容」作「客」，疑誤。(58)癸丑　八月二十六日。(59)飛狐　縣名，縣治在今河北淶源。(60)乙卯　八月二十八日。(61)定州　州名，治所在今河北定州。(62)孫彥高　（？—西元六九八年）杭州富陽（今浙江富陽）人，曾任尚書左丞。見《元和姓纂》卷四。《朝野僉載》說此人頑愚膽怯，突厥圍定州時藏入櫃中，囑咐家奴不要把鑰匙交給敵人。兩《唐書》本紀及〈突厥傳〉不載此事，只說孫彥高被殺。司馬光在讀到《朝野僉載》中的這段記載時，認為孫氏不至於此，故在《通鑑》中未取其說。(63)甲子　九月初七日。(64)蹋歌　即踏歌。踏地為節，連手而歌。(65)萬歲樂　歌曲名。(66)陳令英　京兆萬年人，曾任右衛將軍、岐州刺史、豐安道總管。見《元和姓纂》卷三、《新唐書》卷二百十五上〈突厥傳〉。(67)尚書位任非輕　閻知微出使時攝春官尚書，正三品，位高權重，故有此說。(68)獨　豈；難道。(69)不得已　沒辦法。指被脅迫。(70)戊辰　九月十一日。(71)唐般若　（？—西元六九八年）禮部尚書唐儉之子。《舊唐書》卷一百八十七上、卷一百九十四上及《新唐書》卷四、卷七十四下、卷一百九十一、卷二百十五上俱作「唐波若」。按，《朝野僉載》亦作「唐波若」。《全唐文》卷九十五有〈誅唐波若制〉。(72)高叡　（？—西元六九八年）京兆萬年人，隋初名相高熲之孫。曾任通義縣令、桂州都督，頗有善政。傳見《舊唐書》卷一百八十七上、《新唐書》卷一百九十一。(73)仰藥詐死　服藥假死。兩《唐書・高叡傳》皆云自經不死。(74)金獅子帶紫袍　係三品以上章服。(75)酬報　酬謝報答。(76)經再宿　意即過了兩天。(77)壬申　九月十五日。(78)甲戌　九月十七日。(79)元帥　官名，即行軍元帥，戰時最高領兵軍官。唐時元帥一般由親王或皇太子擔任。(80)募人　招募軍人。

【校　記】[1]突厥　原無此二字。據章鈺校，十二行本、乙十一行本、孔天胤本皆有此二字，張敦仁《通鑑刊本識誤》、張瑛《通鑑校勘記》同，今據補。[2]歌　原無此字。張敦仁《通鑑刊本識誤》云：「『蹋』下脫『歌』字。」今據補。按，下句有「乃為虜蹋歌」，補「歌」字義長。[3]元　據章鈺校，十二行本、乙十一行本、孔天胤本皆無此字。

【語　譯】六月初六日甲午，命令淮陽王武延秀前往突厥，娶阿史那默啜的女兒為王妃。豹韜衛大將軍閻知微代理春官尚書，右武衛郎將楊齊莊代理司賓卿，攜帶巨量金銀絲帛送給突厥。武延秀，是武承嗣的兒子。鳳閣舍人襄陽人張柬之進諫說：「自古以來沒有中國親王娶夷狄之女的。」因此違背了太后的旨意，調出為合州刺史。

秋，七月，鳳閣侍郎、同平章事杜景儉免職，改任秋官尚書。

八月初一日戊子，武延秀到達黑沙南庭。突厥阿史那默啜對閻知微等說：「我想把女兒嫁給李氏，哪裡用得著武氏兒郎！他難道是天子的兒子嗎！我突厥世代受李氏的恩澤，聽說李氏全都滅絕，只有兩個兒子在世，我現在要帶兵去輔佐擁立他。」於是把武延秀拘禁在別處，任命閻知微為南面可汗，聲稱要讓他統治唐朝的百姓。便發兵襲擊靜難、平狄、清夷等軍，靜難軍使慕容玄崱率五千士兵投降。突厥的聲勢大振，進兵侵犯嬀、檀等州。以前跟閻知微進入突厥的人，阿史那默啜都賞賜他們五品、三品的官服，太后全部予以剝奪。

阿史那默啜發來公文指責朝廷說：「給我蒸過的穀種，種下去不生長，這是第一；金銀器皿都粗劣不堪，不是真東西，這是第二；我賜給使者的紅、紫色官服全都剝奪了，這是第三；送來的絲織品都稀疏粗劣，這是第四；我突厥可汗的女兒應當嫁給天子的兒子，武氏是小姓，門戶不相當，卻假冒來結姻，這是第五。我為這五事而起兵，只想取得河北而已。」

監察御史裴懷古隨從閻知微到突厥，阿史那默啜想讓他做官，他不接受。把他囚禁起來，將要殺死他。他逃脫回來，到達晉陽時，身體瘦弱，面容憔悴。突騎吶喊著圍住他，以為他是間諜，想取他的頭去邀功，有位果毅曾被人誣陷，經裴懷古審訊得以平反，他大聲呼喊說：「這是裴御史！」解救了他使他保全了性命。到達都城，引見給太后，升為祠部員外郎。

當時各州聽說突厥入犯，正當秋收季節，競相徵發百姓修築城池。衛州刺史太平人敬暉對部屬說：「我聽說金城湯池沒有糧食也守不住，怎能捨棄收穫而致力於修城呢？」敬暉完全免除了修城勞役，讓大家回田間收穫，百姓非常喜歡。

八月初七日甲午，鸞臺侍郎、同平章事王方慶免職，改任麟臺監。〇太子太保魏宣王武承嗣，怨恨自己不能做太子，心裡怏怏不樂。十一日戊戌，病逝。〇十三日庚子，任命春官尚書武三思為檢校內史，狄仁傑兼納言。

太后命令宰相各自推薦尚書郎一人，狄仁傑舉薦自己的兒子司府丞狄光嗣，授予地官員外郎，不久就能勝任其職，太后高興地說：「你足以繼承祁奚了。」

通事舍人河南人元行沖，博學多識，狄仁傑器重他。元行沖屢次規勸狄仁傑，並且說：「凡當家的人必儲備肉乾、肉醬來滿足胃口，儲備人參、白朮來治病。我私下估計您家內，珍膳美味很多，我元行沖願充當府上的末等藥材。」狄仁傑笑著說：「你是我藥箱中的東西，怎可一日缺少呢！」元行沖名澹，以字行於世。

任命司屬卿武重規為天兵中道大總管，右武衛將軍沙吒忠義為天兵西道總管，幽州都督下邽人張仁愿為天兵東道總管，率兵三十萬去征討突厥阿史那默啜。又任命左羽林衛大將軍閻敬容為天兵西道後軍總管，率兵十五萬作為增援。

八月二十六日癸丑，阿史那默啜侵犯飛狐。二十八日乙卯，攻陷定州，殺死刺史孫彥高及官民幾千人。九月初七日甲子，委任夏官尚書武攸寧為同鳳閣鸞臺三品。〇改換突厥阿史那默啜的名字為斬啜。阿史那默啜派遣閻知微去招撫趙州城，閻知微與突厥人在城下拉著手踏著節拍唱〈萬歲樂〉。將軍陳令英在城上對他說：「尚書職任不低，竟然為敵人歌舞，難道不慚愧嗎！」閻知微低吟說：「不得已，〈萬歲樂〉。」九月十一日戊辰，阿史那默啜包圍趙州，長史唐般若越牆出城去接應他。刺史高叡和妻子秦氏吞藥裝死。敵人抬著他們前往阿史那默啜那裡，阿史那默啜拿出金獅子帶、紫色官服給他們看，說：「投降便授官，不降則處死！」高叡回頭看著他妻子，他妻子說：「報答國家的恩澤，就在今天了！」於是兩人都閉目不說話。過了兩天，敵人知道不能使他們屈服，便殺了他們。敵人退去，唐般若的全族被處死。追贈高叡為冬官尚書，諡號為節。高叡，是高熲的孫子。

皇儲堅持請求把太子位讓給廬陵王，太后答應了他的請求。九月十五日壬申，立廬陵王李哲為皇太子，恢復原名顯。赦免天下。十七日甲戌，任命太子為河北道元帥，去征討突厥。此前，招募軍人一個多月還不到一千人，等到聽說太子做元帥，應募的人雲集，不久，人數滿了五萬。

戊寅❶，以狄仁傑為河北道行軍副元帥，右丞宋元爽❷為長史，右臺中丞崔獻❸為司馬，左臺中丞吉頊為監軍使。時太子不行，命仁傑知元帥事，太后親送之。

藍田令薛訥❹，仁貴之子也，太后擢為左威衛將軍、安東道經略。將行，言於太后曰：「太子雖立，外議❺猶疑未定❻。苟此命不易❼，醜虜❽不足平也。」太后深然之。王及善請太子赴外朝❾以慰人心，從之。

以天官侍郎蘇味道為鳳閣侍郎、同平章事。味道前後在相位數歲❿，依阿取容⓫，嘗謂人曰：「處事不宜明白，但摸稜持兩端可矣。」時人謂之「蘇摸稜」⓬。

癸未⓭，突厥默啜盡殺所掠趙、定等州男女萬餘人，自五回道⓮去，所過，殺掠不可勝紀。沙吒忠義等但引兵躡⓯之，不敢逼。狄仁傑將兵十萬追之，無所及⓰。默啜還漠北，擁兵四十萬，據地萬里，西北諸夷皆附之，甚有輕中國之心。

冬，十月，制：都下⓱屯兵，命河內王武懿宗、九江王武攸歸⓲領之。

癸卯⓳，以狄仁傑為河北道安撫大使。時河[1]北人為突厥所驅逼者，虜退，懼誅，往往亡匿[20]。仁傑上疏，以為「朝廷議者皆罪契丹、突厥所脅從之人，言其迹[21]雖不同，心[22]則無別。誠以山東近緣軍機調發傷重[23]，家道[24]悉破，或至逃亡。重以官典[25]侵漁[26]，因事而起，枷杖之下，痛切肌膚，事迫情危[27]，不循禮義。愁苦之地，不樂其生，有利則歸，且圖賒死[28]，此乃君子之愧辱，小人之常行也。又，諸城入偽[29]，或待天兵[30]，將士求功，皆云攻得，臣憂濫賞，亦恐非辜[31]。以經與賊同，是為惡地，至有[2]污辱妻子，劫掠貨財，兵士信知不仁，簪笏[32]未能以免，乃是賊平之後，為惡更深。且賊務招攜[33]，秋毫不犯，今之歸正，即是平人[34]，翻被破傷，豈不悲痛！夫人猶水也，壅之則為泉，疏之則為川，通塞隨流，豈有常性！今負罪之伍[35]，必不在家，露宿草行，潛竄[36]山澤，赦之則出，不赦則狂，山東羣盜，緣茲聚結。臣以邊塵暫起[37]，不足為憂，中土[38]不安，此為大事。罪之則眾情恐懼，恕之則反側[39]自安，伏願曲赦河北諸州，一無所問。」制從之。仁傑於是撫慰百姓，得突厥所驅掠者，悉遞還本貫[40]。散糧運[41]以賑貧乏，修郵驛[42]以濟旋師。恐諸將及使者妄求供頓，乃自食蔬糲[43]，禁其下無得侵擾百姓，犯者必斬。河北遂安。

以夏官侍郎姚元崇、祕書少監[44]李嶠並同平章事。

突厥默啜離趙州，乃縱閻知微使還。太后命磔㊺於天津橋南，使百官共射之，既乃冎㊻其肉，剉㊼其骨，夷其三族㊽，疏親㊾有先未相識而同死者。

褒公段瓚㊿，志玄之子也，先沒於突厥。突厥在趙州，瓚邀楊齊莊與之俱逃，齊莊畏懦[3]，不敢發。瓚先歸，太后賞之，齊莊尋至，敕河內王武懿宗鞫之。懿宗以為齊莊意懷猶豫，遂與閻知微同誅。既射之如蝟(51)，氣殜殜(52)未死，乃決其腹，割心投於地，猶趌趌然(53)躍不止。

擢田歸道為夏官侍郎，甚見親委(54)。

蜀州(55)每歲遣兵五百人戍姚州(56)，路險遠，死亡者多。蜀州刺史張柬之上言，以為「姚州本哀牢(57)之國，荒外絕域(58)，山高水深。國家開以為州，未嘗得其鹽布之稅，甲兵之用，而空竭府庫，驅率平人，受役蠻夷(59)，肝腦塗地，臣竊為國家惜之。請廢姚州以隸巂州(60)，歲時朝覲(61)，同之蕃國(62)。瀘(63)南諸鎮亦皆廢省，於瀘北置關，百姓非奉使，無得(64)交通往來。」疏奏，不納。

【章旨】以上為第十段，寫狄仁傑擊退突厥，招撫河北民眾。

【注釋】❶戊寅　九月二十一日。❷宋元爽　一作「宋玄爽」。曾任洛州長史，官至秋官侍郎。事見《元和姓纂》卷八、《全唐文》卷二百十一、《新唐書》卷二百十五上〈突厥傳〉。❸崔獻　據《新唐書》卷二百十五上，「崔獻」當為「霍獻可」

之誤。詳參岑仲勉《通鑑隋唐紀比事質疑》。❹薛訥　(西元六四九—七二〇年)名將薛仁貴之子。久當邊任,累有戰功。官至左羽林大將軍,以勇猛寡言著稱。傳見《舊唐書》卷九十三、《新唐書》卷一百十一。❺外議　外間議論。❻猶疑未定　猶疑太子尚未確定。❼苟此命不易　若以廬陵王為太子的命令不變。❽醜虜　對突厥的蔑稱。❾外朝　與內宮相對而言。指處理政務的殿堂。司馬光說:睿宗為皇嗣時,只在宮中朝謁,不出外朝;今王及善始請太子出到外朝與群臣一起朝謁。❿味道前後在相位數歲　蘇味道兩度為相,在位凡六年零四個月。⓫依阿取容　依順阿附,求容於人。⓬時人謂之蘇摸稜　當時人把他稱作「蘇摸稜」。《新唐書・蘇味道傳》作「摸稜手」。關於蘇味道這一綽號的來歷,本書及兩《唐書》本傳都說是因為蘇味道處事圓滑,說過模稜兩可的話。但唐人也有不同的說法。《盧氏雜記》載:「味道初拜相,有門人問曰:『天下方事之殷,相公何以燮和?』味道無言,但以手摸床稜而已。時謂摸稜宰相。」見《太平廣記》卷二百五十九。⓭癸未　九月二十六日。

⓮五回道　自五回山通往突厥的道路。五回山在今河北易縣之西,《水經注》稱之為五回嶺。山勢險要,道路崎嶇,五回曲折,才能到達山頂,故稱五回嶺。⓯躡　跟蹤。⓰無所及　沒有追上。⓱都下　即都中,京師。⓲武攸歸　楚僖王武士讓之孫,武則天之姪。曾任司屬少卿、齊州刺史。事見《新唐書》卷二百六〈武承嗣傳〉、《元和姓纂》卷六。⓳癸卯　十月十七日。

⓴亡匿　逃亡隱匿。㉑迹　行跡。㉒心　指降賊之心。㉓傷重　失之於重。㉔家道　家計;家產。㉕官典　官吏。㉖侵漁　侵奪吞沒。㉗情危　情況危急。㉘賒死　延緩死期。㉙入偽　投降突厥。㉚天兵　天子之兵。即官軍。㉛亦恐非辜　也怕無辜受罪。㉜簪笏　本士大夫所用之物,此處為官吏的代稱。㉝賊務招攜　對敵人盡量進行招撫。㉞平人　平民。㉟伍　徒。

㊱潛竄　潛伏逃竄。㊲蹔　「暫」的異體字。㊳中土　本指中原。此處係就國內而言。㊴反側　反覆無常。此指投降突厥的人。㊵遞還本貫　逐驛送回故鄉。本貫,即原來的籍貫。㊶糧運　即糧餉。㊷郵驛　傳遞文書、供應食宿的驛館。㊸疏糲　粗米。㊹祕書少監　此時祕書省稱麟臺,祕書少監亦當稱麟臺少監。兩《唐書・則天紀》皆作麟臺少監。㊺磔　裂。㊻冎　同「剮」。指割肉離骨。㊼剉　「銼」的異體字。折。㊽三族　有四種說法,即:父族、母族、妻族;父、子、孫;父母、兄弟、妻子;父昆弟、己昆弟、子昆弟。此處當指父族、母族、妻族。㊾疏親　即遠親。㊿段瓚　唐初功臣段志玄之子,官至左屯衛大將軍。事見《舊唐書》卷六十八〈段志玄傳〉。(51)蝟　「猬」的異體字。動物名,即刺猬。(52)殜殜　亦作「殗殜」。微弱貌。(53)趌趌然　形容跳動的樣子。(54)親委　親近委任。(55)蜀州　州名,治所在今四川崇慶。(56)姚州　州名,治所在今雲南姚安北,為唐與西南各族往來要地。(57)哀牢　古國名,在今雲南保山市怒江以西。(58)荒外絕域　地處荒服之外絕遠之地。

(59)受役蠻夷　受役於蠻夷之境。(60)巂州　州名,治所在今四川西昌。(61)朝覲　朝見天子。(62)同之蕃國　使之與蕃國相同。此指藩屬地區。❻❸瀘　水名，指今雅礱江下游與金沙江會合後的一段江水。❻❹無得　不得。

【校　記】①河　原無此字。據章鈺校，十二行本、乙十一行本、孔天胤本皆有此字，張敦仁《通鑑刊本識誤》同，今據補。②有　原作「於」。據章鈺校，十二行本、乙十一行本皆作「有」，今據改。③懦　據章鈺校，十二行本、乙十一行本皆作「怯」。

【語　譯】九月二十一日戊寅，任命狄仁傑為河北道行軍副元帥，右丞宋元爽為長史，右臺中丞崔獻為司馬，左臺中丞吉頊為監軍使。當時太子沒有成行，命令狄仁傑執掌元帥事務，太后親自為他送行。

藍田縣令薛訥，是薛仁貴的兒子。太后提升他為左威衛將軍、安東道經略。即將出發，他向太后進言說：「太子雖已冊立，外間的議論仍然猶豫不定。假如立太子的命令不再改變，突厥不難平定。」太后深表贊同。王及善請求讓太子到外朝與群臣一起朝謁，以此安定人心，太后聽從了。

任命天官侍郎蘇味道為鳳閣侍郎、同平章事。蘇味道前後在相位數年，依順阿附以求容於人，他曾對人說：「處理事情不應明白清楚，只要模稜兩可便行了。」當時人稱他為「蘇摸稜」。

九月二十六日癸未，突厥阿史那默啜將所掠取趙、定等州男女一萬多人全部殺光，從五回嶺山道離去，經過的地方，殺掠無法詳盡記述。沙吒忠義等只是帶兵跟在後面，不敢逼近。狄仁傑率兵十萬追擊，沒有趕上。阿史那默啜返回漠北，擁有四十萬軍隊，控制萬里地域，西北各族都歸附他，心裡極為輕視中國。

冬，十月，頒下制書：都城下屯集士兵，命令河內王武懿宗、九江王武攸歸統領。

十月十七日癸卯，任命狄仁傑為河北道安撫大使。當時被突厥所驅使逼迫的河北人，在突厥退走後，怕被殺頭，往往逃亡藏匿。狄仁傑上疏以為「在朝廷上議政的人，都認為那些被契丹、突厥所脅迫的人有罪，說他們行跡雖有不同，降敵之心卻沒有區別。確實是因為山東近年軍事徵調傷害嚴重，家業全破敗了，有的甚至逃亡。再加上地方官吏的侵奪，因某些事而引發，在枷杖酷刑之下，肌膚痛切，境況危迫，不遵禮義。處在愁苦的地步，不樂意生存，邀求財利，暫求偷生，這是君子的愧辱，卻是小人常見的行為。還有，各城投降敵人，有的等待官軍到來，而將士們邀功，都說是攻戰獲取的，臣擔心濫行賞賜，還怕無辜受罪。認為曾經淪陷的地方便是惡地，以至有汙辱當地人的妻子，搶劫財物，兵士確知是不仁道的，官吏也不能杜絕，於是賊平以後，作惡更加嚴重。況且對賊寇要盡力招撫，秋毫不犯，現在他們回歸朝廷，就是一般民眾，反而被傷害，怎不令人悲痛呢！人像水一樣，阻塞它便成泉，疏通它便成河，或通或塞，順水而流，哪有常性！現在有罪之徒，必定不在家中，露宿於外，行走草野，潛逃山澤，赦免他們就會出來，不赦免他們就會瘋狂，山東的群盜就是因此而聚合在一起。臣認為邊塞暫有戰事，不足為憂，國內不安定，這才是大事。加罪他們，則眾情恐懼；寬恕他們，則反覆無常的人也能自安，懇請寬赦河北各州，一概不究既往。」太后下制書聽從這一建議。於是狄仁傑安撫百姓，獲得被突厥驅掠的人，全遣回原籍，散發糧食救濟貧乏的人，修整驛館以助班師。擔心各將領及使者妄求供應品，自己便吃粗糙的飯食，約束部下不得侵擾百姓，違犯的一定斬首。於是河北安定了。

任命夏官侍郎姚元崇、祕書少監李嶠一併為同平章事。

突厥阿史那默啜離開趙州，便放走閻知微，讓他回朝廷。太后下令在天津橋南處以磔刑，讓百官一起射他，然後又剮去他的肉，折斷他的骨，滅掉他的三族，有不認識他的遠親也一同被處死的。

褒公段瓚，是段志玄的兒子，早先陷沒於突厥。突厥軍在趙州時，段瓚約楊齊莊一起逃跑，楊齊莊畏懼懦弱，不敢行動。段瓚先回來，太后賞賜他，楊齊莊不久也回來了，敕令河內王武懿宗審訊他。武懿宗認為楊齊莊心懷猶豫，於是與閻知微一同被處死。他身上中的箭矢已如刺蝟，氣息奄奄還未死，就剖開他的肚子，挖出心丟在地上，仍跳動不止。

提升田歸道為夏官侍郎，很受親信倚重。

蜀州每年派兵五百人去戍守姚州，路途艱險遙遠，死亡的人很多。蜀州刺史張柬之進言，認為「姚州本是哀牢國，荒服以外的絕遠地域，山高水深，國家開闢它為州府，不曾得到過它的鹽布的稅收和士兵的徵用，而只是空竭府庫，驅使平民，在蠻夷地區受役使，肝腦塗地，臣私下為國家憐惜。請求廢除姚州而改屬巂州，每年按時朝見天子，如同蕃國。瀘水以南各鎮也都廢除，在瀘水北部設關卡，百姓如不是奉命差遣，不准往來交通。」奏疏呈上，未被採納。

二年（己亥　西元六九九年）

正月丁卯朔❶，告朔❷於通天宮。○壬戌❸，以皇嗣為相王❹，領❺太子右衛率❻。

甲子❼，置控鶴監丞、主簿等官❽，率❾皆嬖寵❿之人，頗用才能文學之士以參⓫之。以司衛卿張易之為控鶴監，銀青光祿大夫⓬張昌宗、左臺中丞⓭吉頊、殿中監⓮田歸道、夏官侍郎李迥秀、鳳閣舍人⓯薛稷⓰、正諫大夫⓱臨汾員半千⓲皆為控鶴監內供奉。稷，元超之從子也。半千以古無此官，且所聚多輕薄之士，上疏請罷之，由是忤旨，左遷水部郎中⓳。

臘月戊子⓴，以左臺中丞吉頊為天官侍郎，右臺中丞魏元忠為鳳閣侍郎，並同平章事。

文昌左丞宗楚客與弟司農卿晉卿，坐贓賄滿萬餘緡及第舍過度，楚客貶播州㉑司馬，晉卿流峯州㉒。太平公主觀其第，歎曰：「見其居處，吾輩乃虛生耳。」

辛亥㉓，賜太子姓武氏，赦天下。○太后生重眉，成八字㉔，百官皆賀。○

河南、北置武騎團㉕以備突厥。

春，一月庚申㉖，夏官尚書、同鳳閣鸞臺三品武攸寧罷為冬官尚書。

二月己丑㉗，太后幸嵩山，過緱氏㉘，謁升仙太子廟㉙。壬辰㉚，太后不豫㉛，遣給事中欒城閻朝隱㉜禱少室山。朝隱自為犧牲㉝，沐浴伏俎㉞上，請代太后命。太后疾小愈，厚賞之。丁酉㉟，自緱氏還。

【章　旨】以上為第十一段，寫武則天置控鶴監養蓄男寵，以及懲治貪婪的親信。

【注　釋】❶丁卯朔　兩《唐書》本紀不載朔日干支，據日曆推算，當為「丁巳」朔。疑「卯」字有誤。❷告朔　西周時，天子每年秋冬之交把次年的曆書頒發給諸侯，稱之為「告朔」。聖曆元年（西元六九八年）閏臘月，武則天依王方慶奏議，恢復告朔之禮。見《唐會要》卷十二。❸壬戌　正月初六日。❹以皇嗣為相王　皇嗣，即睿宗李旦，唐高宗第八子。始封殷王，徙封豫王，至是徙封為相王。❺領　兼領。❻太子右衛率　官名，掌東宮兵仗、儀衛之政令。❼甲子　正月初八日。❽置控鶴監丞主簿等官　控鶴監為武則天所設機構，豢養男寵，以張易之、張昌宗兄弟為首。此前已設控鶴監，今始置丞、主簿等職。❾率　大率。❿嬖寵　嬖愛寵幸。⓫參　參與。⓬光祿大夫　文散官第三階，從二品。⓭左臺中丞　即御史中丞，正五品上。⓮殿中監　殿中省長官，從三品。殿中省掌乘輿服御之事。⓯鳳閣舍人　即中書舍人，掌詔令及監考使，正五品上。⓰薛稷　（西元六四九—七一三年）高宗朝宰相薛元超之姪。著名書畫家，官至宰相。有文集三十卷。傳見《舊唐書》卷七十三、《新唐書》卷九十八、《歷代名畫記》卷九、《宣和畫譜》卷十五。⓱正諫大夫　即門下省諫議大夫，定員四人，正五品上。⓲員半千　本名餘慶。因王方義稱他是五百年出現的一位大賢，遂改名半千。晉州臨汾（今山西臨汾）人，歷事五君，為官清正，著述頗豐。傳見《舊唐書》卷一百九十中、《新唐書》卷一百十二。⓳水部郎中　官名，從五品上。掌天下川瀆陂池之政令，具體負責水利、灌溉及水上交通事宜。⓴戊子　臘月初二日。㉑播州　州名，治所在今貴州遵義。㉒峯州　州名，治所在今越南河西省山西西北。㉓辛亥　臘月二十五日。㉔成八字　成八字形狀。㉕河南北置武騎團　在河南、河北置武騎團兵。關於此次設置武騎團的時間，《唐會要》載為「聖曆元年臘月二十五日」，與《通鑑》整差一年。武騎團為地方武裝，據《唐會要》卷七十八及《資治通鑑釋文》卷二十二，每一百五十戶出兵十五人，馬一匹；三百人為一團。㉖庚申　一月初四日。㉗己丑　二月初四日。㉘緱氏　縣名，縣治在今河南偃師東南。㉙升仙太子廟　即王子晉廟。王子晉本為周靈王太子，好吹笙。相傳被道士浮丘公接上嵩山後得道成仙，七月七日乘白鶴停於緱山之巔，舉手告別時人而去。後人遂在山上建廟祠之。萬歲登封元年（西元六九六年），武則天在嵩山封禪後，尊崇嵩山諸神，封王子晉為升仙太子，並令重新建廟奉祭。此次所遊即新建成的升仙太子廟。回宮後，武則天寫了著名的〈升仙太子廟碑〉。㉚壬辰　二月初七日。㉛不豫　生病。古稱帝王有病為「不豫」。㉜閻朝隱　字友倩，趙州欒城（今河北欒城）人，少以文章知名。官至麟臺少監，曾參與《三教珠英》的撰寫。傳見《舊唐書》卷一百九十中、《新唐書》卷二百二。㉝犧牲　祭祀用的牲畜。㉞俎　祭祀時盛牛羊的禮器。㉟丁酉　二月十二日。

【語譯】二年（己亥　西元六九九年）

正月丁卯朔，在通天宮舉行告朔禮。○初六日壬戌，冊封皇嗣李旦為相王，兼太子右衛率。

正月初八日甲子，設置控鶴監丞、主簿等官職，大抵是嬖愛寵幸之人，少數有才能及文學修養的人也參與其中。任命司衛卿張易之為控鶴監，銀青光祿大夫張昌宗、左臺中丞吉頊、殿中監田歸道、夏官侍郎李迥秀、鳳閣舍人薛稷、正諫大夫臨汾人員半千，都為控鶴監內供奉。薛稷，是薛元超的姪子。員半千認為古代沒有這一官職，而且所收羅的多是輕薄的士人，上奏疏請求裁撤，因此違忤了太后旨意，降為水部郎中。

臘月初二日戊子，任命左臺中丞吉頊為天官侍郎，右臺中丞魏元忠為鳳閣侍郎，並為同平章事。

文昌左丞宗楚客與弟弟司農卿宗晉卿，犯貪汙受賄滿一萬多貫錢以及府第超越規制之罪，宗楚客貶為播州司馬，宗晉卿流放到峯州。太平公主觀看了他們的宅第，歎息說：「見了他們的住所，我們乃是虛度一生。」

臘月二十五日辛亥，賜給太子武氏姓，赦免天下。○太后眉上又生眉，成八字形，百官全都拜賀。○河南、河北設置武騎兵團來防備突厥。

春，一月初四日庚申，夏官尚書、同鳳閣鸞臺三品武攸寧免職，任冬官尚書。

二月初四日己丑，太后駕臨嵩山，經過緱氏縣，謁見升仙太子廟。初七日壬辰，太后染病，派給事中欒城人閻朝隱去少室山祈禱，閻朝隱自己扮作犧牲祭品，沐浴後伏在俎案上，請求替代太后死。太后病稍好，重賞了他。十二日丁酉，從緱氏縣回宮。

初，吐蕃贊普器弩悉弄❶尚幼，論欽陵兄弟用事，皆有勇略，諸胡畏之。欽陵居中秉政❷，諸弟握兵分據方面，贊婆常居東邊，為中國患者三十餘年。器弩悉弄浸長❸，陰與大臣論巖謀誅之。會欽陵出外，贊普詐云出畋❹，集兵執欽陵親黨二千餘人，殺之，遣使召欽陵兄弟，欽陵等舉兵不受命。贊普將兵討之，欽陵兵潰，自殺。夏，四月，贊婆帥所部千餘人來降❺，太后命右[1]武衛鎧曹參軍❻郭元振❼與河源軍大使夫蒙令卿❽將騎迎之，以贊婆為特進、歸德王。欽陵子弓仁，以所統吐谷渾七千帳來降，拜左玉鈐衛將軍、酒泉郡公。

壬辰❾，以魏元忠檢校并州長史，充天兵軍大總管，以備突厥。婁師德為天兵軍副大總管，仍充隴右諸軍大使，專掌懷撫吐蕃降者。

太后春秋高❿，慮身後⓫太子與諸武不相容⓬。壬寅⓭，命太子、相王、太平公主與武攸暨等為誓文⓮，告天地於明堂⓯，銘之鐵券⓰，藏于史館。

秋，七月，命建安王武攸宜⓱留守西京，代會稽王武攸望⓲。○丙辰⓳，吐谷渾部落一千四百帳內附。

八月癸巳⑳，突騎施㉑烏質勒㉒遣其子遮弩入見。遣侍御史元城解琬㉓安撫烏質勒及十姓部落。◯制：「州縣長吏，非奉有敕旨，毋得擅立碑㉔。」

內史王及善雖無學術㉕，然清正難奪㉖，有大臣之節㉗。張易之兄弟每侍內宴，無復人臣禮，及善屢奏以為不可。太后不悅，謂及善曰：「卿既年高，不宜更侍遊宴，但檢校閣中可也㉘。」及善因稱病，謁假㉙月餘，太后不問。及善歎曰：「豈有中書令而天子可一日不見乎！事可知矣㉚！」乃上疏乞骸骨㉛，太后不許。庚子㉜，以及善為文昌左相，太子宮尹豆盧欽望為文昌右相，仍並同鳳閣鸞臺三品㉝。鸞臺侍郎、同平章事楊再思罷為左臺大夫㉞。丁未㉟，相王兼檢校安北大都護，以天官侍郎陸元方為鸞臺侍郎、同平章事。

納言、隴右諸軍大使婁師德薨。師德在河隴㊱，前後四十餘年，恭勤不怠，民夷安之。性沈厚寬恕，狄仁傑之入相也，師德實薦之；而仁傑不知，意頗輕師德，數擠㊲之於外。太后覺㊳之，嘗問仁傑曰：「師德賢乎？」對曰：「為將能謹守邊陲，賢則臣不知㊴。」又曰：「師德知人乎？」對曰：「臣嘗同僚，未聞其知人也。」太后曰：「朕之知卿，乃師德所薦也，亦可謂知人矣。」仁傑既出，歎曰：「婁公盛德，我為其所包容久矣，吾不得窺其際㊵也。」是時羅織紛紜，師德久為將相，獨能以功名終，人以是重之。

戊申㊶，以武三思為內史。

九月乙亥㊷，太后幸福昌㊸；戊寅㊹，還神都。○庚子㊺，邢貞公㊻王及善薨。

○河溢㊼，漂濟源㊽百姓廬舍千餘家。

冬，十月丁亥㊾，論贊婆至都，太后寵待賞賜甚厚，以為右衛大將軍，使將其眾守洪源谷㊿。○太子、相王諸子復出閣(51)。

【章旨】以上為第十二段，寫賢臣王及善、婁師德辭世。

【注釋】❶器弩悉弄　儀鳳四年（西元六七九年），器弩悉弄立為贊普。事見《舊唐書》卷一百九十六上、《新唐書》卷二百十六上〈吐蕃傳〉。❷秉政　執政。❸浸長　漸長。❹詐云出畋　假稱出去打獵。❺贊婆帥所部千餘人來降　《實錄》載贊婆及其兄弟莽布支等來降，以莽布支為左羽林衛員外大將軍，封安國公。司馬光在《考異》中說：贊婆弟名悉多于敷論，非莽布支；久視元年麴莽布支曾侵擾涼州，與唐休璟作戰，故刪去了莽布支降唐一事。按，莽布支係贊婆之姪，與麴莽布支並非一人。莽布支與贊婆一同降唐又見於《舊唐書》卷九十七〈郭元振傳〉、卷一百九十六上〈吐蕃傳〉、《新唐書》卷二百十六上〈吐蕃傳〉等。《實錄》雖誤「子」為「弟」，但所載莽布支降唐事還是可信的。❻右武衛鎧曹參軍　官名，正八品下，掌戎杖器械及公廨興造決罰之事。❼郭元振　（西元六五六—七一三年）本名震，以字行，魏州貴鄉（今河北大名東北）人，少有大志；自則天至玄宗朝，多次領兵，官至宰相。傳見《舊唐書》卷九十七、《新唐書》卷一百二十二。❽夫蒙令卿　事見《舊唐書》卷九十七〈郭元振傳〉、《新唐書》卷一百二十二〈郭震傳〉。夫蒙，羌族複姓，或作「不蒙」。見《姓氏尋源》卷七。❾壬辰　四月初八日。❿太后春秋高　時武則天七十六歲。春秋高，年齡大；年老。⓫身後　死後。⓬容　容納。⓭王

寅　四月十八日。⓮為誓文　作誓詞。⓯告天地於明堂　在明堂祭告天地。即面對天地神靈發誓。⓰銘之鐵券　把這件事銘刻在鐵券之上。鐵券，即帝王頒賜功臣授以世代享受某些特權的鐵契。⓱武攸宜　武則天姪，武惟良子。傳見《新唐書》卷二百六。⓲武攸望　武則天姪，武懷運子。事見《新唐書》卷七十四上、《元和姓纂》卷六。⓳丙辰　七月初四日。⓴癸巳　八月十二日。㉑突騎施　西突厥別部。西突厥敗後，突騎施日益強盛。㉒烏質勒　人名，初隸斛瑟羅，號莫賀達。斛瑟羅入朝後，建大牙於碎葉川，建小牙於弓月城及伊麗水，盡有斛瑟羅之地。事見《舊唐書》卷一百九十四下〈突厥傳〉、《新唐書》卷二百十五下〈突厥傳〉。㉓解琬　（？—西元七一八年）魏州元城（今河北大名東北）人，長期帶兵戍邊。官至右武衛大將軍，終同州刺史。傳見《舊唐書》卷一百、《新唐書》卷一百三十。㉔碑　此處指德政碑。見《金石萃編》卷四十一。㉕學術　此處指學問。㉖清正難奪　清廉正直，難奪其志。㉗節　節操。㉘但檢校閣中可也　只負責中書省內部的事務就行了。閣，省閣，這裡指中書省。㉙謁假　即請假。㉚事可知矣　其中的事情可以知道了。所謂「事」，即指得罪了皇上，已不被重用。㉛乞骸骨　辭職引退。臣子為官事君，便是委身效命。辭職引退，便是向君乞請骸骨。㉜庚子　八月十九日。㉝仍並同鳳閣鸞臺三品　《新唐書》卷四及卷六十一載王及善為同鳳閣鸞臺平章事，誤。㉞左臺大夫　官名，即左肅政臺御史大夫。㉟丁未　八月二十六日。㊱河隴　地區名，指河西、隴右。㊲擠　排擠。㊳覺　察覺。㊴賢則臣不知　意即臣不知其賢。㊵不得窺其際　際，涯際。意思是說自己遠不知婁師德。《舊唐書．婁師德傳》作「不逮婁公遠矣」。二者說法不一，但意思相同。㊶戊申　八月二十七日。㊷乙亥　九月二十四日。㊸福昌　縣名，縣治在今河南洛寧東北。㊹戊寅　九月二十七日。㊺庚子　九月無庚子。《新唐書》卷四〈則天紀〉及卷六十一〈宰相表〉均作「庚辰」，即九月二十九日。㊻邢貞公　王及善爵號與諡號的合稱。㊼河溢　黃河氾濫。㊽濟源　縣名，縣治在今河南濟源。㊾丁亥　十月六日。㊿洪源谷　胡三省注：「洪源谷在涼州昌松縣界。」昌松縣治在今甘肅古浪西北。(51)太子相王諸子復出閤　太子諸子多隨父被貶在外，相王諸子幽於宮中。

【校　記】[1]右　原作「左」。據章鈺校，十二行本、乙十一行本皆作「右」，今據改。按，《舊唐書．郭元振傳》、《新唐書．郭震傳》皆作「右」。

【語　譯】當初，吐蕃贊普器弩悉弄年齡還小，論欽陵兄弟掌權，都有勇力謀略，各部胡人都怕他們。論欽陵在中樞執掌大政，他的弟弟們手握兵權分駐各地，論贊婆常在東邊，為患中國三十多年。器弩悉弄漸漸長大，暗中和大臣論巖謀劃誅殺他們。適逢論欽陵出外，贊普假稱出去打獵，集合軍隊逮捕論欽陵的親信黨羽二千多人，殺死了他們；派使者去召論欽陵兄弟，論欽陵等起兵不接受命令。贊普率軍討伐他，論欽陵軍隊潰敗，自殺。夏，四月，論贊婆率領部屬一千多人前來投降，太后派右武衛鎧曹參軍郭元振與河源軍大使夫蒙令卿率領騎兵迎接他，封論贊婆為特進、歸德王。論欽陵的兒子弓仁帶所屬吐谷渾七千家來降，封他為左玉鈐衛將軍、酒泉郡公。

四月初八日壬辰，任命魏元忠代理并州長史，充任天兵軍大總管，以防備突厥。婁師德為天兵軍副大總管，仍充任隴右各軍大使，專掌招撫吐蕃來降的人。

太后年事已高，擔心死後太子和武家不能相互容納。四月十八日壬寅，命令太子、相王、太平公主和武攸暨等立下誓詞，在明堂祭告天地，銘刻在鐵券上，藏在史館中。

秋，七月，命令建安王武攸宜留下駐守西京，代替會稽王武攸望。〇初四日丙辰，吐谷渾部落一千四百家歸附朝廷。

八月十二日癸巳，突騎施烏質勒派他的兒子遮弩入京朝覲。派侍御史元城人解琬去安撫烏質勒以及十姓部落。〇頒下制書：「州縣長吏，不是奉有敕令聖旨，不得擅自立碑。」

內史王及善雖然沒有學問，但清廉正直，難奪其志，有大臣節操。張易之兄弟每次侍奉內宮宴飲，不再遵守臣下的禮儀，王及善屢次上奏認為不當。太后不高興，對王及善說：「你年紀已老，不適合再陪侍宴飲遊樂，只管檢校宮禁中事就行了。」王及善就此告病，請假一個多月，太后也不召問。王及善歎息說：「哪有天子可以一日不見中書令呢！我不被重用，其中的事情可以知道了！」於是上奏疏請求退休，太后沒有批准。八月十九日庚子，任命王及善為文昌左相，太子宮尹豆盧欽望為文昌右相，仍舊並為同鳳閣鸞臺三品。鸞臺侍郎、同平章事楊再思免職，改任左臺大夫。二十六日丁未，相王兼任檢校安北大都護，任命天官侍郎陸元方為鸞臺侍郎、同平章事。

納言、隴右諸軍大使婁師德去世。婁師德在河隴，前後四十多年，恭敬勤勉不懈怠，漢民蕃夷安寧。他秉性穩重忠厚、寬大仁恕，狄仁傑入朝為相，實際上是由婁師德所推薦，而狄仁傑並不知道，心中有些輕視婁師德，多次排擠外任。太后察覺此事，曾經問狄仁傑說：「婁師德為人賢德嗎？」回答說：「作為將領，能夠嚴守邊防，是否賢德臣則不知道。」又問：「婁師德有知人之明嗎？」回答說：「臣曾和他同事，未聽說他能知人。」太后說：「朕所以賞識你，就是婁師德推薦的，也可說他是知人的啊！」狄仁傑出宮後歎息說：「婁公盛德，我被他包涵容忍很久了，我卻連他的涯際都看不到。」當時羅織罪名的事很多，婁師德長期出任將相，只有他能以功名終身，人們因此敬重他。

八月二十七日戊申，任命武三思為內史。

九月二十四日乙亥，太后駕臨福昌縣。二十七日戊寅，返回神都。○庚子日，邢貞公王及善去世。○黃河氾濫，沖沒濟源縣百姓房屋一千多戶。

冬，十月初六日丁亥，論贊婆到達京城，太后給予的恩遇和賞賜非常優厚，任命他為右衛大將軍，讓他率領部屬駐守洪源谷。○太子、相王各子又可外出宮禁。

太后自稱制以來，多以武氏諸王及駙馬都尉為成均祭酒❶，博士、助教亦多非儒士。又因郊丘❷，明堂❸，拜洛❹，封嵩❺，取弘文國子生為齋郎❻，因得選補。由是學生不復習業，二十年間，學校殆廢。而鄉時酷吏所誣陷者，其親友流離，未獲原宥❼。鳳閣舍人韋嗣立❽上疏，以為「時俗浸輕儒學，先王之道，弛廢不講。宜令王公以下子弟，皆入國學，不聽以它岐仕進❾。又，自揚、豫以來❿，制獄漸繁，酷吏乘間⓫，專欲殺人以求進。賴陛下聖明，周、丘、王、來⓬相繼誅殛，朝野慶泰⓭，若再覩陽和⓮。至如仁傑、元忠，往遭按鞫，亦皆自誣，非陛下明察，則已[1]為葅醢⑮矣，今陛下升而用之，皆為良輔⑯。何乃前非而後是哉？誠由枉陷與甄明⑰耳。臣恐曏之負冤得罪者甚眾，亦皆如是。伏望陛下弘天地之仁，廣雷雨之施⑱，自垂拱以來，罪無輕重，一皆昭洗，死者追復官爵，生者聽還鄉里。如此，則天下知昔之枉濫，非陛下之意，皆獄吏之辜，幽明⑲歡欣，感通和氣。」太后不能從。

嗣立，承慶之異母弟也。母王氏，遇承慶甚酷⑳，每杖承慶，嗣立必解衣請代㉑。母不許，輒私自杖，母乃為之漸寬。承慶為鳳閣舍人，以疾去職，嗣立時為萊蕪㉒令，太后召謂曰：「卿父嘗言：『臣有兩兒，堪事陛下。』卿兄弟在官，誠如父言。朕今以卿代兄，更不用他人。」即日拜鳳閣舍人。

是歲，突厥默啜立其弟咄悉匐為左廂察㉓，骨篤祿子默矩為右廂察，各主兵二萬餘人。其子匐俱為小可汗，位在兩察上，主處木昆㉔等十姓㉕，兵四萬餘人，又號為拓西㉖可汗。

【章旨】以上為第十三段，寫韋嗣立與其兄韋承慶之賢，武則天識才任用，兄弟二人相繼為相。

【注釋】❶成均祭酒　即國子監祭酒。全國最高教育長官，掌儒學訓導之政令。❷郊丘　祭圜丘於南郊。❸明堂　指大享明堂。❹拜洛　拜洛受圖。❺封嵩　封禪嵩山。❻齋郎　辦理祭祀事務的小吏。❼原宥　赦免。❽韋嗣立　（西元六五四—

七一九年）鄭州陽武（今河南原陽）人，名相韋思謙之子。初補雙流縣令，政績為蜀中之最。官至宰相。傳見《舊唐書》卷八十八、《新唐書》卷一百十六。❾不聽以它岐仕進　不准利用其他途徑入仕為官。❿自揚豫以來　即自徐敬業和越王貞起兵以來。徐敬業光宅元年（西元六八四年）起兵揚州，越王貞垂拱四年（西元六八八年）起兵豫州。此處以揚、豫代指兩次起兵事件。⓫乘間　趁機；伺隙。⓬周丘王來　即酷吏周興、丘神勣、王弘義、來俊臣。天授三年（西元六九一年）周興流死，丘神勣誅，延載元年（西元六九四年）王弘義誅，神功元年（西元六九七年）來俊臣誅。相繼被處以極刑。⓭慶泰　慶賀安泰。⓮陽和　本指春天的暖氣。這裡指和暖的陽光。⓯葅醢　同「菹醢」。肉醬。⓰良輔　賢良的宰輔。⓱甄明　甄別明察。⓲廣雷雨之施　廣施雷雨一般的恩澤。⓳幽明　死者與生者。⓴遇承慶甚酷　對待韋承慶很嚴酷。㉑解衣請代　脫下衣服，請代替韋承慶受杖。㉒萊蕪　縣名，縣治在今山東萊蕪東北。㉓察　突厥官名，為「殺」、「設」之異譯，指別部統兵之官。㉔處木昆　西突厥十姓部落之一，屬左廂五咄陸部，在今新疆塔爾巴哈臺一帶。㉕十姓　即指五咄陸及五弩失畢。㉖拓西　處木昆十姓，皆西突厥部屬，故號拓西。

【校　記】1已　原作「以」。據章鈺校，十二行本、乙十一行本皆作「已」，其義長，今據改。

【語　譯】太后自從臨朝以來，多用武氏諸王及駙馬都尉為成均祭酒，博士、助教也大多不是儒士。又因祠祭圜丘，享祀明堂，拜謁洛水，登封嵩山，用弘文館學生為齋郎，因而得以選補為官。從此學生不再研習學業，二十年之間，學校幾乎荒廢。而以前被酷吏誣陷的人，他們的親友被流放，沒有獲得寬赦。鳳閣舍人韋嗣立上疏認為「時俗漸漸輕視儒學，先王之道，廢棄不講習。應當命令王、公以下的子弟，都送進國子學，不許利用其他途徑入仕為官。又，從揚州、豫州起兵作亂以來，詔獄逐漸增多，酷吏乘此機會，專想殺人以求升官。仰賴陛下聖明，周興、丘神勣、王弘義、來俊臣相繼誅殺，朝野慶賀安泰，如同再見和暖的陽光。至於狄仁傑、魏元忠從前遭到審判，也都自誣，不是陛下明察內情，他們已經成為肉醬了，現在陛下提升而任用他們，都是好的輔臣。為什麼以前否定他們而後來肯定他們呢？實在是由於枉曲誣陷與甄別明察罷了。臣恐怕從前含冤獲罪的人很多，也都是這種情形。希望陛下發揮天地一般的仁德，廣施雷雨一般的恩澤，自垂拱以來，不論罪名輕重，全部昭雪，死了的追還原官爵，活著的任他返回家鄉。這樣，天下人就知道從前的枉法濫刑，不是陛下的意旨，都是獄吏的罪惡，死者生者同感欣悅，感通上天而產生和祥之氣。」太后不能接受。

韋嗣立，是韋承慶的異母弟。他的母親王氏，對待韋承慶很苛刻，每次杖打韋承慶，韋嗣立一定解開衣服請求代受責罰。母親不答應，他便私自杖打自己，母親才為了他而漸漸寬待韋承慶。韋承慶任鳳閣舍人，因病離職，韋嗣立當時做萊蕪縣令，太后召見，對他說：「你父親曾說：『臣有二子，可堪服事陛下。』你兄弟倆在職，確實像你父親所說的一樣。朕現在任用你代替你哥哥，不再任用別人。」當天任命他為鳳閣舍人。

這年，突厥阿史那默啜立他的弟弟咄悉匐為左廂察，骨篤祿的兒子默矩為右廂察，各統兵二萬多人。他的兒子匐俱為小可汗，地位在兩察之上，主管處木昆等十姓，士兵四萬多人，又稱為拓西可汗。

久視元年❶（庚子　西元七〇〇年）

正月戊寅❷，內史武三思罷為特進、太子少保。天官侍郎、同平章事吉頊貶安固尉❸。

太后以頊有幹略❹，故委以腹心。頊與武懿宗爭趙州之功於太后前。頊魁岸辯口❺，懿宗短小傴僂❻，頊視懿宗，聲氣陵厲❼。太后由是不悅，曰：「頊在朕前，猶卑❽我諸武，況異時詎可倚邪❾！」它日，頊奏事，方援古引今，太后怒曰：「卿所言，朕飫聞之❿，無⓫多言！太宗有馬名師子驄，肥逸⓬無能調馭⓭者。

朕為宮女侍側，言於太宗曰：『妾能制之，然須三物，一鐵鞭，二鐵檛⓮，三匕首。鐵鞭擊之不服，則以檛檛其首，又不服，則以匕首斷其喉。』太宗壯朕之志。今日卿豈足污朕匕首邪！」頊惶懼⓯流汗，拜伏求生，乃止。諸武怨其附太子，共發其弟冒官⓰事，由是坐貶。

辭日，得召見，涕泣言曰：「臣今遠離闕庭⓱，永無再見之期，願陳一言。」太后命之坐，問之，頊曰：「合水土為泥，有爭⓲乎？」太后曰：「無之。」又曰：「分半為佛⓳，半為天尊⓴，有爭乎？」曰：「有爭矣。」頊頓首曰：「宗室、外戚各當其分㉑，則天下安。今太子已立而外戚猶為王，此陛下驅之使它日必爭，兩不得安也。」太后曰：「朕亦知之。然業已如是，不可何如㉒[1]。」

臘月辛巳㉓，立故太孫重潤㉔為邵王，其弟重茂㉕為北海王。

太后問鸞臺侍郎、同平章事[2]陸元方以外事㉖，對曰：「臣備位宰相，有大事不敢不以聞，人間㉗細事㉘，不足煩聖聽㉙。」由是忤旨。庚寅㉚，罷為司禮卿㉛。元方為人清謹㉜，再為宰相㉝，太后每有遷除㉞，多訪之，元方密封以進，未嘗漏露㉟。臨終，悉取奏藁㊱焚之，曰：「吾於人多陰德㊲，子孫其未衰乎㊳！」

【章　旨】以上為第十四段，寫吉頊護佑皇嗣得罪武氏外戚遭貶。陸元方恪盡職守。

【注　釋】❶久視元年　武則天於聖曆三年（西元七〇〇年）五月癸丑改元久視。至十月甲寅，復以正月為十一月，一月為正月。❷戊寅　正月二十八日。❸吉頊貶安固尉　吉頊因其弟做偽官而被貶。初貶琰川尉，後改安固尉。見《舊唐書》卷一百八十六上〈吉頊傳〉。琰川，縣名，縣治在今貴州貞豐東南。安固，縣名，縣治在今四川營山縣東北。❹幹略　才幹謀略。❺魁岸辯口　身體魁梧偉岸，口才好，善辯論。❻短小傴僂　身材矮小，駝背彎腰。❼陵厲　即陵侵而嚴厲。❽卑　卑視；小看。❾詎可倚邪　豈可依賴呢。詎，豈。倚，依賴。❿朕飫聞之　我聽得多了。飫，飽。⓫無　猶勿。⓬肥逸　肥壯駿逸。⓭調馭　調習駕御。⓮檛　棰。⓯惶懼　驚惶恐懼。⓰冒官　假冒為官。⓱闕庭　猶宮闕，京師。⓲爭　爭鬥。⓳分半為佛　分一半做成佛像。⓴天尊　道家對所奉神仙的尊稱。此處指天尊像。㉑分　名分。㉒不可何如　不可又怎麼樣。意謂無可奈何，無法更改。㉓辛巳　臘月一日。㉔故太孫重潤　即李顯長子李重照。永淳元年（西元六八二年）立為皇太孫，光宅元年中宗廢後，被囚於別所，至此始封為王。後被追謚為懿德太子。㉕重茂　李顯第四子。後被追謚為殤皇帝。事見《舊唐書》卷八十六〈殤帝重茂傳〉、《唐會要》卷二。㉖外事　民間之事。㉗人間　即民間。㉘細事　小事；瑣事。㉙不足煩聖聽　不值得煩勞皇帝聽聞民間小事。㉚庚寅　臘月初十日。㉛司禮卿　即太常卿。㉜清謹　清正謹慎。㉝再為宰相　兩度為相。㉞遷除　升遷拜除。㉟未嘗漏露　未曾洩露機密，向被遷者炫耀自己的恩德。㊱奏藁　奏疏草稿。㊲陰德　指暗中施惠於人的恩德。㊳子孫其未衰乎　子孫後代大概不會衰落吧。

【校　記】①何如　據章鈺校，十二行本、乙十一行本二字皆互乙。②同平章事　原無此四字。據章鈺校，十二行本、乙十一行本、孔天胤本皆有此四字，張敦仁《通鑑刊本識誤》同，今據補。按，《新唐書・則天皇后紀》載聖曆二年陸元方為鸞臺侍郎、同鳳閣鸞臺平章事。

【語　譯】久視元年（庚子　西元七〇〇年）

正月二十八日戊寅，罷免武三思的內史，改任特進、太子少保。天官侍郎、同平章事吉頊貶為安固縣尉。太后因吉頊有才幹謀略，所以委以心腹之任。吉頊在太后面前與武懿宗爭平趙州的功勞。吉頊魁梧偉岸能言善辯，武懿宗矮小駝背，吉頊看著武懿宗，聲音氣勢陵侵而嚴厲。太后因此不高興，說：「吉頊在朕面前，尚且小看我武家諸人，何況將來怎可依賴呢！」一天，吉頊奏事，正援引古今事例，太后生氣地說：「你所說的，朕已聽膩了，不必多說！太宗有馬名叫師子驄，肥大駿逸無人能調教控御牠。朕做宮女侍奉在旁，對太宗說：『我能制服牠，然而需要三件東西，一是鐵鞭，二是鐵檛，三是匕首。鐵鞭打牠不服，便用鐵檛打牠的頭，再不服，就用匕首割斷牠的喉頭。』太宗讚許我的志氣。今天你難道值得玷汙朕的匕首嗎！」吉頊恐懼得流汗，跪伏乞求饒命，太后這才作罷。武家諸人怨恨他依附太子，共同檢舉他弟弟假冒而得官的事，因此受牽連而貶官。

辭行那天，得到召見，他流著淚說：「臣今日遠離朝廷，永遠沒有再見的日子了，我希望再說一句話。」太后讓他坐下，詢問他要說什麼，吉頊說：「把水和土合成泥，有爭鬥嗎？」太后說：「沒有。」又說：「分一半做成佛像，一半做成天尊像，有爭鬥嗎？」太后說：「有爭鬥了。」吉頊磕頭說：「宗室、外戚各合其名分，則天下安寧。現今已立太子，而外戚還封為王，這是陛下促使他們將來一定要爭鬥的，雙方都不得安生。」太后說：「朕也知道。然而事已如此，無可奈何。」

臘月初一日辛巳，立前太孫李重潤為邵王，立他的弟弟李重茂為北海王。

太后問鸞臺侍郎、同平章事陸元方朝外的事，回答說：「臣充數擔任宰相，有大的事情不敢不報告；民間小事，不值得煩勞聖上知曉。」因此違背太后旨意。臘月初十日庚寅，免職，改任司禮卿。

陸元方為人清廉謹慎，兩度為宰相，太后每有升遷任命官員，多詢問他，陸元方用密封奏書進呈，未曾洩露。臨死，拿出奏章的全部草稿燒掉，說：「我對人多有陰德，子孫也許不致敗落吧！」

以西突厥竭忠事主可汗斛瑟羅為平西軍大總管，鎮碎葉。○丁酉❶，以狄仁傑為內史。○庚子❷，以文昌左丞❸韋巨源為納言。○乙巳❹，太后幸嵩山；春，一月丁卯❺，幸汝州之溫湯❻。戊寅❼，還神都。作三陽宮於告成❽之石淙❾。

二月乙未❿，同鳳閣鸞臺三品豆盧欽望罷為太子賓客。

三月，以吐谷渾青海王宣超⓫為烏地也拔勤忠⓬可汗。

夏，四月戊申⓭，太后幸三陽宮避暑，有胡僧邀車駕⓮觀葬舍利⓯，太后許之。狄仁傑跪於馬前曰：「佛者夷狄之神，不足以屈天下之主。彼胡僧詭譎⓰，直⓱欲邀致萬乘⓲以惑遠近之人耳。山路險狹，不容侍衛⓳，非萬乘所宜臨⓴也。」太后中道而還曰：「以成吾直臣之氣㉑。」

五月己酉朔㉒，日有食之。◯太后使洪州㉓僧胡超合長生藥，三年而成，所費巨萬㉔。太后服之，疾小瘳㉕。癸丑㉖，赦天下，改元久視，去天冊金輪大聖之號。

六月，改控鶴為奉宸府㉗，以張易之為奉宸令。太后每內殿曲宴㉘，輒引諸武、易之及弟祕書監昌宗飲博嘲謔㉙。太后欲掩其迹，乃命易之、昌宗與文學之士李嶠等修三教珠英㉚於內殿。武三思奏昌宗乃王子晉後身。太后命昌宗衣羽衣，吹笙㉛，乘木鶴於庭中，文士皆賦詩以美之。

太后又多選美少年為奉宸內供奉，右補闕朱敬則諫曰㉜：「陛下內寵有易之、昌宗，足矣。近聞左[1]監門衛長史㉝侯祥等，明自媒衒，醜慢不恥，求為奉宸內供奉，無禮無儀，溢于朝聽。臣職在諫諍，不敢不奏。」太后勞之曰：「非卿直言，朕不知此。」賜綵百段。

易之、昌宗競以豪侈相勝㉞。弟昌儀為洛陽令，請屬㉟無不從。嘗早朝，有選人姓薛，以金五十兩并狀邀㊱其馬而賂㊲之。昌儀受金，至朝堂，以狀授天官侍郎張錫㊳。數日，錫失其狀，以問昌儀，昌儀罵曰：「不了事人㊴！我亦不記，但姓薛者即與之。」錫懼，退，索在銓姓薛者六十餘人，悉留注官㊵。錫，文瓘之兄子也。

初，契丹將李楷固，善用⿰糸㒓索㊶及騎射、舞槊，每陷陳㊷，如鶻入烏羣㊸，所向披靡。黃麞之戰㊹，張玄遇、麻仁節皆為所⿰糸㒓。又有駱務整者，亦為契丹將，屢敗唐兵。及孫萬榮死，二人皆來降。有司責其後至，奏請族之。狄仁傑曰：「楷固等並驍勇絕倫，能盡力於所事㊺，必能盡力於我，若撫之以德，皆為我用矣。」奏請赦之。所親皆止之，仁傑曰：「苟利於國㊻，豈為身謀㊼！」太后用其言，赦之。又請與之官，太后以楷固為左玉[2]鈐衛將軍，務整為右武威衛將軍，使將兵擊契丹餘黨，悉平之。

【章 旨】以上為第十五段，寫武則天放縱男寵張氏兄弟貪賄，卻又能用賢臣如狄仁傑等治事。

【注 釋】❶丁酉 臘月十七日。❷庚子 臘月二十日。《新唐書·宰相表》作正月庚子，誤。❸文昌左丞 《新唐書》卷六〈則天紀〉及卷六十一〈宰相表〉作「文昌左相」，誤。❹乙巳 臘月二十五日。❺丁卯 一月十七日。❻幸汝州之溫湯 溫湯在汝州梁縣西南五十里。見《新唐書·地理志二》。梁縣為汝州治所，在今河南汝州。溫湯，溫泉。❼戊寅 一月二十八日。❽告成 縣名，本名陽城，萬歲登封元年因封嵩山而改，縣治在今河南登封東南。❾石淙 即平樂澗，在登封縣東南三十里。「近接嵩嶺，俯屆箕峰」，是唐代東都地區最著名的風景區之一。詳參《全唐文》卷九十七〈夏日遊石淙詩序〉、《說嵩》卷五〈太室原〉。❿乙未 二月十五日。⓫宣超 《舊唐書》卷一百九十八〈吐谷渾傳〉作「宣趙」。姓慕容，吐谷渾第十七世第二十四王。⓬烏地也拔勤忠 兩《唐書·吐谷渾傳》俱作「烏地也拔勤豆」。按，宣超襲封其父祖可汗之號。據〈慕容忠墓誌〉及昭陵十四國君長石像題名，其祖諾曷鉢被封為烏地也拔勤豆可汗，則「勤」字無誤，「忠」當為「豆」之訛。⓭戊申 四月二十九日。⓮邀車駕 邀請皇帝。⓯舍利 又叫舍利子，佛身火化後結成的珠狀物體。共有三種：骨為白舍利，髮為黑舍利，肉為赤舍利。一般指佛骨而言。參《法苑珠林》卷五十三。⓰詭譎 詭詐狡譎。⓱直 但；只是。⓲萬乘 古制，天子擁有兵車萬乘，後世遂以萬乘指代天子。⓳不容侍衛 此謂山路狹窄，容不下侍衛。⓴臨 蒞臨。㉑氣 氣節。㉒己酉朔 五月初一日。㉓洪州 州名，治所在今江西南昌。㉔巨萬 萬萬。形容數目之大。㉕小瘳 病情稍微好轉。㉖癸丑 五月初五日。㉗改控鶴為奉宸府 即改控鶴監為奉宸府。「奉宸」意為奉侍天子。㉘曲宴 私宴。㉙飲博嘲謔 飲酒博弈，嘲笑戲謔。㉚三教珠英 書名，凡一千三百卷，另有目錄十三卷。張昌宗、李嶠、徐彥伯、薛曜、員半千等二十六人撰。採儒、佛、道「三教」事實，分類編集而成，類似百科全書。開成初改名為《海內珠英》。見《唐會要》卷三十六〈修撰〉、《新唐書》卷五十九〈藝文志〉三。㉛吹笙 兩《唐書·張昌宗傳》作「吹簫」。笙，簧管樂器，由簧片、笙管、斗子三部分組成。簫，用許多竹管編製的管樂器。㉜朱敬則諫曰 關於朱敬則的這個奏章，兩《唐書》本傳隻字未提。後人疑為偽託。待考。㉝左監門衛長史 官名，諸衛皆置長史，從六品上，掌府衛事務。㉞相勝 比勝負。㉟請屬 請求囑託。㊱邀 截；遮攔。㊲賂 賄賂。㊳張錫 貝州武城（今山東武城西）人，高宗朝宰相張文瓘之姪，則天朝宰相李嶠之舅。官至同中書門下三品（宰相）。傳見《舊唐書》卷八十五、《新唐書》卷一百十三。㊴不了事人 不懂事的人。猶云「糊塗蛋」。㊵注官 按資歷敘授官職。㊶縎索 套索。㊷陳 通「陣」。㊸鶻入烏羣 如同鷹隼飛入烏鴉群中。喻所向無敵。鶻，鳥名，即隼。㊹黃麞之戰 時在萬歲通天元年（西元六九六年）八月。㊺盡力於所事　意即盡力其主。所事，所侍奉、所輔佐的主人。㊻苟利於國　只要對國家有利。㊼豈為身謀　怎麼為自身利益考慮。

【校　記】①左　原作「右」。據章鈺校，十二行本、乙十一行本皆作「左」，今據改。按《舊唐書・張行成傳附族孫易之、昌宗傳》亦載侯祥為左監門衛長史。②玉　原無此字。據章鈺校，十二行本、乙十一行本皆有此字，今據補。

【語　譯】任命西突厥竭忠事主可汗斛瑟羅為平西軍大總管，鎮守碎葉城。○臘月十七日丁酉，任命狄仁傑為內史。○二十日庚子，任命文昌左丞韋巨源為納言。○二十五日乙巳，太后駕臨嵩山；春，一月十七日丁卯，駕臨汝州的溫泉。二十八日戊寅，返回神都。在告成縣的石淙修建三陽宮。

二月十五日乙未，同鳳閣鸞臺三品豆盧欽望免職，改任太子賓客。

三月，封吐谷渾青海王宣超為烏地也拔勤忠可汗。

夏，四月二十九日戊申，太后駕臨三陽宮避暑，有胡僧邀請太后觀看葬舍利子，太后答應了。狄仁傑跪在馬前說：「佛是夷狄之神，不值得屈身天下之主。那個胡僧狡詐虛妄，只想請到天子來惑誘遠近的人罷了。山路艱險狹隘，侍衛不能容身其中，不是天子所應駕臨的地方。」太后中途返回，說：「以此成全我直諫臣子的氣節。」

五月初一日己酉，發生日蝕。○太后派洪州和尚胡超配製長生藥，經歷三年完成，花費了巨萬錢財。太后吃了，病稍好。初五日癸丑，赦免天下，改年號為久視，除去天冊金輪大聖的稱號。

六月，把控鶴監改為奉宸府，任命張易之為奉宸令。太后每在內殿私宴，往往召武家人、張易之及弟祕書監張昌宗飲酒博弈，嘲弄戲謔。太后想掩飾此事的痕跡，便派張易之、張昌宗和文學士人李嶠等人在內殿修纂《三教珠英》。武三思上奏說張昌宗是王子晉的轉世之身。太后教張昌宗穿著羽毛衣，吹笙，在庭中騎著木鶴，文士們都作詩來讚美他。

太后又選了很多俊美少年為奉宸府內供奉，右補闕朱敬則進諫說：「陛下的內寵有張易之、張昌宗已足夠了。近來聽說左監門衛長史侯祥等人，公開自我誇耀，醜惡輕薄不知羞恥，要求任奉宸府內供奉，無禮無儀，傳遍朝廷。臣的職責在於諫諍，不敢不上奏。」太后慰勉他說：「不是你直言，朕還不知道這回事呢。」賜給他綵帛一百段。

張易之、張昌宗爭著以豪華奢侈比勝負。他們的弟弟張昌儀任洛陽縣令，請求囑託他無不應允。一次早朝，有位薛姓候選官，拿五十兩金子連同求職文書攔住他的馬來行賄。張昌儀收下金子，到朝廷大堂，把求職文書交給天官侍郎張錫。幾天後，張錫丟失了文書，來問張昌儀，張昌儀罵道：「不懂事的人！我也不記得，只要見姓薛的便給他。」張錫害怕，告退，找出待銓選的六十多個薛姓的人，全部留下按資歷授與官職。張錫，是張文瓘的姪子。

當初，契丹將領李楷固，善於使用套索以及騎馬射箭、舞弄槊矛，每次衝入敵陣，像鷹隼飛入烏鴉群中，所向披靡。黃麞谷之戰，張玄遇、麻仁節都被他套住。又有叫駱務整的，也是契丹的將領，多次打敗唐軍。孫萬榮死後，二人都來投降。主管官員責怪他們來晚了，上奏要求殺掉他們全族。狄仁傑說：「李楷固等都驍勇絕倫，既能竭力侍奉主人，必能盡力為我朝服務。如果用恩德安撫他們，都能為我所用了。」上奏請求赦免他們。狄仁傑的親信都勸止他，他說：「如果對國家有利，難道還為自身打算！」太后聽從了他的話，赦免了他們。狄仁傑又請求給他們官職，太后任命李楷固為左玉鈐衛將軍，駱務整為右武威衛將軍，讓他們率兵去討伐契丹剩餘的部眾，全部平定了。

【研　析】本卷從用人、男寵、立嗣三個方面集中研析武則天雙重人性的心路歷程，也就是試做心理分析。

武則天用人，善惡並舉。為了打擊政治上的反對派，武則天任用奸佞、酷吏，一班惡人。酷吏是武則天的爪牙，專以殺害宗室貴族、將相朝臣為己任。武則天改國號為周，稱帝君臨天下，武氏成為國姓，諸武宵小貴為王侯。酷吏、外戚，既是武則天的政治基礎，同時又傷害武則天的名聲，使之陷於淫刑之主。武則天為了維護統治，她又任用賢才，賢才姚崇、宋璟、郭元振、婁師德、王及善、狄仁傑等，號稱賢相。武則天發展科舉制，使之成為士人入仕的重要途徑。唐太宗一朝，科舉入仕二百人，武則天時科舉入仕逾千人。武則天還親自「殿試」選才，又增設「武舉」。狄仁傑是武則天最倚重的一位賢相，他文武兼資，是武周朝的棟樑。本卷載狄仁傑獻安邊之策，領兵擊敗突厥，安撫河北，入相護持皇嗣，做出了巨大貢獻。酷吏濫殺，表現人性惡；賢相治世，表現人性善。武則天貪於權勢，性惡；武則天明於治政，性善。武則天善惡並用人才，典型地表現了她的雙重人性。

武則天始終不渝寵幸的男寵是張易之、張昌宗兄弟。兄弟二人，史稱「年少，美姿容，善音律」。張昌宗是太平公主為母后物色的男寵。張易之是張昌宗的兄長，由張昌宗推薦得幸於太后。兄弟二人日夜陪伴武則天作樂，人們稱其為「二張」。武則天賜給「二張」高官大宅，還特地設置了控鶴監，由「二張」掌管，專門安置男寵。久視元年（西元七〇〇年），武則天改控鶴監為奉宸府，不時從全國選取美少年來充當左右奉宸供奉。武則天晚年的荒淫達到了無以復加的地步。「二張」以美姿容無功荷寵，仗勢專權，炙手可熱。外戚武承嗣、武三思、武懿宗等都要敬畏三分。史稱「諸武常候易之門庭，爭執鞭，謂易之為五郎、昌宗為六郎。」西元七〇四年，武則天因病臥床不起，「宰相不得見者累月，惟張易之、昌宗侍側」。「二張」見武則天疾篤，生恐太后歸天後禍及於己，於是結黨引援，陰為之備。多次有人奏報武則天說「二張」謀反，武則天一概不信，並為「二張」開脫，以致激起張柬之等五王之變，殺「二張」，用兵諫趕武則天下臺，使中宗復位。

武則天設置專門機構安置男寵，並不是單純的淫樂。武則天感情上對「二張」的依賴，如同昏暴皇帝依賴宦官，與朝臣爭權。武則天儘管大權獨攬，但她猜疑心極重，她要依賴男寵作耳目，所以愈是晚年，愈是縱情聲色，特別是對「二張」的依賴，也是武則天一種無可奈何的心理寫照。

父死子繼，這本是封建社會的慣例，但武則天作為一個女皇帝，使這個問題複雜化了。究竟是立武氏子孫還是立李氏子孫，武則天久久遲疑不決。當時，睿宗李旦名義上還是皇嗣，但實際上久已處於被軟禁的狀態。武承嗣、武三思等人見此情景，都在覬覦儲君之位。天授二年（西元六九一年），武承嗣指使鳳閣舍人張嘉福讓洛陽人王慶之率數百人上表，請立武承嗣為太子。武則天沒有同意，她有自己的考慮。如果傳位給李姓的兒子，則武周的基業豈不被斷送；而如果由武氏的姪兒接班，則自己的子孫將被置於何地？

多數朝臣是堅決主張立被廢為盧陵王李顯為太子的。當王慶之上表請立武承嗣為太子時，鳳閣侍郎李昭德就曾「言於太后曰：『天皇，陛下之夫；皇嗣，陛下之子。陛下身有天下，當傳之子孫為萬代業，豈得以姪為嗣乎！自古未聞姪為天子而為姑立廟者也！且陛下受天皇顧託，若以天下與承嗣，則天皇不血食矣。』」武則天採納了李昭德的意見，李昭德杖殺了王慶之。

聖曆元年（西元六九八年），武承嗣、武三思又用自古天子沒有以異姓人做皇嗣的理由，求為皇嗣。天官侍郎吉頊極為反對，他還說服了張昌宗和張易之，讓他們向武則天建議立李顯或李旦為嗣。但真正使武則天下決心迎立廬陵王李顯為太子的乃是一代名相狄仁傑。

有一天，武則天晚上夢見一隻鸚鵡折斷了雙翅，把她嚇醒，她便把狄仁傑找來詢問。狄仁傑說：「武者，陛下之姓，兩翼，二子也。陛下起二子，則兩翼振矣。」狄仁傑巧妙地利用解夢說動了這位十分迷信的女皇。聖曆元年三月，武則天下令，迎回了廬陵王。八月，武承嗣因未能立為太子，怏怏而死。九月，廬陵王李顯被重新立為皇太子。

武則天之所以決定立廬陵王為嗣，不僅是由於聽了諸人的勸告，還有客觀方面的原因。主要是當時人心尚未歸附武周，而是仍然向著李唐。例如，叛變的契丹首領孫萬榮圍困幽州時，就曾提出口號：「何不歸我廬陵王？」又，聖曆元年九月，突厥攻破趙州、定州，先前募兵禦敵，月餘不滿千人。九月十七日甲戌，詔命皇太子李顯為元帥，應募的人便紛至沓來，僅幾天就招募了四、五萬人，由此可見李唐王室的號召力。

武則天在立姪還是立子為皇嗣的問題，搖擺了好幾年，她的內心也備受煎熬。最終她明白了大勢，立子為嗣，才在後來的五王政變中，避免了做刀下之鬼。

◎新譯徐霞客遊記

黃珅／注譯　黃志民／校閱

人間第一奇境，必待第一奇才來領略，徐霞客正是「天留名壤待名人」的最佳寫照。他將一生遊覽觀察的經歷，化為文字走筆成書，規模宏大、博辨詳考，可說是劃時代的地理巨著。本書是現代學者首次將徐霞客的遊記作較全面的呈現，注釋及語譯皆力求詳贍精實，評析部分則以徐霞客及其自然觀、藝術觀為中心，深入剖析遊記中所顯示的人與自然的關係。

◎新譯洛陽伽藍記

劉九洲／注譯　侯迺慧／校閱

《洛陽伽藍記》不僅是一本地理著作，同時也是歷史著作和文學著作。它以北魏京城洛陽之佛寺、園林為記敘主線，繫以當時的政治、經濟、人文、風俗、地理、掌故傳聞等等，其目的在對北魏王公貴族建寺造塔、勞民傷財的惡行加以貶斥，表明佞佛誤國的觀點。作者以「實錄」的歷史觀點和態度寫作，全書內容豐富，行文結構巧妙，手法多樣，語言穠麗秀逸，優美生動，記敘傳說掌故，趣味盎然，相當值得一讀。

◎新譯佛國記

楊維中／注譯

《佛國記》是東晉高僧法顯記述其西行天竺求取佛經的經歷與所思所感。書中不僅包含法顯西行艱難歷程的描述，也詳細記錄了五世紀初中亞、南亞以及東南亞地區的政治、宗教、風俗習慣、經濟和地理情況，更突顯許多不惜身命、弘法利生的菩薩精神。千百年來，《佛國記》作為佛教史籍不僅鼓舞、堅定了後人的佛教信仰，更為可貴的是，它對歷史事件和自己所見所聞的忠實記錄，早已成為後人研究這一段歷史和地理的寶貴資料。